Dieser Leseplan hat drei Merkmale:

1. Er hilft, die persönlichen Leseschritte zu kontrollieren. Gelesene Abschnitte werden einfach abgehakt. So sieht man die Fortschritte und was noch zu lesen bleibt.

2. Der Leseplan besteht aus vier unterschiedlichen »Runden«. Jede beginnt mit einer der vier Geschichten von Jesus, einem Evangelium. Es schließen sich biblische Bücher desselben Verfassers oder inhaltlich verwandte Schriften an.

1. Monat

Tag	Buch	Kapitel		Tag	Buch	Kapitel	
1	Lk	1,1-25	☐	16	Lk	7,24-50	☐
2	Lk	1,26-56	☐	17	Lk	8,1-21	☐
3	Lk	1,57-80	☐	18	Lk	8,22-39	☐
4	Lk	2,1-21	☐	19	Lk	8,40-56	☐
5	Lk	2,22-40	☐	20	Lk	9,1-27	☐
6	Lk	2,41-52	☐	21	Lk	9,28-62	☐
7	Lk	3,1-38	☐	22	Lk	10,1-24	☐
8	Lk	4,1-13	☐	23	Lk	10,25-42	☐
9	Lk	4,14-30	☐	24	Lk	11,1-23	☐
10	Lk	4,31-44	☐	25	Lk	11,24-36	☐
11	Lk	5,1-26	☐	26	Lk	11,37-54	☐
12	Lk	5,27-6,11	☐	27	Lk	12,1-21	☐
13	Lk	6,12-36	☐	28	Lk	12,22-34	☐
14	Lk	6,37-49	☐	29	Lk	12,35-59	☐
15	Lk	7,1-23	☐	30	Lk	13,1-21	☐

2. Monat

Tag	Buch	Kapitel		Tag	Buch	Kapitel	
1	Lk	13,22-35	☐	16	Lk	22,39-71	☐
2	Lk	14,1-24	☐	17	Lk	23,1-25	☐
3	Lk	14,25-35	☐	18	Lk	23,26-56	☐
4	Lk	15,1-32	☐	19	Lk	24,1-35	☐
5	Lk	16,1-18	☐	20	Lk	24,36-53	☐
6	Lk	16,19-17,10	☐	21	Apg	1,1-26	☐
7	Lk	17,11-37	☐	22	Apg	2,1-21	☐
8	Lk	18,1-17	☐	23	Apg	2,22-47	☐
9	Lk	18,18-43	☐	24	Apg	3,1-26	☐
10	Lk	19,1-27	☐	25	Apg	4,1-22	☐
11	Lk	19,28-48	☐	26	Apg	4,23-37	☐
12	Lk	20,1-26	☐	27	Apg	5,1-16	☐
13	Lk	20,27-21,6	☐	28	Apg	5,17-42	☐
14	Lk	21,7-38	☐	29	Apg	6,1-15	☐
15	Lk	22,1-38	☐	30	Apg	7,1-29	☐

3. Monat

Tag	Buch	Kapitel		Tag	Buch	Kapitel	
1	Apg	7,30-8,1a	☐	16	Gal	3,1-15	☐
2	Apg	8,1b-25	☐	17	Gal	3,16-4,7	☐
3	Apg	8,26-40	☐	18	Gal	4,8-31	☐
4	Apg	9,1-31	☐	19	Gal	5,1-26	☐
5	Apg	9,32-43	☐	20	Gal	6,1-18	☐
6	Apg	10,1-33	☐	21	Apg	15,36-16,15	☐
7	Apg	10,34-11,18	☐	22	Apg	16,16-40	☐
8	Apg	11,19-30	☐	23	Apg	17,1-15	☐
9	Apg	12,1-25	☐	24	Apg	17,16-34	☐
10	Apg	13,1-12	☐	25	1Thes	1,1-2,20	☐
11	Apg	13,13-52	☐	26	1Thes	2,21-4,12	☐
12	Apg	14,1-28	☐	27	1Thes	4,13-5,28	☐
13	Apg	15,1-35	☐	28	2Thes	1,1-2,12	☐
14	Gal	1,1-24	☐	29	2Thes	2,13-3,18	☐
15	Gal	2,1-21	☐	30	Apg	18,1-23	☐

4. Monat

Tag	Buch	Kapitel		Tag	Buch	Kapitel	
1	Apg	18,24-19,22	☐	16	1Kor	13,1-13	☐
2	Apg	19,23-40	☐	17	1Kor	14,1-25	☐
3	1Kor	1,1-17	☐	18	1Kor	14,26-40	☐
4	1Kor	1,18-2,16	☐	19	1Kor	15,1-34	☐
5	1Kor	3,1-23	☐	20	1Kor	15,35-58	☐
6	1Kor	4,1-21	☐	21	1Kor	16,1-24	☐
7	1Kor	5,1-13	☐	22	Apg	20,1-16	☐
8	1Kor	6,1-20	☐	23	2Kor	1,1-2,4	☐
9	1Kor	7,1-24	☐	24	2Kor	2,5-17	☐
10	1Kor	7,25-40	☐	25	2Kor	3,1-18	☐
11	1Kor	8,1-13	☐	26	2Kor	4,1-5,10	☐
12	1Kor	9,1-27	☐	27	2Kor	5,11-6,10	☐
13	1Kor	10,1-11,1	☐	28	2Kor	6,11-7,16	☐
14	1Kor	11,2-34	☐	29	2Kor	8,1-24	☐
15	1Kor	12,1-31	☐	30	2Kor	9,1-15	☐

5. Monat

Tag	Buch	Kapitel		Tag	Buch	Kapitel	
1	2Kor	10,1-18	☐	16	Röm	9,1-29	☐
2	2Kor	11,1-33	☐	17	Röm	9,30-10,21	☐
3	2Kor	12,1-21	☐	18	Röm	11,1-10	☐
4	2Kor	13,1-13	☐	19	Röm	11,11-36	☐
5	Röm	1,1-17	☐	20	Röm	12,1-21	☐
6	Röm	1,18-32	☐	21	Röm	13,1-14	☐
7	Röm	2,1-16	☐	22	Röm	14,1-23	☐
8	Röm	2,17-3,8	☐	23	Röm	15,1-33	☐
9	Röm	3,9-31	☐	24	Röm	16,1-27	☐
10	Röm	4,1-25	☐	25	Apg	20,17-38	☐
11	Röm	5,1-21	☐	26	Apg	21,1-26	☐
12	Röm	6,1-23	☐	27	Apg	21,27-22,5	☐
13	Röm	7,1-25	☐	28	Apg	22,6-30	☐
14	Röm	8,1-17	☐	29	Apg	22,31-23,22	☐
15	Röm	8,18-39	☐	30	Apg	23,23-35	☐
				31	Apg	24,1-27	☐

6. Monat

Tag	Buch	Kapitel		Tag	Buch	Kapitel	
1	Apg	25,1-27	☐	16	Kol	1,1-23	☐
2	Apg	26,1-32	☐	17	Kol	1,24-2,23	☐
3	Apg	27,1-44	☐	18	Kol	3,1-17	☐
4	Apg	28,1-16	☐	19	Kol	3,18-4,18	☐
5	Apg	28,17-31	☐	20	Phlm	1-25	☐
6	Phil	1,1-30	☐	21	1Tim	1,1-20	☐
7	Phil	2,1-30	☐	22	1Tim	2,1-3,16	☐
8	Phil	3,1-21	☐	23	1Tim	4,1-16	☐
9	Phil	4,1-23	☐	24	1Tim	5,1-6,2a	☐
10	Eph	1,1-23	☐	25	1Tim	6,2b-21	☐
11	Eph	2,1-22	☐	26	Tit	1,1-16	☐
12	Eph	3,1-21	☐	27	Tit	2,1-3,15	☐
13	Eph	4,1-32	☐	28	2Tim	1,1-18	☐
14	Eph	5,1-33	☐	29	2Tim	2,1-26	☐
15	Eph	6,1-24	☐	30	2Tim	3,1-17	☐

3. Der Leseplan enthält die abgekürzten Namen der 27 Schriften des Neuen Testaments sowie Zahlen. Die erste Zahl bezeichnet das Kapitel, die Zahlen hinter dem Komma betreffen kurze Abschnitte, die man in der Bibel »Verse« nennt, z.B. Lk 1,1-25 heißt: Lukas, Kapitel 1, die Verse 1 bis 25.
Abkürzungen der biblischen Bücher finden sich im Inhaltsverzeichnis.

7. Monat

Tag	Buch	Kapitel		Tag	Buch	Kapitel	
1	2Tim	4,1-22	☐	16	Mt	11,1-30	☐
2	Mt	1,1-25	☐	17	Mt	12,1-21	☐
3	Mt	2,1-23	☐	18	Mt	12,22-37	☐
4	Mt	3,1-17	☐	19	Mt	12,38-50	☐
5	Mt	4,1-25	☐	20	Mt	13,1-23	☐
6	Mt	5,1-20	☐	21	Mt	13,24-52	☐
7	Mt	5,21-48	☐	22	Mt	13,53-14,21	☐
8	Mt	6,1-18	☐	23	Mt	14,22-36	☐
9	Mt	6,19-34	☐	24	Mt	15,1-28	☐
10	Mt	7,1-29	☐	25	Mt	15,29-16,12	☐
11	Mt	8,1-27	☐	26	Mt	16,13-28	☐
12	Mt	8,28-9,17	☐	27	Mt	17,1-23	☐
13	Mt	9,18-38	☐	28	Mt	17,24-18,14	☐
14	Mt	10,1-26a	☐	29	Mt	18,15-35	☐
15	Mt	10,26b-42	☐	30	Mt	19,1-15	☐
				31	Mt	19,16-30	☐

8. Monat

Tag	Buch	Kapitel		Tag	Buch	Kapitel	
1	Mt	20,1-16	☐	16	Mt	26,57-75	☐
2	Mt	20,17-34	☐	17	Mt	27,1-30	☐
3	Mt	21,1-22	☐	18	Mt	27,31-44	☐
4	Mt	21,23-46	☐	19	Mt	27,45-66	☐
5	Mt	22,1-22	☐	20	Mt	28,1-20	☐
6	Mt	22,23-46	☐	21	Hebr	1,1-14	☐
7	Mt	23,1-28	☐	22	Hebr	2,1-18	☐
8	Mt	23,29-24,2	☐	23	Hebr	3,1-4,13	☐
9	Mt	24,3-31	☐	24	Hebr	4,14-5,10	☐
10	Mt	24,32-25,13	☐	25	Hebr	5,11-6,20	☐
11	Mt	25,14-30	☐	26	Hebr	7,1-28	☐
12	Mt	25,31-46	☐	27	Hebr	8,1-13	☐
13	Mt	26,1-16	☐	28	Hebr	9,1-22	☐
14	Mt	26,17-35	☐	29	Hebr	9,23-10,18	☐
15	Mt	26,36-56	☐	30	Hebr	10,19-39	☐
				31	Hebr	11,1-22	☐

9. Monat

Tag	Buch	Kapitel		Tag	Buch	Kapitel	
1	Hebr	11,23-40	☐	16	Mk	4,21-41	☐
2	Hebr	12,1-29	☐	17	Mk	5,1-20	☐
3	Hebr	13,1-25	☐	18	Mk	5,21-43	☐
4	Jak	1,1-18	☐	19	Mk	6,1-13	☐
5	Jak	1,19-2,13	☐	20	Mk	6,14-29	☐
6	Jak	2,14-26	☐	21	Mk	6,30-56	☐
7	Jak	3,1-18	☐	22	Mk	7,1-23	☐
8	Jak	4,1-17	☐	23	Mk	7,24-37	☐
9	Jak	5,1-20	☐	24	Mk	8,1-26	☐
10	Mk	1,1-20	☐	25	Mk	8,27-9,1	☐
11	Mk	1,21-45	☐	26	Mk	9,2-13	☐
12	Mk	2,1-17	☐	27	Mk	9,14-29	☐
13	Mk	2,18-3,6	☐	28	Mk	9,30-50	☐
14	Mk	3,7-35	☐	29	Mk	10,1-16	☐
15	Mk	4,1-20	☐	30	Mk	10,17-31	☐

10. Monat

Tag	Buch	Kapitel		Tag	Buch	Kapitel	
1	Mk	10,32-52	☐	16	1Petr	1,1-12	☐
2	Mk	11,1-19	☐	17	1Petr	1,13-25	☐
3	Mk	11,20-33	☐	18	1Petr	2,1-10	☐
4	Mk	12,1-17	☐	19	1Petr	2,11-25	☐
5	Mk	12,18-34	☐	20	1Petr	3,1-22	☐
6	Mk	12,35-13,2	☐	21	1Petr	4,1-19	☐
7	Mk	13,3-23	☐	22	1Petr	5,1-14	☐
8	Mk	13,24-37	☐	23	2Petr	1,1-21	☐
9	Mk	14,1-11	☐	24	2Petr	2,1-22	☐
10	Mk	14,12-31	☐	25	2Petr	3,1-18	☐
11	Mk	14,32-52	☐	26	Jud	1-25	☐
12	Mk	14,53-72	☐	27	Joh	1,1-18	☐
13	Mk	15,1-20a	☐	28	Joh	1,19-34	☐
14	Mk	15,20b-47	☐	29	Joh	1,35-51	☐
15	Mk	16,1-20	☐	30	Joh	2,1-25	☐
				31	Joh	3,1-21	☐

11. Monat

Tag	Buch	Kapitel		Tag	Buch	Kapitel	
1	Joh	3,22-36	☐	16	Joh	11,1-27	☐
2	Joh	4,1-26	☐	17	Joh	11,28-57	☐
3	Joh	4,27-54	☐	18	Joh	12,1-19	☐
4	Joh	5,1-18	☐	19	Joh	12,20-50	☐
5	Joh	5,19-47	☐	20	Joh	13,1-20	☐
6	Joh	6,1-21	☐	21	Joh	13,21-38	☐
7	Joh	6,22-59	☐	22	Joh	14,1-31	☐
8	Joh	6,60-71	☐	23	Joh	15,1-27	☐
9	Joh	7,1-24	☐	24	Joh	16,1-15	☐
10	Joh	7,25-52	☐	25	Joh	16,16-33	☐
11	Joh	8,1-29	☐	26	Joh	17,1-26	☐
12	Joh	8,30-59	☐	27	Joh	18,1-27	☐
13	Joh	9,1-41	☐	28	Joh	18,28-19,16	☐
14	Joh	10,1-21	☐	29	Joh	19,17-42	☐
15	Joh	10,22-42	☐	30	Joh	20,1-18	☐

12. Monat

Tag	Buch	Kapitel		Tag	Buch	Kapitel	
1	Joh	20,19-31	☐	16	Offb	6,1-17	☐
2	Joh	21,1-25	☐	17	Offb	7,1-8,5	☐
3	1Joh	1,1-2,6	☐	18	Offb	8,6-9,21	☐
4	1Joh	2,7-29	☐	19	Offb	10,1-11	☐
5	1Joh	3,1-24	☐	20	Offb	11,1-19	☐
6	1Joh	4,1-21	☐	21	Offb	12,1-18	☐
7	1Joh	5,1-21	☐	22	Offb	13,1-18	☐
8	2Joh	1-13	☐	23	Offb	14,1-20	☐
9	3Joh	1-15	☐	24	Offb	15,1-8	☐
10	Offb	1,1-20	☐	25	Offb	16,1-21	☐
11	Offb	2,1-17	☐	26	Offb	17,1-18	☐
12	Offb	2,18-3,6	☐	27	Offb	18,1-24	☐
13	Offb	3,7-22	☐	28	Offb	19,1-21	☐
14	Offb	4,1-11	☐	29	Offb	20,1-15	☐
15	Offb	5,1-14	☐	30	Offb	21,1-22,5	☐
				31	Offb	22,6-21	☐

FÜR JEDEN TAG

Mit dem Neuen Testament durch das Jahr

Das Neue Testament
nach der Übersetzung
Martin Luthers

R. Brockhaus Verlag Wuppertal und Zürich

Über dieses Buch

- Dieses Buch ist der zweite Hauptteil der Bibel, das Neue Testament.

- Das Neue Testament enthält 27 Schriften, deren Botschaft die ganze Welt verändert hat. Sie wurden in der Zeit zwischen 50 und 100 nach Christus von unterschiedlichen Autoren aufgezeichnet, und sie alle haben im Grunde nur ein Thema: Jesus Christus, der Erlöser und Herr der Welt.

- Das Neue Testament ist seit Jahrhunderten ein Bestseller, und zwar in der ganzen Welt. Die Verkaufskurve steigt heute auf allen Kontinenten. Dennoch gibt es in Europa Millionen von Menschen, die dieses grundlegende Buch des Christentums noch nie durchgelesen haben. Besonders für sie haben wir diese interessante neue Ausgabe gestaltet.

- Das Neue Testament ist bisher ganz oder teilweise in 1907 Sprachen übersetzt worden. Die hier benutzte deutsche Übersetzung von Martin Luther (zuerst 1522) hat die deutsche Sprache wie kein anderes Buch geprägt. Eine Vielzahl von deutschen Sprichwörtern stammen aus der Lutherbibel, ohne daß ihre Herkunft noch allgemein bekannt ist. Ein Beispiel: »Der Mensch lebt nicht vom Brot allein« ist eine Antwort Jesu an den Satan.

- Es ist empfehlenswert, beim Lesen des Neuen Testaments mit dem Lukasevangelium und der Apostelgeschichte anzufangen (siehe Leseplan auf den ersten Seiten). Die beiden Schriften des Arztes Lukas sind besonders anregend geschrieben. Dieser Verfasser macht uns nicht nur mit dem Leben Jesu, sondern im Anschluß daran auch mit der spannenden Ausbreitung des christlichen Glaubens im ersten Jahrhundert bekannt.

- Die Hauptbotschaft dieses Buches, das im Auftrag Gottes geschrieben wurde, ist leicht zu verstehen und zu glauben. Dennoch mag es hin und wieder Unklarheiten geben. Daher empfehlen wir, Fragen zu notieren und mit einem erfahrenen Christen oder in einer Bibelgruppe zu besprechen. Oft hilft zum Verständnis auch die Lektüre einer Bibelübertragung ins heutige Deutsch, wie sie »Die Gute Nachricht« oder »Hoffnung für alle« bieten.

- Schauen Sie sich nun den Aufbau des Neuen Testaments im Inhaltsverzeichnis sowie den vorn eingedruckten Leseplan an und beginnen Sie dann, am besten täglich eine oder wöchentlich mehrere Leseportionen durchzunehmen. Sie brauchen nicht mehr als fünf bis sieben Minuten pro Tag. Beim Lesen werden Sie viele Überraschungen und Herausforderungen erleben.

Gott segne Sie beim Lesen dieses einzigartigen Buches!

Inhalt

Das Evangelium nach

Matthäus

Einführung

Das Evangelium nach Matthäus wurde für Christen und für an Christus interessierte Menschen jüdischer Herkunft geschrieben. Erkennbar sind aus dem Evangelium mehrere Gründe für die Abfassung:

- Matthäus will den Zusammenhang zwischen Jesus und dem Alten Testament zeigen.
- Er will die Lehren Jesu für seine Jünger festhalten.
- Er gibt Anweisungen Jesu für das Leben der Jünger weiter.
- Besonders Matthäus beschreibt, wie das Leben in der Gemeinde Jesu Christi gestaltet werden soll.

Weil Matthäus so viel daran lag, daß die Menschen seines Volkes zum Glauben an Jesus Christus kommen, hat er oft ihre Denkweise, ihre Tradition angesprochen: 65 mal bezieht er sich auf das Alte Testament. Auch benutzt er den ihnen geläufigen Ausdruck »Himmelreich«, wo die anderen Evangelien vom Reich Gottes sprechen.

Das Matthäus-Evangelium ist in der 2. Hälfte des 1. Jahrhunderts geschrieben worden. Als Verfasser gilt der Zöllner, der in Matthäus 9,9 und 10,3 erwähnt wird. Wir wissen wenig von ihm. Er wurde aber von Jesus persönlich in die Nachfolge gerufen.

Überblick

Herkunft und Geburt Jesu Christi	1,1-2,23
Jesu Taufe und Versuchung	3,13-4,11
Die Bergpredigt	5,1-7,29
Wunder, Lehre und Reaktionen der Menschen	8,1-17,27
Vom Leben in der Gemeinde	18,1-35
Jesus in Jerusalem bis zur Kreuzigung	21,1-25,46
Jesu Auferstehung und Gespräche danach	26,1-28,20

Jesu Stammbaum

1 Dies ist das Buch von der Geschichte Jesu
Christi, des Sohnes Davids, des Sohnes
Abrahams.
2Abraham zeugte Isaak. Isaak zeugte Jakob.
Jakob zeugte Juda und seine Brüder. 3Juda zeug-
te Perez und Serach mit der Tamar. Perez zeugte
Hezron. Hezron zeugte Ram. 4Ram zeug-
te Amminadab. Amminadab zeugte Nachschon.
Nachschon zeugte Salmon. 5Salmon zeugte Boas
mit der Rahab. Boas zeugte Obed mit der Rut.
Obed zeugte Isai. 6Isai zeugte den König David.
David zeugte Salomo mit der Frau des Uria. 7Sa-
lomo zeugte Rehabeam. Rehabeam zeugte Abija.
Abija zeugte Asa. 8Asa zeugte Joschafat. Joscha-
fat zeugte Joram. Joram zeugte Usija. 9Usija
zeugte Jotam. Jotam zeugte Ahas. Ahas zeugte
Hiskia. 10Hiskia zeugte Manasse. Manasse zeugte
Amon. Amon zeugte Josia. 11Josia zeugte Joja-
chin und seine Brüder um die Zeit der babyloni-
schen Gefangenschaft. 12Nach der babylonischen
Gefangenschaft zeugte Jojachin Schealtiël. Sche-

altiël zeugte Serubbabel. [13]Serubbabel zeugte
Abihud. Abihud zeugte Eljakim. Eljakim zeugte
Asor. [14]Asor zeugte Zadok. Zadok zeugte
Achim. Achim zeugte Eliud. [15]Eliud zeugte
Eleasar. Eleasar zeugte Mattan. Mattan zeugte
Jakob. [16]Jakob zeugte Josef, den Mann der Ma-
ria, von der geboren ist Jesus, der da heißt Chri-
stus.

[17]Alle Glieder von Abraham bis zu David sind
vierzehn Glieder. Von David bis zur babyloni-
schen Gefangenschaft sind vierzehn Glieder.
Von der babylonischen Gefangenschaft bis zu
Christus sind vierzehn Glieder.

Jesu Geburt

[18]Die Geburt Jesu Christi geschah aber so: Als
Maria, seine Mutter, dem Josef vertraut war,

---

vertraut, verlobt

Maria war mit Josef verlobt. Ihr Kind – Jesus – war nach Gottes Plan Anfang der neuen Schöpfung, darum entstand es durch Gottes Handeln, das für Menschen unerklärbar bleibt.

---

fand es sich, ehe er sie heimholte, daß sie
schwanger war von dem heiligen Geist. [19]Josef
aber, ihr Mann, war fromm und wollte sie nicht
in Schande bringen, gedachte aber, sie heimlich
zu verlassen. [20]Als er das noch bedachte, siehe,
da erschien ihm der Engel des Herrn im Traum
und sprach: Josef, du Sohn Davids, fürchte dich
nicht, Maria, deine Frau, zu dir zu nehmen; denn
was sie empfangen hat, das ist von dem heiligen
Geist. [21]Und sie wird einen Sohn gebären, dem
sollst du den Namen Jesus geben, denn er wird
sein Volk retten von ihren Sünden. [22]Das ist aber

Er wird sein Volk retten von ihren Sünden.

---

alles geschehen, damit erfüllt würde, was der
Herr durch den Propheten gesagt hat, der da
spricht (Jesaja 7,14):

[23]»Siehe, eine Jungfrau wird schwanger sein
und einen Sohn gebären,
und sie werden ihm den Namen Immanuel
geben«,
das heißt übersetzt: Gott mit uns.

[24]Als nun Josef vom Schlaf erwachte, tat er, wie
ihm der Engel des Herrn befohlen hatte, und
nahm seine Frau zu sich. [25]Und er berührte sie
nicht, bis sie einen Sohn gebar; und er gab ihm
den Namen Jesus.

Die Weisen aus dem Morgenland

2 Als Jesus geboren war in Bethlehem in Ju-
däa zur Zeit des Königs Herodes, siehe, da
kamen Weise aus dem Morgenland nach
Jerusalem und sprachen: [2]Wo ist der neugebore-
ne König der Juden? Wir haben seinen Stern ge-
sehen im Morgenland und sind gekommen, ihn
anzubeten. [3]Als das der König Herodes hörte,
erschrak er und mit ihm ganz Jerusalem, [4]und er
ließ zusammenkommen alle Hohenpriester und
Schriftgelehrten des Volkes und erforschte von
ihnen, wo der Christus geboren werden sollte.
[5]Und sie sagten ihm: In Bethlehem in Judäa;
denn so steht geschrieben durch den Propheten
(Micha 5,1):

[6]»Und du, Bethlehem im jüdischen Lande,
bist keineswegs die kleinste unter den Städten
in Juda;
denn aus dir wird kommen der Fürst,
der mein Volk Israel weiden soll.«

[7]Da rief Herodes die Weisen heimlich zu sich
und erkundete genau von ihnen, wann der Stern
erschienen wäre, [8]und schickte sie nach Bethle-
hem und sprach: Zieht hin und forscht fleißig
nach dem Kindlein; und wenn ihr's findet, so
sagt mir's wieder, daß auch ich komme und es
anbete. [9]Als sie nun den König gehört hatten,
zogen sie hin. Und siehe, der Stern, den sie im
Morgenland gesehen hatten, ging vor ihnen her,
bis er über dem Ort stand, wo das Kindlein war.
[10]Als sie den Stern sahen, wurden sie hoch er-
freut [11]und gingen in das Haus und fanden das
Kindlein mit Maria, seiner Mutter, und fielen
nieder und beteten es an und taten ihre Schätze
auf und schenkten ihm Gold, Weihrauch und
Myrrhe. [12]Und Gott befahl ihnen im Traum,
nicht wieder zu Herodes zurückzukehren; und
sie zogen auf einem andern Weg wieder in ihr
Land.

Die Flucht nach Ägypten

[13]Als sie aber hinweggezogen waren, siehe, da
erschien der Engel des Herrn dem Josef im
Traum und sprach: Steh auf, nimm das Kindlein
und seine Mutter mit dir und flieh nach Ägypten

und bleib dort, bis ich dir's sage; denn Herodes
hat vor, das Kindlein zu suchen, um es umzu-
bringen. [14]Da stand er auf und nahm das Kind-
lein und seine Mutter mit sich bei Nacht und ent-
wich nach Ägypten [15]und blieb dort bis nach
dem Tod des Herodes, damit erfüllt würde, was
der Herr durch den Propheten gesagt hat, der da
spricht (Hosea 11,1): »Aus Ägypten habe ich
meinen Sohn gerufen.«

Der Kindermord des Herodes

[16]Als Herodes nun sah, daß er von den Weisen
betrogen war, wurde er sehr zornig und schickte
aus und ließ alle Kinder in Bethlehem töten und
in der ganzen Gegend, die zweijährig und darun-
ter waren, nach der Zeit, die er von den Weisen
genau erkundet hatte. [17]Da wurde erfüllt, was ge-
sagt ist durch den Propheten Jeremia, der da
spricht (Jeremia 31,15):

> [18]»In Rama hat man ein Geschrei gehört,
> viel Weinen und Wehklagen;
> Rahel beweinte ihre Kinder und wollte sich
> nicht trösten lassen,
> denn es war aus mit ihnen.«

Die Rückkehr aus Ägypten

[19]Als aber Herodes gestorben war, siehe, da er-
schien der Engel des Herrn dem Josef im Traum
in Ägypten [20]und sprach: Steh auf, nimm das
Kindlein und seine Mutter mit dir und zieh hin in
das Land Israel; sie sind gestorben, die dem
Kindlein nach dem Leben getrachtet haben. [21]Da
stand er auf und nahm das Kindlein und seine
Mutter mit sich und kam in das Land Israel.
[22]Als er aber hörte, daß Archelaus in Judäa Kö-
nig war anstatt seines Vaters Herodes, fürchtete
er sich, dorthin zu gehen. Und im Traum emp-
fing er Befehl von Gott und zog ins galiläische
Land [23]und kam und wohnte in einer Stadt mit
Namen Nazareth, damit erfüllt würde, was gesagt
ist durch die Propheten: Er soll Nazoräer heißen.

Die Bußpredigt Johannes der Täufer

3 Zu der Zeit kam Johannes der Täufer und
predigte in der Wüste von Judäa [2]und
sprach: Tut Buße, denn das Himmelreich
ist nahe herbeigekommen! [3]Denn dieser ist's,
von dem der Prophet Jesaja gesprochen und
gesagt hat (Jesaja 40,3):

> »Es ist eine Stimme eines Predigers in der
> Wüste:
> Bereitet dem Herrn den Weg
> und macht eben seine Steige!«

[4]Er aber, Johannes, hatte ein Gewand aus Ka-
melhaaren an und einen ledernen Gürtel um sei-
ne Lenden; seine Speise aber waren Heuschrek-
ken und wilder Honig. [5]Da ging zu ihm hinaus
die Stadt Jerusalem und ganz Judäa und alle
Länder am Jordan [6]und ließen sich taufen von

**Tut Buße, denn das Himmelreich
ist nahe herbeigekommen!**

---

ihm im Jordan und bekannten ihre Sünden. [7]Als
er nun viele Pharisäer und Sadduzäer sah zu sei-
ner Taufe kommen, sprach er zu ihnen: Ihr
Schlangenbrut, wer hat denn euch gewiß ge-
macht, daß ihr dem künftigen Zorn entrinnen
werdet? [8]Seht zu, bringt rechtschaffene Frucht
der Buße! [9]Denkt nur nicht, daß ihr bei euch sa-
gen könntet: Wir haben Abraham zum Vater.
Denn ich sage euch: Gott vermag dem Abraham
aus diesen Steinen Kinder zu erwecken. [10]Es ist
schon die Axt den Bäumen an die Wurzel gelegt.
Darum: jeder Baum, der nicht gute Frucht
bringt, wird abgehauen und ins Feuer geworfen.
[11]Ich taufe euch mit Wasser zur Buße; der aber
nach mir kommt, ist stärker als ich, und ich bin
nicht wert, ihm die Schuhe zu tragen; der wird
euch mit dem heiligen Geist und mit Feuer tau-
fen. [12]Er hat seine Worfschaufel in der Hand; er
wird seine Tenne fegen und seinen Weizen in die
Scheune sammeln; aber die Spreu wird er ver-
brennen mit unauslöschlichem Feuer.

Jesu Taufe

[13]Zu der Zeit kam Jesus aus Galiläa an den Jor-
dan zu Johannes, daß er sich von ihm taufen lie-
ße. [14]Aber Johannes wehrte ihm und sprach: Ich
bedarf dessen, daß ich von dir getauft werde,
und du kommst zu mir? [15]Jesus aber antwortete
und sprach zu ihm: Laß es jetzt geschehen! Denn
so gebührt es uns, alle Gerechtigkeit zu erfüllen.
Da ließ er's geschehen. [16]Und als Jesus getauft
war, stieg er alsbald herauf aus dem Wasser. Und
siehe, da tat sich ihm der Himmel auf, und er sah
den Geist Gottes wie eine Taube herabfahren
und über sich kommen. [17]Und siehe, eine

Stimme vom Himmel herab sprach: Dies ist mein lieber Sohn, an dem ich Wohlgefallen habe.

Jesu Versuchung

4 Da wurde Jesus vom Geist in die Wüste geführt, damit er von dem Teufel versucht würde. [2]Und da er vierzig Tage und vierzig Nächte gefastet hatte, hungerte ihn. [3]Und der Versucher trat zu ihm und sprach: Bist du Gottes Sohn, so sprich, daß diese Steine Brot werden. [4]Er aber antwortete und sprach: Es steht geschrieben (5. Mose 8,3): »Der Mensch lebt nicht vom Brot allein, sondern von einem jeden Wort, das aus dem Mund Gottes geht.«

Der Mensch lebt nicht vom Brot allein.

---

[5]Da führte ihn der Teufel mit sich in die heilige Stadt und stellte ihn auf die Zinne des Tempels [6]und sprach zu ihm: Bist du Gottes Sohn, so wirf dich hinab; denn es steht geschrieben (Psalm 91,11.12):

»Er wird seinen Engeln deinetwegen Befehl geben;
und sie werden dich auf den Händen tragen,
damit du deinen Fuß nicht an einen Stein stößt.«

[7]Da sprach Jesus zu ihm: Wiederum steht auch geschrieben (5. Mose 6,16): »Du sollst den Herrn, deinen Gott, nicht versuchen.«

[8]Darauf führte ihn der Teufel mit sich auf einen sehr hohen Berg und zeigte ihm alle Reiche der Welt und ihre Herrlichkeit [9]und sprach zu ihm: Das alles will ich dir geben, wenn du niederfällst und mich anbetest. [10]Da sprach Jesus zu ihm: Weg mit dir, Satan! denn es steht geschrieben (5. Mose 6,13): »Du sollst anbeten den Herrn, deinen Gott, und ihm allein dienen.« [11]Da verließ ihn der Teufel. Und siehe, da traten Engel zu ihm und dienten ihm.

Der Beginn des Wirkens Jesu in Galiläa

[12]Als nun Jesus hörte, daß Johannes gefangengesetzt worden war, zog er sich nach Galiläa zurück. [13]Und er verließ Nazareth, kam und wohnte in Kapernaum, das am See liegt im Gebiet von Sebulon und Naftali, [14]damit erfüllt würde, was gesagt ist durch den Propheten Jesaja, der da spricht (Jesaja 8,23; 9,1):

[15]»Das Land Sebulon und das Land Naftali,
das Land am Meer, das Land jenseits des Jordans,
das heidnische Galiläa,
[16]das Volk, das in Finsternis saß,
hat ein großes Licht gesehen;
und denen, die saßen am Ort und im Schatten des Todes,
ist ein Licht aufgegangen.«

[17]Seit der Zeit fing Jesus an zu predigen: Tut Buße, denn das Himmelreich ist nahe herbeigekommen!

Die Berufung der ersten Jünger

[18]Als nun Jesus am Galiläischen Meer entlangging, sah er zwei Brüder, Simon, der Petrus genannt wird, und Andreas, seinen Bruder; die warfen ihre Netze ins Meer; denn sie waren Fischer. [19]Und er sprach zu ihnen: Folgt mir nach; ich will euch zu Menschenfischern machen! [20]Sogleich verließen sie ihre Netze und folgten ihm nach. [21]Und als er von dort weiterging, sah er zwei andere Brüder, Jakobus, den Sohn des Zebedäus, und Johannes, seinen Bruder, im Boot mit ihrem Vater Zebedäus, wie sie ihre Netze flickten. Und er rief sie. [22]Sogleich verließen sie das Boot und ihren Vater und folgten ihm nach.

Krankenheilungen in Galiläa

[23]Und Jesus zog umher in ganz Galiläa, lehrte in ihren Synagogen und predigte das Evangelium von dem Reich und heilte alle Krankheiten und alle Gebrechen im Volk. [24]Und die Kunde von ihm erscholl durch ganz Syrien. Und sie brachten zu ihm alle Kranken, mit mancherlei Leiden und Plagen behaftet, Besessene, Mondsüchtige und Gelähmte; und er machte sie gesund. [25]Und es folgte ihm eine große Menge aus Galiläa, aus den Zehn Städten, aus Jerusalem, aus Judäa und von jenseits des Jordans.

Synagoge

Gebäude, in dem die Juden sich am Sabbat zum Gottesdienst versammelten. Die Synagoge diente während der Woche auch als Schule für die Kinder.

Die ersten Jünger Jesu waren Fischer

DIE BERGPREDIGT
(Kapitel 5-7)

Die Seligpreisungen

5 Als er aber das Volk sah, ging er auf einen
Berg und setzte sich; und seine Jünger tra-
ten zu ihm. 2Und er tat seinen Mund auf,
lehrte sie und sprach:
3Selig sind, die da geistlich arm sind; denn
ihrer ist das Himmelreich.
4Selig sind, die da Leid tragen; denn sie sollen
getröstet werden.
5Selig sind die Sanftmütigen; denn sie werden
das Erdreich besitzen.
6Selig sind, die da hungert und dürstet nach
der Gerechtigkeit; denn sie sollen satt werden.
7Selig sind die Barmherzigen; denn sie werden
Barmherzigkeit erlangen.

Selig sind die Barmherzigen.

8Selig sind, die reinen Herzens sind; denn sie
werden Gott schauen.
9Selig sind die Friedfertigen; denn sie werden
Gottes Kinder heißen.
10Selig sind, die um der Gerechtigkeit willen
verfolgt werden; denn ihrer ist das Himmel-
reich.
11Selig seid ihr, wenn euch die Menschen um
meinetwillen schmähen und verfolgen und reden
allerlei Übles gegen euch, wenn sie damit lügen.
12Seid fröhlich und getrost; es wird euch im Him-
mel reichlich belohnt werden. Denn ebenso ha-
ben sie verfolgt die Propheten, die vor euch
gewesen sind.

Salz und Licht

13Ihr seid das Salz der Erde. Wenn nun das Salz
nicht mehr salzt, womit soll man salzen? Es ist zu
nichts mehr nütze, als daß man es wegschüttet
und läßt es von den Leuten zertreten.
14Ihr seid das Licht der Welt. Es kann die
Stadt, die auf einem Berge liegt, nicht verborgen
sein. 15Man zündet auch nicht ein Licht an und
setzt es unter einen Scheffel, sondern auf einen
Leuchter; so leuchtet es allen, die im Hause sind.
16So laßt euer Licht leuchten vor den Leuten, da-
mit sie eure guten Werke sehen und euren Vater
im Himmel preisen.

Jesu Stellung zum Gesetz

17Ihr sollt nicht meinen, daß ich gekommen bin,
das Gesetz oder die Propheten aufzulösen; ich

Gesetz
Das Wort meint entweder die ersten fünf Bücher des Alten Testaments, die Bücher Mose, oder das ganze Alte Testament. Ein Kernstück sind die zehn Gebote.

bin nicht gekommen aufzulösen, sondern zu er-
füllen. 18Denn wahrlich, ich sage euch: Bis Him-
mel und Erde vergehen, wird nicht vergehen der

kleinste Buchstabe noch ein Tüpfelchen vom Ge-
setz, bis es alles geschieht. [19]Wer nun eines von
diesen kleinsten Geboten auflöst und lehrt die
Leute so, der wird der Kleinste heißen im Him-
melreich; wer es aber tut und lehrt, der wird groß
heißen im Himmelreich.

[20]Denn ich sage euch: Wenn eure Gerechtig-
keit nicht besser ist als die der Schriftgelehrten
und Pharisäer, so werdet ihr nicht in das Him-
melreich kommen.

Vom Töten

[21]Ihr habt gehört, daß zu den Alten gesagt ist
(2. Mose 20,13; 21,12): »Du sollst nicht töten«;
wer aber tötet, der soll des Gerichts schuldig
sein. [22]Ich aber sage euch: Wer mit seinem Bru-
der zürnt, der ist des Gerichts schuldig; wer aber
zu seinem Bruder sagt: Du Nichtsnutz!, der ist
des Hohen Rats schuldig; wer aber sagt: Du
Narr!, der ist des höllischen Feuers schuldig.
[23]Darum: wenn du deine Gabe auf dem Altar
opferst und dort kommt dir in den Sinn, daß
dein Bruder etwas gegen dich hat, [24]so laß dort
vor dem Altar deine Gabe und geh zuerst hin
und versöhne dich mit deinem Bruder und dann
komm und opfere deine Gabe. [25]Vertrage dich
mit deinem Gegner sogleich, solange du noch
mit ihm auf dem Weg bist, damit dich der Geg-
ner nicht dem Richter überantworte und der
Richter dem Gerichtsdiener und du ins Gefäng-
nis geworfen werdest. [26]Wahrlich, ich sage dir:
Du wirst nicht von dort herauskommen, bis du
auch den letzten Pfennig bezahlt hast.

Vom Ehebrechen

[27]Ihr habt gehört, daß gesagt ist (2. Mose 20,14):
»Du sollst nicht ehebrechen.« [28]Ich aber sage
euch: Wer eine Frau ansieht, sie zu begehren,
der hat schon mit ihr die Ehe gebrochen in sei-
nem Herzen. [29]Wenn dich aber dein rechtes Au-
ge zum Abfall verführt, so reiß es aus und wirf's
von dir. Es ist besser für dich, daß eins deiner
Glieder verderbe und nicht der ganze Leib in die
Hölle geworfen werde. [30]Wenn dich deine rechte
Hand zum Abfall verführt, so hau sie ab und wirf
sie von dir. Es ist besser für dich, daß eins deiner
Glieder verderbe und nicht der ganze Leib in die
Hölle fahre.

[31]Es ist auch gesagt (5. Mose 24,1): »Wer sich
von seiner Frau scheidet, der soll ihr einen Schei-
debrief geben.« [32]Ich aber sage euch: Wer sich
von seiner Frau scheidet, es sei denn wegen Ehe-
bruchs, der macht, daß sie die Ehe bricht; und
wer eine Geschiedene heiratet, der bricht die
Ehe.

Vom Schwören

[33]Ihr habt weiter gehört, daß zu den Alten gesagt
ist (3. Mose 19,12; 4. Mose 30,3): »Du sollst
keinen falschen Eid schwören und sollst dem
Herrn deinen Eid halten.« [34]Ich aber sage euch,
daß ihr überhaupt nicht schwören sollt, weder
bei dem Himmel, denn er ist Gottes Thron;
[35]noch bei der Erde, denn sie ist der Schemel sei-
ner Füße; noch bei Jerusalem, denn sie ist die
Stadt des großen Königs. [36]Auch sollst du nicht
bei deinem Haupt schwören; denn du vermagst
nicht ein einziges Haar weiß oder schwarz zu ma-
chen. [37]Eure Rede aber sei: Ja, ja; nein, nein.
Was darüber ist, das ist vom Übel.

Vom Vergelten

[38]Ihr habt gehört, daß gesagt ist (2. Mose 21,24):
»Auge um Auge, Zahn um Zahn.« [39]Ich aber sa-
ge euch, daß ihr nicht widerstreben sollt dem
Übel, sondern: wenn dich jemand auf deine
rechte Backe schlägt, dem biete die andere auch
dar. [40]Und wenn jemand mit dir rechten will und
dir deinen Rock nehmen, dem laß auch den
Mantel. [41]Und wenn dich jemand nötigt, eine
Meile mitzugehen, so geh mit ihm zwei. [42]Gib
dem, der dich bittet, und wende dich nicht ab
von dem, der etwas von dir borgen will.

Von der Feindesliebe

[43]Ihr habt gehört, daß gesagt ist (3. Mose 19,18):
»Du sollst deinen Nächsten lieben« und deinen
Feind hassen. [44]Ich aber sage euch: Liebt eure
Feinde und bittet für die, die euch verfolgen,
[45]damit ihr Kinder seid eures Vaters im Himmel.
Denn er läßt seine Sonne aufgehen über Böse
und Gute und läßt regnen über Gerechte und
Ungerechte. [46]Denn wenn ihr liebt, die euch lie-
ben, was werdet ihr für Lohn haben? Tun nicht
dasselbe auch die Zöllner? [47]Und wenn ihr nur
zu euren Brüdern freundlich seid, was tut ihr Be-
sonderes? Tun nicht dasselbe auch die Heiden?
[48]Darum sollt ihr vollkommen sein, wie euer
Vater im Himmel vollkommen ist.

Vom Almosengeben

6 Habt acht auf eure Frömmigkeit, daß ihr die nicht übt vor den Leuten, um von ihnen gesehen zu werden; ihr habt sonst keinen Lohn bei eurem Vater im Himmel.

[2]Wenn du nun Almosen gibst, sollst du es nicht vor dir ausposaunen lassen, wie es die Heuchler tun in den Synagogen und auf den Gassen, damit sie von den Leuten gepriesen werden. Wahrlich, ich sage euch: Sie haben ihren Lohn schon gehabt. [3]Wenn du aber Almosen gibst, so laß deine linke Hand nicht wissen, was die rechte tut, [4]damit dein Almosen verborgen bleibe; und dein Vater, der in das Verborgene sieht, wird dir's vergelten.

Vom Beten. Das Vaterunser

[5]Und wenn ihr betet, sollt ihr nicht sein wie die Heuchler, die gern in den Synagogen und an den Straßenecken stehen und beten, damit sie von den Leuten gesehen werden. Wahrlich, ich sage euch: Sie haben ihren Lohn schon gehabt. [6]Wenn du aber betest, so geh in dein Kämmerlein und schließ die Tür zu und bete zu deinem Vater, der im Verborgenen ist; und dein Vater, der in das Verborgene sieht, wird dir's vergelten. [7]Und wenn ihr betet, sollt ihr nicht viel plappern wie die Heiden; denn sie meinen, sie werden erhört, wenn sie viele Worte machen. [8]Darum sollt ihr ihnen nicht gleichen. Denn euer Vater weiß, was ihr bedürft, bevor ihr ihn bittet. [9]Darum sollt ihr so beten:

Unser Vater im Himmel!
Dein Name werde geheiligt.
[10]Dein Reich komme.
Dein Wille geschehe wie im Himmel so auf Erden.

Dein Wille geschehe wie im Himmel so auf Erden.

---

[11]Unser tägliches Brot gib uns heute.
[12]Und vergib uns unsere Schuld,
wie auch wir vergeben unsern Schuldigern.
[13]Und führe uns nicht in Versuchung,
sondern erlöse uns von dem Bösen.
Denn dein ist das Reich und die Kraft
und die Herrlichkeit in Ewigkeit. Amen.

[14]Denn wenn ihr den Menschen ihre Verfehlungen vergebt, so wird euch euer himmlischer Vater auch vergeben. [15]Wenn ihr aber den Menschen nicht vergebt, so wird euch euer Vater eure Verfehlungen auch nicht vergeben.

Vom Fasten

[16]Wenn ihr fastet, sollt ihr nicht sauer dreinsehen wie die Heuchler; denn sie verstellen ihr Gesicht, um sich vor den Leuten zu zeigen mit ihrem Fasten. Wahrlich, ich sage euch: Sie haben ihren Lohn schon gehabt. [17]Wenn du aber fastest, so salbe dein Haupt und wasche dein Gesicht, [18]damit du dich nicht vor den Leuten zeigst mit deinem Fasten, sondern vor deinem Vater, der im Verborgenen ist; und dein Vater, der in das Verborgene sieht, wird dir's vergelten.

Vom Schätzesammeln und Sorgen

[19]Ihr sollt euch nicht Schätze sammeln auf Erden, wo sie die Motten und der Rost fressen und wo die Diebe einbrechen und stehlen. [20]Sammelt euch aber Schätze im Himmel, wo sie weder Motten noch Rost fressen und wo die Diebe nicht einbrechen und stehlen. [21]Denn wo dein Schatz ist, da ist auch dein Herz.

[22]Das Auge ist das Licht des Leibes. Wenn dein Auge lauter ist, so wird dein ganzer Leib licht sein. [23]Wenn aber dein Auge böse ist, so wird dein ganzer Leib finster sein. Wenn nun das Licht, das in dir ist, Finsternis ist, wie groß wird dann die Finsternis sein!

[24]Niemand kann zwei Herren dienen: entweder er wird den einen hassen und den andern lieben, oder er wird an dem einen hängen und den andern verachten. Ihr könnt nicht Gott dienen und dem Mammon. [25]Darum sage ich euch: Sorgt nicht um euer Leben, was ihr essen und trinken werdet; auch nicht um euren Leib, was ihr anziehen werdet. Ist nicht das Leben mehr als die Nahrung und der Leib mehr als die Kleidung? [26]Seht die Vögel unter dem Himmel an: sie säen nicht, sie ernten nicht, sie sammeln nicht in die Scheunen; und euer himmlischer Vater ernährt sie doch. Seid ihr denn nicht viel mehr als sie? [27]Wer ist unter euch, der seines Lebens Länge eine Spanne zusetzen könnte, wie sehr er sich auch darum sorgt? [28]Und warum sorgt ihr euch um die Kleidung? Schaut die Lilien auf dem Feld an, wie sie wachsen: sie arbeiten nicht, auch spinnen sie nicht. [29]Ich sage euch, daß auch Salomo in aller seiner Herrlichkeit nicht gekleidet

gewesen ist wie eine von ihnen. [30]Wenn nun Gott
das Gras auf dem Feld so kleidet, das doch heute
steht und morgen in den Ofen geworfen wird: soll-
te er das nicht viel mehr für euch tun, ihr Klein-
gläubigen? [31]Darum sollt ihr nicht sorgen und sa-
gen: Was werden wir essen? Was werden wir trin-
ken? Womit werden wir uns kleiden? [32]Nach dem
allen trachten die Heiden. Denn euer himmlischer
Vater weiß, daß ihr all dessen bedürft. [33]Trachtet
zuerst nach
dem Reich Gottes und nach seiner Gerechtig-
keit, so wird euch das alles zufallen. [34]Darum
sorgt nicht für morgen, denn der morgige Tag
wird für das Seine sorgen. Es ist genug, daß jeder
Tag seine eigene Plage hat.

Sorgt nicht für morgen.

Vom Richtgeist

7 Richtet nicht, damit ihr nicht gerichtet
werdet. [2]Denn nach welchem Recht ihr
richtet, werdet ihr gerichtet werden; und
mit welchem Maß ihr meßt, wird euch zugemes-
sen werden. [3]Was siehst du aber den Splitter in
deines Bruders Auge und nimmst nicht wahr den
Balken in deinem Auge? [4]Oder wie kannst du
sagen zu deinem Bruder: Halt, ich will dir den
Splitter aus deinem Auge ziehen?, und siehe, ein
Balken ist in deinem Auge. [5]Du Heuchler, zieh
zuerst den Balken aus deinem Auge; danach sieh
zu, wie du den Splitter aus deines Bruders Auge
ziehst.
[6]Ihr sollt das Heilige nicht den Hunden geben,
und eure Perlen sollt ihr nicht vor die Säue wer-
fen, damit die sie nicht zertreten mit ihren Füßen
und sich umwenden und euch zerreißen.

Von der Gebetserhörung

[7]Bittet, so wird euch gegeben; suchet, so werdet
ihr finden; klopfet an, so wird euch aufgetan.
[8]Denn wer da bittet, der empfängt; und wer da
sucht, der findet; und wer da anklopft, dem wird
aufgetan. [9]Wer ist unter euch Menschen, der sei-
nem Sohn, wenn er ihn bittet um Brot, einen
Stein biete? [10]oder, wenn er ihn bittet um einen
Fisch, eine Schlange biete? [11]Wenn nun ihr, die
ihr doch böse seid, dennoch euren Kindern gute
Gaben geben könnt, wieviel mehr wird euer
Vater im Himmel Gutes geben denen, die ihn
bitten!

Vom Tun des göttlichen Willens

[12]Alles nun, was ihr wollt, das euch die Leute
tun sollen, das tut ihnen auch! Das ist das Gesetz
und die Propheten.
[13]Geht hinein durch die enge Pforte. Denn die
Pforte ist weit, und der Weg ist breit, der zur
Verdammnis führt, und viele sind's, die auf ihm
hineingehen. [14]Wie eng ist die Pforte und wie
schmal der Weg, der zum Leben führt, und weni-
ge sind's, die ihn finden!
[15]Seht euch vor vor den falschen Propheten,
die in Schafskleidern zu euch kommen, inwendig
aber sind sie reißende Wölfe. [16]An ihren Früch-
ten sollt ihr sie erkennen. Kann man denn Trau-
ben lesen von den Dornen oder Feigen von den
Disteln? [17]So bringt jeder gute Baum gute Früch-
te; aber ein fauler Baum bringt schlechte Früch-
te. [18]Ein guter Baum kann nicht schlechte Früch-
te bringen, und ein fauler Baum kann nicht gute
Früchte bringen. [19]Jeder Baum, der nicht gute
Früchte bringt, wird abgehauen und ins Feuer
geworfen. [20]Darum: an ihren Früchten sollt ihr
sie erkennen.
[21]Es werden nicht alle, die zu mir sagen: Herr,
Herr!, in das Himmelreich kommen, sondern die
den Willen tun meines Vaters im Himmel. [22]Es
werden viele zu mir sagen an jenem Tage: Herr,
Herr, haben wir nicht in deinem Namen geweis-
sagt? Haben wir nicht in deinem Namen böse
Geister ausgetrieben? Haben wir nicht in deinem
Namen viele Wunder getan? [23]Dann werde ich
ihnen bekennen: Ich habe euch noch nie ge-
kannt; weicht von mir, ihr Übeltäter!

Vom Hausbau

[24]Darum, wer diese meine Rede hört und tut sie,
der gleicht einem klugen Mann, der sein Haus
auf Fels baute. [25]Als nun ein Platzregen fiel und
die Wasser kamen und die Winde wehten und
stießen an das Haus, fiel es doch nicht ein; denn
es war auf Fels gegründet. [26]Und wer diese mei-
ne Rede hört und tut sie nicht, der gleicht einem
törichten Mann, der sein Haus auf Sand baute.
[27]Als nun ein Platzregen fiel und die Wasser ka-
men und die Winde wehten und stießen an das
Haus, da fiel es ein, und sein Fall war groß.
[28]Und es begab sich, als Jesus diese Rede voll-
endet hatte, daß sich das Volk entsetzte über sei-

ne Lehre; 29denn er lehrte sie mit Vollmacht und
nicht wie ihre Schriftgelehrten.

Die Heilung eines Aussätzigen

8 Als er aber vom Berge herabging, folgte
ihm eine große Menge. 2Und siehe, ein
Aussätziger kam heran und fiel vor ihm
nieder und sprach: Herr, wenn du willst, kannst
du mich reinigen. 3Und Jesus streckte die Hand
aus, rührte ihn an und sprach: Ich will's tun; sei
rein! Und sogleich wurde er von seinem Aussatz
rein. 4Und Jesus sprach zu ihm: Sieh zu, sage es
niemandem, sondern geh hin und zeige dich dem
Priester und opfere die Gabe, die Mose befohlen
hat, ihnen zum Zeugnis.

Der Hauptmann von Kapernaum

5Als aber Jesus nach Kapernaum hineinging, trat
ein Hauptmann zu ihm; der bat ihn 6und sprach:
Herr, mein Knecht liegt zu Hause und ist ge-
lähmt und leidet große Qualen. 7Jesus sprach zu
ihm: Ich will kommen und ihn gesund machen.
8Der Hauptmann antwortete und sprach: Herr,
ich bin nicht wert, daß du unter mein Dach
gehst, sondern sprich nur ein Wort, so wird mein
Knecht gesund. 9Denn auch ich bin ein Mensch,
der Obrigkeit untertan, und habe Soldaten unter
mir; und wenn ich zu einem sage: Geh hin!, so
geht er; und zu einem andern: Komm her!, so
kommt er; und zu meinem Knecht: Tu das!, so
tut er's. 10Als das Jesus hörte, wunderte er sich
und sprach zu denen, die ihm nachfolgten:
Wahrlich, ich sage euch: Solchen Glauben habe
ich in Israel bei keinem gefunden! 11Aber ich sa-
ge euch: Viele werden kommen von Osten und
von Westen und mit Abraham und Isaak und Ja-
kob im Himmelreich zu Tisch sitzen; 12aber die
Kinder des Reichs werden hinausgestoßen in die
Finsternis; da wird sein Heulen und Zähneklap-
pern. 13Und Jesus sprach zu dem Hauptmann:
Geh hin; dir geschehe, wie du geglaubt hast.
Und sein Knecht wurde gesund zu derselben
Stunde.

Beim Hausbau kommt es auf das Fundament an

Jesus im Haus des Petrus

[14]Und Jesus kam in das Haus des Petrus und sah,
daß dessen Schwiegermutter zu Bett lag und hat-
te das Fieber. [15]Da ergriff er ihre Hand, und das
Fieber verließ sie. Und sie stand auf und diente
ihm. [16]Am Abend aber brachten sie viele Beses-
sene zu ihm; und er trieb die Geister aus durch
sein Wort und machte alle Kranken gesund,
[17]damit erfüllt würde, was gesagt ist durch den
Propheten Jesaja, der da spricht (Jesaja 53,4):

»Er hat unsre Schwachheit auf sich
genommen,
und unsre Krankheit hat er getragen.«

Vom Ernst der Nachfolge

[18]Als aber Jesus die Menge um sich sah, befahl
er, hinüber ans andre Ufer zu fahren. [19]Und es
trat ein Schriftgelehrter herzu und sprach zu ihm:
Meister, ich will dir folgen, wohin du gehst. [20]Je-
sus sagt zu ihm: Die Füchse haben Gruben, und
die Vögel unter dem Himmel haben Nester; aber
der Menschensohn hat nichts, wo er sein Haupt
hinlege. [21]Und ein anderer unter den Jüngern
sprach zu ihm: Herr, erlaube mir, daß ich zuvor
hingehe und meinen Vater begrabe. [22]Aber Jesus
spricht zu ihm: Folge du mir, und laß die Toten
ihre Toten begraben!

Die Stillung des Sturms

[24]Und er stieg in das Boot, und seine Jünger
folgten ihm. [24]Und siehe, da erhob sich ein ge-
waltiger Sturm auf dem See, so daß auch das
Boot von Wellen zugedeckt wurde. Er aber
schlief. [25]Und sie traten zu ihm, weckten ihn auf
und sprachen: Herr, hilf, wir kommen um! [26]Da
sagt er zu ihnen: Ihr Kleingläubigen, warum seid
ihr so furchtsam? Und stand auf und bedrohte
den Wind und das Meer. Da wurde es ganz stille.
[27]Die Menschen aber verwunderten sich und
sprachen: Was ist das für ein Mann, daß ihm
Wind und Meer gehorsam sind?

Die Heilung der zwei Besessenen

[28]Und er kam ans andre Ufer in die Gegend der
Gadarener. Da liefen ihm entgegen zwei Beses-
sene; die kamen aus den Grabhöhlen und waren
sehr gefährlich, so daß niemand diese Straße ge-
hen konnte. [29]Und siehe, sie schrien: Was willst
du von uns, du Sohn Gottes? Bist du hergekom-
men, uns zu quälen, ehe es Zeit ist? [30]Es war
aber fern von ihnen eine große Herde Säue auf
der Weide. [31]Da baten ihn die bösen Geister und
sprachen: Willst du uns austreiben, so laß uns in
die Herde Säue fahren. [32]Und er sprach: Fahrt
aus! Da fuhren sie aus und fuhren in die Säue.
Und siehe, die ganze Herde stürmte den Abhang
hinunter in den See, und sie ersoffen im Wasser.
[33]Und die Hirten flohen und gingen hin in die
Stadt und berichteten das alles und wie es den
Besessenen ergangen war. [34]Und siehe, da ging
die ganze Stadt hinaus Jesus entgegen. Und als
sie ihn sahen, baten sie ihn, daß er ihr Gebiet
verlasse.

Die Heilung eines Gelähmten

9 Da stieg er in ein Boot und fuhr hinüber
und kam in seine Stadt. [2]Und siehe, da
brachten sie zu ihm einen Gelähmten, der
lag auf einem Bett. Als nun Jesus ihren Glauben
sah, sprach er zu dem Gelähmten: Sei getrost,
mein Sohn, deine Sünden sind dir vergeben.

Sei getrost, deine Sünden sind dir vergeben.

[3]Und siehe, einige unter den Schriftgelehrten
sprachen bei sich selbst: Dieser lästert Gott. [4]Als
aber Jesus ihre Gedanken sah, sprach er: Warum
denkt ihr so Böses in euren Herzen? [5]Was ist
denn leichter, zu sagen: Dir sind deine Sünden
vergeben, oder zu sagen: Steh auf und geh um-
her? [6]Damit ihr aber wißt, daß der Menschen-
sohn Vollmacht hat, auf Erden die Sünden zu
vergeben – sprach er zu dem Gelähmten: Steh
auf, hebe dein Bett auf und geh heim! [7]Und er
stand auf und ging heim. [8]Als das Volk das sah,
fürchtete es sich und pries Gott, der solche
Macht den Menschen gegeben hat.

Die Berufung des Matthäus

[9]Und als Jesus von dort wegging, sah er einen
Menschen am Zoll sitzen, der hieß Matthäus;
und er sprach zu ihm: Folge mir! Und er stand
auf und folgte ihm. [10]Und es begab sich, als er zu
Tisch saß im Hause, siehe, da kamen viele Zöll-
ner und Sünder und saßen zu Tisch mit Jesus
und seinen Jüngern. [11]Als das die Pharisäer sa-
hen, sprachen sie zu seinen Jüngern: Warum ißt
euer Meister mit den Zöllnern und Sündern?

12 Als das Jesus hörte, sprach er: Die Starken be-
dürfen des Arztes nicht, sondern die Kranken.
13 Geht aber hin und lernt, was das heißt (Hosea
6,6): »Ich habe Wohlgefallen an Barmherzigkeit
und nicht am Opfer.« Ich bin gekommen, die
Sünder zu rufen und nicht die Gerechten.

Vom Fasten

14 Da kamen die Jünger des Johannes zu ihm und
sprachen: Warum fasten wir und die Pharisäer so
viel, und deine Jünger fasten nicht? 15 Jesus ant-
wortete ihnen: Wie können die Hochzeitsgäste
Leid tragen, solange der Bräutigam bei ihnen ist?
Es wird aber die Zeit kommen, daß der Bräuti-
gam von ihnen genommen wird; dann werden sie
fasten. 16 Niemand flickt ein altes Kleid mit einem
Lappen von neuem Tuch; denn der Lappen reißt
doch wieder vom Kleid ab, und der Riß wird är-
ger. 17 Man füllt auch nicht neuen Wein in alte
Schläuche; sonst zerreißen die Schläuche, und
der Wein wird verschüttet, und die Schläuche
verderben. Sondern man füllt neuen Wein in
neue Schläuche, so bleiben beide miteinander
erhalten.

Die Heilung der blutflüssigen Frau und die Auferweckung der Tochter des Jaïrus

18 Als er dies mit ihnen redete, siehe, da kam ei-
ner von den Vorstehern der Gemeinde, fiel vor
ihm nieder und sprach: Meine Tochter ist eben
gestorben, aber komm und lege deine Hand auf
sie, so wird sie lebendig. 19 Und Jesus stand auf
und folgte ihm mit seinen Jüngern.

20 Und siehe, eine Frau, die seit zwölf Jahren
den Blutfluß hatte, trat von hinten an ihn heran
und berührte den Saum seines Gewandes.
21 Denn sie sprach bei sich selbst: Könnte ich nur
sein Gewand berühren, so würde ich gesund.
22 Da wandte sich Jesus um und sah sie und
sprach: Sei getrost, meine Tochter, dein Glaube
hat dir geholfen. Und die Frau wurde gesund zu
derselben Stunde.

23 Und als er in das Haus des Vorstehers kam
und sah die Pfeifer und das Getümmel des
Volkes, 24 sprach er: Geht hinaus! denn das Mäd-
chen ist nicht tot, sondern es schläft. Und sie
verlachten ihn. 25 Als aber das Volk hinausgetrie-
ben war, ging er hinein und ergriff sie bei der
Hand. Da stand das Mädchen auf. 26 Und diese
Kunde erscholl durch dieses ganze Land.

Die Heilung zweier Blinder und eines Stummen

27 Und als Jesus von dort weiterging, folgten ihm
zwei Blinde, die schrien: Ach, du Sohn Davids,
erbarme dich unser! 28 Und als er heimkam, tra-
ten die Blinden zu ihm. Und Jesus sprach zu ih-
nen: Glaubt ihr, daß ich das tun kann? Da spra-
chen sie zu ihm: Ja, Herr. 29 Da berührte er ihre
Augen und sprach: Euch geschehe nach eurem
Glauben! 30 Und ihre Augen wurden geöffnet.
Und Jesus drohte ihnen und sprach: Seht zu, daß
es niemand erfahre! 31 Aber sie gingen hinaus und
verbreiteten die Kunde von ihm in diesem gan-
zen Lande.

32 Als diese nun hinausgegangen waren, siehe,
da brachten sie zu ihm einen Menschen, der war
stumm und besessen. 33 Als aber der böse Geist
ausgetrieben war, redete der Stumme. Und das
Volk verwunderte sich und sprach: So etwas ist
noch nie in Israel gesehen worden. 34 Aber die
Pharisäer sprachen: Er treibt die bösen Geister
aus durch ihren Obersten.

Die große Ernte

35 Und Jesus ging ringsum in alle Städte und Dör-
fer, lehrte in ihren Synagogen und predigte das
Evangelium von dem Reich und heilte alle
Krankheiten und alle Gebrechen. 36 Und als er
das Volk sah, jammerte es ihn; denn sie waren
verschmachtet und zerstreut wie die Schafe, die
keinen Hirten haben. 37 Da sprach er zu seinen
Jüngern: Die Ernte ist groß, aber wenige sind der
Arbeiter. 38 Darum bittet den Herrn der Ernte,
daß er Arbeiter in seine Ernte sende.

Die Ernte ist groß, aber wenige sind der Arbeiter.

Die Berufung der zwölf Jünger

10 Und er rief seine zwölf Jünger zu sich
und gab ihnen Macht über die unrei-
nen Geister, daß sie die austrieben
und heilten alle Krankheiten und alle Gebre-
chen. 2 Die Namen aber der zwölf Apostel sind
diese: zuerst Simon, genannt Petrus, und Andre-
as, sein Bruder; Jakobus, der Sohn des Zebe-
däus, und Johannes, sein Bruder; 3 Philippus und
Bartholomäus; Thomas und Matthäus, der

Zöllner; Jakobus, der Sohn des Alphäus, und
Thaddäus; [4]Simon Kananäus und Judas Iskariot,
der ihn verriet.

Die Aussendung der Jünger

[5]Diese Zwölf sandte Jesus aus, gebot ihnen und
sprach: Geht nicht den Weg zu den Heiden und
zieht in keine Stadt der Samariter, [6]sondern geht
hin zu den verlorenen Schafen aus dem Hause
Israel. [7]Geht aber und predigt und sprecht: Das
Himmelreich ist nahe herbeigekommen. [8]Macht
Kranke gesund, weckt Tote auf, macht Aussätzi-
ge rein, treibt böse Geister aus. Umsonst habt
ihr's empfangen, umsonst gebt es auch. [9]Ihr sollt
weder Gold noch Silber noch Kupfer in euren
Gürteln haben, [10]auch keine Reisetasche, auch
nicht zwei Hemden, keine Schuhe, auch keinen
Stecken. Denn ein Arbeiter ist seiner Speise
wert. [11]Wenn ihr aber in eine Stadt oder ein Dorf
geht, da erkundigt euch, ob jemand darin ist, der
es wert ist; und bei dem bleibt, bis ihr weiter-
zieht. [12]Wenn ihr aber in ein Haus geht, so grüßt
es; [13]und wenn es das Haus wert ist, wird euer
Friede auf sie kommen. Ist es aber nicht wert, so
wird sich euer Friede wieder zu euch wenden.
[14]Und wenn euch jemand nicht aufnehmen und
eure Rede nicht hören wird, so geht heraus aus
diesem Hause oder dieser Stadt und schüttelt den
Staub von euren Füßen. [15]Wahrlich, ich sage
euch: Dem Land der Sodomer und Gomorrer
wird es erträglicher ergehen am Tage des Ge-
richts als dieser Stadt.

Die Ansage kommender Verfolgungen

[16]Siehe, ich sende euch wie Schafe mitten unter
die Wölfe. Darum seid klug wie die Schlangen
und ohne Falsch wie die Tauben. [17]Hütet euch
aber vor den Menschen; denn sie werden euch
den Gerichten überantworten und werden euch
geißeln in ihren Synagogen. [18]Und man wird
euch vor Statthalter und Könige führen um mei-
netwillen, ihnen und den Heiden zum Zeugnis.
[19]Wenn sie euch nun überantworten werden, so
sorgt nicht, wie oder was ihr reden sollt; denn es
soll euch zu der Stunde gegeben werden, was ihr
reden sollt. [20]Denn nicht ihr seid es, die da re-
den, sondern eures Vaters Geist ist es, der durch
euch redet. [21]Es wird aber ein Bruder den andern
dem Tod preisgeben und der Vater den Sohn,
und die Kinder werden sich empören gegen ihre
Eltern und werden sie töten helfen. [22]Und ihr
werdet gehaßt werden von jedermann um meines
Namens willen. Wer aber bis an das Ende be-
harrt, der wird selig werden. [23]Wenn sie euch
aber in einer Stadt verfolgen, so flieht in eine an-
dere. Wahrlich, ich sage euch: Ihr werdet mit
den Städten Israels nicht zu Ende kommen, bis
der Menschensohn kommt. [24]Der Jünger steht
nicht über dem Meister und der Knecht nicht
über seinem Herrn. [25]Es ist für den Jünger ge-
nug, daß er ist wie sein Meister und der Knecht
wie sein Herr. Haben sie den Hausherrn Beelze-
bul genannt, wieviel mehr werden sie seine
Hausgenossen so nennen! [26]Darum fürchtet euch
nicht vor ihnen.

Menschenfurcht und Gottesfurcht

Es ist nichts verborgen, was nicht offenbar wird,
und nichts geheim, was man nicht wissen wird.
[27]Was ich euch sage in der Finsternis, das redet
im Licht; und was euch gesagt wird in das Ohr,
das predigt auf den Dächern. [28]Und fürchtet
euch nicht vor denen, die den Leib töten, doch
die Seele nicht töten können; fürchtet euch aber
viel mehr vor dem, der Leib und Seele verderben
kann in der Hölle. [29]Kauft man nicht zwei Sper-
linge für einen Groschen? Dennoch fällt keiner
von ihnen auf die Erde ohne euren Vater. [30]Nun
aber sind auch eure Haare auf dem Haupt alle
gezählt. [31]Darum fürchtet euch nicht; ihr seid
besser als viele Sperlinge. [32]Wer nun mich be-
kennt vor den Menschen, den will ich auch be-
kennen vor meinem himmlischen Vater. [33]Wer
mich aber verleugnet vor den Menschen, den will
ich auch verleugnen vor meinem himmlischen
Vater.

Entzweiungen um Jesu willen

[34]Ihr sollt nicht meinen, daß ich gekommen bin,
Frieden zu bringen auf die Erde. Ich bin nicht
gekommen, Frieden zu bringen, sondern das
Schwert. [35]Denn ich bin gekommen, den Men-
schen zu entzweien mit seinem Vater und die
Tochter mit ihrer Mutter und die Schwiegertoch-
ter mit ihrer Schwiegermutter. [36]Und des Men-
schen Feinde werden seine eigenen Hausgenos-
sen sein. [37]Wer Vater oder Mutter mehr liebt als
mich, der ist meiner nicht wert; und wer Sohn
oder Tochter mehr liebt als mich, der ist meiner
nicht wert. [38]Und wer nicht sein Kreuz auf sich
nimmt und folgt mir nach, der ist meiner nicht
wert. [39]Wer sein Leben findet, der wird's verlie-
ren; und wer sein Leben verliert um meinetwil-
len, der wird's finden.

Aufnahme um Jesu willen

40Wer euch aufnimmt, der nimmt mich auf; und
wer mich aufnimmt, der nimmt den auf, der
mich gesandt hat. 41Wer einen Propheten auf-
nimmt, weil es ein Prophet ist, der wird den
Lohn eines Propheten empfangen. Wer einen
Gerechten aufnimmt, weil es ein Gerechter ist,
der wird den Lohn eines Gerechten empfangen.
42Und wer einem dieser Geringen auch nur einen
Becher kalten Wassers zu trinken gibt, weil es ein
Jünger ist, wahrlich ich sage euch: es wird ihm
nicht unbelohnt bleiben.

Jesu Zeugnis über den Täufer

7Als sie fortgingen, fing Jesus an, zu dem Volk
von Johannes zu reden: Was seid ihr hinausge-
gangen in die Wüste zu sehen? Wolltet ihr ein
Rohr sehen, das der Wind hin und her weht?
8Oder was seid ihr hinausgegangen zu sehen?
Wolltet ihr einen Menschen in weichen Kleidern
sehen? Siehe, die weiche Kleider tragen, sind in
den Häusern der Könige. 9Oder was seid ihr hin-
ausgegangen zu sehen? Wolltet ihr einen Prophe-
ten sehen? Ja, ich sage euch: er ist mehr als ein
Prophet. 10Dieser ist's, von dem geschrieben
steht (Maleachi 3,1): »Siehe, ich sende meinen
Boten vor dir her, der deinen Weg vor dir berei-
ten soll.« 11Wahrlich, ich sage euch: Unter al-
len, die von einer Frau geboren sind, ist keiner
aufgetreten, der größer ist als Johannes der Täu-
fer; der aber der Kleinste ist im Himmelreich, ist
größer als er. 12Aber von den Tagen Johannes
des Täufers bis heute leidet das Himmelreich
Gewalt, und die Gewalttätigen reißen es an sich.
13Denn alle Propheten und das Gesetz haben ge-
weissagt bis hin zu Johannes; 14und wenn ihr's
annehmen wollt: er ist Elia, der da kommen soll.
15Wer Ohren hat, der höre!
16Mit wem soll ich aber dieses Geschlecht ver-
gleichen? Es gleicht den Kindern, die auf dem
Markt sitzen und rufen den andern zu: 17Wir

Erntearbeiter gesucht!

Die Anfrage des Täufers

11 Und es begab sich, als Jesus diese
Gebote an seine zwölf Jünger been-
det hatte, daß er von dort weiterging,
um in ihren Städten zu lehren und zu predigen.
2Als aber Johannes im Gefängnis von den Wer-
ken Christi hörte, sandte er seine Jünger 3und
ließ ihn fragen: Bist du es, der da kommen soll,
oder sollen wir auf einen andern warten? 4Jesus
antwortete und sprach zu ihnen: Geht hin und
sagt Johannes wieder, was ihr hört und seht:
5Blinde sehen und Lahme gehen, Aussätzige
werden rein und Taube hören, Tote stehen auf,
und Armen wird das Evangelium gepredigt; 6und
selig ist, wer sich nicht an mir ärgert.

haben euch aufgespielt, und ihr wolltet nicht tan-
zen; wir haben Klagelieder gesungen, und ihr
wolltet nicht weinen. 18Johannes ist gekommen,
aß nicht und trank nicht; so sagen sie: Er ist be-
sessen. 19Der Menschensohn ist gekommen, ißt
und trinkt; so sagen sie: Siehe, was ist dieser
Mensch für ein Fresser und Weinsäufer, ein
Freund der Zöllner und Sünder! Und doch ist
die Weisheit gerechtfertigt worden aus ihren
Werken.

Jesu Weheruf über galiläische Städte

20Da fing er an, die Städte zu schelten, in denen
die meisten seiner Taten geschehen waren; denn
sie hatten nicht Buße getan: 21Wehe dir, Chora-
zin! Weh dir, Betsaida! Wären solche Taten in
Tyrus und Sidon geschehen, wie sie bei euch ge-
schehen sind, sie hätten längst in Sack und Asche
Buße getan. 22Doch ich sage euch: Es wird Tyrus
und Sidon erträglicher ergehen am Tage des Ge-
richts als euch. 23Und du, Kapernaum, wirst du
bis zum Himmel erhoben werden? Du wirst bis
in die Hölle hinuntergestoßen werden. Denn
wenn in Sodom die Taten geschehen wären, die
in dir geschehen sind, es stünde noch heutigen
Tages. 24Doch ich sage euch: Es wird dem Land
der Sodomer erträglicher ergehen am Tage des
Gerichts als dir.

Jesu Lobpreis und Heilandsruf

25Zu der Zeit fing Jesus an und sprach: Ich preise
dich, Vater, Herr des Himmels und der Erde,
weil du dies den Weisen und Klugen verborgen
hast und hast es den Unmündigen offenbart.
26Ja, Vater; denn so hat es dir wohlgefallen.
27Alles ist mir übergeben von meinem Vater; und
niemand kennt den Sohn als nur der Vater; und
niemand kennt den Vater als nur der Sohn und
wem es der Sohn offenbaren will.

Kommt her zu mir, alle, die ihr mühselig und beladen seid.

28Kommt her zu mir, alle, die ihr mühselig
und beladen seid; ich will euch erquicken.
29Nehmt auf euch mein Joch und lernt von
mir; denn ich bin sanftmütig und von Herzen de-
mütig; so werdet ihr Ruhe finden für eure See-
len. 30Denn mein Joch ist sanft, und meine Last
ist leicht.

Joch, Last

Das Joch war ein Holzbalken oder Holzrahmen, mit dem zwei Tiere zusammengespannt wurden. »Joch« wurde als Bild für die Steuerung von Menschen durch Herrscher oder Lehrer oft verwendet.

Jesus und der Sabbat

12 Zu der Zeit ging Jesus durch ein
Kornfeld am Sabbat; und seine Jün-
ger waren hungrig und fingen an, Äh-
ren auszuraufen und zu essen. 2Als das die Phari-
säer sahen, sprachen sie zu ihm: Siehe, deine
Jünger tun, was am Sabbat nicht erlaubt ist. 3Er
aber sprach zu ihnen: Habt ihr nicht gelesen, was
David tat, als ihn und die bei ihm waren hunger-
te? 4wie er in das Gotteshaus ging und aß die
Schaubrote, die doch weder er noch die bei ihm
waren, essen durften, sondern allein die Priester?
5Oder habt ihr nicht gelesen im Gesetz, wie die
Priester am Sabbat im Tempel den Sabbat bre-
chen und sind doch ohne Schuld? 6Ich sage euch
aber: Hier ist Größeres als der Tempel. 7Wenn
ihr aber wüßtet, was das heißt (Hosea 6,6): »Ich
habe Wohlgefallen an Barmherzigkeit und nicht
am Opfer«, dann hättet ihr die Unschuldigen
nicht verdammt. 8Der Menschensohn ist ein Herr
über den Sabbat.

9Und er ging von dort weiter und kam in ihre
Synagoge. 10Und siehe, da war ein Mensch, der
hatte eine verdorrte Hand. Und sie fragten ihn
und sprachen: Ist's erlaubt, am Sabbat zu hei-
len?, damit sie ihn verklagen könnten. 11Aber er
sprach zu ihnen: Wer ist unter euch, der sein ein-
ziges Schaf, wenn es ihm am Sabbat in eine Gru-
be fällt, nicht ergreift und ihm heraushilft?
12Wieviel mehr ist nun ein Mensch als ein Schaf!
Darum darf man am Sabbat Gutes tun. 13Da
sprach er zu dem Menschen: Strecke deine Hand
aus! Und er streckte sie aus; und sie wurde ihm
wieder gesund wie die andere. 14Da gingen die
Pharisäer hinaus und hielten Rat über ihn, wie
sie ihn umbrächten.

Der Gottesknecht

15 Aber als Jesus das erfuhr, entwich er von dort.
Und eine große Menge folgte ihm, und er heilte
sie alle 16 und gebot ihnen, daß sie ihn nicht of-
fenbar machten, 17 damit erfüllt würde, was ge-
sagt ist durch den Propheten Jesaja, der da
spricht (Jesaja 42,1-4):

18 »Siehe, das ist mein Knecht, den ich erwählt
habe,
und mein Geliebter, an dem meine Seele
Wohlgefallen hat;
ich will meinen Geist auf ihn legen,
und er soll den Heiden das Recht ver-
kündigen.
19 Er wird nicht streiten noch schreien,
und man wird seine Stimme nicht hören auf
den Gassen;
20 das geknickte Rohr wird er nicht zerbre-
chen,
und den glimmenden Docht wird er nicht
auslöschen,
bis er das Recht hinausführt zum Sieg;
21 und die Heiden werden auf seinen Namen
hoffen.«

Jesu Macht über die bösen Geister

22 Da wurde ein Besessener zu Jesus gebracht, der
war blind und stumm; und er heilte ihn, so daß
der Stumme redete und sah. 23 Und alles Volk
entsetzte sich und fragte: Ist dieser nicht Davids
Sohn? 24 Aber als die Pharisäer das hörten, spra-
chen sie: Er treibt die bösen Geister nicht anders
aus als durch Beelzebul, ihren Obersten. 25 Jesus
erkannte aber ihre Gedanken und sprach zu ih-
nen: Jedes Reich, das mit sich selbst uneins ist,
wird verwüstet; und jede Stadt oder jedes Haus,
das mit sich selbst uneins ist, kann nicht beste-
hen. 26 Wenn nun der Satan den Satan austreibt,
so muß er mit sich selbst uneins sein; wie kann
dann sein Reich bestehen? 27 Wenn ich aber die
bösen Geister durch Beelzebul austreibe, durch
wen treiben eure Söhne sie aus? Darum werden
sie eure Richter sein. 28 Wenn ich aber die bösen
Geister durch den Geist Gottes austreibe, so ist
ja das Reich Gottes zu euch gekommen. 29 Oder
wie kann jemand in das Haus eines Starken ein-
dringen und ihm seinen Hausrat rauben, wenn er
nicht zuvor den Starken fesselt? Erst dann kann
er sein Haus berauben. 30 Wer nicht mit mir ist,
der ist gegen mich; und wer nicht mit mir sam-
melt, der zerstreut.

Die Sünde gegen den heiligen Geist

31 Darum sage ich euch: Alle Sünde und Läste-
rung wird den Menschen vergeben; aber die Lä-
sterung gegen den Geist wird nicht vergeben.
32 Und wer etwas redet gegen den Menschensohn,
dem wird es vergeben; aber wer etwas redet ge-
gen den heiligen Geist, dem wird's nicht verge-
ben, weder in dieser noch in jener Welt.

Vom Baum und seinen Früchten

33 Nehmt an, ein Baum ist gut, so wird auch seine
Frucht gut sein; oder nehmt an, ein Baum ist
faul, so wird auch seine Frucht faul sein. Denn
an der Frucht erkennt man den Baum. 34 Ihr
Schlangenbrut, wie könnt ihr Gutes reden, die
ihr böse seid? Wes das Herz voll ist, des geht der
Mund über. 35 Ein guter Mensch bringt Gutes
hervor aus dem guten Schatz seines Herzens; und
ein böser Mensch bringt Böses hervor aus seinem
bösen Schatz. 36 Ich sage euch aber, daß die Men-
schen Rechenschaft geben müssen am Tage des
Gerichts von jedem nichtsnutzigen Wort, das sie
geredet haben. 37 Aus deinen Worten wirst du ge-
rechtfertigt werden, und aus deinen Worten wirst
du verdammt werden.

Die Zeichenforderung der Pharisäer

38 Da fingen einige von den Schriftgelehrten und
Pharisäern an und sprachen zu ihm: Meister, wir
möchten gern ein Zeichen von dir sehen. 39 Und
er antwortete und sprach zu ihnen: Ein böses
und abtrünniges Geschlecht fordert ein Zeichen,
aber es wird ihm kein Zeichen gegeben werden,
es sei denn das Zeichen des Propheten Jona.
40 Denn wie Jona drei Tage und drei Nächte im
Bauch des Fisches war, so wird der Menschen-
sohn drei Tage und drei Nächte im Schoß der
Erde sein. 41 Die Leute von Ninive werden auf-
treten beim Jüngsten Gericht mit diesem Ge-
schlecht und werden es verdammen; denn sie ta-
ten Buße nach der Predigt des Jona. Und siehe,
hier ist mehr als Jona. 42 Die Königin vom Süden
wird auftreten beim Jüngsten Gericht mit diesem
Geschlecht und wird es verdammen; denn sie
kam vom Ende der Erde, um Salomos Weisheit
zu hören. Und siehe, hier ist mehr als Salomo.

Von der Rückkehr des bösen Geistes

43 Wenn der unreine Geist von einem Menschen
ausgefahren ist, so durchstreift er dürre Stätten,
sucht Ruhe und findet sie nicht. 44 Dann spricht
er: Ich will wieder zurückkehren in mein Haus,

aus dem ich fortgegangen bin. Und wenn er
kommt, so findet er's leer, gekehrt und ge-
schmückt. 45Dann geht er hin und nimmt mit sich
sieben andre Geister, die böser sind als er selbst;
und wenn sie hineinkommen, wohnen sie darin;
und es wird mit diesem Menschen hernach ärger,
als es vorher war. So wird's auch diesem bösen
Geschlecht ergehen.

Jesu wahre Verwandte

46Als er noch zu dem Volk redete, siehe, da stan-
den seine Mutter und seine Brüder draußen, die
wollten mit ihm reden. 47Da sprach einer zu ihm:
Siehe, deine Mutter und deine Brüder stehen
draußen und wollen mit dir reden. 48Er antwor-
tete aber und sprach zu dem, der es ihm ansagte:
Wer ist meine Mutter, und wer sind meine Brü-
der? 49Und er streckte die Hand aus über seine
Jünger und sprach: Siehe da, das ist meine Mut-
ter, und das sind meine Brüder! 50Denn wer den
Willen tut meines Vaters im Himmel, der ist mir
Bruder und Schwester und Mutter.

Vom Sämann

13 An demselben Tage ging Jesus aus
dem Hause und setzte sich an den
See. 2Und es versammelte sich eine
große Menge bei ihm, so daß er in ein Boot stieg
und sich setzte, und alles Volk stand am Ufer.
3Und er redete vieles zu ihnen in Gleichnissen
und sprach: Siehe, es ging ein Sämann aus, zu
säen. 4Und indem er säte, fiel einiges auf den
Weg; da kamen die Vögel und fraßen's auf. 5Ei-
niges fiel auf felsigen Boden, wo es nicht viel Er-
de hatte, und ging bald auf, weil es keine tiefe
Erde hatte. 6Als aber die Sonne aufging, ver-
welkte es, und weil es keine Wurzel hatte, ver-
dorrte es. 7Einiges fiel unter die Dornen; und die
Dornen wuchsen empor und erstickten's. 8Eini-
ges fiel auf gutes Land und trug Frucht, einiges
hundertfach, einiges sechzigfach, einiges dreißig-
fach. 9Wer Ohren hat, der höre!

Vom Sinn der Gleichnisrede

10Und die Jünger traten zu ihm und sprachen:
Warum redest du zu ihnen in Gleichnissen? 11Er
antwortete und sprach zu ihnen: Euch ist's gege-
ben, die Geheimnisse des Himmelreichs zu ver-
stehen, diesen aber ist's nicht gegeben. 12Denn
wer da hat, dem wird gegeben, daß er die Fülle
habe; wer aber nicht hat, dem wird auch das ge-
nommen, was er hat. 13Darum rede ich zu ihnen
in Gleichnissen. Denn mit sehenden Augen se-
hen sie nicht und mit hörenden Ohren hören sie
nicht; und sie verstehen es nicht. 14Und an ihnen
wird die Weissagung Jesajas erfüllt, die da sagt
(Jesaja 6,9.10):

»Mit den Ohren werdet ihr hören
und werdet es nicht verstehen;
und mit sehenden Augen werdet ihr sehen
und werdet es nicht erkennen.
15Denn das Herz dieses Volkes ist verstockt:
ihre Ohren hören schwer,
und ihre Augen sind geschlossen,
damit sie nicht etwa mit den Augen sehen
und mit den Ohren hören
und mit dem Herzen verstehen und sich
bekehren,
und ich ihnen helfe.«

16Aber selig sind eure Augen, daß sie sehen, und
eure Ohren, daß sie hören. 17Wahrlich, ich sage
euch: Viele Propheten und Gerechte haben be-
gehrt, zu sehen, was ihr seht, und haben's nicht
gesehen, und zu hören, was ihr hört, und haben's
nicht gehört.

Die Deutung des Gleichnisses vom Sämann

18So hört nun ihr dies Gleichnis von dem Sä-
mann: 19Wenn jemand das Wort von dem Reich
hört und nicht versteht, so kommt der Böse und
reißt hinweg, was in sein Herz gesät ist; das ist
der, bei dem auf den Weg gesät ist. 20Bei dem
aber auf felsigen Boden gesät ist, das ist, der das
Wort hört und es gleich mit Freuden aufnimmt;
21aber er hat keine Wurzel in sich, sondern er ist
wetterwendisch; wenn sich Bedrängnis oder Ver-
folgung erhebt um des Wortes willen, so fällt er
gleich ab. 22Bei dem aber unter die Dornen gesät
ist, das ist, der das Wort hört, und die Sorge der
Welt und der betrügerische Reichtum ersticken
das Wort, und er bringt keine Frucht. 23Bei dem
aber auf gutes Land gesät ist, das ist, der das
Wort hört und versteht und dann auch
Frucht bringt; und der eine trägt hundertfach,
der andere sechzigfach, der dritte dreißigfach.

Geheimnisse

Gemeint sind bis dahin verborgene göttliche Wahrheiten, die nur denen offenbart werden, die an Jesus Christus glauben.

Ein verdorrter Baum bringt keine Frucht

Vom Unkraut unter dem Weizen

24Er legte ihnen ein anderes Gleichnis vor und
sprach: Das Himmelreich gleicht einem Men-
schen, der guten Samen auf seinen Acker säte.
25Als aber die Leute schliefen, kam sein Feind
und säte Unkraut zwischen den Weizen und ging
davon. 26Als nun die Saat wuchs und Frucht
brachte, da fand sich auch das Unkraut. 27Da tra-
ten die Knechte zu dem Hausvater und sprachen:
Herr, hast du nicht guten Samen auf deinen Ak-
ker gesät? Woher hat er denn das Unkraut? 28Er
sprach zu ihnen: Das hat ein Feind getan. Da
sprachen die Knechte: Willst du denn, daß wir
hingehen und es ausjäten? 29Er sprach: Nein! da-
mit ihr nicht zugleich den Weizen mit ausrauft,
wenn ihr das Unkraut ausjätet. 30Laßt beides mit-
einander wachsen bis zur Ernte; und um die
Erntezeit will ich zu den Schnittern sagen: Sam-
melt zuerst das Unkraut und bindet es in Bündel,
damit man es verbrenne; aber den Weizen sam-
melt mir in meine Scheune.

Vom Senfkorn

31Ein anderes Gleichnis legte er ihnen vor und
sprach: Das Himmelreich gleicht einem Senf-
korn, das ein Mensch nahm und auf seinen Ak-
ker säte; 32das ist das kleinste unter allen Samen-
körnern; wenn es aber gewachsen ist, so ist es
größer als alle Kräuter und wird ein Baum, so
daß die Vögel unter dem Himmel kommen und
wohnen in seinen Zweigen.

Vom Sauerteig

33Ein anderes Gleichnis sagte er ihnen: Das Him-
melreich gleicht einem Sauerteig, den eine Frau
nahm und unter einen halben Zentner Mehl
mengte, bis es ganz durchsäuert war.
34Das alles redete Jesus in Gleichnissen zu
dem Volk, und ohne Gleichnisse redete er nichts
zu ihnen, 35damit erfüllt würde, was gesagt ist
durch den Propheten, der da spricht
(Psalm 78,2):

»Ich will meinen Mund auftun in Gleichnissen
und will aussprechen, was verborgen war
vom Anfang der Welt an.«

Die Deutung des Gleichnisses vom Unkraut

36Da ließ Jesus das Volk gehen und kam heim.
Und seine Jünger traten zu ihm und sprachen:
Deute uns das Gleichnis vom Unkraut auf dem
Acker. 37Er antwortete und sprach zu ihnen: Der
Menschensohn ist's, der den guten Samen sät.
38Der Acker ist die Welt. Der gute Same sind die
Kinder des Reichs. Das Unkraut sind die Kinder
des Bösen. 39Der Feind, der es sät, ist der Teufel.
Die Ernte ist das Ende der Welt. Die Schnitter
sind die Engel. 40Wie man nun das Unkraut aus-
jätet und mit Feuer verbrennt, so wird's auch am
Ende der Welt gehen. 41Der Menschensohn wird
seine Engel senden, und sie werden sammeln aus
seinem Reich alles, was zum Abfall verführt, und
die da Unrecht tun, 42und werden sie in den Feu-
erofen werfen; da wird Heulen und Zähneklap-
pern sein. 43Dann werden die Gerechten leuch-
ten wie die Sonne in ihres Vaters Reich. Wer
Ohren hat, der höre!

Vom Schatz im Acker

44Das Himmelreich gleicht einem Schatz, verbor-
gen im Acker, den ein Mensch fand und verbarg;
und in seiner Freude ging er hin und verkaufte
alles, was er hatte, und kaufte den Acker.

Das Himmelreich gleicht einem Schatz.

45Wiederum gleicht das Himmelreich einem
Kaufmann, der gute Perlen suchte, 46und als er
eine kostbare Perle fand, ging er hin und ver-
kaufte alles, was er hatte, und kaufte sie.

Vom Fischnetz

47Wiederum gleicht das Himmelreich einem
Netz, das ins Meer geworfen ist und Fische aller
Art fängt. 48Wenn es aber voll ist, ziehen sie es
heraus an das Ufer, setzen sich und lesen die gu-
ten in Gefäße zusammen, aber die schlechten
werfen sie weg. 49So wird es auch am Ende der
Welt gehen: die Engel werden ausgehen und die
Bösen von den Gerechten scheiden 50und werden
sie in den Feuerofen werfen; da wird Heulen und
Zähneklappern sein. 51Habt ihr das alles verstan-
den? Sie antworteten: Ja. 52Da sprach er: Darum
gleicht jeder Schriftgelehrte, der ein Jünger des
Himmelreichs geworden ist, einem Hausvater,
der aus seinem Schatz Neues und Altes hervor-
holt.

Die Verwerfung Jesu in Nazareth

53Und es begab sich, als Jesus diese Gleichnisse
vollendet hatte, daß er davonging 54und kam in

Vom Sturm überrascht

seine Vaterstadt und lehrte sie in ihrer Synagoge,
so daß sie sich entsetzten und fragten: Woher hat
dieser solche Weisheit und solche Taten? 55 Ist er
nicht der Sohn des Zimmermanns? Heißt nicht
seine Mutter Maria? und seine Brüder Jakobus
und Josef und Simon und Judas? 56 Und seine
Schwestern, sind sie nicht alle bei uns? Woher
kommt ihm denn das alles? 57 Und sie ärgerten
sich an ihm. Jesus aber sprach zu ihnen: Ein
Prophet gilt nirgends weniger als in seinem
Vaterland und in seinem Hause. 58 Und er
tat dort nicht viele Zeichen wegen ihres
Unglaubens.

Das Ende Johannes des Täufers

14 Zu der Zeit kam die Kunde von Jesus
vor den Landesfürsten Herodes.
2 Und er sprach zu seinen Leuten: Das
ist Johannes der Täufer; er ist von den Toten
auferstanden, darum tut er solche Taten. 3 Denn
Herodes hatte Johannes ergriffen, gefesselt und
in das Gefängnis geworfen wegen der Herodias,
der Frau seines Bruders Philippus. 4 Denn Johan-
nes hatte zu ihm gesagt: Es ist nicht recht, daß
du sie hast. 5 Und er hätte ihn gern getötet,
fürchtete sich aber vor dem Volk; denn sie hiel-
ten ihn für einen Propheten.
6 Als aber Herodes seinen Geburtstag beging,
da tanzte die Tochter der Herodias vor ihnen.
Das gefiel dem Herodes gut. 7 Darum versprach
er ihr mit einem Eid, er wolle ihr geben, was sie
fordern würde. 8 Und wie sie zuvor von ihrer
Mutter angestiftet war, sprach sie: Gib mir hier
auf einer Schale das Haupt Johannes des Täu-
fers! 9 Und der König wurde traurig; doch wegen
des Eides und derer, die mit ihm zu Tisch saßen,
befahl er, es ihr zu geben, 10 und schickte hin und
ließ Johannes im Gefängnis enthaupten. 11 Und
sein Haupt wurde hereingetragen auf einer Scha-
le und dem Mädchen gegeben; und sie brachte es
ihrer Mutter. 12 Da kamen seine Jünger und nah-
men seinen Leichnam und begruben ihn; und sie
kamen und verkündeten das Jesus.

Die Speisung der Fünftausend

13 Als das Jesus hörte, fuhr er von dort weg in ei-
nem Boot in eine einsame Gegend allein. Und
als das Volk das hörte, folgte es ihm zu Fuß aus

den Städten. [14]Und Jesus stieg aus und sah die
große Menge; und sie jammerten ihn, und er
heilte ihre Kranken. [15]Am Abend aber traten sei-
ne Jünger zu ihm und sprachen: Die Gegend ist
öde, und die Nacht bricht herein; laß das Volk
gehen, damit sie in die Dörfer gehen und sich zu
essen kaufen. [16]Aber Jesus sprach zu ihnen: Es
ist nicht nötig, daß sie fortgehen; gebt ihr ihnen
zu essen. [17]Sie sprachen zu ihm: Wir haben hier
nichts als fünf Brote und zwei Fische. [18]Und er
sprach: Bringt sie mir her! [19]Und er ließ das
Volk sich auf das Gras lagern und nahm die fünf
Brote und die zwei Fische, sah auf zum Himmel,
dankte und brach's und gab die Brote den Jün-
gern, und die Jünger gaben sie dem Volk. [20]Und
sie aßen alle und wurden satt und sammelten auf,
was an Brocken übrigblieb, zwölf Körbe voll.
[21]Die aber gegessen hatten, waren etwa fünftau-
send Mann, ohne Frauen und Kinder.

Jesus und der sinkende Petrus auf dem See

[22]Und alsbald trieb Jesus seine Jünger, in das
Boot zu steigen und vor ihm hinüberzufahren, bis
er das Volk gehen ließe. [23]Und als er das Volk
hatte gehen lassen, stieg er allein auf einen Berg,
um zu beten. Und am Abend war er dort allein.
[24]Und das Boot war schon weit vom Land ent-
fernt und kam in Not durch die Wellen; denn
der Wind stand ihm entgegen. [25]Aber in der vier-
ten Nachtwache kam Jesus zu ihnen und ging auf
dem See. [26]Und als ihn die Jünger sahen auf dem
See gehen, erschraken sie und riefen: Es ist ein
Gespenst! und schrien vor Furcht. [27]Aber so-
gleich redete Jesus mit ihnen und sprach: Seid
getrost, ich bin's; fürchtet euch nicht! [28]Petrus
aber antwortete ihm und sprach: Herr, bist du es,
so befiehl mir, zu dir zu kommen auf dem Was-
ser. [29]Und er sprach: Komm her! Und Petrus

Seid getrost, ich bin's; fürchtet euch nicht!

stieg aus dem Boot und ging auf dem Wasser
und kam auf Jesus zu. [30]Als er aber den starken
Wind sah, erschrak er und begann zu sinken und
schrie: Herr, hilf mir! [31]Jesus aber streckte so-
gleich die Hand aus und ergriff ihn und sprach
zu ihm: Du Kleingläubiger, warum hast du ge-
zweifelt? [32]Und sie traten in das Boot, und der
Wind legte sich. [33]Die aber im Boot waren, fielen
vor ihm nieder und sprachen: Du bist wahrhaftig
Gottes Sohn!

Heilungen in Genezareth

[34]Und sie fuhren hinüber und kamen ans Land in
Genezareth. [35]Und als die Leute an diesem Ort
ihn erkannten, schickten sie Botschaft ringsum in
das ganze Land und brachten alle Kranken zu
ihm [36]und baten ihn, daß sie nur den Saum sei-
nes Gewandes berühren dürften. Und alle, die
ihn berührten, wurden gesund.

Von Reinheit und Unreinheit

15 Da kamen zu Jesus Pharisäer und
Schriftgelehrte aus Jerusalem und
sprachen: [2]Warum übertreten deine
Jünger die Satzungen der Ältesten? Denn sie wa-
schen ihre Hände nicht, wenn sie Brot essen. [3]Er
antwortete und sprach zu ihnen: Warum übertre-

Pharisäer und Schriftgelehrte
Eine religiös und politisch mächtige Gruppe unter den Juden. Sie zeichnete sich aus durch strenges Einhalten der Gesetze.

tet denn ihr Gottes Gebot um eurer Satzungen
willen? [4]Denn Gott hat geboten (2. Mose 20,12;
21,17): »Du sollst Vater und Mutter ehren; wer
aber Vater und Mutter flucht, der soll des Todes
sterben.« [5]Aber ihr lehrt: Wer zu Vater oder
Mutter sagt: Eine Opfergabe soll sein, was dir
von mir zusteht, [6]der braucht seinen Vater nicht
zu ehren. Damit habt ihr Gottes Gebot aufgeho-
ben um eurer Satzungen willen. [7]Ihr Heuchler,
wie fein hat Jesaja von euch geweissagt und ge-
sprochen (Jesaja 29,13):

[8]»Dies Volk ehrt mich mit seinen Lippen,
aber ihr Herz ist fern von mir;
[9]vergeblich dienen sie mir,
weil sie lehren solche Lehren,
die nichts als Menschengebote sind.«

[10]Und er rief das Volk zu sich und sprach zu ih-
nen: Hört zu und begreift's: [11]Was zum Mund
hineingeht, das macht den Menschen nicht un-
rein; sondern was aus dem Mund herauskommt,
das macht den Menschen unrein. [12]Da traten sei-
ne Jünger zu ihm und fragten: Weißt du auch,
daß die Pharisäer an dem Wort Anstoß nahmen,

als sie es hörten? [13]Aber er antwortete und
sprach: Alle Pflanzen, die mein himmlischer Va-
ter nicht gepflanzt hat, die werden ausgerissen.
[14]Laßt sie, sie sind blinde Blindenführer! Wenn
aber ein Blinder den andern führt, so fallen sie
beide in die Grube. [15]Da antwortete Petrus und
sprach zu ihm: Deute uns dies Gleichnis! [16]Und
Jesus sprach zu ihnen: Seid denn auch ihr noch
immer unverständig? [17]Merkt ihr nicht, daß alles,
was zum Mund hineingeht, das geht in den
Bauch und wird danach in die Grube ausgeleert?
[18]Was aber aus dem Mund herauskommt, das
kommt aus dem Herzen, und das macht den
Menschen unrein. [19]Denn aus dem Herzen kom-
men böse Gedanken, Mord, Ehebruch, Unzucht,
Diebstahl, falsches Zeugnis, Lästerung. [20]Das
sind die Dinge, die den Menschen unrein ma-
chen. Aber mit ungewaschenen Händen essen,
macht den Menschen nicht unrein.

Die kanaanäische Frau

[21]Und Jesus ging weg von dort und zog sich zu-
rück in die Gegend von Tyrus und Sidon. [22]Und
siehe, eine kanaanäische Frau kam aus diesem
Gebiet und schrie: Ach Herr, du Sohn Davids,
erbarme dich meiner! Meine Tochter wird von
einem bösen Geist übel geplagt. [23]Und er ant-
wortete ihr kein Wort. Da traten seine Jünger zu
ihm, baten ihn und sprachen: Laß sie doch ge-
hen, denn sie schreit uns nach. [24]Er antwortete
aber und sprach: Ich bin nur gesandt zu den ver-
lorenen Schafen des Hauses Israel. [25]Sie aber
kam und fiel vor ihm nieder und sprach: Herr,
hilf mir! [26]Aber er antwortete und sprach: Es ist
nicht recht, daß man den Kindern ihr Brot neh-
me und werfe es vor die Hunde. [27]Sie sprach: Ja,
Herr; aber doch fressen die Hunde von den Bro-
samen, die vom Tisch ihrer Herren fallen. [28]Da
antwortete Jesus und sprach zu ihr: Frau, dein
Glaube ist groß. Dir geschehe, wie du willst!
Und ihre Tochter wurde gesund zu derselben
Stunde.

Weitere Heilungen

[29]Und Jesus ging von dort weiter und kam an das
Galiläische Meer und ging auf einen Berg und
setzte sich dort. [30]Und es kam eine große Menge
zu ihm; die hatten bei sich Gelähmte, Verkrüp-
pelte, Blinde, Stumme und viele andere Kranke
und legten sie Jesus vor die Füße, und er heilte
sie, [31]so daß sich das Volk verwunderte, als sie
sahen, daß die Stummen redeten, die Ver-
krüppelten gesund waren, die Gelähmten gingen,
die Blinden sahen; und sie priesen den Gott
Israels.

Die Speisung der Viertausend

[32]Und Jesus rief seine Jünger zu sich und sprach:
Das Volk jammert mich; denn sie harren nun
schon drei Tage bei mir aus und haben nichts zu
essen; und ich will sie nicht hungrig gehen lassen,
damit sie nicht verschmachten auf dem Wege.
[33]Da sprachen seine Jünger zu ihm: Woher sollen
wir soviel Brot nehmen in der Wüste, um eine so
große Menge zu sättigen? [34]Und Jesus sprach zu
ihnen: Wie viele Brote habt ihr? Sie antworteten:
Sieben und ein paar Fische. [35]Und er ließ das
Volk sich auf die Erde lagern [36]und nahm die
sieben Brote und die Fische, dankte, brach sie
und gab sie seinen Jüngern, und die Jünger ga-
ben sie dem Volk. [37]Und sie aßen alle und wur-
den satt; und sie sammelten auf, was an Brocken
übrigblieb, sieben Körbe voll. [38]Und die gegessen
hatten, waren viertausend Mann, ausgenommen
Frauen und Kinder. [39]Und als er das Volk hatte
gehen lassen, stieg er ins Boot und kam in das
Gebiet von Magadan.

Die Zeichenforderung der Pharisäer

16 Da traten die Pharisäer und Saddu-
zäer zu ihm; die versuchten ihn und
forderten ihn auf, sie ein Zeichen
vom Himmel sehen zu lassen. [2]Aber er antworte-
te und sprach: Des Abends sprecht ihr: Es wird

Sadduzäer
Eine kleinere religiöse Führungsgruppe,
die sehr stark politisch interessiert war.

ein schöner Tag werden, denn der Himmel ist
rot. [3]Und des Morgens sprecht ihr: Es wird heute
ein Unwetter kommen, denn der Himmel ist rot
und trübe. Über das Aussehen des Himmels
könnt ihr urteilen; könnt ihr dann nicht auch
über die Zeichen der Zeit urteilen? [4]Ein böses
und abtrünniges Geschlecht fordert ein Zeichen;
doch soll ihm kein Zeichen gegeben werden, es
sei denn das Zeichen des Jona. Und er ließ sie
stehen und ging davon.

Warnung vor der Lehre der Pharisäer und Sadduzäer

[5]Und als die Jünger ans andre Ufer gekommen waren, hatten sie vergessen, Brot mitzunehmen. [6]Jesus aber sprach zu ihnen: Seht zu und hütet euch vor dem Sauerteig der Pharisäer und Sadduzäer! [7]Da dachten sie bei sich selbst und sprachen: Das wird's sein, daß wir kein Brot mitgenommen haben. [8]Als das Jesus merkte, sprach er zu ihnen: Ihr Kleingläubigen, was bekümmert ihr euch doch, daß ihr kein Brot habt? [9]Versteht ihr noch nicht? Denkt ihr nicht an die fünf Brote für die fünftausend und wieviel Körbe voll ihr da aufgesammelt habt? [10]auch nicht an die sieben Brote für die viertausend und wieviel Körbe voll ihr da aufgesammelt habt? [11]Wieso versteht ihr denn nicht, daß ich nicht vom Brot zu euch geredet habe? Hütet euch vielmehr vor dem Sauerteig der Pharisäer und Sadduzäer! [12]Da verstanden sie, daß er nicht gesagt hatte, sie sollten sich hüten vor dem Sauerteig des Brotes, sondern vor der Lehre der Pharisäer und Sadduzäer.

Das Bekenntnis des Petrus und die Verheißung an ihn

[13]Da kam Jesus in die Gegend von Cäsarea Philippi und fragte seine Jünger und sprach: Wer sagen die Leute, daß der Menschensohn sei? [14]Sie sprachen: Einige sagen, du seist Johannes der Täufer, andere, du seist Elia, wieder andere, du seist Jeremia oder einer der Propheten. [15]Er fragte sie: Wer sagt denn ihr, daß ich sei? [16]Da antwortete Simon Petrus und sprach: Du bist Christus, des lebendigen Gottes Sohn! [17]Und Jesus antwortete und sprach zu ihm: Selig bist du, Simon, Jonas Sohn; denn Fleisch und Blut haben dir das nicht offenbart, sondern mein Vater im Himmel. [18]Und ich sage dir auch: Du bist Petrus, und auf diesen Felsen will ich meine Gemeinde bauen, und die Pforten der Hölle sollen sie nicht überwältigen. [19]Ich will dir die Schlüssel des Himmelreichs geben: alles, was du auf Erden binden wirst, soll auch im Himmel gebunden sein, und alles, was du auf Erden lösen wirst, soll auch im Himmel gelöst sein. [20]Da gebot er seinen Jüngern, niemandem zu sagen, daß er der Christus sei.

Wer sagt denn ihr, daß ich sei?

Die erste Ankündigung von Jesu Leiden und Auferstehung

[21]Seit der Zeit fing Jesus an, seinen Jüngern zu zeigen, wie er nach Jerusalem gehen und viel leiden müsse von den Ältesten und Hohenpriestern und Schriftgelehrten und getötet werden und am dritten Tage auferstehen. [22]Und Petrus nahm ihn beiseite und fuhr ihn an und sprach: Gott bewahre dich, Herr! Das widerfahre dir nur nicht! [23]Er aber wandte sich um und sprach zu Petrus: Geh weg von mir, Satan! Du bist mir ein Ärgernis; denn du meinst nicht, was göttlich, sondern was menschlich ist.

Von der Nachfolge

[24]Da sprach Jesus zu seinen Jüngern: Will mir jemand nachfolgen, der verleugne sich selbst und nehme sein Kreuz auf sich und folge mir. [25]Denn wer sein Leben erhalten will, der wird's verlieren; wer aber sein Leben verliert um meinetwillen, der wird's finden. [26]Was hülfe es dem Menschen, wenn er die ganze Welt gewönne und nähme doch Schaden an seiner Seele? Oder was kann der Mensch geben, womit er seine Seele auslöse? [27]Denn es wird geschehen, daß der Menschensohn kommt in der Herrlichkeit seines Vaters mit seinen Engeln, und dann wird er einem jeden vergelten nach seinem Tun. [28]Wahrlich, ich sage euch: Es stehen einige hier, die werden den Tod nicht schmecken, bis sie den Menschensohn kommen sehen in seinem Reich.

Die Verklärung Jesu

17 Und nach sechs Tagen nahm Jesus mit sich Petrus und Jakobus und Johannes, dessen Bruder, und führte sie allein auf einen hohen Berg. [2]Und er wurde verklärt vor ihnen, und sein Angesicht leuchtete wie die Sonne, und seine Kleider wurden weiß wie das Licht. [3]Und siehe, da erschienen ihnen Mose und Elia; die redeten mit ihm. [4]Petrus aber fing

Mose und Elia

Diese Männer waren zwei der bedeutendsten Personen des Volkes Israel. Ihr Erscheinen bei Jesus zeigt den Zusammenhang des alten und des neuen Bundes.

an und sprach zu Jesus: Herr, hier ist gut sein!
Willst du, so will ich hier drei Hütten bauen, dir
eine, Mose eine und Elia eine. [5]Als er noch so
redete, siehe, da überschattete sie eine lichte
Wolke. Und siehe, eine Stimme aus der Wolke
sprach: Dies ist mein lieber Sohn, an dem ich
Wohlgefallen habe; den sollt ihr hören! [6]Als das
die Jünger hörten, fielen sie auf ihr Angesicht
und erschraken sehr. [7]Jesus aber trat zu ihnen,
rührte sie an und sprach: Steht auf und fürchtet
euch nicht! [8]Als sie aber ihre Augen aufhoben,
sahen sie niemand als Jesus allein. [9]Und als sie
vom Berge hinabgingen, gebot ihnen Jesus und
sprach: Ihr sollt von dieser Erscheinung nieman-
dem sagen, bis der Menschensohn von den Toten
auferstanden ist.

[10]Und seine Jünger fragten ihn und sprachen:
Warum sagen denn die Schriftgelehrten, zuerst
müsse Elia kommen? [11]Jesus antwortete und
sprach zu ihnen: Elia soll freilich kommen und
alles zurechtbringen. [12]Doch ich sage euch:
Elia ist schon gekommen, aber sie haben ihn
nicht erkannt, sondern haben mit ihm getan, was
sie wollten. So wird auch der Menschensohn
durch sie leiden müssen. [13]Da verstanden die
Jünger, daß er von Johannes dem Täufer zu ih-
nen geredet hatte.

Die Heilung eines mondsüchtigen Kindes

[14]Und als sie zu dem Volk kamen, trat ein
Mensch zu ihm, fiel ihm zu Füßen [15]und sprach:
Herr, erbarme dich über meinen Sohn! denn er
ist mondsüchtig und hat schwer zu leiden; er fällt
oft ins Feuer und oft ins Wasser; [16]und ich habe
ihn zu deinen Jüngern gebracht, und sie konnten
ihm nicht helfen. [17]Jesus aber antwortete und
sprach: O du ungläubiges und verkehrtes Ge-
schlecht, wie lange soll ich bei euch sein? Wie
lange soll ich euch erdulden? Bringt ihn mir her!
[18]Und Jesus bedrohte ihn; und der böse Geist
fuhr aus von ihm, und der Knabe wurde gesund
zu derselben Stunde. [19]Da traten seine Jünger zu
ihm, als sie allein waren, und fragten: Warum
konnten wir ihn nicht austreiben? [20]Er aber
sprach zu ihnen: Wegen eures Kleinglaubens.
Denn wahrlich, ich sage euch: Wenn ihr Glauben
habt wie ein Senfkorn, so könnt ihr sagen zu die-
sem Berge: Heb dich dorthin!, so wird er sich he-
ben; und euch wird nichts unmöglich sein.

Die zweite Ankündigung von Jesu Leiden und Auferstehung

[22]Als sie aber beieinander waren in Galiläa,
sprach Jesus zu ihnen: Der Menschensohn wird
überantwortet werden in die Hände der Men-
schen, [23]und sie werden ihn töten, und am drit-
ten Tag wird er auferstehen. Und sie wurden
sehr betrübt.

Von der Zahlung der Tempelsteuer

[24]Als sie nun nach Kapernaum kamen, traten zu
Petrus, die den Tempelgroschen einnehmen, und
sprachen: Pflegt euer Meister nicht den Tempel-
groschen zu geben? [25]Er sprach: Ja. Und als er
heimkam, kam ihm Jesus zuvor und fragte: Was
meinst du, Simon? Von wem nehmen die Könige
auf Erden Zoll oder Steuern: von ihren Kindern
oder von den Fremden? [26]Als er antwortete:
Von den Fremden, sprach Jesus zu ihm: So sind

Tempelgroschen
Eine Abgabe, die von jedem jüdischen Erwachsenen einmal jährlich an den Tempel zu zahlen war.

die Kinder frei. [27]Damit wir ihnen aber keinen
Anstoß geben, geh hin an den See und wirf die
Angel aus, und den ersten Fisch, der herauf-
kommt, den nimm; und wenn du sein Maul auf-
machst, wirst du ein Zweigroschenstück finden;
das nimm und gib's ihnen für mich und dich.

Der Größte im Himmelreich

18 Zu derselben Stunde traten die Jün-
ger zu Jesus und fragten: Wer ist
doch der Größte im Himmelreich?
[2]Jesus rief ein Kind zu sich und stellte
es mitten unter sie [3]und sprach: Wahrlich, ich sa-
ge euch: Wenn ihr nicht umkehrt und werdet wie
die Kinder, so werdet ihr nicht ins Himmelreich
kommen. [4]Wer nun sich selbst erniedrigt und
wird wie dies Kind, der ist der Größte im Him-
melreich. [5]Und wer ein solches Kind aufnimmt in
meinem Namen, der nimmt mich auf.

Warnung vor Verführung

[6]Wer aber einen dieser Kleinen, die an mich
glauben, zum Abfall verführt, für den wäre es

Mit solchen Mühlsteinen wurde zur Zeit Jesu gemahlen

besser, daß ein Mühlstein an seinen Hals gehängt
und er ersäuft würde im Meer, wo es am tiefsten
ist. [7]Weh der Welt der Verführungen wegen! Es
müssen ja Verführungen kommen; doch weh
dem Menschen, der zum Abfall verführt! [8]Wenn
aber deine Hand oder dein Fuß dich zum Abfall
verführt, so hau sie ab und wirf sie von dir. Es ist
besser für dich, daß du lahm oder verkrüppelt
zum Leben eingehst, als daß du zwei Hände oder
zwei Füße hast und wirst in das ewige Feuer ge-
worfen. [9]Und wenn dich dein Auge zum Abfall
verführt, reiß es aus und wirf's von dir. Es ist
besser für dich, daß du einäugig zum Leben ein-
gehst, als daß du zwei Augen hast und wirst in
das höllische Feuer geworfen.

Vom verlorenen Schaf

[10]Seht zu, daß ihr nicht einen von diesen Kleinen
verachtet. Denn ich sage euch: Ihre Engel im
Himmel sehen allezeit das Angesicht meines Va-
ters im Himmel.

[12]Was meint ihr? Wenn ein Mensch hundert
Schafe hätte und eins unter ihnen sich verirrte:
läßt er nicht die neunundneunzig auf den Ber-
gen, geht hin und sucht das verirrte? [13]Und wenn
es geschieht, daß er's findet, wahrlich, ich sage
euch: er freut sich darüber mehr als über die
neunundneunzig, die sich nicht verirrt haben.
[14]So ist's auch nicht der Wille bei eurem Vater
im Himmel, daß auch nur eines von diesen Klei-
nen verloren werde.

Zurechtweisung und Gebet in der Gemeinde

[15]Sündigt aber dein Bruder an dir, so geh hin
und weise ihn zurecht zwischen dir und ihm al-
lein. Hört er auf dich, so hast du deinen Bruder
gewonnen. [16]Hört er nicht auf dich, so nimm
noch einen oder zwei zu dir, damit jede Sache
durch den Mund von zwei oder drei Zeugen be-
stätigt werde. [17]Hört er auf die nicht, so sage es
der Gemeinde. Hört er auch auf die Gemeinde
nicht, so sei er für dich wie ein Heide und Zöll-
ner. [18]Wahrlich, ich sage euch: Was ihr auf Er-
den binden werdet, soll auch im Himmel gebun-
den sein, und was ihr auf Erden lösen werdet,
soll auch im Himmel gelöst sein. [19]Wahrlich, ich
sage euch auch: Wenn zwei unter euch eins wer-
den auf Erden, worum sie bitten wollen, so soll
es ihnen widerfahren von meinem Vater im Him-
mel. [20]Denn wo zwei oder drei versammelt sind
in meinem Namen, da bin ich mitten unter
ihnen.

Von der Vergebung

[21]Da trat Petrus zu ihm und fragte: Herr, wie oft
muß ich denn meinem Bruder, der an mir sün-

digt, vergeben? Genügt es siebenmal? [22]Jesus
sprach zu ihm: Ich sage dir: nicht siebenmal,
sondern siebzigmal siebenmal.
[23]Darum gleicht das Himmelreich einem Kö-
nig, der mit seinen Knechten abrechnen wollte.
[24]Und als er anfing abzurechnen, wurde einer vor
ihn gebracht, der war ihm zehntausend Zentner
Silber schuldig. [25]Da er's nun nicht bezahlen
konnte, befahl der Herr, ihn und seine Frau und
seine Kinder und alles, was er hatte, zu verkau-
fen und damit zu bezahlen. [26]Da fiel ihm der
Knecht zu Füßen und flehte ihn an und sprach:
Hab Geduld mit mir; ich will dir's alles bezahlen.
[27]Da hatte der Herr Erbarmen mit diesem
Knecht und ließ ihn frei, und die Schuld erließ er
ihm auch. [28]Da ging dieser Knecht hinaus und
traf einen seiner Mitknechte, der war ihm hun-
dert Silbergroschen schuldig; und er packte und
würgte ihn und sprach: Bezahle, was du mir
schuldig bist! [29]Da fiel sein Mitknecht nieder und
bat ihn und sprach: Hab Geduld mit mir; ich will
dir's bezahlen. [30]Er wollte aber nicht, sondern
ging hin und warf ihn ins Gefängnis, bis er be-
zahlt hätte, was er schuldig war. [31]Als aber seine
Mitknechte das sahen, wurden sie sehr betrübt
und kamen und brachten bei ihrem Herrn alles
vor, was sich begeben hatte. [32]Da forderte ihn
sein Herr vor sich und sprach zu ihm: Du böser
Knecht! Deine ganze Schuld habe ich dir erlas-
sen, weil du mich gebeten hast; [33]hättest du dich
da nicht auch erbarmen sollen über deinen Mit-
knecht, wie ich mich über dich erbarmt habe?
[34]Und sein Herr wurde zornig und überantworte-
te ihn den Peinigern, bis er alles bezahlt hätte,
was er ihm schuldig war. [35]So wird auch mein
himmlischer Vater an euch tun, wenn ihr einan-
der nicht von Herzen vergebt, ein jeder seinem
Bruder.

Von Ehe, Ehescheidung, Ehelosigkeit

19 Und es begab sich, als Jesus diese Re-
den vollendet hatte, daß er sich auf-
machte aus Galiläa und kam in das
Gebiet von Judäa jenseits des Jordans; [2]und eine
große Menge folgte ihm nach, und er heilte sie
dort.
[3]Da traten Pharisäer zu ihm und versuchten
ihn und sprachen: Ist's erlaubt, daß sich ein
Mann aus irgendeinem Grund von seiner Frau
scheidet? [4]Er aber antwortete und sprach: Habt
ihr nicht gelesen: Der im Anfang den Menschen
geschaffen hat, schuf sie als Mann und Frau [5]und
sprach (1. Mose 2,24): »Darum wird ein Mann
Vater und Mutter verlassen und an seiner Frau
hängen, und die zwei werden ein Fleisch sein«?
[6]So sind sie nun nicht mehr zwei, sondern ein
Fleisch. Was nun Gott zusammengefügt hat, das
soll der Mensch nicht scheiden!

Was nun Gott zusammengefügt hat, das soll der Mensch nicht scheiden!

[7]Da fragten sie: Warum hat dann Mose gebo-
ten, ihr einen Scheidebrief zu geben und sich von
ihr zu scheiden? [8]Er sprach zu ihnen: Mose hat
euch erlaubt, euch zu scheiden von euren
Frauen, eures Herzens Härte wegen; von Anfang
an aber ist's nicht so gewesen. [9]Ich aber sage
euch: Wer sich von seiner Frau scheidet, es sei
denn wegen Ehebruchs, und heiratet eine ande-
re, der bricht die Ehe.
[10]Da sprachen seine Jünger zu ihm: Steht die
Sache eines Mannes mit seiner Frau so, dann ist's
nicht gut zu heiraten. [11]Er sprach aber zu ihnen:
Dies Wort fassen nicht alle, sondern nur die, de-
nen es gegeben ist. [12]Denn einige sind von Ge-
burt an zur Ehe unfähig; andere sind von Men-
schen zur Ehe unfähig gemacht; und wieder an-
dere haben sich selbst zur Ehe unfähig gemacht
um des Himmelreichs willen. Wer es fassen
kann, der fasse es!

Die Segnung der Kinder

[13]Da wurden Kinder zu ihm gebracht, damit er
die Hände auf sie legte und betete. Die Jünger
aber fuhren sie an. [14]Aber Jesus sprach: Lasset
die Kinder und wehret ihnen nicht, zu mir zu
kommen; denn solchen gehört das Himmelreich.
[15]Und er legte die Hände auf sie und zog von
dort weiter.

Die Gefahr des Reichtums

[16]Und siehe, einer trat zu ihm und fragte: Mei-
ster, was soll ich Gutes tun, damit ich das ewige
Leben habe? [17]Er aber sprach zu ihm: Was fragst
du mich nach dem, was gut ist? Gut ist nur Ei-
ner. Willst du aber zum Leben eingehen, so halte
die Gebote. [18]Da fragte er ihn: Welche? Jesus
aber sprach: »Du sollst nicht töten; du sollst
nicht ehebrechen; du sollst nicht stehlen; du

sollst nicht falsch Zeugnis geben; [19]ehre Vater und Mutter« (2. Mose 20,12-16); und: »Du sollst deinen Nächsten lieben wie dich selbst« (3. Mose 19,18). [20]Da sprach der Jüngling zu ihm: Das habe ich alles gehalten; was fehlt mir noch? [21]Jesus antwortete ihm: Willst du vollkommen sein, so geh hin, verkaufe, was du hast, und gib's den Armen, so wirst du einen Schatz im Himmel haben; und komm und folge mir nach! [22]Als der Jüngling das Wort hörte, ging er betrübt davon; denn er hatte viele Güter.

Bei Gott sind alle Dinge möglich.

[23]Jesus aber sprach zu seinen Jüngern: Wahrlich, ich sage euch: Ein Reicher wird schwer ins Himmelreich kommen. [24]Und weiter sage ich euch: Es ist leichter, daß ein Kamel durch ein Nadelöhr gehe, als daß ein Reicher ins Reich Gottes komme. [25]Als das seine Jünger hörten, entsetzten sie sich sehr und sprachen: Ja, wer kann dann selig werden? [26]Jesus aber sah sie an und sprach zu ihnen: Bei den Menschen ist's unmöglich; aber bei Gott sind alle Dinge möglich.

Der Lohn der Nachfolge

[27]Da fing Petrus an und sprach zu ihm: Siehe, wir haben alles verlassen und sind dir nachgefolgt; was wird uns dafür gegeben? [28]Jesus aber sprach zu ihnen: Wahrlich, ich sage euch: Ihr, die ihr mir nachgefolgt seid, werdet bei der Wiedergeburt, wenn der Menschensohn sitzen wird auf dem Thron seiner Herrlichkeit, auch sitzen auf zwölf Thronen und richten die zwölf Stämme Israels. [29]Und wer Häuser oder Brüder oder Schwestern oder Vater oder Mutter oder Kinder oder Äcker verläßt um meines Namens willen, der wird's hundertfach empfangen und das ewige Leben ererben. [30]Aber viele, die die Ersten sind, werden die Letzten und die Letzten werden die Ersten sein.

Von den Arbeitern im Weinberg

20 Denn das Himmelreich gleicht einem Hausherrn, der früh am Morgen ausging, um Arbeiter für seinen Weinberg einzustellen. [2]Und als er mit den Arbeitern einig wurde über einen Silbergroschen als Tagelohn, sandte er sie in seinen Weinberg. [3]Und er ging aus um die dritte Stunde und sah andere müßig auf dem Markt stehen [4]und sprach zu ihnen: Geht ihr auch hin in den Weinberg; ich will euch geben, was recht ist. [5]Und sie gingen hin. Abermals ging er aus um die sechste und um die neunte Stunde und tat dasselbe. [6]Um die elfte Stunde aber ging er aus und fand andere und sprach zu ihnen: Was steht ihr den ganzen Tag müßig da? [7]Sie sprachen zu ihm: Es hat uns niemand eingestellt. Er sprach zu ihnen: Geht ihr auch hin in den Weinberg. [8]Als es nun Abend wurde, sprach der Herr des Weinbergs zu seinem Verwalter: Ruf die Arbeiter und gib ihnen den Lohn und fang an bei den letzten bis zu den ersten. [9]Da kamen, die um die elfte Stunde eingestellt waren, und jeder empfing seinen Silbergroschen. [10]Als aber die ersten kamen, meinten sie, sie würden mehr empfangen; und auch sie empfingen ein jeder seinen Silbergroschen. [11]Und als sie den empfingen, murrten sie gegen den Hausherrn [12]und sprachen: Diese letzten haben nur eine Stunde gearbeitet, doch du hast sie uns gleichgestellt, die wir des Tages Last und Hitze getragen haben. [13]Er antwortete aber und sagte zu einem von ihnen: Mein Freund, ich tu dir nicht Unrecht. Bist du nicht mit mir einig geworden über einen Silbergroschen? [14]Nimm, was dein ist, und geh! Ich will aber diesem letzten dasselbe geben wie dir. [15]Oder habe ich nicht Macht zu tun, was ich will, mit dem, was mein ist? Siehst du scheel drein, weil ich so gütig bin? [16]So werden die Letzten die Ersten und die Ersten die Letzten sein.

Die dritte Ankündigung von Jesu Leiden und Auferstehung

[17]Und Jesus zog hinauf nach Jerusalem und nahm die zwölf Jünger beiseite und sprach zu ihnen auf dem Wege: [18]Siehe, wir ziehen hinauf nach Jerusalem, und der Menschensohn wird den Hohenpriestern und Schriftgelehrten überantwortet werden; und sie werden ihn zum Tode verurteilen [19]und werden ihn den Heiden überantworten, damit sie ihn verspotten und geißeln und kreuzigen; und am dritten Tage wird er auferstehen.

Vom Herrschen und vom Dienen

[20]Da trat zu ihm die Mutter der Söhne des Zebedäus mit ihren Söhnen, fiel vor ihm nieder und wollte ihn um etwas bitten. [21]Und er sprach zu

ihr: Was willst du? Sie sprach zu ihm: Laß diese meine beiden Söhne sitzen in deinem Reich einen zu deiner Rechten und den andern zu deiner Linken. [22]Aber Jesus antwortete und sprach: Ihr wißt nicht, was ihr bittet. Könnt ihr den Kelch trinken, den ich trinken werde? Sie antworteten ihm: Ja, das können wir. [23]Er sprach zu ihnen: Meinen Kelch werdet ihr zwar trinken, aber das Sitzen zu meiner Rechten und Linken zu geben, steht mir nicht zu. Das wird denen zuteil, für die es bestimmt ist von meinem Vater.

[24]Als das die Zehn hörten, wurden sie unwillig über die zwei Brüder. [25]Aber Jesus rief sie zu sich und sprach: Ihr wißt, daß die Herrscher ihre Völker niederhalten und die Mächtigen ihnen Gewalt antun. [26]So soll es nicht sein unter euch; sondern wer unter euch groß sein will, der sei euer Diener; [27]und wer unter euch der Erste sein will, der sei euer Knecht, [28]so wie der Menschensohn nicht gekommen ist, daß er sich dienen lasse, sondern daß er diene und gebe sein Leben zu einer Erlösung für viele.

Die Heilung von zwei Blinden vor Jericho

[29]Und als sie von Jericho fortgingen, folgte ihm eine große Menge. [30]Und siehe, zwei Blinde saßen am Wege; und als sie hörten, daß Jesus vorüberging, schrien sie: Ach Herr, du Sohn Davids, erbarme dich unser! [31]Aber das Volk fuhr sie an, daß sie schweigen sollten. Doch sie schrien noch viel mehr: Ach Herr, du Sohn Davids, erbarme dich unser! [32]Jesus aber blieb stehen, rief sie und sprach: Was wollt ihr, daß ich für euch tun soll? [33]Sie sprachen zu ihm: Herr, daß unsere Augen aufgetan werden. [34]Und es jammerte Jesus, und er berührte ihre Augen; und sogleich wurden sie wieder sehend, und sie folgten ihm nach.

Jesu Einzug in Jerusalem

21 Als sie nun in die Nähe von Jerusalem kamen, nach Betfage an den Ölberg, sandte Jesus zwei Jünger voraus [2]und sprach zu ihnen: Geht hin in das Dorf, das vor euch liegt, und gleich werdet ihr eine Eselin angebunden finden und ein Füllen bei ihr; bindet sie los und führt sie zu mir! [3]Und wenn euch jemand etwas sagen wird, so sprecht: Der Herr bedarf ihrer. Sogleich wird er sie euch überlassen. [4]Das geschah aber, damit erfüllt würde, was gesagt ist durch den Propheten, der da spricht (Sacharja 9,9): [5]»Sagt der Tochter Zion:

Siehe, dein König kommt zu dir
sanftmütig und reitet auf einem Esel
und auf einem Füllen, dem Jungen eines Lasttiers.«

[6]Die Jünger gingen hin und taten, wie ihnen Jesus befohlen hatte, [7]und brachten die Eselin und das Füllen und legten ihre Kleider darauf, und er setzte sich darauf. [8]Aber eine sehr große Menge breitete ihre Kleider auf den Weg; andere hieben Zweige von den Bäumen und streuten sie auf den Weg. [9]Die Menge aber, die ihm voranging und nachfolgte, schrie:

Hosianna dem Sohn Davids!
Gelobt sei, der da kommt in dem Namen des Herrn!
Hosianna in der Höhe!

[10]Und als er in Jerusalem einzog, erregte sich die ganze Stadt und fragte: Wer ist der? [11]Die Menge aber sprach: Das ist Jesus, der Prophet aus Nazareth in Galiläa.

Die Tempelreinigung

[12]Und Jesus ging in den Tempel hinein und trieb heraus alle Verkäufer und Käufer im Tempel und stieß die Tische der Geldwechsler um und die Stände der Taubenhändler [13]und sprach zu ihnen: Es steht geschrieben (Jesaja 56,7): »Mein Haus soll ein Bethaus heißen«; ihr aber macht eine Räuberhöhle daraus. [14]Und es gingen zu ihm Blinde und Lahme im Tempel, und er heilte sie. [15]Als aber die Hohenpriester und Schriftgelehrten die Wunder sahen, die er tat, und die Kinder, die im Tempel schrien: Hosianna dem Sohn Davids!, entrüsteten sie sich [16]und sprachen zu ihm: Hörst du auch, was diese sagen? Jesus antwortete ihnen: Ja! Habt ihr nie gelesen (Psalm 8,3): »Aus dem Munde der Unmündigen und Säuglinge hast du dir Lob bereitet«? [17]Und er ließ sie stehen und ging zur Stadt hinaus nach Betanien und blieb dort über Nacht.

Der verdorrte Feigenbaum

[18]Als er aber am Morgen wieder in die Stadt ging, hungerte ihn. [19]Und er sah einen Feigenbaum an dem Wege, ging hin und fand nichts daran als Blätter und sprach zu ihm: Nun wachse auf dir niemals mehr Frucht! Und der Feigenbaum verdorrte sogleich. [20]Und als das die Jünger sahen, verwunderten sie sich und fragten: Wie ist der Feigenbaum so rasch verdorrt? [21]Jesus aber antwortete und sprach zu ihnen:

Wahrlich, ich sage euch: Wenn ihr Glauben habt
und nicht zweifelt, so werdet ihr nicht allein Ta-
ten wie die mit dem Feigenbaum tun, sondern,
wenn ihr zu diesem Berge sagt: Heb dich und
wirf dich ins Meer!, so wird's geschehen. [22]Und
alles, was ihr bittet im Gebet, wenn ihr glaubt, so
werdet ihr's empfangen.

Und alles, was ihr bittet im Gebet, wenn ihr glaubt, so werdet ihr's empfangen.

Die Frage nach Jesu Vollmacht

[23]Und als er in den Tempel kam und lehrte, tra-
ten die Hohenpriester und die Ältesten des Vol-
kes zu ihm und fragten: Aus welcher Vollmacht
tust du das, und wer hat dir diese Vollmacht ge-
geben? [24]Jesus aber antwortete und sprach zu ih-
nen: Ich will euch auch eine Sache fragen; wenn
ihr mir die sagt, will ich euch auch sagen, aus
welcher Vollmacht ich das tue. [25]Woher war die
Taufe des Johannes? War sie vom Himmel oder
von den Menschen? Da bedachten sie's bei sich
selbst und sprachen: Sagen wir, sie war vom
Himmel, so wird er zu uns sagen: Warum habt
ihr ihm dann nicht geglaubt? [26]Sagen wir aber,
sie war von Menschen, so müssen wir uns vor
dem Volk fürchten, denn sie halten alle Johannes
für einen Propheten. [27]Und sie antworteten Jesus
und sprachen: Wir wissen's nicht. Da sprach er
zu ihnen: So sage ich euch auch nicht, aus wel-
cher Vollmacht ich das tue.

Von den ungleichen Söhnen

[28]Was meint ihr aber? Es hatte ein Mann zwei
Söhne und ging zu dem ersten und sprach: Mein
Sohn, geh hin und arbeite heute im Weinberg.
[29]Er antwortete aber und sprach: Nein, ich will
nicht. Danach reute es ihn, und er ging hin.
[30]Und der Vater ging zum zweiten Sohn und sag-
te dasselbe. Der aber antwortete und sprach: Ja,
Herr! und ging nicht hin. [31]Wer von den beiden
hat des Vaters Willen getan? Sie antworteten:
Der erste. Jesus sprach zu ihnen: Wahrlich, ich
sage euch: Die Zöllner und Huren kommen eher
ins Reich Gottes als ihr. [32]Denn Johannes kam
zu euch und lehrte euch den rechten Weg, und
ihr glaubtet ihm nicht; aber die Zöllner und Hu-
ren glaubten ihm. Und obwohl ihr's saht, tatet
ihr dennoch nicht Buße, so daß ihr ihm dann
auch geglaubt hättet.

Von den bösen Weingärtnern

[33]Hört ein anderes Gleichnis: Es war ein Haus-
herr, der pflanzte einen Weinberg und zog einen
Zaun darum und grub eine Kelter darin und bau-
te einen Turm und verpachtete ihn an Weingärt-
ner und ging außer Landes. [34]Als nun die Zeit
der Früchte herbeikam, sandte er seine Knechte
zu den Weingärtnern, damit sie seine Früchte
holten. [35]Da nahmen die Weingärtner seine
Knechte: den einen schlugen sie, den zweiten tö-
teten sie, den dritten steinigten sie. [36]Abermals
sandte er andere Knechte, mehr als das erste
Mal; und sie taten mit ihnen dasselbe. [37]Zuletzt
aber sandte er seinen Sohn zu ihnen und sagte
sich: Sie werden sich vor meinem Sohn scheuen.
[38]Als aber die Weingärtner den Sohn sahen,
sprachen sie zueinander: Das ist der Erbe;
kommt, laßt uns ihn töten und sein Erbgut an
uns bringen! [39]Und sie nahmen ihn und stießen
ihn zum Weinberg hinaus und töteten ihn.
[40]Wenn nun der Herr des Weinbergs kommen
wird, was wird er mit diesen Weingärtnern tun?
[41]Sie antworteten ihm: Er wird den Bösen ein
böses Ende bereiten und seinen Weinberg an-
dern Weingärtnern verpachten, die ihm die
Früchte zur rechten Zeit geben.

[42]Jesus sprach zu ihnen: Habt ihr nie gelesen
in der Schrift (Psalm 118,22.23):

»Der Stein, den die Bauleute verworfen
haben,
der ist zum Eckstein geworden.
Vom Herrn ist das geschehen
und ist ein Wunder vor unsern Augen«?

[43]Darum sage ich euch: Das Reich Gottes wird
von euch genommen und einem Volk gegeben
werden, das seine Früchte bringt. [44]Und wer auf
diesen Stein fällt, der wird zerschellen; auf wen
aber er fällt, den wird er zermalmen.

[45]Und als die Hohenpriester und Pharisäer
seine Gleichnisse hörten, erkannten sie, daß er
von ihnen redete. [46]Und sie trachteten danach,
ihn zu ergreifen; aber sie fürchteten sich vor dem
Volk, denn es hielt ihn für einen Propheten.

Die königliche Hochzeit

22 Und Jesus fing an und redete aber-
mals in Gleichnissen zu ihnen und
sprach: [2]Das Himmelreich gleicht ei-
nem König, der seinem Sohn die Hochzeit aus-
richtete. [3]Und er sandte seine Knechte aus, die
Gäste zur Hochzeit zu laden; doch sie wollten

Jeder ist eingeladen

nicht kommen. 4Abermals sandte er andere
Knechte aus und sprach: Sagt den Gästen: Siehe,
meine Mahlzeit habe ich bereitet, meine Ochsen
und mein Mastvieh ist geschlachtet, und alles ist
bereit; kommt zur Hochzeit! 5Aber sie verachte-
ten das und gingen weg, einer auf seinen Acker,
der andere an sein Geschäft. 6Einige aber ergrif-
fen seine Knechte, verhöhnten und töteten sie.
7Da wurde der König zornig und schickte seine
Heere aus und brachte diese Mörder um und
zündete ihre Stadt an. 8Dann sprach er zu seinen
Knechten: Die Hochzeit ist zwar bereit, aber die
Gäste waren's nicht wert. 9Darum geht hinaus
auf die Straßen und ladet zur Hochzeit ein, wen
ihr findet. 10Und die Knechte gingen auf die
Straßen hinaus und brachten zusammen, wen sie
fanden, Böse und Gute; und die Tische wurden
alle voll. 11Da ging der König hinein, sich die
Gäste anzusehen, und sah da einen Menschen,
der hatte kein hochzeitliches Gewand an, 12und
sprach zu ihm: Freund, wie bist du hier hereinge-
kommen und hast doch kein hochzeitliches Ge-
wand an? Er aber verstummte. 13Da sprach der
König zu seinen Dienern: Bindet ihm die Hände
und Füße und werft ihn in die Finsternis hinaus!
Da wird Heulen und Zähneklappern sein.
14Denn viele sind berufen, aber wenige sind aus-
erwählt.

Die Frage nach der Steuer

15Da gingen die Pharisäer hin und hielten Rat,
wie sie ihn in seinen Worten fangen könnten;
16und sandten zu ihm ihre Jünger samt den An-
hängern des Herodes. Die sprachen: Meister, wir
wissen, daß du wahrhaftig bist und lehrst den
Weg Gottes recht und fragst nach niemand; denn
du achtest nicht das Ansehen der Menschen.
17Darum sage uns, was meinst du: Ist's recht, daß
man dem Kaiser Steuern zahlt oder nicht? 18Als
nun Jesus ihre Bosheit merkte, sprach er: Ihr
Heuchler, was versucht ihr mich? 19Zeigt mir die

Du sollst den Herrn, deinen Gott, lieben von ganzem Herzen (Mt 22,37)

Steuermünze! Und sie reichten ihm einen Silbergroschen. [20]Und er sprach zu ihnen: Wessen Bild und Aufschrift ist das? [21]Sie sprachen zu ihm: Des Kaisers. Da sprach er zu ihnen: So gebt dem Kaiser, was des Kaisers ist, und Gott, was Gottes ist! [22]Als sie das hörten, wunderten sie sich, ließen von ihm ab und gingen davon.

Gebt dem Kaiser, was des Kaisers ist, und Gott, was Gottes ist!

Die Frage nach der Auferstehung

[23]An demselben Tage traten die Sadduzäer zu ihm, die lehren, es gebe keine Auferstehung, und fragten ihn [24]und sprachen: Meister, Mose hat gesagt (5. Mose 25,5.6): »Wenn einer stirbt und hat keine Kinder, so soll sein Bruder die Frau heiraten und seinem Bruder Nachkommen erwecken.« [25]Nun waren bei uns sieben Brüder. Der erste heiratete und starb; und weil er keine Nachkommen hatte, hinterließ er seine Frau seinem Bruder; [26]desgleichen der zweite und der dritte bis zum siebenten. [27]Zuletzt nach allen starb die Frau. [28]Nun in der Auferstehung: wessen Frau wird sie sein von diesen sieben? Sie haben sie ja alle gehabt. [29]Jesus aber antwortete und sprach zu ihnen: Ihr irrt, weil ihr weder die Schrift kennt noch die Kraft Gottes. [30]Denn in der Auferstehung werden sie weder heiraten noch sich heiraten lassen, sondern sie sind wie Engel im Himmel. [31]Habt ihr denn nicht gelesen von der Auferstehung der Toten, was euch gesagt ist von Gott, der da spricht (2. Mose 3,6): [32]»Ich bin der Gott Abrahams und der Gott Isaaks und der Gott Jakobs«? Gott ist nicht ein Gott der Toten, sondern der Lebenden. [33]Und als das Volk das hörte, entsetzten sie sich über seine Lehre.

Die Frage nach dem höchsten Gebot

[34]Als aber die Pharisäer hörten, daß er den Sadduzäern das Maul gestopft hatte, versammelten sie sich. [35]Und einer von ihnen, ein Schriftgelehrter, versuchte ihn und fragte: [36]Meister, welches ist das höchste Gebot im Gesetz? [37]Jesus aber antwortete ihm: »Du sollst den Herrn, deinen Gott, lieben von ganzem Herzen, von ganzer Seele und von ganzem Gemüt« (5. Mose 6,5). [38]Dies ist das höchste und größte Gebot. [39]Das andere aber ist dem gleich: »Du sollst deinen Nächsten lieben wie dich selbst« (3. Mose 19,18). [40]In diesen beiden Geboten hängt das ganze Gesetz und die Propheten.

Die Frage nach dem Davidssohn

[41]Als nun die Pharisäer beieinander waren, fragte sie Jesus: [42]Was denkt ihr von dem Christus? Wessen Sohn ist er? Sie antworteten: Davids. [43]Da fragte er sie: Wie kann ihn dann David durch den Geist Herr nennen, wenn er sagt (Psalm 110,1):

[44]»Der Herr sprach zu meinem Herrn:
Setze dich zu meiner Rechten,
bis ich deine Feinde unter deine Füße lege«?

[45]Wenn nun David ihn Herr nennt, wie ist er dann sein Sohn? [46]Und niemand konnte ihm ein Wort antworten, auch wagte niemand von dem Tage an, ihn hinfort zu fragen.

Gegen die Schriftgelehrten und Pharisäer

23 Da redete Jesus zu dem Volk und zu seinen Jüngern [2]und sprach: Auf dem Stuhl des Mose sitzen die Schriftgelehrten und Pharisäer. [3]Alles nun, was sie euch sagen, das tut und haltet; aber nach ihren Werken sollt ihr nicht handeln; denn sie sagen's zwar, tun's aber nicht. [4]Sie binden schwere und unerträgliche Bürden und legen sie den Menschen auf die Schultern; aber sie selbst wollen keinen Finger dafür krümmen. [5]Alle ihre Werke aber tun sie, damit sie von den Leuten gesehen werden. Sie machen ihre Gebetsriemen breit und die Quasten an ihren Kleidern groß. [6]Sie sitzen gern obenan bei Tisch und in den Synagogen [7]und haben's gern, daß sie auf dem Markt gegrüßt und von den Leuten Rabbi genannt werden. [8]Aber ihr sollt euch nicht Rabbi nennen lassen; denn einer ist euer Meister; ihr aber seid alle Brüder. [9]Und ihr sollt niemanden unter euch Vater nennen auf Erden; denn einer ist euer Vater, der im Himmel ist. [10]Und ihr sollt euch nicht Lehrer nennen lassen; denn einer ist euer Lehrer: Christus. [11]Der größte unter euch soll euer Diener sein. [12]Denn wer sich selbst erhöht, der wird erniedrigt; und wer sich selbst erniedrigt, der wird erhöht.

[13]Weh euch, Schriftgelehrte und Pharisäer, ihr Heuchler, die ihr das Himmelreich zuschließt vor den Menschen! Ihr geht nicht hinein, und die hinein wollen, laßt ihr nicht hineingehen.

[15]Weh euch, Schriftgelehrte und Pharisäer, ihr Heuchler, die ihr Land und Meer durchzieht, damit ihr einen Judengenossen gewinnt; und wenn er's geworden ist, macht ihr aus ihm ein Kind der Hölle, doppelt so schlimm wie ihr.

[16]Weh euch, ihr verblendeten Führer, die ihr sagt: Wenn einer schwört bei dem Tempel, das gilt nicht; wenn aber einer schwört bei dem Gold des Tempels, der ist gebunden. [17]Ihr Narren und Blinden! Was ist mehr: das Gold oder der Tempel, der das Gold heilig macht? [18]Oder: Wenn einer schwört bei dem Altar, das gilt nicht; wenn aber einer schwört bei dem Opfer, das darauf liegt, der ist gebunden. [19]Ihr Blinden! Was ist mehr: das Opfer oder der Altar, der das Opfer heilig macht? [20]Darum, wer schwört bei dem Altar, der schwört bei ihm und bei allem, was darauf liegt. [21]Und wer schwört bei dem Tempel, der schwört bei ihm und bei dem, der darin wohnt. [22]Und wer schwört bei dem Himmel, der schwört bei dem Thron Gottes und bei dem, der darauf sitzt.

[23]Weh euch, Schriftgelehrte und Pharisäer, ihr Heuchler, die ihr den Zehnten gebt von Minze, Dill und Kümmel und laßt das Wichtigste im Gesetz beiseite, nämlich das Recht, die Barmherzigkeit und den Glauben! Doch dies sollte man tun und jenes nicht lassen. [24]Ihr verblendeten Führer, die ihr Mücken aussiebt, aber Kamele verschluckt!

[25]Weh euch, Schriftgelehrte und Pharisäer, ihr Heuchler, die ihr die Becher und Schüsseln außen reinigt, innen aber sind sie voller Raub und Gier! [26]Du blinder Pharisäer, reinige zuerst das Innere des Bechers, damit auch das Äußere rein wird!

[27]Weh euch, Schriftgelehrte und Pharisäer, ihr Heuchler, die ihr seid wie die übertünchten Gräber, die von außen hübsch aussehen, aber innen sind sie voller Totengebeine und lauter Unrat! [28]So auch ihr: von außen scheint ihr vor den Menschen fromm, aber innen seid ihr voller Heuchelei und Unrecht.

[29]Weh euch, Schriftgelehrte und Pharisäer, ihr Heuchler, die ihr den Propheten Grabmäler baut und die Gräber der Gerechten schmückt [30]und sprecht: Hätten wir zu Zeiten unserer Väter gelebt, so wären wir nicht mit ihnen schuldig geworden am Blut der Propheten! [31]Damit bezeugt ihr von euch selbst, daß ihr Kinder derer seid, die die Propheten getötet haben. [32]Wohlan, macht auch ihr das Maß eurer Väter voll! [33]Ihr Schlangen, ihr Otternbrut! Wie wollt ihr der höllischen Verdammnis entrinnen?

[34]Darum: siehe, ich sende zu euch Propheten und Weise und Schriftgelehrte; und von ihnen werdet ihr einige töten und kreuzigen, und einige werdet ihr geißeln in euren Synagogen und werdet sie verfolgen von einer Stadt zur andern, [35]damit über euch komme all das gerechte Blut, das vergossen ist auf Erden, von dem Blut des gerechten Abel an bis auf das Blut des Secharja, des Sohnes Berechjas, den ihr getötet habt zwischen Tempel und Altar. [36]Wahrlich, ich sage euch: das alles wird über dieses Geschlecht kommen.

Klage über Jerusalem

[37]Jerusalem, Jerusalem, die du tötest die Propheten und steinigst, die zu dir gesandt sind! Wie oft habe ich deine Kinder versammeln wollen, wie eine Henne ihre Küken versammelt unter ihre

Flügel; und ihr habt nicht gewollt! [38]Siehe, »euer Haus soll euch wüst gelassen werden« (Jeremia 22,5; Psalm 69,26). [39]Denn ich sage euch: Ihr werdet mich von jetzt an nicht sehen, bis ihr sprecht: Gelobt sei, der da kommt im Namen des Herrn!

JESU REDE ÜBER DIE ENDZEIT
(Kapitel 24–25)

Das Ende des Tempels

24 Und Jesus ging aus dem Tempel fort, und seine Jünger traten zu ihm und zeigten ihm die Gebäude des Tempels. [2]Er aber sprach zu ihnen: Seht ihr nicht das alles? Wahrlich, ich sage euch: Es wird hier nicht ein Stein auf dem andern bleiben, der nicht zerbrochen werde.

Der Anfang der Wehen

[3]Und als er auf dem Ölberg saß, traten seine Jünger zu ihm und sprachen, als sie allein waren: Sage uns, wann wird das geschehen? und was wird das Zeichen sein für dein Kommen und für das Ende der Welt? [4]Jesus aber antwortete und sprach zu ihnen: Seht zu, daß euch nicht jemand verführe. [5]Denn es werden viele kommen unter meinem Namen und sagen: Ich bin der Christus, und sie werden viele verführen. [6]Ihr werdet hören von Kriegen und Kriegsgeschrei; seht zu und erschreckt nicht. Denn das muß so geschehen; aber es ist noch nicht das Ende da. [7]Denn es wird sich ein Volk gegen das andere erheben und ein Königreich gegen das andere; und es werden Hungersnöte sein und Erdbeben hier und dort. [8]Das alles aber ist der Anfang der Wehen.

[9]Dann werden sie euch der Bedrängnis preisgeben und euch töten. Und ihr werdet gehaßt werden um meines Namens willen von allen Völkern. [10]Dann werden viele abfallen und werden sich untereinander verraten und werden sich untereinander hassen. [11]Und es werden sich viele falsche Propheten erheben und werden viele verführen. [12]Und weil die Ungerechtigkeit überhand nehmen wird, wird die Liebe in vielen erkalten. [13]Wer aber beharrt bis ans Ende, der wird selig werden. [14]Und es wird gepredigt werden dies Evangelium vom Reich in der ganzen Welt zum Zeugnis für alle Völker, und dann wird das Ende kommen.

Die große Bedrängnis

[15]Wenn ihr nun sehen werdet das Greuelbild der Verwüstung stehen an der heiligen Stätte, wovon gesagt ist durch den Propheten Daniel (Daniel 9,27; 11,31), – wer das liest, der merke auf! –, [16]alsdann fliehe auf die Berge, wer in Judäa ist; [17]und wer auf dem Dach ist, der steige nicht hinunter, etwas aus seinem Hause zu holen; [18]und wer auf dem Feld ist, der kehre nicht zurück, seinen Mantel zu holen. [19]Weh aber den Schwangeren und den Stillenden zu jener Zeit! [20]Bittet aber, daß eure Flucht nicht geschehe im Winter oder am Sabbat. [21]Denn es wird dann eine große Bedrängnis sein, wie sie nicht gewesen ist vom Anfang der Welt bis jetzt und auch nicht wieder werden wird. [22]Und wenn diese Tage nicht verkürzt würden, so würde kein Mensch selig werden; aber um der Auserwählten willen werden diese Tage verkürzt.

[23]Wenn dann jemand zu euch sagen wird: Siehe, hier ist der Christus! oder da!, so sollt ihr's nicht glauben. [24]Denn es werden falsche Christusse und falsche Propheten aufstehen und große Zeichen und Wunder tun, so daß sie, wenn es möglich wäre, auch die Auserwählten verführten. [25]Siehe, ich habe es euch vorausgesagt. [26]Wenn sie also zu euch sagen werden: Siehe, er ist in der Wüste!, so geht nicht hinaus; siehe, er ist drinnen im Haus!, so glaubt es nicht. [27]Denn wie der Blitz ausgeht vom Osten und leuchtet bis zum Westen, so wird auch das Kommen des Menschensohns sein. [28]Wo das Aas ist, da sammeln sich die Geier.

Das Kommen des Menschensohns

[29]Sogleich aber nach der Bedrängnis jener Zeit wird die Sonne sich verfinstern und der Mond seinen Schein verlieren, und die Sterne werden vom Himmel fallen, und die Kräfte der Himmel werden ins Wanken kommen. [30]Und dann wird erscheinen das Zeichen des Menschensohns am Himmel. Und dann werden wehklagen alle Geschlechter auf Erden und werden sehen den Menschensohn kommen auf den Wolken des Himmels mit großer Kraft und Herrlichkeit. [31]Und er wird seine Engel senden mit hellen Posaunen, und sie werden seine Auserwählten sammeln von den vier Winden, von einem Ende des Himmels bis zum andern.

Mahnung zur Wachsamkeit

[32]An dem Feigenbaum lernt ein Gleichnis: wenn
seine Zweige jetzt saftig werden und Blätter trei-
ben, so wißt ihr, daß der Sommer nahe ist.
[33]Ebenso auch: wenn ihr das alles seht, so wißt,
daß er nahe vor der Tür ist. [34]Wahrlich, ich sage
euch: Dieses Geschlecht wird nicht vergehen, bis
dies alles geschieht. [35]Himmel und Erde werden
vergehen; aber meine Worte werden nicht verge-
hen. [36]Von dem Tage aber und von der Stunde

Himmel und Erde werden vergehen; aber meine Worte werden nicht vergehen.

weiß niemand, auch die Engel im Himmel nicht,
auch der Sohn nicht, sondern allein der Vater.
[37]Denn wie es in den Tagen Noahs war, so wird
auch sein das Kommen des Menschensohns.
[38]Denn wie sie waren in den Tagen vor der Sint-
flut - sie aßen, sie tranken, sie heirateten und lie-
ßen sich heiraten bis an den Tag, an dem Noah
in die Arche hineinging; [39]und sie beachteten es
nicht, bis die Sintflut kam und raffte sie alle da-
hin -, so wird es auch sein beim Kommen des
Menschensohns. [40]Dann werden zwei auf dem
Felde sein; der eine wird angenommen, der an-
dere wird preisgegeben. [41]Zwei Frauen werden
mahlen mit der Mühle; die eine wird angenom-
men, die andere wird preisgegeben.
[42]Darum wachet; denn ihr wißt nicht, an wel-
chem Tag euer Herr kommt. [43]Das sollt ihr aber
wissen: Wenn ein Hausvater wüßte, zu welcher
Stunde in der Nacht der Dieb kommt, so würde
er ja wachen und nicht in sein Haus einbrechen
lassen. [44]Darum seid auch ihr bereit! Denn der
Menschensohn kommt zu einer Stunde, da ihr's
nicht meint.

Vom treuen und vom bösen Knecht

[45]Wer ist nun der treue und kluge Knecht, den
der Herr über seine Leute gesetzt hat, damit er
ihnen zur rechten Zeit zu essen gebe? [46]Selig ist
der Knecht, den sein Herr, wenn er kommt, das
tun sieht. [47]Wahrlich, ich sage euch: Er wird ihn
über alle seine Güter setzen. [48]Wenn aber jener
als ein böser Knecht in seinem Herzen sagt:
Mein Herr kommt noch lange nicht, [49]und fängt
an, seine Mitknechte zu schlagen, ißt und trinkt
mit den Betrunkenen: [50]dann wird der Herr die-
ses Knechts kommen an einem Tage, an dem er's
nicht erwartet, und zu einer Stunde, die er nicht
kennt, [51]und er wird ihn in Stücke hauen lassen
und ihm sein Teil geben bei den Heuchlern; da
wird sein Heulen und Zähneklappern.

Von den klugen und törichten Jungfrauen

25 Dann wird das Himmelreich gleichen
zehn Jungfrauen, die ihre Lampen
nahmen und gingen hinaus, dem
Bräutigam entgegen. [2]Aber fünf von ihnen waren
töricht, und fünf waren klug. [3]Die törichten nah-
men ihre Lampen, aber sie nahmen kein Öl mit.
[4]Die klugen aber nahmen Öl mit in ihren Ge-
fäßen, samt ihren Lampen. [5]Als nun der Bräu-
tigam lange ausblieb, wurden sie alle schläf-

rig und schliefen ein. 6Um Mitternacht aber er-
hob sich lautes Rufen: Siehe, der Bräutigam
kommt! Geht hinaus, ihm entgegen! 7Da standen
diese Jungfrauen alle auf und machten ihre Lam-
pen fertig. 8Die törichten aber sprachen zu den
klugen: Gebt uns von eurem Öl, denn unsre
Lampen verlöschen. 9Da antworteten die klugen

Himmelreich

Himmelreich oder Reich Gottes sind Wörter, die nicht ein bestimmtes Land meinen, sondern Gottes Macht und Autorität überall. Sein Reich ist in den Glaubenden schon da; aber in Vollkommenheit erscheint es erst am Ende der Welt. Die Menschen sollen deshalb wachen, bereit sein (V. 13).

und sprachen: Nein, sonst würde es für uns und
euch nicht genug sein; geht aber zum Kaufmann
und kauft für euch selbst. 10Und als sie hingingen
zu kaufen, kam der Bräutigam; und die bereit
waren, gingen mit ihm hinein zur Hochzeit, und
die Tür wurde verschlossen. 11Später kamen auch
die andern Jungfrauen und sprachen: Herr, Herr,
tu uns auf! 12Er antwortete aber und sprach:
Wahrlich, ich sage euch: Ich kenne euch nicht.
13Darum wachet! Denn ihr wißt weder Tag noch
Stunde.

Von den anvertrauten Zentnern

14Denn es ist wie mit einem Menschen, der außer
Landes ging: er rief seine Knechte und vertraute
ihnen sein Vermögen an; 15dem einen gab er fünf
Zentner Silber, dem andern zwei, dem dritten ei-
nen, jedem nach seiner Tüchtigkeit, und zog fort.
16Sogleich ging der hin, der fünf Zentner emp-
fangen hatte, und handelte mit ihnen und ge-
wann weitere fünf dazu. 17Ebenso gewann der,
der zwei Zentner empfangen hatte, zwei weitere
dazu. 18Der aber einen empfangen hatte, ging
hin, grub ein Loch in die Erde und verbarg das
Geld seines Herrn. 19Nach langer Zeit kam der
Herr dieser Knechte und forderte Rechenschaft
von ihnen. 20Da trat herzu, der fünf Zentner
empfangen hatte, und legte weitere fünf Zentner
dazu und sprach: Herr, du hast mir fünf Zentner
anvertraut; siehe da, ich habe damit weitere fünf
Zentner gewonnen. 21Da sprach sein Herr zu
ihm: Recht so, du tüchtiger und treuer Knecht,
du bist über wenigem treu gewesen, ich will dich
über viel setzen; geh hinein zu deines Herrn
Freude! 22Da trat auch herzu, der zwei Zentner
empfangen hatte, und sprach: Herr, du hast mir
zwei Zentner anvertraut; siehe da, ich habe da-
mit zwei weitere gewonnen. 23Sein Herr sprach
zu ihm: Recht so, du tüchtiger und treuer
Knecht, du bist über wenigem treu gewesen, ich
will dich über viel setzen; geh hinein zu deines
Herrn Freude! 24Da trat auch herzu, der einen
Zentner empfangen hatte, und sprach: Herr, ich
wußte, daß du ein harter Mann bist: du erntest,
wo du nicht gesät hast, und sammelst ein, wo du
nicht ausgestreut hast; 25und ich fürchtete mich,
ging hin und verbarg deinen Zentner in der Er-
de. Siehe, da hast du das Deine. 26Sein Herr aber
antwortete und sprach zu ihm: Du böser und
fauler Knecht! Wußtest du, daß ich ernte, wo ich
nicht gesät habe, und einsammle, wo ich nicht
ausgestreut habe? 27Dann hättest du mein Geld
zu den Wechslern bringen sollen, und wenn ich
gekommen wäre, hätte ich das Meine wiederbe-
kommen mit Zinsen. 28Darum nehmt ihm den
Zentner ab und gebt ihn dem, der zehn Zentner
hat. 29Denn wer da hat, dem wird gegeben wer-
den, und er wird die Fülle haben; wer aber nicht
hat, dem wird auch, was er hat, genommen wer-
den. 30Und den unnützen Knecht werft in die
Finsternis hinaus; da wird sein Heulen und Zäh-
neklappern.

Vom Weltgericht

31Wenn aber der Menschensohn kommen wird in
seiner Herrlichkeit, und alle Engel mit ihm, dann
wird er sitzen auf dem Thron seiner Herrlichkeit,
32und alle Völker werden vor ihm versammelt
werden. Und er wird sie voneinander scheiden,
wie ein Hirt die Schafe von den Böcken scheidet,
33und wird die Schafe zu seiner Rechten stellen
und die Böcke zur Linken. 34Da wird dann der
König sagen zu denen zu seiner Rechten:
Kommt her, ihr Gesegneten meines Vaters,
ererbt das Reich, das euch bereitet ist von Anbe-
ginn der Welt! 35Denn ich bin hungrig gewesen,
und ihr habt mir zu essen gegeben. Ich bin dur-
stig gewesen, und ihr habt mir zu trinken gege-
ben. Ich bin ein Fremder gewesen, und ihr habt
mich aufgenommen. 36Ich bin nackt gewesen,
und ihr habt mich gekleidet. Ich bin krank gewe-
sen, und ihr habt mich besucht. Ich bin im Ge-
fängnis gewesen, und ihr seid zu mir gekommen.
37Dann werden ihm die Gerechten antworten

und sagen: Herr, wann haben wir dich hungrig
gesehen und haben dir zu essen gegeben? oder
durstig und haben dir zu trinken gegeben?
[38]Wann haben wir dich als Fremden gesehen und
haben dich aufgenommen? oder nackt und ha-
ben dich gekleidet? [39]Wann haben wir dich
krank oder im Gefängnis gesehen und sind zu dir
gekommen? [40]Und der König wird antworten
und zu ihnen sagen: Wahrlich, ich sage euch:
Was ihr getan habt einem von diesen meinen ge-
ringsten Brüdern, das habt ihr mir getan.
[41]Dann wird er auch sagen zu denen zur Lin-
ken: Geht weg von mir, ihr Verfluchten, in das
ewige Feuer, das bereitet ist dem Teufel und sei-
nen Engeln! [42]Denn ich bin hungrig gewesen,
und ihr habt mir nicht zu essen gegeben. Ich bin
durstig gewesen, und ihr habt mir nicht zu trin-
ken gegeben. [43]Ich bin ein Fremder gewesen, und
ihr habt mich nicht aufgenommen. Ich bin nackt
gewesen, und ihr habt mich nicht gekleidet. Ich
bin krank und im Gefängnis gewesen, und ihr
habt mich nicht besucht. [44]Dann werden sie ihm
auch antworten und sagen: Herr, wann haben
wir dich hungrig oder durstig gesehen oder als
Fremden oder nackt oder krank oder im Gefäng-
nis und haben dir nicht gedient? [45]Dann wird er
ihnen antworten und sagen: Wahrlich, ich sage
euch: Was ihr nicht getan habt einem von diesen
Geringsten, das habt ihr mir auch nicht getan.
[46]Und sie werden hingehen: diese zur ewigen
Strafe, aber die Gerechten in das ewige Leben.

LEIDEN, STERBEN UND AUFERSTEHUNG JESU

(Kapitel 26–28)

Der Plan der Hohenpriester und Ältesten

26 Und es begab sich, als Jesus alle diese
Reden vollendet hatte, daß er zu sei-
nen Jüngern sprach: [2]Ihr wißt, daß in
zwei Tagen Passa ist; und der Menschensohn
wird überantwortet werden, daß er gekreuzigt
werde.
[3]Da versammelten sich die Hohenpriester und
die Ältesten des Volkes im Palast des Hohen-
priesters, der hieß Kaiphas, [4]und hielten Rat, wie
sie Jesus mit List ergreifen und töten könnten.
[5]Sie sprachen aber: Ja nicht bei dem Fest, damit
es nicht einen Aufruhr gebe im Volk.

Die Salbung in Betanien

[6]Als nun Jesus in Betanien war im Hause Simons
des Aussätzigen, [7]trat zu ihm eine Frau, die hatte
ein Glas mit kostbarem Salböl und goß es auf
sein Haupt, als er zu Tisch saß. [8]Als das die Jün-
ger sahen, wurden sie unwillig und sprachen:
Wozu diese Vergeudung? [9]Es hätte teuer ver-
kauft und das Geld den Armen gegeben werden
können. [10]Als Jesus das merkte, sprach er zu ih-
nen: Was betrübt ihr die Frau? Sie hat ein gutes
Werk an mir getan. [11]Denn Arme habt ihr alle-
zeit bei euch, mich aber habt ihr nicht allezeit.
[12]Daß sie das Öl auf meinen Leib gegossen hat,
das hat sie für mein Begräbnis getan. [13]Wahrlich,
ich sage euch: Wo dies Evangelium gepredigt
wird in der ganzen Welt, da wird man auch sagen
zu ihrem Gedächtnis, was sie getan hat.

Der Verrat des Judas

[14]Da ging einer von den Zwölfen, mit Namen Ju-
das Iskariot, hin zu den Hohenpriestern [15]und
sprach: Was wollt ihr mir geben? Ich will ihn
euch verraten. Und sie boten ihm dreißig Silber-
linge. [16]Und von da an suchte er eine Gelegen-
heit, daß er ihn verriete.

Das Abendmahl

[17]Aber am ersten Tage der Ungesäuerten Brote
traten die Jünger zu Jesus und fragten: Wo willst
du, daß wir dir das Passalamm zum Essen berei-
ten? [18]Er sprach: Geht hin in die Stadt zu einem
und sprecht zu ihm: Der Meister läßt dir sagen:
Meine Zeit ist nahe; ich will bei dir das Passa fei-
ern mit meinen Jüngern. [19]Und die Jünger taten,
wie ihnen Jesus befohlen hatte, und bereiteten
das Passalamm.
[20]Und am Abend setzte er sich zu Tisch mit
den Zwölfen. [21]Und als sie aßen, sprach er:
Wahrlich, ich sage euch: Einer unter euch wird
mich verraten. [22]Und sie wurden sehr betrübt
und fingen an, jeder einzeln, ihn zu fragen: Herr,
bin ich's? [23]Er antwortete und sprach: Der die
Hand mit mir in die Schüssel taucht, der wird
mich verraten. [24]Der Menschensohn geht zwar
dahin, wie von ihm geschrieben steht; doch weh
dem Menschen durch den der Menschensohn
verraten wird! Es wäre besser für diesen Men-
schen, wenn er nie geboren wäre. [25]Da antworte-
te Judas, der ihn verriet, und sprach: Bin ich's,
Rabbi? Er sprach zu ihm: Du sagst es.
[26]Als sie aber aßen, nahm Jesus das Brot,

Wem sollen wir abgeben?

dankte und brach's und gab's den Jüngern und
sprach: Nehmet, esset; das ist mein Leib. 27Und
er nahm den Kelch und dankte, gab ihnen den
und sprach: Trinket alle daraus; 28das ist mein
Blut des Bundes, das vergossen wird für viele
zur Vergebung der Sünden. 29Ich sage euch: Ich
werde von nun an nicht mehr von diesem Ge-
wächs des Weinstocks trinken bis an den Tag, an
dem ich von neuem davon trinken werde mit
euch in meines Vaters Reich. 30Und als sie den
Lobgesang gesungen hatten, gingen sie hinaus an
den Ölberg.

Die Ankündigung der Verleugnung des Petrus

31Da sprach Jesus zu ihnen: In dieser Nacht wer-
det ihr alle Ärgernis nehmen an mir. Denn es
steht geschrieben (Sacharja 13,7): »Ich werde
den Hirten schlagen, und die Schafe der Herde
werden sich zerstreuen.« 32Wenn ich aber aufer-
standen bin, will ich vor euch hingehen nach Ga-
liläa. 33Petrus aber antwortete und sprach zu
ihm: Wenn sie auch alle Ärgernis nehmen, so
will ich doch niemals Ärgernis nehmen an dir.
34Jesus sprach zu ihm: Wahrlich, ich sage dir: In
dieser Nacht, ehe der Hahn kräht, wirst du mich
dreimal verleugnen. 35Petrus sprach zu ihm: Und
wenn ich mit dir sterben müßte, will ich dich
nicht verleugnen. Das gleiche sagten auch alle
Jünger.

Jesus in Gethsemane

36Da kam Jesus mit ihnen zu einem Garten, der
hieß Gethsemane, und sprach zu den Jüngern:
Setzt euch hier, solange ich dorthin gehe und be-
te. 37Und er nahm mit sich Petrus und die zwei
Söhne des Zebedäus und fing an zu trauern und
zu zagen. 38Da sprach Jesus zu ihnen: Meine See-
le ist betrübt bis an den Tod; bleibt hier und
wacht mit mir! 39Und er ging ein wenig weiter,

Mein Vater, ist's möglich, so gehe dieser Kelch an mir vorüber.

fiel nieder auf sein Angesicht und betete und
sprach: Mein Vater, ist's möglich, so gehe dieser
Kelch an mir vorüber; doch nicht wie ich will,
sondern wie du willst! 40Und er kam zu seinen
Jüngern und fand sie schlafend und sprach zu Pe-
trus: Könnt ihr denn nicht eine Stunde mit mir wa-
chen? 41Wachet und betet, daß ihr nicht in An-
fechtung fallt! Der Geist ist willig; aber das Fleisch
ist schwach. 42Zum zweiten Mal ging er wieder hin,
betete und sprach: Mein Vater, ist's nicht möglich,
daß dieser Kelch an mir vorübergehe, ohne daß
ich ihn trinke, so geschehe dein Wille! 43Und er
kam und fand sie abermals schlafend, und ihre
Augen waren voller Schlaf. 44Und er ließ sie und
ging abermals hin und betete zum dritten Mal und
redete dieselben Worte. 45Dann kam er zu seinen
Jüngern und sprach zu ihnen: Ach, wollt ihr weiter
schlafen und ruhen? Siehe, die Stunde ist da, daß
der Menschensohn in die Hände der Sünder über-
antwortet wird. 46Steht auf, laßt uns gehen! Siehe,
er ist da, der mich verrät.

Jesu Gefangennahme

47Und als er noch redete, siehe, da kam Judas, ei-
ner von den Zwölfen, und mit ihm eine große
Schar mit Schwertern und mit Stangen, von den
Hohenpriestern und Ältesten des Volkes. 48Und
der Verräter hatte ihnen ein Zeichen genannt und
gesagt: Welchen ich küssen werde, der ist's; den
ergreift. 49Und alsbald trat er zu Jesus und sprach:
Sei gegrüßt, Rabbi! und küßte ihn. 50Jesus aber
sprach zu ihm: Mein Freund, dazu bist du gekom-
men? Da traten sie heran und legten Hand an Je-
sus und ergriffen ihn. 51Und siehe, einer von de-
nen, die bei Jesus waren, streckte die Hand aus
und zog sein Schwert und schlug nach dem Knecht
des Hohenpriesters und hieb ihm ein Ohr ab. 52Da
sprach Jesus zu ihm: Stecke dein Schwert an sei-
nen Ort! Denn wer das Schwert nimmt, der soll
durchs Schwert umkommen. 53Oder meinst du, ich
könnte meinen Vater nicht bitten, daß er mir so-
gleich mehr als zwölf Legionen Engel schickte?
54Wie würde dann aber die Schrift erfüllt, daß es
so geschehen muß? 55Zu der Stunde sprach Jesus
zu der Schar: Ihr seid ausgezogen wie gegen einen
Räuber mit Schwertern und mit Stangen, mich zu
fangen. Habe ich doch täglich im Tempel gesessen
und gelehrt, und ihr habt mich nicht ergriffen.
56Aber das ist alles geschehen, damit erfüllt wür-
den die Schriften der Propheten. Da verließen ihn
alle Jünger und flohen.

Jesus vor dem Hohen Rat

57Die aber Jesus ergriffen hatten, führten ihn zu
dem Hohenpriester Kaiphas, wo die Schriftgelehr-
ten und Ältesten sich versammelt hatten. 58Petrus
aber folgte ihm von ferne bis zum Palast des Ho-
henpriesters und ging hinein und setzte sich

zu den Knechten, um zu sehen, worauf es hinaus wollte. [59]Die Hohenpriester aber und der ganze Hohe Rat suchten falsches Zeugnis gegen Jesus, daß sie ihn töteten. [60]Und obwohl viele falsche Zeugen herzutraten, fanden sie doch nichts. Zuletzt traten zwei herzu [61]und sprachen: Er hat gesagt: Ich kann den Tempel Gottes abbrechen und in drei Tagen aufbauen. [62]Und der Hohepriester stand auf und sprach zu ihm: Antwortest du nichts auf das, was diese gegen dich bezeugen? [63]Aber Jesus schwieg still. Und der Hohepriester sprach zu ihm: Ich beschwöre dich bei dem lebendigen Gott, daß du uns sagst, ob du der Christus bist, der Sohn Gottes. [64]Jesus sprach zu ihm: Du sagst es. Doch sage ich euch: Von nun an werdet ihr sehen den Menschensohn sitzen zur Rechten der Kraft und kommen auf den Wolken des Himmels. [65]Da zerriß der Hohepriester seine Kleider und sprach: Er hat Gott gelästert! Was bedürfen wir weiterer Zeugen? Siehe, jetzt habt ihr die Gotteslästerung gehört. [66]Was ist euer Urteil? Sie antworteten und sprachen: Er ist des Todes schuldig. [67]Da spien sie ihm ins Angesicht und schlugen ihn mit Fäusten. Einige aber schlugen ihn ins Angesicht [68]und sprachen: Weissage uns, Christus, wer ist's, der dich schlug?

Die Verleugnung des Petrus

[69]Petrus aber saß draußen im Hof; da trat eine Magd zu ihm und sprach: Und du warst auch mit dem Jesus aus Galiläa. [70]Er leugnete aber vor ihnen allen und sprach: Ich weiß nicht, was du sagst. [71]Als er aber hinausging in die Torhalle, sah ihn eine andere und sprach zu denen, die da waren: Dieser war auch mit dem Jesus von Nazareth. [72]Und er leugnete abermals und schwor dazu: Ich kenne den Menschen nicht. [73]Und nach einer kleinen Weile traten hinzu, die da standen, und sprachen zu Petrus: Wahrhaftig, du bist auch einer von denen, denn deine Sprache verrät dich. [74]Da fing er an, sich zu verfluchen und zu schwören: Ich kenne den Menschen nicht. Und alsbald krähte der Hahn. [75]Da dachte Petrus an das Wort, das Jesus zu ihm gesagt hatte: Ehe der Hahn kräht, wirst du mich dreimal verleugnen. Und er ging hinaus und weinte bitterlich.

Jesus vor Pilatus. Das Ende des Judas

27 Am Morgen aber faßten alle Hohenpriester und die Ältesten des Volkes den Beschluß über Jesus, ihn zu töten, [2]und sie banden ihn, führten ihn ab und überantworteten ihn dem Statthalter Pilatus.

[3]Als Judas, der ihn verraten hatte, sah, daß er zum Tode verurteilt war, reute es ihn, und er brachte die dreißig Silberlinge den Hohenpriestern und Ältesten zurück [4]und sprach: Ich habe Unrecht getan, daß ich unschuldiges Blut verraten habe. Sie aber sprachen: Was geht uns das an? Da sieh du zu! [5]Und er warf die Silberlinge in den Tempel, ging fort und erhängte sich. [6]Aber die Hohenpriester nahmen die Silberlinge und sprachen: Es ist nicht recht, daß wir sie in den Gotteskasten legen; denn es ist Blutgeld. [7]Sie beschlossen aber, den Töpferacker davon zu kaufen zum Begräbnis für Fremde. [8]Daher heißt dieser Acker Blutacker bis auf den heutigen Tag. [9]Da wurde erfüllt, was gesagt ist durch den Propheten Jeremia, der da spricht: »Sie haben die dreißig Silberlinge genommen, den Preis für den Verkauften, der geschätzt wurde bei den Israeliten, [10]und sie haben das Geld für den Töpferacker gegeben, wie mir der Herr befohlen hat« (Jeremia 32,9; Sacharja 11,12.13).

[11]Jesus aber stand vor dem Statthalter; und der Statthalter fragte ihn und sprach: Bist du der König der Juden? Jesus aber sprach: Du sagst es. [12]Und als er von den Hohenpriestern und Ältesten verklagt wurde, antwortete er nichts. [13]Da sprach Pilatus zu ihm: Hörst du nicht, wie hart sie dich verklagen? [14]Und er antwortete ihm nicht auf ein einziges Wort, so daß sich der Statthalter sehr verwunderte.

Jesu Verurteilung und Verspottung

[15]Zum Fest aber hatte der Statthalter die Gewohnheit, dem Volk einen Gefangenen loszugeben, welchen sie wollten. [16]Sie hatten aber zu der Zeit einen berüchtigten Gefangenen, der hieß Jesus Barabbas. [17]Und als sie versammelt waren, sprach Pilatus zu ihnen: Welchen wollt ihr? Wen soll ich euch losgeben, Jesus Barabbas oder Jesus, von dem gesagt wird, er sei der Christus? [18]Denn er wußte, daß sie ihn aus Neid überantwortet hatten. [19]Und als er auf dem Richterstuhl saß, schickte seine Frau zu ihm und ließ ihm sagen: Habe du nichts zu schaffen mit diesem Gerechten; denn ich habe heute viel erlitten im

Traum um seinetwillen. [20]Aber die Hohenpriester und Ältesten überredeten das Volk, daß sie um Barabbas bitten, Jesus aber umbringen sollten. [21]Da fing der Statthalter an und sprach zu ihnen: Welchen wollt ihr? Wen von den beiden soll ich euch losgeben? Sie sprachen: Barabbas! [22]Pilatus sprach zu ihnen: Was soll ich denn machen mit Jesus, von dem gesagt wird, er sei der Christus? Sie sprachen alle: Laß ihn kreuzigen!

Kreuzigen

Kreuzigen war eine übliche Hinrichtungsart bei den Römern. Der Verurteilte wurde an einen Stamm und ein Querholz genagelt oder gebunden, bis er starb.

---

[23]Er aber sagte: Was hat er denn Böses getan? Sie schrien aber noch mehr: Laß ihn kreuzigen! [24]Als aber Pilatus sah, daß er nichts ausrichtete, sondern das Getümmel immer größer wurde, nahm er Wasser und wusch sich die Hände vor dem Volk und sprach: Ich bin unschuldig an seinem Blut; seht ihr zu! [25]Da antwortete das ganze Volk und sprach: Sein Blut komme über uns und unsere Kinder! [26]Da gab er ihnen Barabbas los, aber Jesus ließ er geißeln und überantwortete ihn, daß er gekreuzigt werde.

[27]Da nahmen die Soldaten des Statthalters Jesus mit sich in das Prätorium und sammelten die ganze Abteilung um ihn. [28]Und zogen ihn aus und legten ihm einen Purpurmantel an [29]und flochten eine Dornenkrone und setzten sie ihm aufs Haupt und gaben ihm ein Rohr in seine rechte Hand und beugten die Knie vor ihm und verspotteten ihn und sprachen: Gegrüßet seist du, der Juden König! [30]und spien ihn an und nahmen das Rohr und schlugen damit sein Haupt.

Jesu Kreuzigung und Tod

[31]Und als sie ihn verspottet hatten, zogen sie ihm den Mantel aus und zogen ihm seine Kleider an und führten ihn ab, um ihn zu kreuzigen. [32]Und als sie hinausgingen, fanden sie einen Menschen aus Kyrene mit Namen Simon; den zwangen sie, daß er ihm sein Kreuz trug.

[33]Und als sie an die Stätte kamen mit Namen Golgatha, das heißt: Schädelstätte, [34]gaben sie ihm Wein zu trinken mit Galle vermischt; und als er's schmeckte, wollte er nicht trinken. [35]Als sie ihn aber gekreuzigt hatten, verteilten sie seine Kleider und warfen das Los darum. [36]Und sie saßen da und bewachten ihn. [37]Und oben über sein Haupt setzten sie eine Aufschrift mit der Ursache seines Todes: Dies ist Jesus, der Juden König.

[38]Und da wurden zwei Räuber mit ihm gekreuzigt, einer zur Rechten und einer zur Linken. [39]Die aber vorübergingen, lästerten ihn und schüttelten ihre Köpfe [40]und sprachen: Der du den Tempel abbrichst und baust ihn auf in drei Tagen, hilf dir selber, wenn du Gottes Sohn bist, und steig herab vom Kreuz! [41]Desgleichen spotteten auch die Hohenpriester mit den Schriftgelehrten und Ältesten und sprachen: [42]Andern hat er geholfen und kann sich selber nicht helfen. Ist er der König von Israel, so steige er nun vom Kreuz herab. Dann wollen wir an ihn glauben. [43]Er hat Gott vertraut; der erlöse ihn nun, wenn er Gefallen an ihm hat; denn er hat gesagt: Ich bin Gottes Sohn. [44]Desgleichen schmähten ihn auch die Räuber, die mit ihm gekreuzigt waren.

[45]Und von der sechsten Stunde an kam eine Finsternis über das ganze Land bis zur neunten Stunde. [46]Und um die neunte Stunde schrie Jesus laut: Eli, Eli, lama asabtani? das heißt: Mein Gott, mein Gott, warum hast du mich verlassen?

Mein Gott, mein Gott, warum hast du mich verlassen?

---

[47]Einige aber, die da standen, als sie das hörten, sprachen sie: Der ruft nach Elia. [48]Und sogleich lief einer von ihnen, nahm einen Schwamm und füllte ihn mit Essig und steckte ihn auf ein Rohr und gab ihm zu trinken. [49]Die andern aber sprachen: Halt, laß sehen, ob Elia komme und ihm helfe! [50]Aber Jesus schrie abermals laut und verschied.

[51]Und siehe, der Vorhang im Tempel zerriß in zwei Stücke von oben an bis unten aus. [52]Und die Erde erbebte, und die Felsen zerrissen, und die Gräber taten sich auf, und viele Leiber der entschlafenen Heiligen standen auf [53]und gingen aus den Gräbern nach seiner Auferstehung und kamen in die heilige Stadt und erschienen vielen. [54]Als aber der Hauptmann und die mit ihm Jesus bewachten das Erdbeben sahen und was da geschah, erschraken sie sehr und sprachen: Wahr-

lich, dieser ist Gottes Sohn gewesen! 55 Und es waren viele Frauen da, die von ferne zusahen; die waren Jesus aus Galiläa nachgefolgt und hatten ihm gedient; 56 unter ihnen war Maria von Magdala und Maria, die Mutter des Jakobus und Josef, und die Mutter der Söhne des Zebedäus.

Jesu Grablegung

57 Am Abend aber kam ein reicher Mann aus Arimathäa, der hieß Josef und war auch ein Jünger Jesu. 58 Der ging zu Pilatus und bat um den Leib Jesu. Da befahl Pilatus, man sollte ihm ihn geben. 59 Und Josef nahm den Leib und wickelte ihn in ein reines Leinentuch 60 und legte ihn in sein eigenes neues Grab, das er in einen Felsen hatte hauen lassen, und wälzte einen großen Stein vor die Tür des Grabes und ging davon. 61 Es waren aber dort Maria von Magdala und die andere Maria; die saßen dem Grab gegenüber.

Die Bewachung des Grabes

62 Am nächsten Tag, der auf den Rüsttag folgt, kamen die Hohenpriester mit den Pharisäern zu Pilatus 63 und sprachen: Herr, wir haben daran gedacht, daß dieser Verführer sprach, als er noch lebte: Ich will nach drei Tagen auferstehen.

Jesu Sterben erschütterte auch den Kosmos (V. 51–52)

64 Darum befiehl, daß man das Grab bewache bis
zum dritten Tag, damit nicht seine Jünger kom-
men und ihn stehlen und zum Volk sagen: Er ist
auferstanden von den Toten, und der letzte Be-
trug ärger wird als der erste. 65 Pilatus sprach zu
ihnen: Da habt ihr die Wache; geht hin und be-
wacht es, so gut ihr könnt. 66 Sie gingen hin und
sicherten das Grab mit der Wache und versiegel-
ten den Stein.

Jesu Auferstehung

28 Als aber der Sabbat vorüber war
und der erste Tag der Woche an-
brach, kamen Maria von Magdala
und die andere Maria, um nach dem Grab zu se-
hen. 2 Und siehe, es geschah ein großes Erdbe-
ben. Denn der Engel des Herrn kam vom Him-
mel herab, trat hinzu und wälzte den Stein weg
und setzte sich darauf. 3 Seine Gestalt war wie der
Blitz und sein Gewand weiß wie der Schnee.
4 Die Wachen aber erschraken aus Furcht vor ihm
und wurden, als wären sie tot. 5 Aber der Engel
sprach zu den Frauen: Fürchtet euch nicht! Ich
weiß, daß ihr Jesus, den Gekreuzigten, sucht. 6 Er
ist nicht hier; er ist auferstanden, wie er gesagt
hat. Kommt her und seht die Stätte, wo er gele-
gen hat; 7 und geht eilends hin und sagt seinen
Jüngern, daß er auferstanden ist von den Toten.
Und siehe, er wird vor euch hingehen nach Gali-
läa; dort werdet ihr ihn sehen. Siehe, ich habe es
euch gesagt. 8 Und sie gingen eilends weg vom
Grab mit Furcht und großer Freude und liefen,
um es seinen Jüngern zu verkündigen. 9 Und sie-
he, da begegnete ihnen Jesus und sprach: Seid
gegrüßt! Und sie traten zu ihm und umfaßten
seine Füße und fielen vor ihm nieder. 10 Da
sprach Jesus zu ihnen: Fürchtet euch nicht! Geht
hin und verkündigt es meinen Brüdern, daß sie
nach Galiläa gehen: dort werden sie mich sehen.
11 Als sie aber hingingen, siehe, da kamen eini-
ge von der Wache in die Stadt und verkündeten
den Hohenpriestern alles, was geschehen war.
12 Und sie kamen mit den Ältesten zusammen,
hielten Rat und gaben den Soldaten viel Geld
13 und sprachen: Sagt, seine Jünger sind in der
Nacht gekommen und haben ihn gestohlen, wäh-
rend wir schliefen. 14 Und wenn es dem Statthal-
ter zu Ohren kommt, wollen wir ihn beschwichti-
gen und dafür sorgen, daß ihr sicher seid. 15 Sie
nahmen das Geld und taten, wie sie angewiesen
waren. Und so ist dies zum Gerede geworden bei
den Juden bis auf den heutigen Tag.

Der Missionsbefehl

16 Aber die elf Jünger gingen nach Galiläa auf
den Berg, wohin Jesus sie beschieden hatte.
17 Und als sie ihn sahen, fielen sie vor ihm nieder;
einige aber zweifelten. 18 Und Jesus trat herzu
und sprach zu ihnen: Mir ist gegeben alle Gewalt
im Himmel und auf Erden. 19 Darum gehet hin
und machet zu Jüngern alle Völker: Taufet sie
auf den Namen des Vaters und des Sohnes und
des heiligen Geistes 20 und lehret sie halten alles,
was ich euch befohlen habe. Und siehe, ich bin
bei euch alle Tage bis an der Welt Ende.

Und siehe, ich bin bei euch alle Tage bis an der Welt Ende.

Das Evangelium nach

Markus

Einführung

Diese kürzeste Fassung der Guten Nachricht von Jesus Christus ist außerordentlich spannend geschrieben. Sie läßt sich leicht in einem Zug durchlesen. Immer neu greift Jesus mit Mut, mit Erbarmen und mit großer Kraft in das Leben der Menschen ein. Sie kommen aus dem Staunen nicht heraus – aber gleichzeitig nimmt die Zahl der Feinde zu.

Johannes Markus, der Verfasser, war ein Begleiter der Apostel Paulus und Petrus. Petrus nennt ihn in einem seiner Briefe »mein Sohn Markus«. Dies kann bedeuten, daß Markus durch Petrus zum Glauben an Christus gefunden hat. Von Petrus bekam er jedenfalls Informationen erster Hand über Jesus. Wahrscheinlich wurde dieses älteste und so temperamentvolle Evangelium zwischen 65 und 70 nach Christi Geburt geschrieben.

Überblick

Johannes der Täufer und sein Christuszeugnis

1 Dies ist der Anfang des Evangeliums von
Jesus Christus, dem Sohn Gottes.
2Wie geschrieben steht im
Propheten Jesaja:
»Siehe, ich sende meinen Boten vor dir her,
der deinen Weg bereiten soll.«
3»Es ist eine Stimme eines Predigers in der
Wüste: Bereitet den Weg des Herrn, macht
seine Steige eben!« (Maleachi 3,1; Jesaja
40,3):
4Johannes der Täufer war in der Wüste und pre-
digte die Taufe der Buße zur Vergebung der
Sünden. 5Und es ging zu ihm hinaus das ganze
jüdische Land und alle Leute von Jerusalem und
ließen sich von ihm taufen im Jordan und be-
kannten ihre Sünden. 6Johannes aber trug ein
Gewand aus Kamelhaaren und einen ledernen
Gürtel um seine Lenden und aß Heuschrecken
und wilden Honig 7und predigte und sprach: Es
kommt einer nach mir, der ist stärker als ich; und
ich bin nicht wert, daß ich mich vor ihm bücke
und die Riemen seiner Schuhe löse. 8Ich taufe
euch mit Wasser; aber er wird euch mit dem hei-
ligen Geist taufen.

Jesu Taufe und Versuchung

9Und es begab sich zu der Zeit, daß Jesus aus
Nazareth in Galiläa kam und ließ sich taufen von
Johannes im Jordan. 10Und alsbald, als er aus
dem Wasser stieg, sah er, daß sich der Himmel
auftat und der Geist wie eine Taube herabkam
auf ihn. 11Und da geschah eine Stimme vom
Himmel: Du bist mein lieber Sohn, an dir habe
ich Wohlgefallen.
12Und alsbald trieb ihn der Geist in die Wü-
ste; 13und er war in der Wüste vierzig Tage und

wurde versucht von dem Satan und war bei den
wilden Tieren, und die Engel dienten ihm.

Jesu Predigt in Galiläa

[14]Nachdem aber Johannes gefangengesetzt war,
kam Jesus nach Galiläa und predigte das Evan-
gelium Gottes [15]und sprach: Die Zeit ist erfüllt,
und das Reich Gottes ist herbeigekommen. Tut
Buße und glaubt an das Evangelium!

Tut Buße und glaubt an das Evangelium!

Die Berufung der ersten Jünger

[16]Als er aber am Galiläischen Meer entlangging,
sah er Simon und Andreas, Simons Bruder, wie
sie ihre Netze ins Meer warfen; denn sie waren
Fischer. [17]Und Jesus sprach zu ihnen: Folgt mir
nach; ich will euch zu Menschenfischern ma-
chen! [18]Sogleich verließen sie ihre Netze und
folgten ihm nach. [19]Und als er ein wenig weiter-
ging, sah er Jakobus, den Sohn des Zebedäus,
und Johannes, seinen Bruder, wie sie im Boot die
Netze flickten. [20]Und alsbald rief er sie, und sie
ließen ihren Vater Zebedäus im Boot mit den
Tagelöhnern und folgten ihm nach.

Jesus in Kapernaum

[21]Und sie gingen hinein nach Kapernaum; und
alsbald am Sabbat ging er in die Synagoge und
lehrte. [22]Und sie entsetzten sich über seine Leh-
re; denn er lehrte mit Vollmacht und nicht wie
die Schriftgelehrten. [23]Und alsbald war in ihrer
Synagoge ein Mensch, besessen von einem unrei-
nen Geist; der schrie: [24]Was willst du von uns,
Jesus von Nazareth? Du bist gekommen, uns zu
vernichten. Ich weiß, wer du bist: der Heilige
Gottes! [25]Und Jesus bedrohte ihn und sprach:
Verstumme und fahre aus von ihm! [26]Und der
unreine Geist riß ihn und schrie laut und fuhr
aus von ihm. [27]Und sie entsetzten sich alle, so
daß sie sich untereinander befragten und spra-
chen: Was ist das? Eine neue Lehre in Voll-

Jesu Jünger sollen Menschenfischer werden

macht! Er gebietet auch den unreinen Geistern,
und sie gehorchen ihm! 28Und die Kunde

Eine neue Lehre in Vollmacht!

von ihm erscholl alsbald überall im ganzen gali-
läischen Land.
29Und alsbald gingen sie aus der Synagoge
und kamen in das Haus des Simon und Andreas
mit Jakobus und Johannes. 30Und die Schwieger-
mutter Simons lag darnieder und hatte das Fie-
ber; und alsbald sagten sie ihm von ihr. 31Da trat
er zu ihr, faßte sie bei der Hand und richtete sie
auf; und das Fieber verließ sie, und sie diente
ihnen.
32Am Abend aber, als die Sonne untergegan-
gen war, brachten sie zu ihm alle Kranken und
Besessenen. 33Und die ganze Stadt war versam-
melt vor der Tür. 34Und er half vielen Kranken,
die mit mancherlei Gebrechen beladen waren,
und trieb viele böse Geister aus und ließ die Gei-
ster nicht reden; denn sie kannten ihn.
35Und am Morgen, noch vor Tage, stand er
auf und ging hinaus. Und er ging an eine einsa-
me Stätte und betete dort. 36Simon aber und die
bei ihm waren, eilten ihm nach. 37Und als sie ihn
fanden, sprachen sie zu ihm: Jedermann sucht
dich. 38Und er sprach zu ihnen: Laßt uns anders-
wohin gehen, in die nächsten Städte, daß ich
auch dort predige; denn dazu bin ich gekommen.
39Und er kam und predigte in ihren Synagogen
in ganz Galiläa und trieb die bösen Geister aus.

Die Heilung eines Aussätzigen

40Und es kam zu ihm ein Aussätziger, der bat
ihn, kniete nieder und sprach zu ihm: Willst du,
so kannst du mich reinigen. 41Und es jammerte
ihn, und er streckte die Hand aus, rührte ihn an
und sprach zu ihm: Ich will's tun; sei rein! 42Und
sogleich wich der Aussatz von ihm, und er wurde
rein. 43Und Jesus drohte ihm und trieb ihn als-
bald von sich 44und sprach zu ihm: Sieh zu, daß
du niemandem etwas sagst; sondern geh hin und
zeige dich dem Priester und opfere für deine
Reinigung, was Mose geboten hat, ihnen zum
Zeugnis. 45Er aber ging fort und fing an, viel da-
von zu reden und die Geschichte bekanntzuma-
chen, so daß Jesus hinfort nicht mehr öffentlich
in eine Stadt gehen konnte; sondern er war drau-
ßen an einsamen Orten; doch sie kamen zu ihm
von allen Enden.

Die Heilung eines Gelähmten (»Der Gichtbrüchige«)

2 Und nach einigen Tagen ging er wieder
nach Kapernaum; und es wurde bekannt,
daß er im Hause war. 2Und es versammel-
ten sich viele, so daß sie nicht Raum hatten, auch
nicht draußen vor der Tür; und er sagte ihnen
das Wort. 3Und es kamen einige zu ihm, die
brachten einen Gelähmten, von vieren getragen.
4Und da sie ihn nicht zu ihm bringen konnten
wegen der Menge, deckten sie das Dach auf, wo
er war, machten ein Loch und ließen das Bett
herunter, auf dem der Gelähmte lag. 5Als nun
Jesus ihren Glauben sah, sprach er zu dem Ge-
lähmten: Mein Sohn, deine Sünden sind dir ver-
geben.

Deine Sünden sind dir vergeben.

6Es saßen da aber einige Schriftgelehrte und
dachten in ihren Herzen: 7Wie redet der so? Er
lästert Gott! Wer kann Sünden vergeben als Gott
allein? 8Und Jesus erkannte sogleich in seinem
Geist, daß sie so bei sich selbst dachten, und
sprach zu ihnen: Was denkt ihr solches in euren
Herzen? 9Was ist leichter, zu dem Gelähmten zu
sagen: Dir sind deine Sünden vergeben, oder zu
sagen: Steh auf, nimm dein Bett und geh umher?
10Damit ihr aber wißt, daß der Menschensohn
Vollmacht hat, Sünden zu vergeben auf Erden –
sprach er zu dem Gelähmten: 11Ich sage dir, steh
auf, nimm dein Bett und geh heim! 12Und er
stand auf, nahm sein Bett und ging alsbald hin-
aus vor aller Augen, so daß sie sich alle entsetz-
ten und Gott priesen und sprachen: Wir haben
so etwas noch nie gesehen.

Die Berufung des Levi und das Zöllnermahl

13Und er ging wieder hinaus an den See; und al-
les Volk kam zu ihm, und er lehrte sie. 14Und als
er vorüberging, sah er Levi, den Sohn des Al-
phäus, am Zoll sitzen und sprach zu ihm: Folge
mir nach! Und er stand auf und folgte ihm nach.
15Und es begab sich, daß er zu Tisch saß in sei-
nem Hause, da setzten sich viele Zöllner und
Sünder zu Tisch mit Jesus und seinen Jüngern;
denn es waren viele, die ihm nachfolgten. 16Und
als die Schriftgelehrten unter den Pharisäern sa-
hen, daß er mit den Sündern und Zöllnern aß,

sprachen sie zu seinen Jüngern: Ißt er mit den Zöllnern und Sündern? [17]Als das Jesus hörte, sprach er zu ihnen: Die Starken bedürfen keines Arztes, sondern die Kranken. Ich bin gekommen, die Sünder zu rufen und nicht die Gerechten.

Die Frage nach dem Fasten

[18]Und die Jünger des Johannes und die Pharisäer fasteten viel; und es kamen einige, die sprachen zu ihm: Warum fasten die Jünger des Johannes und die Jünger der Pharisäer, und deine Jünger fasten nicht? [19]Und Jesus sprach zu ihnen: Wie können die Hochzeitsgäste fasten, während der Bräutigam bei ihnen ist? Solange der Bräutigam bei ihnen ist, können sie nicht fasten. [20]Es wird aber die Zeit kommen, daß der Bräutigam von ihnen genommen wird; dann werden sie fasten, an jenem Tage. [21]Niemand flickt einen Lappen von neuem Tuch auf ein altes Kleid; sonst reißt der neue Lappen vom alten ab, und der Riß wird ärger. [22]Und niemand füllt neuen Wein in alte Schläuche; sonst zerreißt der Wein die Schläuche, und der Wein ist verloren und die Schläuche auch; sondern man soll neuen Wein in neue Schläuche füllen.

Das Ährenraufen am Sabbat

[23]Und es begab sich, daß er am Sabbat durch ein Kornfeld ging, und seine Jünger fingen an, während sie gingen, Ähren auszuraufen. [24]Und die Pharisäer sprachen zu ihm: Sieh doch! Warum tun deine Jünger am Sabbat, was nicht erlaubt ist? [25]Und er sprach zu ihnen: Habt ihr nie gelesen, was David tat, als er in Not war und ihn hungerte, ihn und die bei ihm waren: [26]wie er ging in das Haus Gottes zur Zeit Abjatars, des Hohenpriesters, und aß die Schaubrote, die niemand essen darf als die Priester, und gab sie auch denen, die bei ihm waren? [27]Und er sprach zu ihnen: Der Sabbat ist um des Menschen willen gemacht und nicht der Mensch um des Sabbats willen. [28]So ist der Menschensohn ein Herr auch über den Sabbat.

Die Heilung am Sabbat

3 Und er ging abermals in die Synagoge. Und es war dort ein Mensch, der hatte eine verdorrte Hand. [2]Und sie lauerten darauf, ob er auch am Sabbat ihn heilen würde, damit sie ihn verklagen könnten. [3]Und er sprach zu dem Menschen mit der verdorrten Hand: Tritt hervor! [4]Und er sprach zu ihnen: Soll man am Sabbat Gutes tun oder Böses tun, Leben erhalten oder töten? Sie aber schwiegen still. [5]Und er sah sie ringsum an mit Zorn und war betrübt über ihr verstocktes Herz und sprach zu dem Menschen: Strecke deine Hand aus! Und er streckte sie aus; und seine Hand wurde gesund. [6]Und die Pharisäer gingen hinaus und hielten alsbald Rat über ihn mit den Anhängern des Herodes, wie sie ihn umbrächten.

Zulauf des Volkes und viele Heilungen

[7]Aber Jesus zog sich zurück mit seinen Jüngern an den See, und eine große Menge aus Galiläa folgte ihm; auch aus Judäa [8]und Jerusalem, aus Idumäa und von jenseits des Jordans und aus der Umgebung von Tyrus und Sidon kam eine große Menge zu ihm, die von seinen Taten gehört hatte. [9]Und er sagte zu seinen Jüngern, sie sollten ihm ein kleines Boot bereithalten, damit die Menge ihn nicht bedränge. [10]Denn er heilte viele, so daß alle, die geplagt waren, über ihn herfielen, um ihn anzurühren. [11]Und wenn ihn die unreinen Geister sahen, fielen sie vor ihm nieder und schrien: Du bist Gottes Sohn! [12]Und er gebot ihnen streng, daß sie ihn nicht offenbar machten.

Die Einsetzung der Zwölf

[13]Und er ging auf einen Berg und rief zu sich, welche er wollte, und die gingen hin zu ihm. [14]Und er setzte zwölf ein, die er auch Apostel nannte, daß sie bei ihm sein sollten und daß er sie aussendete zu predigen [15]und daß sie Vollmacht hätten, die bösen Geister auszutreiben. [16]Und er setzte die Zwölf ein und gab Simon den Namen Petrus; [17]weiter: Jakobus, den Sohn des Zebedäus, und Johannes, den Bruder des Jakobus, und gab ihnen den Namen Boanerges, das heißt: Donnersöhne; [18]weiter: Andreas und Philippus und Bartholomäus und Matthäus und Thomas und Jakobus, den Sohn des Alphäus, und Thaddäus und Simon Kananäus [19]und Judas Iskariot, der ihn dann verriet.

Jesus und seine Angehörigen

[20]Und er ging in ein Haus. Und da kam abermals das Volk zusammen, so daß sie nicht einmal essen konnten. [21]Und als es die Seinen hörten, machten sie sich auf und wollten ihn festhalten; denn sie sprachen: Er ist von Sinnen.

Jesus und die bösen Geister

[22]Die Schriftgelehrten aber, die von Jerusalem

herabgekommen waren, sprachen: Er hat den
Beelzebul, und: Er treibt die bösen Geister aus
durch ihren Obersten. [23]Jesus aber rief sie zu-
sammen und sprach zu ihnen in Gleichnissen:

Gleichnisse
Bildhafte Geschichten, die göttliche
Wahrheit verständlich machen wollen.

Wie kann der Satan den Satan austreiben?
[24]Wenn ein Reich mit sich selbst uneins wird,
kann es nicht bestehen. [25]Und wenn ein Haus
mit sich selbst uneins wird, kann es nicht beste-
hen. [26]Erhebt sich nun der Satan gegen sich
selbst und ist mit sich selbst uneins, so kann er
nicht bestehen, sondern es ist aus mit ihm. [27]Nie-
mand kann aber in das Haus eines Starken ein-
dringen und seinen Hausrat rauben, wenn er
nicht zuvor den Starken fesselt; erst dann kann
er sein Haus berauben. [28]Wahrlich, ich sage
euch: Alle Sünden werden den Menschenkin-
dern vergeben, auch die Lästerungen, wieviel sie
auch lästern mögen; [29]wer aber den heiligen
Geist lästert, der hat keine Vergebung in Ewig-
keit, sondern ist ewiger Sünde schuldig. [30]Denn
sie sagten: Er hat einen unreinen Geist.

Jesu wahre Verwandte

[31]Und es kamen seine Mutter und seine Brüder
und standen draußen, schickten zu ihm und lie-
ßen ihn rufen. [32]Und das Volk saß um ihn. Und
sie sprachen zu ihm: Siehe, deine Mutter und
deine Brüder und deine Schwestern draußen fra-
gen nach dir. [33]Und er antwortete ihnen und
sprach: Wer ist meine Mutter und meine Brü-
der? [34]Und er sah ringsum auf die, die um ihn im
Kreise saßen, und sprach: Siehe, das ist meine
Mutter und das sind meine Brüder! [35]Denn wer
Gottes Willen tut, der ist mein Bruder und meine
Schwester und meine Mutter.

Das Herz des Menschen gleicht einem Acker

Vom Sämann

4 Und er fing abermals an, am See zu lehren.
Und es versammelte sich eine sehr große
Menge bei ihm, so daß er in ein Boot stei-
gen mußte, das im Wasser lag; er setzte sich, und
alles Volk stand auf dem Lande am See. [2]Und er
lehrte sie vieles in Gleichnissen; und in seiner
Predigt sprach er zu ihnen: [3]Hört zu! Siehe, es
ging ein Sämann aus zu säen. [4]Und es begab sich,
indem er säte, daß einiges auf den Weg fiel; da
kamen die Vögel und fraßen's auf. [5]Einiges fiel
auf felsigen Boden, wo es nicht viel Erde hatte,
und ging alsbald auf, weil es keine tiefe Erde hat-
te. [6]Als nun die Sonne aufging, verwelkte es, und
weil es keine Wurzel hatte, verdorrte es. [7]Und ei-
niges fiel unter die Dornen, und die Dornen
wuchsen empor und erstickten's, und es brachte
keine Frucht. [8]Und einiges fiel auf gutes Land,
ging auf und wuchs und brachte Frucht, und ei-
niges trug dreißigfach und einiges sechzigfach
und einiges hundertfach. [9]Und er sprach: Wer
Ohren hat zu hören, der höre!

Der Zweck der Gleichnisse

[10]Und als er allein war, fragten ihn, die um ihn
waren, samt den Zwölfen, nach den Gleichnis-
sen. [11]Und er sprach zu ihnen: Euch ist das Ge-
heimnis des Reiches Gottes gegeben; denen aber
draußen widerfährt es alles in Gleichnissen, [12]da-
mit sie es mit sehenden Augen sehen und doch
nicht erkennen, und mit hörenden Ohren hören
und doch nicht verstehen, damit sie sich nicht et-
wa bekehren und ihnen vergeben werde.

Die Deutung des Gleichnisses vom Sämann

[13]Und er sprach zu ihnen: Versteht ihr dies
Gleichnis nicht, wie wollt ihr dann die andern al-
le verstehen? [14]Der Sämann sät das Wort. [15]Das
aber sind die auf dem Wege: wenn das Wort ge-
sät wird und sie es gehört haben, kommt sogleich
der Satan und nimmt das Wort weg, das in sie
gesät war. [16]Desgleichen auch die, bei denen auf
felsigen Boden gesät ist: wenn sie das Wort ge-
hört haben, nehmen sie es sogleich mit Freuden
auf, [17]aber sie haben keine Wurzel in sich, son-
dern sind wetterwendisch; wenn sich Bedrängnis
oder Verfolgung um des Wortes willen erhebt, so
fallen sie sogleich ab. [18]Und andere sind die, bei
denen unter die Dornen gesät ist: die hören das
Wort, [19]und die Sorgen der Welt und der betrü-
gerische Reichtum und die Begierden nach allem
andern dringen ein und ersticken das Wort, und
es bleibt ohne Frucht. [20]Diese aber sind's, bei de-
nen auf gutes Land gesät ist: die hören das Wort
und nehmen's an und bringen Frucht, einige
dreißigfach und einige sechzigfach und einige
hundertfach.

Vom Licht und vom rechten Maß

[21]Und er sprach zu ihnen: Zündet man etwa ein
Licht an, um es unter den Scheffel oder unter die
Bank zu setzen? Keineswegs, sondern um es auf
den Leuchter zu setzen. [22]Denn es ist nichts ver-
borgen, was nicht offenbar werden soll, und ist
nichts geheim, was nicht an den Tag kommen
soll. [23]Wer Ohren hat zu hören, der höre!
[24]Und er sprach zu ihnen: Seht zu, was ihr
hört! Mit welchem Maß ihr meßt, wird man euch
wieder messen, und man wird euch noch dazuge-
ben. [25]Denn wer da hat, dem wird gegeben; und
wer nicht hat, dem wird man auch das nehmen,
was er hat.

Das Gleichnis vom Wachsen der Saat

[26]Und er sprach: Mit dem Reich Gottes ist es so,
wie wenn ein Mensch Samen aufs Land wirft
[27]und schläft und aufsteht, Nacht und Tag; und
der Same geht auf und wächst – er weiß nicht,
wie. [28]Denn von selbst bringt die Erde Frucht,
zuerst den Halm, danach die Ähre, danach den
vollen Weizen in der Ähre. [29]Wenn sie aber die
Frucht gebracht hat, so schickt er alsbald die Si-
chel hin; denn die Ernte ist da.

Das Gleichnis vom Senfkorn

[30]Und er sprach: Womit wollen wir das Reich
Gottes vergleichen, und durch welches Gleichnis
wollen wir es abbilden? [31]Es ist wie ein Senfkorn:
wenn das gesät wird aufs Land, so ist's das klein-
ste unter allen Samenkörnern auf Erden; [32]und
wenn es gesät ist, so geht es auf und wird größer
als alle Kräuter und treibt große Zweige, so daß
die Vögel unter dem Himmel unter seinem
Schatten wohnen können.
[33]Und durch viele solche Gleichnisse sagte er
ihnen das Wort so, wie sie es zu hören vermoch-
ten. [34]Und ohne Gleichnisse redete er nicht zu
ihnen; aber wenn sie allein waren, legte er seinen
Jüngern alles aus.

Die Stillung des Sturmes

[35]Und am Abend desselben Tages sprach er zu

ihnen: Laßt uns hinüberfahren. 36Und sie ließen
das Volk gehen und nahmen ihn mit, wie er im
Boot war, und es waren noch andere Boote bei
ihm. 37Und es erhob sich ein großer Windwirbel,
und die Wellen schlugen in das Boot, so daß das
Boot schon voll wurde. 38Und er war hinten im
Boot und schlief auf einem Kissen. Und sie
weckten ihn auf und sprachen zu ihm: Meister,
fragst du nichts danach, daß wir umkommen?

Meister, fragst du nichts danach, daß wir umkommen?

39Und er stand auf und bedrohte den Wind
und sprach zu dem Meer: Schweig und verstum-
me! Und der Wind legte sich, und es entstand ei-
ne große Stille. 40Und er sprach zu ihnen: Was
seid ihr so furchtsam? Habt ihr noch keinen
Glauben? 41Sie aber fürchteten sich sehr und
sprachen untereinander: Wer ist der? Auch
Wind und Meer sind ihm gehorsam!

Die Heilung des besessenen Geraseners

5 Und sie kamen ans andre Ufer des Sees in
die Gegend der Gerasener. 2Und als er aus
dem Boot trat, lief ihm alsbald von
den Gräbern her ein Mensch entgegen mit einem
unreinen Geist, 3der hatte seine Wohnung in den

Dämon, unreiner Geist
Ein gegen Gott kämpfender böser Geist, der Macht hat, Menschen zu schaden. Aber Jesus hat mehr Macht.

Grabhöhlen. Und niemand konnte ihn mehr bin-
den, auch nicht mit Ketten; 4denn er war oft mit
Fesseln und Ketten gebunden gewesen und hatte
die Ketten zerrissen und die Fesseln zerrieben;
und niemand konnte ihn bändigen. 5Und er war
allezeit, Tag und Nacht, in den Grabhöhlen und
auf den Bergen, schrie und schlug sich mit Stei-
nen. 6Als er aber Jesus sah von ferne, lief er hin-
zu und fiel vor ihm nieder 7und schrie laut: Was
willst du von mir, Jesus, du Sohn Gottes, des
Allerhöchsten? Ich beschwöre dich bei Gott:
Quäle mich nicht! 8Denn er hatte zu ihm gesagt:
Fahre aus, du unreiner Geist, von dem Men-
schen! 9Und er fragte ihn: Wie heißt du? Und er
sprach: Legion heiße ich; denn wir sind viele.
10Und er bat Jesus sehr, daß er sie nicht aus der
Gegend vertreibe. 11Es war aber dort an den
Bergen eine große Herde Säue auf der Weide.
12Und die unreinen Geister baten ihn und spra-
chen: Laß uns in die Säue fahren! 13Und er er-
laubte es ihnen. Da fuhren die unreinen Geister
aus und fuhren in die Säue, und die Herde
stürmte den Abhang hinunter in den See, etwa
zweitausend, und sie ersoffen im See. 14Und die
Sauhirten flohen und verkündeten das in der
Stadt und auf dem Lande. Und die Leute gingen
hinaus, um zu sehen, was geschehen war, 15und
kamen zu Jesus und sahen den Besessenen, wie
er dasaß, bekleidet und vernünftig, den, der die
Legion unreiner Geister gehabt hatte; und sie
fürchteten sich. 16Und die es gesehen hatten, er-
zählten ihnen, was mit dem Besessenen gesche-
hen war, und das von den Säuen. 17Und sie fin-
gen an und baten Jesus, aus ihrem Gebiet fortzu-
gehen. 18Und als er in das Boot trat, bat ihn der
Besessene, daß er bei ihm bleiben dürfe. 19Aber
er ließ es ihm nicht zu, sondern sprach zu ihm:
Geh hin in dein Haus zu den Deinen und ver-
künde ihnen, welch große Wohltat dir der Herr
getan und wie er sich deiner erbarmt hat. 20Und
er ging hin und fing an, in den Zehn Städten aus-
zurufen, welch große Wohltat ihm Jesus getan
hatte; und jedermann verwunderte sich.

Die Auferweckung der Tochter des Jaïrus und die Heilung der blutflüssigen Frau

21Und als Jesus wieder herübergefahren war im
Boot, versammelte sich eine große Menge bei
ihm, und er war am See. 22Da kam einer von den
Vorstehern der Synagoge, mit Namen Jaïrus.
Und als er Jesus sah, fiel er ihm zu Füßen 23und
bat ihn sehr und sprach: Meine Tochter liegt in
den letzten Zügen; komm doch und lege deine
Hände auf sie, damit sie gesund werde und lebe.
24Und er ging hin mit ihm.

Und es folgte ihm eine große Menge, und sie
umdrängten ihn. 25Und da war eine Frau, die
hatte den Blutfluß seit zwölf Jahren 26und hatte
viel erlitten von vielen Ärzten und all ihr Gut da-
für aufgewandt; und es hatte ihr nichts geholfen,
sondern es war noch schlimmer mit ihr gewor-
den. 27Als die von Jesus hörte, kam sie in der
Menge von hinten heran und berührte sein Ge-
wand. 28Denn sie sagte sich: Wenn ich nur seine

***Gute Nachricht
für alle***

***Der Menschensohn ist gekommen,
um sein Leben zu geben
für viele.***

Markus 10,45

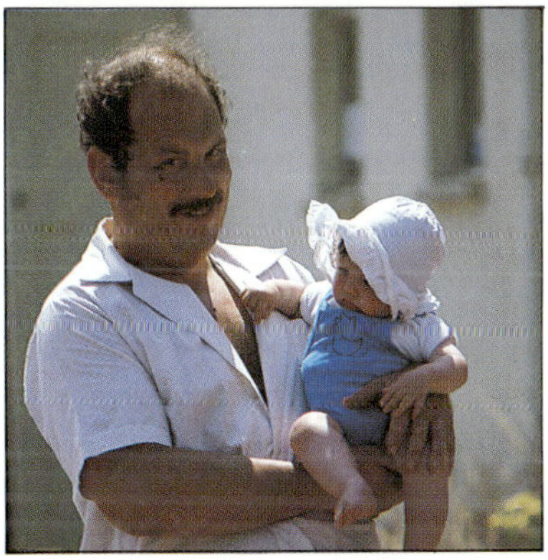

Kleider berühren könnte, so würde ich gesund.
[29]Und sogleich versiegte die Quelle ihres Blutes,
und sie spürte es am Leibe, daß sie von ihrer Pla-
ge geheilt war. [30]Und Jesus spürte sogleich an
sich selbst, daß eine Kraft von ihm ausgegangen
war, und wandte sich um in der Menge und
sprach: Wer hat meine Kleider berührt? [31]Und
seine Jünger sprachen zu ihm: Du siehst, daß
dich die Menge umdrängt, und fragst: Wer hat
mich berührt? [32]Und er sah sich um nach der, die
das getan hatte. [33]Die Frau aber fürchtete sich
und zitterte, denn sie wußte, was an ihr gesche-
hen war; sie kam und fiel vor ihm nieder und
sagte ihm die ganze Wahrheit. [34]Er aber sprach
zu ihr: Meine Tochter, dein Glaube hat dich ge-
sund gemacht; geh hin in Frieden und sei gesund
von deiner Plage!

[35]Als er noch so redete, kamen einige aus dem
Hause des Vorstehers der Synagoge und spra-
chen: Deine Tochter ist gestorben; was bemühst
du weiter den Meister? [36]Jesus aber hörte mit an,
was gesagt wurde, und sprach zu dem Vorsteher:
Fürchte dich nicht, glaube nur! [37]Und er ließ

Fürchte dich nicht, glaube nur!

niemanden mit sich gehen als Petrus und Jako-
bus und Johannes, den Bruder des Jakobus.
[38]Und sie kamen in das Haus des Vorstehers,
und er sah das Getümmel, und wie sehr sie wein-
ten und heulten. [39]Und er ging hinein und sprach
zu ihnen: Was lärmt und weint ihr? Das Kind ist
nicht gestorben, sondern es schläft. [40]Und sie
verlachten ihn. Er aber trieb sie alle hinaus und
nahm mit sich den Vater des Kindes und die
Mutter und die bei ihm waren, und ging hinein,
wo das Kind lag, [41]und ergriff das Kind bei der
Hand und sprach zu ihm: Talita kum! – das heißt
übersetzt: Mädchen, ich sage dir, steh auf! [42]Und
sogleich stand das Mädchen auf und ging umher;
es war aber zwölf Jahre alt. Und sie entsetzten
sich sogleich über die Maßen. [43]Und er gebot ih-
nen streng, daß es niemand wissen sollte, und
sagte, sie sollten ihr zu essen geben.

Die Verwerfung Jesu in Nazareth

6 Und er ging von dort weg und kam in sei-
ne Vaterstadt, und seine Jünger folgten
ihm nach. [2]Und als der Sabbat kam, fing er
an, zu lehren in der Synagoge. Und viele, die zu-
hörten, verwunderten sich und sprachen: Woher
hat er das? Und was ist das für eine Weisheit, die
ihm gegeben ist? Und solche mächtigen Taten,
die durch seine Hände geschehen? [3]Ist er nicht
der Zimmermann, Marias Sohn, und der Bruder
des Jakobus und Joses und Judas und Simon?
Sind nicht auch seine Schwestern hier bei uns?
Und sie ärgerten sich an ihm. [4]Jesus aber sprach
zu ihnen: Ein Prophet gilt nirgends weniger als in
seinem Vaterland und bei seinen Verwandten
und in seinem Hause. [5]Und er konnte dort nicht
eine einzige Tat tun, außer daß er wenigen Kran-
ken die Hände auflegte und sie heilte. [6]Und er
wunderte sich über ihren Unglauben. Und er
ging rings umher in die Dörfer und lehrte.

Die Aussendung der Zwölf

Und er rief die Zwölf zu sich und fing an, sie
auszusenden je zwei und zwei, und gab ihnen
Macht über die unreinen Geister [8]und gebot

Und er fing an, sie auszusenden je zwei und zwei.

ihnen, nichts mitzunehmen auf den Weg als al-
lein einen Stab, kein Brot, keine Tasche, kein
Geld im Gürtel, [9]wohl aber Schuhe, und nicht
zwei Hemden anzuziehen. [10]Und er sprach zu ih-
nen: Wo ihr in ein Haus gehen werdet, da bleibt,
bis ihr von dort weiterzieht. [11]Und wo man euch
nicht aufnimmt und nicht hört, da geht hinaus
und schüttelt den Staub von euren Füßen zum
Zeugnis gegen sie. [12]Und sie zogen aus und pre-
digten, man solle Buße tun, [13]und trieben viele
böse Geister aus und salbten viele Kranke mit Öl
und machten sie gesund.

Das Ende Johannes des Täufers

[14]Und es kam dem König Herodes zu Ohren;
denn der Name Jesu war nun bekannt. Und die
Leute sprachen: Johannes der Täufer ist von den
Toten auferstanden; darum tut er solche Taten.
[15]Einige aber sprachen: Er ist Elia; andere aber:
Er ist ein Prophet wie einer der Propheten. [16]Als
es aber Herodes hörte, sprach er: Es ist Johan-
nes, den ich enthauptet habe, der ist auferstan-
den.

[17]Denn er, Herodes, hatte ausgesandt und
Johannes ergriffen und ins Gefängnis geworfen
um der Herodias willen, der Frau seines Bruders

Philippus; denn er hatte sie geheiratet. [18]Johannes hatte nämlich zu Herodes gesagt: Es ist nicht recht, daß du die Frau deines Bruders hast. [19]Herodias aber stellte ihm nach und wollte ihn töten und konnte es nicht. [20]Denn Herodes fürchtete Johannes, weil er wußte, daß er ein frommer und heiliger Mann war, und hielt ihn in Gewahrsam; und wenn er ihn hörte, wurde er sehr unruhig; doch hörte er ihn gern. [21]Und es kam ein gelegener Tag, als Herodes an seinem Geburtstag ein Festmahl gab für seine Großen und die Obersten und die Vornehmsten von Galiläa. [22]Da trat herein die Tochter der Herodias und tanzte und gefiel Herodes und denen, die mit am Tisch saßen. Da sprach der König zu dem Mädchen: Bitte von mir, was du willst, ich will dir's geben. [23]Und er schwor ihr einen Eid: Was du von mir bittest, will ich dir geben, bis zur Hälfte meines Königreichs. [24]Und sie ging hinaus und fragte ihre Mutter: Was soll ich bitten? Die sprach: Das Haupt Johannes des Täufers. [25]Da ging sie sogleich eilig hinein zum König, bat ihn und sprach: Ich will, daß du mir gibst, jetzt gleich auf einer Schale, das Haupt Johannes des Täufers. [26]Und der König wurde sehr betrübt. Doch wegen des Eides und derer, die mit am Tisch saßen, wollte er sie keine Fehlbitte tun lassen. [27]Und sogleich schickte der König den Henker hin und befahl, das Haupt des Johannes herzubringen. Der ging hin und enthauptete ihn im Gefängnis [28]und trug sein Haupt herbei auf einer Schale und gab's dem Mädchen, und das Mädchen gab's seiner Mutter. [29]Und als das seine Jünger hörten, kamen sie und nahmen seinen Leichnam und legten ihn in ein Grab.

Die Speisung der Fünftausend

[30]Und die Apostel kamen bei Jesus zusammen und verkündeten ihm alles, was sie getan und gelehrt hatten. [31]Und er sprach zu ihnen: Geht ihr allein an eine einsame Stätte und ruht ein wenig. Denn es waren viele, die kamen und gingen, und sie hatten nicht Zeit genug zum Essen. [32]Und sie fuhren in einem Boot an eine einsame Stätte für sich allein. [33]Und man sah sie wegfahren, und viele merkten es und liefen aus allen Städten zu Fuß dorthin zusammen und kamen ihnen zuvor. [34]Und Jesus stieg aus und sah die große Menge; und sie jammerten ihn, denn sie waren wie Schafe, die keinen Hirten haben. Und er fing eine lange Predigt an.

[35]Als nun der Tag fast vorüber war, traten seine Jünger zu ihm und sprachen: Es ist öde hier, und der Tag ist fast vorüber; [36]laß sie gehen, damit sie in die Höfe und Dörfer ringsum gehen und sich Brot kaufen. [37]Er aber antwortete und sprach zu ihnen: Gebt ihr ihnen zu essen! Und sie sprachen zu ihm: Sollen wir denn hingehen und für zweihundert Silbergroschen Brot kaufen und ihnen zu essen geben? [38]Er aber sprach zu

Gebt ihr ihnen zu essen!

ihnen: Wieviel Brote habt ihr? Geht hin und seht! Und als sie es erkundet hatten, sprachen sie: Fünf und zwei Fische. [39]Und er gebot ihnen, daß sie sich alle lagerten, tischweise, auf das grüne Gras. [40]Und sie setzten sich, in Gruppen zu hundert und zu fünfzig. [41]Und er nahm die fünf Brote und zwei Fische und sah auf zum Himmel, dankte und brach die Brote und gab sie den Jüngern, damit sie unter ihnen austeilten, und die zwei Fische teilte er unter sie alle. [42]Und sie aßen alle und wurden satt. [43]Und sie sammelten die Brocken auf, zwölf Körbe voll, und von den Fischen. [44]Und die die Brote gegessen hatten, waren fünftausend Mann.

Jesus kommt zu seinen Jüngern auf dem See

[45]Und alsbald trieb er seine Jünger, in das Boot zu steigen und vor ihm hinüberzufahren nach Betsaida, bis er das Volk gehen ließe. [46]Und als er sie fortgeschickt hatte, ging er hin auf einen Berg, um zu beten. [47]Und am Abend war das Boot mitten auf dem See und er auf dem Land allein. [48]Und er sah, daß sie sich abplagten beim Rudern, denn der Wind stand ihnen entgegen. Um die vierte Nachtwache kam er zu ihnen und ging auf dem See und wollte an ihnen vorübergehen. [49]Und als sie ihn sahen auf dem See gehen, meinten sie, es wäre ein Gespenst, und schrien; [50]denn sie sahen ihn alle und erschraken. Aber sogleich redete er mit ihnen und sprach zu ihnen: Seid getrost, ich bin's; fürchtet euch nicht! [51]und trat zu ihnen ins Boot, und der Wind legte sich. Und sie entsetzten sich über die Maßen; [52]denn sie waren um nichts verständiger geworden angesichts der Brote, sondern ihr Herz war verhärtet.

Heilung am See Genezareth

[53]Und als sie hinübergefahren waren ans Land, kamen sie nach Genezareth und legten an. [54]Und als sie aus dem Boot stiegen, erkannten ihn die

Jesus kam zu den Jüngern, da legte sich der Wind

Leute alsbald [55]und liefen im ganzen Land um-
her und fingen an, die Kranken auf Bahren über-
all dorthin zu tragen, wo sie hörten, daß er war.
[56]Und wo er in Dörfer, Städte und Höfe hinein-
ging, da legten sie die Kranken auf den Markt
und baten ihn, daß diese auch nur den Saum sei-
nes Gewandes berühren dürften; und alle, die
ihn berührten, wurden gesund.

Von wahrer Reinheit und Unreinheit

7 Und es versammelten sich bei ihm die
Pharisäer und einige von den Schriftge-
lehrten, die aus Jerusalem gekommen wa-
ren. [2]Und sie sahen einige seiner Jünger mit un-
reinen, das heißt: ungewaschenen Händen das
Brot essen. [3]Denn die Pharisäer und alle Juden
essen nicht, wenn sie nicht die Hände mit einer
Handvoll Wasser gewaschen haben, und halten
so die Satzungen der Ältesten; [4]und wenn sie
vom Markt kommen, essen sie nicht, wenn sie
sich nicht gewaschen haben. Und es gibt viele
andre Dinge, die sie zu halten angenommen ha-
ben, wie: Trinkgefäße und Krüge und Kessel und
Bänke zu waschen. [5]Da fragten ihn die Pharisäer
und Schriftgelehrten: Warum leben deine Jünger
nicht nach den Satzungen der Ältesten, sondern
essen das Brot mit unreinen Händen? [6]Er aber
sprach zu ihnen: Wie fein hat von euch Heuch-
lern Jesaja geweissagt, wie geschrieben steht
(Jesaja 29,13):

> »Dies Volk ehrt mich mit den Lippen;
> aber ihr Herz ist fern von mir.
> [7]Vergeblich dienen sie mir,
> weil sie lehren solche Lehren, die nichts
> sind als Menschengebote.«

»Dies Volk ehrt mich mit den Lippen; aber ihr Herz ist fern von mir.«

[8]Ihr verlaßt Gottes Gebot und haltet der Men-
schen Satzungen. [9]Und er sprach zu ihnen: Wie
fein hebt ihr Gottes Gebot auf, damit ihr eure
Satzungen aufrichtet! [10]Denn Mose hat gesagt
(2. Mose 20,12; 21,17): »Du sollst deinen Vater
und deine Mutter ehren«, und: »Wer Vater oder
Mutter flucht, der soll des Todes sterben.« [11]Ihr
aber lehrt: Wenn einer zu Vater oder Mutter
sagt: Korban - das heißt: Opfergabe soll sein,
was dir von mir zusteht -, [12]so laßt ihr ihn nichts
mehr tun für seinen Vater oder seine Mutter

Korban

»Gabe, die Gott gehört.« Ein Gelübde mit dieser Formel mußte gehalten werden, auch wenn schein-fromme Menschen es mißbrauchten, um mit ihrem Besitz armen Eltern nicht helfen zu müssen.

[13]und hebt so Gottes Wort auf durch eure Sat-
zungen, die ihr überliefert habt; und dergleichen
tut ihr viel.
[14]Und er rief das Volk wieder zu sich und
sprach zu ihnen: Hört mir alle zu und begreift's!
[15]Es gibt nichts, was von außen in den Menschen
hineingeht, das ihn unrein machen könnte; son-
dern was aus dem Menschen herauskommt, das
ist's, was den Menschen unrein macht. [17]Und als
er von dem Volk ins Haus kam, fragten ihn seine
Jünger nach diesem Gleichnis. [18]Und er sprach
zu ihnen: Seid ihr denn auch so unverständig?
Merkt ihr nicht, daß alles, was von außen in den
Menschen hineingeht, ihn nicht unrein machen
kann? [19]Denn es geht nicht in sein Herz, sondern
in den Bauch, und kommt heraus in die Grube.
Damit erklärte er alle Speisen für rein. [20]Und er
sprach: Was aus dem Menschen herauskommt,
das macht den Menschen unrein; [21]denn von in-
nen, aus dem Herzen der Menschen, kommen
heraus böse Gedanken, Unzucht, Diebstahl,
Mord, [22]Ehebruch, Habgier, Bosheit, Arglist,
Ausschweifung, Mißgunst, Lästerung, Hochmut,
Unvernunft. [23]Alle diese bösen Dinge kommen
von innen heraus und machen den Menschen
unrein.

Die Frau aus Syrophönizien

[24]Und er stand auf und ging von dort in das Ge-
biet von Tyrus. Und er ging in ein Haus und
wollte es niemanden wissen lassen und konnte
doch nicht verborgen bleiben, [25]sondern alsbald
hörte eine Frau von ihm, deren Töchterlein einen
unreinen Geist hatte. Und sie kam und fiel nie-
der zu seinen Füßen [26]- die Frau war aber eine
Griechin aus Syrophönizien - und bat ihn, daß er
den bösen Geist von ihrer Tochter austreibe.
[27]Jesus aber sprach zu ihr: Laß zuvor die Kinder
satt werden; es ist nicht recht, daß man den Kin-
dern das Brot wegnehme und werfe es vor die
Hunde. [28]Sie antwortete aber und sprach zu ihm:
Ja, Herr; aber doch fressen die Hunde unter dem
Tisch von den Brosamen der Kinder. [29]Und er

sprach zu ihr: Um dieses Wortes willen geh hin, der böse Geist ist von deiner Tochter ausgefahren. [30]Und sie ging hin in ihr Haus und fand das Kind auf dem Bett liegen, und der böse Geist war ausgefahren.

Die Heilung eines Taubstummen

[31]Und als er wieder fortging aus dem Gebiet von Tyrus, kam er durch Sidon an das Galiläische Meer, mitten in das Gebiet der Zehn Städte.

Er hat alles wohl gemacht.

[32]Und sie brachten zu ihm einen, der taub und stumm war, und baten ihn, daß er die Hand auf ihn lege. [33]Und er nahm ihn aus der Menge beiseite und legte ihm die Finger in die Ohren und berührte seine Zunge mit Speichel und [34]sah auf zum Himmel und seufzte und sprach zu ihm: Hefata!, das heißt: Tu dich auf! [35]Und sogleich taten sich seine Ohren auf, und die Fessel seiner Zunge löste sich, und er redete richtig. [36]Und er gebot ihnen, sie sollten's niemandem sagen. Je mehr er's aber verbot, desto mehr breiteten sie es aus. [37]Und sie wunderten sich über die Maßen und sprachen: Er hat alles wohl gemacht; die Tauben macht er hörend und die Sprachlosen redend.

Die Speisung der Viertausend

8 Zu der Zeit, als wieder eine große Menge da war und sie nichts zu essen hatten, rief Jesus die Jünger zu sich und sprach zu ihnen: [2]Mich jammert das Volk, denn sie haben nun drei Tage bei mir ausgeharrt und haben nichts zu essen. [3]Und wenn ich sie hungrig heimgehen ließe, würden sie auf dem Wege verschmachten; denn einige sind von ferne gekommen. [4]Seine Jünger antworteten ihm: Wie kann sie jemand hier in der Wüste mit Brot sättigen? [5]Und er fragte sie: Wieviel Brote habt ihr? Sie sprachen: Sieben. [6]Und er gebot dem Volk, sich auf die Erde zu lagern. Und er nahm die sieben Brote, dankte und brach sie und gab sie seinen Jüngern, damit sie sie austeilten, und sie teilten sie unter das Volk aus. [7]Und sie hatten auch einige Fische, und er dankte und ließ auch diese austeilen. [8]Sie aßen aber und wurden satt und sammelten die übrigen Brocken auf, sieben Körbe voll. [9]Und es waren etwa viertausend; und er ließ sie gehen.

Die Zeichenforderung der Pharisäer

[10]Und alsbald stieg er in das Boot mit seinen Jüngern und kam in die Gegend von Dalmanuta. [11]Und die Pharisäer kamen heraus und fingen an, mit ihm zu streiten, versuchten ihn und forderten von ihm ein Zeichen vom Himmel. [12]Und er seufzte in seinem Geist und sprach: Was fordert doch dieses Geschlecht ein Zeichen? Wahrlich, ich sage euch: Es wird diesem Geschlecht kein Zeichen gegeben werden! [13]Und er verließ sie und stieg wieder in das Boot und fuhr hinüber.

Warnung vor den Pharisäern und vor Herodes

[14]Und sie hatten vergessen, Brot mitzunehmen, und hatten nicht mehr mit sich im Boot als ein Brot. [15]Und er gebot ihnen und sprach: Schaut zu und seht euch vor vor dem Sauerteig der Pharisäer und vor dem Sauerteig des Herodes. [16]Und sie bedachten hin und her, daß sie kein Brot hätten. [17]Und er merkte das und sprach zu ihnen: Was bekümmert ihr euch doch, daß ihr kein Brot habt? Versteht ihr noch nicht, und begreift ihr noch nicht? Habt ihr noch ein verhärtetes Herz in euch? [18]Habt Augen und seht nicht, und habt Ohren und hört nicht? und denkt nicht daran:

Begreift ihr denn noch nicht?

[19]als ich die fünf Brote brach für die fünftausend, wieviel Körbe voll Brocken habt ihr da aufgesammelt? Sie sagten: Zwölf. [20]Und als ich die sieben brach für die viertausend, wieviel Körbe voll Brocken habt ihr da aufgesammelt? Sie sagten: Sieben. [21]Und er sprach zu ihnen: Begreift ihr denn noch nicht?

Die Heilung eines Blinden

[22]Und sie kamen nach Betsaida. Und sie brachten zu ihm einen Blinden und baten ihn, daß er ihn anrühre. [23]Und er nahm den Blinden bei der Hand und führte ihn hinaus vor das Dorf, tat Speichel auf seine Augen, legte seine Hände auf ihn und fragte ihn: Siehst du etwas? [24]Und er sah auf und sprach: Ich sehe die Menschen, als sähe ich Bäume umhergehen. [25]Danach legte er abermals die Hände auf seine Augen. Da sah er deutlich und wurde wieder zurechtgebracht, so daß er alles scharf sehen konnte. [26]Und er schickte ihn heim und sprach: Geh nicht hinein in das Dorf!

Jesus sucht Menschen, die ihm nachfolgen

Das Bekenntnis des Petrus

27Und Jesus ging fort mit seinen Jüngern in die
Dörfer bei Cäsarea Philippi. Und auf dem Wege
fragte er seine Jünger und sprach zu ihnen: Wer
sagen die Leute, daß ich sei? 28Sie antworteten
ihm: Einige sagen, du seist Johannes der Täufer;
einige sagen, du seist Elia; andere, du seist einer
der Propheten. 29Und er fragte sie: Ihr aber, wer
sagt ihr, daß ich sei? Da antwortete Petrus und
sprach zu ihm: Du bist der Christus! 30Und er ge-
bot ihnen, daß sie niemandem von ihm sagen
sollten.

Die erste Ankündigung von Jesu Leiden und Auferstehung

31Und er fing an, sie zu lehren: Der Menschen-
sohn muß viel leiden und verworfen werden von
den Ältesten und Hohenpriestern und Schriftge-
lehrten und getötet werden und nach drei Tagen
auferstehen. 32Und er redete das Wort frei und
offen. Und Petrus nahm ihn beiseite und fing an,
ihm zu wehren. 33Er aber wandte sich um, sah
seine Jünger an und bedrohte Petrus und sprach:
Geh weg von mir, Satan! denn du meinst nicht,
was göttlich, sondern was menschlich ist.

Von der Nachfolge

34Und er rief zu sich das Volk samt seinen Jün-
gern und sprach zu ihnen: Wer mir nachfolgen
will, der verleugne sich selbst und nehme sein
Kreuz auf sich und folge mir nach. 35Denn wer
sein Leben erhalten will, der wird's verlieren;
und wer sein Leben verliert um meinetwillen und
um des Evangeliums willen, der wird's erhalten.
36Denn was hülfe es dem Menschen, wenn er die
ganze Welt gewönne und nähme an seiner Seele
Schaden? 37Denn was kann der Mensch geben,
womit er seine Seele auslöse? 38Wer sich aber
meiner und meiner Worte schämt unter diesem
abtrünnigen und sündigen Geschlecht, dessen
wird sich auch der Menschensohn schämen,
wenn er kommen wird in der Herrlichkeit seines
Vaters mit den heiligen Engeln.

Die Verklärung Jesu

9 Und er sprach zu ihnen: Wahrlich, ich sage
euch: Es stehen einige hier, die werden
den Tod nicht schmecken, bis sie sehen
das Reich Gottes kommen mit Kraft.
[2]Und nach sechs Tagen nahm Jesus mit sich
Petrus, Jakobus und Johannes und führte sie auf
einen hohen Berg, nur sie allein. Und er wurde
vor ihnen verklärt; [3]und seine Kleider wurden
hell und sehr weiß, wie sie kein Bleicher auf Er-
den so weiß machen kann. [4]Und es erschien ih-
nen Elia mit Mose, und sie redeten mit Jesus.
[5]Und Petrus fing an und sprach zu Jesus: Rabbi,
hier ist für uns gut sein. Wir wollen drei Hütten
bauen, dir eine, Mose eine und Elia eine. [6]Er
wußte aber nicht, was er redete; denn sie waren
ganz verstört. [7]Und es kam eine Wolke, die
überschattete sie. Und eine Stimme geschah aus
der Wolke: Das ist mein lieber Sohn; den sollt
ihr hören! [8]Und auf einmal, als sie um sich blick-
ten, sahen sie niemand mehr bei sich als Jesus al-
lein. [9]Als sie aber vom Berge hinabgingen, gebot
ihnen Jesus, daß sie niemandem sagen sollten,
was sie gesehen hatten, bis der Menschensohn
auferstünde von den Toten. [10]Und sie behielten
das Wort und befragten sich untereinander: Was
ist das, auferstehen von den Toten?
[11]Und sie fragten ihn und sprachen: Sagen
nicht die Schriftgelehrten, daß zuvor Elia kom-
men muß? [12]Er aber sprach zu ihnen: Elia soll ja
zuvor kommen und alles wieder zurechtbringen.
Und wie steht dann geschrieben von dem Men-
schensohn, daß er viel leiden und verachtet wer-
den soll? [13]Aber ich sage euch: Elia ist gekom-
men, und sie haben ihm angetan, was sie wollten,
wie von ihm geschrieben steht.

Die Heilung des besessenen Knaben

[14]Und sie kamen zu den Jüngern und sahen eine
große Menge um sie herum und Schriftgelehrte,
die mit ihnen stritten. [15]Und sobald die Menge
ihn sah, entsetzten sich alle, liefen herbei und
grüßten ihn. [16]Und er fragte sie: Was streitet ihr
mit ihnen? [17]Einer aber aus der Menge antworte-
te: Meister, ich habe meinen Sohn hergebracht
zu dir, der hat einen sprachlosen Geist. [18]Und
wo er ihn erwischt, reißt er ihn; und er hat
Schaum vor dem Mund und knirscht mit den
Zähnen und wird starr. Und ich habe mit deinen
Jüngern geredet, daß sie ihn austreiben sollen,
und sie konnten's nicht. [19]Er aber antwortete ih-
nen und sprach: O du ungläubiges Geschlecht,
wie lange soll ich bei euch sein? Wie lange soll
ich euch ertragen? Bringt ihn her zu mir! [20]Und
sie brachten ihn zu ihm. Und sogleich, als ihn der
Geist sah, riß er ihn. Und er fiel auf die Erde,
wälzte sich und hatte Schaum vor dem Mund.
[21]Und Jesus fragte seinen Vater: Wie lange ist's,
daß ihm das widerfährt? Er sprach: Von Kind
auf. [22]Und oft hat er ihn ins Feuer und ins Was-
ser geworfen, daß er ihn umbrächte. Wenn du
aber etwas kannst, so erbarme dich unser und
hilf uns! [23]Jesus aber sprach zu ihm: Du sagst:
Wenn du kannst – alle Dinge sind möglich dem,
der da glaubt. [24]Sogleich schrie der Vater des
Kindes: Ich glaube; hilf meinem Unglauben!

Ich glaube; hilf meinem Unglauben!

[25]Als nun Jesus sah, daß das Volk herbeilief, be-
drohte er den unreinen Geist und sprach zu ihm:
Du sprachloser und tauber Geist, ich gebiete dir:
Fahre von ihm aus und fahre nicht mehr in ihn
hinein! [26]Da schrie er und riß ihn sehr und fuhr
aus. Und der Knabe lag da wie tot, so daß die
Menge sagte: Er ist tot. [27]Jesus aber ergriff ihn
bei der Hand und richtete ihn auf, und er stand
auf. [28]Und als er heimkam, fragten ihn seine Jün-
ger für sich allein: Warum konnten wir ihn nicht
austreiben? [29]Und er sprach: Diese Art kann
durch nichts ausfahren als durch Beten.

Die zweite Ankündigung von Jesu Leiden und Auferstehung

[30]Und sie gingen von dort weg und zogen durch
Galiläa; und er wollte nicht, daß es jemand wis-
sen sollte. [31]Denn er lehrte seine Jünger und
sprach zu ihnen: Der Menschensohn wird über-
antwortet werden in die Hände der Menschen,
und sie werden ihn töten; und wenn er getötet
ist, so wird er nach drei Tagen auferstehen. [32]Sie
aber verstanden das Wort nicht und fürchteten
sich, ihn zu fragen.

Der Rangstreit der Jünger

[33]Und sie kamen nach Kapernaum. Und als er
daheim war, fragte er sie: Was habt ihr auf dem
Weg verhandelt? [34]Sie aber schwiegen; denn sie
hatten auf dem Weg miteinander verhandelt, wer
der Größte sei. [35]Und er setzte sich und rief die
Zwölf und sprach zu ihnen: Wenn jemand will

der Erste sein, der soll der Letzte sein von allen
und aller Diener. 36 Und er nahm ein Kind, stellte
es mitten unter sie und herzte es und sprach zu
ihnen: 37 Wer ein solches Kind in meinem Namen
aufnimmt, der nimmt mich auf; und wer mich
aufnimmt, der nimmt nicht mich auf, sondern
den, der mich gesandt hat.
38 Johannes sprach zu ihm: Meister, wir sahen
einen, der trieb böse Geister in deinem Namen
aus, und wir verboten's ihm, weil er uns nicht
nachfolgt. 39 Jesus aber sprach: Ihr sollt's ihm nicht
verbieten. Denn niemand, der ein Wunder tut in
meinem Namen, kann so bald übel von mir reden.
40 Denn wer nicht gegen uns ist, der ist für uns.
41 Denn wer euch einen Becher Wasser zu trin-
ken gibt deshalb, weil ihr Christus angehört,
wahrlich, ich sage euch: Es wird ihm nicht unver-
golten bleiben.

Warnung vor Verführung zum Abfall

42 Und wer einen dieser Kleinen, die an mich
glauben, zum Abfall verführt, für den wäre es
besser, daß ihm ein Mühlstein an den Hals ge-
hängt und er ins Meer geworfen würde. 43 Wenn
dich aber deine Hand zum Abfall verführt, so
haue sie ab! Es ist besser für dich, daß du ver-
krüppelt zum Leben eingehst, als daß du zwei
Hände hast und fährst in die Hölle, in das Feuer,
das nie verlöscht.
45 Wenn dich dein Fuß zum Abfall verführt, so
haue ihn ab! Es ist besser für dich, daß du lahm
zum Leben eingehst, als daß du zwei Füße hast
und wirst in die Hölle geworfen. 47 Wenn dich
dein Auge zum Abfall verführt, so wirf's von dir!
Es ist besser für dich, daß du einäugig in das
Reich Gottes gehst, als daß du zwei Augen hast
und wirst in die Hölle geworfen, 48 wo ihr Wurm
nicht stirbt und das Feuer nicht verlöscht.
49 Denn jeder wird mit Feuer gesalzen werden.
50 Das Salz ist gut; wenn aber das Salz nicht mehr
salzt, womit wird man's würzen? Habt Salz bei
euch und habt Frieden untereinander!

Von der Ehescheidung

10 Und er machte sich auf und kam von
dort in das Gebiet von Judäa und
jenseits des Jordans. Und abermals
lief das Volk in Scharen bei ihm zusammen, und
wie es seine Gewohnheit war, lehrte er sie aber-
mals. 2 Und Pharisäer traten zu ihm und fragten
ihn, ob ein Mann sich scheiden dürfe von seiner
Frau; und sie versuchten ihn damit.
3 Er antwortete aber und sprach zu ihnen: Was
hat euch Mose geboten? 4 Sie sprachen: Mose hat
zugelassen, einen Scheidebrief zu schreiben und
sich zu scheiden. 5 Jesus aber sprach zu ihnen:
Um eures Herzens Härte willen hat er euch die-
ses Gebot geschrieben; 6 aber von Beginn der
Schöpfung an hat Gott sie geschaffen als Mann
und Frau. 7 Darum wird ein Mann seinen Vater
und seine Mutter verlassen und wird an seiner
Frau hängen, 8 und die zwei werden ein Fleisch
sein. So sind sie nun nicht mehr zwei, sondern
ein Fleisch. 9 Was nun Gott zusammengefügt hat,
soll der Mensch nicht scheiden.
10 Und daheim fragten ihn abermals seine Jün-
ger danach. 11 Und er sprach zu ihnen: Wer sich
scheidet von seiner Frau und heiratet eine ande-
re, der bricht ihr gegenüber die Ehe; 12 und wenn
sich eine Frau scheidet von ihrem Mann und hei-
ratet einen andern, bricht sie ihre Ehe.

Die Segnung der Kinder

13 Und sie brachten Kinder zu ihm, damit er sie
anrühre. Die Jünger aber fuhren sie an. 14 Als es
aber Jesus sah, wurde er unwillig und sprach zu
ihnen: Laßt die Kinder zu mir kommen und
wehret ihnen nicht; denn solchen gehört das

Laßt die Kinder zu mir kommen und wehret ihnen nicht.

Reich Gottes. 15 Wahrlich, ich sage euch: Wer das
Reich Gottes nicht empfängt wie ein Kind, der
wird nicht hineinkommen. 16 Und er herzte sie
und legte die Hände auf sie und segnete sie.

Die Gefahr des Reichtums

17 Und als er sich auf den Weg machte, lief einer
herbei, kniete vor ihm nieder und fragte ihn: Gu-
ter Meister, was soll ich tun, damit ich das ewige
Leben ererbe? 18 Aber Jesus sprach zu ihm: Was
nennst du mich gut? Niemand ist gut als Gott al-
lein. 19 Du kennst die Gebote: »Du sollst nicht tö-
ten; du sollst nicht ehebrechen; du sollst nicht
stehlen; du sollst nicht falsch Zeugnis reden; du
sollst niemanden berauben; ehre Vater und Mut-
ter.« 20 Er aber sprach zu ihm: Meister, das habe
ich alles gehalten von meiner Jugend auf. 21 Und
Jesus sah ihn an und gewann ihn lieb und sprach
zu ihm: Eines fehlt dir. Geh hin, verkaufe alles,

Jesus hat Freude an Kindern und segnet sie

was du hast, und gib's den Armen, so wirst du einen Schatz im Himmel haben, und komm und folge mir nach! [22]Er aber wurde unmutig über das Wort und ging traurig davon; denn er hatte viele Güter.

[23]Und Jesus sah um sich und sprach zu seinen Jüngern: Wie schwer werden die Reichen in das Reich Gottes kommen! [24]Die Jünger aber entsetzten sich über seine Worte. Aber Jesus antwortete wiederum und sprach zu ihnen: Liebe Kinder, wie schwer ist's, ins Reich Gottes zu kommen! [25]Es ist leichter, daß ein Kamel durch ein Nadelöhr gehe, als daß ein Reicher ins Reich Gottes komme. [26]Sie entsetzten sich aber noch viel mehr und sprachen untereinander: Wer kann dann selig werden? [27]Jesus aber sah sie an und sprach: Bei den Menschen ist's unmöglich, aber nicht bei Gott; denn alle Dinge sind möglich bei Gott.

Der Lohn der Nachfolge

[28]Da fing Petrus an und sagte zu ihm: Siehe, wir haben alles verlassen und sind dir nachgefolgt. [29]Jesus sprach: Wahrlich, ich sage euch: Es ist niemand, der Haus oder Brüder oder Schwestern oder Mutter oder Vater oder Kinder oder Äcker verläßt um meinetwillen und um des Evangeliums willen, [30]der nicht hundertfach empfange: jetzt in dieser Zeit Häuser und Brüder und Schwestern und Mütter und Kinder und Äcker mitten unter Verfolgungen – und in der zukünftigen Welt das ewige Leben. [31]Viele aber werden die Letzten sein, die die Ersten sind, und die Ersten sein, die die Letzten sind.

Zukünftige Welt

Das Reich Gottes, in dem Christus einmal in Frieden und Herrlichkeit über alles herrschen wird.

Die dritte Ankündigung von Jesu Leiden und Auferstehung

[32]Sie waren aber auf dem Wege hinauf nach Jerusalem, und Jesus ging ihnen voran; und sie entsetzten sich; die ihm aber nachfolgten, fürchteten sich. Und er nahm abermals die Zwölf zu sich und fing an, ihnen zu sagen, was ihm widerfahren werde: [33]Siehe, wir gehen hinauf nach Jerusalem, und der Menschensohn wird überantwortet werden den Hohenpriestern und Schriftgelehrten, und sie werden ihn zum Tode verurteilen und den Heiden überantworten. [34]Die werden ihn verspotten und anspeien und geißeln und töten, und nach drei Tagen wird er auferstehen.

Vom Herrschen und vom Dienen

[35]Da gingen zu ihm Jakobus und Johannes, die Söhne des Zebedäus, und sprachen: Meister, wir wollen, daß du für uns tust, um was wir dich bit-

ten werden. 36Er sprach zu ihnen: Was wollt ihr,
daß ich für euch tue? 37Sie sprachen zu ihm: Gib
uns, daß wir sitzen einer zu deiner Rechten und
einer zu deiner Linken in deiner Herrlichkeit.
38Jesus aber sprach zu ihnen: Ihr wißt nicht, was
ihr bittet. Könnt ihr den Kelch trinken, den ich
trinke, oder euch taufen lassen mit der Taufe,
mit der ich getauft werde? 39Sie sprachen zu ihm:
Ja, das können wir. Jesus aber sprach zu ihnen:
Ihr werdet zwar den Kelch trinken, den ich trin-
ke, und getauft werden mit der Taufe, mit der
ich getauft werde; 40zu sitzen aber zu meiner
Rechten oder zu meiner Linken, das steht mir
nicht zu, euch zu geben, sondern das wird denen
zuteil, für die es bestimmt ist.

41Und als das die Zehn hörten, wurden sie un-
willig über Jakobus und Johannes. 42Da rief Jesus
sie zu sich und sprach zu ihnen: Ihr wißt, die als
Herrscher gelten, halten ihre Völker nieder, und
ihre Mächtigen tun ihnen Gewalt an. 43Aber so
ist es unter euch nicht; sondern wer groß sein
will unter euch, der soll euer Diener sein; 44und
wer unter euch der Erste sein will, der soll aller
Knecht sein. 45Denn auch der Menschensohn ist
nicht gekommen, daß er sich dienen lasse, son-
dern daß er diene und sein Leben gebe als Löse-
geld für viele.

Die Heilung des Blinden von Jericho

46Und sie kamen nach Jericho. Und als er aus Je-
richo wegging, er und seine Jünger und eine gro-
ße Menge, da saß ein blinder Bettler am Wege,
Bartimäus, der Sohn des Timäus. 47Und als er
hörte, daß es Jesus von Nazareth war, fing er an,
zu schreien und zu sagen: Jesus, du Sohn Davids,
erbarme dich meiner! 48Und viele fuhren ihn an,
er solle stillschweigen. Er aber schrie noch viel
mehr: Du Sohn Davids, erbarme dich meiner!
49Und Jesus blieb stehen und sprach: Ruft ihn
her! Und sie riefen den Blinden und sprachen zu
ihm: Sei getrost, steh auf! Er ruft dich! 50Da warf
er seinen Mantel von sich, sprang auf und kam
zu Jesus. 51Und Jesus antwortete und sprach zu
ihm: Was willst du, daß ich für dich tun soll? Der
Blinde sprach zu ihm: Rabbuni, daß ich sehend
werde. 52Jesus aber sprach zu ihm: Geh hin, dein
Glaube hat dir geholfen. Und sogleich wurde er
sehend und folgte ihm nach auf dem Wege.

Jesu Einzug in Jerusalem

11 Und als sie in die Nähe von Jerusa-
lem kamen, nach Betfage und Beta-
nien an den Ölberg, sandte er zwei
seiner Jünger 2und sprach zu ihnen: Geht hin in
das Dorf, das vor euch liegt. Und sobald ihr hin-
einkommt, werdet ihr ein Füllen angebunden fin-
den, auf dem noch nie ein Mensch gesessen hat;
bindet es los und führt es her! 3Und wenn je-
mand zu euch sagen wird: Warum tut ihr das?,
so sprecht: Der Herr bedarf seiner, und er sendet
es alsbald wieder her. 4Und sie gingen hin und
fanden das Füllen angebunden an einer Tür
draußen am Weg und banden's los. 5Und einige,
die dort standen, sprachen zu ihnen: Was macht
ihr da, daß ihr das Füllen losbindet? 6Sie sagten
aber zu ihnen, wie ihnen Jesus geboten hatte,
und die ließen's zu. 7Und sie führten das Füllen
zu Jesus und legten ihre Kleider darauf, und er
setzte sich darauf. 8Und viele breiteten ihre Klei-
der auf den Weg, andere aber grüne Zweige, die
sie auf den Feldern abgehauen hatten. 9Und die
vorangingen und die nachfolgten, schrien:

> Hosianna!
> Gelobt sei, der da kommt in dem Namen
> des Herrn!
> 10Gelobt sei das Reich unseres Vaters
> David, das da kommt!
> Hosianna in der Höhe!

11Und Jesus ging hinein nach Jerusalem in den
Tempel, und er besah ringsum alles, und spät am
Abend ging er hinaus nach Betanien mit den
Zwölfen.

Der verdorrte Feigenbaum. Die Tempelreinigung

12Und am nächsten Tag, als sie von Betanien
weggingen, hungerte ihn. 13Und er sah einen Fei-
genbaum von ferne, der Blätter hatte; da ging er
hin, ob er etwas darauf fände. Und als er zu ihm
kam, fand er nichts als Blätter; denn es war nicht
die Zeit für Feigen. 14Da fing Jesus an und
sprach zu ihm: Nun esse niemand mehr eine
Frucht von dir in Ewigkeit! Und seine Jünger
hörten das.

15Und sie kamen nach Jerusalem. Und Jesus
ging in den Tempel und fing an, auszutreiben die
Verkäufer und Käufer im Tempel; und die Ti-
sche der Geldwechsler und die Stände der Tau-
benhändler stieß er um 16und ließ nicht zu, daß
jemand etwas durch den Tempel trage. 17Und er

lehrte und sprach zu ihnen: Steht nicht geschrie-
ben (Jesaja 56,7): »Mein Haus soll ein Bethaus
heißen für alle Völker«? Ihr aber habt eine
Räuberhöhle daraus gemacht. 18Und es kam vor
die Hohenpriester und Schriftgelehrten, und sie
trachteten danach, wie sie ihn umbrächten. Sie
fürchteten sich nämlich vor ihm; denn alles Volk
verwunderte sich über seine Lehre.

Alles Volk verwunderte sich über seine Lehre.

19Und abends gingen sie hinaus vor die Stadt.
20Und als sie am Morgen an dem Feigenbaum
vorbeigingen, sahen sie, daß er verdorrt war bis
zur Wurzel. 21Und Petrus dachte daran und
sprach zu ihm: Rabbi, sieh, der Feigenbaum, den
du verflucht hast, ist verdorrt. 22Und Jesus ant-
wortete und sprach zu ihnen: Habt Glauben an
Gott! 23Wahrlich, ich sage euch: Wer zu diesem
Berge spräche: Heb dich und wirf dich ins Meer!
und zweifelte nicht in seinem Herzen, sondern
glaubte, daß geschehen werde, was er sagt, so
wird's ihm geschehen. 24Darum sage ich euch:
Alles, was ihr bittet in eurem Gebet, glaubt nur,
daß ihr's empfangt, so wird's euch zuteilwerden.
25Und wenn ihr steht und betet, so vergebt, wenn
ihr etwas gegen jemanden habt, damit auch euer
Vater im Himmel euch vergebe eure Übertre-
tungen.

Die Frage nach Jesu Vollmacht

27Und sie kamen wieder nach Jerusalem. Und als
er im Tempel umherging, kamen zu ihm die Ho-
henpriester und Schriftgelehrten und Ältesten
28und fragten ihn: Aus welcher Vollmacht tust
du das? oder wer hat dir diese Vollmacht gege-
ben, daß du das tust? 29Jesus aber sprach zu ih-
nen: Ich will euch auch nur eine Frage stellen;
antwortet mir, so will ich euch sagen, aus welcher
Vollmacht ich das tue. 30Die Taufe des Johannes
– war sie vom Himmel oder von Menschen?
Antwortet mir! 31Und sie bedachten bei sich
selbst und sprachen: Sagen wir, sie war vom
Himmel, so wird er sagen: Warum habt ihr ihm
dann nicht geglaubt? 32Oder sollen wir sagen, sie
war von Menschen? – da fürchteten sie sich vor
dem Volk. Denn sie hielten alle Johannes wirk-
lich für einen Propheten. 33Und sie antworteten
und sprachen zu Jesus: Wir wissen's nicht. Und
Jesus sprach zu ihnen: So sage ich euch auch
nicht, aus welcher Vollmacht ich das tue.

Von den bösen Weingärtnern

12 Und er fing an, zu ihnen in Gleichnis-
sen zu reden: Ein Mensch pflanzte ei-
nen Weinberg und zog einen Zaun
darum und grub eine Kelter und baute einen
Turm und verpachtete ihn an Weingärtner und
ging außer Landes. 2Und er sandte, als die Zeit
kam, einen Knecht zu den Weingärtnern, damit
er von den Weingärtnern seinen Anteil an den
Früchten des Weinbergs hole. 3Sie nahmen ihn
aber, schlugen ihn und schickten ihn mit leeren
Händen fort. 4Abermals sandte er zu ihnen einen
andern Knecht; dem schlugen sie auf den Kopf
und schmähten ihn. 5Und er sandte noch einen
andern, den töteten sie; und viele andere: die ei-
nen schlugen sie, die andern töteten sie. 6Da hat-
te er noch einen, seinen geliebten Sohn; den
sandte er als letzten auch zu ihnen und sagte
sich: Sie werden sich vor meinem Sohn scheuen.
7Sie aber, die Weingärtner, sprachen untereinan-
der: Dies ist der Erbe; kommt, laßt uns ihn tö-
ten, so wird das Erbe unser sein! 8Und sie nah-
men ihn und töteten ihn und warfen ihn hinaus
vor den Weinberg. 9Was wird nun der Herr des
Weinbergs tun? Er wird kommen und die Wein-
gärtner umbringen und den Weinberg andern ge-
ben. 10Habt ihr denn nicht dieses Schriftwort ge-
lesen (Psalm 118,22.23):

> »Der Stein, den die Bauleute verworfen
> haben,
> der ist zum Eckstein geworden.
> 11Vom Herrn ist das geschehen
> und ist ein Wunder vor unsern Augen«?

12Und sie trachteten danach, ihn zu ergreifen,
und fürchteten sich doch vor dem Volk; denn sie
verstanden, daß er auf sie hin dies Gleichnis ge-
sagt hatte. Und sie ließen ihn und gingen davon.

Die Frage nach der Steuer

13Und sie sandten zu ihm einige von den Phari-
säern und von den Anhängern des Herodes, daß
sie ihn fingen in Worten. 14Und sie kamen und
sprachen zu ihm: Meister, wir wissen, daß du
wahrhaftig bist und fragst nach niemand; denn
du achtest nicht das Ansehen der Menschen,
sondern du lehrst den Weg Gottes recht. Ist's
recht, daß man dem Kaiser Steuern zahlt oder

nicht? Sollen wir sie zahlen oder nicht zahlen?
[15]Er aber merkte ihre Heuchelei und sprach zu
ihnen: Was versucht ihr mich? Bringt mir einen
Silbergroschen, daß ich ihn sehe! [16]Und sie
brachten einen. Da sprach er: Wessen Bild und
Aufschrift ist das? Sie sprachen zu ihm: Des Kai-
sers. [17]Da sprach Jesus zu ihnen: So gebt dem
Kaiser, was des Kaisers ist, und Gott, was Gottes
ist! Und sie wunderten sich über ihn.

Die Frage nach der Auferstehung

[18]Da traten die Sadduzäer zu ihm, die lehren, es
gebe keine Auferstehung; die fragten ihn und
sprachen: [19]Meister, Mose hat uns vorgeschrie-
ben (5. Mose 25,5.6): »Wenn jemand stirbt und
hinterläßt eine Frau, aber keine Kinder, so soll
sein Bruder sie zur Frau nehmen und seinem
Bruder Nachkommen erwecken.« [20]Nun waren
sieben Brüder. Der erste nahm eine Frau; der
starb und hinterließ keine Kinder. [21]Und der
zweite nahm sie und starb und hinterließ auch
keine Kinder. Und der dritte ebenso. [22]Und alle
sieben hinterließen keine Kinder. Zuletzt nach
allen starb die Frau auch. [23]Nun in der Auferste-
hung, wenn sie auferstehen: wessen Frau wird sie
sein unter ihnen? Denn alle sieben haben sie zur
Frau gehabt. [24]Da sprach Jesus zu ihnen: Ist's
nicht so? Ihr irrt, weil ihr weder die Schrift kennt
noch die Kraft Gottes. [25]Wenn sie von den Toten
auferstehen werden, so werden sie weder heira-
ten noch sich heiraten lassen, sondern sie sind
wie die Engel im Himmel. [26]Aber von den To-
ten, daß sie auferstehen, habt ihr nicht gelesen
im Buch des Mose, bei dem Dornbusch, wie

Anhänger des Herodes
Eine politische Partei von Juden, die ein Glied der Familie Herodes des Großen als Herrscher wünschten, nicht einen römischen Statthalter.

Gott zu ihm sagte und sprach (2. Mose 3,6):
»Ich bin der Gott Abrahams und der Gott Isaaks
und der Gott Jakobs«? [27]Gott ist nicht ein Gott
der Toten, sondern der Lebenden. Ihr irrt sehr.

Die Frage nach dem höchsten Gebot

[28]Und es trat zu ihm einer von den Schriftgelehr-
ten, der ihnen zugehört hatte, wie sie miteinan-
der stritten. Und als er sah, daß er ihnen gut ge-
antwortet hatte, fragte er ihn: Welches ist das
höchste Gebot von allen? [29]Jesus aber antwortete
ihm: Das höchste Gebot ist das: »Höre, Israel,
der Herr, unser Gott, ist der Herr allein, [30]und
du sollst den Herrn, deinen Gott, lieben von gan-
zem Herzen, von ganzer Seele, von ganzem Ge-
müt und von allen deinen Kräften« (5. Mose
6,4.5). [31]Das andre ist dies: »Du sollst deinen
Nächsten lieben wie dich selbst« (3. Mose
19,18). Es ist kein anderes Gebot größer als
diese. [32]Und der Schriftgelehrte sprach zu

Du sollst deinen Nächsten lieben wie dich selbst.

ihm: Meister, du hast wahrhaftig recht geredet!
Er ist nur einer, und ist kein anderer außer ihm;
[33]und ihn lieben von ganzem Herzen, von gan-
zem Gemüt und von allen Kräften, und seinen
Nächsten lieben wie sich selbst, das ist mehr als
alle Brandopfer und Schlachtopfer. [34]Als Jesus
aber sah, daß er verständig antwortete, sprach er
zu ihm: Du bist nicht fern vom Reich Gottes.
Und niemand wagte mehr, ihn zu fragen.

Die Frage nach dem Davidssohn

[35]Und Jesus fing an und sprach, als er im Tempel
lehrte: Wieso sagen die Schriftgelehrten, der
Christus sei Davids Sohn? [36]David selbst hat
durch den heiligen Geist gesagt (Psalm 110,1):

»Der Herr sprach zu meinem Herrn:
Setze dich zu meiner Rechten,
bis ich deine Feinde unter deine Füße
lege.«

[37]Da nennt ihn ja David selbst seinen Herrn.
Woher ist er dann sein Sohn? Und alles Volk
hörte ihn gern.

Warnung vor den Schriftgelehrten

[38]Und er lehrte sie und sprach zu ihnen: Seht
euch vor vor den Schriftgelehrten, die gern in
langen Gewändern gehen und lassen sich auf
dem Markt grüßen [39]und sitzen gern obenan in
den Synagogen und am Tisch beim Mahl; [40]sie
fressen die Häuser der Witwen und verrichten
zum Schein lange Gebete. Die werden ein um so
härteres Urteil empfangen.

Gott ist ein Gott des Lebens und der Lebenden

Das Scherflein der Witwe

41 Und Jesus setzte sich dem Gotteskasten gegenüber und sah zu, wie das Volk Geld einlegte in den Gotteskasten. Und viele Reiche legten viel ein. 42 Und es kam eine arme Witwe und legte zwei Scherflein ein; das macht zusammen einen Pfennig. 43 Und er rief seine Jünger zu sich und sprach zu ihnen: Wahrlich, ich sage euch: Diese arme Witwe hat mehr in den Gotteskasten gelegt als alle, die etwas eingelegt haben. 44 Denn sie haben alle etwas von ihrem Überfluß eingelegt; diese aber hat von ihrer Armut ihre ganze Habe eingelegt, alles, was sie zum Leben hatte.

JESU REDE ÜBER DIE ENDZEIT

(Kapitel 13)

Das Ende des Tempels

13 Und als er aus dem Tempel ging, sprach zu ihm einer seiner Jünger: Meister, siehe, was für Steine und was für Bauten! 2 Und Jesus sprach zu ihm: Siehst du diese großen Bauten? Nicht ein Stein wird auf dem andern bleiben, der nicht zerbrochen werde.

Der Anfang der Wehen

3 Und als er auf dem Ölberg saß gegenüber dem Tempel, fragten ihn Petrus und Jakobus und Johannes und Andreas, als sie allein waren: 4 Sage uns, wann wird das geschehen? und was wird das Zeichen sein, wenn das alles vollendet werden soll? 5 Jesus fing an und sagte zu ihnen: Seht zu, daß euch nicht jemand verführe! 6 Es werden viele kommen unter meinem Namen und sagen: Ich bin's, und werden viele verführen. 7 Wenn ihr aber hören werdet von Kriegen und Kriegsgeschrei, so fürchtet euch nicht. Es muß so geschehen. Aber das Ende ist noch nicht da. 8 Denn es wird sich ein Volk gegen das andere erheben und ein Königreich gegen das andere. Es werden Erdbeben geschehen hier und dort, es werden Hungersnöte sein. Das ist der Anfang der Wehen.

Seht zu, daß euch nicht jemand verführe!

9 Ihr aber seht euch vor! Denn sie werden euch den Gerichten überantworten, und in den Synagogen werdet ihr gegeißelt werden, und vor Statthalter und Könige werdet ihr geführt werden um meinetwillen, ihnen zum Zeugnis. 10 Und das Evangelium muß zuvor gepredigt werden unter allen Völkern. 11 Wenn sie euch nun hinführen und überantworten werden, so sorgt euch nicht vorher, was ihr reden sollt; sondern was euch in jener Stunde gegeben wird, das redet. Denn ihr seid's nicht, die da reden, sondern der heilige Geist. 12 Und es wird ein Bruder den andern dem Tod preisgeben und der Vater den Sohn, und die Kinder werden sich empören gegen die Eltern und werden sie töten helfen. 13 Und ihr werdet gehaßt sein von jedermann um meines Namens willen. Wer aber beharrt bis an das Ende, der wird selig.

Die große Bedrängnis

14 Wenn ihr aber sehen werdet das Greuelbild der Verwüstung stehen, wo es nicht soll - wer es liest, der merke auf! -, alsdann, wer in Judäa ist, der fliehe auf die Berge. 15 Wer auf dem Dach ist, der steige nicht hinunter und gehe nicht hinein, etwas aus seinem Hause zu holen. 16 Und wer auf dem Feld ist, der wende sich nicht um, seinen Mantel zu holen. 17 Weh aber den Schwangeren und den Stillenden zu jener Zeit! 18 Bittet aber, daß es nicht im Winter geschehe. 19 Denn in diesen Tagen wird eine solche Bedrängnis sein, wie sie nie gewesen ist bis jetzt vom Anfang der Schöpfung, die Gott geschaffen hat, und auch nicht wieder werden wird. 20 Und wenn der Herr diese Tage nicht verkürzt hätte, würde kein Mensch selig; aber um der Auserwählten willen, die er auserwählt hat, hat er diese Tage verkürzt. 21 Wenn dann jemand zu euch sagen wird: Siehe, hier ist der Christus! siehe, da ist er!, so glaubt es nicht. 22 Denn es werden sich erheben falsche Christusse und falsche Propheten, die Zeichen und Wunder tun, so daß sie die Auserwählten verführen würden, wenn es möglich wäre. 23 Ihr aber seht euch vor! Ich habe euch alles zuvor gesagt!

Das Kommen des Menschensohns

24 Aber zu jener Zeit, nach dieser Bedrängnis, wird die Sonne sich verfinstern und der Mond seinen Schein verlieren, 25 und die Sterne werden vom Himmel fallen, und die Kräfte der Himmel werden ins Wanken kommen. 26 Und dann werden sie sehen den Menschensohn kommen in den Wolken mit großer Kraft und Herrlichkeit.

[27]Und dann wird er die Engel senden und wird
seine Auserwählten versammeln von den vier
Winden, vom Ende der Erde bis zum Ende des
Himmels.

Mahnung zur Wachsamkeit

[28]An dem Feigenbaum aber lernt ein Gleichnis:
Wenn jetzt seine Zweige saftig werden und Blät-
ter treiben, so wißt ihr, daß der Sommer nahe ist.
[29]Ebenso auch: wenn ihr seht, daß dies geschieht,
so wißt, daß er nahe vor der Tür ist. [30]Wahrlich,
ich sage euch: Dieses Geschlecht wird nicht ver-
gehen, bis dies alles geschieht. [31]Himmel und Er-
de werden vergehen; meine Worte aber werden
nicht vergehen. Von dem Tage und der Stunde
weiß niemand, auch die Engel im Himmel nicht,
auch der Sohn nicht, sondern allein der Vater.

Von dem Tage und der Stunde weiß niemand.

[33]Seht euch vor, wachet! denn ihr wißt nicht,
wann die Zeit da ist. [34]Wie bei einem Menschen,
der über Land zog und verließ sein Haus und gab
seinen Knechten Vollmacht, einem jeden seine
Arbeit, und gebot dem Türhüter, er solle wa-
chen: [35]so wacht nun; denn ihr wißt nicht, wann
der Herr des Hauses kommt, ob am Abend oder
zu Mitternacht oder um den Hahnenschrei oder
am Morgen, [36]damit er euch nicht schlafend fin-
de, wenn er plötzlich kommt. [37]Was ich aber
euch sage, das sage ich allen: Wachet!

LEIDEN, STERBEN UND AUFERSTEHUNG JESU

(Kapitel 14–16)

Der Plan der Hohenpriester

14 Es waren noch zwei Tage bis zum
Passafest und den Tagen der Unge-
säuerten Brote. Und die Hohenprie-
ster und Schriftgelehrten suchten, wie sie ihn mit
List ergreifen und töten könnten. [2]Denn sie spra-
chen: Ja nicht bei dem Fest, damit es nicht einen
Aufruhr im Volk gebe.

Die Salbung in Betanien

[3]Und als er in Betanien war im Hause Simons
des Aussätzigen und saß zu Tisch, da kam eine
Frau, die hatte ein Glas mit unverfälschtem und
kostbarem Nardenöl, und sie zerbrach das Glas
und goß es auf sein Haupt. [4]Da wurden einige
unwillig und sprachen untereinander: Was soll
diese Vergeudung des Salböls? [5]Man hätte dieses
Öl für mehr als dreihundert Silbergroschen ver-
kaufen können und das Geld den Armen geben.
Und sie fuhren sie an. [6]Jesus aber sprach: Laßt
sie in Frieden! Was betrübt ihr sie? Sie hat ein
gutes Werk an mir getan. [7]Denn ihr habt allezeit
Arme bei euch, und wenn ihr wollt, könnt ihr ih-
nen Gutes tun; mich aber habt ihr nicht allezeit.
[8]Sie hat getan, was sie konnte; sie hat meinen
Leib im voraus gesalbt für mein Begräbnis.
[9]Wahrlich, ich sage euch: Wo das Evangelium
gepredigt wird in aller Welt, da wird man auch
das sagen zu ihrem Gedächtnis, was sie jetzt ge-
tan hat.

Der Verrat des Judas

[10]Und Judas Iskariot, einer von den Zwölfen,
ging hin zu den Hohenpriestern, daß er ihn an sie
verriete. [11]Als die das hörten, wurden sie froh
und versprachen, ihm Geld zu geben. Und er
suchte, wie er ihn bei guter Gelegenheit verraten
könnte.

Das Abendmahl

[12]Und am ersten Tage der Ungesäuerten Brote,
als man das Passalamm opferte, sprachen seine
Jünger zu ihm: Wo willst du, daß wir hingehen
und das Passalamm bereiten, damit du es essen
kannst? [13]Und er sandte zwei seiner Jünger und
sprach zu ihnen: Geht hin in die Stadt, und es
wird euch ein Mensch begegnen, der trägt einen
Krug mit Wasser; folgt ihm, [14]und wo er hinein-
geht, da sprecht zu dem Hausherrn: Der Meister
läßt dir sagen: Wo ist der Raum, in dem ich das
Passalamm essen kann mit meinen Jüngern?
[15]Und er wird euch einen großen Saal zeigen, der
mit Polstern versehen und vorbereitet ist; dort
richtet für uns zu. [16]Und die Jünger gingen hin
und kamen in die Stadt und fanden's, wie er
ihnen gesagt hatte, und bereiteten das Passa-
lamm.

[17]Und am Abend kam er mit den Zwölfen.
[18]Und als sie bei Tisch waren und aßen, sprach
Jesus: Wahrlich, ich sage euch: Einer unter euch,
der mit mir ißt, wird mich verraten. [19]Und sie
wurden traurig und fragten ihn, einer nach dem
andern: Bin ich's? [20]Er aber sprach zu ihnen:

Einer von den Zwölfen, der mit mir seinen Bis-
sen in die Schüssel taucht. 21Der Menschensohn
geht zwar hin, wie von ihm geschrieben steht;
weh aber dem Menschen, durch den der Men-
schensohn verraten wird! Es wäre für diesen
Menschen besser, wenn er nie geboren wäre.
22Und als sie aßen, nahm Jesus das Brot,
dankte und brach's und gab's ihnen und sprach:
Nehmet; das ist mein Leib. 23Und er nahm den
Kelch, dankte und gab ihnen den; und sie tran-
ken alle daraus.

Und sie tranken alle daraus.

24Und er sprach zu ihnen: Das ist mein Blut
des Bundes, das für viele vergossen wird.
25Wahrlich, ich sage euch, daß ich nicht mehr
trinken werde vom Gewächs des Weinstocks bis
an den Tag, an dem ich aufs neue davon trinke
im Reich Gottes.

Die Ankündigung der Verleugnung des Petrus

26Und als sie den Lobgesang gesungen hatten,
gingen sie hinaus an den Ölberg. 27Und Jesus
sprach zu ihnen: Ihr werdet alle Ärgernis neh-
men; denn es steht geschrieben (Sacharja 13,7):
»Ich werde den Hirten schlagen, und die Schafe
werden sich zerstreuen.« 28Wenn ich aber aufer-
standen bin, will ich vor euch hingehen nach Ga-
liläa. 29Petrus aber sagte zu ihm: Und wenn sie
alle Ärgernis nehmen, so doch ich nicht! 30Und
Jesus sprach zu ihm: Wahrlich, ich sage dir:
Heute, in dieser Nacht, ehe der Hahn zweimal
kräht, wirst du mich dreimal verleugnen. 31Er
aber redete noch weiter: Auch wenn ich mit dir
sterben müßte, werde ich dich nicht verleugnen!
Das gleiche sagten sie alle.

Jesus in Gethsemane

32Und sie kamen zu einem Garten mit Namen
Gethsemane. Und er sprach zu seinen Jüngern:
Setzt euch hierher, bis ich gebetet habe. 33Und er
nahm mit sich Petrus und Jakobus und Johannes
und fing an zu zittern und zu zagen 34und sprach
zu ihnen: Meine Seele ist betrübt bis an den Tod;
bleibt hier und wachet!
35Und er ging ein wenig weiter, warf sich auf die
Erde und betete, daß, wenn es möglich wäre, die
Stunde an ihm vorüberginge, 36und sprach: Ab-
ba, mein Vater, alles ist dir möglich; nimm die-
sen Kelch von mir; doch nicht, was ich will, son-
dern was du willst! 37Und er kam und fand sie

Meine Seele ist betrübt bis an den Tod.

schlafend und sprach zu Petrus: Simon, schläfst
du? Vermochtest du nicht, eine Stunde zu wa-
chen? 38Wachet und betet, daß ihr nicht in Ver-
suchung fallt! Der Geist ist willig; aber das
Fleisch ist schwach. 39Und er ging wieder hin
und betete und sprach dieselben Worte 40und
kam zurück und fand sie abermals schlafend;
denn ihre Augen waren voller Schlaf, und sie
wußten nicht, was sie ihm antworten sollten.
41Und er kam zum dritten Mal und sprach zu ih-
nen: Ach, wollt ihr weiter schlafen und ruhen?
Es ist genug; die Stunde ist gekommen. Siehe,
der Menschensohn wird überantwortet in die
Hände der Sünder. 42Steht auf, laßt uns gehen!
Siehe, der mich verrät, ist nahe.

Jesu Gefangennahme

43Und alsbald, während er noch redete, kam her-
zu Judas, einer von den Zwölfen, und mit ihm ei-
ne Schar mit Schwertern und mit Stangen, von
den Hohenpriestern und Schriftgelehrten und
Ältesten. 44Und der Verräter hatte ihnen ein Zei-
chen genannt und gesagt: Welchen ich küssen
werde, der ist's; den ergreift und führt ihn sicher
ab. 45Und als er kam, trat er alsbald zu ihm und
sprach: Rabbi! und küßte ihn. 46Die aber legten
Hand an ihn und ergriffen ihn. 47Einer aber von
denen, die dabeistanden, zog sein Schwert und
schlug nach dem Knecht des Hohenpriesters und
hieb ihm ein Ohr ab. 48Und Jesus antwortete und
sprach zu ihnen: Ihr seid ausgezogen wie gegen
einen Räuber mit Schwertern und mit Stangen,
mich zu fangen. 49Ich bin täglich bei euch im
Tempel gewesen und habe gelehrt, und ihr habt
mich nicht ergriffen. Aber so muß die Schrift er-
füllt werden. 50Da verließen ihn alle und flohen.
51Ein junger Mann aber folgte ihm nach, der war
mit einem Leinengewand bekleidet auf der blo-
ßen Haut; und sie griffen nach ihm. 52Er aber
ließ das Gewand fahren und floh nackt davon.

Jesus vor dem Hohen Rat

53Und sie führten Jesus zu dem Hohenpriester;
und es versammelten sich alle Hohenpriester und

Ältesten und Schriftgelehrten. 54 Petrus aber folgte ihm nach von ferne, bis hinein in den Palast des Hohenpriesters, und saß da bei den Knechten und wärmte sich am Feuer. 55 Aber die Hohenpriester und der ganze Hohe Rat suchten Zeugnis gegen Jesus, daß sie ihn zu Tode brächten, und fanden nichts. 56 Denn viele gaben falsches Zeugnis ab gegen ihn; aber ihr Zeugnis stimmte nicht überein. 57 Und einige standen auf und gaben falsches Zeugnis ab gegen ihn und sprachen: 58 Wir haben gehört, daß er gesagt hat: Ich will diesen Tempel, der mit Händen gemacht ist, abbrechen und in drei Tagen einen andern bauen, der nicht mit Händen gemacht ist. 59 Aber ihr Zeugnis stimmte auch so nicht überein. 60 Und der Hohepriester stand auf, trat in die Mitte und fragte Jesus und sprach: Antwortest du nichts auf das, was diese gegen dich bezeugen? 61 Er aber schwieg still und antwortete nichts. Da fragte ihn der Hohepriester abermals und sprach zu ihm: Bist du der Christus, der Sohn des Hochgelobten? 62 Jesus aber sprach: Ich bin's; und ihr werdet sehen den Menschensohn sitzen zur Rechten der Kraft und kommen mit den Wolken des Himmels.

Jesus aber sprach: »Ich bin's«.

63 Da zerriß der Hohepriester seine Kleider und sprach: Was bedürfen wir weiterer Zeugen? 64 Ihr habt die Gotteslästerung gehört. Was ist euer Urteil? Sie aber verurteilten ihn alle, daß er des Todes schuldig sei. 65 Da fingen einige an, ihn anzuspeien und sein Angesicht zu verdecken und ihn mit Fäusten zu schlagen und zu ihm zu sagen: Weissage uns! Und die Knechte schlugen ihn ins Angesicht.

Die Verleugnung des Petrus

66 Und Petrus war unten im Hof. Da kam eine von den Mägden des Hohenpriesters; 67 und als sie Petrus sah, wie er sich wärmte, schaute sie ihn an und sprach: Und du warst auch mit dem Jesus von Nazareth. 68 Er leugnete aber und sprach: Ich weiß nicht und verstehe nicht, was du sagst. Und er ging hinaus in den Vorhof, und der Hahn krähte. 69 Und die Magd sah ihn und fing abermals an, denen zu sagen, die dabeistanden: Das ist einer von denen. 70 Und er leugnete abermals. Und nach einer kleinen Weile sprachen die, die dabeistanden, abermals zu Petrus: Wahrhaftig, du bist einer von denen; denn du bist auch ein Galiläer. 71 Er aber fing an, sich zu verfluchen und zu schwören: Ich kenne den Menschen nicht, von dem ihr redet. 72 Und alsbald krähte der Hahn zum zweiten Mal. Da gedachte Petrus an das Wort, das Jesus zu ihm gesagt hatte: Ehe der Hahn zweimal kräht, wirst du mich dreimal verleugnen. Und er fing an zu weinen.

Jesus nahm Brot, brach es und gab es den Jüngern

Jesus vor Pilatus

15 Und alsbald am Morgen hielten die Hohenpriester Rat mit den Ältesten und Schriftgelehrten und dem ganzen Hohen Rat, und sie banden Jesus, führten ihn ab und überantworteten ihn Pilatus. 2 Und Pilatus fragte ihn: Bist du der König der Juden? Er aber antwortete und sprach zu ihm: Du sagst es. 3 Und die Hohenpriester beschuldigten ihn hart. 4 Pilatus aber fragte ihn abermals: Antwortest du nichts? Siehe, wie hart sie dich verklagen! 5 Jesus aber antwortete nichts mehr, so daß sich Pilatus verwunderte.

Jesu Verurteilung und Verspottung

6 Er pflegte ihnen aber zum Fest einen Gefangenen loszugeben, welchen sie erbaten. 7 Es war aber einer, genannt Barabbas, gefangen mit den Aufrührern, die beim Aufruhr einen Mord begangen hatten. 8 Und das Volk ging hinauf und bat, daß er tue, wie er zu tun pflegte. 9 Pilatus aber antwortete ihnen: Wollt ihr, daß ich euch den König der Juden losgebe? 10 Denn er erkannte, daß ihn die Hohenpriester aus Neid überantwortet hatten. 11 Aber die Hohenpriester reizten das Volk auf, daß er ihnen viel lieber den Barabbas losgebe. 12 Pilatus aber fing wiederum an und sprach zu ihnen: Was wollt ihr denn, daß ich tue mit dem, den ihr den König der Juden nennt? 13 Sie schrien abermals: Kreuzige ihn! 14 Pilatus aber sprach zu ihnen: Was hat er denn Böses getan? Aber sie schrien noch viel mehr: Kreuzige ihn! 15 Pilatus aber wollte dem Volk zu Willen sein und gab ihnen Barabbas los und ließ Jesus geißeln und überantwortete ihn, daß er gekreuzigt werde.

16 Die Soldaten aber führten ihn hinein in den Palast, das ist ins Prätorium, und riefen die ganze Abteilung zusammen 17 und zogen ihm einen Purpurmantel an und flochten eine Dornenkrone und setzten sie ihm auf 18 und fingen an, ihn zu grüßen: Gegrüßet seist du, der Juden König! 19 Und sie schlugen ihn mit einem Rohr auf das Haupt und spien ihn an und fielen auf die Knie und huldigten ihm. 20 Und als sie ihn verspottet hatten, zogen sie ihm den Purpurmantel aus und zogen ihm seine Kleider an.

Jesu Kreuzigung und Tod

Und sie führten ihn hinaus, daß sie ihn kreuzigten. 21 Und zwangen einen, der vorüberging, mit Namen Simon von Kyrene, der vom Feld kam, den Vater des Alexander und des Rufus, daß er ihm das Kreuz trage. 22 Und sie brachten ihn zu der Stätte Golgatha, das heißt übersetzt: Schädelstätte. 23 Und sie gaben ihm Myrrhe in Wein zu trinken; aber er nahm's nicht.

24 Und sie kreuzigten ihn. Und sie teilten seine Kleider und warfen das Los, wer was bekommen solle. 25 Und es war die dritte Stunde, als sie ihn kreuzigten. 26 Und es stand über ihm geschrieben, welche Schuld man ihm gab, nämlich: Der König der Juden. 27 Und sie kreuzigten mit ihm zwei Räuber, einen zu seiner Rechten und einen zu seiner Linken. 29 Und die vorübergingen, lästerten ihn und schüttelten ihre Köpfe und sprachen: Ha, der du den Tempel abbrichst und baust ihn auf in drei Tagen, 30 hilf dir nun selber und steig herab vom Kreuz! 31 Desgleichen verspotteten ihn auch die Hohenpriester untereinander samt den Schriftgelehrten und sprachen: Er hat andern geholfen und kann sich selber nicht helfen. 32 Ist er der Christus, der König von Israel, so steige er nun vom Kreuz, damit wir sehen und glauben. Und die mit ihm gekreuzigt waren, schmähten ihn auch.

33 Und zur sechsten Stunde kam eine Finsternis über das ganze Land bis zur neunten Stunde. 34 Und zu der neunten Stunde rief Jesus laut: Eli, Eli, lama asabtani? das heißt übersetzt: Mein Gott, mein Gott, warum hast du mich verlassen? 35 Und

Wahrlich, dieser Mensch ist Gottes Sohn gewesen!

einige, die dabeistanden, als sie das hörten, sprachen sie: Siehe, er ruft den Elia. 36 Da lief einer und füllte einen Schwamm mit Essig, steckte ihn auf ein Rohr, gab ihm zu trinken und sprach: Halt, laßt sehen, ob Elia komme und ihn herabnehme! 37 Aber Jesus schrie laut und verschied. 38 Und der Vorhang im Tempel zerriß in zwei Stücke von oben an bis unten aus. 39 Der Hauptmann aber, der dabeistand, ihm gegenüber, und sah, daß er so verschied, sprach: Wahrlich, dieser Mensch ist Gottes Sohn gewesen!

40 Und es waren auch Frauen da, die von ferne zuschauten, unter ihnen Maria von Magdala und Maria, die Mutter Jakobus' des Kleinen und des Joses, und Salome, 41 die ihm nachgefolgt waren, als er in Galiläa war, und ihm gedient hatten,

und viele andere Frauen, die mit ihm hinauf
nach Jerusalem gegangen waren.

Jesu Grablegung

42 Und als es schon Abend wurde, und weil Rüst-
tag war, das ist der Tag vor dem Sabbat, 43 kam
Josef von Arimathäa, ein angesehener Ratsherr,
der auch auf das Reich Gottes wartete, der wagte
es und ging hinein zu Pilatus und bat um den
Leichnam Jesu. 44 Pilatus aber wunderte sich, daß
er schon tot sei, und rief den Hauptmann und
fragte ihn, ob er schon lange gestorben sei. 45 Und
als er's erkundet hatte von dem Hauptmann, gab
er Josef den Leichnam. 46 Und der kaufte ein Lei-
nentuch und nahm ihn ab und wickelte ihn in das
Tuch und legte ihn in ein Grab, das war in einen
Felsen gehauen, und wälzte einen Stein vor des

Rüsttag
Der sechste Tag der jüdischen Woche (Freitag), an dem die Juden sich auf den heiligen Ruhetag, den Sabbat, vorbereiten.

Grabes Tür. 47 Aber Maria von Magdala und Ma-
ria, die Mutter des Joses, sahen, wo er hingelegt
wurde.

Jesu Auferstehung

16 Und als der Sabbat vergangen war,
kauften Maria von Magdala und Ma-
ria, die Mutter des Jakobus, und Sa-
lome wohlriechende Öle, um hinzugehen und ihn
zu salben. 2 Und sie kamen zum Grab am ersten
Tag der Woche, sehr früh, als die Sonne aufging.
3 Und sie sprachen untereinander: Wer wälzt uns
den Stein von des Grabes Tür? 4 Und sie sahen
hin und wurden gewahr, daß der Stein wegge-
wälzt war; denn er war sehr groß.
5 Und sie gingen hinein in das Grab und sahen
einen Jüngling zur rechten Hand sitzen, der hatte
ein langes weißes Gewand an, und sie entsetzten
sich. 6 Er aber sprach zu ihnen: Entsetzt euch
nicht! Ihr sucht Jesus von Nazareth, den Gekreu-
zigten. Er ist auferstanden, er ist nicht hier. Siehe
da die Stätte, wo sie ihn hinlegten. 7 Geht aber
hin und sagt seinen Jüngern und Petrus, daß er
vor euch hingehen wird nach Galiläa; dort wer-
det ihr ihn sehen, wie er euch gesagt hat. 8 Und
sie gingen hinaus und flohen von dem Grab;
denn Zittern und Entsetzen hatte sie ergriffen.
Und sie sagten niemandem etwas; denn sie
fürchteten sich.

Erscheinungen des Auferstandenen und Himmelfahrt

9 Als aber Jesus auferstanden war früh am ersten
Tag der Woche, erschien er zuerst Maria von
Magdala, von der er sieben böse Geister ausge-
trieben hatte. 10 Und sie ging hin und verkündete
es denen, die mit ihm gewesen waren und Leid
trugen und weinten. 11 Und als diese hörten, daß
er lebe und sei ihr erschienen, glaubten sie es
nicht. 12 Danach offenbarte er sich in anderer Ge-
stalt zweien von ihnen unterwegs, als sie über
Land gingen. 13 Und die gingen auch hin und ver-
kündeten es den andern. Aber auch denen
glaubten sie nicht.
14 Zuletzt, als die Elf zu Tisch saßen, offenbar-
te er sich ihnen und schalt ihren Unglauben und
ihres Herzens Härte, daß sie nicht geglaubt hat-
ten denen, die ihn gesehen hatten als Auferstan-
denen. 15 Und er sprach zu ihnen: Gehet hin in
alle Welt und predigt das Evangelium aller Krea-
tur. 16 Wer da glaubt und getauft wird, der wird

Wer da glaubt und getauft wird, der wird selig werden.

selig werden; wer aber nicht glaubt, der wird ver-
dammt werden.
17 Die Zeichen aber, die folgen werden denen, die
da glauben, sind diese: in meinem Namen wer-
den sie böse Geister austreiben, in neuen Zungen
reden, 18 Schlangen mit den Händen hochheben,
und wenn sie etwas Tödliches trinken, wird's ih-
nen nicht schaden; auf Kranke werden sie die
Hände legen, so wird's besser mit ihnen werden.
19 Nachdem der Herr Jesus mit ihnen geredet
hatte, wurde er aufgehoben gen Himmel und
setzte sich zur Rechten Gottes. 20 Sie aber zogen
aus und predigten an allen Orten. Und der Herr
wirkte mit ihnen und bekräftigte das Wort durch
die mitfolgenden Zeichen.

Das Grab ist leer. Jesus ist auferstanden!

Das Evangelium nach

Lukas

Einführung

Der Verfasser dieses Evangeliums war ein Arzt. Er war zeitweise Mitarbeiter des Apostels Paulus, selbst aber kein Augenzeuge des Lebens Jesu. Er sammelte vielmehr sorgfältig die verschiedenen Berichte, und zwar zuerst für einen gebildeten Freund, der Genaues über Jesus wissen wollte. Da der Freund – mit Namen Theophilus – kein Jude war, war dieses Evangelium besonders hilfreich für Leser, die den jüdischen Hintergrund des christlichen Glaubens nicht kannten.

Lukas betont in vielen Schattierungen, daß Jesus Christus der Retter für alle Völker ist, für Kranke und für dämonisch Besessene, für Junge und Alte, für Frauen und Männer, für Arme und Reiche. Bei seiner Forschungsarbeit hat Lukas Ereignisse und Reden gefunden, die in den anderen Evangelien fehlen. Er berichtet z.B. vom Engelgesang bei der Geburt Jesu, vom 12jährigen Jesus im Tempel und vor allem überliefert er eine Reihe der eindrucksvollsten Gleichnisse Jesu, u.a. vom »Verlorenen Sohn«. Einige Hauptthemen sind bei ihm das Gebet, der Heilige Geist und das Vergeben. Mehr als die anderen Evangelien beschäftigt sich Lukas mit der positiven Rolle von Frauen und Kindern.

Überblick

Von der Geburt bis zum Dienstbeginn	1,5-4,13
Taten und Reden Jesu in Galiläa	4,14-9,50
Jesus auf dem Weg nach Jerusalem	9,51-19,44
Die letzten Tage in Jerusalem – Verrat, Kreuzigung, Auferstehung –	19,45-24,53

1 Viele haben es schon unternommen, Be-
richt zu geben von den Geschichten, die
unter uns geschehen sind, 2wie uns das
überliefert haben, die es von Anfang an selbst
gesehen haben und Diener des Worts gewesen
sind. 3So habe auch ich's für gut gehalten, nach-
dem ich alles von Anfang an sorgfältig erkundet
habe, es für dich, hochgeehrter Theophilus, in
guter Ordnung aufzuschreiben, 4damit du den si-
cheren Grund der Lehre erfahrest, in der du un-
terrichtet bist.

Die Ankündigung der Geburt Johannes des Täufers

5Zu der Zeit des Herodes, des Königs von Ju-
däa, lebte ein Priester von der Ordnung Abija,
mit Namen Zacharias, und seine Frau war aus
dem Geschlecht Aaron und hieß Elisabeth.
6Sie waren aber alle beide fromm vor Gott
und lebten in allen Geboten und Satzungen
des Herrn untadelig. 7Und sie hatten kein
Kind; denn Elisabeth war unfruchtbar, und
beide waren hochbetagt.

8Und es begab sich, als Zacharias den Prie-
sterdienst vor Gott versah, da seine Ordnung an
der Reihe war, 9daß ihn nach dem Brauch der
Priesterschaft das Los traf, das Räucheropfer
darzubringen; und er ging in den Tempel des
Herrn. 10Und die ganze Menge des Volkes stand
draußen und betete zur Stunde des Räucher-
opfers. 11Da erschien ihm der Engel des Herrn
und stand an der rechten Seite des Räucheral-

tars. [12]Und als Zacharias ihn sah, erschrak er, und es kam Furcht über ihn. [13]Aber der ngel sprach zu ihm: Fürchte dich nicht, Zacharias, denn dein Gebet ist erhört, und deine Frau Elisabeth wird dir einen Sohn gebären, und du sollst ihm den Namen Johannes geben. [14]Und du wirst Freude und Wonne haben, und viele werden sich über seine Geburt freuen. [15]Denn er wird groß sein vor dem Herrn; Wein und starkes Getränk wird er nicht trinken und wird schon von Mutterleib an erfüllt werden mit dem heiligen Geist. [16]Und er wird vom Volk Israel viele zu dem Herrn, ihrem Gott, bekehren. [17]Und er wird vor ihm hergehen im Geist und in der Kraft Elias, zu bekehren die Herzen der Väter zu den Kindern und die Ungehorsamen zu der Klugheit der Gerechten, zuzurichten dem Herrn ein Volk, das wohl vorbereitet ist. [18]Und Zacharias sprach zu dem Engel: Woran soll ich das erkennen? Denn ich bin alt, und meine Frau ist betagt. [19]Der Engel antwortete und sprach zu ihm: Ich bin Gabriel, der vor Gott steht, und bin gesandt, mit dir zu reden und dir dies zu verkündigen. [20]Und siehe, du wirst stumm werden und nicht reden können bis zu dem Tag, an dem dies geschehen wird, weil du meinen Worten nicht geglaubt hast, die erfüllt werden sollen zu ihrer Zeit.

[21]Und das Volk wartete auf Zacharias und wunderte sich, daß er so lange im Tempel blieb. [22]Als er aber herauskam, konnte er nicht mit ihnen reden; und sie merkten, daß er eine Erscheinung gehabt hatte im Tempel. Und er winkte ihnen und blieb stumm. [23]Und es begab sich, als die Zeit seines Dienstes um war, da ging er heim in sein Haus. [24]Nach diesen Tagen wurde seine Frau Elisabeth schwanger und hielt sich fünf Monate verborgen und sprach: [25]So hat der Herr an mir getan in den Tagen, als er mich angesehen hat, um meine Schmach unter den Menschen von mir zu nehmen.

Die Ankündigung der Geburt Jesu

[26]Und im sechsten Monat wurde der Engel Ga briel von Gott gesandt in eine Stadt in Galiläa, die heißt Nazareth, [27]zu einer Jungfrau, die vertraut war einem Mann mit Namen Josef vom Hause David; und die Jungfrau hieß Maria.

[28]Und der Engel kam zu ihr hinein und sprach: Sei gegrüßt, du Begnadete! Der Herr ist mit dir!

Jungfrau

Gott beweist seine Allmacht dadurch, daß er eine unberührte junge Frau zur Mutter Jesu Christi werden läßt. Gott steht – wo er will – über den von ihm geschaffenen Naturgesetzen.

---

[29]Sie aber erschrak über die Rede und dachte: Welch ein Gruß ist das? [30]Und der Engel sprach zu ihr:

Fürchte dich nicht, Maria,
du hast Gnade bei Gott gefunden.
[31]Siehe, du wirst schwanger werden
und einen Sohn gebären,
und du sollst ihm den Namen Jesus geben.
[32]Der wird groß
sein und Sohn des Höchsten genannt werden;
und Gott der Herr wird ihm den Thron
seines Vaters David geben,
[33]und er wird König sein über das Haus
Jakob in Ewigkeit,
und sein Reich wird kein Ende haben.

Fürchte dich nicht, Maria, du wirst einen Sohn gebären, und du sollst ihm den Namen Jesus geben.

---

[34]Da sprach Maria zu dem Engel: Wie soll das zugehen, da ich doch von keinem Mann weiß? [35]Der Engel antwortete und sprach zu ihr: Der heilige Geist wird über dich kommen, und die Kraft des Höchsten wird dich überschatten; darum wird auch das Heilige, das geboren wird, Gottes Sohn genannt werden. [36]Und siehe, Elisabeth, deine Verwandte, ist auch schwanger mit einem Sohn, in ihrem Alter, und ist jetzt im sechsten Monat, von der man sagt, daß sie unfruchtbar sei. [37]Denn bei Gott ist kein Ding unmöglich. [38]Maria aber sprach: Siehe, ich bin des Herrn Magd; mir geschehe, wie du gesagt hast. Und der Engel schied von ihr.

Marias Besuch bei Elisabeth

39Maria aber machte sich auf in diesen Tagen
und ging eilends in das Gebirge zu einer Stadt in
Juda 40und kam in das Haus des Zacharias und
begrüßte Elisabeth. 41Und es begab sich, als Eli-
sabeth den Gruß Marias hörte, hüpfte das Kind
in ihrem Leibe. Und Elisabeth wurde vom heili-
gen Geist erfüllt 42und rief laut und sprach: Ge-
priesen bist du unter den Frauen, und gepriesen
ist die Frucht deines Leibes! 43Und wie geschieht
mir das, daß die Mutter meines Herrn zu mir
kommt? 44Denn siehe, als ich die Stimme deines
Grußes hörte, hüpfte das Kind vor Freude in
meinem Leibe. 45Und selig bist du, die du ge-
glaubt hast! Denn es wird vollendet werden, was
dir gesagt ist von dem Herrn.

Marias Lobgesang

46Und Maria sprach:
Meine Seele erhebt den Herrn,
47und mein Geist freut sich Gottes, meines
Heilandes;
48denn er hat die Niedrigkeit seiner Magd
angesehen.
Siehe, von nun an werden mich selig prei-
sen alle Kindeskinder.
49Denn er hat große Dinge an mir getan,
der da mächtig ist und dessen Name heilig
ist.
50Und seine Barmherzigkeit währt von Ge-
schlecht zu Geschlecht
bei denen, die ihn fürchten.
51Er übt Gewalt mit seinem Arm
und zerstreut, die hoffärtig sind in ihres
Herzens Sinn.
52Er stößt die Gewaltigen vom Thron
und erhebt die Niedrigen.
53Die Hungrigen füllt er mit Gütern
und läßt die Reichen leer ausgehen.
54Er gedenkt der Barmherzigkeit
und hilft seinem Diener Israel auf,
55wie er geredet hat zu unsern Vätern,
Abraham und seinen Kindern in Ewigkeit.
56Und Maria blieb bei ihr etwa drei Monate; da-
nach kehrte sie wieder heim.

Die Geburt Johannes des Täufers

57Und für Elisabeth kam die Zeit, daß sie gebä-
ren sollte; und sie gebar einen Sohn. 58Und ihre
Nachbarn und Verwandten hörten, daß der Herr
große Barmherzigkeit an ihr getan hatte, und
freuten sich mit ihr. 59Und es begab sich am ach-
ten Tag, da kamen sie, das Kindlein zu beschnei-
den, und wollten es nach seinem Vater Zacharias
nennen. 60Aber seine Mutter antwortete und
sprach: Nein, sondern er soll Johannes heißen.
61Und sie sprachen zu ihr: Ist doch niemand in
deiner Verwandtschaft, der so heißt. 62Und sie
winkten seinem Vater, wie er ihn nennen lassen
wollte. 63Und er forderte eine kleine Tafel und
schrieb: Er heißt Johannes. Und sie wunderten
sich alle. 64Und sogleich wurde sein Mund aufge-
tan und seine Zunge gelöst, und er redete und
lobte Gott. 65Und es kam Furcht über alle Nach-
barn; und diese ganze Geschichte wurde bekannt
auf dem ganzen Gebirge Judäas. 66Und alle, die
es hörten, nahmen's zu Herzen und sprachen:
Was meinst du, will aus diesem Kindlein wer-
den? Denn die Hand des Herrn war mit ihm.

Der Lobgesang des Zacharias

67Und sein Vater Zacharias wurde vom heiligen
Geist erfüllt, weissagte und sprach:
68Gelobt sei der Herr, der Gott Israels!
Denn er hat besucht und erlöst sein Volk
69und hat uns aufgerichtet eine Macht des
Heils
im Hause seines Dieners David
70- wie er vorzeiten geredet hat
durch den Mund seiner heiligen Propheten -,
71daß er uns errettete von unsern Feinden
und aus der Hand aller, die uns hassen,
72und Barmherzigkeit erzeigte unsern Vä-
tern und gedächte an seinen heiligen Bund
73und an den Eid, den er geschworen hat
unserm Vater Abraham,
uns zu geben, 74daß wir, erlöst aus der
Hand unsrer Feinde,
75ihm dienten ohne Furcht unser Leben
lang in Heiligkeit und Gerechtigkeit vor
seinen Augen.
76Und du, Kindlein, wirst ein Prophet des
Höchsten heißen.
Denn du wirst dem Herrn vorangehen, daß
du seinen Weg bereitest,
77und Erkenntnis des Heils gebest seinem
Volk
in der Vergebung ihrer Sünden,
78durch die herzliche Barmherzigkeit unse-
res Gottes,
durch die uns besuchen wird das aufgehen-
de Licht aus der Höhe,

79 damit es erscheine denen, die sitzen in
Finsternis und Schatten des Todes,
und richte unsere Füße auf den Weg des
Friedens.
80 Und das Kindlein wuchs und wurde stark im
Geist. Und er war in der Wüste bis zu dem Tag,
an dem er vor das Volk Israel treten sollte.

Jesu Geburt

2 Es begab sich aber zu der Zeit, daß ein
Gebot von dem Kaiser Augustus ausging,
daß alle Welt geschätzt würde. 2 Und diese
Schätzung war die allererste und geschah zur
Zeit, da Quirinius Statthalter in Syrien war. 3 Und
jedermann ging, daß er sich schätzen ließe, ein
jeder in seine Stadt. 4 Da machte sich auf auch
Josef aus Galiläa, aus der Stadt Nazareth, in das
jüdische Land zur Stadt Davids, die da heißt
Bethlehem, weil er aus dem Hause und Ge-
schlechte Davids war, 5 damit er sich schätzen lie-
ße mit Maria, seinem vertrauten Weibe; die war
schwanger. 6 Und als sie dort waren, kam die
Zeit, daß sie gebären sollte. 7 Und sie gebar ihren
ersten Sohn und wickelte ihn in Windeln und
legte ihn in eine Krippe; denn sie hatten sonst
keinen Raum in der Herberge.
8 Und es waren Hirten in derselben Gegend
auf dem Felde bei den Hürden, die hüteten des
Nachts ihre Herde. 9 Und der Engel des Herrn

Engel
Übersetzt: Boten. Himmlische Gesandte
Gottes, die zu Menschen kamen, um
besondere Botschaften zu übermitteln.

---

trat zu ihnen, und die Klarheit des Herrn leuch-
tete um sie; und sie fürchteten sich sehr. 10 Und
der Engel sprach zu ihnen: Fürchtet euch nicht!
Siehe, ich verkündige euch große Freude, die al-
lem Volk widerfahren wird; 11 denn euch ist heu-
te der Heiland geboren, welcher ist Christus, der
Herr, in der Stadt Davids. 12 Und das habt zum
Zeichen: ihr werdet finden das Kind in Windeln
gewickelt und in einer Krippe liegen. 13 Und als-
bald war da bei dem Engel die Menge der himm-
lischen Heerscharen, die lobten Gott und spra-
chen:
14 Ehre sei Gott in der Höhe
und Friede auf Erden
bei den Menschen seines Wohlgefallens.
15 Und als die Engel von ihnen gen Himmel
fuhren, sprachen die Hirten untereinander: Laßt

Fürchtet euch nicht! Siehe, ich verkündige euch große Freude.

---

uns nun gehen nach Bethlehem und die Ge-
schichte sehen, die da geschehen ist, die uns der
Herr kundgetan hat. 16 Und sie kamen eilend und
fanden beide, Maria und Josef, dazu das Kind in
der Krippe liegen. 17 Als sie es aber gesehen hat-
ten, breiteten sie das Wort aus, das zu ihnen von
diesem Kinde gesagt war. 18 Und alle, vor die es
kam, wunderten sich über das, was ihnen die
Hirten gesagt hatten. 19 Maria aber behielt alle
diese Worte und bewegte sie in ihrem Herzen.
20 Und die Hirten kehrten wieder um, priesen und
lobten Gott für alles, was sie gehört und gesehen
hatten, wie denn zu ihnen gesagt war.
21 Und als acht Tage um waren und man das
Kind beschneiden mußte, gab man ihm den Na-
men Jesus, wie er genannt war von dem Engel,
ehe er im Mutterleib empfangen war.

Jesu Darstellung im Tempel. Simeon und Hanna

22 Und als die Tage ihrer Reinigung nach dem
Gesetz des Mose um waren, brachten sie ihn
nach Jerusalem, um ihn dem Herrn darzustellen,
23 wie geschrieben steht im Gesetz des Herrn (2.
Mose 13,2.15): »Alles Männliche, das zuerst den
Mutterschoß durchbricht, soll dem Herrn gehei-
ligt heißen«, 24 und um das Opfer darzubringen,
wie es gesagt ist im Gesetz des Herrn: »ein Paar
Turteltauben oder zwei junge Tauben« (3. Mose
12,6-8).
25 Und siehe, ein Mann war in Jerusalem, mit
Namen Simeon; und dieser Mann war fromm
und gottesfürchtig und wartete auf den Trost Is-
raels, und der heilige Geist war mit ihm. 26 Und
ihm war ein Wort zuteil geworden von dem heili-
gen Geist, er solle den Tod nicht sehen, er habe
denn zuvor den Christus des Herrn gesehen.
27 Und er kam auf Anregen des Geistes in den
Tempel. Und als die Eltern das Kind Jesus in
den Tempel brachten, um mit ihm zu tun, wie es
Brauch ist nach dem Gesetz, 28 da nahm er ihn
auf seine Arme und lobte Gott und sprach:
29 Herr, nun läßt du deinen Diener in Frie-

den fahren, wie du gesagt hast;
30 denn meine Augen haben deinen Heiland
gesehen,
31 den du bereitet hast vor allen Völkern,
32 ein Licht, zu erleuchten die Heiden
und zum Preis deines Volkes Israel.
33 Und sein Vater und seine Mutter wunderten
sich über das, was von ihm gesagt wurde. 34 Und
Simeon segnete sie und sprach zu Maria, seiner
Mutter: Siehe, dieser ist gesetzt zum Fall und
zum Aufstehen für viele in Israel und zu einem
Zeichen, dem widersprochen wird 35 - und auch
durch deine Seele wird ein Schwert dringen -,
damit vieler Herzen Gedanken offenbar werden.
36 Und es war eine Prophetin, Hanna, eine
Tochter Phanuëls, aus dem Stamm Asser; die
war hochbetagt. Sie hatte sieben Jahre mit ihrem
Mann gelebt, nachdem sie geheiratet hatte, 37 und
war nun eine Witwe an die vierundachtzig Jahre;
die wich nicht vom Tempel und diente Gott mit
Fasten und Beten Tag und Nacht. 38 Die trat auch
hinzu zu derselben Stunde und pries Gott und
redete von ihm zu allen, die auf die Erlösung Je-
rusalems warteten.
39 Und als sie alles vollendet hatten nach dem
Gesetz des Herrn, kehrten sie wieder zurück
nach Galiläa in ihre Stadt Nazareth. 40 Das Kind
aber wuchs und wurde stark, voller Weisheit,
und Gottes Gnade war bei ihm.

Der zwölfjährige Jesus im Tempel

41 Und seine Eltern gingen alle Jahre nach Jerusa-
lem zum Passafest. 42 Und als er zwölf Jahre alt
war, gingen sie hinauf nach dem Brauch des Fe-
stes. 43 Und als die Tage vorüber waren und sie
wieder nach Hause gingen, blieb der Knabe Jesus
in Jerusalem, und seine Eltern wußten's nicht.
44 Sie meinten aber, er wäre unter den Gefährten,
und kamen eine Tagereise weit und suchten ihn
unter den Verwandten und Bekannten. 45 Und da
sie ihn nicht fanden, gingen sie wieder nach Jeru-
salem und suchten ihn. 46 Und es begab sich nach
drei Tagen, da fanden sie ihn im Tempel sitzen,
mitten unter den Lehrern, wie er ihnen zuhörte
und sie fragte. 47 Und alle, die ihm zuhörten, ver-
wunderten sich über seinen Verstand und seine
Antworten. 48 Und als sie ihn sahen, entsetzten

Und alle, die ihm zuhörten, verwunderten sich über seinen Verstand und seine Antworten.

sie sich. Und seine Mutter sprach zu ihm: Mein
Sohn, warum hast du uns das getan? Siehe, dein
Vater und ich haben dich mit Schmerzen ge-
sucht. 49 Und er sprach zu ihnen: Warum habt ihr
mich gesucht? Wißt ihr nicht, daß ich sein muß
in dem, was meines Vaters ist? 50 Und sie verstan-

Jesus wuchs auf wie andere Jungen

den das Wort nicht, das er zu ihnen sagte. [51]Und er ging mit ihnen hinab und kam nach Nazareth und war ihnen untertan. Und seine Mutter behielt alle diese Worte in ihrem Herzen. [52]Und Jesus nahm zu an Weisheit, Alter und Gnade bei Gott und den Menschen.

Das Wirken Johannes des Täufers. Seine Gefangennahme

3 Im fünfzehnten Jahr der Herrscaft des Kaisers Tiberius, als Pontius Pilatus Statthalter in Judäa war und Herodes Landesfürst von Galiläa und sein Bruder Philippus Landesfürst von Ituräa und der Landschaft Trachonitis und Lysanias Landesfürst von Abilene, [2]als Hannas und Kaiphas Hohepriester waren, da geschah das Wort Gottes zu Johannes, dem Sohn des Zacharias, in der Wüste. [3]Und er kam in die ganze Gegend um den Jordan und predigte die Taufe der Buße zur Vergebung der Sünden, [4]wie geschrieben steht im Buch der Reden des Propheten Jesaja (Jesaja 40,3-5):

»Es ist eine Stimme eines Predigers in der Wüste:
Bereitet den Weg des Herrn
und macht seine Steige eben!
[5]Alle Täler sollen erhöht werden,
und alle Berge und Hügel sollen erniedrigt werden;
und was krumm ist, soll gerade werden,
und was uneben ist, soll ebener Weg werden.
[6]Und alle Menschen werden den Heiland Gottes sehen.«

[7]Da sprach Johannes zu der Menge, die hinausging, um sich von ihm taufen zu lassen: Ihr Schlangenbrut, wer hat denn euch gewiß gemacht, daß ihr dem künftigen Zorn entrinnen werdet? [8]Seht zu, bringt rechtschaffene Früchte der Buße; und nehmt euch nicht vor zu sagen: Wir haben Abraham zum Vater. Denn ich sage euch: Gott kann dem Abraham aus diesen Steinen Kinder erwecken. [9]Es ist schon die Axt den Bäumen an die Wurzel gelegt; jeder Baum, der nicht gute Frucht bringt, wird abgehauen und ins Feuer geworfen.

[10]Und die Menge fragte ihn und sprach: Was sollen wir denn tun? [11]Er antwortete und sprach zu ihnen: Wer zwei Hemden hat, der gebe dem, der keines hat; und wer zu essen hat, tue ebenso. [12]Es kamen auch die Zöllner, um sich taufen zu lassen, und sprachen zu ihm: Meister, was sollen denn wir tun? [13]Er sprach zu ihnen: Fordert nicht mehr, als euch vorgeschrieben ist! [14]Da fragten ihn auch die Soldaten und sprachen: Was sollen denn wir tun? Und er sprach zu ihnen: Tut niemandem Gewalt oder Unrecht und laßt euch genügen an eurem Sold!

Tut niemandem Gewalt.

[15]Als aber das Volk voll Erwartung war und alle dachten in ihren Herzen von Johannes, ob er vielleicht der Christus wäre, [16]antwortete Johannes und sprach zu allen: Ich taufe euch mit Wasser; es kommt aber einer, der ist stärker als ich, und ich bin nicht wert, daß ich ihm die Riemen seiner Schuhe löse; der wird euch mit dem heiligen Geist und mit Feuer taufen. [17]In seiner Hand ist die Worfschaufel, und er wird seine Tenne fegen und wird den Weizen in seine Scheune sammeln, die Spreu aber wird er mit unauslöschlichem Feuer verbrennen. [18]Und mit vielem andern mehr ermahnte er das Volk und verkündigte ihm das Heil. [19]Der Landesfürst Herodes aber, der von Johannes zurechtgewiesen wurde wegen der Herodias, der Frau seines Bruders, und wegen alles Bösen, das er getan hatte, [20]fügte zu dem allen noch dies hinzu: er warf Johannes ins Gefängnis.

Worfschaufel
Eine hölzerne Gabel, mit der das Getreide bei Wind hochgeworfen wurde, um so die Körner von der Spreu zu trennen.

Jesu Taufe

[21]Und es begab sich, als alles Volk sich taufen ließ und Jesus auch getauft worden war und betete, da tat sich der Himmel auf, [22]und der heilige Geist fuhr hernieder auf ihn in leiblicher Gestalt wie eine Taube, und eine Stimme kam aus dem Himmel: Du bist mein lieber Sohn, an dir habe ich Wohlgefallen.

Jesu Stammbaum

[23]Und Jesus war, als er auftrat, etwa dreißig Jah-

re alt und wurde gehalten für einen Sohn Josefs,
der war ein Sohn Elis, 24der war ein Sohn Mat-
tats, der war ein Sohn Levis, der war ein Sohn
Melchis, der war ein Sohn Jannais, der war ein
Sohn Josefs, 25der war ein Sohn Mattitjas, der
war ein Sohn des Amos, der war ein Sohn Na-
hums, der war ein Sohn Heslis, der war ein Sohn
Naggais, 26der war ein Sohn Mahats, der war ein
Sohn Mattitjas, der war ein Sohn Schimis, der
war ein Sohn Josechs, der war ein Sohn Jodas,
27der war ein Sohn Johanans, der war ein Sohn
Resas, der war ein Sohn Serubbabels, der war ein
Sohn Schealtils, der war ein Sohn Neris, 28der
war ein Sohn Melchis, der war ein Sohn Addis,
der war ein Sohn Kosams, der war ein Sohn El-
madams, der war ein Sohn Ers, 29der war ein
Sohn Joschuas, der war ein Sohn Eliësers, der
war ein Sohn Jorims, der war ein Sohn Mattats,
der war ein Sohn Levis, 30der war ein Sohn Sime-
ons, der war ein Sohn Judas, der war ein Sohn
Josefs, der war ein Sohn Jonams, der war ein
Sohn Eljakims, 31der war ein Sohn Meleas, der
war ein Sohn Mennas, der war ein Sohn Mattat-
as, der war ein Sohn Nathans, der war ein Sohn
Davids, 32der war ein Sohn Isais, der war ein
Sohn Obeds, der war ein Sohn des Boas, der war
ein Sohn Salmas, der war ein Sohn Nachschons,
33der war ein Sohn Amminadabs, der war ein
Sohn Admins, der war ein Sohn Arnis, der war
ein Sohn Hezrons, der war ein Sohn des Perez,
der war ein Sohn Judas, 34der war ein Sohn Ja-
kobs, der war ein Sohn Isaaks, der war ein Sohn
Abrahams, der war ein Sohn Terachs, der war
ein Sohn Nahors, 35der war ein Sohn Serugs, der
war ein Sohn Regus, der war ein Sohn Pelegs,
der war ein Sohn Ebers, der war ein Sohn Schel-
achs, 36der war ein Sohn Kenans, der war ein
Sohn Arpachschads, der war ein Sohn Sems, der
war ein Sohn Noahs, der war ein Sohn Lamechs,
37der war ein Sohn Metuschelachs, der war ein
Sohn Henochs, der war ein Sohn Jereds, der war
ein Sohn Mahalalels, der war ein Sohn Kenans,
38der war ein Sohn des Enosch, der war ein Sohn
Sets, der war ein Sohn Adams, der war Gottes.

Jesu Versuchung

4 Jesus aber, voll heiligen Geistes, kam zu-
rück vom Jordan und wurde vom Geist in
die Wüste geführt 2und vierzig Tage lang
von dem Teufel versucht. Und er aß nichts in
diesen Tagen, und als sie ein Ende hatten, hun-
gerte ihn. 3Der Teufel aber sprach zu ihm: Bist
du Gottes Sohn, so sprich zu diesem Stein, daß
er Brot werde. 4Und Jesus antwortete ihm: Es
steht geschrieben (5. Mose 8,3): »Der Mensch
lebt nicht allein vom Brot.«

Der Mensch lebt nicht allein vom Brot.

5Und der Teufel führte ihn hoch hinauf und
zeigte ihm alle Reiche der Welt in einem Augen-
blick 6und sprach zu ihm: Alle diese Macht will
ich dir geben und ihre Herrlichkeit; denn sie ist
mir übergeben, und ich gebe sie, wem ich will.
7Wenn du mich nun anbetest, so soll sie ganz
dein sein. 8Jesus antwortete ihm und sprach: Es
steht geschrieben (5. Mose 6,13): »Du sollst den
Herrn, deinen Gott, anbeten und ihm allein
dienen.«

9Und er führte ihn nach Jerusalem und stellte
ihn auf die Zinne des Tempels und sprach zu
ihm: Bist du Gottes Sohn, so wirf dich von hier
hinunter; 10denn es steht geschrieben (Psalm
91,11.12): »Er wird seinen Engeln deinetwegen
befehlen, daß sie dich bewahren. 11Und sie wer-
den dich auf den Händen tragen, damit du dei-
nen Fuß nicht an einen Stein stößt.« 12Jesus ant-
wortete und sprach zu ihm: Es ist gesagt (5. Mo-
se 6,16): »Du sollst den Herrn, deinen Gott,
nicht versuchen.« 13Und als der Teufel alle Ver-
suchungen vollendet hatte, wich er von ihm eine
Zeitlang.

Jesu Predigt in Nazareth

14Und Jesus kam in der Kraft des Geistes wieder
nach Galiläa, und die Kunde von ihm erscholl
durch alle umliegenden Orte. 15Und er lehrte in
ihren Synagogen und wurde von jedermann ge-
priesen.

16Und er kam nach Nazareth, wo er aufge-
wachsen war, und ging nach seiner Gewohnheit
am Sabbat in die Synagoge und stand auf und
wollte lesen. 17Da wurde ihm das Buch des Pro-
pheten Jesaja gereicht. Und als er das Buch auf-
tat, fand er die Stelle, wo geschrieben steht (Jesa-
ja 61,1.2):

18»Der Geist des Herrn ist auf mir,
weil er mich gesalbt hat,
zu verkündigen das Evangelium den Armen;
er hat mich gesandt,
zu predigen den Gefangenen, daß sie frei
sein sollen,

und den Blinden, daß sie sehen sollen,
und den Zerschlagenen, daß sie frei und le-
dig sein sollen,
[19]zu verkündigen das Gnadenjahr des
Herrn.«
[20]Und als er das Buch zutat, gab er's dem Diener
und setzte sich. Und aller Augen in der Synagoge
sahen auf ihn. [21]Und er fing an, zu ihnen zu re-
den: Heute ist dieses Wort der Schrift erfüllt vor
euren Ohren.
[22]Und sie gaben alle Zeugnis von ihm und
wunderten sich, daß solche Worte der Gnade aus
seinem Munde kamen, und sprachen: Ist das
nicht Josefs Sohn? [23]Und er sprach zu ihnen: Ihr
werdet mir freilich dies Sprichwort sagen: Arzt,
hilf dir selber! Denn wie große Dinge haben wir
gehört, die in Kapernaum geschehen sind! Tu so
auch hier in deiner Vaterstadt! [24]Er sprach aber:
Wahrlich, ich sage euch: Kein Prophet gilt etwas
in seinem Vaterland. [25]Aber wahrhaftig, ich sage
euch: Es waren viele Witwen in Israel zur Zeit
des Elia, als der Himmel verschlossen war drei
Jahre und sechs Monate und eine große Hun-
gersnot herrschte im ganzen Lande, [26]und zu kei-
ner von ihnen wurde Elia gesandt als allein zu ei-
ner Witwe nach Sarepta im Gebiet von Sidon.
[27]Und viele Aussätzige waren in Israel zur Zeit
des Propheten Elisa, und keiner von ihnen wurde
rein als allein Naaman aus Syrien. [28]Und alle, die
in der Synagoge waren, wurden von Zorn erfüllt,
als sie das hörten. [29]Und sie standen auf und stie-
ßen ihn zur Stadt hinaus und führten ihn an den
Abhang des Berges, auf dem ihre Stadt gebaut
war, um ihn hinabzustürzen. [30]Aber er ging mit-
ten durch sie hinweg.

Jesus in Kapernaum

[31]Und er ging hinab nach Kapernaum, einer
Stadt in Galiläa, und lehrte sie am Sabbat. [32]Und
sie verwunderten sich über seine Lehre; denn er
predigte mit Vollmacht. [33]Und es war ein
Mensch in der Synagoge, besessen von einem un-
reinen Geist, und der schrie laut: [34]Halt, was
willst du von uns, Jesus von Nazareth? Du bist
gekommen, uns zu vernichten. Ich weiß, wer du
bist: der Heilige Gottes! [35]Und Jesus bedrohte
ihn und sprach: Verstumme und fahre aus von
ihm! Und der böse Geist warf ihn mitten unter
sie und fuhr von ihm aus und tat ihm keinen
Schaden. [36]Und es kam eine Furcht über sie alle,
und sie redeten miteinander und sprachen: Was
ist das für ein Wort? Er gebietet mit Vollmacht
und Gewalt den unreinen Geistern, und sie fah-
ren aus. [37]Und die Kunde von ihm erscholl in al-
le Orte des umliegenden Landes.
[38]Und er machte sich auf aus der Synagoge
und kam in Simons Haus. Und Simons Schwie-
germutter hatte hohes Fieber, und sie baten ihn
für sie. [39]Und er trat zu ihr und gebot dem Fie-
ber, und es verließ sie. Und sogleich stand sie auf
und diente ihnen. [40]Und als die Sonne unterge-
gangen war, brachten alle ihre Kranken mit man-
cherlei Leiden zu ihm. Und er legte die Hände
auf einen jeden und machte sie gesund. [41]Von
vielen fuhren auch die bösen Geister aus und
schrien: Du bist der Sohn Gottes! Und er be-
drohte sie und ließ sie nicht reden; denn sie wuß-
ten, daß er der Christus war.
[42]Als es aber Tag wurde, ging er hinaus an ei-
ne einsame Stätte; und das Volk suchte ihn, und
sie kamen zu ihm und wollten ihn festhalten, da-
mit er nicht von ihnen ginge. [43]Er sprach aber zu
ihnen: Ich muß auch den andern Städten das
Evangelium predigen vom Reich Gottes; denn
dazu bin ich gesandt. [44]Und er predigte in den
Synagogen Judäas.

Der Fischzug des Petrus

5 Es begab sich aber, als sich die Menge zu
ihm drängte, um das Wort Gottes zu hö-
ren, da stand er am See Genezareth [2]und
sah zwei Boote am Ufer liegen; die Fischer aber
waren ausgestiegen und wuschen ihre Netze. [3]Da
stieg er in eins der Boote, das Simon gehörte,
und bat ihn, ein wenig vom Land wegzufahren.
Und er setzte sich und lehrte die Menge vom
Boot aus. [4]Und als er aufgehört hatte zu reden,
sprach er zu Simon: Fahre hinaus, wo es tief ist,
und werft eure Netze zum Fang aus! [5]Und Simon
antwortete und sprach: Meister, wir haben die
ganze Nacht gearbeitet und nichts gefangen; aber
auf dein Wort will ich die Netze auswerfen. [6]Und
als sie das taten, fingen sie eine große Menge Fi-
sche, und ihre Netze begannen zu reißen. [7]Und
sie winkten ihren Gefährten, die im andern Boot
waren, sie sollten kommen und mit ihnen ziehen.
Und sie kamen und füllten beide Boote voll, so
daß sie fast sanken. [8]Als das Simon Petrus sah,
fiel er Jesus zu Füßen und sprach: Herr, geh weg
von mir! Ich bin ein sündiger Mensch. [9]Denn ein
Schrecken hatte ihn erfaßt und alle, die bei ihm
waren, über diesen Fang, den sie miteinander ge-
tan hatten, [10]ebenso auch Jakobus und Johannes,
die Söhne des Zebedäus, Simons Gefährten. Und

PALÄSTINA
zur Zeit des
Neuen Testaments
Maßstab 1:1 600 000
0 10 20 30
Kilometer
I Römische Provinz Judäa (4 v. bis 6 n. Chr. Vierfürstentum des Archelaus)
Nordgrenze des eigentlichen Judäa
IIa u. IIb Vierfürstentum des Herodes Antipas (4 v. bis 39 n. Chr.)
III Vierfürstentum des Philippus (4 v. bis 34 n. Chr.)
IV Römische Provinz Syrien
V Vierfürstentum des Lysanias
VI Gebiet der Zehnstädte
Die Zahlen geben die Höhen in Meter an
Höhenschichten siehe Karte ›Palästina zur Zeit des Alten Testaments‹
A
B
C
D
E
1
2
3
4
5
6
7
8
M I T T E L M E E R
S Y R O - P H Ö N I Z I E N
Libanon-Gebirge
Antilibanon-Gebirge
Hermon
2814
1940
A B I L E N E
Chalkis
Abila
Damaskus
Sidon
Sarepta
Tyrus
IV
V
Cäsarea Philippi
I T U R Ä A
G A U L A N I T I S
B A T A N Ä A
T R A C H O N I T I S
III
1204
70
See Semachonitis
Gischala
1208
Ptolemaïs
Chorazin
Julias
Kapernaum
Betsaida
Genezareth
II a
Jotapata
Kana
Magdala
Tiberias
See Genezareth
–209
Gamala?
Rafana?
Sebulon
Sephoris
546
Karmel
Gaba
588
Tabor
Nazareth
G A L I L Ä A
Naftali
Hippos
Dion
Abila
Gadara
A U R A N I T I S
Dora
Nain
VI
Cäsarea
Scharon
Skythopolis
Pella
Ginäa
Bos
S A M A R I E N
D E K A P O L I S
A R A B I E N
Sebaste
1247
Gerasa
Neapolis
Mabortha
940
Sychar
881
Garizim
Ammatus
Apollonia
Akrabata
Antipatris
Alexandreion
I
Joppe
Fasaëlis
II b
Gadora
Arimathäa
Tamna
Jordan
1016
Lydda
Gofna
Archelaïs
Ephraim
P E R Ä A
Modein
Philadelphia
Jamnia
J U D Ä A
Jericho
Abila
Herodeion?
Emmaus
821
Kypros
Livias
Esebon
Jerusalem
Betanien
997
Hyrkaneion
Qumran
Azotos
Betletefa
Bethlehem
Medeba
Aschkelon
Herodeion
Betogabri
Kallirhoë
1019
Machärus
Anthedon
Hebron
Gaza
Engadi
I D U M Ä A
Totes Meer
–392
1065
Moab
Rafia
Masada
Malata
Elusa
Zoara
N a b a t ä e r

Jesus sprach zu Simon: Fürchte dich nicht! Von nun an wirst du Menschen fangen. [11]Und sie brachten die Boote ans Land und verließen alles und folgten ihm nach.

Die Heilung eines Aussätzigen

[12]Und es begab sich, als er in einer Stadt war, siehe, da war ein Mann voller Aussatz. Als der Jesus sah, fiel er nieder auf sein Angesicht und bat ihn und sprach: Herr, willst du, so kannst du mich reinigen. [13]Und er streckte die Hand aus und rührte ihn an und sprach: Ich will's tun, sei rein! Und sogleich wich der Aussatz von ihm. [14]Und er gebot ihm, daß er's niemandem sagen sollte. Geh aber hin und zeige dich dem Priester und opfere für deine Reinigung, wie Mose geboten hat, ihnen zum Zeugnis. [15]Aber die Kunde von ihm breitete sich immer weiter aus, und es kam eine große Menge zusammen, zu hören und gesund zu werden von ihren Krankheiten. [16]Er aber zog sich zurück in die Wüste und betete.

Die Heilung eines Gelähmten

[17]Und es begab sich eines Tages, als er lehrte, daß auch Pharisäer und Schriftgelehrte dasaßen, die gekommen waren aus allen Orten in Galiläa und Judäa und aus Jerusalem. Und die Kraft des Herrn war mit ihm, daß er heilen konnte. [18]Und siehe, einige Männer brachten einen Menschen auf einem Bett; der war gelähmt. Und sie versuchten, ihn hineinzubringen und vor ihn zu legen. [19]Und weil sie wegen der Menge keinen Zugang fanden, ihn hineinzubringen, stiegen sie auf das Dach und ließen ihn durch die Ziegel hinunter mit dem Bett mitten unter sie vor Jesus. [20]Und als er ihren Glauben sah, sprach er: Mensch, deine Sünden sind dir vergeben. [21]Und die Schriftgelehrten und Pharisäer fingen an zu überlegen und sprachen: Wer ist der, daß er Gotteslästerungen redet? Wer kann Sünden vergeben als allein Gott? [22]Als aber Jesus ihre Gedanken merkte, antwortete er und sprach zu ihnen: Was denkt ihr in euren Herzen? [23]Was ist leichter, zu sagen: Dir sind deine Sünden vergeben, oder zu sagen: Steh auf und geh umher? [24]Damit ihr aber wißt, daß der Menschensohn Vollmacht hat, auf Erden Sünden zu vergeben – sprach er zu dem Gelähmten: Ich sage dir, steh auf, nimm dein Bett und geh heim! [25]Und sogleich stand er auf vor ihren Augen und nahm das Bett, auf dem er gelegen hatte, und ging heim und pries Gott. [26]Und sie entsetzten sich alle und priesen Gott und wurden von Furcht erfüllt und sprachen: Wir haben heute seltsame Dinge gesehen.

Mensch, deine Sünden sind dir vergeben.

Die Berufung des Levi

[27]Und danach ging er hinaus und sah einen Zöllner mit Namen Levi am Zoll sitzen und sprach zu ihm: Folge mir nach! [28]Und er verließ alles, stand auf und folgte ihm nach. [29]Und Levi richtete ihm ein großes Mahl zu in seinem Haus, und viele Zöllner und andre saßen mit ihm zu Tisch. [30]Und die Pharisäer und ihre Schriftgelehrten murrten und sprachen zu seinen Jüngern: Warum eßt und trinkt ihr mit den Zöllnern und Sündern? [31]Und Jesus antwortete und sprach zu ihnen: Die Gesunden bedürfen des Arztes nicht, sondern die Kranken. [32]Ich bin gekommen, die Sünder zur Buße zu rufen und nicht die Gerechten.

Vom Fasten

[33]Sie aber sprachen zu ihm: Die Jünger des Johannes fasten oft und beten viel, ebenso die Jünger der Pharisäer; aber deine Jünger essen und trinken. [34]Jesus sprach aber zu ihnen: Ihr könnt die Hochzeitsgäste nicht fasten lassen, solange der Bräutigam bei ihnen ist. [35]Es wird aber die Zeit kommen, daß der Bräutigam von ihnen genommen wird; dann werden sie fasten, in jenen Tagen. [36]Und er sagte zu ihnen ein Gleichnis: Niemand reißt einen Lappen von einem neuen Kleid und flickt ihn auf ein altes Kleid; sonst zerreißt man das neue, und der Lappen vom neuen paßt nicht auf das alte. [37]Und niemand füllt neuen Wein in alte Schläuche; sonst zerreißt der neue Wein die Schläuche und wird verschüttet, und die Schläuche verderben. [38]Sondern neuen Wein soll man in neue Schläuche füllen. [39]Und niemand, der vom alten Wein trinkt, will neuen; denn er spricht: Der alte ist milder.

Jesus und der Sabbat

6 Und es begab sich an einem Sabbat, daß er
durch ein Kornfeld ging; und seine Jünger
rauften Ähren aus und zerrieben sie mit
den Händen und aßen. [2]Einige der Pharisäer
aber sprachen: Warum tut ihr, was am Sabbat
nicht erlaubt ist? [3]Und Jesus antwortete und
sprach zu ihnen: Habt ihr nicht das gelesen, was
David tat, als ihn hungerte und die, die bei ihm
waren? [4]wie er in das Haus Gottes ging und die
Schaubrote nahm und aß, die doch niemand es-
sen durfte als die Priester allein, und wie er sie
auch denen gab, die bei ihm waren? [5]Und er
sprach zu ihnen: Der Menschensohn ist ein Herr
über den Sabbat.

[6]Es geschah aber an einem andern Sabbat,
daß er in die Synagoge ging und lehrte. Und da
war ein Mensch, dessen rechte Hand war ver-
dorrt. [7]Aber die Schriftgelehrten und Pharisäer
lauerten darauf, ob er auch am Sabbat heilen
würde, damit sie etwas fänden, ihn zu verkla-
gen. [8]Er aber merkte ihre Gedanken und
sprach zu dem Mann mit der verdorrten Hand:
Steh auf und tritt hervor! Und er stand auf und
trat vor. [9]Da sprach Jesus zu ihnen: Ich frage
euch: Ist's erlaubt, am Sabbat Gutes zu tun
oder Böses, Leben zu erhalten oder zu vernich-
ten? [10]Und er sah sie alle ringsum an und
sprach zu ihm: Strecke deine Hand aus! Und er
tat's; da wurde seine Hand wieder zurechtge-
bracht. [11]Sie aber wurden ganz von Sinnen und
beredeten sich miteinander, was sie Jesus tun
wollten.

Die Berufung der Zwölf Apostel

[12]Es begab sich aber zu der Zeit, daß er auf ei-
nen Berg ging, um zu beten; und er blieb die
Nacht über im Gebet zu Gott. [13]Und als es Tag
wurde, rief er seine Jünger und erwählte zwölf
von ihnen, die er auch Apostel nannte: [14]Simon,
den er auch Petrus nannte, und Andreas, seinen
Bruder, Jakobus und Johannes; Philippus und
Bartholomäus; [15]Matthäus und Thomas; Jako-
bus, den Sohn des Alphäus, und Simon, genannt
der Zelot; [16]Judas, den Sohn des Jakobus, und
Judas Iskariot, der zum Verräter wurde.

DIE PREDIGT AUF DEM FELDE

(Verse 17-18)

[17]Und er ging mit ihnen hinab und trat auf ein
ebenes Feld. Und um ihn war eine große Schar
seiner Jünger und eine große Menge des Volkes
aus ganz Judäa und Jerusalem und aus dem Kü-
stenland von Tyrus und Sidon, [18]die gekommen
waren, ihn zu hören und von ihren Krankheiten
geheilt zu werden; und die von unreinen Gei-
stern umgetrieben waren, wurden gesund. [19]Und
alles Volk suchte, ihn anzurühren; denn es ging
Kraft von ihm aus, und er heilte sie alle.

Die Seligpreisungen

[20]Und er hob seine Augen auf über seine Jünger
und sprach:

Selig seid ihr Armen; denn das Reich Got-
tes ist euer.
[21]Selig seid ihr, die ihr jetzt hungert; denn
ihr sollt satt werden.
Selig seid ihr, die ihr jetzt weint; denn ihr
werdet lachen.

Selig seid ihr, die ihr jetzt weint; denn ihr werdet lachen.

[22]Selig seid ihr, wenn euch die Menschen has-
sen und euch ausstoßen und schmähen und ver-
werfen euren Namen als böse um des Menschen-
sohnes willen.

[23]Freut euch an jenem Tage und springt vor
Freude; denn siehe, euer Lohn ist groß im Him-
mel. Denn das gleiche haben ihre Väter den Pro-
pheten getan.

Die Weherufe

[24]Aber dagegen: Weh euch Reichen! Denn ihr
habt euren Trost schon gehabt.

[25]Weh euch, die ihr jetzt satt seid! Denn ihr
werdet hungern. Weh euch, die ihr jetzt lacht!
Denn ihr werdet weinen und klagen.

[26]Weh euch, wenn euch jedermann wohlredet!
Denn das gleiche haben ihre Väter den falschen
Propheten getan.

Von der Feindesliebe

[27]Aber ich sage euch, die ihr zuhört: Liebt eure
Feinde; tut wohl denen, die euch hassen; [28]seg-
net, die euch verfluchen; bittet für die, die euch
beleidigen. [29]Und wer dich auf die eine Backe

schlägt, dem biete die andere auch dar; und wer
dir den Mantel nimmt, dem verweigere auch den
Rock nicht. [30]Wer dich bittet, dem gib; und wer
dir das Deine nimmt, von dem fordere es nicht
zurück. [31]Und wie ihr wollt, daß euch die Leute
tun sollen, so tut ihnen auch! [32]Und wenn ihr die
liebt, die euch lieben, welchen Dank habt ihr da-
von? Denn auch die Sünder lieben ihre Freunde.
[33]Und wenn ihr euren Wohltätern wohltut, wel-
chen Dank habt ihr davon? Denn die Sünder tun
dasselbe auch. [34]Und wenn ihr denen leiht, von
denen ihr etwas zu bekommen hofft, welchen
Dank habt ihr davon? Auch die Sünder leihen
den Sündern, damit sie das Gleiche bekommen.
[35]Vielmehr liebt eure Feinde; tut Gutes und
leiht, wo ihr nichts dafür zu bekommen hofft. So
wird euer Lohn groß sein, und ihr werdet Kinder
des Allerhöchsten sein; denn er ist gütig gegen
die Undankbaren und Bösen.

Von der Stellung zum Nächsten

[36]Seid barmherzig, wie auch euer Vater barmher-
zig ist. [37]Und richtet nicht, so werdet ihr auch
nicht gerichtet. Verdammt nicht, so werdet ihr
nicht verdammt. Vergebt, so wird euch vergeben.
[38]Gebt, so wird euch gegeben. Ein volles, ge-
drücktes, gerütteltes und überfließendes Maß
wird man in euren Schoß geben; denn eben mit
dem Maß, mit dem ihr meßt, wird man euch wie-
der messen.

[39]Er sagte ihnen aber auch ein Gleichnis:
Kann auch ein Blinder einem Blinden den Weg
weisen? Werden sie nicht alle beide in die Grube
fallen? [40]Der Jünger steht nicht über dem Mei-
ster; wenn er vollkommen ist, so ist er wie sein
Meister.

[41]Was siehst du aber den Splitter in deines
Bruders Auge, und den Balken in deinem Auge
nimmst du nicht wahr? [42]Wie kannst du sagen zu
deinem Bruder: Halt still, Bruder, ich will den
Splitter aus deinem Auge ziehen, und du siehst
selbst nicht den Balken in deinem Auge? Du
Heuchler, zieh zuerst den Balken aus deinem
Auge und sieh dann zu, daß du den Splitter aus
deines Bruders Auge ziehst!

Vom Baum und seinen Früchten

[43]Denn es gibt keinen guten Baum, der faule
Frucht trägt, und keinen faulen Baum, der gute
Frucht trägt. [44]Denn jeder Baum wird an seiner
eigenen Frucht erkannt. Man pflückt ja nicht
Feigen von den Dornen, auch liest man nicht
Trauben von den Hecken. [45]Ein guter Mensch
bringt Gutes hervor aus dem guten Schatz seines
Herzens; und ein böser bringt Böses hervor aus
dem bösen. Denn wes das Herz voll ist, des geht
der Mund über.

**Wes das Herz voll ist, des geht
der Mund über.**

[46]Was nennt ihr mich aber Herr, Herr, und tut
nicht, was ich euch sage?

Vom Hausbau

[47]Wer zu mir kommt und hört meine Rede und
tut sie - ich will euch zeigen, wem er gleicht. [48]Er
gleicht einem Menschen, der ein Haus baute und
grub tief und legte den Grund auf Fels. Als aber
eine Wasserflut kam, da riß der Strom an dem
Haus und konnte es nicht bewegen; denn es war
gut gebaut. [49]Wer aber hört und nicht tut, der
gleicht einem Menschen, der ein Haus baute auf
die Erde, ohne Grund zu legen; und der Strom
riß an ihm und es fiel gleich zusammen, und sein
Einsturz war groß.

Der Hauptmann von Kapernaum

7 Nachdem Jesus seine Rede vor dem Volk
vollendet hatte, ging er nach Kapernaum.
[2]Ein Hauptmann aber hatte einen Knecht,
der ihm lieb und wert war; der lag tod-
krank. [3]Als er aber von Jesus hörte, sandte er die
Ältesten der Juden zu ihm und bat ihn, zu kom-
men und seinen Knecht gesund zu machen. [4]Als
sie aber zu Jesus kamen, baten sie ihn sehr und
sprachen: Er ist es wert, daß du ihm die Bitte er-
füllst; [5]denn er hat unser Volk lieb, und die Syn-
agoge hat er uns erbaut. [6]Da ging Jesus mit ih-
nen. Als er aber nicht mehr fern von dem Haus
war, sandte der Hauptmann Freunde zu ihm und
ließ ihm sagen: Ach Herr, bemühe dich nicht;
ich bin nicht wert, daß du unter mein Dach
gehst; [7]darum habe ich auch mich selbst nicht für
würdig geachtet, zu dir zu kommen; sondern
sprich ein Wort, so wird mein Knecht gesund.
[8]Denn auch ich bin ein Mensch, der Obrigkeit
untertan, und habe Soldaten unter mir; und
wenn ich zu einem sage: Geh hin!, so geht er
hin; und zu einem andern: Komm her!, so
kommt er; und zu meinem Knecht: Tu das!, so
tut er's. [9]Als aber Jesus das hörte, wunderte er

Jesus lehrt in Gleichnissen: Das Leben des Menschen ist wie ein Haus

sich über ihn und wandte sich um und sprach zu
dem Volk, das ihm nachfolgte: Ich sage euch:
Solchen Glauben habe ich in Israel nicht gefun-
den. [10]Und als die Boten wieder nach Hause ka-
men, fanden sie den Knecht gesund.

Der Jüngling zu Nain

[11]Und es begab sich danach, daß er in eine Stadt
mit Namen Nain ging; und seine Jünger gingen
mit ihm und eine große Menge. [12]Als er aber na-
he an das Stadttor kam, siehe, da trug man einen
Toten heraus, der der einzige Sohn seiner Mutter
war, und sie war eine Witwe; und eine große
Menge aus der Stadt ging mit ihr. [13]Und als sie
der Herr sah, jammerte sie ihn, und er sprach zu
ihr: Weine nicht! [14]Und trat hinzu und berührte
den Sarg, und die Träger blieben stehen. Und er
sprach: Jüngling, ich sage dir, steh auf! [15]Und
der Tote richtete sich auf und fing an zu reden,
und Jesus gab ihn seiner Mutter. [16]Und Furcht
ergriff sie alle, und sie priesen Gott und spra-
chen: Es ist ein großer Prophet unter uns aufge-
standen, und: Gott hat sein Volk besucht. [17]Und
diese Kunde von ihm erscholl in ganz Judäa und
im ganzen umliegenden Land.

**Und Furcht ergriff sie alle,
und sie priesen Gott**

Die Anfrage des Täufers

[18]Und die Jünger des Johannes verkündeten ihm
das alles. Und Johannes rief zwei seiner Jünger
zu sich [19]und sandte sie zum Herrn und ließ ihn
fragen: Bist du, der da kommen soll, oder sollen
wir auf einen andern warten? [20]Als aber die
Männer zu ihm kamen, sprachen sie: Johannes
der Täufer hat uns zu dir gesandt und läßt dich
fragen: Bist du, der da kommen soll, oder sollen
wir auf einen andern warten? [21]Zu der Stunde
machte Jesus viele gesund von Krankheiten und
Plagen und bösen Geistern, und vielen Blinden

schenkte er das Augenlicht. [22]Und Jesus antwor-
tete und sprach zu ihnen: Geht und verkündet
Johannes, was ihr gesehen und gehört habt: Blin-
de sehen, Lahme gehen, Aussätzige werden rein,
Taube hören, Tote stehen auf, Armen wird das
Evangelium gepredigt; [23]und selig ist, wer sich
nicht ärgert an mir.

Jesu Zeugnis über den Täufer

[24]Als aber die Boten des Johannes fortgingen,
fing Jesus an, zu dem Volk über Johannes zu re-
den: Was seid ihr hinausgegangen in die Wüste
zu sehen? Wolltet ihr ein Rohr sehen, das vom
Wind bewegt wird? [25]Oder was seid ihr hinaus-
gegangen zu sehen? Wolltet ihr einen Menschen
sehen in weichen Kleidern? Seht, die herrliche
Kleider tragen und üppig leben, die sind an den
königlichen Höfen. [26]Oder was seid ihr hinausge-
gangen zu sehen? Wolltet ihr einen Propheten
sehen? Ja, ich sage euch: Er ist mehr als ein Pro-
phet. [27]Er ist's, von dem geschrieben steht (Ma-
leachi 3,1):

»Siehe, ich sende meinen Boten vor
dir her,
der deinen Weg vor dir bereiten soll.«

[28]Ich sage euch, daß unter denen, die von einer
Frau geboren sind, keiner größer ist als Johan-
nes; der aber der Kleinste ist im Reich Gottes,
der ist größer als er. [29]Und alles Volk, das ihn
hörte, und die Zöllner gaben Gott recht und lie-
ßen sich taufen mit der Taufe des Johannes.
[30]Aber die Pharisäer und Schriftgelehrten ver-
achteten, was Gott ihnen zugedacht hatte, und
ließen sich nicht von ihm taufen.

[31]Mit wem soll ich die Menschen dieses Ge-
schlechts vergleichen, und wem sind sie gleich?
[32]Sie sind den Kindern gleich, die auf dem Markt
sitzen und rufen einander zu: Wir haben euch
aufgespielt, und ihr habt nicht getanzt; wir haben
Klagelieder gesungen, und ihr habt nicht ge-
weint. [33]Denn Johannes der Täufer ist gekom-
men und aß kein Brot und trank keinen Wein; so
sagt ihr: Er ist besessen. [34]Der Menschensohn ist
gekommen, ißt und trinkt; so sagt ihr: Siehe, die-
ser Mensch ist ein Fresser und Weinsäufer, ein
Freund der Zöllner und Sünder! [35]Und doch ist
die Weisheit gerechtfertigt worden von allen ih-
ren Kindern.

Jesu Salbung durch die Sünderin

[36]Es bat ihn aber einer der Pharisäer, bei ihm zu
essen. Und er ging hinein in das Haus des Phari-
säers und setzte sich zu Tisch. [37]Und siehe, eine
Frau war in der Stadt, die war eine Sünderin. Als
die vernahm, daß er zu Tisch saß im Haus des
Pharisäers, brachte sie ein Glas mit Salböl [38]und
trat von hinten zu seinen Füßen, weinte und fing
an, seine Füße mit Tränen zu benetzen und mit
den Haaren ihres Hauptes zu trocknen, und küß-
te seine Füße und salbte sie mit Salböl.

[39]Als aber das der Pharisäer sah, der ihn ein-
geladen hatte, sprach er bei sich selbst und sagte:
Wenn dieser ein Prophet wäre, so wüßte er, wer
und was für eine Frau das ist, die ihn anrührt;
denn sie ist eine Sünderin. [40]Jesus antwortete
und sprach zu ihm: Simon, ich habe dir etwas zu
sagen. Er aber sprach: Meister, sag es! [41]Ein
Gläubiger hatte zwei Schuldner. Einer war fünf-
hundert Silbergroschen schuldig, der andere
fünfzig. [42]Da sie aber nicht bezahlen konnten,
schenkte er's beiden. Wer von ihnen wird ihn am
meisten lieben? [43]Simon antwortete und sprach:
Ich denke, der, dem er am meisten geschenkt
hat. Er aber sprach zu ihm: Du hast recht geur-
teilt.

[44]Und er wandte sich zu der Frau und sprach
zu Simon: Siehst du diese Frau? Ich bin in dein
Haus gekommen; du hast mir kein Wasser für
meine Füße gegeben; diese aber hat meine Füße
mit Tränen benetzt und mit ihren Haaren ge-
trocknet. [45]Du hast mir keinen Kuß gegeben;
diese aber hat, seit ich hereingekommen bin,
nicht abgelassen, meine Füße zu küssen. [46]Du
hast mein Haupt nicht mit Öl gesalbt; sie aber
hat meine Füße mit Salböl gesalbt. [47]Deshalb sa-
ge ich dir: Ihre vielen Sünden sind vergeben,
denn sie hat viel Liebe gezeigt, wem aber wenig
vergeben wird, der liebt wenig.

Wem wenig vergeben wird, der liebt wenig.

[48]Und er sprach zu ihr: Dir sind deine Sünden
vergeben. [49]Da fingen die an, die mit zu Tisch sa-
ßen, und sprachen bei sich selbst: Wer ist dieser,
der auch die Sünden vergibt? [50]Er aber sprach zu
der Frau: Dein Glaube hat dir geholfen; geh hin
in Frieden!

Jüngerinnen Jesu

8 Und es begab sich danach, daß er durch
Städte und Dörfer zog und predigte und
verkündigte das Evangelium vom Reich
Gottes; und die Zwölf waren mit ihm, [2]dazu ei-
nige Frauen, die er gesund gemacht hatte von
bösen Geistern und Krankheiten, nämlich Maria,
genannt Magdalena, von der sieben böse Geister
ausgefahren waren, [3]und Johanna, die Frau des
Chuzas, eines Verwalters des Herodes, und Su-
sanna und viele andere, die ihnen dienten mit
ihrer Habe.

Vom Sämann

[4]Als nun eine große Menge beieinander war und
sie aus den Städten zu ihm eilten, redete er in ei-
nem Gleichnis: [5]Es ging ein Sämann aus, zu säen
seinen Samen. Und indem er säte, fiel einiges auf
den Weg und wurde zertreten, und die Vögel un-
ter dem Himmel fraßen's auf. [6]Und einiges fiel
auf den Fels; und als es aufging, verdorrte es,
weil es keine Feuchtigkeit hatte. [7]Und einiges fiel
mitten unter die Dornen; und die Dornen gingen
mit auf und erstickten's. [8]Und einiges fiel auf gu-
tes Land; und es ging auf und trug hundertfach
Frucht. Als er das sagte, rief er: Wer Ohren hat
zu hören, der höre!

[9]Es fragten ihn aber seine Jünger, was dies
Gleichnis bedeute. [10]Er aber sprach: Euch ist's
gegeben, die Geheimnisse des Reiches Gottes zu
verstehen, den andern aber in Gleichnissen, da-
mit sie es nicht sehen, auch wenn sie es sehen,
und nicht verstehen, auch wenn sie es hören.

[11]Das Gleichnis aber bedeutet dies: Der Same
ist das Wort Gottes. [12]Die aber auf dem Weg,
das sind die, die es hören; danach kommt der
Teufel und nimmt das Wort aus ihrem Herzen,
damit sie

Sie haben keine Wurzel; eine Zeitlang glauben sie.

nicht glauben und selig werden. [13]Die aber auf
dem Fels sind die: wenn sie es hören, nehmen sie
das Wort mit Freuden an. Doch sie haben keine
Wurzel; eine Zeitlang glauben sie, und zu der
Zeit der Anfechtung fallen sie ab.

[14]Was aber unter die Dornen fiel, sind die, die
es hören und gehen hin und ersticken unter den
Sorgen, dem Reichtum und den Freuden des Le-
bens und bringen keine Frucht. [15]Das aber auf
dem guten Land sind die, die das Wort hören
und behalten in einem feinen, guten Herzen und
bringen Frucht in Geduld.

Vom Licht und vom rechten Hören

[16]Niemand aber zündet ein Licht an und bedeckt
es mit einem Gefäß oder setzt es unter eine
Bank; sondern er setzt es auf einen Leuchter, da-
mit, wer hineingeht, das Licht sehe. [17]Denn es ist
nichts verborgen, was nicht offenbar werden soll,
auch nichts geheim, was nicht bekannt werden
und an den Tag kommen soll.

[18]So seht nun darauf, wie ihr zuhört; denn wer
da hat, dem wird gegeben; wer aber nicht hat,
dem wird auch das genommen, was er meint zu
haben.

Jesu wahre Verwandte

[19]Es kamen aber seine Mutter und seine Brüder
zu ihm und konnten wegen der Menge nicht zu
ihm gelangen. [20]Da wurde ihm gesagt: Deine
Mutter und deine Brüder stehen draußen und
wollen dich sehen. [21]Er aber antwortete und
sprach zu ihnen: Meine Mutter und meine
Brüder sind diese, die Gottes Wort hören
und tun.

Die Stillung des Sturms

[22]Und es begab sich an einem der Tage, daß er in
ein Boot stieg mit seinen Jüngern; und er sprach
zu ihnen: Laßt uns über den See fahren. Und sie
stießen vom Land ab. [23]Und als sie fuhren,
schlief er ein. Und es kam ein Windwirbel über
den See, und die Wellen überfielen sie, und sie
waren in großer Gefahr. [24]Da traten sie zu ihm
und weckten ihn auf und sprachen: Meister,
Meister, wir kommen um! Da stand er auf und
bedrohte den Wind und die Wogen des Wassers,
und sie legten sich, und es entstand eine Stille.
[25]Er sprach aber zu ihnen: Wo ist euer Glaube?
Sie aber fürchteten sich und verwunderten sich
und sprachen zueinander: Wer ist dieser? Auch
dem Wind und dem Wasser gebietet er, und sie
sind ihm gehorsam.

Die Heilung des besessenen Geraseners

[26]Und sie fuhren weiter in die Gegend der Gera-
sener, die Galiläa gegenüberliegt. [27]Und als er

ans Land trat, begegnete ihm ein Mann aus der
Stadt, der hatte böse Geister; er trug seit langer
Zeit keine Kleider mehr und blieb in keinem
Hause, sondern in den Grabhöhlen. 28Als er aber
Jesus sah, schrie er auf und fiel vor ihm nieder
und rief laut: Was willst du von mir, Jesus, du
Sohn Gottes des Allerhöchsten? Ich bitte dich:
Quäle mich nicht! 29Denn er hatte dem unreinen
Geist geboten, aus dem Menschen auszufahren.
Denn der hatte ihn lange Zeit geplagt; und er
wurde mit Ketten und Fesseln gebunden und ge-
fangen gehalten, doch er zerriß seine Fesseln und
wurde von dem bösen Geist in die Wüste getrie-
ben. 30Und Jesus fragte ihn: Wie heißt du? Er
antwortete: Legion. Denn es waren viele böse

Legion

Bezeichnung einer großen Einheit der römischen Armee. Hier die Menge der bösen Geister, die den Besessenen quälten.

Geister in ihn gefahren. 31Und sie baten ihn, daß
er ihnen nicht gebiete, in den Abgrund zu fah-
ren. 32Es war aber dort auf dem Berg eine große
Herde Säue auf der Weide. Und sie baten ihn,
daß er ihnen erlaube, in die Säue zu fahren. Und
er erlaubte es ihnen. 33Da fuhren die bösen Gei-
ster von dem Menschen aus und fuhren in die
Säue; und die Herde stürmte den Abhang hinun-
ter in den See und ersoff. 34Als aber die Hirten
sahen, was da geschah, flohen sie und verkünde-
ten es in der Stadt und in den Dörfern. 35Da gin-
gen die Leute hinaus, um zu sehen, was gesche-
hen war, und kamen zu Jesus und fanden den
Menschen, von dem die bösen Geister ausgefah-
ren waren, sitzend zu den Füßen Jesu, bekleidet
und vernünftig, und sie erschraken. 36Und die es
gesehen hatten, verkündeten ihnen, wie der Be-
sessene gesund geworden war. 37Und die ganze
Menge aus dem umliegenden Land der Gerase-
ner bat ihn, von ihnen fortzugehen; denn es hatte
sie große Furcht ergriffen. Und er stieg ins Boot
und kehrte zurück. 38Aber der Mann, von dem
die bösen Geister ausgefahren waren, bat ihn,
daß er bei ihm bleiben dürfe. Aber Jesus schickte
ihn fort und sprach: 39Geh wieder heim und sa-
ge, wie große Dinge Gott an dir getan hat. Und
er ging hin und verkündigte überall in der Stadt,
wie große Dinge Jesus an ihm getan hatte.

Die Heilung der blutflüssigen Frau und die Auferweckung der Tochter des Jaïrus

40Als Jesus zurückkam, nahm ihn das Volk auf;
denn sie warteten alle auf ihn. 41Und siehe, da
kam ein Mann mit Namen Jaïrus, der ein Vorste-
her der Synagoge war, und fiel Jesus zu Füßen
und bat ihn, in sein Haus zu kommen; 42denn er
hatte eine einzige Tochter von etwa zwölf Jahren,
die lag in den letzten Zügen. Und als er hinging,
umdrängte ihn das Volk.

43Und eine Frau hatte den Blutfluß seit zwölf
Jahren; die hatte alles, was sie zum Leben hatte,
für die Ärzte aufgewandt und konnte von kei-
nem geheilt werden. 44Die trat von hinten an ihn
heran und berührte den Saum seines Gewandes;
und sogleich hörte ihr Blutfluß auf. 45Und Jesus
fragte: Wer hat mich berührt? Als es aber alle
abstritten, sprach Petrus: Meister, das Volk
drängt und drückt dich. 46Jesus aber sprach: Es
hat mich jemand berührt; denn ich habe gespürt,
daß eine Kraft von mir ausgegangen ist. 47Als
aber die Frau sah, daß es nicht verborgen blieb,
kam sie mit Zittern und fiel vor ihm nieder und
verkündete vor allem Volk, warum sie ihn ange-
rührt hatte, und wie sie sogleich gesund gewor-
den war. 48Er aber sprach zu ihr: Meine Tochter,
dein Glaube hat dir geholfen. Geh hin in
Frieden!

Meine Tochter, dein Glaube hat dir geholfen.

49Als er noch redete, kam einer von den Leu-
ten des Vorstehers der Synagoge und sprach:
Deine Tochter ist gestorben; bemühe den Mei-
ster nicht mehr. 50Als aber Jesus das hörte, ant-
wortete er ihm: Fürchte dich nicht; glaube nur,
so wird sie gesund! 51Als er aber in das Haus
kam, ließ er niemanden mit hineingehen als Pe-
trus und Johannes und Jakobus und den Vater
und die Mutter des Kindes. 52Sie weinten aber al-
le und klagten um sie. Er aber sprach: Weint
nicht! Sie ist nicht gestorben, sondern sie schläft.
53Und sie verlachten ihn, denn sie wußten, daß
sie gestorben war. 54Er aber nahm sie bei der
Hand und rief: Kind, steh auf! 55Und ihr Geist
kam wieder, und sie stand sogleich auf. Und er
befahl, man solle ihr zu essen geben. 56Und ihre
Eltern entsetzten sich. Er aber gebot ihnen, nie-
mandem zu sagen, was geschehen war.

Sie wurden alle satt

Die Aussendung der zwölf Jünger

9 Er rief aber die Zwölf zusammen und gab ihnen Gewalt und Macht über alle bösen Geister, und daß sie Krankheiten heilen konnten, [2]und sandte sie aus, zu predigen das Reich Gottes und die Kranken zu heilen. [3]Und er sprach zu ihnen: Ihr sollt nichts mit auf den Weg nehmen, weder Stab noch Tasche noch Brot noch Geld; es soll auch einer nicht zwei Hemden haben. [4]Und wenn ihr in ein Haus geht, dann bleibt dort, bis ihr weiterzieht. [5]Und wenn sie euch nicht aufnehmen, dann geht fort aus dieser Stadt und schüttelt den Staub von euren Füßen zu einem Zeugnis gegen sie. [6]Und sie gingen hinaus und zogen von Dorf zu Dorf, predigten das Evangelium und machten gesund an allen Orten.

Herodes und Jesus

[7]Es kam aber vor Herodes, den Landesfürsten, alles, was geschah; und er wurde unruhig, weil von einigen gesagt wurde: Johannes ist von den Toten auferstanden; [8]von einigen aber: Elia ist erschienen; von andern aber: Einer von den alten Propheten ist auferstanden. [9]Und Herodes sprach: Johannes, den habe ich enthauptet; wer ist aber dieser, über den ich solches höre? Und er begehrte ihn zu sehen.

Die Speisung der Fünftausend

[10]Und die Apostel kamen zurück und erzählten Jesus, wie große Dinge sie getan hatten. Und er nahm sie zu sich, und er zog sich mit ihnen allein in die Stadt zurück, die heißt Betsaida. [11]Als die Menge das merkte, zog sie ihm nach. Und er ließ sie zu sich und sprach zu ihnen vom Reich Gottes und machte gesund, die der Heilung bedurften. [12]Aber der Tag fing an, sich zu neigen.

Da traten die Zwölf zu ihm und sprachen: Laß das Volk gehen, damit sie hingehen in die Dörfer und Höfe ringsum und Herberge und Essen finden; denn wir sind hier in der Wüste. [13]Er aber sprach zu ihnen: Gebt ihr ihnen zu essen. Sie sprachen: Wir haben nicht mehr als fünf Brote und zwei Fische, es sei denn, daß wir hingehen sollen und für alle diese Leute Essen kaufen. [14]Denn es waren etwa fünftausend Mann. Er sprach aber zu seinen Jüngern: Laßt sie sich setzen in Gruppen zu je fünfzig. [15]Und sie taten das und ließen alle sich setzen. [16]Da nahm er die fünf Brote und zwei Fische und sah auf zum Himmel und dankte, brach sie und gab sie den Jüngern, damit sie dem Volk austeilten. [17]Und sie aßen und wurden alle satt; und es wurde aufgesammelt, was sie an Brocken übrigließen, zwölf Körbe voll.

Das Bekenntnis des Petrus

[18]Und es begab sich, als Jesus allein war und betete und nur seine Jünger bei ihm waren, da fragte er sie und sprach: Wer sagen die Leute, daß ich sei? [19]Sie antworteten und sprachen: Sie sagen, du seist Johannes der Täufer; einige aber, du seist Elia; andere aber, es sei einer der alten Propheten auferstanden.

Petrus sprach: »Du bist der Christus Gottes!«

[20]Er aber sprach zu ihnen: Wer sagt ihr aber, daß ich sei? Da antwortete Petrus und sprach: Du bist der Christus Gottes!

Die erste Ankündigung von Jesu Leiden und Auferstehung

[21]Er aber gebot ihnen, daß sie das niemandem sagen sollten, [22]und sprach: Der Menschensohn

muß viel leiden und verworfen werden von den Ältesten und Hohenpriestern und Schriftgelehrten und getötet werden und am dritten Tag auferstehen.

Von der Nachfolge

23 Da sprach er zu ihnen allen: Wer mir folgen will, der verleugne sich selbst und nehme sein Kreuz auf sich täglich und folge mir nach. 24 Denn wer sein Leben erhalten will, der wird es verlieren; wer aber sein Leben verliert um meinetwillen, der wird's erhalten. 25 Denn welchen Nutzen hätte der Mensch, wenn er die ganze Welt gewönne und verlöre sich selbst oder nähme Schaden an sich selbst? 26 Wer sich aber meiner und meiner Worte schämt, dessen wird sich der Menschensohn auch schämen, wenn er kommen wird in seiner Herrlichkeit und der des Vaters und der heiligen Engel. 27 Ich sage euch aber wahrlich: Einige von denen, die hier stehen, werden den Tod nicht schmecken, bis sie das Reich Gottes sehen.

Welchen Nutzen hätte der Mensch, wenn er die ganze Welt gewönne.

Die Verklärung Jesu

28 Und es begab sich, etwa acht Tage nach diesen Reden, daß er mit sich nahm Petrus, Johannes und Jakobus und ging auf einen Berg, um zu beten. 29 Und als er betete, wurde das Aussehen seines Angesichts anders, und sein Gewand wurde weiß und glänzte. 30 Und siehe, zwei Männer redeten mit ihm; das waren Mose und Elia. 31 Sie erschienen verklärt und redeten von seinem Ende, das er in Jerusalem erfüllen sollte. 32 Petrus aber und die bei ihm waren, waren voller Schlaf. Als sie aber aufwachten, sahen sie, wie er verklärt war, und die zwei Männer, die bei ihm standen. 33 Und es begab sich, als sie von ihm schieden, da sprach Petrus zu Jesus: Meister, hier ist für uns gut sein! Laßt uns drei Hütten bauen, dir eine, Mose eine und Elia eine. Er wußte aber nicht, was er redete. 34 Als er aber dies redete, kam eine Wolke und überschattete sie; und sie erschraken, als sie in die Wolke hineinkamen. 35 Und es geschah eine Stimme aus der Wolke, die sprach: Dieser ist mein auserwählter Sohn; den sollt ihr hören! 36 Und als die Stimme geschah, fanden sie Jesus allein. Und sie schwiegen davon und verkündeten in jenen Tagen niemandem, was sie gesehen hatten.

Die Heilung eines epileptischen Kindes

37 Es begab sich aber, als sie am nächsten Tag von dem Berg kamen, da kam ihm eine große Menge entgegen. 38 Und siehe, ein Mann aus der Menge rief: Meister, ich bitte dich, sieh doch nach meinem Sohn; denn er ist mein einziger Sohn. 39 Siehe, ein Geist ergreift ihn, daß er plötzlich aufschreit, und er reißt ihn, daß er Schaum vor dem Mund hat, und läßt kaum von ihm ab und reibt ihn ganz auf. 40 Und ich habe deine Jünger gebeten, daß sie ihn austrieben, und sie konnten es nicht. 41 Da antwortete Jesus und sprach: O du ungläubiges und verkehrtes Geschlecht, wie lange soll ich bei euch sein und euch erdulden? Bring deinen Sohn her! 42 Und als er zu ihm kam, riß ihn der böse Geist und zerrte ihn. Jesus aber bedrohte den unreinen Geist und machte den Knaben gesund und gab ihn seinem Vater wieder. 43 Und sie entsetzten sich alle über die Herrlichkeit Gottes.

Die zweite Ankündigung von Jesu Leiden und Auferstehung

Als sie sich aber alle verwunderten über alles, was er tat, sprach er zu seinen Jüngern: 44 Laßt diese Worte in eure Ohren dringen: Der Menschensohn wird überantwortet werden in die Hände der Menschen. 45 Aber dieses Wort verstanden sie nicht, und es war vor ihnen verborgen, so daß sie es nicht begriffen. Und sie fürchteten sich, ihn nach diesem Wort zu fragen.

Warnung vor Ehrgeiz und Unduldsamkeit

46 Es kam aber unter ihnen der Gedanke auf, wer von ihnen der Größte sei. 47 Als aber Jesus den Gedanken ihres Herzens erkannte, nahm er ein Kind und stellte es neben sich 48 und sprach zu ihnen: Wer dieses Kind aufnimmt in meinem Namen, der nimmt mich auf; und wer mich aufnimmt, der nimmt den auf, der mich gesandt hat. Denn wer der Kleinste ist unter euch allen, der ist groß.

49 Da fing Johannes an und sprach: Meister, wir sahen einen, der trieb böse Geister aus in deinem Namen; und wir wehrten ihm, denn er folgt dir nicht nach mit uns. 50 Und Jesus sprach zu ihm: Wehrt ihm nicht! Denn wer nicht gegen euch ist, der ist für euch.

Aufbruch nach Jerusalem.

51 Es begab sich aber, als die Zeit erfüllt war, daß er hinweggenommen werden sollte, da wandte er sein Angesicht, stracks nach Jerusalem zu wandern. 52 Und er sandte Boten vor sich her; die gingen hin und kamen in ein Dorf der Samariter, ihm Herberge zu bereiten. 53 Und sie nahmen ihn nicht auf, weil er sein Angesicht gewandt hatte, nach Jerusalem zu wandern. 54 Als aber das seine Jünger Jakobus und Johannes sahen, sprachen sie: Herr, willst du, so wollen wir sagen, daß Feuer vom Himmel falle und sie verzehre. 55 Jesus aber wandte sich um und wies sie zurecht. 56 Und sie gingen in ein andres Dorf.

Vom Ernst der Nachfolge

57 Und als sie auf dem Wege waren, sprach einer zu ihm: Ich will dir folgen, wohin du gehst. 58 Und Jesus sprach zu ihm: Die Füchse haben Gruben, und die Vögel unter dem Himmel haben Nester; aber der Menschensohn hat nichts, wo er sein Haupt hinlege. 59 Und er sprach zu einem andern: Folge mir nach! Der sprach aber: Herr, erlaube mir, daß ich zuvor hingehe und meinen Vater begrabe. 60 Aber Jesus sprach zu ihm: Laß die Toten ihre Toten begraben; du aber geh hin und verkündige das Reich Gottes! 61 Und ein andrer sprach: Herr, ich will dir nachfolgen; aber erlaube mir zuvor, daß ich Abschied nehme von denen, die in meinem Haus sind. 62 Jesus aber sprach zu ihm: Wer seine Hand an den Pflug legt und sieht zurück, der ist nicht geschickt für das Reich Gottes.

Die Aussendung der zweiundsiebzig Jünger

10 Danach setzte der Herr weitere zweiundsiebzig Jünger ein und sandte sie je zwei und zwei vor sich her in alle Städte und Orte, wohin er gehen wollte, 2 und sprach zu ihnen: Die Ernte ist groß, der Arbeiter aber sind wenige. Darum bittet den Herrn der Ernte, daß er Arbeiter aussende in seine Ernte. 3 Geht hin; siehe, ich sende euch wie Lämmer mitten unter die Wölfe. 4 Tragt keinen Geldbeutel bei euch, keine Tasche und keine Schuhe, und, grüßt niemanden unterwegs. 5 Wenn ihr in ein Haus kommt, sprecht zuerst: Friede sei diesem Hause! 6 Und wenn dort ein Kind des Friedens ist, so wird euer Friede auf ihm ruhen; wenn aber nicht, so wird sich euer Friede wieder zu euch wenden. 7 In demselben Haus aber bleibt, eßt und trinkt, was man euch gibt; denn ein Arbeiter ist seines Lohnes wert. Ihr sollt nicht von einem Haus zum andern gehen. 8 Und wenn ihr in eine Stadt kommt, und sie euch aufnehmen, dann eßt, was euch vorgesetzt wird, 9 und heilt die Kranken, die dort sind, und sagt ihnen: Das Reich Gottes ist nahe zu euch gekommen. 10 Wenn ihr aber in eine Stadt kommt, und sie euch nicht aufnehmen, so geht hinaus auf ihre Straßen und sprecht: 11 Auch den Staub aus eurer Stadt, der sich an unsre Füße gehängt hat, schütteln wir ab auf euch. Doch sollt ihr wissen: das Reich Gottes ist nahe herbeigekommen. 12 Ich sage euch: Es wird Sodom erträglicher ergehen an jenem Tage als dieser Stadt.

Jesu Weherufe über galiläische Städte

13 Weh dir, Chorazin! Weh dir, Betsaida! Denn wären solche Taten in Tyrus und Sidon geschehen, wie sie bei euch geschehen sind, sie hätten längst in Sack und Asche gesessen und Buße getan. 14 Doch es wird Tyrus und Sidon erträglicher ergehen im Gericht als euch. 15 Und du, Kapernaum, wirst du bis zum Himmel erhoben werden? Du wirst bis in die Hölle hinuntergestoßen werden. 16 Wer euch hört, der hört mich; und wer euch verachtet, der verachtet mich; wer aber mich verachtet, der verachtet den, der mich gesandt hat.

Jesu Jubelruf

17 Die Zweiundsiebzig aber kamen zurück voll Freude und sprachen: Herr, auch die bösen Geister sind uns untertan in deinem Namen. 18 Er sprach aber zu ihnen: Ich sah den Satan vom Himmel fallen wie einen Blitz. 19 Seht, ich habe euch Macht gegeben, zu treten auf Schlangen und Skorpione, und Macht über alle Gewalt des Feindes; und nichts wird euch schaden. 20 Doch darüber freut euch nicht, daß euch die Geister

untertan sind. Freut euch aber, daß eure Namen im Himmel geschrieben sind.

Freut euch aber, daß eure Namen im Himmel geschrieben sind.

[21]Zu der Stunde freute sich Jesus im heiligen Geist und sprach: Ich preise dich, Vater, Herr des Himmels und der Erde, weil du dies den Weisen und Klugen verborgen hast und hast es den Unmündigen offenbart. Ja, Vater, so hat es dir wohlgefallen. [22]Alles ist mir übergeben von meinem Vater. Und niemand weiß, wer der Sohn ist, als nur der Vater, noch, wer der Vater ist, als nur der Sohn und wem es der Sohn offenbaren will.

[23]Und er wandte sich zu seinen Jüngern und sprach zu ihnen allein: Selig sind die Augen, die sehen, was ihr seht. [24]Denn ich sage euch: Viele Propheten und Könige wollten sehen, was ihr seht, und haben's nicht gesehen, und hören, was ihr hört, und haben's nicht gehört.

Der barmherzige Samariter

[25]Und siehe, da stand ein Schriftgelehrter auf, versuchte ihn und sprach: Meister, was muß ich tun, daß ich das ewige Leben ererbe? [26]Er aber sprach zu ihm: Was steht im Gesetz geschrieben? Was liest du? [27]Er antwortete und sprach: »Du sollst den Herrn, deinen Gott, lieben von ganzem Herzen, von ganzer Seele, von allen Kräften und von ganzem Gemüt, und deinen Nächsten wie dich selbst« (5. Mose 6,5; 3. Mose 19,18). [28]Er aber sprach zu ihm: Du hast recht geantwortet; tu das, so wirst du leben.

[29]Er aber wollte sich selbst rechtfertigen und sprach zu Jesus: Wer ist denn mein Nächster? [30]Da antwortete Jesus und sprach: Es war ein Mensch, der ging von Jerusalem hinab nach Jericho und fiel unter die Räuber; die zogen ihn aus und schlugen ihn und machten sich davon und ließen ihn halbtot liegen. [31]Es traf sich aber, daß ein Priester dieselbe Straße hinabzog; und als er ihn sah, ging er vorüber. [32]Desgleichen auch ein Levit: als er zu der Stelle kam und ihn sah, ging er vorüber. [33]Ein Samariter aber, der auf der Reise war, kam dahin; und als er ihn sah, jammerte er ihn; [34]und er ging zu ihm, goß Öl und Wein auf seine Wunden und verband sie ihm, hob ihn auf sein Tier und brachte ihn in eine Herberge und pflegte ihn. [35]Am nächsten Tag zog er zwei Silbergroschen heraus, gab sie dem Wirt und sprach: Pflege ihn; und wenn du mehr ausgibst, will ich dir's bezahlen, wenn ich wiederkomme. [36]Wer von diesen dreien, meinst du, ist der Nächste gewesen dem, der unter die Räuber gefallen war? [37]Er sprach: Der die Barmherzigkeit an ihm tat. Da sprach Jesus zu ihm: So geh hin und tu desgleichen!

Maria und Marta

[38]Als sie aber weiterzogen, kam er in ein Dorf. Da war eine Frau mit Namen Marta, die nahm ihn auf. [39]Und sie hatte eine Schwester, die hieß Maria; die setzte sich dem Herrn zu Füßen und hörte seiner Rede zu. [40]Marta aber machte sich viel zu schaffen, ihm zu dienen. Und sie trat hinzu und sprach: Herr, fragst du nicht danach, daß mich meine Schwester läßt allein dienen? Sage ihr doch, daß sie mir helfen soll! [41]Der Herr aber antwortete und sprach zu ihr: Marta, Marta, du hast viel Sorge und Mühe. [42]Eins aber ist not. Maria hat das gute Teil erwählt; das soll nicht von ihr genommen werden.

Das Vaterunser

11 Und es begab sich, daß er an einem Ort war und betete. Als er aufgehört hatte, sprach einer seiner Jünger zu ihm: Herr, lehre uns beten, wie auch Johannes seine Jünger lehrte. [2]Er aber sprach zu ihnen: Wenn ihr betet, so sprecht:

Vater!
Dein Name werde geheiligt.
Dein Reich komme.
[3]Unser tägliches Brot gib uns Tag für Tag
[4]und vergib uns unsre Sünden;
denn auch wir vergeben allen, die an uns schuldig werden.
Und führe uns nicht in Versuchung.

Der bittende Freund

[5]Und er sprach zu ihnen: Wenn jemand unter euch einen Freund hat und ginge zu ihm um Mitternacht und spräche zu ihm: Lieber Freund, leih mir drei Brote; [6]denn mein Freund ist zu mir gekommen auf der Reise, und ich habe nichts, was ich ihm vorsetzen kann, [7]und der drinnen würde

antworten und sprechen: Mach mir keine Unru-
he! Die Tür ist schon zugeschlossen, und meine
Kinder und ich liegen schon zu Bett; ich kann
nicht aufstehen und dir etwas geben. [8]Ich sage
euch: Und wenn er schon nicht aufsteht und ihm
etwas gibt, weil er sein Freund ist, dann wird er
doch wegen seines unverschämten Drängens auf-
stehen und ihm geben, soviel er bedarf.
[9]Und ich sage euch auch: Bittet, so wird
euch gegeben; suchet, so werdet ihr finden; klop-
fet an, so wird euch aufgetan. [10]Denn wer da

Bittet, so wird euch gegeben; suchet, so werdet ihr finden.

bittet, der empfängt; und wer da sucht, der fin-
det; und wer da anklopft, dem wird aufgetan.
[11]Wo ist unter euch ein Vater, der seinem Sohn,
wenn der ihn um einen Fisch bittet, eine Schlan-
ge für den Fisch biete? [12]oder der ihm, wenn er
um ein Ei bittet, einen Skorpion dafür biete?
[13]Wenn nun ihr, die ihr böse seid, euren Kindern
gute Gaben geben könnt, wieviel mehr wird der
Vater im Himmel den heiligen Geist geben de-
nen, die ihn bitten!

Jesus und die bösen Geister

[14]Und er trieb einen bösen Geist aus, der war
stumm. Und es geschah, als der Geist ausfuhr, da
redete der Stumme. Und die Menge verwunderte
sich. [15]Einige aber unter ihnen sprachen: Er
treibt die bösen Geister aus durch Beelzebul, ih-

Beelzebul

Ein Name, der im Neuen Testament dem Teufel als dem Obersten der gegen Gott kämpfenden Geister gegeben wird.

ren Obersten. [16]Andere aber versuchten ihn und
forderten von ihm ein Zeichen vom Himmel.
[17]Er aber erkannte ihre Gedanken und sprach zu
ihnen: Jedes Reich, das mit sich selbst uneins ist,
wird verwüstet, und ein Haus fällt über das an-
dre. [18]Ist aber der Satan auch mit sich selbst un-
eins, wie kann sein Reich bestehen? Denn ihr
sagt, ich treibe die bösen Geister aus durch Beel-
zebul. [19]Wenn aber ich die bösen Geister durch
Beelzebul austreibe, durch wen treiben eure Söh-
ne sie aus? Darum werden sie eure Richter sein.
[20]Wenn ich aber durch Gottes Finger die bösen
Geister austreibe, so ist ja das Reich Gottes zu
euch gekommen. [21]Wenn ein Starker gewappnet
seinen Palast bewacht, so bleibt, was er hat, in
Frieden. [22]Wenn aber ein Stärkerer über ihn
kommt und überwindet ihn, so nimmt er ihm sei-
ne Rüstung, auf die er sich verließ, und verteilt
die Beute. [23]Wer nicht mit mir ist, der ist gegen
mich; und wer nicht mit mir sammelt, der zer-
streut.

Von der Rückkehr des bösen Geistes

[24]Wenn der unreine Geist von einem Menschen
ausgefahren ist, so durchstreift er dürre Stätten,
sucht Ruhe und findet sie nicht; dann spricht er:
Ich will wieder zurückkehren in mein Haus, aus
dem ich fortgegangen bin. [25]Und wenn er
kommt, so findet er's gekehrt und geschmückt.
[26]Dann geht er hin und nimmt sieben andre Gei-
ster mit sich, die böser sind als er selbst; und
wenn sie hineinkommen, wohnen sie darin, und
es wird mit diesem Menschen hernach ärger als
zuvor.

Eine Seligpreisung Jesu

[27]Und es begab sich, als er so redete, da erhob
eine Frau im Volk ihre Stimme und sprach zu
ihm: Selig ist der Leib, der dich getragen hat,
und die Brüste, an denen du gesogen hast. [28]Er
aber sprach: Ja, selig sind, die das Wort Gottes
hören und bewahren.

Ablehnung der Zeichenforderung

[29]Die Menge aber drängte herzu. Da fing er an
und sagte: Dies Geschlecht ist ein böses Ge-
schlecht; es fordert ein Zeichen, aber es wird ihm
kein Zeichen gegeben werden als nur das Zei-
chen des Jona. [30]Denn wie Jona ein Zeichen war
für die Leute von Ninive, so wird es auch der
Menschensohn sein für dieses Geschlecht. [31]Die
Königin vom Süden wird auftreten beim Jüng-
sten Gericht mit den Leuten dieses Geschlechts
und wird sie verdammen; denn sie kam vom En-
de der Welt, zu hören die Weisheit Salomos.
Und siehe, hier ist mehr als Salomo. [32]Die Leute
von Ninive werden auftreten beim Jüngsten Ge-
richt mit diesem Geschlecht und werden's ver-
dammen; denn sie taten Buße nach der Predigt
des Jona. Und siehe, hier ist mehr als Jona.

Bildworte vom Licht

33 Niemand zündet ein Licht an und setzt es in ei-
nen Winkel, auch nicht unter einen Scheffel, son-
dern auf den Leuchter, damit, wer hineingeht,
das Licht sehe. 34 Dein Auge ist das Licht des
Leibes. Wenn nun dein Auge lauter ist, so ist
dein ganzer Leib licht; wenn es aber böse ist, so
ist auch dein Leib finster. 35 So schaue darauf,
daß nicht das Licht in dir Finsternis sei. 36 Wenn
nun dein Leib ganz licht ist und kein Teil an ihm
finster ist, dann wird er ganz licht sein, wie wenn
dich das Licht erleuchtet mit hellem Schein.

Weherufe gegen die Pharisäer und Schriftgelehrten

37 Als er noch redete, bat ihn ein Pharisäer, mit
ihm zu essen. Und er ging hinein und setzte sich
zu Tisch. 38 Als das der Pharisäer sah, wunderte
er sich, daß er sich nicht vor dem Essen gewa-
schen hatte. 39 Der Herr aber sprach zu ihm: Ihr
Pharisäer, ihr haltet die Becher und Schüsseln
außen rein; aber euer Inneres ist voll Raubgier
und Bosheit. 40 Ihr Narren, hat nicht der, der das
Äußere geschaffen hat, auch das Innere geschaf-
fen? 41 Gebt doch, was drinnen ist, als Almosen,
siehe, dann ist euch alles rein.

42 Aber weh euch Pharisäern! Denn ihr gebt
den Zehnten von Minze und Raute und allerlei
Gemüse, aber am Recht und an der Liebe Gottes
geht ihr vorbei. Doch dies sollte man tun und je-
nes nicht lassen.

43 Weh euch Pharisäern! Denn ihr sitzt gern
obenan in den Synagogen und wollt gegrüßt sein
auf dem Markt.

44 Weh euch! Denn ihr seid wie die verdeckten
Gräber, über die die Leute laufen, und wissen es
nicht.

45 Da antwortete einer von den Schriftgelehr-
ten und sprach zu ihm: Meister, mit diesen Wor-
ten schmähst du uns auch. 46 Er aber sprach: Weh
auch euch Schriftgelehrten! Denn ihr beladet die
Menschen mit unerträglichen Lasten, und ihr
selbst rührt sie nicht mit einem Finger an.

47 Weh euch! Denn ihr baut den Propheten
Grabmäler; eure Väter aber haben sie getötet.
48 So bezeugt ihr und billigt die Taten eurer Vä-
ter; denn sie haben sie getötet; und ihr baut ih-
nen Grabmäler! 49 Darum spricht die Weisheit
Gottes: Ich will Propheten und Apostel zu ihnen
senden, und einige von ihnen werden sie töten
und verfolgen, 50 damit gefordert werde von die-
sem Geschlecht das Blut aller Propheten, das
vergossen ist seit Erschaffung der Welt, 51 von
Abels Blut an bis hin zum Blut des Secharja, der
umkam zwischen Altar und Tempel. Ja, ich sage
euch: Es wird gefordert werden von diesem Ge-
schlecht.

52 Weh euch Schriftgelehrten! Denn ihr habt
den Schlüssel der Erkenntnis weggenommen. Ihr
selbst seid nicht hineingegangen und habt auch
denen gewehrt, die hinein wollten.

53 Und als er von dort hinausging, fingen die
Schriftgelehrten und Pharisäer an, heftig auf ihn
einzudringen und ihn mit vielen Fragen auszu-
horchen, 54 und belauerten ihn, ob sie etwas aus
seinem Mund erjagen könnten.

Mahnung zum furchtlosen Bekennen

12 Unterdessen kamen einige tausend
Menschen zusammen, so daß sie sich
untereinander traten. Da fing er an
und sagte zuerst zu seinen Jüngern: Hütet euch
vor dem Sauerteig der Pharisäer, das ist die Heu-
chelei.

2 Es ist aber nichts verborgen, was nicht offen-
bar wird, und nichts geheim, was man nicht wis-
sen wird. 3 Darum, was ihr in der Finsternis sagt,
das wird man im Licht hören; und was ihr ins
Ohr flüstert in der Kammer, das wird man auf
den Dächern predigen.

4 Ich sage aber euch, meinen Freunden: Fürch-
tet euch nicht vor denen, die den Leib töten und
danach nichts mehr tun können. 5 Ich will euch
aber zeigen, vor wem ihr euch fürchten sollt:
Fürchtet euch vor dem, der, nachdem er getötet
hat, auch Macht hat, in die Hölle zu werfen. Ja,
ich sage euch, vor dem fürchtet euch. 6 Verkauft
man nicht fünf Sperlinge für zwei Groschen?
Dennoch ist vor Gott nicht einer von ihnen ver-
gessen. 7 Aber auch die Haare auf eurem Haupt
sind alle gezählt. Darum fürchtet euch nicht; ihr
seid besser als viele Sperlinge. 8 Ich sage euch
aber: Wer mich bekennt vor den Menschen, den
wird auch der Menschensohn bekennen vor den
Engeln Gottes. 9 Wer mich aber verleugnet vor
den Menschen, der wird verleugnet werden vor
den Engeln Gottes. 10 Und wer ein Wort gegen
den Menschensohn sagt, dem soll es vergeben
werden; wer aber den heiligen Geist lästert, dem
soll es nicht vergeben werden. 11 Wenn sie euch
aber führen werden in die Synagogen und vor die
Machthaber und die Obrigkeit, so sorgt nicht,
wie oder womit ihr euch verantworten oder was

ihr sagen sollt; [12]denn der heilige Geist wird euch in dieser Stunde lehren, was ihr sagen sollt.

Warnung vor Habgier

[13]Es sprach aber einer aus dem Volk zu ihm: Meister, sage meinem Bruder, daß er mit mir das Erbe teile. [14]Er aber sprach zu ihm: Mensch, wer hat mich zum Richter oder Erbschlichter über euch gesetzt? [15]Und er sprach zu ihnen: Seht zu und hütet euch vor aller Habgier; denn niemand lebt davon, daß er viele Güter hat.

Menschen, die reich werden wollen, sind in Gefahr

Der reiche Kornbauer

[16]Und er sagte ihnen ein Gleichnis und sprach: Es war ein reicher Mensch, dessen Feld hatte gut getragen. [17]Und er dachte bei sich selbst und sprach: Was soll ich tun? Ich habe nichts, wohin ich meine Früchte sammle. [18]Und sprach: Das will ich tun: ich will meine Scheunen abbrechen und größere bauen, und will darin sammeln all mein Korn und meine Vorräte [19]und will sagen zu meiner Seele: Liebe Seele, du hast einen großen Vorrat für viele Jahre; habe nun Ruhe, iß, trink und habe guten Mut! [20]Aber Gott sprach zu ihm: Du Narr! Diese Nacht wird man deine Seele von dir fordern; und wem wird dann gehören, was du angehäuft hast? [21]So geht es dem, der sich Schätze sammelt und ist nicht reich bei Gott.

Vom falschen und rechten Sorgen

[22]Er sprach aber zu seinen Jüngern: Darum sage ich euch: Sorgt nicht um euer Leben, was ihr essen sollt, auch nicht um euren Leib, was ihr anziehen sollt. [23]Denn das Leben ist mehr als die Nahrung und der Leib mehr als die Kleidung. [24]Seht die Raben an: sie säen nicht, sie ernten auch nicht, sie haben auch keinen Keller und keine Scheune, und Gott ernährt sie doch. Wieviel besser seid ihr als die Vögel! [25]Wer ist unter euch, der, wie sehr er sich auch darum sorgt, seines Lebens Länge eine Spanne zusetzen könnte? [26]Wenn ihr nun auch das Geringste nicht vermögt, warum sorgt ihr euch um das andre? [27]Seht die Lilien an, wie sie wachsen: sie spinnen nicht, sie weben nicht. Ich sage euch aber, daß auch Salomo in aller seiner Herrlichkeit nicht gekleidet gewesen ist wie eine von ihnen. [28]Wenn

Seht die Lilien an, wie sie wachsen.

nun Gott das Gras, das heute auf dem Feld steht und morgen in den Ofen geworfen wird, so kleidet, wieviel mehr wird er euch kleiden, ihr Kleingläubigen! [29]Darum auch ihr, fragt nicht danach,

was ihr essen oder was ihr trinken sollt, und
macht euch keine Unruhe. 30Nach dem allen
trachten die Heiden in der Welt; aber euer Vater
weiß, daß ihr dessen bedürft. 31Trachtet vielmehr
nach seinem Reich, so wird euch das alles zufal-
len. 32Fürchte dich nicht, du kleine Herde! Denn
es hat eurem Vater wohlgefallen, euch das Reich
zu geben.

33Verkauft, was ihr habt, und gebt Almosen.
Macht euch Geldbeutel, die nicht veralten, einen
Schatz, der niemals abnimmt, im Himmel, wo
kein Dieb hinkommt und den keine Motten fres-
sen. 34Denn wo euer Schatz ist, da wird auch eu-
er Herz sein.

Vom Warten auf das Kommen Christi

35Laßt eure Lenden umgürtet sein und eure Lich-
ter brennen 36und seid gleich den Menschen, die
auf ihren Herrn warten, wann er aufbrechen wird
von der Hochzeit, damit, wenn er kommt und
anklopft, sie ihm sogleich auftun. 37Selig sind die
Knechte, die der Herr, wenn er kommt, wachend
findet. Wahrlich, ich sage euch: Er wird sich
schürzen und wird sie zu Tisch bitten und kom-
men und ihnen dienen. 38Und wenn er kommt in
der zweiten oder in der dritten Nachtwache und
findet's so: selig sind sie. 39Das sollt ihr aber wis-
sen: Wenn ein Hausherr wüßte, zu welcher Stun-
de der Dieb kommt, so ließe er nicht in sein
Haus einbrechen. 40Seid auch ihr bereit! Denn
der Menschensohn kommt zu einer Stunde, da
ihr's nicht meint.

41Petrus aber sprach: Herr, sagst du dies
Gleichnis zu uns oder auch zu allen? 42Der Herr
aber sprach: Wer ist denn der treue und kluge
Verwalter, den der Herr über seine Leute setzt,
damit er ihnen zur rechten Zeit gibt, was ihnen
zusteht? 43Selig ist der Knecht, den sein Herr,
wenn er kommt, das tun sieht. 44Wahrlich, ich
sage euch: Er wird ihn über alle seine Güter set-
zen. 45Wenn aber jener Knecht in seinem Herzen
sagt: Mein Herr kommt noch lange nicht, und
fängt an, die Knechte und Mägde zu schlagen,
auch zu essen und zu trinken und sich vollzusau-
fen, 46dann wird der Herr dieses Knechtes kom-
men an einem Tage, an dem er's nicht erwartet,
und zu einer Stunde, die er nicht kennt, und wird
ihn in Stücke hauen lassen und wird ihm sein
Teil geben bei den Ungläubigen.

47Der Knecht aber, der den Willen seines
Herrn kennt, hat aber nichts vorbereitet noch
nach seinem Willen getan, der wird viel Schläge
erleiden müssen. 48Wer ihn aber nicht kennt und
getan hat, was Schläge verdient, wird wenig
Schläge erleiden. Denn wem viel gegeben ist, bei
dem wird man viel suchen; und wem viel anver-
traut ist, von dem wird man um so mehr fordern.

Entzweiungen um Jesu willen

49Ich bin gekommen, ein Feuer anzuzünden auf
Erden; was wollte ich lieber, als daß es schon
brennte! 50Aber ich muß mich zuvor taufen
lassen mit einer Taufe, und wie ist mir so bange,
bis sie vollbracht ist! 51Meint ihr, daß ich gekom-
men bin, Frieden zu bringen auf Erden? Ich sa-
ge: Nein, sondern Zwietracht. 52Denn von nun
an werden fünf in einem Hause uneins sein, drei
gegen zwei und zwei gegen drei. 53Es wird der
Vater gegen den Sohn sein und der Sohn gegen
den Vater, die Mutter gegen die Tochter und die
Tochter gegen die Mutter, die Schwiegermutter
gegen die Schwiegertochter und die Schwieger-
tochter gegen die Schwiegermutter.

Ich bin gekommen, ein Feuer anzuzünden auf Erden.

Beurteilung der Zeit

54Er sprach aber zu der Menge: Wenn ihr eine
Wolke aufsteigen seht vom Westen her, so sagt
ihr gleich: Es gibt Regen. Und es geschieht so.
55Und wenn der Südwind weht, so sagt ihr: Es
wird heiß werden. Und es geschieht so. 56Ihr
Heuchler! Über das Aussehen der Erde und des
Himmels könnt ihr urteilen; warum aber könnt
ihr über diese Zeit nicht urteilen?

57Warum aber urteilt ihr nicht auch von euch
aus darüber, was recht ist? 58Denn wenn du mit
deinem Gegner zum Gericht gehst, so bemühe
dich auf dem Wege, von ihm loszukommen, da-
mit er nicht etwa dich vor den Richter ziehe, und
der Richter überantworte dich dem Gerichtsdie-
ner, und der Gerichtsdiener werfe dich ins Ge-
fängnis. 59Ich sage dir: Du wirst von dort nicht
herauskommen, bis du den allerletzten Heller be-
zahlt hast.

Der Untergang der Galiläer. Der Turm von Siloah

13 Es kamen aber zu der Zeit einige, die
berichteten ihm von den Galiläern,
deren Blut Pilatus mit ihren Opfern
vermischt hatte. 2 Und Jesus antwortete und
sprach zu ihnen: Meint ihr, daß diese Galiläer
mehr gesündigt haben als alle andern Galiläer,
weil sie das erlitten haben? 3 Ich sage euch: Nein;
sondern wenn ihr nicht Buße tut, werdet ihr alle
auch so umkommen. 4 Oder meint ihr, daß die
achtzehn, auf die der Turm in Siloah fiel und er-
schlug sie, schuldiger gewesen sind als alle an-
dern Menschen, die in Jerusalem wohnen? 5 Ich
sage euch: Nein; sondern wenn ihr nicht Buße
tut, werdet ihr alle auch so umkommen.

Das Gleichnis vom Feigenbaum

6 Er sagte ihnen aber dies Gleichnis: Es hatte ei-
ner einen Feigenbaum, der war gepflanzt in sei-
nem Weinberg, und er kam und suchte Frucht
darauf und fand keine. 7 Da sprach er zu dem
Weingärtner: Siehe, ich bin nun drei Jahre lang
gekommen und habe Frucht gesucht an diesem
Feigenbaum, und finde keine. So hau ihn ab!
Was nimmt er dem Boden die Kraft? 8 Er aber
antwortete und sprach zu ihm: Herr, laß ihn
noch dies Jahr, bis ich um ihn grabe und ihn
dünge; 9 vielleicht bringt er doch noch Frucht;
wenn aber nicht, so hau ihn ab.

Die Heilung der verkrümmten Frau am Sabbat

10 Und er lehrte in einer Synagoge am Sabbat.
11 Und siehe, eine Frau war da, die hatte seit
achtzehn Jahren einen Geist, der sie krank mach-
te; und sie war verkrümmt und konnte sich nicht
mehr aufrichten. 12 Als aber Jesus sie sah, rief er
sie zu sich und sprach zu ihr: Frau, sei frei von
deiner Krankheit! 13 Und legte die Hände auf sie;
und sogleich richtete sie sich auf und pries Gott.
14 Da antwortete der Vorsteher der Synagoge,
denn er war unwillig, daß Jesus am Sabbat heilte,
und sprach zu dem Volk: Es sind sechs Tage, an
denen man arbeiten soll; an denen kommt und
laßt euch heilen, aber nicht am Sabbattag. 15 Da
antwortete ihm der Herr und sprach: Ihr Heuch-
ler! Bindet nicht jeder von euch am Sabbat sei-
nen Ochsen oder seinen Esel von der Krippe los
und führt ihn zur Tränke? 16 Sollte dann nicht
diese, die doch Abrahams Tochter ist, die der
Satan schon achtzehn Jahre gebunden hatte, am
Sabbat von dieser Fessel gelöst werden? 17 Und
als er das sagte, mußten sich schämen alle, die
gegen ihn gewesen waren. Und alles Volk freute
sich über alle herrlichen Taten, die durch ihn ge-
schahen.

Vom Senfkorn und vom Sauerteig

18 Er aber sprach: Wem gleicht das Reich Gottes,
und womit soll ich's vergleichen? 19 Es gleicht ei-
nem Senfkorn, das ein Mensch nahm und in sei-
nen Garten säte; und es wuchs und wurde ein
Baum, und die Vögel des Himmels wohnten in
seinen Zweigen.
20 Und wiederum sprach er: Womit soll ich das
Reich Gottes vergleichen? 21 Es gleicht einem
Sauerteig, den eine Frau nahm und unter einen
halben Zentner Mehl mengte, bis es ganz durch-
säuert war.

Von der engen Pforte und der verschlossenen Tür

22 Und er ging durch Städte und Dörfer und lehr-
te und nahm seinen Weg nach Jerusalem. 23 Es
sprach aber einer zu ihm: Herr, meinst du, daß
nur wenige selig werden? Er aber sprach zu ih-
nen: 24 Ringt darum, daß ihr durch die enge

Herr, meinst du, daß nur wenige selig werden?

Pforte hineingeht; denn viele, das sage ich euch,
werden danach trachten, wie sie hineinkommen,
und werden's nicht können. 25 Wenn der Haus-
herr aufgestanden ist und die Tür verschlossen
hat, und ihr anfangt, draußen zu stehen und an
die Tür zu klopfen und zu sagen: Herr, tu uns
auf!, dann wird er antworten und zu euch sagen:
Ich kenne euch nicht; wo seid ihr her? 26 Dann
werdet ihr anfangen zu sagen: Wir haben vor dir
gegessen und getrunken, und auf unsern Straßen
hast du gelehrt. 27 Und er wird zu euch sagen: Ich
kenne euch nicht; wo seid ihr her? Weicht alle
von mir, ihr Übeltäter! 28 Da wird Heulen und
Zähneklappern sein, wenn ihr sehen werdet
Abraham, Isaak und Jakob und alle Propheten
im Reich Gottes, euch aber hinausgestoßen.
29 Und es werden kommen von Osten und von
Westen, von Norden und von Süden, die zu

Tisch sitzen werden im Reich Gottes. [30]Und sie-
he, es sind Letzte, die werden die Ersten sein,
und sind Erste, die werden die Letzten sein.

Die Feindschaft des Herodes

[31]Zu dieser Stunde kamen einige Pharisäer und
sprachen zu ihm: Mach dich auf und geh weg
von hier; denn Herodes will dich töten. [32]Und er
sprach zu ihnen: Geht hin und sagt diesem
Fuchs: Siehe, ich treibe böse Geister aus und
mache gesund heute und morgen, und am dritten
Tage werde ich vollendet sein. [33]Doch muß ich
heute und morgen und am folgenden Tage noch
wandern; denn es geht nicht an, daß ein Prophet
umkomme außerhalb von Jerusalem.

Jesu Klage über Jerusalem

[34]Jerusalem, Jerusalem, die du tötest die Prophe-
ten und steinigst, die zu dir gesandt werden, wie
oft habe ich deine Kinder versammeln wollen
wie eine Henne ihre Küken unter ihre Flügel,
und ihr habt nicht gewollt! [35]Seht, »euer Haus
soll euch wüst gelassen werden« (Jeremia 22,5;
Psalm 69,26). Aber ich sage euch: Ihr werdet
mich nicht mehr sehen, bis die Zeit kommt, da
ihr sagen werdet: Gelobt ist, der da kommt in
dem Namen des Herrn!

Die Heilung des Wassersüchtigen am Sabbat

14 Und es begab sich, daß er an einem
Sabbat in das Haus eines Oberen der
Pharisäer kam, das Brot zu essen,
und sie belauerten ihn. [2]Und siehe, da war ein
Mensch vor ihm, der war wassersüchtig. [3]Und
Jesus fing an und sagte zu den Schriftgelehrten
und Pharisäern: Ist's erlaubt, am Sabbat zu hei-
len oder nicht? [4]Sie aber schwiegen still. Und er
faßte ihn an und heilte ihn und ließ ihn gehen.
[5]Und er sprach zu ihnen: Wer ist unter euch,
dem sein Sohn oder sein Ochse in den Brunnen
fällt, und der ihn nicht alsbald herauszieht, auch
am Sabbat? [6]Und sie konnten ihm darauf keine
Antwort geben.

Von Rangordnung und Auswahl der Gäste

[7]Er sagte aber ein Gleichnis zu den Gästen, als er
merkte, wie sie suchten, obenan zu sitzen, und
sprach zu ihnen: [8]Wenn du von jemandem zur
Hochzeit geladen bist, so setze dich nicht
obenan; denn es könnte einer eingeladen sein,
der vornehmer ist als du, [9]und dann kommt der,
der dich und ihn eingeladen hat, und sagt zu dir:
Weiche diesem!, und du mußt dann beschämt
untenan sitzen. [10]Sondern wenn du eingeladen
bist, so geh hin und setz dich untenan, damit,
wenn der kommt, der dich eingeladen hat, er zu
dir sagt: Freund, rücke hinauf! Dann wirst du
Ehre haben vor allen, die mit dir zu Tisch sitzen.
[11]Denn wer sich selbst erhöht, der soll erniedrigt
werden; und wer sich selbst erniedrigt, der soll
erhöht werden.

Wer sich selbst erhöht, der soll erniedrigt werden.

[12]Er sprach aber auch zu dem, der ihn einge-
laden hatte: Wenn du ein Mittags- oder Abend-
mahl machst, so lade weder deine Freunde noch
deine Brüder noch deine Verwandten noch rei-
che Nachbarn ein, damit sie dich nicht etwa wie-
der einladen und dir vergolten wird. [13]Sondern
wenn du ein Mahl machst, so lade Arme, Ver-
krüppelte, Lahme und Blinde ein, [14]dann wirst
du selig sein, denn sie haben nichts, um es dir zu
vergelten; es wird dir aber vergolten werden bei
der Auferstehung der Gerechten.

Das Gleichnis vom großen Abendmahl

[15]Als aber einer das hörte, der mit zu Tisch saß,
sprach er zu Jesus: Selig ist, der das Brot ißt im
Reich Gottes!

[16]Er aber sprach zu ihm: Es war ein Mensch,
der machte ein großes Abendmahl und lud viele
dazu ein. [17]Und er sandte seinen Knecht aus zur
Stunde des Abendmahls, den Geladenen zu sa-
gen: Kommt, denn es ist alles bereit! [18]Und sie
fingen an alle nacheinander, sich zu entschuldi-
gen. Der erste sprach zu ihm: Ich habe einen Ak-
ker gekauft und muß hinausgehen und ihn bese-
hen; ich bitte dich, entschuldige mich. [19]Und

Und sie fingen an alle nacheinander, sich zu entschuldigen.

der zweite sprach: Ich habe fünf Gespanne
Ochsen gekauft und ich gehe jetzt hin, sie zu

Jesus will, daß Arme und Reiche zu seinem Fest kommen

besehen; ich bitte dich, entschuldige mich. [20]Und
der dritte sprach: Ich habe eine Frau genommen;
darum kann ich nicht kommen. [21]Und der
Knecht kam zurück und sagte das seinem Herrn.
Da wurde der Hausherr zornig und sprach zu sei-
nem Knecht: Geh schnell hinaus auf die Straßen
und Gassen der Stadt und führe die Armen, Ver-
krüppelten, Blinden und Lahmen herein. [22]Und
der Knecht sprach: Herr, es ist geschehen, was
du befohlen hast; es ist aber noch Raum da.
[23]Und der Herr sprach zu dem Knecht: Geh hin-
aus auf die Landstraßen und an die Zäune und
nötige sie hereinzukommen, daß mein Haus voll
werde. [24]Denn ich sage euch, daß keiner der
Männer, die eingeladen waren, mein Abendmahl
schmecken wird.

Von Nachfolge und Selbstverleugnung

[25]Es ging aber eine große Menge mit ihm; und er
wandte sich um und sprach zu ihnen: [26]Wenn je-
mand zu mir kommt und haßt nicht seinen Va-
ter, Mutter, Frau, Kinder, Brüder, Schwestern
und dazu sich selbst, der kann nicht mein Jünger
sein. [27]Und wer nicht sein Kreuz trägt und mir
nachfolgt, der kann nicht mein Jünger sein.
[28]Denn wer ist unter euch, der einen Turm bauen
will und setzt sich nicht zuvor hin und über-
schlägt die Kosten, ob er genug habe, um es aus-
zuführen? [29]damit nicht, wenn er den Grund ge-
legt hat und kann's nicht ausführen, alle, die es
sehen, anfangen, über ihn zu spotten, [30]und sa-
gen: Dieser Mensch hat angefangen zu bauen
und kann's nicht ausführen. [31]Oder welcher Kö-
nig will sich auf einen Krieg einlassen gegen ei-
nen andern König und setzt sich nicht zuvor hin
und hält Rat, ob er mit Zehntausend dem begeg-
nen kann, der über ihn kommt mit Zwanzigtau-
send? [32]Wenn nicht, so schickt er eine Gesandt-
schaft, solange jener noch fern ist, und bittet um
Frieden. [33]So auch jeder unter euch, der sich
nicht lossagt von allem, was er hat, der kann
nicht mein Jünger sein.

[34]Das Salz ist etwas Gutes; wenn aber das Salz
nicht mehr salzt, womit soll man würzen? [35]Es ist
weder für den Acker noch für den Mist zu ge-
brauchen, sondern man wird's wegwerfen. Wer
Ohren hat zu hören, der höre!

Vom verlorenen Schaf

15 Es nahten sich ihm aber allerlei Zöll-
ner und Sünder, um ihn zu hören.
[2]Und die Pharisäer und Schriftgelehr-
ten murrten und sprachen: Dieser nimmt die
Sünder an und ißt mit ihnen. [3]Er sagte aber zu

ihnen dies Gleichnis und sprach: [4]Welcher
Mensch ist unter euch, der hundert Schafe hat
und, wenn er eins von ihnen verliert, nicht die
neunundneunzig in der Wüste läßt und geht dem

Zöllner

Angestellte der römischen Besatzungsmacht. Sie waren verachtet und standen außerhalb der Volksgemeinschaft, auch wenn sie Juden waren.

verlorenen nach, bis er's findet? [5]Und wenn er's
gefunden hat, so legt er sich's auf die Schultern
voller Freude. [6]Und wenn er heimkommt, ruft er
seine Freunde und Nachbarn und spricht zu ih-
nen: Freut euch mit mir; denn ich habe mein
Schaf gefunden, das verloren war. [7]Ich sage
euch: So wird auch Freude im Himmel sein über
einen Sünder, der Buße tut, mehr als über neun-
undneunzig Gerechte, die der Buße nicht bedür-
fen.

So wird auch Freude im Himmel sein.

Vom verlorenen Groschen

[8]Oder welche Frau, die zehn Silbergroschen hat
und einen davon verliert, zündet nicht ein Licht
an und kehrt das Haus und sucht mit Fleiß, bis
sie ihn findet? [9]Und wenn sie ihn gefunden hat,
ruft sie ihre Freundinnen und Nachbarinnen und
spricht: Freut euch mit mir; denn ich habe mei-
nen Silbergroschen gefunden, den ich verloren
hatte. [10]So, sage ich euch, wird Freude sein vor
den Engeln Gottes über einen Sünder, der Buße
tut.

Vom verlorenen Sohn

[11]Und er sprach: Ein Mensch hatte zwei Söhne.
[12]Und der jüngere von ihnen sprach zu dem Va-
ter: Gib mir, Vater, das Erbteil, das mir zusteht.
Und er teilte Hab und Gut unter sie. [13]Und nicht
lange danach sammelte der jüngere Sohn alles
zusammen und zog in ein fernes Land; und dort
brachte er sein Erbteil durch mit Prassen. [14]Als
er nun all das Seine verbraucht hatte, kam eine
große Hungersnot über jenes Land, und er fing
an zu darben [15]und ging hin und hängte sich an
einen Bürger jenes Landes; der schickte ihn auf
seinen Acker, die Säue zu hüten. [16]Und er be-
gehrte, seinen Bauch zu füllen mit den Schoten,
die die Säue fraßen; und niemand gab sie ihm.
[17]Da ging er in sich und sprach: Wie viele Tage-
löhner hat mein Vater, die Brot in Fülle haben,
und ich verderbe hier im Hunger! [18]Ich will mich
aufmachen und zu meinem Vater gehen und zu
ihm sagen: Vater, ich habe gesündigt gegen den
Himmel und vor dir. [19]Ich bin hinfort nicht

Vater, ich habe gesündigt gegen den Himmel und vor dir.

mehr wert, daß ich dein Sohn heiße; mache mich
zu einem deiner Tagelöhner! [20]Und er machte
sich auf und kam zu seinem Vater. Als er aber
noch weit entfernt war, sah ihn sein Vater, und
es jammerte ihn; er lief und fiel ihm um den Hals
und küßte ihn. [21]Der Sohn aber sprach zu ihm:
Vater, ich habe gesündigt gegen den Himmel
und vor dir; ich bin hinfort nicht mehr wert, daß
ich dein Sohn heiße. [22]Aber der Vater sprach zu
seinen Knechten: Bringt schnell das beste Ge-
wand her und zieht es ihm an und gebt ihm einen
Ring an seine Hand und Schuhe an seine Füße
[23]und bringt das gemästete Kalb und schlachtet's;
laßt uns essen und fröhlich sein! [24]Denn dieser
mein Sohn war tot und ist wieder lebendig ge-
worden; er war verloren und ist gefunden wor-
den. Und sie fingen an, fröhlich zu sein.

[25]Aber der ältere Sohn war auf dem Feld.
Und als er nahe zum Hause kam, hörte er Singen
und Tanzen [26]und rief zu sich einen der Knechte,
und fragte, was das wäre. [27]Der aber sagte ihm:
Dein Bruder ist gekommen, und dein Vater hat
das gemästete Kalb geschlachtet, weil er ihn ge-
sund wieder hat. [28]Da wurde er zornig und wollte
nicht hineingehen. Da ging sein Vater heraus und
bat ihn. [29]Er antwortete aber und sprach zu sei-
nem Vater: Siehe, so viele Jahre diene ich dir
und habe dein Gebot noch nie übertreten, und
du hast mir nie einen Bock gegeben, daß ich mit
meinen Freunden fröhlich gewesen wäre. [30]Nun
aber, da dieser dein Sohn gekommen ist, der
dein Hab und Gut mit Huren verpraßt hat, hast
du ihm das gemästete Kalb geschlachtet. [31]Er
aber sprach zu ihm: Mein Sohn, du bist allezeit

bei mir, und alles, was mein ist, das ist dein. [32]Du
solltest aber fröhlich und guten Mutes sein; denn
dieser dein Bruder war tot und ist wieder leben-
dig geworden, er war verloren und ist wiederge-
funden.

Vom unehrlichen Verwalter

16 Er sprach aber auch zu den Jüngern:
Es war ein reicher Mann, der hatte
einen Verwalter; der wurde bei ihm
beschuldigt, er verschleudere ihm seinen Besitz.
[2]Und er ließ ihn rufen und sprach zu ihm: Was
höre ich da von dir? Gib Rechenschaft über dei-
ne Verwaltung; denn du kannst hinfort nicht
Verwalter sein. [3]Der Verwalter sprach bei sich
selbst: Was soll ich tun? Mein Herr nimmt mir
das Amt; graben kann ich nicht, auch schäme ich
mich zu betteln. [4]Ich weiß, was ich tun will, da-
mit sie mich in ihre Häuser aufnehmen, wenn ich
von dem Amt abgesetzt werde. [5]Und er rief zu
sich die Schuldner seines Herrn, einen jeden für
sich, und fragte den ersten: Wieviel bist du mei-
nem Herrn schuldig? [6]Er sprach: Hundert Eimer
Öl. Und er sprach zu ihm: Nimm deinen Schuld-
schein, setz dich hin und schreib flugs fünfzig.
[7]Danach fragte er den zweiten: Du aber, wieviel
bist du schuldig? Er sprach: Hundert Sack Wei-
zen. Und er sprach zu ihm: Nimm deinen
Schuldschein und schreib achtzig.

[8]Und der Herr lobte den ungetreuen Verwal-
ter, weil er klug gehandelt hatte; denn die Kinder
dieser Welt sind unter ihresgleichen klüger als
die Kinder des Lichts. [9]Und ich sage euch:
Macht euch Freunde mit dem ungerechten Mam-
mon, damit, wenn er zu Ende geht, sie euch auf-
nehmen in die ewigen Hütten.

Von der Treue

[10]Wer im Geringsten treu ist, der ist auch im
Großen treu; und wer im Geringsten ungerecht
ist, der ist auch im Großen ungerecht. [11]Wenn

Wer im Geringsten treu ist, der ist auch im Großen treu.

ihr nun mit dem ungerechten Mammon nicht
treu seid, wer wird euch das wahre Gut anver-
trauen? [12]Und wenn ihr mit dem fremden Gut
nicht treu seid, wer wird euch geben, was euer
ist? [13]Kein Knecht kann zwei Herren dienen;
entweder er wird den einen hassen und den an-
dern lieben, oder er wird an dem einen hängen
und den andern verachten. Ihr könnt nicht Gott
dienen und dem Mammon.

Die Selbstgerechtigkeit der Pharisäer. Das Gesetz

[14]Das alles hörten die Pharisäer. Die waren geld-
gierig und spotteten über ihn. [15]Und er sprach zu
ihnen: Ihr seid's, die ihr euch selbst rechtfertigt
vor den Menschen; aber Gott kennt eure Her-
zen; denn was hoch ist bei den Menschen, das ist
ein Greuel vor Gott.

[16]Das Gesetz und die Propheten reichen bis zu
Johannes. Von da an wird das Evangelium vom
Reich Gottes gepredigt, und jedermann drängt
sich mit Gewalt hinein. [17]Es ist aber leichter, daß
Himmel und Erde vergehen, als daß ein Tüpfel-
chen vom Gesetz fällt. [18]Wer sich scheidet von
seiner Frau und heiratet eine andere, der bricht
die Ehe; und wer die von ihrem Mann Geschie-
dene heiratet, der bricht auch die Ehe.

Vom reichen Mann und armen Lazarus

[19]Es war aber ein reicher Mann, der kleidete sich
in Purpur und kostbares Leinen und lebte alle
Tage herrlich und in Freuden. [20]Es war aber ein
Armer mit Namen Lazarus, der lag vor seiner
Tür voll von Geschwüren [21]und begehrte, sich zu
sättigen mit dem, was von des Reichen Tisch fiel;
dazu kamen auch die Hunde und leckten seine
Geschwüre. [22]Es begab sich aber, daß der Arme
starb, und er wurde von den Engeln getragen in
Abrahams Schoß. Der Reiche aber starb auch
und wurde begraben. [23]Als er nun in der Hölle
war, hob er seine Augen auf in seiner Qual und
sah Abraham von ferne und Lazarus in seinem
Schoß. [24]Und er rief: Vater Abraham, erbarme
dich meiner und sende Lazarus, damit er die
Spitze seines Fingers ins Wasser tauche und mir
die Zunge kühle; denn ich leide Pein in diesen
Flammen. [25]Abraham aber sprach: Gedenke,
Sohn, daß du dein Gutes empfangen hast in dei-
nem Leben, Lazarus dagegen hat Böses empfan-
gen; nun wird er hier getröstet, und du wirst ge-
peinigt. [26]Und überdies besteht zwischen uns und
euch eine große Kluft, daß niemand, der von hier
zu euch hinüber will, dorthin kommen kann und
auch niemand von dort zu uns herüber. [27]Da
sprach er: So bitte ich dich, Vater, daß du ihn

sendest in meines Vaters Haus; 28denn ich habe
noch fünf Brüder, die soll er warnen, damit sie
nicht auch kommen an diesen Ort der Qual.
29Abraham sprach: Sie haben Mose und die Pro-
pheten; die sollen sie hören. 30Er aber sprach:
Nein, Vater Abraham, sondern wenn einer von

Sie werden sich auch nicht überzeugen lassen, wenn jemand von den Toten auferstünde.

den Toten zu ihnen ginge, so würden sie Buße
tun. 31Er sprach zu ihm: Hören sie Mose und die
Propheten nicht, so werden sie sich auch nicht
überzeugen lassen, wenn jemand von den Toten
auferstünde.

Von Verführung und Sünde

17 Er sprach aber zu seinen Jüngern: Es
ist unmöglich, daß keine Verführun-
gen kommen; aber weh dem, durch
den sie kommen! 2Es wäre besser für ihn, daß
man einen Mühlstein an seinen Hals hängte und
würfe ihn ins Meer, als daß er einen dieser Klei-
nen zum Abfall verführt. 3Hütet euch!

Wenn dein Bruder sündigt, so weise ihn zu-
recht; und wenn er es bereut, vergib ihm. 4Und
wenn er siebenmal am Tag an dir sündigen wür-
de und siebenmal wieder zu dir käme und sprä-
che: Es reut mich!, so sollst du ihm vergeben.

Von der Kraft des Glaubens

5Und die Apostel sprachen zu dem Herrn: Stärke
uns den Glauben! 6Der Herr aber sprach: Wenn
ihr Glauben hättet so groß wie ein Senfkorn,
dann könntet ihr zu diesem Maulbeerbaum sa-
gen: Reiß dich aus und versetze dich ins Meer!,
und er würde euch gehorchen.

Vom Knechtslohn

7Wer unter euch hat einen Knecht, der pflügt
oder das Vieh weidet, und sagt ihm, wenn der
vom Feld heimkommt: Komm gleich her und
setz dich zu Tisch? 8Wird er nicht vielmehr zu
ihm sagen: Bereite mir das Abendessen, schürze
dich und diene mir, bis ich gegessen und getrun-
ken habe; danach sollst du auch essen und trin-
ken? 9Dankt er etwa dem Knecht, daß er getan
hat, was befohlen war? 10So auch ihr! Wenn ihr
alles getan habt, was euch befohlen ist, so
sprecht: Wir sind unnütze Knechte; wir haben
getan, was wir zu tun schuldig waren.

Vergebt immer wieder

Die zehn Aussätzigen

[11]Und es begab sich, als er nach Jerusalem wanderte, daß er durch Samarien und Galiläa hin zog. [12]Und als er in ein Dorf kam, begegneten ihm zehn aussätzige Männer; die standen von ferne [13]und erhoben ihre Stimme und sprachen: Jesus, lieber Meister, erbarme dich unser! [14]Und als er sie sah, sprach er zu ihnen: Geht hin und zeigt euch den Priestern! Und es geschah, als sie hingingen, da wurden sie rein. [15]Einer aber unter ihnen, als er sah, daß er gesund geworden war, kehrte er um und pries Gott mit lauter Stimme [16]und fiel nieder auf sein Angesicht zu Jesu Füßen und dankte ihm. Und das war ein Samariter. [17]Jesus aber antwortete und sprach: Sind nicht die zehn rein geworden? Wo sind aber die neun? [18]Hat sich sonst keiner gefunden, der wieder umkehrte, um Gott die Ehre zu geben, als nur dieser Fremde? [19]Und er sprach zu ihm: Steh auf, geh hin; dein Glaube hat dir geholfen.

Vom Kommen des Gottesreiches

[20]Als er aber von den Pharisäern gefragt wurde: Wann kommt das Reich Gottes?, antwortete er ihnen und sprach: Das Reich Gottes kommt nicht so, daß man's beobachten kann; [21]man wird auch nicht sagen: Siehe, hier ist es! oder: Da ist es! Denn siehe, das Reich Gottes ist mitten unter euch.

[22]Er sprach aber zu den Jüngern: Es wird die Zeit kommen, in der ihr begehren werdet, zu sehen einen der Tage des Menschensohns, und werdet ihn nicht sehen. [23]Und sie werden zu euch sagen: Siehe, da! oder: Siehe, hier! Geht nicht hin und lauft ihnen nicht nach! [24]Denn wie der Blitz aufblitzt und leuchtet von einem Ende des Himmels bis zum andern, so wird der Menschensohn an seinem Tage sein. [25]Zuvor aber muß er viel leiden und verworfen werden von diesem Geschlecht. [26]Und wie es geschah zu den Zeiten Noahs, so wird's auch geschehen in den Tagen des Menschensohns: [27]sie aßen, sie tranken, sie heirateten, sie ließen sich heiraten bis zu dem Tag, an dem Noah in die Arche ging und die Sintflut kam und brachte sie alle um. [28]Ebenso, wie es geschah zu den Zeiten Lots: Sie aßen, sie tranken, sie kauften, sie verkauften, sie pflanzten, sie bauten; [29]an dem Tage aber, als Lot aus Sodom ging, da regnete es Feuer und Schwefel vom Himmel und brachte sie alle um. [30]Auf diese Weise wird's auch gehen an dem Tage, wenn der Menschensohn wird offenbar werden.

[31]Wer an jenem Tage auf dem Dach ist und seine Sachen im Haus hat, der steige nicht hinunter, um sie zu holen. Und ebenso, wer auf dem Feld ist, der wende sich nicht um nach dem, was hinter ihm ist. [32]Denkt an Lots Frau! [33]Wer sein Leben zu erhalten sucht, der wird es verlieren; und wer es verlieren wird, der wird es gewinnen. [34]Ich sage euch: In jener Nacht werden zwei auf einem Bett liegen; der eine wird angenommen, der andere wird preisgegeben werden. [35]Zwei Frauen werden miteinander Korn mahlen; die eine wird angenommen, die andere wird preisgegeben werden. [37]Und sie fingen an und fragten ihn: Herr, wo? Er aber sprach zu ihnen: Wo das Aas ist, da sammeln sich auch die Geier.

Von der bittenden Witwe

18 Er sagte ihnen aber ein Gleichnis darüber, daß sie allezeit beten und nicht nachlassen sollten, [2]und sprach: Es war ein Richter in einer Stadt, der fürchtete sich nicht vor Gott und scheute sich vor keinem Menschen. [3]Es war aber eine Witwe in derselben Stadt, die kam zu ihm und sprach: Schaffe mir Recht gegen meinen Widersacher! [4]Und er wollte lange nicht. Danach aber dachte er bei sich selbst: Wenn ich mich schon vor Gott nicht fürchte noch vor keinem Menschen scheue, [5]will ich doch dieser Witwe, weil sie mir soviel Mühe macht, Recht schaffen, damit sie nicht zuletzt komme und mir ins Gesicht schlage.

[6]Da sprach der Herr: Hört, was der ungerechte Richter sagt! [7]Sollte Gott nicht auch Recht schaffen seinen Auserwählten, die zu ihm Tag und Nacht rufen, und sollte er's bei ihnen lange hinziehen? [8]Ich sage euch: Er wird ihnen Recht schaffen in Kürze. Doch wenn der Menschensohn kommen wird, meinst du, er werde Glauben finden auf Erden?

Vom Pharisäer und Zöllner

[9]Er sagte aber zu einigen, die sich anmaßten, fromm zu sein, und verachteten die andern, dies Gleichnis: [10]Es gingen zwei Menschen hinauf in den Tempel, um zu beten, der eine ein Pharisäer, der andere ein Zöllner. [11]Der Pharisäer stand für sich und betete so: Ich danke dir, Gott, daß ich nicht bin wie die andern Leute, Räuber, Betrüger, Ehebrecher oder auch wie dieser Zöllner.

[12]Ich faste zweimal in der Woche und gebe den
Zehnten von allem, was ich einnehme. [13]Der
Zöllner aber stand ferne, wollte auch die Augen
nicht aufheben zum Himmel, sondern schlug an
seine Brust und sprach: Gott, sei mir Sünder
gnädig! [14]Ich sage euch: Dieser ging gerechtfer-
tigt hinab in sein Haus, nicht jener. Denn wer
sich selbst erhöht, der wird erniedrigt werden;
und wer sich selbst erniedrigt, der wird erhöht
werden.

Die Segnung der Kinder

[15]Sie brachten auch kleine Kinder zu ihm, damit
er sie anrühren sollte. Als das aber die Jünger sa-
hen, fuhren sie sie an. [16]Aber Jesus rief sie zu
sich und sprach: Lasset die Kinder zu mir kom-
men und wehret ihnen nicht, denn solchen ge-
hört das Reich Gottes. [17]Wahrlich, ich sage euch:
Wer nicht das Reich Gottes annimmt wie ein
Kind, der wird nicht hineinkommen.

Wer nicht das Reich Gottes annimmt wie ein Kind, der wird nicht hineinkommen.

Die Gefahr des Reichtums

[18]Und es fragte ihn ein Oberer und sprach: Gu-
ter Meister, was muß ich tun, damit ich das ewi-
ge Leben ererbe? [19]Jesus aber sprach zu ihm:
Was nennst du mich gut? Niemand ist gut als
Gott allein. [20]Du kennst die Gebote: »Du sollst
nicht ehebrechen; du sollst nicht töten; du sollst
nicht stehlen; du sollst nicht falsch Zeugnis re-
den; du sollst deinen Vater und deine Mutter eh-
ren!« [21]Er aber sprach: Das habe ich alles gehal-
ten von Jugend auf. [22]Als Jesus das hörte, sprach
er zu ihm: Es fehlt dir noch eines. Verkaufe al-
les, was du hast, und gib's den Armen, so wirst
du einen Schatz im Himmel haben, und komm
und folge mir nach! [23]Als er das aber hörte, wur-
de er traurig; denn er war sehr reich. [24]Als aber
Jesus sah, daß er traurig geworden war, sprach
er: Wie schwer kommen die Reichen in das
Reich Gottes! [25]Denn es ist leichter, daß ein Ka-
mel durch ein Nadelöhr gehe, als daß ein Rei-
cher in das Reich Gottes komme. [26]Da sprachen,
die das hörten: Wer kann dann selig werden?
[27]Er aber sprach: Was bei den Menschen unmög-
lich ist, das ist bei Gott möglich.

Der Lohn der Nachfolge

[28]Da sprach Petrus: Siehe, wir haben, was wir
hatten, verlassen und sind dir nachgefolgt. [29]Er
aber sprach zu ihnen: Wahrlich, ich sage euch:
Es ist niemand, der Haus oder Frau oder Brüder
oder Eltern oder Kinder verläßt um des Reiches
Gottes willen, [30]der es nicht vielfach wieder emp-
fange in dieser Zeit und in der zukünftigen Welt
das ewige Leben.

Die dritte Ankündigung von Jesu Leiden und Auferstehung

[31]Er nahm aber zu sich die Zwölf und sprach zu
ihnen: Seht, wir gehen hinauf nach Jerusalem,
und es wird alles vollendet werden, was geschrie-
ben ist durch die Propheten von dem Menschen-
sohn. [32]Denn er wird überantwortet werden den
Heiden, und er wird verspottet und mißhandelt
und angespien werden, [33]und sie werden ihn gei-
ßeln und töten; und am dritten Tage wird er auf-
erstehen. [34]Sie aber begriffen nichts davon, und
der Sinn der Rede war ihnen verborgen, und sie
verstanden nicht, was damit gesagt war.

Der Blinde von Jericho

[35]Es begab sich aber, als er in die Nähe von Jeri-
cho kam, daß ein Blinder am Wege saß und bet-
telte. [36]Als er aber die Menge hörte, die vorbei-
ging, forschte er, was das wäre. [37]Da berichteten
sie ihm, Jesus von Nazareth gehe vorbei. [38]Und
er rief: Jesus, du Sohn Davids, erbarme dich mei-
ner! [39]Die aber vornean gingen, fuhren ihn an, er
solle schweigen. Er aber schrie noch viel mehr:
Du Sohn Davids, erbarme dich meiner! [40]Jesus
aber blieb stehen und ließ ihn zu sich führen. Als
er aber näher kam, fragte er ihn: [41]Was willst du,
daß ich für dich tun soll? Er sprach: Herr, daß

Reich Gottes
Gemeint ist die Herrschaft Gottes, die im Herzen der Menschen schon auf Erden beginnt, die das ganze Leben bestimmt und die nach Jesu Wiederkunft einmal in Vollkommenheit aufgerichtet wird.

ich sehen kann. [42]Und Jesus sprach zu ihm: Sei
sehend! Dein Glaube hat dir geholfen. [43]Und so-
gleich wurde er sehend und folgte ihm nach und
pries Gott. Und alles Volk, das es sah, lobte
Gott.

Zachäus

19 Und er ging nach Jericho hinein und
zog hindurch. 2Und siehe, da war ein
Mann mit Namen Zachäus, der war
ein Oberer der Zöllner und war reich. 3Und er
begehrte, Jesus zu sehen, wer er wäre, und konn-
te es nicht wegen der Menge; denn er war klein
von Gestalt. 4Und er lief voraus und stieg auf ei-
nen Maulbeerbaum, um ihn zu sehen; denn dort
sollte er durchkommen. 5Und als Jesus an die
Stelle kam, sah er auf und sprach zu ihm: Za-
chäus, steig eilend herunter; denn ich muß heute
in deinem Haus einkehren. 6Und er stieg eilend
herunter und nahm ihn auf mit Freuden. 7Als sie
das sahen, murrten sie alle und sprachen: Bei ei-
nem Sünder ist er eingekehrt. 8Zachäus aber trat
vor den Herrn und sprach: Siehe, Herr, die Hälf-
te von meinem Besitz gebe ich den Armen, und
wenn ich jemanden betrogen habe, so gebe ich es
vierfach zurück. 9Jesus aber sprach zu ihm: Heu-
te ist diesem Hause Heil widerfahren, denn auch
er ist Abrahams Sohn. 10Denn der Menschen-
sohn ist gekommen, zu suchen und selig zu ma-
chen, was verloren ist.

Von den anvertrauten Pfunden

11Als sie nun zuhörten, sagte er ein weiteres
Gleichnis; denn er war nahe bei Jerusalem, und
sie meinten, das Reich Gottes werde sogleich of-
fenbar werden. 12Und er sprach: Ein Fürst zog in
ein fernes Land, um ein Königtum zu erlangen
und dann zurückzukommen. 13Der ließ zehn sei-
ner Knechte rufen und gab ihnen zehn Pfund
und sprach zu ihnen: Handelt damit, bis ich wie-
derkomme! 14Seine Bürger aber waren ihm feind
und schickten eine Gesandtschaft hinter ihm her
und ließen sagen: Wir wollen nicht, daß dieser
über uns herrsche. 15Und es begab sich, als er
wiederkam, nachdem er das Königtum erlangt
hatte, da ließ er die Knechte rufen, denen er das
Geld gegeben hatte, um zu erfahren, was ein je-
der erhandelt hätte. 16Da trat der erste herzu und
sprach: Herr, dein Pfund hat zehn Pfund einge-
bracht. 17Und er sprach zu ihm: Recht so, du
tüchtiger Knecht; weil du im Geringsten treu ge-
wesen bist, sollst du Macht haben über zehn
Städte. 18Der zweite kam auch und sprach: Herr,
dein Pfund hat fünf Pfund erbracht. 19Zu dem
sprach er auch: Und du sollst über fünf Städte
sein. 20Und der dritte kam und sprach: Herr, sie-
he, hier ist dein Pfund, das ich in einem Tuch
verwahrt habe; 21denn ich fürchtete mich vor dir,
weil du ein harter Mann bist; du nimmst, was du
nicht angelegt hast, und erntest, was du nicht ge-
sät hast. 22Er sprach zu ihm: Mit deinen eigenen
Worten richte ich dich, du böser Knecht. Wuß-
test du, daß ich ein harter Mann bin, nehme, was
ich nicht angelegt habe, und ernte, was ich nicht
gesät habe: 23warum hast du dann mein Geld
nicht zur Bank gebracht? Und wenn ich zurück-
gekommen wäre, hätte ich's mit Zinsen eingefor-
dert. 24Und er sprach zu denen, die dabeistan-
den: Nehmt das Pfund von ihm und gebt's dem,
der zehn Pfund hat. 25Und sie sprachen zu ihm:
Herr, er hat doch schon zehn Pfund. 26Ich sage
euch aber: Wer da hat, dem wird gegeben wer-
den; von dem aber, der nicht hat, wird auch das
genommen werden, was er hat. 27Doch diese
meine Feinde, die nicht wollten, daß ich ihr Kö-
nig werde, bringt her und macht sie vor mir nie-
der.

Jesu Einzug in Jerusalem

28Und als er das gesagt hatte, ging er voran und
zog hinauf nach Jerusalem. 29Und es begab sich,
als er nahe von Betfage und Betanien an den
Berg kam, der Ölberg heißt, da sandte er zwei
Jünger 30und sprach: Geht hin in das Dorf, das
vor uns liegt. Und wenn ihr hineinkommt, wer-
det ihr ein Füllen angebunden finden, auf dem
noch nie ein Mensch gesessen hat, bindet es los
und bringt's her! 31Und wenn euch jemand fragt:
Warum bindet ihr es los?, dann sagt: Der Herr
bedarf seiner. 32Und die er gesandt hatte, gingen
hin und fanden's, wie er ihnen gesagt hatte. 33Als
sie aber das Füllen losbanden, sprachen seine
Herren zu ihnen: Warum bindet ihr das Füllen
los? 34Sie aber sprachen: Der Herr bedarf seiner.
35Und sie brachten's zu Jesus und warfen ihre
Kleider auf das Füllen und setzten Jesus darauf.
36Als er nun hinzog, breiteten sie ihre Kleider auf
den Weg. 37Und als er schon nahe am Abhang
des Ölbergs war, fing die ganze Menge der Jün-
ger an, mit Freuden Gott zu loben mit lauter
Stimme über alle Taten, die sie gesehen hatten,
38und sprachen:

> Gelobt sei, der da kommt,
> der König, in dem Namen des Herrn!
> Friede sei im Himmel
> und Ehre in der Höhe!

39Und einige Pharisäer in der Menge sprachen zu
ihm: Meister, weise doch deine Jünger zurecht!
40Er antwortete und sprach: Ich sage euch: Wenn

Auf einem Esel reitet Jesus in die Stadt Jerusalem

diese schweigen werden, so werden die Steine
schreien.

Jesus weint über Jerusalem

[41]Und als er nahe hinzukam, sah er die Stadt und
weinte über sie [42]und sprach: Wenn doch auch
du erkenntest zu dieser Zeit, was zum Frieden
dient! Aber nun ist's vor deinen Augen verbor-
gen. [43]Denn es wird eine Zeit über dich

Wenn doch auch du erkenntest, was zum Frieden dient!

kommen, da werden deine Feinde um dich einen
Wall aufwerfen, dich belagern und von allen Sei-
ten bedrängen, [44]und werden dich dem Erdbo-
den gleichmachen samt deinen Kindern in dir
und keinen Stein auf dem andern lassen in dir,
weil du die Zeit nicht erkannt hast, in der du
heimgesucht worden bist.

Die Tempelreinigung

[45]Und er ging in den Tempel und fing an, die
Händler auszutreiben, [46]und sprach zu ihnen: Es
steht geschrieben (Jesaja 56,7): »Mein Haus soll
ein Bethaus sein«; ihr aber habt es zur Räuber-
höhle gemacht. [47]Und er lehrte täglich im Tem-
pel. Aber die Hohenpriester und Schriftgelehrten
und die Angesehensten des Volkes trachteten
danach, daß sie ihn umbrächten, [48]und fanden
nicht, wie sie es machen sollten; denn das ganze
Volk hing ihm an und hörte ihn.

Die Frage nach Jesu Vollmacht

20 Und es begab sich eines Tages, als er
das Volk lehrte im Tempel und pre-
digte das Evangelium, da traten zu
ihm die Hohenpriester und Schriftgelehrten mit
den Ältesten [2]und sprachen zu ihm: Sage uns,
aus welcher Vollmacht tust du das? oder wer hat
dir diese Vollmacht gegeben? [3]Er aber ant-

Sage uns, aus welcher Vollmacht tust du das?

wortete und sprach zu ihnen: Ich will euch auch
eine Sache fragen; sagt mir: [4]Die Taufe des Joh-
annes – war sie vom Himmel oder von Men-
schen? [5]Sie aber bedachten's bei sich selbst
und sprachen: Sagen wir, vom Himmel, so wird
er sagen: Warum habt ihr ihm nicht geglaubt?
[6]Sagen wir aber, von Menschen, so wird uns alles
Volk steinigen; denn sie sind überzeugt, daß Jo-
hannes ein Prophet war. [7]Und sie antworteten,
sie wüßten nicht, wo sie her wäre. [8]Und Jesus
sprach zu ihnen: So sage ich euch auch nicht, aus
welcher Vollmacht ich das tue.

Von den bösen Weingärtnern

[9]Er fing aber an, dem Volk dies Gleichnis zu sa-
gen: Ein Mensch pflanzte einen Weinberg und
verpachtete ihn an Weingärtner und ging außer
Landes für eine lange Zeit. [10]Und als die Zeit
kam, sandte er einen Knecht zu den Weingärt-
nern, damit sie ihm seinen Anteil gäben an der
Frucht des Weinbergs. Aber die Weingärtner
schlugen

Schriftgelehrte
Männer, die im Volk Israel die Schriften des Alten Testaments lehren und für das Leben der Hörer deuten sollten. Viele Schriftgelehrte wurden zu Gegnern Jesu.

ihn und schickten ihn mit leeren Händen fort.
[11]Und er sandte noch einen zweiten Knecht; sie
aber schlugen den auch und verhöhnten ihn und
schickten ihn mit leeren Händen fort. [12]Und er
sandte noch einen dritten; sie aber schlugen auch
den blutig und stießen ihn hinaus. [13]Da sprach
der Herr des Weinbergs: Was soll ich tun? Ich
will meinen lieben Sohn senden; vor dem werden
sie sich doch scheuen.
[14]Als aber die Weingärtner den Sohn sahen,
dachten sie bei sich selbst und sprachen: Das ist
der Erbe; laßt uns ihn töten, damit das Erbe un-
ser sei! [15]Und sie stießen ihn hinaus vor den
Weinberg und töteten ihn. Was wird nun der
Herr des Weinbergs mit ihnen tun? [16]Er wird
kommen und diese Weingärtner umbringen und
seinen Weinberg andern geben.
Als sie das hörten, sprachen sie: Nur das
nicht! [17]Er aber sah sie an und sprach: Was be-
deutet dann das, was geschrieben steht (Psalm
118,22):

> »Der Stein, den die Bauleute verworfen
> haben,
> der ist zum Eckstein geworden«?

[18]Wer auf diesen Stein fällt, der wird zerschellen;
auf wen er aber fällt, den wird er zermalmen.
[19]Und die Schriftgelehrten und Hohenpriester
trachteten danach, Hand an ihn zu legen noch in
derselben Stunde, und fürchteten sich doch vor
dem Volk; denn sie hatten verstanden, daß er
auf sie hin dies Gleichnis gesagt hatte.

Die Frage nach der Steuer

[20]Und sie belauerten ihn und sandten Leute aus,
die sich stellen sollten, als wären sie fromm; die
sollten ihn fangen in seinen Worten, damit man
ihn überantworten könnte der Obrigkeit und Ge-
walt des Statthalters. [21]Und sie fragten ihn und
sprachen: Meister, wir wissen, daß du aufrichtig
redest und lehrst und achtest nicht das Ansehen
der Menschen, sondern du lehrst den Weg Got-
tes recht. [22]Ist's recht, daß wir dem Kaiser Steu-
ern zahlen oder nicht? [23]Er aber merkte ihre List
und sprach zu ihnen: [24]Zeigt mir einen Silbergro-
schen! Wessen Bild und Aufschrift hat er? Sie
sprachen: Des Kaisers. [25]Er aber sprach zu ih-
nen: So gebt dem Kaiser, was des Kaisers ist,
und Gott, was Gottes ist! [26]Und sie konnten
ihn in seinen Worten nicht fangen vor dem Volk
und wunderten sich über seine Antwort und
schwiegen still.

Meister, wir wissen, daß du aufrichtig redest und lehrst!

Die Frage nach der Auferstehung

[27]Da traten zu ihm einige der Sadduzäer, die leh-
ren, es gebe keine Auferstehung, und fragten ihn
und sprachen: [28]Meister, Mose hat uns vorge-
schrieben (5. Mose 25,5.6): »Wenn jemand
stirbt, der eine Frau hat, aber keine Kinder, so
soll sein Bruder sie zur Frau nehmen und seinem
Bruder Nachkommen erwecken.« [29]Nun waren
sieben Brüder. Der erste nahm eine Frau und
starb kinderlos. [30]Und der zweite nahm sie, [31]und
der dritte; desgleichen alle sieben, sie hinterlie-
ßen keine Kinder und starben. [32]Zuletzt starb
auch die Frau. [33]Nun in der Auferstehung: wes-
sen Frau wird sie sein unter ihnen? Denn alle sie-
ben haben sie zur Frau gehabt. [34]Und Jesus
sprach zu ihnen: Die Kinder dieser Welt heiraten
und lassen sich heiraten; [35]welche aber gewürdigt
werden, jene Welt zu erlangen und die Auferste-
hung von den Toten, die werden weder heiraten
noch sich heiraten lassen. [36]Denn sie können hin-
fort auch nicht sterben; denn sie sind den Engeln
gleich und Gottes Kinder, weil sie Kinder der
Auferstehung sind. [37]Daß aber die Toten aufer-
stehen, darauf hat auch Mose gedeutet beim
Dornbusch, wo er den Herrn nennt Gott Abra-
hams und Gott Isaaks und Gott Jakobs (2. Mose
3,6). [38]Gott aber ist nicht ein Gott der Toten,
sondern der Lebenden; denn ihm leben sie alle.
[39]Da antworteten einige der Schriftgelehrten
und sprachen: Meister, du hast recht geredet.
[40]Und sie wagten nicht mehr, ihn etwas zu
fragen.

Die Frage nach dem Davidssohn

[41]Er sprach aber zu ihnen: Wieso sagen sie, der
Christus sei Davids Sohn? [42]Denn David selbst
sagt im Psalmbuch (Psalm 110,1):

> »Der Herr sprach zu meinem Herrn:
> Setze dich zu meiner Rechten,
> [43]bis ich deine Feinde zum Schemel deiner
> Füße mache.«

[44]David nennt ihn also einen Herrn; wie ist er
dann sein Sohn?

Warnung vor den Schriftgelehrten

[45]Als aber alles Volk zuhörte, sprach er zu seinen
Jüngern: [46]Hütet euch vor den Schriftgelehrten,
die es lieben, in langen Gewändern einherzuge-
hen, und lassen sich gern grüßen auf dem Markt
und sitzen gern obenan in den Synagogen und
bei Tisch; [47]sie fressen die Häuser der Witwen
und verrichten zum Schein lange Gebete. Die
werden ein um so härteres Urteil empfangen.

Das Scherflein der Witwe

21 Er blickte aber auf und sah, wie die
Reichen ihre Opfer in den Gotteska-
sten einlegten. [2]Er sah aber auch eine
arme Witwe, die legte dort zwei Scherflein ein.
[3]Und er sprach: Wahrlich, ich sage euch: Diese
arme Witwe hat mehr als sie alle eingelegt.
[4]Denn diese alle haben etwas von ihrem Über-
fluß zu den Opfern eingelegt; sie aber hat von ih-
rer Armut alles eingelegt, was sie zum Leben
hatte.

JESU REDE ÜBER DIE ENDZEIT
(Verse 5–36)

Das Ende des Tempels

[5]Und als einige von dem Tempel sagten, daß er mit schönen Steinen und Kleinoden geschmückt sei, sprach er: [6]Es wird die Zeit kommen, in der von allem, was ihr seht, nicht ein Stein auf dem andern gelassen wird, der nicht zerbrochen werde.

Die Vorzeichen

[7]Sie fragten ihn aber: Meister, wann wird das geschehen? und was wird das Zeichen sein, wenn das geschehen wird? [8]Er aber sprach: Seht zu, laßt euch nicht verführen. Denn viele werden kommen unter meinem Namen und sagen: Ich bin's, und: Die Zeit ist herbeigekommen. – Folgt ihnen nicht nach! [9]Wenn ihr aber hören werdet von Kriegen und Aufruhr, so entsetzt euch nicht. Denn das muß zuvor geschehen; aber das Ende ist noch nicht so bald da. [10]Dann sprach er zu ihnen: Ein Volk wird sich erheben gegen das andere und ein Reich gegen das andere, [11]und es werden geschehen große Erdbeben und hier und dort Hungersnöte und Seuchen; auch werden Schrecknisse und vom Himmel her große Zeichen geschehen.

Die Verfolgung der Gemeinde

[12]Aber vor diesem allen werden sie Hand an euch legen und euch verfolgen, und werden euch überantworten den Synagogen und Gefängnissen und euch vor Könige und Statthalter führen um meines Namens willen. [13]Das wird euch widerfahren zu einem Zeugnis. [14]So nehmt nun zu Herzen, daß ihr euch nicht vorher sorgt, wie ihr euch verantworten sollt. [15]Denn ich will euch Mund und Weisheit geben, der alle eure Gegner nicht widerstehen noch widersprechen können. [16]Ihr werdet aber verraten werden von Eltern, Brüdern, Verwandten und Freunden; und man wird einige von euch töten. [17]Und ihr werdet gehaßt sein von jedermann um meines Namens willen. [18]Und kein Haar von eurem Haupt soll verloren gehen. [19]Seid standhaft, und ihr werdet euer Leben gewinnen.

Seid standhaft, und ihr werdet euer Leben gewinnen.

Das Ende Jerusalems

[20]Wenn ihr aber sehen werdet, daß Jerusalem von einem Heer belagert wird, dann erkennt, daß seine Verwüstung nahe herbeigekommen ist. [21]Alsdann, wer in Judäa ist, der fliehe ins Gebirge, und wer in der Stadt ist, gehe hinaus, und wer auf dem Lande ist, komme nicht herein. [22]Denn das sind die Tage der Vergeltung, daß erfüllt werde alles, was geschrieben ist. [23]Weh aber den Schwangeren und den Stillenden in jenen Tagen! Denn es wird große Not auf Erden sein und Zorn über dies Volk kommen, [24]und sie werden fallen durch die Schärfe des Schwertes und gefangen weggeführt unter alle Völker, und Jerusalem wird zertreten werden von den Heiden, bis die Zeiten der Heiden erfüllt sind.

Das Kommen des Menschensohns

[25]Und es werden Zeichen geschehen an Sonne und Mond und Sternen, und auf Erden wird den Völkern bange sein, und sie werden verzagen vor dem Brausen und Wogen des Meeres, [26]und die Menschen werden vergehen vor Furcht und in Erwartung der Dinge, die kommen sollen über die ganze Erde; denn die Kräfte der Himmel werden ins Wanken kommen. [27]Und alsdann werden sie sehen den Menschensohn kommen in einer Wolke mit großer Kraft und Herrlichkeit. [28]Wenn aber dieses anfängt zu geschehen, dann seht auf und erhebt eure Häupter, weil sich eure Erlösung naht.

Vom Feigenbaum

[29]Und er sagte ihnen ein Gleichnis: Seht den Feigenbaum und alle Bäume an: [30]wenn sie jetzt ausschlagen und ihr seht es, so wißt ihr selber, daß jetzt der Sommer nahe ist. [31]So auch ihr: wenn ihr seht, daß dies alles geschieht, so wißt, daß das Reich Gottes nahe ist.

Ermahnung zur Wachsamkeit

[32]Wahrlich, ich sage euch: Dieses Geschlecht wird nicht vergehen, bis es alles geschieht. [33]Himmel und Erde werden vergehen; aber meine Worte vergehen nicht.

[34]Hütet euch aber, daß eure Herzen nicht beschwert werden mit Fressen und Saufen und mit täglichen Sorgen und dieser Tag nicht plötzlich über euch komme wie ein Fallstrick; [35]denn er wird über alle kommen, die auf der ganzen Erde wohnen. [36]So seid allezeit wach und betet, daß

ihr stark werdet, zu entfliehen diesem allen, was
geschehen soll, und zu stehen vor dem Men-
schensohn.
37 Er lehrte des Tags im Tempel; des Nachts
aber ging er hinaus und blieb an dem Berg, den
man den Ölberg nennt. 38 Und alles Volk machte
sich früh auf zu ihm, ihn im Tempel zu hören.

LEIDEN, STERBEN UND AUFERSTEHUNG JESU
(Kapitel 22–24)

Der Verrat des Judas

22 Es war aber nahe das Fest der Unge-
säuerten Brote, das Passa heißt. 2 Und
die Hohenpriester und Schriftgelehr-
ten trachteten danach, wie sie ihn töten könnten;
denn sie fürchteten sich vor dem Volk.
3 Es fuhr aber der Satan in Judas, genannt Is-
kariot, der zur Zahl der Zwölf gehörte. 4 Und er
ging hin und redete mit den Hohenpriestern und
mit den Hauptleuten darüber, wie er ihn an sie
verraten könnte. 5 Und sie wurden froh und ver-
sprachen, ihm Geld zu geben. 6 Und er sagte es
zu und suchte eine Gelegenheit, daß er ihn an sie
verriete ohne Aufsehen.

Das Abendmahl

7 Es kam nun der Tag der Ungesäuerten Brote,
an dem man das Passalamm opfern mußte. 8 Und
er sandte Petrus und Johannes und sprach: Geht
hin und bereitet uns das Passalamm, damit wir's
essen. 9 Sie aber fragten ihn: Wo willst du, daß
wir's bereiten? 10 Er sprach zu ihnen: Siehe, wenn
ihr hineinkommt in die Stadt, wird euch ein
Mensch begegnen, der trägt einen Wasserkrug;
folgt ihm in das Haus, in das er hineingeht, 11 und
sagt zu dem Hausherrn: Der Meister läßt dir sa-
gen: Wo ist der Raum, in dem ich das Passa-
lamm essen kann mit meinen Jüngern? 12 Und er
wird euch einen großen Saal zeigen, der mit Pol-
stern versehen ist; dort bereitet es. 13 Sie gingen
hin und fanden's, wie er ihnen gesagt hatte, und
bereiteten das Passalamm.
14 Und als die Stunde kam, setzte er sich nieder
und die Apostel mit ihm. 15 Und er sprach zu ih-
nen: Mich hat herzlich verlangt, dies Passalamm
mit euch zu essen, ehe ich leide. 16 Denn ich sage
euch, daß ich es nicht mehr essen werde, bis es er-
füllt wird im Reich Gottes. 17 Und er nahm den
Kelch, dankte und sprach: Nehmt ihn und teilt ihn
unter euch; 18 denn ich sage euch: Ich werde von
nun an nicht trinken von dem Gewächs des Wein-
stocks, bis das Reich Gottes kommt.

Die Jünger diskutierten miteinander: Wer ist der Größte?

19 Und er nahm das Brot, dankte und brach's
und gab's ihnen und sprach: Das ist mein Leib,
der für euch gegeben wird; das tut zu meinem
Gedächtnis. 20 Desgleichen auch den Kelch nach
dem Mahl und sprach: Dieser Kelch ist der neue
Bund in meinem Blut, das für euch vergossen
wird!

21 Doch siehe, die Hand meines Verräters ist
mit mir am Tisch. 22 Denn der Menschensohn
geht zwar dahin, wie es beschlossen ist; doch weh
dem Menschen, durch den er verraten wird!
23 Und sie fingen an, untereinander zu fragen, wer
es wohl wäre unter ihnen, der das tun würde.

Gespräche mit den Jüngern

24 Es erhob sich auch ein Streit unter ihnen, wer
von ihnen als der Größte gelten solle. 25 Er aber
sprach zu ihnen: Die Könige herrschen über ihre
Völker, und ihre Machthaber lassen sich Wohltä-
ter nennen. 26 Ihr aber nicht so! Sondern der
Größte unter euch soll sein wie der Jüngste, und
der Vornehmste wie ein Diener. 27 Denn wer ist
größer: der zu Tisch sitzt oder der dient? Ist's
nicht der, der zu Tisch sitzt? Ich aber bin unter
euch wie ein Diener.

28 Ihr aber seid's, die ihr ausgeharrt habt bei
mir in meinen Anfechtungen. 29 Und ich will euch
das Reich zueignen, wie mir's mein Vater zuge-
eignet hat, 30 daß ihr essen und trinken sollt an
meinem Tisch in meinem Reich und sitzen auf
Thronen und richten die zwölf Stämme Israels.

31 Simon, Simon, siehe, der Satan hat begehrt,
euch zu sieben wie den Weizen. 32 Ich aber habe
für dich gebeten, daß dein Glaube nicht aufhöre.
Und wenn du dereinst dich bekehrst, so stärke
deine Brüder. 33 Er aber sprach zu ihm: Herr,
ich bin bereit, mit dir ins Gefängnis und in den
Tod zu gehen. 34 Er aber sprach: Petrus, ich sage
dir: Der Hahn wird heute nicht krähen, ehe du
dreimal geleugnet hast, daß du mich kennst.

Ich aber habe für dich gebeten, daß dein Glaube nicht aufhöre.

35 Und er sprach zu ihnen: Als ich euch ausge-
sandt habe ohne Geldbeutel, ohne Tasche und
ohne Schuhe, habt ihr da je Mangel gehabt? Sie
sprachen: Niemals. 36 Da sprach er zu ihnen:
Aber nun, wer einen Geldbeutel hat, der nehme
ihn, desgleichen auch die Tasche, und wer's nicht
hat, verkaufe seinen Mantel und kaufe ein
Schwert. 37 Denn ich sage euch: Es muß das an
mir vollendet werden, was geschrieben steht
(Jesaja 53,12): »Er ist zu den Übeltätern gerech-
net worden.« Denn was von mir geschrieben ist,
das wird vollendet. 38 Sie sprachen aber: Herr,
siehe, hier sind zwei Schwerter. Er aber sprach
zu ihnen: Es ist genug.

Jesus in Gethsemane

39 Und er ging nach seiner Gewohnheit hinaus an
den Ölberg. Es folgten ihm aber auch die Jünger.
40 Und als er dahin kam, sprach er zu ihnen: Be-
tet, damit ihr nicht in Anfechtung fallt! 41 Und er
riß sich von ihnen los, etwa einen Steinwurf weit,
und kniete nieder, betete 42 und sprach: Vater,
willst du, so nimm diesen Kelch von mir; doch
nicht mein, sondern dein Wille geschehe! 43 Es
erschien ihm aber ein Engel vom Himmel und
stärkte ihn. 44 Und er rang mit dem Tode und be-
tete heftiger. Und sein Schweiß wurde wie Bluts-
tropfen, die auf die Erde fielen. 45 Und er stand
auf von dem Gebet und kam zu seinen Jüngern
und fand sie schlafend vor Traurigkeit
46 und sprach zu ihnen: Was schlaft ihr? Steht
auf und betet, damit ihr nicht in Anfechtung
fallt!

Jesu Gefangennahme

47 Als er aber noch redete, siehe, da kam eine
Schar; und einer von den Zwölfen, der mit dem
Namen Judas, ging vor ihnen her und nahte sich
zu Jesus, um ihn zu küssen. 48 Jesus aber sprach
zu ihm: Judas, verrätst du den Menschensohn
mit einem Kuß? 49 Als aber, die um ihn waren,
sahen, was geschehen würde, sprachen sie: Herr,
sollen wir mit dem Schwert dreinschlagen? 50 Und
einer von ihnen schlug nach dem Knecht des Ho-
henpriesters und hieb ihm sein rechtes Ohr ab.
51 Da sprach Jesus: Laßt ab! Nicht weiter! Und er
rührte sein Ohr an und heilte ihn. 52 Jesus aber
sprach zu den Hohenpriestern und Hauptleuten
des Tempels und den Ältesten, die zu ihm herge-
kommen waren: Ihr seid wie gegen einen Räuber
mit Schwertern und mit Stangen ausgezogen.
53 Ich bin täglich bei euch im Tempel gewesen,
und ihr habt nicht Hand an mich gelegt. Aber
dies ist eure Stunde und die Macht der Fin-
sternis.

Die Verleugnung des Petrus

54Sie ergriffen ihn aber und führten ihn ab und
brachten ihn in das Haus des Hohenpriesters. Pe-
trus aber folgte von ferne. 55Da zündeten sie ein
Feuer an mitten im Hof und setzten sich zusam-
men; und Petrus setzte sich mitten unter sie.
56Da sah ihn eine Magd am Feuer sitzen und sah
ihn genau an und sprach: Dieser war auch mit
ihm. 57Er aber leugnete und sprach: Frau, ich
kenne ihn nicht. 58Und nach einer kleinen Weile
sah ihn ein anderer und sprach: Du bist auch ei-
ner von denen. Petrus aber sprach: Mensch, ich
bin's nicht. 59Und nach einer Weile, etwa nach
einer Stunde, bekräftigte es ein anderer und
sprach: Wahrhaftig, dieser war auch mit ihm;
denn er ist ein Galiläer. 60Petrus aber sprach:
Mensch, ich weiß nicht, was du sagst. Und als-
bald, während er noch redete, krähte der Hahn.
61Und der Herr wandte sich und sah Petrus an.
Und Petrus gedachte an des Herrn Wort, wie er
zu ihm gesagt hatte: Ehe heute der Hahn kräht,
wirst du mich dreimal verleugnen. 62Und Petrus
ging hinaus und weinte bitterlich.

Jesus vor dem Hohen Rat

63Die Männer aber, die Jesus gefangen hielten,
verspotteten ihn und schlugen ihn, 64verdeckten
sein Angesicht und fragten: Weissage, wer ist's,
der dich schlug? 65Und noch mit vielen andern
Lästerungen schmähten sie ihn.

66Und als es Tag wurde, versammelten sich
die Ältesten des Volkes, die Hohenpriester und
Schriftgelehrten und führten ihn vor ihren Rat
67und sprachen: Bist du der Christus, so sage es
uns! Er sprach aber zu ihnen: Sage ich's euch, so
glaubt ihr's nicht; 68frage ich aber, so antwortet
ihr nicht. 69Aber von nun an wird der Menschen-
sohn sitzen zur Rechten der Kraft Gottes.

»Bist du denn Gottes Sohn?« Er sprach zu ihnen: »Ihr sagt es, ich bin es.«

70Da sprachen sie alle: Bist du denn Gottes
Sohn? Er sprach zu ihnen: Ihr sagt es, ich bin es.
71Sie aber sprachen: Was bedürfen wir noch ei-
nes Zeugnisses? Wir haben's selbst gehört aus
seinem Munde.

Jesus vor Pilatus

23 Und die ganze Versammlung stand
auf, und sie führten ihn vor Pilatus
2und fingen an, ihn zu verklagen, und
sprachen: Wir haben gefunden, daß dieser unser
Volk aufhetzt und verbietet, dem Kaiser Steuern
zu geben, und spricht, er sei Christus, ein König.
3Pilatus aber fragte ihn und sprach: Bist du der
Juden König? Er antwortete ihm und sprach: Du
sagst es. 4Pilatus sprach zu den Hohenpriestern
und zum Volk: Ich finde keine Schuld an diesem
Menschen. 5Sie aber wurden noch ungestümer
und sprachen: Er wiegelt das Volk auf damit,
daß er lehrt hier und dort in ganz Judäa, ange-
fangen von Galiläa bis hierher.

Jesus vor Herodes

6Als aber Pilatus das hörte, fragte er, ob der
Mensch aus Galiläa wäre. 7Und als er vernahm,
daß er ein Untertan des Herodes war, sandte er
ihn zu Herodes, der in diesen Tagen auch in Je-
rusalem war. 8Als aber Herodes Jesus sah, freute
er sich sehr; denn er hätte ihn längst gerne gese-
hen; denn er hatte von ihm gehört und hoffte, er
würde ein Zeichen von ihm sehen. 9Und er frag-
te ihn viel. Er aber antwortete ihm nichts. 10Die
Hohenpriester aber und Schriftgelehrten standen
dabei und verklagten ihn hart. 11Aber Herodes

Rat
Der höchste jüdische Gerichtshof. Zu ihm gehörten 70 erlesene Männer. Den Vorsitz hatte der Hohepriester.

mit seinen Soldaten verachtete und verspottete
ihn, legte ihm ein weißes Gewand an und sandte
ihn zurück zu Pilatus. 12An dem Tag wurden He-
rodes und Pilatus Freunde; denn vorher waren
sie einander feind.

Jesu Verurteilung

13Pilatus aber rief die Hohenpriester und die
Oberen und das Volk zusammen 14und sprach zu
ihnen: Ihr habt diesen Menschen zu mir gebracht
als einen, der das Volk aufwiegelt; und siehe, ich
habe ihn vor euch verhört und habe an diesem
Menschen keine Schuld gefunden, deretwegen
ihr ihn anklagt; 15Herodes auch nicht, denn er

hat ihn uns zurückgesandt. Und siehe, er hat
nichts getan, was den Tod verdient. [16]Darum will
ich ihn schlagen lassen und losgeben. [18]Da
schrien sie alle miteinander: Hinweg mit diesem,
gib uns Barabbas los! [19]Der war wegen eines
Aufruhrs, der in der Stadt geschehen war, und
wegen eines Mordes ins Gefängnis geworfen
worden. [20]Da redete Pilatus abermals auf sie ein,
weil er Jesus losgeben wollte. [21]Sie riefen aber:
Kreuzige, kreuzige ihn! [22]Er aber sprach zum
dritten Mal zu ihnen: Was hat denn dieser Böses
getan? Ich habe nichts an ihm gefunden, was den
Tod verdient; darum will ich ihn schlagen lassen
und losgeben. [23]Aber sie setzten ihm zu mit gro-
ßem Geschrei und forderten, daß er gekreuzigt
würde. Und ihr Geschrei nahm überhand. [24]Und
Pilatus urteilte, daß ihre Bitte erfüllt werde,
[25]und ließ den los, der wegen Aufruhr und Mord
ins Gefängnis geworfen war, um welchen sie ba-
ten; aber Jesus übergab er ihrem Willen.

Jesu Weg nach Golgatha

[26]Und als sie ihn abführten, ergriffen sie einen
Mann, Simon von Kyrene, der vom Feld kam,
und legten das Kreuz auf ihn, daß er's Jesus
nachtrüge.

[27]Es folgte ihm aber eine große Volksmenge
und Frauen, die klagten und beweinten ihn. [28]Je-
sus aber wandte sich um zu ihnen und sprach:
Ihr Töchter von Jerusalem, weint nicht über
mich, sondern weint über euch selbst und über
eure Kinder. [29]Denn siehe, es wird die Zeit kom-
men, in der man sagen wird: Selig sind die Un-
fruchtbaren und die Leiber, die nicht geboren
haben, und die Brüste, die nicht genährt haben!
[30]Dann werden sie anfangen, zu sagen zu den
Bergen: Fallt über uns! und zu den Hügeln: Be-
deckt uns! [31]Denn wenn man das tut am grünen
Holz, was wird am dürren werden?

Jesu Kreuzigung und Tod

[32]Es wurden aber auch andere hingeführt, zwei
Übeltäter, daß sie mit ihm hingerichtet würden.

[33]Und als sie kamen an die Stätte, die da heißt
Schädelstätte, kreuzigten sie ihn dort und die
Übeltäter mit ihm, einen zur Rechten und einen
zur Linken. [34]Jesus aber sprach: Vater, vergib ih-
nen; denn sie wissen nicht, was sie tun! Und sie
verteilten seine Kleider und warfen das Los dar-
um. [35]Und das Volk stand da und sah zu. Aber
die Oberen spotteten und sprachen: Er hat an-
dern geholfen; er helfe sich selber, ist er der
Christus, der Auserwählte Gottes. [36]Es verspot-
teten ihn auch die Soldaten, traten herzu und
brachten ihm Essig [37]und sprachen: Bist du der
Juden König, so hilf dir selber! [38]Es war aber
über ihm auch eine Aufschrift: Dies ist der Juden
König.

Vater, vergib ihnen; denn sie wissen nicht, was sie tun!

[39]Aber einer der Übeltäter, die am Kreuz hin-
gen, lästerte ihn und sprach: Bist du nicht der
Christus? Hilf dir selbst und uns! [40]Da wies ihn
der andere zurecht und sprach: Und du fürchtest
dich auch nicht vor Gott, der du doch in gleicher
Verdammnis bist? [41]Wir sind es zwar mit Recht,
denn wir empfangen, was unsre Taten verdienen;
dieser aber hat nichts Unrechtes getan. [42]Und er
sprach: Jesus, gedenke an mich, wenn du in dein
Reich kommst! [43]Und Jesus sprach zu ihm:
Wahrlich, ich sage dir: Heute wirst du mit mir im
Paradies sein.

[44]Und es war schon um die sechste Stunde,
und es kam eine Finsternis über das ganze Land
bis zur neunten Stunde, [45]und die Sonne verlor
ihren Schein, und der Vorhang des Tempels riß
mitten entzwei. [46]Und Jesus rief laut: Vater, ich
befehle meinen Geist in deine Hände! Und als er
das gesagt hatte, verschied er.

[47]Als aber der Hauptmann sah, was da ge-
schah, pries er Gott und sprach: Fürwahr, dieser
ist ein frommer Mensch gewesen! [48]Und als alles
Volk, das dabei war und zuschaute, sah, was da
geschah, schlugen sie sich an ihre Brust und
kehrten wieder um. [49]Es standen aber alle seine
Bekannten von ferne, auch die Frauen, die ihm
aus Galiläa nachgefolgt waren, und sahen das
alles.

Jesu Grablegung

[50]Und siehe, da war ein Mann mit Namen Josef,
ein Ratsherr, der war ein guter, frommer Mann
[51]und hatte ihren Rat und ihr Handeln nicht ge-
billigt. Er war aus Arimathäa, einer Stadt der Ju-
den, und wartete auf das Reich Gottes. [52]Der
ging zu Pilatus und bat um den Leib Jesu [53]und
nahm ihn ab, wickelte ihn in ein Leinentuch und
legte ihn in ein Felsengrab, in dem noch nie je-
mand gelegen hatte. [54]Und es war Rüsttag, und
der Sabbat brach an. [55]Es folgten aber die

Frauen nach, die mit ihm gekommen waren aus
Galiläa, und beschauten das Grab und wie sein
Leib hineingelegt wurde. 56Sie kehrten aber um
und bereiteten wohlriechende Öle und Salben.
Und den Sabbat über ruhten sie nach dem Ge-
setz.

Jesu Auferstehung

24 Aber am ersten Tag der Woche sehr
früh kamen sie zum Grab und trugen
bei sich die wohlriechenden Öle, die
sie bereitet hatten. 2Sie fanden aber den Stein
weggewälzt von dem Grab 3und gingen hinein
und fanden den Leib des Herrn Jesus nicht.
4Und als sie darüber bekümmert waren, siehe, da
traten zu ihnen zwei Männer mit glänzenden
Kleidern. 5Sie aber erschraken und neigten ihr
Angesicht zur Erde. Da sprachen die zu ihnen:
Was sucht ihr den Lebenden bei den Toten?
6Er ist nicht hier, er ist auferstanden. Gedenkt
daran, wie er euch gesagt hat, als er noch in Ga-
liläa war: 7 Der Menschensohn muß überantwor-
tet werden in die Hände der Sünder und gekreu-
zigt werden und am dritten Tage auferstehen.
8Und sie gedachten an seine Worte. 9Und sie
gingen wieder weg vom Grab und verkündigten
das alles den elf Jüngern und den andern allen.
10Es waren aber Maria von Magdala und Johan-
na und Maria, des Jakobus Mutter, und die an-
dern mit ihnen; die sagten das den Aposteln.

Was sucht ihr den Lebenden bei den Toten?

11Und es erschienen ihnen diese Worte, als wär's
Geschwätz, und sie glaubten ihnen nicht. 12Pe-
trus aber stand auf und lief zum Grab und bück-
te sich hinein und sah nur die Leinentücher und
ging davon und wunderte sich über das, was ge-
schehen war.

Die Emmausjünger

13Und siehe, zwei von ihnen gingen an demsel-
ben Tage in ein Dorf, das war von Jerusalem et-
wa zwei Wegstunden entfernt; dessen Name ist
Emmaus. 14Und sie redeten miteinander von al-
len diesen Geschichten. 15Und es geschah, als sie
so redeten und sich miteinander besprachen, da
nahte sich Jesus selbst und ging mit ihnen.

16Aber ihre Augen wurden gehalten, daß sie ihn
nicht erkannten.
17Er sprach aber zu ihnen: Was sind das für
Dinge, die ihr miteinander verhandelt unter-
wegs? Da blieben sie traurig stehen. 18Und der
eine, mit Namen Kleopas, antwortete und sprach
zu ihm: Bist du der einzige unter den Fremden in
Jerusalem, der nicht weiß, was in diesen Tagen
dort geschehen ist? 19Und er sprach zu ihnen:
Was denn? Sie aber sprachen zu ihm: Das mit
Jesus von Nazareth, der ein Prophet war, mäch-
tig in Taten und Worten vor Gott und allem
Volk; 20wie ihn unsre Hohenpriester und Oberen
zur Todesstrafe überantwortet und gekreuzigt
haben. 21Wir aber hofften, er sei es, der Israel er-
lösen werde. Und über das alles ist heute der
dritte Tag, daß dies geschehen ist. 22Auch haben
uns erschreckt einige Frauen aus unserer Mitte,
die sind früh bei dem Grab gewesen, 23haben sei-
nen Leib nicht gefunden, kommen und sagen, sie
haben eine Erscheinung von Engeln gesehen, die
sagen, er lebe. 24Und einige von uns gingen hin
zum Grab und fanden's so, wie die Frauen sag-
ten; aber ihn sahen sie nicht.
25Und er sprach zu ihnen: O ihr Toren, zu trä-
gen Herzens, all dem zu glauben, was die Pro-
pheten geredet haben! 26Mußte nicht Christus
dies erleiden und in seine Herrlichkeit eingehen?
27Und er fing an bei Mose und allen Propheten
und legte ihnen aus, was in der ganzen Schrift
von ihm gesagt war. 28Und sie kamen nahe an
das Dorf, wo sie hingingen. Und er stellte sich,
als wollte er weitergehen. 29Und sie nötigten ihn
und sprachen: Bleibe bei uns; denn es will
Abend werden, und der Tag hat sich geneigt.
Und er ging hinein, bei ihnen zu bleiben.
30Und es geschah, als er mit ihnen zu Tisch
saß, nahm er das Brot, dankte, brach's und gab's
ihnen. 31Da wurden ihre Augen geöffnet, und sie
erkannten ihn. Und er verschwand vor ihnen.
32Und sie sprachen untereinander: Brannte nicht
unser Herz in uns, als er mit uns redete auf dem
Wege und uns die Schrift öffnete? 33Und sie
standen auf zu derselben Stunde, kehrten zurück
nach Jerusalem und fanden die Elf versammelt
und die bei ihnen waren; 34die sprachen: Der
Herr ist wahrhaftig auferstanden und Simon er-
schienen. 35Und sie erzählten ihnen, was auf dem
Wege geschehen war und wie er von ihnen er-
kannt wurde, als er das Brot brach.

Jesu Erscheinung vor den Jüngern

36Als sie aber davon redeten, trat er selbst, Jesus,
mitten unter sie und sprach zu ihnen: Friede sei
mit euch! 37Sie erschraken aber und fürchteten
sich und meinten, sie sähen einen Geist. 38Und er
sprach zu ihnen: Was seid ihr so erschrocken,
und warum kommen solche Gedanken in euer
Herz? 39Seht meine Hände und meine Füße, ich
bin's selber. Faßt mich an und seht; denn ein
Geist hat nicht Fleisch und Knochen, wie ihr
seht, daß ich sie habe. 40Und als er das gesagt
hatte, zeigte er ihnen die Hände und Füße. 41Als
sie aber noch nicht glaubten vor Freude und sich
verwunderten, sprach er zu ihnen: Habt ihr hier
etwas zu essen? 42Und sie legten ihm ein Stück
gebratenen Fisch vor. 43Und er nahm's und aß
vor ihnen. 44Er sprach aber zu ihnen: Das sind
meine Worte, die ich zu euch gesagt habe, als ich
noch bei euch war: Es muß alles erfüllt werden,
was von mir geschrieben steht im Gesetz des
Mose, in den Propheten und in den Psalmen.

Es muß alles erfüllt werden, was von mir geschrieben steht.

45Da öffnete er ihnen das Verständnis, so daß sie
die Schrift verstanden, 46und sprach zu ihnen: So
steht's geschrieben, daß Christus leiden wird und
auferstehen von den Toten am dritten Tage;
47und daß gepredigt wird in seinem Namen Buße
zur Vergebung der Sünden unter allen Völkern.
Fangt an in Jerusalem, 48und seid dafür Zeugen.
49Und siehe, ich will auf euch herabsenden, was
mein Vater verheißen hat. Ihr aber sollt in der
Stadt bleiben, bis ihr ausgerüstet werdet mit
Kraft aus der Höhe.

Jesu Himmelfahrt

50Er führte sie aber hinaus bis nach Betanien und
hob die Hände auf und segnete sie. 51Und es ge-
schah, als er sie segnete, schied er von ihnen und
fuhr auf gen Himmel. 52Sie aber beteten ihn an
und kehrten zurück nach Jerusalem mit großer
Freude 53und waren allezeit im Tempel und prie-
sen Gott.

Jesus sagte zu den Jüngern: »Friede sei mit euch!«

Das Evangelium nach

Johannes

Einführung

Warum hat ein Fischer aus Galiläa diese vierte Fassung der Frohen Botschaft von Jesus Christus geschrieben? – Johannes, der inzwischen alt gewordene Verfasser, war ein Jünger aus dem inneren Kreis um Jesus. Sein Motiv beschreibt er so: »Noch viele andere Zeichen tat Jesus vor seinen Jüngern, die nicht geschrieben sind in diesem Buch. Diese aber sind geschrieben, damit ihr glaubt, daß Jesus der Christus ist, der Sohn Gottes, und damit ihr durch den Glauben das Leben habt in seinem Namen« (Johannes 20,30-31). Johannes will, daß auch nach seinem Tod Menschen durch sein Zeugnis zum ewigen Leben finden.

Johannes liebte Jesus, er vertraute ihm völlig und er hatte erkannt, daß Jesus einzigartig war: Aus der Ewigkeit gekommen, lebte er wie ein normaler Mensch auf dieser Erde, ja wie ein Diener. Johannes beschreibt Wesen und Verhalten seines geliebten Herrn in dramatischen Kontrasten: Er war der Herr über das Weltall und über alle Menschen, aber er kniete vor seinen Jüngern und wusch ihnen die Füße (Kap. 13,1-11)! Er war der ewige Sohn Gottes, er war die Quelle des Lebens – aber seine Feinde verurteilten ihn zum Tode und richteten ihn hin (Kap. 18-19). Und Gott ließ es zu – um die Menschen zu erlösen! Der Leser spürt bei Johannes ständig das Staunen und das dankbare Anbeten Gottes für seine einzigartige Gabe: Jesus. Seinen Namen sollen die Jünger in der Kraft des Heiligen Geistes weltweit bekanntmachen. Zwei wichtige Besonderheiten dieses Evangeliums sind Jesu Abschiedsreden und sein Abschiedsgebet (Kapt 17).

Überblick

Einleitung: Jesus – Gottes Wort wird Mensch	1,1-18
Johannes der Täufer und die ersten Jünger Jesu	1,19-51
Jesu öffentliches Wirken, Wunder und seine »Ich bin«-Worte	2,1-11,57
Die letzte Woche in Jerusalem	12,1-19,42
Jesu Auferweckung und Gespräche danach	20,1-21,25

Das Wort ward Fleisch

1 Im Anfang war das Wort, und das Wort
war bei Gott, und Gott war das Wort.
2Dasselbe war im Anfang bei Gott. 3Alle
Dinge sind durch dasselbe gemacht, und ohne
dasselbe ist nichts gemacht, was gemacht ist. 4In
ihm war das Leben, und das Leben war das Licht
der Menschen. 5Und das Licht scheint in der
Finsternis, und die Finsternis hat's nicht ergriffen.
6Es war ein Mensch, von Gott gesandt, der
hieß Johannes. 7Der kam zum Zeugnis, um von
dem Licht zu zeugen, damit sie alle durch ihn
glaubten. 8Er war nicht das Licht, sondern er
sollte zeugen von dem Licht.
9Das war das wahre Licht, das alle Menschen
erleuchtet, die in diese Welt kommen. 10Er war in
der Welt, und die Welt ist durch ihn gemacht; aber
die Welt erkannte ihn nicht. 11Er kam in sein
Eigentum; und die Seinen nahmen ihn nicht auf.
12Wie viele ihn aber aufnahmen, denen gab er
Macht, Gottes Kinder zu werden, denen, die an
seinen Namen glauben, 13die nicht aus dem Blut
noch aus dem Willen des Fleisches noch aus dem
Willen eines Mannes, sondern von Gott geboren
sind.

Jesus ist das Licht der Welt

[14]Und das Wort ward Fleisch und wohnte un-
ter uns, und wir sahen seine Herrlichkeit, eine
Herrlichkeit als des eingeborenen Sohnes vom
Vater, voller Gnade und Wahrheit. [15]Johannes
gibt Zeugnis von ihm und ruft: Dieser war es,
von dem ich gesagt habe: Nach mir wird kom-
men, der vor mir gewesen ist; denn er war eher
als ich. [16]Und von seiner Fülle haben wir alle ge-
nommen Gnade um Gnade. [17]Denn das Gesetz
ist durch Mose gegeben; die Gnade und Wahr-
heit ist durch Jesus Christus geworden. [18]Nie-
mand hat Gott je gesehen; der Eingeborene, der
Gott ist und in des Vaters Schoß ist, der hat ihn
uns verkündigt.

Er kam in sein Eigentum; und die Seinen nahmen ihn nicht auf.

Das Zeugnis des Täufers über sich selbst

[19]Und dies ist das Zeugnis des Johannes, als die
Juden zu ihm sandten Priester und Leviten von
Jerusalem, daß sie ihn fragten: Wer bist du?
[20]Und er bekannte und leugnete nicht, und er
bekannte: Ich bin nicht der Christus. [21]Und sie
fragten ihn: Was dann? Bist du Elia? Er sprach:
Ich bin's nicht. Bist du der Prophet? Und er ant-
wortete: Nein. [22]Da sprachen sie zu ihm: Wer
bist du dann? daß wir Antwort geben denen, die
uns gesandt haben. Was sagst du von dir selbst?
[23]Er sprach: »Ich bin eine Stimme eines Predi-
gers in der Wüste: Ebnet den Weg des Herrn!«,
wie der Prophet Jesaja gesagt hat (Jesaja 40,3).
[24]Und sie waren von den Pharisäern abge-
sandt, [25]und sie fragten ihn und sprachen zu ihm:
Warum taufst du denn, wenn du nicht der Chri-
stus bist noch Elia noch der Prophet? [26]Johannes
antwortete ihnen und sprach: Ich taufe mit Was-
ser; aber er ist mitten unter euch getreten, den
ihr nicht kennt. [27]Der wird nach mir kommen,
und ich bin nicht wert, daß ich seine Schuhrie-
men löse. [28]Dies geschah in Betanien jenseits des
Jordans, wo Johannes taufte.

Das Zeugnis des Täufers vom Lamm Gottes

[29]Am nächsten Tag sieht Johannes, daß Jesus zu
ihm kommt, und spricht: Siehe, das ist Gottes
Lamm, das der Welt Sünde trägt! [30]Dieser ist's,
von dem ich gesagt habe: Nach mir kommt ein
Mann, der vor mir gewesen ist, denn er war eher
als ich. [31]Und ich kannte ihn nicht. Aber damit
er Israel offenbart werde, darum bin ich gekom-
men, zu taufen mit Wasser.
[32]Und Johannes bezeugte und sprach: Ich sah,
daß der Geist herabfuhr wie eine Taube vom
Himmel und blieb auf ihm. [33]Und ich kannte ihn
nicht. Aber der mich sandte, zu taufen mit Was-
ser, der sprach zu mir: Auf wen du siehst den
Geist herabfahren und auf ihm bleiben, der ist's,
der mit dem heiligen Geist tauft. [34]Und ich habe
es gesehen und bezeugt: Dieser ist Gottes Sohn.

Die ersten Jünger

[35]Am nächsten Tag stand Johannes abermals da
und zwei seiner Jünger; [36]und als er Jesus vor-
übergehen sah, sprach er: Siehe, das ist Gottes
Lamm! [37]Und die zwei Jünger hörten ihn reden
und folgten Jesus nach. [38]Jesus aber wandte sich
um und sah sie nachfolgen, und sprach zu ihnen:
Was sucht ihr? Sie aber sprachen zu ihm: Rabbi
- das heißt übersetzt: Meister -, wo ist deine
Herberge? [39]Er sprach zu ihnen: Kommt und
seht! Sie kamen und sahen's und blieben diesen
Tag bei ihm. Es war aber um die zehnte Stunde.
[40]Einer von den zweien, die Johannes gehört hat-
ten und Jesus nachgefolgt waren, war Andreas,
der Bruder des Simon Petrus. [41]Der findet zuerst
seinen Bruder Simon und spricht zu ihm: Wir
haben den Messias gefunden, das heißt übersetzt:
der Gesalbte. [42]Und er führte ihn zu Jesus. Als
Jesus ihn sah, sprach er: Du bist Simon, der Sohn
des Johannes; du sollst Kephas heißen, das heißt
übersetzt: Fels.
[43]Am nächsten Tag wollte Jesus nach Galiläa
gehen und findet Philippus und spricht zu ihm:
Folge mir nach! [44]Philippus aber war aus Betsai-
da, der Stadt des Andreas und Petrus. [45]Philip-
pus findet Nathanael und spricht zu ihm: Wir ha-

Messias

Ein hebräisches Wort, das für gesalbte Boten Gottes oder Könige gebraucht wurde. Die Juden wußten aus vielen Prophezeiungen, daß einmal der eigentliche Messias (griechisch = Christus) kommen würde, der Erretter Israels und Erlöser der Welt. Jetzt war er da.

ben den gefunden, von dem Mose im Gesetz und die Propheten geschrieben haben, Jesus, Josefs Sohn, aus Nazareth. 46Und Nathanael sprach zu ihm: Was kann aus Nazareth Gutes kommen! Philippus spricht zu ihm: Komm und sieh es! 47Jesus sah Nathanael kommen und sagt von ihm: Siehe, ein rechter Israelit, in dem kein Falsch ist. 48Nathanael spricht zu ihm: Woher kennst du mich? Jesus antwortete und sprach zu ihm: Bevor Philippus dich rief, als du unter dem Feigenbaum warst, sah ich dich. 49Nathanael antwortete ihm: Rabbi, du bist Gottes Sohn, du bist der König von Israel! 50Jesus antwortete und sprach zu ihm: Du glaubst, weil ich dir gesagt habe, daß ich dich gesehen habe unter dem Feigenbaum. Du wirst noch Größeres als das sehen. 51Und er spricht zu ihm: Wahrlich, wahrlich, ich sage euch: Ihr werdet den Himmel offen sehen und die Engel Gottes hinauf- und herabfahren über dem Menschensohn.

Hochzeit zu Kana

2 Und am dritten Tage war eine Hochzeit in Kana in Galiläa, und die Mutter Jesu war da. 2Jesus aber und seine Jünger waren auch zur Hochzeit geladen. 3Und als der Wein ausging, spricht die Mutter Jesu zu ihm: Sie haben keinen Wein mehr. 4Jesus spricht zu ihr: Was geht's dich an, Frau, was ich tue? Meine Stunde ist noch nicht gekommen. 5Seine Mutter spricht zu den Dienern: Was er euch sagt, das tut. 6Es standen aber dort sechs steinerne Wasserkrüge für die Reinigung nach jüdischer Sitte, und in jeden gingen zwei oder drei Maße. 7Jesus spricht zu ihnen: Füllt die Wasserkrüge mit Wasser! Und sie füllten sie bis obenan. 8Und er spricht zu ihnen: Schöpft nun und bringt's dem Speisemeister! Und sie brachten's ihm. 9Als aber der Speisemeister den Wein kostete, der Wasser gewesen war, und nicht wußte, woher er kam – die Diener aber wußten's, die das Wasser geschöpft hatten -, ruft der Speisemeister den Bräutigam 10und spricht zu ihm: Jedermann gibt zuerst den guten Wein und, wenn sie betrunken werden, den geringeren; du aber hast den guten Wein bis jetzt zurückbehalten. 11Das ist das erste Zeichen, das Jesus tat, geschehen in Kana in Galiläa, und er offenbarte seine Herrlichkeit. Und seine Jünger glaubten an ihn.

12Danach ging Jesus hinab nach Kapernaum, er, seine Mutter, seine Brüder und seine Jünger, und sie blieben nicht lange da.

Die Tempelreinigung

13Und das Passafest der Juden war nahe, und Jesus zog hinauf nach Jerusalem. 14Und er fand im Tempel die Händler, die Rinder, Schafe und Tauben verkauften, und die Wechsler, die da saßen. 15Und er machte eine Geißel aus Stricken und trieb sie alle zum Tempel hinaus samt den Schafen und Rindern und schüttete den Wechslern das Geld aus und stieß die Tische um 16und sprach zu denen, die die Tauben verkauften: Tragt das weg und macht nicht meines Vaters Haus zum Kaufhaus! 17Seine Jünger aber dachten daran, daß geschrieben steht (Psalm 69,10): »Der Eifer um dein Haus wird mich fressen.«

18Da fingen die Juden an und sprachen zu ihm: Was zeigst du uns für ein Zeichen, daß du dies tun darfst? 19Jesus antwortete und sprach zu ihnen: Brecht diesen Tempel ab, und in drei Tagen will ich ihn aufrichten. 20Da sprachen die Juden: Dieser Tempel ist in sechsundvierzig Jahren erbaut worden, und du willst ihn in drei Tagen aufrichten? 21Er aber redete von dem Tempel seines Leibes. 22Als er nun auferstanden war von den Toten, dachten seine Jünger daran, daß er dies gesagt hatte, und glaubten der Schrift und dem Wort, das Jesus gesagt hatte.

23Als er aber am Passafest in Jerusalem war, glaubten viele an seinen Namen, da sie die Zeichen sahen, die er tat. 24Aber Jesus vertraute sich ihnen nicht an; denn er kannte sie alle 25und bedurfte nicht, daß ihm jemand Zeugnis gab vom Menschen; denn er wußte, was im Menschen war.

Jesus und Nikodemus

3 Es war aber ein Mensch unter den Pharisäern mit Namen Nikodemus, einer von den Oberen der Juden. 2Der kam zu Jesus bei Nacht und sprach zu ihm: Meister, wir wissen, du bist ein Lehrer, von Gott gekommen; denn niemand kann die Zeichen tun, die du tust, es sei denn Gott mit ihm. 3Jesus antwortete und

---

Meister/Rabbi
Gebräuchliche Anrede eines jüdischen Lehrers und Schriftgelehrten.

---

sprach zu ihm: Wahrlich, wahrlich, ich sage dir: Es sei denn, daß jemand von neuem geboren werde, so kann er das Reich Gottes nicht sehen. [4]Nikodemus spricht zu ihm: Wie kann ein Mensch geboren werden, wenn er alt ist? Kann er denn wieder in seiner Mutter Leib gehen und geboren werden? [5]Jesus antwortete: Wahrlich, wahrlich, ich sage dir: Es sei denn, daß jemand geboren werde aus Wasser und Geist, so kann er nicht in das Reich Gottes kommen. [6]Was vom Fleisch geboren ist, das ist Fleisch; und was vom Geist geboren ist, das ist Geist. [7]Wundere dich nicht, daß ich dir gesagt habe: Ihr müßt von neuem geboren werden. [8]Der Wind bläst, wo er will, und du hörst sein Sausen wohl; aber du weißt nicht, woher er kommt und wohin er fährt. So ist es bei jedem, der aus dem Geist geboren ist. [9]Nikodemus antwortete und sprach zu ihm: Wie kann dies geschehen? [10]Jesus antwortete und sprach zu ihm: Bist du Israels Lehrer und weißt das nicht? [11]Wahrlich, wahrlich, ich sage dir: Wir reden, was wir wissen, und bezeugen, was wir gesehen haben; ihr aber nehmt unser Zeugnis nicht an. [12]Glaubt ihr nicht, wenn ich euch von irdischen Dingen sage, wie werdet ihr glauben, wenn ich euch von himmlischen Dingen sage? [13]Und niemand ist gen Himmel aufgefahren außer dem, der vom Himmel herabgekommen ist, nämlich der Menschensohn.

[14]Und wie Mose in der Wüste die Schlange erhöht hat, so muß der Menschensohn erhöht werden, [15]damit alle, die an ihn glauben, das ewige Leben haben. [16]Denn also hat Gott die Welt geliebt, daß er seinen eingeborenen Sohn gab, damit alle, die an ihn glauben, nicht verloren werden, sondern das ewige Leben haben. [17]Denn

Also hat Gott die Welt geliebt, daß er seinen eingeborenen Sohn gab, damit alle, die an ihn glauben, nicht verloren werden, sondern das ewige Leben haben.

Gott hat seinen Sohn nicht in die Welt gesandt, daß er die Welt richte, sondern daß die Welt durch ihn gerettet werde. [18]Wer an ihn glaubt, der wird nicht gerichtet; wer aber nicht glaubt, der ist schon gerichtet, denn er glaubt nicht an den Namen des eingeborenen Sohnes Gottes. [19]Das ist aber das Gericht, daß das Licht in die Welt gekommen ist, und die Menschen liebten die Finsternis mehr als das Licht, denn ihre Werke waren böse. [20]Wer Böses tut, der haßt das Licht und kommt nicht zu dem Licht, damit seine Werke nicht aufgedeckt werden. [21]Wer aber die Wahrheit tut, der kommt zu dem Licht, damit offenbar wird, daß seine Werke in Gott getan sind.

Jesus treibt die Geldwechsler aus dem Tempel

Das letzte Zeugnis des Täufers von Jesus

22 Danach kam Jesus mit seinen Jüngern in das
Land Judäa und blieb dort eine Weile mit ihnen
und taufte. 23 Johannes aber taufte auch noch in
Änon, nahe bei Salim, denn es war da viel Was-
ser; und sie kamen und ließen sich taufen.
24 Denn Johannes war noch nicht ins Gefängnis
geworfen. 25 Da erhob sich ein Streit zwischen
den Jüngern des Johannes und einem Juden über
die Reinigung. 26 Und sie kamen zu Johannes und
sprachen zu ihm: Meister, der bei dir war jenseits
des Jordans, von dem du Zeugnis gegeben hast,
siehe, der tauft, und jedermann kommt zu ihm.
27 Johannes antwortete und sprach: Ein Mensch
kann nichts nehmen, wenn es ihm nicht vom
Himmel gegeben ist. 28 Ihr selbst seid meine Zeu-
gen, daß ich gesagt habe: Ich bin nicht der Chri-
stus, sondern vor ihm her gesandt. 29 Wer die
Braut hat, der ist der Bräutigam; der Freund des
Bräutigams aber, der dabeisteht und ihm zuhört,
freut sich sehr über die Stimme des Bräutigams.
Diese meine Freude ist nun erfüllt. 30 Er muß
wachsen, ich aber muß abnehmen.

31 Der von oben her kommt, ist über allen.
Wer von der Erde ist, der ist von der Erde und
redet von der Erde. Der vom Himmel kommt,
der ist über allen 32 und bezeugt, was er gesehen
und gehört hat; und sein Zeugnis nimmt nie-
mand an. 33 Wer es aber annimmt, der besiegelt,
daß Gott wahrhaftig ist. 34 Denn der, den Gott
gesandt hat, redet Gottes Worte; denn Gott gibt
den Geist ohne Maß. 35 Der Vater hat den Sohn
lieb und hat ihm alles in seine Hand gegeben.
36 Wer an den Sohn glaubt, der hat das ewige Le-
ben. Wer aber dem Sohn nicht gehorsam ist, der
wird das Leben nicht sehen, sondern der Zorn
Gottes bleibt über ihm.

Jesus und die Samariterin

4 Als nun Jesus erfuhr, daß den Pharisäern
zu Ohren gekommen war, daß er mehr zu
Jüngern machte und taufte als Johannes
2 -obwohl Jesus nicht selber taufte, sondern seine
Jünger -, 3 verließ er Judäa und ging wieder nach
Galiläa. 4 Er mußte aber durch Samarien reisen.

5 Da kam er in eine Stadt Samariens, die heißt
Sychar, nahe bei dem Feld, das Jakob seinem
Sohn Josef gab. 6 Es war aber dort Jakobs Brun-
nen. Weil nun Jesus müde war von der Reise,
setzte er sich am Brunnen nieder; es war um die
sechste Stunde. 7 Da kommt eine Frau aus Sama-
rien, um Wasser zu schöpfen. Jesus spricht zu
ihr: Gib mir zu trinken! 8 Denn seine Jünger wa-
ren in die Stadt gegangen, um Essen zu kaufen.
9 Da spricht die samaritische Frau zu ihm: Wie,
du bittest mich um etwas zu trinken, der du ein
Jude bist und ich eine samaritische Frau? Denn
die Juden haben keine Gemeinschaft mit den Sa-
maritern. – 10 Jesus antwortete und sprach zu ihr:
Wenn du erkenntest die Gabe Gottes und wer
der ist, der zu dir sagt: Gib mir zu trinken!, du
bätest ihn, und der gäbe dir lebendiges Wasser.

11 Spricht zu ihm die Frau: Herr, hast du doch
nichts, womit du schöpfen könntest, und der
Brunnen ist tief; woher hast du dann lebendiges
Wasser? 12 Bist du mehr als unser Vater Jakob,
der uns diesen Brunnen gegeben hat? Und er hat
daraus getrunken und seine Kinder und sein
Vieh. 13 Jesus antwortete und sprach zu ihr: Wer
von diesem Wasser trinkt, den wird wieder dür-
sten; 14 wer aber von dem Wasser trinken wird,
das ich ihm gebe, den wird in Ewigkeit nicht dür-
sten, sondern das Wasser, das ich ihm geben
werde, das wird in ihm eine Quelle des Wassers
werden, das in das ewige Leben quillt.

15 Spricht die Frau zu ihm: Herr, gib mir sol-
ches Wasser, damit mich nicht dürstet und ich
nicht herkommen muß, um zu schöpfen! 16 Jesus
spricht zu ihr: Geh hin, ruf deinen Mann und
komm wieder her! 17 Die Frau antwortete und
sprach zu ihm: Ich habe keinen Mann. Jesus
spricht zu ihr: Du hast recht geantwortet: Ich ha-
be keinen Mann. 18 Fünf Männer hast du gehabt,
und der, den du jetzt hast, ist nicht dein Mann;
das hast du recht gesagt.

19 Die Frau spricht zu ihm: Herr, ich sehe, daß
du ein Prophet bist. 20 Unsere Väter haben auf
diesem Berge angebetet, und ihr sagt, in Jerusa-
lem sei die Stätte, wo man anbeten soll. 21 Jesus
spricht zu ihr: Glaube mir, Frau, es kommt die
Zeit, daß ihr weder auf diesem Berge noch in Je-
rusalem den Vater anbeten werdet. 22 Ihr wißt
nicht, was ihr anbetet; wir wissen aber, was wir
anbeten; denn das Heil kommt von den Juden.

Samariter

Einwohner der Provinz Samarien. Sie wurden von den Juden verachtet, weil sie sich in früheren Jahrhunderten mit Nicht-Juden vermischt hatten.

23 Aber es kommt die Zeit und ist schon jetzt, in der die wahren Anbeter den Vater anbeten werden im Geist und in der Wahrheit; denn auch der Vater will solche Anbeter haben. 24 Gott ist Geist, und die ihn anbeten, die müssen ihn im Geist und in der Wahrheit anbeten.

25 Spricht die Frau zu ihm: Ich weiß, daß der Messias kommt, der da Christus heißt. Wenn dieser kommt, wird er uns alles verkündigen. 26 Jesus spricht zu ihr: Ich bin's, der mit dir redet.

27 Unterdessen kamen seine Jünger, und sie wunderten sich, daß er mit einer Frau redete; doch sagte niemand: Was fragst du? oder: Was redest du mit ihr? 28 Da ließ die Frau ihren Krug stehen und ging in die Stadt und spricht zu den Leuten: 29 Kommt, seht einen Menschen, der mir alles gesagt hat, was ich getan habe, ob er nicht der Christus sei! 30 Da gingen sie aus der Stadt heraus und kamen zu ihm.

Kommt, seht einen Menschen, der mir alles gesagt hat, was ich getan habe.

31 Inzwischen mahnten ihn die Jünger und sprachen: Rabbi, iß! 32 Er aber sprach zu ihnen: Ich habe eine Speise zu essen, von der ihr nicht wißt. 33 Da sprachen die Jünger untereinander: Hat ihm jemand zu essen gebracht? 34 Jesus spricht zu ihnen: Meine Speise ist die, daß ich tue den Willen dessen, der mich gesandt hat, und vollende sein Werk. 35 Sagt ihr nicht selber: Es sind noch vier Monate, dann kommt die Ernte? Siehe, ich sage euch: Hebt eure Augen auf und seht auf die Felder, denn sie sind reif zur Ernte. 36 Wer erntet, empfängt schon seinen Lohn und sammelt Frucht zum ewigen Leben, damit sich miteinander freuen, der da sät und der da erntet. 37 Denn hier ist der Spruch wahr: Der eine sät, der andere erntet. 38 Ich habe euch gesandt, zu ernten, wo ihr nicht gearbeitet habt; andere haben gearbeitet, und euch ist ihre Arbeit zugute gekommen.

39 Es glaubten aber an ihn viele der Samariter aus dieser Stadt um der Rede der Frau willen, die bezeugte: Er hat mir alles gesagt, was ich getan habe. 40 Als nun die Samariter zu ihm kamen, baten sie ihn, bei ihnen zu bleiben; und er blieb zwei Tage da. 41 Und noch viel mehr glaubten um seines Wortes willen 42 und sprachen zu der Frau: Von nun an glauben wir nicht mehr um deiner Rede willen; denn wir haben selber gehört und erkannt: Dieser ist wahrlich der Welt Heiland.

Heilung des Sohnes eines königlichen Beamten

43 Aber nach zwei Tagen ging er von dort weiter nach Galiläa. 44 Denn er selber, Jesus, bezeugte, daß ein Prophet daheim nichts gilt. 45 Als er nun nach Galiläa kam, nahmen ihn die Galiläer auf, die alles gesehen hatten, was er in Jerusalem auf dem Fest getan hatte; denn sie waren auch zum Fest gekommen.

46 Und Jesus kam abermals nach Kana in Galiläa, wo er das Wasser zu Wein gemacht hatte. Und es war ein Mann im Dienst des Königs; dessen Sohn lag krank in Kapernaum. 47 Dieser hörte, daß Jesus aus Judäa nach Galiläa kam, und ging hin zu ihm und bat ihn, herabzukommen und seinem Sohn zu helfen; denn der war todkrank. 48 Und Jesus sprach zu ihm: Wenn ihr nicht Zeichen und Wunder seht, so glaubt ihr nicht. 49 Der Mann sprach zu ihm: Herr, komm herab, ehe mein Kind stirbt! 50 Jesus spricht zu ihm: Geh hin, dein Sohn lebt! Der Mensch glaubte dem Wort, das Jesus zu ihm sagte, und ging hin. 51 Und während er hinabging, begegneten ihm seine Knechte und sagten: Dein Kind lebt. 52 Da erforschte er von ihnen die Stunde, in der es besser mit ihm geworden war. Und sie antworteten ihm: Gestern um die siebente Stunde verließ ihn das Fieber. 53 Da merkte der Vater, daß es die Stunde war, in der Jesus zu ihm gesagt hatte: Dein Sohn lebt. Und er glaubte mit seinem ganzen Hause. 54 Das ist nun das zweite Zeichen, das Jesus tat, als er aus Judäa nach Galiläa kam.

Die Heilung eines Kranken am Teich Betesda

5 Danach war ein Fest der Juden, und Jesus zog hinauf nach Jerusalem. 2 Es ist aber in Jerusalem beim Schaftor ein Teich, der heißt auf hebräisch Betesda. Dort sind fünf Hallen; 3 in denen lagen viele Kranke, Blinde, Lahme, Ausgezehrte. 5 Es war aber dort ein Mensch, der lag achtunddreißig Jahre krank. 6 Als Jesus den liegen sah und vernahm, daß er schon so lange gelegen hatte, spricht er zu ihm: Willst du gesund werden? 7 Der Kranke antwortete ihm: Herr, ich habe keinen Menschen, der mich in den Teich bringt, wenn das Wasser sich bewegt;

wenn ich aber hinkomme, so steigt ein anderer
vor mir hinein. 8Jesus spricht zu ihm: Steh auf,
nimm dein Bett und geh hin! 9Und sogleich wur-
de der Mensch gesund und nahm sein Bett und
ging hin.

Es war aber an dem Tag Sabbat. 10Da spra-
chen die Juden zu dem, der gesund geworden
war: Es ist heute Sabbat; du darfst dein Bett
nicht tragen. 11Er antwortete ihnen: Der mich
gesund gemacht hat, sprach zu mir: Nimm dein
Bett und geh hin! 12Da fragten sie ihn: Wer ist
der Mensch, der zu dir gesagt hat: Nimm dein
Bett und geh hin? 13Der aber gesund geworden
war, wußte nicht, wer es war; denn Jesus war
entwichen, da so viel Volk an dem Ort war.
14Danach fand ihn Jesus im Tempel und sprach
zu ihm: Siehe, du bist gesund geworden; sündige
hinfort nicht mehr, daß dir nicht etwas Schlim-
meres widerfahre. 15Der Mensch ging hin und
berichtete den Juden, es sei Jesus, der ihn gesund
gemacht habe. 16Darum verfolgten die Juden Je-
sus, weil er dies am Sabbat getan hatte. 17Jesus
aber antwortete ihnen: Mein Vater wirkt bis auf
diesen Tag, und ich wirke auch. 18Darum trach-
teten die Juden noch viel mehr danach, ihn zu
töten, weil er nicht allein den Sabbat brach, son-
dern auch sagte, Gott sei sein Vater, und machte
sich selbst Gott gleich.

Die Vollmacht des Sohnes

19Da antwortete Jesus und sprach zu ihnen:
Wahrlich, wahrlich, ich sage euch: Der Sohn
kann nichts von sich aus tun, sondern nur, was er
den Vater tun sieht; denn was dieser tut, das tut
gleicherweise auch der Sohn. 20Denn der Vater
hat den Sohn lieb und zeigt ihm alles, was er tut,
und wird ihm noch größere Werke zeigen, so daß
ihr euch verwundern werdet. 21Denn wie der Va-

Wer mein Wort hört und glaubt, der kommt nicht in das Gericht.

ter die Toten auferweckt und macht sie lebendig,
so macht auch der Sohn lebendig, welche er will.
22Denn der Vater richtet niemand, sondern hat
alles Gericht dem Sohn übergeben, 23damit sie
alle den Sohn ehren, wie sie den Vater ehren.
Wer den Sohn nicht ehrt, der ehrt den Vater
nicht, der ihn gesandt hat. 24Wahrlich, wahrlich,
ich sage euch: Wer mein Wort hört und glaubt
dem, der mich gesandt hat, der hat das ewige Le-
ben und kommt nicht in das Gericht, sondern er
ist vom Tode zum Leben hindurchgedrungen.
25Wahrlich, wahrlich, ich sage euch: Es kommt
die Stunde und ist schon jetzt, daß die Toten hö-
ren werden die Stimme des Sohnes Gottes, und
die sie hören werden, die werden leben. 26Denn
wie der Vater das Leben hat in sich selber, so hat
er auch dem Sohn gegeben, das Leben zu haben
in sich selber; 27und er hat ihm Vollmacht gege-
ben, das Gericht zu halten, weil er der Men-
schensohn ist. 28Wundert euch darüber nicht.
Denn es kommt die Stunde, in der alle, die in
den Gräbern sind, seine Stimme hören werden,
29und werden hervorgehen, die Gutes getan ha-
ben, zur Auferstehung des Lebens, die aber Bö-
ses getan haben, zur Auferstehung des Gerichts.

30Ich kann nichts von mir aus tun. Wie ich hö-
re, so richte ich, und mein Gericht ist gerecht;
denn ich suche nicht meinen Willen, sondern den
Willen dessen, der mich gesandt hat.

Das Zeugnis für den Sohn

31Wenn ich von mir selbst zeuge, so ist mein
Zeugnis nicht wahr. 32Ein anderer ist's, der von
mir zeugt; und ich weiß, daß das Zeugnis wahr
ist, das er von mir gibt. 33Ihr habt zu Johannes
geschickt, und er hat die Wahrheit bezeugt. 34Ich
aber nehme nicht Zeugnis von einem Menschen;
sondern ich sage das, damit ihr selig werdet. 35Er
war ein brennendes und scheinendes Licht; ihr
aber wolltet eine kleine Weile fröhlich sein in sei-
nem Licht. 36Ich aber habe ein größeres Zeugnis
als das des Johannes; denn die Werke, die mir
der Vater gegeben hat, damit ich sie vollende,
eben diese Werke, die ich tue, bezeugen von mir,
daß mich der Vater gesandt hat. 37Und der Va-
ter, der mich gesandt hat, hat von mir Zeugnis
gegeben. Ihr habt niemals seine Stimme gehört
noch seine Gestalt gesehen, 38und sein Wort habt
ihr nicht in euch wohnen; denn ihr glaubt dem
nicht, den er gesandt hat. 39Ihr sucht in der
Schrift, denn ihr meint, ihr habt das ewige Leben
darin; und sie ist's, die von mir zeugt; 40aber ihr
wollt nicht zu mir kommen, daß ihr das Leben
hättet.

41Ich nehme nicht Ehre von Menschen; 42aber
ich kenne euch, daß ihr nicht Gottes Liebe in
euch habt. 43Ich bin gekommen in meines Vaters
Namen, und ihr nehmt mich nicht an. Wenn ein
anderer kommen wird in seinem eigenen Namen,
den werdet ihr annehmen. 44Wie könnt ihr glau-

ben, die ihr Ehre voneinander annehmt, und die
Ehre, die von dem alleinigen Gott ist, sucht ihr
nicht?
45Ihr sollt nicht meinen, daß ich euch vor dem
Vater verklagen werde; es ist einer, der euch ver-
klagt: Mose, auf den ihr hofft. 46Wenn ihr Mose
glaubtet, so glaubtet ihr auch mir; denn er hat
von mir geschrieben. 47Wenn ihr aber seinen
Schriften nicht glaubt, wie werdet ihr meinen
Worten glauben?

Die Speisung der Fünftausend

6 Danach fuhr Jesus weg über das Galiläi-
sche Meer, das auch See von Tiberias
heißt. 2Und es zog ihm viel Volk nach,
weil sie die Zeichen sahen, die er an den Kran-
ken tat. 3Jesus aber ging auf einen Berg und setz-
te sich dort mit seinen Jüngern. 4Es war aber
kurz vor dem Passa, dem Fest der Juden. 5Da
hob Jesus seine Augen auf und sieht, daß viel
Volk zu ihm kommt, und spricht zu Philippus:
Wo kaufen wir Brot, damit diese zu essen ha-
ben? 6Das sagte er aber, um ihn zu prüfen; denn
er wußte wohl, was er tun wollte. 7Philippus ant-
wortete ihm: Für zweihundert Silbergroschen
Brot ist nicht genug für sie, daß jeder ein wenig
bekomme. 8Spricht zu ihm einer seiner Jünger,
Andreas, der Bruder des Simon Petrus: 9Es ist
ein Kind hier, das hat fünf Gerstenbrote und
zwei Fische; aber was ist das für so viele? 10Jesus
aber sprach: Laßt die Leute sich lagern. Es war
aber viel Gras an dem Ort. Da lagerten sich etwa
fünftausend Männer. 11Jesus aber nahm die Bro-
te, dankte und gab sie denen, die sich gelagert
hatten; desgleichen auch von den Fischen, soviel
sie wollten. 12Als sie aber satt waren, sprach er
zu seinen Jüngern: Sammelt die übrigen Brok-
ken, damit nichts umkommt. 13Da sammelten sie
und füllten von den fünf Gerstenbroten zwölf
Körbe mit Brocken, die denen übrigblieben, die
gespeist worden waren.
14Als nun die Menschen das Zeichen sahen,
das Jesus tat, sprachen sie: Das ist wahrlich der
Prophet, der in die Welt kommen soll. 15Als Je-

Fünf Brote und zwei Fische

sus nun merkte, daß sie kommen würden und ihn
ergreifen, um ihn zum König zu machen, entwich
er wieder auf den Berg, er selbst allein.

Jesus auf dem See

[16]Am Abend aber gingen seine Jünger hinab an
den See, [17]stiegen in ein Boot und fuhren über
den See nach Kapernaum. Und es war schon fin-
ster geworden, und Jesus war noch nicht zu ih-
nen gekommen. [18]Und der See wurde aufgewühlt
von einem starken Wind. [19]Als sie nun etwa eine
Stunde gerudert hatten, sahen sie Jesus auf dem
See gehen und nahe an das Boot kommen; und
sie fürchteten sich. [20]Er aber sprach zu ihnen: Ich
bin's; fürchtet euch nicht! [21]Da wollten sie ihn
ins Boot nehmen; und sogleich war das Boot am
Land, wohin sie fahren wollten.

Jesus das Brot des Lebens

[22]Am nächsten Tag sah das Volk, das am andern
Ufer des Sees stand, daß kein anderes Boot da
war als das eine, und daß Jesus nicht mit seinen
Jüngern in das Boot gestiegen war, sondern seine
Jünger waren allein weggefahren. [23]Es kamen
aber andere Boote von Tiberias nahe an den Ort,
wo sie das Brot gegessen hatten unter der Dank-
sagung des Herrn. [24]Als nun das Volk sah, daß
Jesus nicht da war und seine Jünger auch nicht,
stiegen sie in die Boote und fuhren nach Kaper-
naum und suchten Jesus. [25]Und als sie ihn fan-
den am andern Ufer des Sees, fragten sie ihn:
Rabbi, wann bist du hergekommen? [26]Jesus ant-
wortete ihnen und sprach: Wahrlich, wahrlich,
ich sage euch: Ihr sucht mich nicht, weil ihr Zei-
chen gesehen habt, sondern weil ihr von dem
Brot gegessen habt und satt geworden seid.
[27]Schafft euch Speise, die nicht vergänglich ist,
sondern die bleibt zum ewigen Leben. Die wird
euch der Menschensohn geben; denn auf dem ist
das Siegel Gottes des Vaters. [28]Da fragten sie
ihn: Was sollen wir tun, daß wir Gottes Werke
wirken? [29]Jesus antwortete und sprach zu ihnen:
Das ist Gottes Werk, daß ihr an den glaubt, den
er gesandt hat. [30]Da sprachen sie zu ihm: Was
tust du für ein Zeichen, damit wir sehen und dir
glauben? Was für ein Werk tust du? [31]Unsre Vä-
ter haben in der Wüste das Manna gegessen, wie
geschrieben steht (Psalm 79,24): »Er gab ihnen
Brot vom Himmel zu essen.« [32]Da sprach Jesus
zu ihnen: Wahrlich, wahrlich, ich sage euch:
Nicht Mose hat euch das Brot vom Himmel ge-
geben, sondern mein Vater gibt euch das wahre
Brot vom Himmel. [33]Denn Gottes Brot ist das,
das vom Himmel kommt und gibt der Welt das
Leben. [34]Da sprachen sie zu ihm: Herr, gib uns
allezeit solches Brot. [35]Jesus aber sprach zu ih-
nen: Ich bin das Brot des Lebens; Wer zu mir
kommt, den wird nicht hungern; und wer an
mich glaubt, den wird nimmermehr dürsten.

Jesus sprach zu ihnen: Ich bin das Brot des Lebens.

[36]Aber ich habe euch gesagt: Ihr habt mich gese-
hen und glaubt doch nicht. [37]Alles, was mir mein
Vater gibt, das kommt zu mir; und wer zu mir
kommt, den werde ich nicht hinausstoßen.
[38]Denn ich bin vom Himmel gekommen, nicht
damit ich meinen Willen tue, sondern den Willen
dessen, der mich gesandt hat. [39]Das ist aber der
Wille dessen, der mich gesandt hat, daß ich
nichts verliere von allem, was er mir gegeben hat,
sondern daß ich's auferwecke am Jüngsten Tage.
[40]Denn das ist der Wille meines Vaters, daß, wer
den Sohn sieht und glaubt an ihn, das ewige Le-
ben habe; und ich werde ihn auferwecken am
Jüngsten Tage.
[41]Da murrten die Juden über ihn, weil er sag-
te: Ich bin das Brot, das vom Himmel gekommen
ist, [42]und sprachen: Ist dieser nicht Jesus, Josefs
Sohn, dessen Vater und Mutter wir kennen?
Wieso spricht er dann: Ich bin vom Himmel ge-
kommen? [43]Jesus antwortete und sprach zu ih-
nen: Murrt nicht untereinander. [44]Es kann nie-
mand zu mir kommen, es sei denn, ihn ziehe der
Vater, der mich gesandt hat, und ich werde ihn
auferwecken am Jüngsten Tage. [45]Es steht ge-
schrieben in den Propheten (Jesaja 54,13): »Sie

Manna
Eine Speise, die Gott dem Volk Israel auf der Wüstenwanderung in wunderbarer Weise gegeben hatte.

werden alle von Gott gelehrt sein.« Wer es vom
Vater hört und lernt, der kommt zu mir. [46]Nicht
als ob jemand den Vater gesehen hätte außer
dem, der von Gott gekommen ist; der hat den

Vater gesehen. 47Wahrlich, wahrlich, ich sage
euch: Wer glaubt, der hat das ewige Leben. 48Ich
bin das Brot des Lebens. 49Eure Väter haben in
der Wüste das Manna gegessen und sind gestor-
ben. 50Dies ist das Brot, das vom Himmel
kommt, damit, wer davon ißt, nicht sterbe. 51Ich
bin das lebendige Brot, das vom Himmel gekom-
men ist. Wer von diesem Brot ißt, der wird leben
in Ewigkeit. Und dieses Brot ist mein Fleisch,
das ich geben werde für das Leben der Welt.
52Da stritten die Juden untereinander und sag-
ten: Wie kann der uns sein Fleisch zu essen ge-
ben? 53Jesus sprach zu ihnen: Wahrlich, wahr-
lich, ich sage euch: Wenn ihr nicht das Fleisch
des Menschensohns eßt und sein Blut trinkt, so
habt ihr kein Leben in euch. 54Wer mein Fleisch
ißt und mein Blut trinkt, der hat das ewige Le-
ben, und ich werde ihn am Jüngsten Tage aufer-
wecken. 55Denn mein Fleisch ist die wahre Spei-
se, und mein Blut ist der wahre Trank. 56Wer
mein Fleisch ißt und mein Blut trinkt, der bleibt
in mir und ich in ihm. 57Wie mich der lebendige
Vater gesandt hat und ich lebe um des Vaters
willen, so wird auch, wer mich ißt, leben um mei-
netwillen. 58Dies ist das Brot, das vom Himmel
gekommen ist. Es ist nicht wie bei den Vätern,
die gegessen haben und gestorben sind. Wer dies
Brot ißt, der wird leben in Ewigkeit. 59Das sagte
er in der Synagoge, als er in Kapernaum lehrte.

Scheidung unter den Jüngern

60Viele nun seiner Jünger, die das hörten, spra-
chen: Das ist eine harte Rede; wer kann sie hö-
ren? 61Da Jesus aber bei sich selbst merkte, daß
seine Jünger darüber murrten, sprach er zu ih-
nen: Ärgert euch das? 62Wie, wenn ihr nun sehen
werdet den Menschensohn auffahren dahin, wo
er zuvor war? 63Der Geist ist's, der lebendig
macht; das Fleisch ist nichts nütze. Die Worte,
die ich zu euch geredet habe, die sind Geist und
sind Leben. 64Aber es gibt einige unter euch, die
glauben nicht. Denn Jesus wußte von Anfang an,
wer die waren, die nicht glaubten, und wer ihn
verraten würde. 65Und er sprach: Darum habe
ich euch gesagt: Niemand kann zu mir kommen,
es sei ihm denn vom Vater gegeben.

Das Bekenntnis des Petrus

66Von da an wandten sich viele seiner Jünger ab
und gingen hinfort nicht mehr mit ihm. 67Da
fragte Jesus die Zwölf: Wollt ihr auch weggehen?
68Da antwortete ihm Simon Petrus: Herr, wohin
sollen wir gehen? Du hast Worte des ewigen Le-
bens; 69und wir haben geglaubt und erkannt:

Herr, wohin sollen wir gehen? Du hast Worte des ewigen Lebens.

Du bist der Heilige Gottes. 70Jesus antwortete ih-
nen: Habe ich nicht euch Zwölf erwählt? Und ei-
ner von euch ist ein Teufel. 71Er redete aber von
Judas, dem Sohn des Simon Iskariot. Der verriet
ihn hernach und war einer der Zwölf.

Die Reise zum Laubhüttenfest

7 Danach zog Jesus umher in Galiläa; denn
er wollte nicht in Judäa umherziehen, weil
ihm die Juden nach dem Leben trachteten.
2Es war aber nahe das Laubhüttenfest der Juden.
3Da sprachen seine Brüder zu ihm: Mach dich
auf von hier und geh nach Judäa, damit auch
deine Jünger die Werke sehen, die du tust. 4Nie-
mand tut etwas im Verborgenen und will doch
öffentlich etwas gelten. Willst du das, so offenba-
re dich vor der Welt. 5Denn auch seine Brüder
glaubten nicht an ihn. 6Da spricht Jesus zu ihnen:
Meine Zeit ist noch nicht da, eure Zeit ist alle-
wege. 7Die Welt kann euch nicht hassen. Mich
aber haßt sie, denn ich bezeuge von ihr, daß ihre
Werke böse sind. 8Geht ihr hinauf zum Fest! Ich
will nicht hinaufgehen zu diesem Fest, denn mei-
ne Zeit ist noch nicht erfüllt. 9Das sagte er und
blieb in Galiläa.
10Als aber seine Brüder hinaufgegangen waren
zum Fest, da ging auch er hinauf, nicht öffent-
lich, sondern heimlich. 11Da suchten ihn die Ju-
den auf dem Fest und fragten: Wo ist er? 12Und
es war ein großes Gemurmel über ihn im Volk.
Einige sprachen: Er ist gut; andere aber spra-
chen: Nein, sondern er verführt das Volk. 13Nie-
mand aber redete offen über ihn aus Furcht vor
den Juden.

Jesus auf dem Fest

14Aber mitten im Fest ging Jesus hinauf in den
Tempel und lehrte. 15Und die Juden verwunder-
ten sich und sprachen: Wie kann dieser die
Schrift verstehen, wenn er es doch nicht gelernt
hat? 16Jesus antwortete ihnen und sprach: Meine
Lehre ist nicht von mir, sondern von dem, der

mich gesandt hat. [17]Wenn jemand dessen Willen
tun will, wird er innewerden, ob diese Lehre von
Gott ist oder ob ich von mir selbst aus rede. [18]Wer

Wenn jemand dessen Willen tun will, wird er innewerden, ob diese Lehre von Gott ist.

von sich selbst aus redet, der sucht seine eigene
Ehre; wer aber die Ehre dessen sucht, der ihn
gesandt hat, der ist wahrhaftig, und keine Un-
gerechtigkeit ist in ihm.

[19]Hat euch nicht Mose das Gesetz gegeben?
Und niemand unter euch tut das Gesetz. Warum
sucht ihr mich zu töten? [20]Das Volk antwortete:
Du bist besessen, wer sucht dich zu töten? [21]Je-
sus antwortete und sprach zu ihnen: Ein einziges
Werk habe ich getan, und es wundert euch alle.
[22]Mose hat euch doch die Beschneidung gegeben
- nicht daß sie von Mose kommt, sondern von
den Vätern -, und ihr beschneidet den Menschen
auch am Sabbat. [23]Wenn nun ein Mensch am
Sabbat die Beschneidung empfängt, damit nicht
das Gesetz des Mose gebrochen werde, was zürnt
ihr dann mir, weil ich am Sabbat den ganzen
Menschen gesund gemacht habe? [24]Richtet nicht
nach dem, was vor Augen ist, sondern richtet
gerecht.

[25]Da sprachen einige aus Jerusalem: Ist das
nicht der, den sie zu töten suchen? [26]Und siehe,
er redet frei und offen, und sie sagen ihm nichts.
Sollten unsere Oberen nun wahrhaftig erkannt
haben, daß er der Christus ist? [27]Doch wir wis-
sen, woher dieser ist; wenn aber der Christus
kommen wird, so wird niemand wissen, woher er
ist. [28]Da rief Jesus, der im Tempel lehrte: Ihr
kennt mich und wißt, woher ich bin. Aber nicht
von mir selbst aus bin ich gekommen, sondern es
ist ein Wahrhaftiger, der mich gesandt hat, den
ihr nicht kennt. [29]Ich aber kenne ihn; denn ich
bin von ihm, und er hat mich gesandt. [30]Da such-
ten sie ihn zu ergreifen; aber niemand legte
Hand an ihn, denn seine Stunde war noch nicht
gekommen. [31]Aber viele aus dem Volk glaubten
an ihn und sprachen: Wenn der Christus kom-
men wird, wird er etwa mehr Zeichen tun, als
dieser getan hat?

[32]Und es kam den Pharisäern zu Ohren, daß
im Volk solches Gemurmel über ihn war. Da
sandten die Hohenpriester und Pharisäer Knech-
te aus, die ihn ergreifen sollten. [33]Da sprach Je-
sus zu ihnen: Ich bin noch eine kleine Zeit bei
euch, und dann gehe ich hin zu dem, der mich
gesandt hat. [34]Ihr werdet mich suchen und nicht
finden; und wo ich bin, könnt ihr nicht hinkom-
men. [35]Da sprachen die Juden untereinander:
Wo will dieser hingehen, daß wir ihn nicht finden
könnten? Will er zu denen gehen, die in der Zer-
streuung unter den Griechen wohnen, und die
Griechen lehren? [36]Was ist das für ein Wort, daß
er sagt: Ihr werdet mich suchen und nicht finden;
und wo ich bin, da könnt ihr nicht hinkommen?

[37]Aber am letzten Tag des Festes, der der
höchste war, trat Jesus auf und rief: Wen da dür-
stet, der komme zu mir und trinke! [38]Wer an
mich glaubt, wie die Schrift sagt, von dessen Leib
werden Ströme lebendigen Wassers fließen. [39]Das

Wer an mich glaubt, von dessen Leib werden Ströme lebendigen Wassers fließen.

sagte er aber von dem Geist, den die empfangen
sollten, die an ihn glaubten; denn der Geist war
noch nicht da; denn Jesus war noch nicht ver-
herrlicht.

Zwiespalt im Volk

[40]Einige nun aus dem Volk, die diese Worte hör-
ten, sprachen: Dieser ist wahrhaftig der Prophet.
[41]Andere sprachen: Er ist der Christus. Wieder
andere sprachen: Soll der Christus aus Galiläa
kommen? [42]Sagt nicht die Schrift: aus dem Ge-
schlecht Davids und aus dem Ort Bethlehem, wo
David war, soll der Christus kommen? [43]So ent-
stand seinetwegen Zwietracht im Volk. [44]Es
wollten aber einige ihn ergreifen; aber niemand
legte Hand an ihn.

[45]Die Knechte kamen zu den Hohenpriestern
und Pharisäern; und die fragten sie: Warum habt
ihr ihn nicht gebracht? [46]Die Knechte antworte-
ten: Noch nie hat ein Mensch so geredet wie die-
ser. [47]Da antworteten ihnen die Pharisäer: Habt
ihr euch auch verführen lassen? [48]Glaubt denn
einer von den Oberen oder Pharisäern an ihn?
[49]Nur das Volk tut's, das nichts vom Gesetz
weiß; verflucht ist es. [50]Spricht zu ihnen Nikode-
mus, der vormals zu ihm gekommen war und der
einer von ihnen war: [51]Richtet denn unser Gesetz
einen Menschen, ehe man ihn verhört und er-

kannt hat, was er tut? 52Sie antworteten und
sprachen zu ihm: Bist du auch ein Galiläer? Forsche und sieh: Aus Galiläa steht kein Prophet
auf.

Jesus und die Ehebrecherin

8 53Und jeder ging heim. 1Jesus aber ging
zum Ölberg. 2Und frühmorgens kam er
wieder in den Tempel, und alles Volk kam
zu ihm, und er setzte sich und lehrte sie.
3Aber die Schriftgelehrten und Pharisäer
brachten eine Frau zu ihm, beim Ehebruch ergriffen, und stellten sie in die Mitte 4und sprachen zu ihm: Meister, diese Frau ist auf frischer
Tat beim Ehebruch ergriffen worden. 5Mose aber

Jesus gibt Wasser des Lebens

hat uns im Gesetz geboten, solche Frauen zu
steinigen. Was sagst du? 6Das sagten sie aber, ihn
zu versuchen, damit sie ihn verklagen könnten.
Aber Jesus bückte sich und schrieb mit dem Finger auf die Erde. 7Als sie nun fortfuhren, ihn zu
fragen, richtete er sich auf und sprach zu ihnen:
Wer unter euch ohne Sünde ist, der werfe den
ersten Stein auf sie. 8Und er bückte sich wieder
und schrieb auf die Erde. 9Als sie aber das hörten, gingen sie weg, einer nach dem andern, die

Wer unter euch ohne Sünde ist, der werfe den ersten Stein.

Ältesten zuerst; und Jesus blieb allein mit der
Frau, die in der Mitte stand.
10Jesus aber richtete sich auf und fragte sie: Wo
sind sie, Frau? Hat dich niemand verdammt?
11Sie antwortete: Niemand, Herr. Und Jesus
sprach: So verdamme ich dich auch nicht; geh
hin und sündige hinfort nicht mehr.

Jesus das Licht der Welt

12Da redete Jesus abermals zu ihnen und sprach:
Ich bin das Licht der Welt. Wer mir nachfolgt,
der wird nicht wandeln in der Finsternis, sondern
wird das Licht des Lebens haben. 13Da sprachen
die Pharisäer zu ihm: Du gibst Zeugnis von dir
selbst; dein Zeugnis ist nicht wahr. 14Jesus antwortete und sprach zu ihnen: Auch wenn ich von
mir selbst zeuge, ist mein Zeugnis wahr; denn ich
weiß, woher ich gekommen bin und wohin ich
gehe; ihr aber wißt nicht, woher ich komme oder
wohin ich gehe. 15Ihr richtet nach dem Fleisch,
ich richte niemand. 16Wenn ich aber richte, so ist
mein Richten gerecht; denn ich bin's nicht allein,
sondern ich und der Vater, der mich gesandt hat.
17Auch steht in eurem Gesetz geschrieben, daß
zweier Menschen Zeugnis wahr sei. 18Ich bin's,
der von sich selbst zeugt; und der Vater, der
mich gesandt hat, zeugt auch von mir. 19Da fragten sie ihn: Wo ist dein Vater? Jesus antwortete:
Ihr kennt weder mich noch meinen Vater; wenn

ihr mich kenntet, so kenntet ihr auch meinen
Vater.
20Diese Worte redete Jesus an dem Gotteska-
sten, als er lehrte im Tempel; und niemand er-
griff ihn, denn seine Stunde war noch nicht ge-
kommen.

Stunde

Ein Zeitpunkt, zu dem Gott in besonderer Weise handelt, um seine Pläne in Erfüllung zu bringen. Hier Hinweis auf den Tod Jesu.

Jesu Weg zur Erhöhung

21Da sprach Jesus abermals zu ihnen: Ich gehe
hinweg, und ihr werdet mich suchen und in eurer
Sünde sterben. Wo ich hingehe, da könnt ihr
nicht hinkommen. 22Da sprachen die Juden: Will
er sich denn selbst töten, daß er sagt: Wohin ich
gehe, da könnt ihr nicht hinkommen? 23Und er
sprach zu ihnen: Ihr seid von unten her, ich bin
von oben her; ihr seid von dieser Welt, ich bin
nicht von dieser Welt. 24Darum habe ich euch
gesagt, daß ihr sterben werdet in euren Sünden;
denn wenn ihr nicht glaubt, daß ich es bin, wer-
det ihr sterben in euren Sünden. 25Da fragten sie
ihn: Wer bist du denn? Und Jesus sprach zu ih-
nen: Zuerst das, was ich euch auch sage. 26Ich
habe viel von euch zu reden und zu richten.
Aber der mich gesandt hat, ist wahrhaftig, und
was ich von ihm gehört habe, das rede ich zu der
Welt. 27Sie verstanden aber nicht, daß er zu ih-
nen vom Vater sprach. 28Da sprach Jesus zu ih-
nen: Wenn ihr den Menschensohn erhöhen wer-
det, dann werdet ihr erkennen, daß ich es bin
und nichts von mir selber tue, sondern, wie mich
der Vater gelehrt hat, so rede ich. 29Und der
mich gesandt hat, ist mit mir. Er läßt mich nicht
allein; denn ich tue allezeit, was ihm gefällt.

Die wahre Freiheit

30Als er das sagte, glaubten viele an ihn. 31Da
sprach nun Jesus zu den Juden, die an ihn glaub-
ten: Wenn ihr bleiben werdet an meinem Wort,
so seid ihr wahrhaftig meine Jünger 32und werdet
die Wahrheit erkennen, und die Wahrheit wird
euch frei machen. 33Da antworteten sie ihm: Wir
sind Abrahams Kinder und sind niemals jeman-
des Knecht gewesen. Wie sprichst du dann: Ihr
sollt frei werden? 34Jesus antwortete ihnen und
sprach: Wahrlich, wahrlich, ich sage euch: Wer
Sünde tut, der ist der Sünde Knecht.

Wer Sünde tut, der ist der Sünde Knecht.

35Der Knecht bleibt nicht ewig im Haus; der
Sohn bleibt ewig. 36Wenn euch nun der Sohn frei
macht, so seid ihr wirklich frei.

Abrahamskinder und Teufelskinder

37Ich weiß wohl, daß ihr Abrahams Kinder seid;
aber ihr sucht mich zu töten, denn mein Wort
findet bei euch keinen Raum. 38Ich rede, was ich
von meinem Vater gesehen habe; und ihr tut,
was ihr von eurem Vater gehört habt. 39Sie ant-
worteten und sprachen zu ihm: Abraham ist un-
ser Vater. Spricht Jesus zu ihnen: Wenn ihr Ab-
rahams Kinder wärt, so tätet ihr Abrahams Wer-
ke. 40Nun aber sucht ihr mich zu töten, einen
Menschen, der euch die Wahrheit gesagt hat, wie
ich sie von Gott gehört habe. Das hat Abraham
nicht getan. 41Ihr tut die Werke eures Vaters. Da
sprachen sie zu ihm: Wir sind nicht unehelich ge-
boren; wir haben einen Vater: Gott. 42Jesus
sprach zu ihnen: Wäre Gott euer Vater, so lieb-
tet ihr mich; denn ich bin von Gott ausgegangen
und komme von ihm; denn ich bin nicht von
selbst gekommen, sondern er hat mich gesandt.
43Warum versteht ihr denn meine Sprache nicht?
Weil ihr mein Wort nicht hören könnt! 44Ihr habt
den Teufel zum Vater, und nach eures Vaters
Gelüste wollt ihr tun. Der ist ein Mörder von
Anfang an und steht nicht in der Wahrheit; denn
die Wahrheit ist nicht in ihm. Wenn er Lügen re-
det, so spricht er aus dem Eigenen; denn er ist
ein Lügner und der Vater der Lüge. 45Weil ich
aber die Wahrheit sage, glaubt ihr mir nicht.

Der Streit um Jesu Ehre

46Wer von euch kann mich einer Sünde zeihen?
Wenn ich aber die Wahrheit sage, warum glaubt
ihr mir nicht? 47Wer von Gott ist, der hört Got-
tes Worte; ihr hört darum nicht, weil ihr nicht
von Gott seid.
48Da antworteten die Juden und sprachen zu
ihm: Sagen wir nicht mit Recht, daß du ein Sa-
mariter bist und einen bösen Geist hast? 49Jesus

antwortete: Ich habe keinen bösen Geist, sondern ich ehre meinen Vater, aber ihr nehmt mir die Ehre. 50 Ich suche nicht meine Ehre; es ist aber einer, der sie sucht, und er richtet. 51 Wahrlich, wahrlich, ich sage euch: Wer mein Wort hält, der wird den Tod nicht sehen in Ewigkeit.

Wer mein Wort hält, der wird den Tod nicht sehen in Ewigkeit.

52 Da sprachen die Juden zu ihm: Nun erkennen wir, daß du einen bösen Geist hast. Abraham ist gestorben und die Propheten, und du sprichst: Wer mein Wort hält, der wird den Tod nicht schmecken in Ewigkeit. 53 Bist du mehr als unser Vater Abraham, der gestorben ist? Und die Propheten sind gestorben. Was machst du aus dir selbst? 54 Jesus antwortete: Wenn ich mich selber ehre, so ist meine Ehre nichts. Es ist aber mein Vater, der mich ehrt, von dem ihr sagt: Er ist unser Gott; 55 und ihr kennt ihn nicht; ich aber kenne ihn. Und wenn ich sagen wollte: Ich kenne ihn nicht, so würde ich ein Lügner, wie ihr seid. Aber ich kenne ihn und halte sein Wort. 56 Abraham, euer Vater, wurde froh, daß er meinen Tag sehen sollte, und er sah ihn und freute sich. 57 Da sprachen die Juden zu ihm: Du bist noch nicht fünfzig Jahre alt und hast Abraham gesehen? 58 Jesus sprach zu ihnen: Wahrlich, wahrlich, ich sage euch: Ehe Abraham wurde, bin ich. 59 Da hoben sie Steine auf, um auf ihn zu werfen. Aber Jesus verbarg sich und ging zum Tempel hinaus.

Die Heilung eines Blindgeborenen

9 Und Jesus ging vorüber und sah einen Menschen, der blind geboren war. 2 Und seine Jünger fragten ihn und sprachen: Meister, wer hat gesündigt, dieser oder seine Eltern, daß er blind geboren ist? 3 Jesus antwortete: Es hat weder dieser gesündigt noch seine Eltern, sondern es sollen die Werke Gottes offenbar werden an ihm. 4 Wir müssen die Werke dessen wirken, der mich gesandt hat, solange es Tag ist; es kommt die Nacht, da niemand wirken kann. 5 Solange ich in der Welt bin, bin ich das Licht der Welt. 6 Als er das gesagt hatte, spuckte er auf die Erde, machte daraus einen Brei und strich den Brei auf die Augen des Blinden. 7 Und er sprach zu ihm: Geh zum Teich Siloah – das heißt übersetzt: gesandt – und wasche dich! Da ging er hin und wusch sich und kam sehend wieder. 8 Die Nachbarn nun und die, die ihn früher als Bettler gesehen hatten, sprachen: Ist das nicht der Mann, der dasaß und bettelte? 9 Einige sprachen: Er ist's; andere: Nein, aber er ist ihm ähnlich. Er selbst aber sprach: Ich bin's. 10 Da fragten sie ihn: Wie sind deine Augen aufgetan worden? 11 Er antwortete: Der Mensch, der Jesus heißt, machte einen Brei und strich ihn auf meine Augen und sprach: Geh zum Teich Siloah und wasche dich! Ich ging hin und wusch mich und wurde sehend. 12 Da fragten sie ihn: Wo ist er? Er antwortete: Ich weiß es nicht.

13 Da führten sie ihn, der vorher blind gewesen war, zu den Pharisäern. 14 Es war aber Sabbat an dem Tag, als Jesus den Brei machte und seine Augen öffnete. 15 Da fragten ihn auch die Pharisäer, wie er sehend geworden wäre. Er aber sprach zu ihnen: Einen Brei legte er mir auf die Augen, und ich wusch mich und bin nun sehend. 16 Da sprachen einige der Pharisäer: Dieser Mensch ist nicht von Gott, weil er den Sabbat nicht hält. Andere aber sprachen: Wie kann ein sündiger Mensch solche Zeichen tun? Und es entstand Zwietracht unter ihnen. 17 Da sprachen sie wieder zu dem Blinden: Was sagst du von ihm, daß er deine Augen aufgetan hat? Er aber sprach: Er ist ein Prophet.

18 Nun glaubten die Juden nicht von ihm, daß er blind gewesen und sehend geworden war, bis sie die Eltern dessen riefen, der sehend geworden war, 19 und sie fragten sie und sprachen: Ist das euer Sohn, von dem ihr sagt, er sei blind geboren? Wieso ist er nun sehend? 20 Seine Eltern antworteten ihnen und sprachen: Wir wissen, daß dieser unser Sohn ist und daß er blind geboren ist. 21 Aber wieso er nun sehend ist, wissen wir nicht, und wer ihm seine Augen aufgetan hat, wissen wir auch nicht. Fragt ihn, er ist alt genug; laßt ihn für sich selbst reden. 22 Das sagten seine Eltern, denn sie fürchteten sich vor den Juden. Denn die Juden hatten sich schon geeinigt: wenn jemand ihn als den Christus bekenne, der solle aus der Synagoge ausgestoßen werden. 23 Darum sprachen seine Eltern: Er ist alt genug, fragt ihn selbst.

24 Da riefen sie noch einmal den Menschen, der blind gewesen war, und sprachen zu ihm: Gib Gott die Ehre! Wir wissen, daß dieser Mensch ein Sünder ist. 25 Er antwortete: Ist er ein Sünder? Das weiß ich nicht; eins aber weiß ich:

daß ich blind war und bin nun sehend. 26Da frag-
ten sie ihn: Was hat er mit dir getan? Wie hat er
deine Augen aufgetan? 27Er antwortete ihnen:
Ich habe es euch schon gesagt, und ihr habt's
nicht gehört! Was wollt ihr's abermals hören?
Wollt ihr auch seine Jünger werden? 28Da
schmähten sie ihn und sprachen: Du bist sein
Jünger; wir aber sind Moses Jünger. 29Wir wis-
sen, daß Gott mit Mose geredet hat; woher aber
dieser ist, wissen wir nicht. 30Der Mensch ant-
wortete und sprach zu ihnen: Das ist verwunder-
lich, daß ihr nicht wißt, woher er ist, und er hat
meine Augen aufgetan. 31Wir wissen, daß Gott
die Sünder nicht erhört; sondern den, der gottes-
fürchtig ist und seinen Willen tut, den erhört er.
32Von Anbeginn der Welt an hat man nicht ge-
hört, daß jemand einem Blindgeborenen die Au-
gen aufgetan habe. 33Wäre dieser nicht von Gott,
er könnte nichts tun. 34Sie antworteten und

Wäre dieser nicht von Gott, er könnte nichts tun.

sprachen zu ihm: Du bist ganz in Sünden gebo-
ren und lehrst uns? Und sie stießen ihn hinaus.
35Es kam vor Jesus, daß sie ihn ausgestoßen
hatten. Und als er ihn fand, fragte er: Glaubst du
an den Menschensohn? 36Er antwortete und
sprach: Herr, wer ist's? daß ich an ihn glaube.
37Jesus sprach zu ihm: Du hast ihn gesehen, und
der mit dir redet, der ist's. 38Er aber sprach:
Herr, ich glaube, und betete ihn an.
39Und Jesus sprach: Ich bin zum Gericht in
diese Welt gekommen, damit, die nicht sehen,
sehend werden, und die sehen, blind werden.
40Das hörten einige der Pharisäer, die bei ihm
waren, und fragten ihn: Sind wir denn auch
blind? 41Jesus sprach zu ihnen: Wärt ihr blind, so
hättet ihr keine Sünde; weil ihr aber sagt: Wir
sind sehend, bleibt eure Sünde.

Der gute Hirte

10 Wahrlich, wahrlich, ich sage euch:
Wer nicht zur Tür hineingeht in den
Schafstall, sondern steigt anderswo
hinein, der ist ein Dieb und ein Räuber. 2Der
aber zur Tür hineingeht, der ist der Hirte der
Schafe. 3Dem macht der Türhüter auf, und die
Schafe hören seine Stimme; und er ruft seine
Schafe mit Namen und führt sie hinaus. 4Und
wenn er alle seine Schafe hinausgelassen hat,
geht er vor ihnen her, und die Schafe folgen ihm
nach; denn sie kennen seine Stimme. 5Einem
Fremden aber folgen sie nicht nach, sondern flie-
hen vor ihm; denn sie kennen die Stimme der
Fremden nicht. 6Dies Gleichnis sagte Jesus zu ih-
nen; sie verstanden aber nicht, was er ihnen da-
mit sagte.
7Da sprach Jesus wieder: Wahrlich, wahrlich,
ich sage euch: Ich bin die Tür zu den Schafen.
8Alle, die vor mir gekommen sind, die sind Die-
be und Räuber; aber die Schafe haben ihnen
nicht gehorcht. 9Ich bin die Tür; wenn jemand
durch mich hineingeht, wird er selig werden und
wird ein-und ausgehen und Weide finden. 10Ein
Dieb kommt nur, um zu stehlen, zu schlachten
und umzubringen. Ich bin gekommen, damit sie
das Leben und volle Genüge haben sollen.
11Ich bin der gute Hirte. Der gute Hirte läßt
sein Leben für die Schafe. 12Der Mietling aber,

Ich bin der gute Hirte.

der nicht Hirte ist, dem die Schafe nicht gehören,
sieht den Wolf kommen und verläßt die Schafe
und flieht - und der Wolf stürzt sich auf die
Schafe und zerstreut sie -, 13denn er ist ein Miet-
ling und kümmert sich nicht um die Schafe. 14Ich
bin der gute Hirte und kenne die Meinen, und
die Meinen kennen mich, 15wie mich mein Vater
kennt, und ich kenne den Vater. Und ich lasse
mein Leben für die Schafe. 16Und ich habe noch
andere Schafe, die sind nicht aus diesem Stall;
auch sie muß ich herführen, und sie werden mei-
ne Stimme hören, und es wird eine Herde und
ein Hirte werden. 17Darum liebt mich mein Va-
ter, weil ich mein Leben lasse, daß ich's wieder-
nehme. 18Niemand nimmt es von mir, sondern
ich selber lasse es. Ich habe Macht, es zu lassen,
und habe Macht, es wiederzunehmen. Dies
Gebot habe ich empfangen von meinem
Vater.
19Da entstand abermals Zwietracht unter den
Juden wegen dieser Worte. 20Viele unter ihnen
sprachen: Er hat einen bösen Geist und ist von
Sinnen; was hört ihr ihm zu? 21Andere sprachen:
Das sind nicht Worte eines Besessenen; kann

Jesus sorgt wie ein guter Hirte für seine Gemeinde ▷

denn ein böser Geist die Augen der Blinden
auftun?
[22]Es war damals das Fest der Tempelweihe in
Jerusalem, und es war Winter. [23]Und Jesus ging
umher im Tempel in der Halle Salomos. [24]Da
umringten ihn die Juden und sprachen zu ihm:

Fest der Tempelweihe
Jüdisches Fest, das an die Neueinweihung des Tempels im Jahre 165 vor Christus erinnerte.

Wie lange hältst du uns im Ungewissen? Bist du
der Christus, so sage es frei heraus. [25]Jesus ant-
wortete ihnen: Ich habe es euch gesagt, und ihr
glaubt nicht. Die Werke, die ich tue in meines
Vaters Namen, die zeugen von mir.[26]Aber ihr
glaubt nicht, denn ihr seid nicht von meinen
Schafen. [27]Meine Schafe hören meine Stimme,
und ich kenne sie, und sie folgen mir; [28]und ich
gebe ihnen das ewige Leben, und sie werden
nimmermehr umkommen, und niemand wird sie
aus meiner Hand reißen.

Niemand wird sie aus meiner Hand reißen.

[29]Mein Vater, der mir sie gegeben hat, ist größer
als alles, und niemand kann sie aus des Vaters
Hand reißen. [30]Ich und der Vater sind eins.

Der Vorwurf der Gotteslästerung

[31]Da hoben die Juden abermals Steine auf, um
ihn zu steinigen. [32]Jesus sprach zu ihnen: Viele
gute Werke habe ich euch erzeigt vom Vater; um
welches dieser Werke willen wollt ihr mich stei-
nigen? [33]Die Juden antworteten ihm und spra-
chen: Um eines guten Werkes willen steinigen
wir dich nicht, sondern um der Gotteslästerung
willen, denn du bist ein Mensch und machst dich
selbst zu Gott. [34]Jesus antwortete ihnen: Steht
nicht geschrieben in eurem Gesetz (Psalm 82,6):
»Ich habe gesagt: Ihr seid Götter«? [35]Wenn er
die Götter nennt, zu denen das Wort Gottes ge-
schah, - und die Schrift kann doch nicht gebro-
chen werden -, [36]wie sagt ihr dann zu dem, den
der Vater geheiligt und in die Welt gesandt hat:
Du lästerst Gott -, weil ich sage: Ich bin Gottes
Sohn? [37]Tue ich nicht die Werke meines Vaters,
so glaubt mir nicht; [38]tue ich sie aber, so glaubt
doch den Werken, wenn ihr mir nicht glauben
wollt, damit ihr erkennt und wißt, daß der Vater
in mir ist und ich in ihm. [39]Da suchten sie aber-
mals, ihn zu ergreifen. Aber er entging ihren
Händen.
[40]Dann ging er wieder fort auf die andere Sei-
te des Jordans an den Ort, wo Johannes zuvor
getauft hatte, und blieb dort. [41]Und viele kamen
zu ihm und sprachen: Johannes hat kein Zeichen
getan; aber alles, was Johannes von diesem ge-
sagt hat, das ist wahr. [42]Und es glaubten dort vie-
le an ihn.

Die Auferweckung des Lazarus

11 Es lag aber einer krank, Lazarus aus
Betanien, dem Dorf Marias und ihrer
Schwester Marta. [2]Maria aber war es,
die den Herrn mit Salböl gesalbt und seine Füße
mit ihrem Haar getrocknet hatte. Deren Bruder
Lazarus war krank. [3]Da sandten die Schwestern
zu Jesus und ließen ihm sagen: Herr, siehe, der,
den du lieb hast, liegt krank. [4]Als Jesus das hör-
te, sprach er: Diese Krankheit ist nicht zum To-
de, sondern zur Verherrlichung Gottes, damit
der Sohn Gottes dadurch verherrlicht werde. [5]Je-
sus aber hatte Marta lieb und ihre Schwester und
Lazarus. [6]Als er nun hörte, daß er krank war,
blieb er noch zwei Tage an dem Ort, wo er war;
[7]danach spricht er zu seinen Jüngern: Laßt uns
wieder nach Judäa ziehen! [8]Seine Jünger aber
sprachen zu ihm: Meister, eben noch wollten die
Juden dich steinigen, und du willst wieder dort-
hin ziehen? [9]Jesus antwortete: Hat nicht der Tag
zwölf Stunden? Wer bei Tag umhergeht, der
stößt sich nicht; denn er sieht das Licht dieser
Welt. [10]Wer aber bei Nacht umhergeht, der stößt
sich; denn es ist kein Licht in ihm.
[11]Das sagte er, und danach spricht er zu ih-
nen: Lazarus, unser Freund, schläft, aber ich ge-
he hin, ihn aufzuwecken. [12]Da sprachen seine
Jünger: Herr, wenn er schläft, wird's besser mit
ihm. [13]Jesus aber sprach von seinem Tode; sie
meinten aber, er rede vom leiblichen Schlaf. [14]Da
sagte es ihnen Jesus frei heraus: Lazarus ist ge-
storben; [15]und ich bin froh um euretwillen, daß
ich nicht dagewesen bin, damit ihr glaubt. Aber
laßt uns zu ihm gehen! [16]Da sprach Thomas, der
Zwilling genannt wird, zu den Jüngern: Laßt uns
mit ihm gehen, daß wir mit ihm sterben!
[17]Als Jesus kam, fand er Lazarus schon vier
Tage im Grabe liegen. [18]Betanien aber war nahe

bei Jerusalem, etwa eine halbe Stunde entfernt. [19]Und viele Juden waren zu Marta und Maria gekommen, sie zu trösten wegen ihres Bruders.

[20]Als Marta nun hörte, daß Jesus kommt, geht sie ihm entgegen; Maria aber blieb daheim sitzen. [21]Da sprach Marta zu Jesus: Herr, wärst du hier gewesen, mein Bruder wäre nicht gestorben. [22]Aber auch jetzt weiß ich: Was du bittest von Gott, das wird dir Gott geben. [23]Jesus spricht zu ihr: Dein Bruder wird auferstehen. [24]Marta spricht zu ihm: Ich weiß wohl, daß er auferstehen wird – bei der Auferstehung am Jüngsten Tage. [25]Jesus spricht zu ihr: Ich bin die Auferstehung und das Leben. Wer an mich glaubt, der wird leben, auch wenn er stirbt; [26]und wer da lebt und

Wer an mich glaubt, der wird leben, auch wenn er stirbt. Glaubst du das?

glaubt an mich, der wird nimmermehr sterben. Glaubst du das? [27]Sie spricht zu ihm: Ja, Herr, ich glaube, daß du der Christus bist, der Sohn Gottes, der in die Welt gekommen ist.

[28]Und als sie das gesagt hatte, ging sie hin und rief ihre Schwester Maria heimlich und sprach zu ihr: Der Meister ist da und ruft dich. [29]Als Maria das hörte, stand sie eilend auf und kam zu ihm. [30]Jesus aber war noch nicht in das Dorf gekommen, sondern war noch dort, wo ihm Marta begegnet war. [31]Als die Juden, die bei ihr im Hause waren und sie trösteten, sahen, daß Maria eilend aufstand und hinausging, folgten sie ihr, weil sie dachten: Sie geht zum Grab, um dort zu weinen.

[32]Als nun Maria dahin kam, wo Jesus war, und sah ihn, fiel sie ihm zu Füßen und sprach zu ihm: Herr, wärst du hier gewesen, mein Bruder wäre nicht gestorben. [33]Als Jesus sah, wie sie weinte und wie auch die Juden weinten, die mit ihr gekommen waren, ergrimmte er im Geist und wurde sehr betrübt [34]und sprach: Wo habt ihr ihn hingelegt? Sie antworteten ihm: Herr, komm und sieh es! [35]Und Jesus gingen die Augen über. [36]Da sprachen die Juden: Siehe, wie hat er ihn lieb gehabt! [37]Einige aber unter ihnen sprachen: Er hat dem Blinden die Augen aufgetan; konnte er nicht auch machen, daß dieser nicht sterben mußte? [38]Da ergrimmte Jesus abermals und kam zum Grab. Es war aber eine Höhle, und ein Stein lag davor. [39]Jesus sprach: Hebt den Stein weg! Spricht zu ihm Marta, die Schwester des Verstorbenen: Herr, er stinkt schon; denn er liegt seit vier Tagen. [40]Jesus spricht zu ihr: Habe ich dir nicht gesagt: Wenn du glaubst, wirst du die Herrlichkeit Gottes sehen? [41]Da hoben sie den Stein weg. Jesus aber hob seine Augen auf und sprach: Vater, ich danke dir, daß du mich erhört hast. [42]Ich weiß, daß du mich allezeit hörst; aber um des Volkes willen, das umhersteht, sage ich's, damit sie glauben, daß du mich gesandt hast. [43]Als er das gesagt hatte, rief er mit lauter Stimme: Lazarus, komm heraus! [44]Und der Verstorbene kam heraus, gebunden mit Grabtüchern an Füßen und Händen, und sein Gesicht war verhüllt mit einem Schweißtuch. Jesus spricht zu ihnen: Löst die Binden und laßt ihn gehen! [45]Viele nun von den Juden, die zu Maria gekommen waren und sahen, was Jesus tat, glaubten an ihn.

Viele nun von den Juden, die sahen, was Jesus tat, glaubten an ihn.

Der Entschluß zur Tötung Jesu

[46]Einige aber von ihnen gingen hin zu den Pharisäern und sagten ihnen, was Jesus getan hatte. [47]Da versammelten die Hohenpriester und die Pharisäer den Hohen Rat und sprachen: Was tun wir? Dieser Mensch tut viele Zeichen. [48]Lassen wir ihn so, dann werden sie alle an ihn glauben, und dann kommen die Römer und nehmen uns Land und Leute. [49]Einer aber von ihnen, Kaiphas, der in dem Jahr Hoherpriester war, sprach zu ihnen: Ihr wißt nichts; [50]ihr bedenkt auch nicht: Es ist besser für euch, ein Mensch sterbe für das Volk, als daß das ganze Volk verderbe. [51]Das sagte er aber nicht von sich aus, sondern weil er in dem Jahr Hoherpriester war, weissagte er. Denn Jesus sollte sterben für das Volk, [52]und nicht für das Volk allein, sondern auch, um die verstreuten Kinder Gottes zusammenzubringen. [53]Von dem Tage an war es für sie beschlossen, daß sie ihn töteten. [54]Jesus aber ging nicht mehr frei umher unter den Juden, sondern ging von dort weg in eine Gegend nahe der Wüste, in eine Stadt mit Namen Ephraim, und blieb dort mit den Jüngern.

[55]Es war aber nahe das Passafest der Juden; und viele aus der Gegend gingen hinauf nach Jerusalem vor dem Fest, daß sie sich reinigten.

Jerusalem – Jesus wird umjubelt, später gekreuzigt.

[56]Da fragten sie nach Jesus und redeten mitein-
ander, als sie im Tempel standen: Was meint ihr?
Er wird doch nicht zum Fest kommen? [57]Die
Hohenpriester und Pharisäer aber hatten Befehl
gegeben: Wenn jemand weiß, wo er ist, soll er's
anzeigen, damit sie ihn ergreifen könnten.

Die Salbung in Betanien

12 Sechs Tage vor dem Passafest kam
Jesus nach Betanien, wo Lazarus war,
den Jesus auferweckt hatte von den
Toten. [2]Dort machten sie ihm ein Mahl, und
Marta diente ihm; Lazarus aber war einer von
denen, die mit ihm zu Tisch saßen. [3]Da nahm
Maria ein Pfund Salböl von unverfälschter, kost-
barer Narde und salbte die Füße Jesu und trock-
nete mit ihrem Haar seine Füße; das Haus aber
wurde erfüllt vom Duft des Öls. [4]Da sprach einer
seiner Jünger, Judas Iskariot, der ihn hernach
verriet: [5]Warum ist dieses Öl nicht für dreihun-
dert Silbergroschen verkauft worden und den
Armen gegeben? [6]Das sagte er aber nicht, weil er
nach den Armen fragte, sondern er war ein Dieb,
denn er hatte den Geldbeutel und nahm an sich,
was gegeben war. [7]Da sprach Jesus: Laß sie in
Frieden! Es soll gelten für den Tag meines Be-
gräbnisses. [8]Denn Arme habt ihr allezeit bei
euch; mich aber habt ihr nicht allezeit.

[9]Da erfuhr eine große Menge der Juden, daß
er dort war, und sie kamen nicht allein um Jesu
willen, sondern um auch Lazarus zu sehen, den
er von den Toten erweckt hatte. [10]Aber die Ho-
henpriester beschlossen, auch Lazarus zu töten;
[11]denn um seinetwillen gingen viele Juden hin
und glaubten an Jesus.

Der Einzug in Jerusalem

[12]Als am nächsten Tag die große Menge, die aufs
Fest gekommen war, hörte, daß Jesus nach Jeru-
salem käme, [13]nahmen sie Palmzweige und gin-
gen hinaus ihm entgegen und riefen:

Hosianna!
Gelobt sei, der da kommt in dem Namen
des Herrn,
der König von Israel!

[14]Jesus aber fand einen jungen Esel und ritt dar-
auf, wie geschrieben steht (Sacharja 9,9):

[15]»Fürchte dich nicht, du Tochter Zion!
Siehe, dein König kommt
und reitet auf einem Eselsfüllen.«

[16]Das verstanden seine Jünger zuerst nicht; doch

als Jesus verherrlicht war, da dachten sie daran,
daß dies von ihm geschrieben stand und man so
mit ihm getan hatte. 17Das Volk aber, das bei
ihm war, als er Lazarus aus dem Grabe rief und
von den Toten auferweckte, rühmte die Tat.
18Darum ging ihm auch die Menge entgegen,
weil sie hörte, er habe dieses Zeichen getan.
19Die Pharisäer aber sprachen untereinander: Ihr
seht, daß ihr nichts ausrichtet; siehe, alle Welt
läuft ihm nach.

Die Ankündigung der Verherrlichung

20Es waren aber einige Griechen unter denen, die
heraufgekommen waren, um anzubeten auf dem
Fest. 21Die traten zu Philippus, der von Betsaida
aus Galiläa war, und baten ihn und sprachen:
Herr, wir wollten Jesus gerne sehen. 22Philippus
kommt und sagt es Andreas, und Philippus und
Andreas sagen's Jesus weiter. 23Jesus aber ant-
wortete ihnen und sprach: Die Zeit ist gekom-
men, daß der Menschensohn verherrlicht werde.
24Wahrlich, wahrlich, ich sage euch: Wenn das
Weizenkorn nicht in die Erde fällt und erstirbt,
bleibt es allein; wenn es aber erstirbt, bringt es
viel Frucht. 25Wer sein Leben lieb hat, der wird's
verlieren; und wer sein Leben auf dieser Welt
haßt, der wird's erhalten zum ewigen Leben.
26Wer mir dienen will, der folge mir nach; und
wo ich bin, da soll mein Diener auch sein. Und
wer mir dienen wird, den wird mein Vater ehren.

Wer mir dienen will, der folge mir nach.

27Jetzt ist meine Seele betrübt. Und was soll
ich sagen? Vater, hilf mir aus dieser Stunde?
Doch darum bin ich in diese Stunde gekommen.
28Vater, verherrliche deinen Namen! Da kam ei-
ne Stimme vom Himmel: Ich habe ihn verherr-
licht und will ihn abermals verherrlichen. 29Da
sprach das Volk, das dabeistand und zuhörte: Es
hat gedonnert. Die andern sprachen: Ein Engel
hat mit ihm geredet. 30Jesus antwortete und
sprach: Diese Stimme ist nicht um meinetwillen
geschehen, sondern um euretwillen. 31Jetzt er-
geht das Gericht über diese Welt; nun wird der
Fürst dieser Welt ausgestoßen werden. 32Und
ich, wenn ich erhöht werde von der Erde, so will
ich alle zu mir ziehen. 33Das sagte er aber, um
anzuzeigen, welchen Todes er sterben würde.
34Da antwortete ihm das Volk: Wir haben aus
dem Gesetz gehört, daß der Christus in Ewigkeit
bleibt; wieso sagst du dann: Der Menschensohn
muß erhöht werden? Wer ist dieser Menschen-
sohn? 35Da sprach Jesus zu ihnen: Es ist das
Licht noch eine kleine Zeit bei euch. Wandelt,
solange ihr das Licht habt, damit euch die Fin-
sternis nicht überfalle. Wer in der Finsternis
wandelt, der weiß nicht, wo er hingeht. 36Glaubt
an das Licht, solange ihr's habt, damit ihr Kinder
des Lichtes werdet. Das redete Jesus und ging
weg und verbarg sich vor ihnen.

Der Unglaube des Volkes

37Und obwohl er solche Zeichen vor ihren Au-
gen tat, glaubten sie doch nicht an ihn, 38damit
erfüllt werde der Spruch des Propheten Jesaja,
den er sagte (Jesaja 53,1): »Herr, wer glaubt un-
serm Predigen? Und wem ist der Arm des Herrn
offenbart?« 39Darum konnten sie nicht glauben,
denn Jesaja hat wiederum gesagt (Jesaja 6,9.10):
40»Er hat ihre Augen verblendet und ihr Herz
verstockt, damit sie nicht etwa mit den Augen
sehen und mit dem Herzen verstehen und sich
bekehren, und ich ihnen helfe.« 41Das hat Jesaja
gesagt, weil er seine Herrlichkeit sah und redete
von ihm. 42Doch auch von den Oberen glaubten
viele an ihn; aber um der Pharisäer willen be-
kannten sie es nicht, um nicht aus der Synagoge
ausgestoßen zu werden. 43Denn sie hatten lieber
Ehre bei den Menschen als Ehre bei Gott.
44Jesus aber rief: Wer an mich glaubt, der
glaubt nicht an mich, sondern an den, der mich
gesandt hat. 45Und wer mich sieht, der sieht den,
der mich gesandt hat. 46Ich bin in die Welt ge-
kommen als ein Licht, damit, wer an mich
glaubt, nicht in der Finsternis bleibe. 47Und wer
meine Worte hört und bewahrt sie nicht, den
werde ich nicht richten; denn ich bin nicht ge-
kommen, daß ich die Welt richte, sondern daß

Sie hatten lieber die Ehre bei den Menschen als Ehre bei Gott

ich die Welt rette. 48Wer mich verachtet und
nimmt meine Worte nicht an, der hat schon sei-
nen Richter: Das Wort, das ich geredet habe, das
wird ihn richten am Jüngsten Tage. 49Denn ich
habe nicht aus mir selbst geredet, sondern der
Vater, der mich gesandt hat, der hat mir ein Ge-
bot gegeben, was ich tun und reden soll. 50Und

ich weiß: sein Gebot ist das ewige Leben. Darum: was ich rede, das rede ich so, wie es mir der Vater gesagt hat.

Die Fußwaschung

13 Vor dem Passafest aber erkannte Jesus, daß seine Stunde gekommen war, daß er aus dieser Welt ginge zum Vater; und wie er die Seinen geliebt hatte, die in der
Welt waren, so liebte er sie bis ans Ende. 2 Und
beim Abendessen, als schon der Teufel dem Judas, Simons Sohn, dem Iskariot, ins Herz gegeben
hatte, ihn zu verraten, 3 Jesus aber wußte, daß ihm
der Vater alles in seine Hände gegeben hatte und daß er von Gott gekommen war und zu Gott
ging, 4 da stand er vom Mahl auf, legte sein Obergewand ab und nahm einen Schurz und umgürte-
te sich. 5 Danach goß er Wasser in ein Becken, fing an, den Jüngern die Füße zu waschen, und trocknete sie mit dem Schurz, mit dem er umgür-
tet war. 6 Da kam er zu Simon Petrus; der sprach zu ihm: Herr, solltest du mir die Füße waschen?
7 Jesus antwortete und sprach zu ihm: Was ich tue, das verstehst du jetzt nicht; du wirst es aber
hernach erfahren. 8 Da sprach Petrus zu ihm: Nimmermehr sollst du mir die Füße waschen! Jesus antwortete ihm: Wenn ich dich nicht wasche,
so hast du kein Teil an mir. 9 Spricht zu ihm Simon Petrus: Herr, nicht die Füße allein, sondern
auch die Hände und das Haupt! 10 Spricht Jesus
zu ihm: Wer gewaschen ist, bedarf nichts, als daß ihm die Füße gewaschen werden; denn er ist ganz
rein. Und ihr seid rein, aber nicht alle. 11 Denn er
kannte seinen Verräter; darum sprach er: Ihr seid nicht alle rein.
12 Als er nun ihre Füße gewaschen hatte, nahm er seine Kleider und setzte sich wieder nieder und sprach zu ihnen: Wißt ihr, was ich euch ge-
tan habe? 13 Ihr nennt mich Meister und Herr
und sagt es mit Recht, denn ich bin's auch.
14 Wenn nun ich, euer Herr und Meister, euch die Füße gewaschen habe, so sollt auch ihr euch un-
tereinander die Füße waschen. 15 Ein Beispiel ha-
be ich euch gegeben, damit ihr tut, wie ich euch
getan habe. 16 Wahrlich, wahrlich, ich sage euch: Der Knecht ist nicht größer als sein Herr und der Apostel nicht größer als der, der ihn gesandt hat.
17 Wenn ihr dies wißt - selig seid ihr, wenn ihr's tut.
18 Das sage ich nicht von euch allen; ich weiß, welche ich erwählt habe. Aber es muß die Schrift erfüllt werden (Psalm 41,10): »Der mein Brot
ißt, tritt mich mit Füßen.« 19 Jetzt sage ich's euch,
ehe es geschieht, damit ihr, wenn es geschehen
ist, glaubt, daß ich es bin. 20 Wahrlich, wahrlich,
ich sage euch: Wer jemanden aufnimmt, den ich senden werde, der nimmt mich auf; wer aber mich aufnimmt, der nimmt den auf, der mich gesandt hat.

Jesus und der Verräter

21 Als Jesus das gesagt hatte, wurde er betrübt im Geist und bezeugte und sprach: Wahrlich, wahrlich, ich sage euch: Einer unter euch wird mich
verraten. 22 Da sahen sich die Jünger untereinander an, und ihnen wurde bange, von wem er
wohl redete. 23 Es war aber einer unter seinen Jüngern, den Jesus lieb hatte, der lag bei Tisch
an der Brust Jesu. 24 Dem winkte Simon Petrus, daß er fragen sollte, wer es wäre, von dem er re-
dete. 25 Da lehnte der sich an die Brust Jesu und
fragte ihn: Herr, wer ist's? 26 Jesus antwortete: Der ist's, dem ich den Bissen eintauche und gebe. Und er nahm den Bissen, tauchte ihn ein und gab ihn Judas, dem Sohn des Simon Iskariot.
27 Und als der den Bissen nahm, fuhr der Satan in ihn. Da sprach Jesus zu ihm: Was du tust, das
tue bald! 28 Aber niemand am Tisch wußte, wozu
er ihm das sagte. 29 Einige meinten, weil Judas den Beutel hatte, spräche Jesus zu ihm: Kaufe, was wir zum Fest nötig haben!, oder daß er den
Armen etwas geben sollte. 30 Als er nun den Bissen genommen hatte, ging er alsbald hinaus. Und es war Nacht.

JESU ABSCHIEDSREDEN
(Kapitel 13,31–16,33)

Die Verherrlichung und das neue Gebot

31 Als Judas nun hinausgegangen war, spricht Jesus: Jetzt ist der Menschensohn verherrlicht, und
Gott ist verherrlicht in ihm. 32 Ist Gott verherrlicht in ihm, so wird Gott ihn auch verherrlichen
in sich und wird ihn bald verherrlichen. 33 Liebe
Kinder, ich bin noch eine kleine Weile bei euch.

Selig
Zu beglückwünschen, glücklich seid ihr.

Ihr werdet mich suchen. Und wie ich zu den Ju-
den sagte, sage ich jetzt auch zu euch: Wo ich
hingehe, da könnt ihr nicht hinkommen.
[34]Ein neues Gebot gebe ich euch, daß ihr euch
untereinander liebt, wie ich euch geliebt habe,
damit auch ihr einander lieb habt. [35]Daran wird
jedermann erkennen, daß ihr meine Jünger seid,
wenn ihr Liebe untereinander habt.

Die Ankündigung der Verleugnung des Petrus

[36]Spricht Simon Petrus zu ihm: Herr, wo gehst
du hin? Jesus antwortete ihm: Wo ich hingehe,
kannst du mir diesmal nicht folgen; aber du wirst
mir später folgen. [37]Petrus spricht zu ihm: Herr,
warum kann ich dir diesmal nicht folgen? Ich will
mein Leben für dich lassen. [38]Jesus antwortete
ihm: Du willst dein Leben für mich lassen?
Wahrlich, wahrlich, ich sage dir: Der Hahn wird
nicht krähen, bis du mich dreimal verleugnet
hast.

Jesus der Weg zum Vater

14 Euer Herz erschrecke nicht! Glaubt
an Gott und glaubt an mich! [2]In mei-
nes Vaters Hause sind viele Wohnun-
gen. Wenn's nicht so wäre, hätte ich dann zu
euch gesagt: Ich gehe hin, euch die Stätte zu be-
reiten? [3]Und wenn ich hingehe, euch die Stätte
zu bereiten, will ich wieder kommen und euch zu
mir nehmen, damit ihr seid, wo ich bin. [4]Und wo
ich hingehe, den Weg wißt ihr.
[5]Spricht zu ihm Thomas: Herr, wir wissen
nicht, wo du hingehst; wie können wir den Weg
wissen? [6]Jesus spricht zu ihm: Ich bin der Weg
und die Wahrheit und das Leben; niemand
kommt zum Vater denn durch mich. [7]Wenn

Jesus spricht: Ich bin der Weg und die Wahrheit und das Leben.

ihr mich erkannt habt, so werdet ihr auch meinen
Vater erkennen. Und von nun an kennt ihr ihn
und habt ihn gesehen.
[8]Spricht zu ihm Philippus: Herr, zeige uns den
Vater, und es genügt uns. [9]Jesus spricht zu ihm:
So lange bin ich bei euch, und du kennst mich
nicht, Philippus? Wer mich sieht, der sieht den
Vater! Wie sprichst du dann: Zeige uns den Va-
ter? [10]Glaubst du nicht, daß ich im Vater bin und
der Vater in mir? Die Worte, die ich zu euch re-
de, die rede ich nicht von mir selbst aus. Und der
Vater, der in mir wohnt, der tut seine Werke.
[11]Glaubt mir, daß ich im Vater bin und der Vater
in mir; wenn nicht, so glaubt mir doch um der
Werke willen.
[12]Wahrlich, wahrlich, ich sage euch: Wer an
mich glaubt, der wird die Werke auch tun, die
ich tue, und er wird noch größere als diese tun;
denn ich gehe zum Vater. [13]Und was ihr bitten
werdet in meinem Namen, das will ich tun, damit
der Vater verherrlicht werde im Sohn. [14]Was ihr
mich bitten werdet in meinem Namen, das will
ich tun.

Die Verheißung des heiligen Geistes

[15]Liebt ihr mich, so werdet ihr meine Gebote
halten. [16]Und ich will den Vater bitten, und er
wird euch einen andern Tröster geben, daß er bei
euch sei in Ewigkeit: [17]den Geist der Wahrheit,
den die Welt nicht empfangen kann, denn sie
sieht ihn nicht und kennt ihn nicht. Ihr kennt
ihn, denn er bleibt bei euch und wird in euch
sein. [18]Ich will euch nicht als Waisen zurücklas-

Tröster

Jemand, der mir zur Seite steht.
Das Wort wurde für einen Ratgeber,
Helfer oder Bundesgenossen gebraucht.
Der Heilige Geist ist der »Bundes-
genosse« der Christen.

sen; ich komme zu euch. [19]Es ist noch eine klei-
ne Zeit, dann wird mich die Welt nicht mehr se-
hen. Ihr aber sollt mich sehen, denn ich lebe, und
ihr sollt auch leben. [20]An jenem Tage werdet ihr
erkennen, daß ich in meinem Vater bin und ihr
in mir und ich in euch. [21]Wer meine Gebote hat
und hält sie, der ist's, der mich liebt. Wer mich
aber liebt, der wird von meinem Vater geliebt
werden, und ich werde ihn lieben und mich ihm
offenbaren.
[22]Spricht zu ihm Judas, nicht der Iskariot:
Herr, was bedeutet es, daß du dich uns offenba-
ren willst und nicht der Welt? [23]Jesus antwortete
und sprach zu ihm: Wer mich liebt, der wird
mein Wort halten; und mein Vater wird ihn lie-
ben, und wir werden zu ihm kommen und Woh-

nung bei ihm nehmen. 24Wer aber mich nicht
liebt, der hält meine Worte nicht. Und das Wort,
das ihr hört, ist nicht mein Wort, sondern das des
Vaters, der mich gesandt hat.
25Das habe ich zu euch geredet, solange ich
bei euch gewesen bin. 26Aber der Tröster, der
heilige Geist, den mein Vater senden wird in
meinem Namen, der wird euch alles lehren und
euch an alles erinnern, was ich euch gesagt habe.

Der Friede Christi

27Den Frieden lasse ich euch, meinen Frieden ge-
be ich euch. Nicht gebe ich euch, wie die Welt
gibt. Euer Herz erschrecke nicht und fürchte sich
nicht. 28Ihr habt gehört, daß ich euch gesagt ha-
be: Ich gehe hin und komme wieder zu euch.
Hättet ihr mich lieb, so würdet ihr euch freuen,
daß ich zum Vater gehe; denn der Vater ist
größer als ich. 29Und jetzt habe ich's euch gesagt,
ehe es geschieht, damit ihr glaubt, wenn es nun
geschehen wird.
30Ich werde nicht mehr viel mit euch reden,
denn es kommt der Fürst dieser Welt. Er hat kei-
ne Macht über mich; 31aber die Welt soll erken-
nen, daß ich den Vater liebe und tue, wie mir der
Vater geboten hat. Steht auf und laßt uns von
hier weggehen.

Der wahre Weinstock

15 Ich bin der wahre Weinstock, und
mein Vater ist der Weingärtner. 2Eine
jede Rebe an mir, die keine Frucht
bringt, wird er wegnehmen; und eine jede, die
Frucht bringt, wird er reinigen, daß sie mehr
Frucht bringe. 3Ihr seid schon rein um des Wor-
tes willen, das ich zu euch geredet habe. 4Bleibt
in mir und ich in euch. Wie die Rebe keine
Frucht bringen kann aus sich selbst, wenn sie
nicht am Weinstock bleibt, so auch ihr nicht,
wenn ihr nicht in mir bleibt. 5Ich bin der Wein-
stock, ihr seid die Reben. Wer in mir bleibt und
ich in ihm, der bringt viel Frucht; denn ohne
mich könnt ihr nichts tun. 6Wer nicht in mir
bleibt, der wird weggeworfen wie eine Rebe
und verdorrt, und man sammelt sie und wirft sie
ins Feuer, und sie müssen brennen.

Ohne mich könnt ihr nichts tun.

7Wenn ihr in mir bleibt und meine Worte in
euch bleiben, werdet ihr bitten, was ihr wollt,
und es wird euch widerfahren. 8Darin wird mein
Vater verherrlicht, daß ihr viel Frucht bringt und
werdet meine Jünger.

Das Gebot der Liebe

9Wie mich mein Vater liebt, so liebe ich euch
auch. Bleibt in meiner Liebe! 10Wenn ihr meine
Gebote haltet, so bleibt ihr in meiner Liebe, wie
ich meines Vaters Gebote halte und bleibe in sei-
ner Liebe. 11Das sage ich euch, damit meine
Freude in euch bleibe und eure Freude vollkom-
men werde.
12Das ist mein Gebot, daß ihr euch unterein-
ander liebt, wie ich euch liebe. 13Niemand hat
größere Liebe als die, daß er sein Leben läßt für
seine Freunde. 14Ihr seid meine Freunde, wenn
ihr tut, was ich euch gebiete. 15Ich sage hinfort
nicht, daß ihr Knechte seid; denn ein Knecht
weiß nicht, was sein Herr tut. Euch aber habe ich
gesagt, daß ihr Freunde seid; denn alles, was ich
von meinem Vater gehört habe, habe ich euch
kundgetan.
16Nicht ihr habt mich erwählt, sondern ich ha-
be euch erwählt und bestimmt, daß ihr hingeht
und Frucht bringt und eure Frucht bleibt, damit,
wenn ihr den Vater bittet in meinem Namen, er's
euch gebe.
17Das gebiete ich euch, daß ihr euch unterein-
ander liebt.

Der Haß der Welt

18Wenn euch die Welt haßt, so wißt, daß sie mich
vor euch gehaßt hat. 19Wäret ihr von der Welt,
so hätte die Welt das Ihre lieb. Weil ihr aber
nicht von der Welt seid, sondern ich euch aus der
Welt erwählt habe, darum haßt euch die Welt.
20Gedenkt an das Wort, das ich euch gesagt ha-
be: Der Knecht ist nicht größer als sein Herr.
Haben sie mich verfolgt, so werden sie euch auch
verfolgen; haben sie mein Wort gehalten, so wer-
den sie eures auch halten. 21Aber das alles wer-
den sie euch tun um meines Namens willen;
denn sie kennen den nicht, der mich gesandt hat.
22Wenn ich nicht gekommen wäre und hätte
es ihnen gesagt, so hätten sie keine Sünde; nun
aber können sie nichts vorwenden, um ihre Sün-
de zu entschuldigen. 23Wer mich haßt, der haßt
auch meinen Vater. 24Hätte ich nicht die Werke
getan unter ihnen, die kein anderer getan hat, so
hätten sie keine Sünde. Nun aber haben sie es

Jesus ist der rechte Weinstock

gesehen, und doch hassen sie mich und meinen
Vater. 25Aber es muß das Wort erfüllt werden,
das in ihrem Gesetz geschrieben steht: »Sie has-
sen mich ohne Grund« (Psalm 69,5).
26Wenn aber der Tröster kommen wird, den
ich euch senden werde vom Vater, der Geist der
Wahrheit, der vom Vater ausgeht, der wird
Zeugnis geben von mir. 27Und auch ihr seid mei-
ne Zeugen, denn ihr seid von Anfang an bei mir
gewesen.

16 Das habe ich zu euch geredet, damit
ihr nicht abfallt. 2Sie werden euch aus
der Synagoge ausstoßen. Es kommt
aber die Zeit, daß, wer euch tötet, meinen wird,
er tue Gott einen Dienst damit. 3Und das werden
sie darum tun, weil sie weder meinen Vater noch
mich erkennen. 4Aber dies habe ich zu euch ge-
redet, damit, wenn ihre Stunde kommen wird,
ihr daran denkt, daß ich's euch gesagt habe. Zu
Anfang aber habe ich es euch nicht gesagt, denn
ich war bei euch.

Das Werk des heiligen Geistes

5Jetzt aber gehe ich hin zu dem, der mich ge-
sandt hat; und niemand von euch fragt mich: Wo
gehst du hin? 6Doch weil ich das zu euch geredet
habe, ist euer Herz voll Trauer. 7Aber ich sage
euch die Wahrheit: Es ist gut für euch, daß ich
weggehe. Denn wenn ich nicht weggehe, kommt
der Tröster nicht zu euch. Wenn ich aber gehe,
will ich ihn zu euch senden. 8Und wenn er
kommt, wird er der Welt die Augen auftun über
die Sünde und über die Gerechtigkeit und über
das Gericht; 9über die Sünde: daß sie nicht an
mich glauben; 10über die Gerechtigkeit: daß ich
zum Vater gehe und ihr mich hinfort nicht seht;
11über das Gericht: daß der Fürst dieser Welt ge-
richtet ist.
12Ich habe euch noch viel zu sagen; aber ihr
könnt es jetzt nicht ertragen. 13Wenn aber jener,
der Geist der Wahrheit, kommen wird, wird er
euch in alle Wahrheit leiten. Denn er wird nicht
aus sich selber reden; sondern was er hören wird,
das wird er reden, und was zukünftig ist, wird er
euch verkündigen. 14Er wird mich verherr-

Der Geist der Wahrheit wird euch in alle Wahrheit leiten.

lichen; denn von dem Meinen wird er's nehmen
und euch verkündigen. 15Alles, was der Vater
hat, das ist mein. Darum habe ich gesagt: Er
wird's von dem Meinen nehmen und euch ver-
kündigen.

Trauer und Hoffnung bei Jesu Abschied

16Noch eine kleine Weile, dann werdet ihr mich
nicht mehr sehen; und abermals eine kleine Wei-
le, dann werdet ihr mich sehen. 17Da sprachen
einige seiner Jünger untereinander: Was bedeutet
das, was er zu uns sagt: Noch eine kleine Weile,
dann werdet ihr mich nicht sehen; und abermals
eine kleine Weile, dann werdet ihr mich sehen;

und: Ich gehe zum Vater? [18]Da sprachen sie: Was bedeutet das, was er sagt: Noch eine kleine Weile? Wir wissen nicht, was er redet. [19]Da merkte Jesus, daß sie ihn fragen wollten, und sprach zu ihnen: Danach fragt ihr euch untereinander, daß ich gesagt habe: Noch eine kleine Weile, dann werdet ihr mich nicht sehen; und abermals eine kleine Weile, dann werdet ihr mich sehen? [20]Wahrlich, wahrlich, ich sage euch: Ihr werdet weinen und klagen, aber die Welt wird sich freuen; ihr werdet traurig sein, doch eure Traurigkeit soll in Freude verwandelt werden. [21]Eine Frau, wenn sie gebiert, so hat sie Schmerzen, denn ihre Stunde ist gekommen. Wenn sie aber das Kind geboren hat, denkt sie nicht mehr an die Angst um der Freude willen, daß ein Mensch zur Welt gekommen ist. [22]Und auch ihr habt nun Traurigkeit; aber ich will euch wiedersehen, und euer Herz soll sich freuen, und eure Freude soll niemand von euch nehmen. [23]An dem Tag werdet ihr mich nichts fragen.

Wahrlich, wahrlich, ich sage euch: Wenn ihr den Vater um etwas bitten werdet in meinem Namen, wird er's euch geben. [24]Bisher habt ihr um nichts gebeten in meinem Namen. Bittet, so werdet ihr nehmen, daß eure Freude vollkommen sei.

[25]Das habe ich euch in Bildern gesagt. Es kommt die Zeit, daß ich nicht mehr in Bildern mit euch reden werde, sondern euch frei heraus verkündigen von meinem Vater. [26]An jenem Tage werdet ihr bitten in meinem Namen. Und ich sage euch nicht, daß ich den Vater für euch bitten will; [27]denn er selbst, der Vater, hat euch lieb, weil ihr mich liebt und glaubt, daß ich von Gott ausgegangen bin. [28]Ich bin vom Vater ausgegangen und in die Welt gekommen; ich verlasse die Welt wieder und gehe zum Vater.

[29]Sprechen zu ihm seine Jünger: Siehe, nun redest du frei heraus und nicht mehr in Bildern. [30]Nun wissen wir, daß du alle Dinge weißt und bedarfst dessen nicht, daß dich jemand fragt. Darum glauben wir, daß du von Gott ausgegangen bist. [31]Jesus antwortete ihnen: Jetzt glaubt ihr? [32]Siehe, es kommt die Stunde und ist schon gekommen, daß ihr zerstreut werdet, ein jeder in das Seine, und mich allein laßt. Aber ich bin nicht allein, denn der Vater ist bei mir. [33]Das habe ich mit euch geredet, damit ihr in mir Frieden habt. In der Welt habt ihr Angst; aber seid getrost, ich habe die Welt überwunden.

Das hohepriesterliche Gebet

17 So redete Jesus, und hob seine Augen auf zum Himmel und sprach: Vater, die Stunde ist da: verherrliche deinen Sohn, damit der Sohn dich verherrliche; [2]denn du hast ihm Macht gegeben über alle Menschen, damit er das ewige Leben gebe allen, die du ihm gegeben hast. [3]Das ist aber das ewige Leben, daß sie dich, der du allein wahrer Gott bist, und den du gesandt hast, Jesus Christus, erkennen. [4]Ich habe dich verherrlicht auf Erden und das Werk vollendet, das du mir gegeben hast, damit ich es tue. [5]Und nun, Vater, verherrliche du mich bei dir mit der Herrlichkeit, die ich bei dir hatte, ehe die Welt war. [6]Ich habe deinen Namen den Menschen offenbart, die du mir aus der Welt gegeben hast. Sie waren dein, und du hast sie mir gegeben, und sie haben dein Wort bewahrt. [7]Nun wissen sie, daß alles, was du mir gegeben hast, von dir kommt. [8]Denn die Worte, die du mir gegeben hast, habe ich ihnen gegeben, und sie haben sie angenommen und wahrhaftig erkannt, daß ich von dir ausgegangen bin, und sie glauben, daß du mich gesandt hast. [9]Ich bitte für sie und bitte nicht für die Welt, sondern für die, die du mir gegeben hast; denn sie sind dein. [10]Und alles, was mein ist, das ist dein, und was dein ist, das ist mein; und ich bin in ihnen verherrlicht. [11]Ich bin nicht mehr in der Welt; sie aber sind in der Welt, und ich komme zu dir. Heiliger Vater, erhalte sie in deinem Namen, den du mir gegeben hast, daß sie eins seien wie wir. [12]Solange ich bei ihnen war, erhielt ich sie in deinem Namen, den du mir gegeben hast, und ich habe sie bewahrt, und keiner von ihnen ist verloren außer dem Sohn des Verderbens, damit die Schrift erfüllt werde. [13]Nun aber komme ich zu dir und rede dies in der Welt, damit meine Freude in ihnen vollkommen sei. [14]Ich habe ihnen dein Wort gegeben, und die Welt hat sie gehaßt; denn sie sind nicht von der Welt, wie auch ich

---

Ewiges Leben

Das höchste Gut, das ein Mensch erlangen kann. Das ganze Werk Jesu hatte zum Ziel, daß viele Menschen ewiges Leben erhalten (Joh 3,16 und 11,25).

Jesus betet: Vater, laß sie alle eins sein

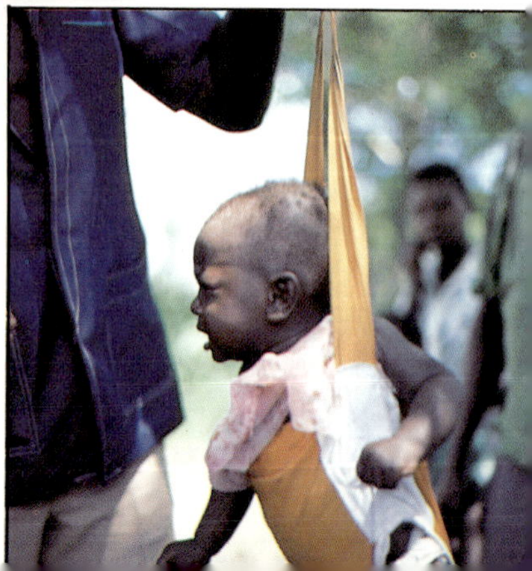

Gute Nachricht für alle.

Jesus sagt:
»Ich bin gekommen, damit sie das Leben und volle Genüge haben sollen.«
Johannes 10.10

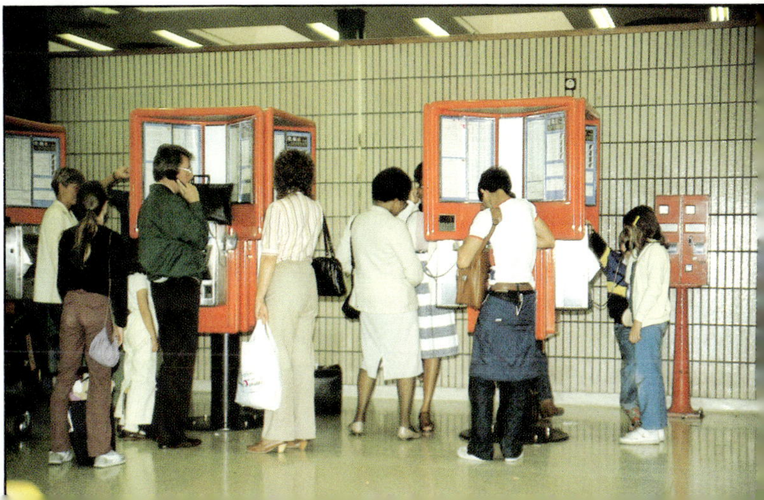

nicht von der Welt bin. 15Ich bitte dich nicht, daß du sie aus der Welt nimmst, sondern daß du sie bewahrst vor dem Bösen. 16Sie sind nicht von der Welt, wie auch ich nicht von der Welt bin. 17Heilige sie in der Wahrheit; dein Wort ist die Wahrheit. 18Wie du mich gesandt hast in die Welt, so sende ich sie auch in die Welt. 19Ich heilige mich selbst für sie, damit auch sie geheiligt seien in der Wahrheit.

20Ich bitte aber nicht allein für sie, sondern auch für die, die durch ihr Wort an mich glauben werden, 21damit sie alle eins seien. Wie du, Vater, in mir bist und ich in dir, so sollen auch sie in uns sein, damit die Welt glaube, daß du mich gesandt hast. 22Und ich habe ihnen die Herrlichkeit gegeben, die du mir gegeben hast, damit sie eins seien, wie wir eins sind, 23ich in ihnen und du in mir, damit sie vollkommen eins seien und die Welt erkenne, daß du mich gesandt hast und sie liebst, wie du mich liebst.

Ich bitte für sie, damit sie alle eins seien.

24Vater, ich will, daß, wo ich bin, auch die bei mir seien, die du mir gegeben hast, damit sie meine Herrlichkeit sehen, die du mir gegeben hast; denn du hast mich geliebt, ehe der Grund der Welt gelegt war. 25Gerechter Vater, die Welt kennt dich nicht; ich aber kenne dich, und diese haben erkannt, daß du mich gesandt hast. 26Und ich habe ihnen deinen Namen kundgetan und werde ihn kundtun, damit die Liebe, mit der du mich liebst, in ihnen sei und ich in ihnen.

LEIDEN, STERBEN UND AUFERSTEHUNG JESU

(Kapitel 18–21)

Jesu Gefangennahme

18 Als Jesus das geredet hatte, ging er hinaus mit seinen Jüngern über den Bach Kidron; da war ein Garten, in den gingen Jesus und seine Jünger. 2Judas aber, der ihn verriet, kannte den Ort auch, denn Jesus versammelte sich oft dort mit seinen Jüngern. 3Als nun Judas die Schar der Soldaten mit sich genommen hatte und Knechte von den Hohenpriestern und Pharisäern, kommt er dahin mit Fackeln, Lampen und mit Waffen. 4Da nun Jesus alles wußte, was ihm begegnen sollte, ging er hinaus und sprach zu ihnen: Wen sucht ihr? 5Sie antworteten ihm: Jesus von Nazareth. Er spricht zu ihnen: Ich bin's! Judas aber, der ihn verriet, stand auch bei ihnen. 6Als nun Jesus zu ihnen sagte: Ich bin's!, wichen sie zurück und fielen zu Boden. 7Da fragte er sie abermals: Wen sucht ihr? Sie aber sprachen: Jesus von Nazareth. 8Jesus antwortete: Ich habe euch gesagt, daß ich es bin. Sucht ihr mich, so laßt diese gehen! 9Damit sollte das Wort erfüllt werden, das er gesagt hatte: Ich habe keinen von denen verloren, die du mir gegeben hast. 10Simon Petrus aber hatte ein Schwert und zog es und schlug nach dem Knecht des Hohenpriesters und hieb ihm sein rechtes Ohr ab. Und der Knecht hieß Malchus. 11Da sprach Jesus zu Petrus: Steck dein Schwert in die Scheide! Soll ich den Kelch nicht trinken, den mir mein Vater gegeben hat?

Jesu Verhör vor Hannas und Kaiphas und die Verleugnung des Petrus

12Die Schar aber und ihr Anführer und die Knechte der Juden nahmen Jesus und banden ihn 13und führten ihn zuerst zu Hannas; der war der Schwiegervater des Kaiphas, der in jenem Jahr Hoherpriester war. 14Kaiphas aber war es, der den Juden geraten hatte, es wäre gut, ein Mensch stürbe für das ganze Volk.

15Simon Petrus aber folgte Jesus nach und ein anderer Jünger. Dieser Jünger war dem Hohenpriester bekannt und ging mit Jesus hinein in den Palast des Hohenpriesters. 16Petrus aber stand draußen vor der Tür. Da kam der andere Jünger, der dem Hohenpriester bekannt war, heraus und redete mit der Türhüterin und führte Petrus hinein. 17Da sprach die Magd, die Türhüterin, zu Petrus: Bist du nicht auch einer von den Jüngern dieses Menschen? Er sprach: Ich bin's nicht. 18Es standen aber die Knechte und Diener und hatten ein Kohlenfeuer gemacht, denn es war kalt, und sie wärmten sich. Aber auch Petrus stand bei ihnen und wärmte sich.

19Der Hohepriester befragte nun Jesus über seine Jünger und über seine Lehre. 20Jesus antwortete ihm: Ich habe frei und offen vor aller Welt geredet. Ich habe allezeit gelehrt in der Synagoge und im Tempel, wo alle Juden zusammenkommen, und habe nichts im Verborgenen geredet. 21Was fragst du mich? Frage die, die gehört haben, was ich zu ihnen geredet habe. Siehe,

sie wissen, was ich gesagt habe. 22 Als er so rede-
te, schlug einer von den Knechten, die dabeistan-
den, Jesus ins Gesicht und sprach: Sollst du dem
Hohenpriester so antworten? 23 Jesus antwortete:
Habe ich übel geredet, so beweise, daß es böse
ist; habe ich aber recht geredet, was schlägst du
mich? 24 Und Hannas sandte ihn gebunden zu
dem Hohenpriester Kaiphas.
25 Simon Petrus aber stand da und wärmte
sich. Da sprachen sie zu ihm: Bist du nicht einer
seiner Jünger? Er leugnete und sprach: Ich bin's
nicht. 26 Spricht einer von den Knechten des Ho-
henpriesters, ein Verwandter dessen, dem Petrus
das Ohr abgehauen hatte: Sah ich dich nicht im
Garten bei ihm? 27 Da leugnete Petrus abermals,
und alsbald krähte der Hahn.

Jesu Verhör vor Pilatus

28 Da führten sie Jesus von Kaiphas zum Präto-
rium; es war früh am Morgen. Und sie gingen
nicht hinein, damit sie nicht unrein würden, son-
dern das Passamahl essen könnten. 29 Da kam Pi-
latus zu ihnen heraus und fragte: Was für eine
Klage bringt ihr gegen diesen Menschen vor?
30 Sie antworteten und sprachen zu ihm: Wäre
dieser nicht ein Übeltäter, wir hätten ihn dir
nicht überantwortet. 31 Da sprach Pilatus zu ih-
nen: So nehmt ihr ihn hin und richtet ihn nach
eurem Gesetz. Da sprachen die Juden zu ihm:
Wir dürfen niemand töten. 32 So sollte das Wort
Jesu erfüllt werden, das er gesagt hatte, um anzu-
zeigen, welchen Todes er sterben würde.
33 Da ging Pilatus wieder hinein ins Prätorium
und rief Jesus und fragte ihn: Bist du der König
der Juden? 34 Jesus antwortete: Sagst du das von
dir aus, oder haben dir's andere über mich ge-
sagt? 35 Pilatus antwortete: Bin ich ein Jude?
Dein Volk und die Hohenpriester haben dich mir
überantwortet. Was hast du getan? 36 Jesus ant-
wortete: Mein Reich ist nicht von dieser Welt.
Wäre mein Reich von dieser Welt, meine Diener
würden darum kämpfen, daß ich den Juden nicht
überantwortet würde; nun aber ist mein Reich
nicht von dieser Welt. 37 Da fragte ihn Pilatus:

Mein Reich ist nicht von dieser Welt.

So bist du dennoch ein König? Jesus antwortete:
Du sagst es, ich bin ein König. Ich bin dazu
geboren und in die Welt gekommen, daß ich
die Wahrheit bezeugen soll. Wer aus der Wahr-
heit ist, der hört meine Stimme. 38 Spricht Pilatus
zu ihm: Was ist Wahrheit?
Und als er das gesagt hatte, ging er wieder
hinaus zu den Juden und spricht zu ihnen: Ich
finde keine Schuld an ihm. 39 Es besteht aber die
Gewohnheit bei euch, daß ich euch einen zum
Passafest losgebe; wollt ihr nun, daß ich euch
den König der Juden losgebe? 40 Da schrien sie
wiederum: Nicht diesen, sondern Barabbas! Ba-
rabbas aber war ein Räuber.

Jesu Geißelung und Verspottung

19 Da nahm Pilatus Jesus und ließ ihn
geißeln. 2 Und die Soldaten flochten
eine Krone aus Dornen und setzten
sie auf sein Haupt und legten ihm ein Purpurge-
wand an 3 und traten zu ihm und sprachen: Sei
gegrüßt, König der Juden! und schlugen ihm ins
Gesicht. 4 Da ging Pilatus wieder hinaus und
sprach zu ihnen: Seht, ich führe ihn heraus zu
euch, damit ihr erkennt, daß ich keine Schuld an
ihm finde. 5 Und Jesus kam heraus und trug die
Dornenkrone und das Purpurgewand. Und Pila-
tus spricht zu ihnen: Seht, welch ein Mensch!

Jesu Verurteilung

6 Als ihn die Hohenpriester und die Knechte sa-
hen, schrien sie: Kreuzige! kreuzige! Pilatus
spricht zu ihnen: Nehmt ihr ihn hin und kreuzigt
ihn, denn ich finde keine Schuld an ihm. 7 Die Ju-
den antworteten ihm: Wir haben ein Gesetz, und
nach dem Gesetz muß er sterben, denn er hat
sich selbst zu Gottes Sohn gemacht. 8 Als Pilatus
dies Wort hörte, fürchtete er sich noch mehr
9 und ging wieder hinein in das Prätorium und
spricht zu Jesus: Woher bist du? Aber Jesus gab
ihm keine Antwort. 10 Da sprach Pilatus zu ihm:
Redest du nicht mit mir? Weißt du nicht, daß ich
Macht habe, dich loszugeben, und Macht habe,
dich zu kreuzigen? 11 Jesus antwortete: Du hättest
keine Macht über mich, wenn es dir nicht von
oben her gegeben wäre. Darum: der mich dir
überantwortet hat, der hat größere Sünde. 12 Von
da an trachtete Pilatus danach, ihn freizulassen.
Die Juden aber schrien: Läßt du diesen frei, so
bist du des Kaisers Freund nicht; denn, wer sich
zum König macht, der ist gegen den Kaiser. 13 Als
Pilatus diese Worte hörte, führte er Jesus heraus
und setzte sich auf den Richterstuhl an der Stät-
te, die da heißt Steinpflaster, auf hebräisch Gab-
bata. 14 Es war aber am Rüsttag für das Passafest

um die sechste Stunde. Und er spricht zu den Juden: Seht, das ist euer König! [15]Sie schrien aber: Weg, weg mit dem! Kreuzige ihn! Spricht Pilatus zu ihnen: Soll ich euren König kreuzigen? Die Hohenpriester antworteten: Wir haben keinen König als den Kaiser. [16]Da überantwortete er ihnen Jesus, daß er gekreuzigt würde.

Jesu Kreuzigung und Tod

Sie nahmen ihn aber, [17]und er trug sein Kreuz und ging hinaus zur Stätte, die da heißt Schädelstätte, auf hebräisch Golgatha. [18]Dort kreuzigten sie ihn und mit ihm zwei andere zu beiden Seiten, Jesus aber in der Mitte. [19]Pilatus aber schrieb eine Aufschrift und setzte sie auf das Kreuz; und es war geschrieben: Jesus von Nazareth, der König der Juden. [20]Diese Aufschrift lasen viele Juden, denn die Stätte, wo Jesus gekreuzigt wurde, war nahe bei der Stadt. Und es war geschrieben in hebräischer, lateinischer und griechischer Sprache. [21]Da sprachen die Hohenpriester der Juden zu Pilatus: Schreib nicht: Der König der Juden, sondern, daß er gesagt hat: Ich bin der König der Juden. [22]Pilatus antwortete: Was ich geschrieben habe, das habe ich geschrieben.

[23]Als aber die Soldaten Jesus gekreuzigt hatten, nahmen sie seine Kleider und machten vier Teile, für jeden Soldaten einen Teil, dazu auch das Gewand. Das war aber ungenäht, von oben an gewebt in einem Stück. [24]Da sprachen sie untereinander: Laßt uns das nicht zerteilen, sondern darum losen, wem es gehören soll. So sollte die Schrift erfüllt werden, die sagt (Psalm 22,19): »Sie haben meine Kleider unter sich geteilt und haben über mein Gewand das Los geworfen.« Das taten die Soldaten.

[25]Es standen aber bei dem Kreuz Jesu seine Mutter und seiner Mutter Schwester, Maria, die Frau des Klopas, und Maria von Magdala. [26]Als nun Jesus seine Mutter sah und bei ihr den Jünger, den er lieb hatte, spricht er zu seiner Mutter: Frau, siehe, das ist dein Sohn! [27]Danach spricht er zu dem Jünger: Siehe, das ist deine Mutter! Und von der Stunde an nahm sie der Jünger zu sich.

[28]Danach, als Jesus wußte, daß schon alles vollbracht war, spricht er, damit die Schrift erfüllt würde: Mich dürstet. [29]Da stand ein Gefäß voll Essig. Sie aber füllten einen Schwamm mit Essig und steckten ihn auf ein Ysoprohr und hielten es ihm an den Mund. [30]Als nun Jesus den Essig genommen hatte, sprach er: Es ist vollbracht! und neigte das Haupt und verschied.

Jesus sprach:
Es ist vollbracht!
und neigte das Haupt
und verschied.

[31]Weil es aber Rüsttag war und die Leichname nicht am Kreuz bleiben sollten den Sabbat über – denn dieser Sabbat war ein hoher Festtag -, baten die Juden Pilatus, daß ihnen die Beine gebrochen und sie abgenommen würden. [32]Da kamen die Soldaten und brachen dem ersten die Beine und auch dem andern, der mit ihm gekreuzigt war. [33]Als sie aber zu Jesus kamen und sahen, daß er schon gestorben war, brachen sie ihm die Beine nicht; [34]sondern einer der Soldaten stieß mit dem Speer in seine Seite, und sogleich kam Blut und Wasser heraus. [35]Und der das gesehen hat, der hat es bezeugt, und sein Zeugnis ist wahr, und er weiß, daß er die Wahrheit sagt, damit auch ihr glaubt. [36]Denn das ist geschehen, damit die Schrift erfüllt würde (2. Mose 12,46): »Ihr sollt ihm kein Bein zerbrechen.« [37]Und wiederum sagt die Schrift an einer andern Stelle (Sacharja 12,10): »Sie werden den sehen, den sie durchbohrt haben.«

Jesu Grablegung

[38]Danach bat Josef von Arimathäa, der ein Jünger Jesu war, doch heimlich, aus Furcht vor den Juden, den Pilatus, daß er den Leichnam Jesu abnehmen dürfe. Und Pilatus erlaubte es. Da kam er und nahm den Leichnam Jesu ab. [39]Es kam aber auch Nikodemus, der vormals in der Nacht zu Jesus gekommen war, und brachte Myrrhe gemischt mit Aloe, etwa hundert Pfund. [40]Da nahmen sie den Leichnam Jesu und banden ihn in Leinentücher mit wohlriechenden Ölen, wie die Juden zu begraben pflegen. [41]Es war aber an der Stätte, wo er gekreuzigt wurde, ein Garten und im Garten ein neues Grab, in das noch nie jemand gelegt worden war. [42]Dahin legten sie Jesus wegen des Rüsttags der Juden, weil das Grab nahe war.

Der Ostermorgen

20 Am ersten Tag der Woche kommt
Maria von Magdala früh, als es noch
finster war, zum Grab und sieht, daß
der Stein vom Grab weg war. [2]Da läuft sie und
kommt zu Simon Petrus und zu dem andern Jün-
ger, den Jesus lieb hatte, und spricht zu ihnen: Sie
haben den Herrn weggenommen aus dem Grab,
und wir wissen nicht, wo sie ihn hingelegt haben.
[3]Da ging Petrus und der andere Jünger hinaus,
und sie kamen zum Grab. [4]Es liefen aber die zwei
miteinander, und der andere Jünger lief voraus,
schneller als Petrus, und kam zuerst zum Grab,
[5]schaut hinein und sieht die Leinentücher liegen;
er ging aber nicht hinein. [6]Da kam Simon Petrus
ihm nach und ging in das Grab hinein und sieht
die Leinentücher liegen, [7]aber das Schweißtuch,
das Jesus um das Haupt gebunden war, nicht bei
den Leinentüchern liegen, sondern daneben, zu-
sammengewickelt an einem besonderen Ort. [8]Da
ging auch der andere Jünger hinein, der zuerst
zum Grab gekommen war, und sah und glaubte.
[9]Denn sie verstanden die Schrift noch nicht, daß
er von den Toten auferstehen müßte. [10]Da gingen
die Jünger wieder heim.

Maria von Magdala

[11]Maria aber stand draußen vor dem Grab und
weinte. Als sie nun weinte, schaute sie in das
Grab [12]und sieht zwei Engel in weißen Gewän-
dern sitzen, einen zu Häupten und den andern zu
den Füßen, wo sie den Leichnam Jesu hingelegt
hatten. [13]Und die sprachen zu ihr: Frau, was
weinst du? Sie spricht zu ihnen: Sie haben mei-
nen Herrn weggenommen, und ich weiß nicht,
wo sie ihn hingelegt haben. [14]Und als sie das sag-
te, wandte sie sich um und sieht Jesus stehen und
weiß nicht, daß es Jesus ist. [15]Spricht Jesus zu
ihr: Frau, was weinst du? Wen suchst du? Sie
meint, es sei der Gärtner, und spricht zu ihm:
Herr, hast du ihn weggetragen, so sage mir, wo
du ihn hingelegt hast; dann will ich ihn holen.
[16]Spricht Jesus zu ihr: Maria! Da wandte sie sich
um und spricht zu ihm auf hebräisch: Rabbuni!,
das heißt: Meister! [17]Spricht Jesus zu ihr: Rühre
mich nicht an! denn ich bin noch nicht aufgefah-
ren zum Vater. Geh aber hin zu meinen Brüdern
und sage ihnen: Ich fahre auf zu meinem Vater
und zu eurem Vater, zu meinem Gott und zu eu-
rem Gott. [18]Maria von Magdala geht und ver-
kündigt den Jüngern: Ich habe den Herrn gese-
hen, und das hat er zu mir gesagt.

Früh am ersten Tag der Woche . . .

Die Vollmacht der Jünger

19Am Abend aber dieses ersten Tages der Wo-
che, als die Jünger versammelt und die Türen
verschlossen waren aus Furcht vor den Juden,
kam Jesus und trat mitten unter sie und spricht
zu ihnen: Friede sei mit euch! 20Und als er das
gesagt hatte, zeigte er ihnen die Hände und seine
Seite. Da wurden die Jünger froh, daß sie den
Herrn sahen. 21Da sprach Jesus abermals zu ih-
nen: Friede sei mit euch! Wie mich der Vater ge-
sandt hat, so sende ich euch.

Wie mich der Vater gesandt hat, so sende ich euch.

22Und als er das gesagt hatte, blies er sie an und
spricht zu ihnen: Nehmt hin den heiligen Geist!
23Welchen ihr die Sünden erlaßt, denen sind sie
erlassen; und welchen ihr sie behaltet, denen sind
sie behalten.

Thomas

24Thomas aber, der Zwilling genannt wird, einer
der Zwölf, war nicht bei ihnen, als Jesus kam.
25Da sagten die andern Jünger zu ihm: Wir ha-
ben den Herrn gesehen. Er aber sprach zu ihnen:
Wenn ich nicht in seinen Händen die Nägelmale
sehe und meinen Finger in die Nägelmale lege
und meine Hand in seine Seite lege, kann ich's
nicht glauben. 26Und nach acht Tagen waren sei-
ne Jünger abermals drinnen versammelt, und
Thomas war bei ihnen. Kommt Jesus, als die Tü-
ren verschlossen waren, und tritt mitten unter sie
und spricht: Friede sei mit euch! 27Danach
spricht er zu Thomas: Reiche deinen Finger her
und sieh meine Hände und reiche deine Hand
her und lege sie in meine Seite, und sei nicht un-
gläubig, sondern gläubig! 28Thomas antwortete
und sprach zu ihm: Mein Herr und mein Gott!
29Spricht Jesus zu ihm: Weil du mich gesehen
hast, Thomas, darum glaubst du. Selig sind, die
nicht sehen und doch glauben!

30Noch viele andere Zeichen tat Jesus vor sei-
nen Jüngern, die nicht geschrieben sind in die-
sem Buch. 31Diese aber sind geschrieben, damit
ihr glaubt, daß Jesus der Christus ist, der Sohn
Gottes, und damit ihr durch den Glauben das
Leben habt in seinem Namen.

Diese sind geschrieben, damit ihr glaubt und damit ihr durch den Glauben das Leben habt in seinem Namen.

Der Auferstandene am See Tiberias

21 Danach offenbarte sich Jesus aber-
mals den Jüngern am See Tiberias. Er
offenbarte sich aber so: 2Es waren
beieinander Simon Petrus und Thomas, der
Zwilling genannt wird, und Nathanael aus Kana
in Galiläa und die Söhne des Zebedäus und zwei
andere seiner Jünger. 3Spricht Simon Petrus zu
ihnen: Ich will fischen gehen. Sie sprechen zu
ihm: So wollen wir mit dir gehen. Sie gingen hin-
aus und stiegen in das Boot, und in dieser Nacht
fingen sie nichts. 4Als es aber schon Morgen war,
stand Jesus am Ufer, aber die Jünger wußten
nicht, daß es Jesus war. 5Spricht Jesus zu ihnen:
Kinder, habt ihr nichts zu essen? Sie antworteten
ihm: Nein. 6Er aber sprach zu ihnen: Werft das
Netz aus zur Rechten des Bootes, so werdet ihr
finden. Da warfen sie es aus und konnten's nicht
mehr ziehen wegen der Menge der Fische. 7Da
spricht der Jünger, den Jesus lieb hatte, zu Pe-
trus: Es ist der Herr! Als Simon Petrus hörte,

Den Herrn gesehen

Maria von Magdala und die Jünger haben keine Erscheinungen wahrgenommen, keinen »Geist« gesehen, sondern sie hatten reale Begegnungen mit dem vom Tod auferweckten Jesus Christus.

daß es der Herr war, gürtete er sich das Oberge-
wand um, denn er war nackt, und warf sich ins
Wasser. 8Die andern Jünger aber kamen mit dem
Boot, denn sie waren nicht fern vom Land, nur
etwa zweihundert Ellen, und zogen das Netz mit
den Fischen. 9Als sie nun ans Land stiegen, sa-
hen sie ein Kohlenfeuer und Fische darauf und
Brot. 10Spricht Jesus zu ihnen: Bringt von den
Fischen, die ihr jetzt gefangen habt! 11Simon Pe-
trus stieg hinein und zog das Netz an Land, voll
großer Fische, hundertdreiundfünfzig. Und ob-
wohl es so viele waren, zerriß doch das Netz
nicht. 12Spricht Jesus zu ihnen: Kommt und hal-

Die Jünger gehen wieder fischen

tet das Mahl! Niemand aber unter den Jüngern
wagte, ihn zu fragen: Wer bist du? Denn sie
wußten, daß es der Herr war. [13]Da kommt Jesus
und nimmt das Brot und gibt's ihnen, desglei-
chen auch die Fische. [14]Das ist nun das dritte
Mal, daß Jesus den Jüngern offenbart wurde,
nachdem er von den Toten auferstanden war.

Petrus und Johannes

[15]Als sie nun das Mahl gehalten hatten, spricht
Jesus zu Simon Petrus: Simon, Sohn des Johan-
nes, hast du mich lieber, als mich diese haben?
Er spricht zu ihm: Ja, Herr, du weißt, daß ich
dich lieb habe. Spricht Jesus zu ihm: Weide
meine Lämmer! [16]Spricht er zum zweiten Mal
zu ihm: Simon, Sohn des Johannes, hast du
mich lieb? Er spricht zu ihm: Ja, Herr, du weißt,
daß ich dich lieb habe. Spricht Jesus zu ihm:
Weide meine Schafe! [17]Spricht er zum dritten
Mal zu ihm: Simon, Sohn des Johannes,
hast du mich lieb? Petrus wurde traurig,
weil er zum dritten Mal zu ihm sagte:
Hast du mich lieb?, und sprach zu ihm: Herr,
du weißt alle Dinge, du weißt, daß ich dich
lieb habe. Spricht Jesus zu ihm: Weide meine
Schafe!
[18]Wahrlich, wahrlich, ich sage dir: Als du jün-
ger warst, gürtetest du dich selbst und gingst, wo
du hin wolltest; wenn du aber alt wirst, wirst du
deine Hände ausstrecken, und ein anderer wird
dich gürten und führen, wo du nicht hin willst.
[19]Das sagte er aber, um anzuzeigen, mit welchem
Tod er Gott preisen würde. Und als er das gesagt
hatte, spricht er zu ihm: Folge mir nach!
[20]Petrus aber wandte sich um und sah den
Jünger folgen, den Jesus lieb hatte, der auch
beim Abendessen an seiner Brust gelegen und
gesagt hatte: Herr, wer ist's, der dich verrät?
[21]Als Petrus diesen sah, spricht er zu Jesus: Herr,
was wird aber mit diesem? [22]Jesus spricht zu
ihm: Wenn ich will, daß er bleibt, bis ich komme,
was geht es dich an? Folge du mir nach! [23]Da
kam unter den Brüdern die Rede auf: Dieser
Jünger stirbt nicht. Aber Jesus hatte nicht zu ihm
gesagt: Er stirbt nicht, sondern: Wenn ich will,
daß er bleibt, bis ich komme, was geht es
dich an?
[24]Dies ist der Jünger, der dies alles bezeugt
und aufgeschrieben hat, und wir wissen, daß sein
Zeugnis wahr ist. [25]Es sind noch viele andere
Dinge, die Jesus getan hat. Wenn aber eins nach
dem andern aufgeschrieben werden sollte, so
würde, meine ich, die Welt die Bücher nicht fas-
sen, die zu schreiben wären.

Ja, Herr, du weißt, daß ich dich lieb habe.

Apostelgeschichte

Einführung

Lukas, der Arzt und Verfasser eines Evangeliums, berichtet seinem Freund Theophilus in dieser zweiten Schrift, mit welcher Kraft sich die Botschaft von Jesus Christus in wenigen Jahren ausgebreitet hat. Die ehemals ängstliche Jüngergruppe wird durch die Kraft und Führung des Heiligen Geistes zu einer breiten Bewegung. Sie erreicht in drei Jahrzehnten die ganze damals bekannte Welt. So wie Jesus es versprochen hatte, geschieht es: Von Jerusalem ausgehend, über die Provinzen Judäa und Samarien, erreichen die Boten Gottes Europa, und sie sorgen für einen christlichen Brückenkopf in Afrika. Der Bericht endet mitten in der Wirksamkeit des Apostels Paulus in Rom.

Auffallend sind in dieser urchristlichen Missions- und Kirchengeschichte mehrere Elemente: Der eigentlich Handelnde ist der Heilige Geist, der Schritt für Schritt nach vorne führt. Eine große Rolle spielt der Begriff »Zeuge« im Sinne von Zeuge der Wahrheit, aber auch als Blutzeuge – Märtyrer. Wichtig ist weiter die Internationalisierung der Gemeinde. Am Anfang wird viel von Petrus und von der Gemeindeentwicklung im jüdischen Raum erzählt, ab Kapitel 13 aber stehen der Völkerapostel Paulus und die weltweite Bedeutung des Evangeliums im Zentrum. Immer wieder wird die junge Gemeinde verfolgt, und es gibt auch erste innere Spannungen; aber das Wachstum des neuen Glaubens ist unter dem sichtbaren Segen Gottes nicht aufzuhalten.

Überblick

Von Ostern bis zum Pfingstfest	1,1-26
Zeugen Jesu Christi in Jerusalem	2,1-7,60
Zeugen Jesu in Nachbarprovinzen	8,1-13,3
Die drei Missionsreisen des Apostels Paulus und seines Teams	13,4-21,17
Verhaftung von Paulus und sein Weg nach Rom	21,18-28,31

Christi Himmelfahrt

1 Den ersten Bericht habe ich gegeben, lie-
ber Theophilus, von all dem, was Jesus von
Anfang an tat und lehrte [2]bis zu dem Tag,
an dem er aufgenommen wurde, nachdem er den
Aposteln, die er erwählt hatte, durch den heili-
gen Geist Weisung gegeben hatte. [3]Ihnen zeigte
er sich nach seinem Leiden durch viele Beweise
als der Lebendige und ließ sich sehen unter ih-
nen vierzig Tage lang und redete mit ihnen vom
Reich Gottes. [4]Und als er mit ihnen zusammen
war, befahl er ihnen, Jerusalem nicht zu verlas-
sen, sondern zu warten auf die Verheißung des
Vaters, die ihr, so sprach er, von mir gehört
habt; [5]denn Johannes hat mit Wasser getauft, ihr
aber sollt mit dem heiligen Geist getauft werden
nicht lange nach diesen Tagen.

[6]Die nun zusammengekommen waren, fragten
ihn und sprachen: Herr, wirst du in dieser Zeit
wieder aufrichten das Reich für Israel? [7]Er
sprach aber zu ihnen: Es gebührt euch nicht, Zeit
oder Stunde zu wissen, die der Vater in seiner
Macht bestimmt hat; [8]aber ihr werdet die Kraft
des heiligen Geistes empfangen, der auf euch
kommen wird, und werdet meine Zeugen sein in
Jerusalem und in ganz Judäa und Samarien und
bis an das Ende der Erde.

[9]Und als er das gesagt hatte, wurde er zuse-
hends aufgehoben, und eine Wolke nahm ihn auf
vor ihren Augen weg. [10]Und als sie ihm nachsa-
hen, wie er gen Himmel fuhr, siehe, da standen
bei ihnen zwei Männer in weißen Gewändern.
[11]Die sagten: Ihr Männer von Galiläa, was steht
ihr da und seht zum Himmel? Dieser Jesus, der
von euch weg gen Himmel aufgenommen wurde,

wird so wiederkommen, wie ihr ihn habt gen
Himmel fahren sehen.

Ihr werdet die Kraft des heiligen Geistes empfangen.

---

[12]Da kehrten sie nach Jerusalem zurück von
dem Berg, der heißt Ölberg und liegt nahe bei
Jerusalem, einen Sabbatweg entfernt. [13]Und als
sie hineinkamen, stiegen sie hinauf in das Ober-
gemach des Hauses, wo sie sich aufzuhalten
pflegten: Petrus, Johannes, Jakobus und Andre-
as, Philippus und Thomas, Bartholomäus und
Matthäus, Jakobus, der Sohn des Alphäus, und
Simon der Zelot und Judas, der Sohn des Jako-
bus. [14]Diese alle waren stets beieinander einmü-
tig im Gebet samt den Frauen und Maria, der
Mutter Jesu, und seinen Brüdern.

Die Nachwahl des zwölften Apostels

[15]Und in den Tagen trat Petrus auf unter den
Brüdern - es war aber eine Menge beisammen
von etwa hundertzwanzig - und sprach: [16]Ihr
Männer und Brüder, es mußte das Wort der
Schrift erfüllt werden, das der heilige Geist durch
den Mund Davids vorausgesagt hat über Judas,
der denen den Weg zeigte, die Jesus gefangen-
nahmen; [17]denn er gehörte zu uns und hatte die-
ses Amt mit uns empfangen. [18]Der hat einen Ak-
ker erworben mit dem Lohn für seine Ungerech-
tigkeit. Aber er ist vornüber gestürzt und mitten
entzwei geborsten, so daß alle seine Eingeweide
hervorquollen. [19]Und es ist allen bekannt gewor-
den, die in Jerusalem wohnen, so daß dieser Ak-
ker in ihrer Sprache genannt wird: Hakeldamach,
das heißt Blutacker. [20]Denn es steht geschrieben
im Psalmbuch (Psalm 69,26; 109,8):

> »Seine Behausung soll verwüstet werden,
> und niemand wohne darin«,
> und:
> »Sein Amt empfange ein andrer.«

[21]So muß nun einer von diesen Männern, die
bei uns gewesen sind die ganze Zeit über, als der
Herr Jesus unter uns ein- und ausgegangen ist
[22]-von der Taufe des Johannes an bis zu dem
Tag, an dem er von uns genommen wurde -, mit
uns Zeuge seiner Auferstehung werden. [23]Und
sie stellten zwei auf: Josef, genannt Barsabbas,
mit dem Beinamen Justus, und Matthias, [24]und
beteten und sprachen: Herr, der du aller Herzen
kennst, zeige an, welchen du erwählt hast von
diesen beiden, [25]damit er diesen Dienst und das
Apostelamt empfange, das Judas verlassen hat,
um an den Ort zu gehen, wohin er gehört. [26]Und
sie warfen das Los über sie, und das Los fiel auf
Matthias; und er wurde zugeordnet zu den elf
Apostteln.

Das Pfingstwunder

2 Und als der Pfingsttag gekommen war, wa-
ren sie alle an einem Ort beieinander.
[2]Und es geschah plötzlich ein Brausen vom
Himmel wie von einem gewaltigen Wind und er-
füllte das ganze Haus, in dem sie saßen. [3]Und es
erschienen ihnen Zungen zerteilt, wie von Feuer;
und er setzte sich auf einen jeden von ihnen,

Pfingsttag

Griechische Bezeichnung für das Fest der Weizenernte in Israel. Es wurde 50 Tage nach dem Passahfast gefeiert - ein Dankfest.

---

[4]und sie wurden alle erfüllt von dem heiligen
Geist und fingen an, zu predigen in andern Spra-
chen, wie der Geist ihnen gab auszusprechen.
[5]Es wohnten aber in Jerusalem Juden, die waren
gottesfürchtige Männer aus allen Völkern unter
dem Himmel. [6]Als nun dieses Brausen geschah,
kam die Menge zusammen und wurde bestürzt;
denn ein jeder hörte sie in seiner eigenen Spra-
che reden. [7]Sie entsetzten sich aber, verwunder-
ten sich und sprachen: Siehe, sind nicht diese al-
le, die da reden, aus Galiläa? [8]Wie hören wir
denn jeder seine eigene Muttersprache? [9]Parther
und Meder und Elamiter und die wir wohnen in
Mesopotamien und Judäa, Kappadozien, Pontus
und der Provinz Asien, [10]Phrygien und Pamphy-
lien, Ägypten und der Gegend von Kyrene in Li-
byen und Einwanderer aus Rom, [11]Juden und
Judengenossen, Kreter und Araber: wir hören sie
in unsern Sprachen von den großen Taten Gottes
reden. [12]Sie entsetzten sich aber alle und wurden
ratlos und sprachen einer zu dem andern: Was
will das werden? [13]Andere aber hatten ihren
Spott und sprachen: Sie sind voll von süßem
Wein.

Die Pfingstpredigt des Petrus

14Da trat Petrus auf mit den Elf, erhob seine
Stimme und redete zu ihnen: Ihr Juden, liebe
Männer und alle, die ihr in Jerusalem wohnt, das
sei euch kundgetan, und laßt meine Worte zu eu-
ren Ohren eingehen! 15Denn diese sind nicht be-
trunken, wie ihr meint, ist es doch erst die dritte
Stunde am Tage; 16sondern das ist's, was durch
den Propheten Joel gesagt worden ist
(Joel 3,1-5):

> 17»Und es soll geschehen in den letzten Tagen, spricht Gott,
> da will ich ausgießen von meinem Geist auf alles Fleisch;
> und eure Söhne und eure Töchter sollen weissagen,
> und eure Jünglinge sollen Gesichte sehen,
> und eure Alten sollen Träume haben;
> 18und auf meine Knechte und auf meine Mägde
> will ich in jenen Tagen von meinem Geist ausgießen,
> und sie sollen weissagen.
> 19Und ich will Wunder tun oben am Himmel
> und Zeichen unten auf Erden,
> Blut und Feuer und Rauchdampf;
> 20die Sonne soll in Finsternis
> und der Mond in Blut verwandelt werden,
> ehe der große Tag der Offenbarung des Herrn kommt.
> 21Und es soll geschehen:
> wer den Namen des Herrn anrufen wird,
> der soll gerettet werden.«

22Ihr Männer von Israel, hört diese Worte: Jesus
von Nazareth, von Gott unter euch ausgewiesen
durch Taten und Wunder und Zeichen, die Gott
durch ihn in eurer Mitte getan hat, wie ihr selbst
wißt - 23diesen Mann, der durch Gottes Rat-
schluß und Vorsehung dahingegeben war, habt
ihr durch die Hand der Heiden ans Kreuz ge-
schlagen und umgebracht. 24Den hat Gott aufer-
weckt und hat aufgelöst die Schmerzen des To-
des, wie es denn unmöglich war, daß er vom To-
de festgehalten werden konnte. 25Denn David
spricht von ihm (Psalm 16,8-11):

> »Ich habe den Herrn allezeit vor Augen,
> denn er steht mir zur Rechten, damit ich nicht wanke.
> 26Darum ist mein Herz fröhlich, und meine Zunge frohlockt;
> auch mein Leib wird ruhen in Hoffnung.
> 27Denn du wirst mich nicht dem Tod überlassen
> und nicht zugeben, daß dein Heiliger die Verwesung sehe.
> 28Du hast mir kundgetan die Wege des Lebens;
> du wirst mich erfüllen mit Freude vor deinem Angesicht.«

29Ihr Männer, liebe Brüder, laßt mich freimütig
zu euch reden von dem Erzvater David. Er ist
gestorben und begraben, und sein Grab ist bei
uns bis auf diesen Tag. 30Da er nun ein Prophet
war und wußte, daß ihm Gott verheißen hatte
mit einem Eid, daß ein Nachkomme von ihm auf
seinem Thron sitzen sollte, 31hat er's vorausgese-
hen und von der Auferstehung des Christus ge-
sagt: Er ist nicht dem Tod überlassen, und sein
Leib hat die Verwesung nicht gesehen. 32Diesen
Jesus hat Gott auferweckt; dessen sind wir alle
Zeugen. 33Da er nun durch die rechte Hand

Diesen Jesus hat Gott auferweckt; dessen sind wir alle Zeugen.

Gottes erhöht ist und empfangen hat den verhei-
ßenen heiligen Geist vom Vater, hat er diesen
ausgegossen, wie ihr hier seht und hört. 34Denn
David ist nicht gen Himmel gefahren; sondern er
sagt selbst (Psalm 110,1):

> »Der Herr sprach zu meinem Herrn:
> Setze dich zu meiner Rechten,
> 35bis ich deine Feinde zum Schemel deiner Füße mache.«

36So wisse nun das ganze Haus Israel gewiß, daß
Gott diesen Jesus, den ihr gekreuzigt habt, zum
Herrn und Christus gemacht hat.

Die erste Gemeinde

37Als sie aber das hörten, ging's ihnen durchs
Herz, und sie sprachen zu Petrus und den andern
Aposteln: Ihr Männer, liebe Brüder, was sollen
wir tun? 38Petrus sprach zu ihnen: Tut Buße, und
jeder von euch lasse sich taufen auf den Namen
Jesu Christi zur Vergebung eurer Sünden, so
werdet ihr empfangen die Gabe des heiligen
Geistes.

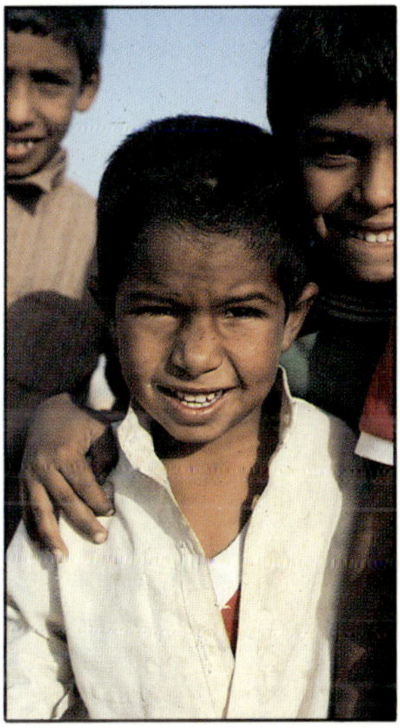

In Jerusalem waren Menschen aus allen Teilen der Welt

[39]Denn euch und euren Kindern gilt diese Ver-
heißung, und allen, die fern sind, so viele der
Herr, unser Gott, herzurufen wird. [40]Auch mit
vielen andern Worten bezeugte er das und er-
mahnte sie und sprach: Laßt euch erretten aus
diesem verkehrten Geschlecht! [41]Die nun sein
Wort annahmen, ließen sich taufen; und an die-
sem Tage wurden hinzugefügt etwa dreitausend
Menschen.

Tut Buße, und jeder von euch lasse sich taufen auf den Namen Jesu Christi zur Vergebung eurer Sünden.

[42]Sie blieben aber beständig in der Lehre der
Apostel und in der Gemeinschaft und im Brot-
brechen und im Gebet. [43]Es kam aber Furcht
über alle Seelen, und es geschahen auch viele
Wunder und Zeichen durch die Apostel. [44]Alle
aber, die gläubig geworden waren, waren beiein-
ander und hatten alle Dinge gemeinsam. [45]Sie
verkauften Güter und Habe und teilten sie aus
unter alle, je nach dem es einer nötig hatte.
[46]Und sie waren täglich einmütig beieinander im
Tempel und brachen das Brot hier und dort in
den Häusern, hielten die Mahlzeiten mit Freude
und lauterem Herzen [47]und lobten Gott und fan-
den Wohlwollen beim ganzen Volk. Der Herr
aber fügte täglich zur Gemeinde hinzu, die geret-
tet wurden.

Die Heilung des Gelähmten

3 Petrus aber und Johannes gingen hinauf in
den Tempel um die neunte Stunde, zur
Gebetszeit. [2]Und es wurde ein Mann her-
beigetragen, lahm von Mutterleibe; den setzte
man täglich vor die Tür des Tempels, die da
heißt die Schöne, damit er um Almosen bettelte
bei denen, die in den Tempel gingen. [3]Als er nun
Petrus und Johannes sah, wie sie in den Tempel
hineingehen wollten, bat er um ein Almosen.
[4]Petrus aber blickte ihn an mit Johannes und
sprach: Sieh uns an! [5]Und er sah sie an und war-
tete darauf, daß er etwas von ihnen empfinge.
[6]Petrus aber sprach: Silber und Gold habe ich
nicht; was ich aber habe, das gebe ich dir: Im
Namen Jesu Christi von Nazareth steh auf und
geh umher! [7]Und er ergriff ihn bei der rechten
Hand und richtete ihn auf. Sogleich wurden seine
Füße und Knöchel fest, [8]er sprang auf, konnte
gehen und stehen und ging mit ihnen in den
Tempel, lief und sprang umher und lobte Gott.

Er sprang auf, lief und sprang umher und lobte Gott.

[9]Und es sah ihn alles Volk umhergehen und Gott
loben. [10]Sie erkannten ihn auch, daß er es war,
der vor der Schönen Tür des Tempels gesessen
und um Almosen gebettelt hatte; und Verwun-
derung und Entsetzen erfüllte sie über das, was
ihm widerfahren war. [11]Als er sich aber zu Petrus
und Johannes hielt, lief alles Volk zu ihnen in die
Halle, die da heißt Salomos, und sie wunderten
sich sehr.
[12]Als Petrus das sah, sprach er zu dem Volk:
Ihr Männer von Israel, was wundert ihr euch dar-
über, oder was seht ihr auf uns, als hätten wir
durch eigene Kraft oder Frömmigkeit bewirkt,
daß dieser gehen kann? [13]Der Gott Abrahams
und Isaaks und Jakobs, der Gott unsrer Väter,
hat seinen Knecht Jesus verherrlicht, den ihr
überantwortet und verleugnet habt vor Pilatus,
als der ihn loslassen wollte. [14]Ihr aber habt den
Heiligen und Gerechten verleugnet und darum
gebeten, daß man euch den Mörder schenke;
[15]aber den Fürsten des Lebens habt ihr getötet.
Den hat Gott auferweckt von den Toten; dessen
sind wir Zeugen. [16]Und durch den Glauben an
seinen Namen hat sein Name diesen, den ihr seht
und kennt, stark gemacht; und der Glaube, der
durch ihn gewirkt ist, hat diesem die Gesundheit
gegeben vor euer aller Augen.
[17]Nun, liebe Brüder, ich weiß, daß ihr's aus
Unwissenheit getan habt wie auch eure Oberen.
[18]Gott aber hat erfüllt, was er durch den Mund
aller seiner Propheten zuvor verkündigt hat: daß
sein Christus leiden sollte. [19]So tut nun Buße und
bekehrt euch, daß eure Sünden getilgt werden,
[20]damit die Zeit der Erquickung komme von
dem Angesicht des Herrn und er den sende, der
euch zuvor zum Christus bestimmt ist: Jesus.
[21]Ihn muß der Himmel aufnehmen bis zu der
Zeit, in der alles wiedergebracht wird, wovon
Gott geredet hat durch den Mund seiner heiligen
Propheten von Anbeginn. [22]Mose hat gesagt
(5. Mose 18,15.19): »Einen Propheten wie mich
wird euch der Herr, euer Gott, erwecken aus eu-
ren Brüdern; den sollt ihr hören in allem, was er

zu euch sagen wird. 23Und es wird geschehen,
wer diesen Propheten nicht hören wird, der soll
vertilgt werden aus dem Volk.« 24Und alle Pro-
pheten von Samuel an, wie viele auch danach ge-
redet haben, die haben auch diese Tage verkün-
digt. 25Ihr seid die Söhne der Propheten und des

Prophet

Eine Person, die eine Botschaft Gottes verkündet, oft im Blick auf die Zukunft. Propheten gab es nicht nur im alten Israel, sondern auch in der jungen Gemeinde.

Bundes, den Gott geschlossen hat mit euren Vä-
tern, als er zu Abraham sprach (1. Mose 22,18):
»Durch dein Geschlecht sollen gesegnet werden
alle Völker auf Erden.« 26Für euch zuerst hat
Gott seinen Knecht Jesus erweckt und hat ihn zu
euch gesandt, euch zu segnen, daß ein jeder sich
bekehre von seiner Bosheit.

Petrus und Johannes vor dem Hohen Rat

4 Während sie zum Volk redeten, traten zu
ihnen die Priester und der Hauptmann des
Tempels und die Sadduzäer, 2die verdroß,
daß sie das Volk lehrten und verkündigten an Je-
sus die Auferstehung von den Toten. 3Und sie
legten Hand an sie und setzten sie gefangen bis
zum Morgen; denn es war schon Abend. 4Aber
viele von denen, die das Wort gehört hatten,
wurden gläubig; und die Zahl der Männer stieg
auf etwa fünftausend.
5Als nun der Morgen kam, versammelten sich
ihre Oberen und Ältesten und Schriftgelehrten in
Jerusalem, 6auch Hannas, der Hohepriester, und
Kaiphas und Johannes und Alexander und alle,
die vom Hohenpriestergeschlecht waren; 7und sie
stellten sie vor sich und fragten sie: Aus welcher
Kraft oder in welchem Namen habt ihr das ge-
tan? 8Petrus, voll des heiligen Geistes, sprach zu
ihnen: Ihr Oberen des Volkes und ihr Ältesten!
9Wenn wir heute verhört werden wegen dieser
Wohltat an dem kranken Menschen, durch wen
er gesund geworden ist, 10so sei euch und dem
ganzen Volk Israel kundgetan: Im Namen Jesu
Christi von Nazareth, den ihr gekreuzigt habt,
den Gott von den Toten auferweckt hat; durch
ihn steht dieser hier gesund vor euch. 11Das ist
der Stein, von euch Bauleuten verworfen, der
zum Eckstein geworden ist. 12Und in keinem an-
dern ist das Heil, auch ist kein andrer Name un-
ter dem Himmel den Menschen gegeben, durch
den wir sollen selig werden.
13Sie sahen aber den Freimut des Petrus und
Johannes und wunderten sich; denn sie merkten,
daß sie ungelehrte und einfache Leute waren,
und wußten auch von ihnen, daß sie mit Jesus
gewesen waren. 14Sie sahen aber den Menschen,
der gesund geworden war, bei ihnen stehen und
wußten nichts dagegen zu sagen. 15Da hießen sie
sie hinausgehen aus dem Hohen Rat und verhan-
delten miteinander und sprachen: 16Was wollen
wir mit diesen Menschen tun? Denn daß ein of-
fenkundiges Zeichen durch sie geschehen ist, ist
allen bekannt, die in Jerusalem wohnen, und wir
können's nicht leugnen. 17Aber damit es nicht
weiter einreiße unter dem Volk, wollen wir ihnen
drohen, daß sie hinfort zu keinem Menschen in
diesem Namen reden. 18Und sie riefen sie und
geboten ihnen, keinesfalls zu reden oder zu leh-
ren in dem Namen Jesu. 19Petrus aber und Jo-
hannes antworteten und sprachen zu ihnen: Ur-
teilt selbst, ob es vor Gott recht ist, daß wir euch
mehr gehorchen als Gott. 20Wir können's ja nicht
lassen, von dem zu reden, was wir gesehen und
gehört haben. 21Da drohten sie ihnen und

Wir können's ja nicht lassen, von dem zu reden, was wir gesehen und gehört haben.

---

ließen sie gehen um des Volkes willen, weil sie
nichts fanden, was Strafe verdient hätte; denn al-
le lobten Gott für das, was geschehen war.
22Denn der Mensch war über vierzig Jahre alt, an
dem dieses Zeichen der Heilung geschehen war.

Das Gebet der Gemeinde

23Und als man sie hatte gehen lassen, kamen sie
zu den Ihren und berichteten, was die Hohen-
priester und Ältesten zu ihnen gesagt hatten.
24Als sie das hörten, erhoben sie ihre Stimme
einmütig zu Gott und sprachen: Herr, du hast
Himmel und Erde und das Meer und alles, was
darin ist, gemacht, 25du hast durch den heiligen
Geist, durch den Mund unseres Vaters David,
deines Knechtes, gesagt (Psalm 2,1.2):

»Warum toben die Heiden,
und die Völker nehmen sich vor, was
umsonst ist?
26Die Könige der Erde treten zusammen,
und die Fürsten versammeln sich
wider den Herrn und seinen Christus.«
27Wahrhaftig, sie haben sich versammelt in dieser
Stadt gegen deinen heiligen Knecht Jesus, den du
gesalbt hast, Herodes und Pontius Pilatus mit den
Heiden und den Stämmen Israels, 28zu tun, was
deine Hand und dein Ratschluß zuvor bestimmt
hatten, daß es geschehen solle. 29Und nun, Herr,
sieh an ihr Drohen und gib deinen Knechten, mit
allem Freimut zu reden dein Wort; 30strecke deine
Hand aus, daß Heilungen und Zeichen und Wun-
der geschehen durch den Namen deines heiligen
Knechtes Jesus. 31Und als sie gebetet hatten, er-
bebte die Stätte, wo sie versammelt waren; und sie
wurden alle vom heiligen Geist erfüllt und redeten
das Wort Gottes mit Freimut.

Die Gütergemeinschaft der ersten Christen

32Die Menge der Gläubigen aber war ein Herz
und eine Seele; auch nicht einer sagte von seinen
Gütern, daß sie sein wären, sondern es war ihnen
alles gemeinsam. 33Und mit großer Kraft bezeug-
ten die Apostel die Auferstehung des Herrn Je-
sus, und große Gnade war bei ihnen allen. 34Es
war auch keiner unter ihnen, der Mangel hatte;
denn wer von ihnen Äcker oder Häuser besaß,
verkaufte sie und brachte das Geld für das Ver-
kaufte 35und legte es den Aposteln zu Füßen;
und man gab einem jeden, was er nötig hatte.
36Josef aber, der von den Aposteln Barnabas ge-
nannt wurde – das heißt übersetzt: Sohn des Tro-
stes –, ein Levit, aus Zypern gebürtig, 37der hatte
einen Acker und verkaufte ihn und brachte das
Geld und legte es den Aposteln zu Füßen.

Hananias und Saphira

5 Ein Mann aber mit Namen Hananias samt
seiner Frau Saphira verkaufte einen Acker,
2doch er hielt mit Wissen seiner Frau etwas
von dem Geld zurück und brachte nur einen Teil
und legte ihn den Aposteln zu Füßen. 3Petrus
aber sprach: Hananias, warum hat der Satan dein
Herz erfüllt, daß du den heiligen Geist belogen
und etwas vom Geld für den Acker zurückbehal-
ten hast? 4Hättest du den Acker nicht behalten
können, als du ihn hattest? Und konntest du
nicht auch, als er verkauft war, noch tun, was du
wolltest? Warum hast du dir dies in deinem Her-
zen vorgenommen? Du hast nicht Menschen,
sondern Gott belogen. 5Als Hananias diese Wor-
te hörte, fiel er zu Boden und gab den Geist auf.
Und es kam eine große Furcht über alle, die dies
hörten. 6Da standen die jungen Männer auf und
deckten ihn zu und trugen ihn hinaus und begru-
ben ihn.
7Es begab sich nach einer Weile, etwa nach

Christen teilen miteinander, was sie haben

drei Stunden, da kam seine Frau herein und
wußte nicht, was geschehen war. 8Aber Petrus
sprach zu ihr: Sag mir, habt ihr den Acker für
diesen Preis verkauft? Sie sprach: Ja, für diesen
Preis. 9Petrus aber sprach zu ihr: Warum seid ihr
euch denn einig geworden, den Geist des Herrn
zu versuchen? Siehe, die Füße derer, die deinen
Mann begraben haben, sind vor der Tür und
werden auch dich hinaustragen. 10Und sogleich
fiel sie zu Boden, ihm vor die Füße, und gab den
Geist auf. Da kamen die jungen Männer und
fanden sie tot, trugen sie hinaus und begruben sie
neben ihrem Mann. 11Und es kam eine große
Furcht über die ganze Gemeinde und über alle,
die das hörten.

Wundertaten der Apostel

12Es geschahen aber viele Zeichen und Wunder
im Volk durch die Hände der Apostel; und sie
waren alle in der Halle Salomos einmütig beieinander.
13Von den andern aber wagte keiner,
ihnen zu nahe zu kommen; doch das Volk hielt
viel von ihnen. 14Desto mehr aber wuchs die
Zahl derer, die an den Herrn glaubten – eine
Menge Männer und Frauen -, 15so daß sie die
Kranken sogar auf die Straßen hinaustrugen und
sie auf Betten und Bahren legten, damit, wenn
Petrus käme, wenigstens sein Schatten auf einige
von ihnen fiele. 16Es kamen auch viele aus den
Städten rings um Jerusalem und brachten Kranke
und solche, die von unreinen Geistern geplagt
waren; und alle wurden gesund.

Es geschahen aber viele Zeichen und Wunder.

Die Apostel vor dem Hohen Rat

17Es erhoben sich aber der Hohepriester und alle,
die mit ihm waren, nämlich die Partei der
Sadduzäer, von Eifersucht erfüllt, 18und legten
Hand an die Apostel und warfen sie in das öffentliche
Gefängnis. 19Aber der Engel des Herrn
tat in der Nacht die Türen des Gefängnisses auf
und führte sie heraus und sprach: 20Geht hin und
tretet im Tempel auf und redet zum Volk alle
Worte des Lebens. 21Als sie das gehört hatten,
gingen sie frühmorgens in den Tempel und lehrten.
Der Hohepriester aber und die mit ihm waren,
kamen und riefen den Hohen Rat und alle
Ältesten in Israel zusammen und sandten zum
Gefängnis, sie zu holen. 22Die Knechte gingen
hin und fanden sie nicht im Gefängnis, kamen
zurück und berichteten: 23Das Gefängnis fanden
wir fest verschlossen und die Wächter vor den
Türen stehen; aber als wir öffneten, fanden wir
niemanden darin. 24Als der Hauptmann des
Tempels und die Hohenpriester diese Worte hörten,
wurden sie betreten und wußten nicht, was
daraus werden sollte. 25Da kam jemand, der berichtete
ihnen: Siehe, die Männer, die ihr ins Gefängnis
geworfen habt, stehen im Tempel und
lehren das Volk. 26Da ging der Hauptmann mit
den Knechten hin und holte sie, doch nicht mit
Gewalt; denn sie fürchteten sich vor dem Volk,
daß sie gesteinigt würden. 27Und sie brachten sie
und stellten sie vor den Hohen Rat. Und der Hohepriester
fragte sie 28und sprach: Haben wir
euch nicht streng geboten, in diesem Namen
nicht zu lehren? Und seht, ihr habt Jerusalem erfüllt
mit eurer Lehre und wollt das Blut dieses
Menschen über uns bringen. 29Petrus aber und
die Apostel antworteten und sprachen: Man muß
Gott mehr gehorchen als den Menschen.

Man muß Gott mehr gehorchen als den Menschen.

30Der Gott unsrer Väter hat Jesus auferweckt,
den ihr an das Holz gehängt und getötet habt.
31Den hat Gott durch seine rechte Hand erhöht
zum Fürsten und Heiland, um Israel Buße und
Vergebung der Sünden zu geben. 32Und wir sind
Zeugen dieses Geschehens und mit uns der heilige
Geist, den Gott denen gegeben hat, die ihm
gehorchen. 33Als sie das hörten, ging's ihnen
durchs Herz, und sie wollten sie töten.

Der Rat des Gamaliel

34Da stand aber im Hohen Rat ein Pharisäer auf
mit Namen Gamaliel, ein Schriftgelehrter, vom
ganzen Volk in Ehren gehalten, und ließ die
Männer für kurze Zeit hinausführen. 35Und er
sprach zu ihnen: Ihr Männer von Israel, seht genau
zu, was ihr mit diesen Menschen tun wollt.
36Denn vor einiger Zeit stand Theudas auf und
gab vor, er wäre etwas, und ihm hing eine Anzahl
Männer an, etwa vierhundert. Der wurde erschlagen,
und alle, die ihm folgten, wurden zerstreut
und vernichtet. 37Danach stand Judas der

Galiläer auf in den Tagen der Volkszählung und
brachte eine Menge Volk hinter sich zum Auf-
ruhr; und der ist auch umgekommen, und alle,
die ihm folgten, wurden zerstreut. [38]Und nun sa-
ge ich euch: Laßt ab von diesen Menschen und
laßt sie gehen! Ist dies Vorhaben oder dies Werk
von Menschen, so wird's untergehen; [39]ist es

Ist dies Werk von Menschen, so wird's untergehen.

aber von Gott, so könnt ihr sie nicht vernichten –
damit ihr nicht dasteht als solche, die gegen Gott
streiten wollen. Da stimmten sie ihm zu [40]und
riefen die Apostel herein, ließen sie geißeln und
geboten ihnen, sie sollten nicht mehr im Namen
Jesu reden, und ließen sie gehen. [41]Sie gingen
aber fröhlich von dem Hohen Rat fort, weil sie
würdig gewesen waren, um Seines Namens willen
Schmach zu leiden, [42]und sie hörten nicht auf, al-
le Tage im Tempel und hier und dort in den
Häusern zu lehren und zu predigen das Evange-
lium von Jesus Christus.

Die Wahl der sieben Armenpfleger

6 In diesen Tagen aber, als die Zahl der Jün-
ger zunahm, erhob sich ein Murren unter
den griechischen Juden in der Gemeinde
gegen die hebräischen, weil ihre Witwen überse-
hen wurden bei der täglichen Versorgung. [2]Da
riefen die Zwölf die Menge der Jünger zusam-
men und sprachen: Es ist nicht recht, daß wir für
die Mahlzeiten sorgen und darüber das Wort
Gottes vernachlässigen. [3]Darum, ihr lieben Brü-
der, seht euch um nach sieben Männern in eurer
Mitte, die einen guten Ruf haben und voll heili-
gen Geistes und Weisheit sind, die wir bestellen
wollen zu diesem Dienst. [4]Wir aber wollen ganz
beim Gebet und beim Dienst des Wortes bleiben.
[5]Und die Rede gefiel der ganzen Menge gut; und
sie wählten Stephanus, einen Mann voll Glau-
bens und heiligen Geistes, und Philippus und
Prochorus und Nikanor und Timon und Parme-
nas und Nikolaus, den Judengenossen aus Antio-
chia. [6]Diese Männer stellten sie vor die Apostel;
die beteten und legten die Hände auf sie. [7]Und
das Wort Gottes breitete sich aus, und die Zahl
der Jünger wurde sehr groß in Jerusalem. Es
wurden auch viele Priester dem Glauben gehor-
sam.

Stephanus vor dem Hohen Rat

[8]Stephanus aber, voll Gnade und Kraft, tat Wun-
der und große Zeichen unter dem Volk. [9]Da
standen einige auf von der Synagoge der Liberti-
ner und der Kyrenäer und der Alexandriner und
einige von denen aus Zilizien und der Provinz
Asien und stritten mit Stephanus. [10]Doch sie ver-
mochten nicht zu widerstehen der Weisheit und
dem Geist, in dem er redete.

Libertiner

Freigelassene Sklaven. Hier werden Volksgruppen genannt, die eine eigene Synagoge hatten.

[11]Da stifteten sie einige Männer an, die spra-
chen: Wir haben ihn Lästerworte reden hören
gegen Mose und gegen Gott. [12]Und sie brachten
das Volk und die Ältesten und die Schriftgelehr-
ten auf, traten herzu und ergriffen ihn und führ-
ten ihn vor den Hohen Rat [13]und stellten falsche
Zeugen auf, die sprachen: Dieser Mensch hört
nicht auf, zu reden gegen diese heilige Stätte und
das Gesetz. [14]Denn wir haben ihn sagen hören:
Dieser Jesus von Nazareth wird diese Stätte zer-
stören und die Ordnungen ändern, die uns Mose
gegeben hat. [15]Und alle, die im Rat saßen, blick-
ten auf ihn und sahen sein Angesicht wie eines
Engels Angesicht.

Die Rede des Stephanus

7 Da fragte der Hohepriester: Ist das so? [2]Er
aber sprach: Liebe Brüder und Väter, hört
zu. Der Gott der Herrlichkeit erschien un-
serm Vater Abraham, als er noch in Mesopota-
mien war, ehe er in Haran wohnte, [3]und sprach
zu ihm (1. Mose 12,1): »Geh aus deinem Land
und von deiner Verwandtschaft und zieh in das
Land, das ich dir zeigen will.« [4]Da ging er aus
dem Land der Chaldäer und wohnte in Haran.
Und als sein Vater gestorben war, brachte Gott
ihn von dort herüber in dies Land, in dem ihr
nun wohnt, [5]aber er gab ihm kein Eigentum dar-
in, auch nicht einen Fuß breit, und verhieß ihm,
er wolle es ihm und seinen Nachkommen zum
Besitz geben, obwohl er noch kein Kind hatte.
[6]Denn so sprach Gott (1. Mose 15,13.14): »Dei-
ne Nachkommen werden Fremdlinge sein in ei-
nem fremden Lande, und man wird sie knechten

und mißhandeln vierhundert Jahre lang. 7 Aber
das Volk, dem sie als Knechte dienen müssen,
will ich richten«, sprach Gott, »und danach wer-
den sie ausziehen und mir dienen an dieser Stät-
te.« 8 Und er gab ihm den Bund der Beschnei-
dung. Und so zeugte er Isaak und beschnitt ihn
am achten Tage, und Isaak den Jakob, und Ja-
kob die zwölf Erzväter. 9 Und die Erzväter benei-
deten Josef und verkauften ihn nach Ägypten.
Aber Gott war mit ihm 10 und errettete ihn aus
aller seiner Bedrängnis und gab ihm Gnade und
Weisheit vor dem Pharao, dem König von Ägyp-
ten; der setzte ihn zum Regenten über Ägypten
und über sein ganzes Haus. 11 Es kam aber eine
Hungersnot über ganz Ägypten und Kanaan und
eine große Bedrängnis, und unsre Väter fanden
keine Nahrung. 12 Jakob aber hörte, daß es in
Ägypten Getreide gäbe, und sandte unsre Väter
aus zum ersten Mal. 13 Und beim zweiten Mal gab
sich Josef seinen Brüdern zu erkennen; so wurde
dem Pharao Josefs Herkunft bekannt. 14 Josef
aber sandte aus und ließ seinen Vater Jakob ho-
len und seine ganze Verwandtschaft, fünfund-
siebzig Menschen. 15 Und Jakob zog hinab nach
Ägypten und starb, er und unsre Väter; 16 und sie
wurden nach Sichem herübergebracht und in das
Grab gelegt, das Abraham für Geld gekauft hatte
von den Söhnen Hamors in Sichem.

17 Als nun die Zeit der Verheißung sich nahte,
die Gott dem Abraham zugesagt hatte, wuchs
das Volk und mehrte sich in Ägypten, 18 bis ein
andrer König über Ägypten aufkam, der nichts
wußte von Josef. 19 Dieser ging mit Hinterlist vor
gegen unser Volk und mißhandelte unsre Väter
und ließ ihre kleinen Kinder aussetzen, damit sie
nicht am Leben blieben. 20 Zu der Zeit wurde
Mose geboren, und er war ein schönes Kind vor
Gott und wurde drei Monate ernährt im Hause
seines Vaters. 21 Als er aber ausgesetzt wurde,
nahm ihn die Tochter des Pharao auf und zog
ihn auf als ihren Sohn. 22 Und Mose wurde in al-
ler Weisheit der Ägypter gelehrt und war mäch-
tig in Worten und Werken.

23 Als er aber vierzig Jahre alt wurde, gedachte
er, nach seinen Brüdern, den Israeliten, zu sehen.
24 Und sah einen Unrecht leiden; da stand er ihm
bei und rächte den, dem Leid geschah, und er-
schlug den Ägypter. 25 Er meinte aber, seine Brü-
der sollten's verstehen, daß Gott durch seine
Hand ihnen Rettung bringe; aber sie verstan-
den's nicht. 26 Und am nächsten Tag kam er zu
ihnen, als sie miteinander stritten, und ermahnte
sie, Frieden zu halten, und sprach: Liebe Män-
ner, ihr seid doch Brüder; warum tut einer dem
andern Unrecht? 27 Der aber seinem Nächsten
Unrecht getan hatte, stieß ihn von sich und
sprach (2. Mose 2,14): »Wer hat dich zum Auf-
seher und Richter über uns gesetzt? 28 Willst du
mich auch töten, wie du gestern den Ägypter ge-
tötet hast?« 29 Mose aber floh wegen dieser Rede
und lebte als Fremdling im Lande Midian; dort
zeugte er zwei Söhne.

30 Und nach vierzig Jahren erschien ihm in der
Wüste am Berge Sinai ein Engel in einer Feuer-
flamme im Dornbusch. 31 Als aber Mose das sah,
wunderte er sich über die Erscheinung. Als er
aber hinzuging, zu schauen, geschah die Stimme
des Herrn zu ihm (2. Mose 3,5-10): 32 »Ich bin
der Gott deiner Väter, der Gott Abrahams und
Isaaks und Jakobs.« Mose aber fing an zu zittern
und wagte nicht hinzuschauen. 33 Aber der Herr
sprach zu ihm: »Zieh die Schuhe aus von deinen
Füßen; denn die Stätte, auf der du stehst, ist hei-

**Die Stätte, auf der du stehst,
ist heiliges Land!**

liges Land! 34 Ich habe gesehen das Leiden mei-
nes Volkes, das in Ägypten ist, und habe sein
Seufzen gehört und bin herabgekommen, es zu
erretten. Und nun komm her, ich will dich nach
Ägypten senden.« 35 Diesen Mose, den sie ver-
leugnet hatten, als sie sprachen: »Wer hat dich
als Aufseher und Richter eingesetzt?«, den sand-
te Gott als Anführer und Retter durch den En-
gel, der ihm im Dornbusch erschienen war.
36 Dieser Mose führte sie heraus und tat Wunder
und Zeichen in Ägypten, im Roten Meer und in
der Wüste vierzig Jahre lang. 37 Dies ist der Mose,
der zu den Israeliten gesagt hat (5. Mose 18,15):
»Einen Propheten wie mich wird euch der Herr,
euer Gott, erwecken aus euren Brüdern.« 38 Die-
ser ist's, der in der Gemeinde in der Wüste stand
zwischen dem Engel, der mit ihm redete auf dem
Berge Sinai, und unsern Vätern. Dieser empfing
Worte des Lebens, um sie uns weiterzugeben.
39 Ihm wollten unsre Väter nicht gehorsam wer-
den, sondern sie stießen ihn von sich und wand-
ten sich in ihrem Herzen wieder Ägypten zu
40 und sprachen zu Aaron (2. Mose 32,1): »Ma-
che uns Götter, die vor uns hergehen; denn wir
wissen nicht, was diesem Mose, der uns aus dem

Lande Ägypten geführt hat, widerfahren ist.«
41Und sie machten zu der Zeit ein Kalb und opferten dem Götzenbild und freuten sich über das Werk ihrer Hände.
42Aber Gott wandte sich ab und gab sie dahin, so daß sie dem Heer des Himmels dienten, wie geschrieben steht im Buch der Propheten (Amos 5,25-27):

»Habt ihr vom Hause Israel die vierzig Jahre in der Wüste
mir je Opfer und Gaben dargebracht?
43Ihr trugt die Hütte Molochs umher
und den Stern des Gottes Räfan,
die Bilder, die ihr gemacht hattet, sie anzubeten.
Und ich will euch wegführen bis über Babylon hinaus.«

44Es hatten unsre Väter die Stiftshütte in der Wüste, wie der es angeordnet hatte, der zu Mose redete, daß er sie machen sollte nach dem Vorbild, das er gesehen hatte.
45Diese übernahmen unsre Väter und brachten sie mit Josua in das Land, das die Heiden inne hatten, die Gott vertrieb vor dem Angesicht unsrer Väter, bis zur Zeit Davids.
46Der fand Gnade bei Gott und bat darum, daß er eine Stätte finden möge für das Haus Jakob.
47Salomo aber baute ihm ein Haus.
48Aber der Allerhöchste wohnt nicht in Tempeln, die mit Händen gemacht sind, wie der Prophet spricht (Jesaja 66,1.2):

49»Der Himmel ist mein Thron
und die Erde der Schemel meiner Füße;
was wollt ihr mir denn für ein Haus bauen«, spricht der Herr,
»oder was ist die Stätte meiner Ruhe?
50Hat nicht meine Hand das alles gemacht?«

51Ihr Halsstarrigen, mit verstockten Herzen und tauben Ohren, ihr widerstrebt allezeit dem heiligen Geist, wie eure Väter, so auch ihr.
52Welchen Propheten haben eure Väter nicht verfolgt? Und sie haben getötet, die zuvor verkündigten das Kommen des Gerechten, dessen Verräter und Mörder ihr nun geworden seid.
53Ihr habt das Gesetz empfangen durch Weisung von Engeln und habt's nicht gehalten.

Der Tod des Stephanus

54Als sie das hörten, ging's ihnen durchs Herz, und sie knirschten mit den Zähnen über ihn.
55Er

Gottes Hand hat alles gemacht

aber, voll heiligen Geistes, sah auf zum Himmel
und sah die Herrlichkeit Gottes und Jesus stehen
zur Rechten Gottes 56und sprach: Siehe, ich sehe
den Himmel offen und den Menschensohn zur
Rechten Gottes stehen. 57Sie schrien aber laut
und hielten sich ihre Ohren zu und stürmten ein-
mütig auf ihn ein, 58stießen ihn zur Stadt hinaus
und steinigten ihn. Und die Zeugen legten ihre
Kleider ab zu den Füßen eines jungen Mannes,
der hieß Saulus, 59und sie steinigten Stephanus;
der rief den Herrn an und sprach: Herr Jesus,
nimm meinen Geist auf! 60Er fiel auf die Knie
und schrie laut: Herr, rechne ihnen diese Sünde
nicht an! Und als er das gesagt hatte, verschied
er. 1Saulus aber hatte Gefallen an seinem Tode.

Die Verfolgung der Gemeinde in Jerusalem

8 Es erhob sich aber an diesem Tag eine
große Verfolgung über die Gemeinde in
Jerusalem; da zerstreuten sich alle in die
Länder Judäa und Samarien, außer den Apo-
steln. 2Es bestatteten aber den Stephanus gottes-
fürchtige Männer und hielten eine große Klage
über ihn. 3Saulus aber suchte die Gemeinde zu
zerstören, ging von Haus zu Haus, schleppte
Männer und Frauen fort und warf sie ins Ge-
fängnis.

Philippus in Samaria. Der Zauberer Simon

4Die nun zerstreut worden waren, zogen umher
und predigten das Wort. 5Philippus aber kam
hinab in die Hauptstadt Samariens und predigte
ihnen von Christus. 6Und das Volk neigte einmü-
tig dem zu, was Philippus sagte, als sie ihm zu-
hörten und die Zeichen sahen, die er tat. 7Denn
die unreinen Geister fuhren aus mit großem Ge-
schrei aus vielen Besessenen, auch viele Gelähm-
te und Verkrüppelte wurden gesund gemacht;
8und es entstand große Freude in dieser Stadt.

9Es war aber ein Mann mit Namen Simon, der
zuvor in der Stadt Zauberei trieb und das Volk
von Samaria in seinen Bann zog, weil er vorgab,
er wäre etwas Großes. 10Und alle hingen ihm an,
klein und groß, und sprachen: Dieser ist die
Kraft Gottes, die die Große genannt wird. 11Sie
hingen ihm aber an, weil er sie lange Zeit mit sei-
ner Zauberei in seinen Bann gezogen hatte. 12Als
sie aber den Predigten des Philippus von dem
Reich Gottes und von dem Namen Jesu Christi
glaubten, ließen sich taufen Männer und Frauen.
13Da wurde auch Simon gläubig und ließ sich
taufen und hielt sich zu Philippus. Und als er die
Zeichen und großen Taten sah, die geschahen,
geriet er außer sich vor Staunen.

14Als aber die Apostel in Jerusalem hörten,
daß Samarien das Wort Gottes angenommen
hatte, sandten sie zu ihnen Petrus und Johannes.
15Die kamen hinab und beteten für sie, daß sie
den heiligen Geist empfingen. 16Denn er war
noch auf keinen von ihnen gefallen, sondern sie
waren allein getauft auf den Namen des Herrn
Jesus. 17Da legten sie die Hände auf sie, und sie
empfingen den heiligen Geist.

Da legten sie die Hände auf sie, und sie empfingen den heiligen Geist.

18Als aber Simon sah, daß der Geist gegeben
wurde, wenn die Apostel die Hände auflegten,
bot er ihnen Geld an 19und sprach: Gebt auch
mir die Macht, damit jeder, dem ich die Hände
auflege, den heiligen Geist empfange. 20Petrus
aber sprach zu ihm: Daß du verdammt werdest
mitsamt deinem Geld, weil du meinst, Gottes
Gabe werde durch Geld erlangt. 21Du hast weder
Anteil noch Anrecht an dieser Sache, denn dein
Herz ist nicht rechtschaffen vor Gott. 22Darum tu
Buße für diese deine Bosheit und flehe zum
Herrn, ob dir das Trachten deines Herzens ver-
geben werden könne. 23Denn ich sehe, daß du
voll bitterer Galle bist und verstrickt in Unge-
rechtigkeit. 24Da antwortete Simon und sprach:
Bittet ihr den Herrn für mich, daß nichts von
dem über mich komme, was ihr gesagt habt.

25Als sie nun das Wort des Herrn bezeugt und
geredet hatten, kehrten sie wieder um nach Jeru-
salem und predigten das Evangelium in vielen
Dörfern der Samariter.

Der Kämmerer aus Äthiopien

26Aber der Engel des Herrn redete zu Philippus
und sprach: Steh auf und geh nach Süden auf die
Straße, die von Jerusalem nach Gaza hinabführt
und öde ist. 27Und er stand auf und ging hin.
Und siehe, ein Mann aus Äthiopien, ein Kämme-
rer und Mächtiger am Hof der Kandake, der Kö-
nigin von Äthiopien, welcher ihren ganzen
Schatz verwaltete, der war nach Jerusalem ge-

kommen, um anzubeten. [28]Nun zog er wieder
heim und saß auf seinem Wagen und las den
Propheten Jesaja. [29]Der Geist aber sprach zu
Philippus: Geh hin und halte dich zu diesem Wa-
gen! [30]Da lief Philippus hin und hörte, daß er
den Propheten Jesaja las, und fragte: Verstehst
du auch, was du liest? [31]Er aber sprach: Wie

Verstehst du auch, was du liest?

kann ich, wenn mich nicht jemand anleitet? Und
er bat Philippus, aufzusteigen und sich zu ihm zu
setzen. [32]Der Inhalt aber der Schrift, die er las,
war dieser (Jesaja 53,7.8):

> »Wie ein Schaf, das zur Schlachtung geführt wird,
> und wie ein Lamm, das vor seinem Scherer verstummt,
> so tut er seinen Mund nicht auf.
> [33]In seiner Erniedrigung wurde sein Urteil aufgehoben.
> Wer kann seine Nachkommen aufzählen?
> Denn sein Leben wird von der Erde weggenommen.«

[34]Da antwortete der Kämmerer dem Philippus
und sprach: Ich bitte dich, von wem redet der
Prophet das, von sich selber oder von jemand
anderem? [35]Philippus aber tat seinen Mund auf
und fing mit diesem Wort der Schrift an und pre-
digte ihm das Evangelium von Jesus. [36]Und als
sie auf der Straße dahinfuhren, kamen sie an ein
Wasser. Da sprach der Kämmerer: Siehe, da ist
Wasser; was hindert's, daß ich mich taufen lasse?
[38]Und er ließ den Wagen halten, und beide stie-
gen in das Wasser hinab, Philippus und der
Kämmerer, und er taufte ihn. [39]Als sie aber aus
dem Wasser heraufstiegen, entrückte der Geist
des Herrn den Philippus, und der Kämmerer sah
ihn nicht mehr; er zog aber seine Straße fröhlich.
[40]Philippus aber fand sich in Aschdod wieder
und zog umher und predigte in allen Städten das
Evangelium, bis er nach Cäsarea kam.

Die Bekehrung des Saulus

9 Saulus aber schnaubte noch mit Drohen
und Morden gegen die Jünger des Herrn
und ging zum Hohenpriester [2]und bat ihn
um Briefe nach Damaskus an die Synagogen, da-
mit er Anhänger des neuen Weges, Männer und
Frauen, wenn er sie dort fände, gefesselt nach Je-
rusalem führe. [3]Als er aber auf dem Wege war
und in die Nähe von Damaskus kam, umleuchte-

Buch des Propheten Jesaja
Für wohlhabende Leute war es möglich, ein »Buch«, meistens in Form einer Schriftrolle, zu kaufen. Berufsmäßige Schreiber sorgten für Abschriften.

te ihn plötzlich ein Licht vom Himmel; [4]und er
fiel auf die Erde und hörte eine Stimme, die
sprach zu ihm: Saul, Saul, was verfolgst du mich?
[5]Er aber sprach: Herr, wer bist du? Der sprach:
Ich bin Jesus, den du verfolgst. [6]Steh auf und geh
in die Stadt; da wird man dir sagen, was du tun
sollst. [7]Die Männer aber, die seine Gefährten
waren, standen sprachlos da; denn sie hörten
zwar die Stimme, aber sahen niemanden. [8]Saulus
aber richtete sich auf von der Erde; und als er
seine Augen aufschlug, sah er nichts. Sie nahmen
ihn aber bei der Hand und führten ihn nach Da-
maskus; [9]und er konnte drei Tage nicht sehen
und aß nicht und trank nicht.

[10]Es war aber ein Jünger in Damaskus mit Na-
men Hananias; dem erschien der Herr und
sprach: Hananias! Und er sprach: Hier bin ich,
Herr. [11]Der Herr sprach zu ihm: Steh auf und
geh in die Straße, die die Gerade heißt, und fra-
ge in dem Haus des Judas nach einem Mann mit
Namen Saulus von Tarsus. Denn siehe, er betet
[12]und hat in einer Erscheinung einen Mann gese-
hen mit Namen Hananias, der zu ihm hereinkam
und die Hand auf ihn legte, damit er wieder se-
hend werde. [13]Hananias aber antwortete: Herr,
ich habe von vielen gehört über diesen Mann,

Geh nur hin; denn dieser ist mein auserwähltes Werkzeug.

wieviel Böses er deinen Heiligen in Jerusalem
angetan hat; [14]und hier hat er Vollmacht von den
Hohenpriestern, alle gefangenzunehmen, die dei-
nen Namen anrufen. [15]Doch der Herr sprach zu
ihm: Geh nur hin; denn dieser ist mein auser-
wähltes Werkzeug, daß er meinen Namen trage
vor Heiden und vor Könige und vor das Volk Is-
rael. [16]Ich will ihm zeigen, wieviel er leiden muß

um meines Namens willen. 17Und Hananias ging
hin und kam in das Haus und legte die Hände
auf ihn und sprach: Lieber Bruder Saul, der Herr
hat mich gesandt, Jesus, der dir auf dem Wege
hierher erschienen ist, daß du wieder sehend und
mit dem heiligen Geist erfüllt werdest. 18Und so-
gleich fiel es von seinen Augen wie Schuppen,
und er wurde wieder sehend; und er stand auf,
ließ sich taufen 19und nahm Speise zu sich und
stärkte sich.

Saulus in Damaskus und Jerusalem

Saulus blieb aber einige Tage bei den Jüngern in
Damaskus. 20Und alsbald predigte er in den Syn-
agogen von Jesus, daß dieser Gottes Sohn sei.
21Alle aber, die es hörten, entsetzten sich und
sprachen: Ist das nicht der, der in Jerusalem alle
vernichten wollte, die diesen Namen anrufen,
und ist er nicht deshalb hierhergekommen, daß
er sie gefesselt zu den Hohenpriestern führe?
22Saulus aber gewann immer mehr an Kraft und
trieb die Juden in die Enge, die in Damaskus
wohnten, und bewies, daß Jesus der Christus ist.
23Nach mehreren Tagen aber hielten die Juden
Rat und beschlossen, ihn zu töten. 24Aber es
wurde Saulus bekannt, daß sie ihm nachstellten.
Sie bewachten Tag und Nacht auch die Tore, um
ihn zu töten. 25Da nahmen ihn seine Jünger bei
Nacht und ließen ihn in einem Korb die Mauer
hinab.

26Als er aber nach Jerusalem kam, versuchte
er, sich zu den Jüngern zu halten; doch sie fürch-
teten sich alle vor ihm und glaubten nicht, daß er
ein Jünger wäre. 27Barnabas aber nahm ihn zu
sich und führte ihn zu den Aposteln und erzählte
ihnen, wie Saulus auf dem Wege den Herrn gese-
hen und daß der mit ihm geredet und wie er in
Damaskus im Namen Jesu frei und offen gepre-
digt hätte. 28Und er ging bei ihnen in Jerusalem
ein und aus und predigte im Namen des Herrn
frei und offen. 29Er redete und stritt auch mit
den griechischen Juden; aber sie stellten ihm
nach, um ihn zu töten. 30Als das die Brüder er-
fuhren, geleiteten sie ihn nach Cäsarea und
schickten ihn weiter nach Tarsus.

31So hatte nun die Gemeinde Frieden in ganz
Judäa und Galiläa und Samarien und baute sich
auf und lebte in der Furcht des Herrn und mehr-
te sich unter dem Beistand des heiligen Geistes.

Petrus in Lydda

32Es geschah aber, als Petrus überall im Land
umherzog, daß er auch zu den Heiligen kam, die
in Lydda wohnten. 33Dort fand er einen Mann
mit Namen Äneas, seit acht Jahren ans Bett ge-
bunden; der war gelähmt. 34Und Petrus sprach
zu ihm: Äneas, Jesus Christus macht dich ge-
sund; steh auf und mach dir selber das Bett. Und
sogleich stand er auf. 35Da sahen ihn alle, die in
Lydda und in Scharon wohnten, und bekehrten
sich zu dem Herrn.

Die Auferweckung der Tabita

36In Joppe war eine Jüngerin mit Namen Tabita,
das heißt übersetzt: Reh. Die tat viele gute Wer-
ke und gab reichlich Almosen. 37Es begab sich
aber zu der Zeit, daß sie krank wurde und starb.
Da wuschen sie sie und legten sie in das Oberge-
mach. 38Weil aber Lydda nahe bei Joppe ist,
sandten die Jünger, als sie hörten, daß Petrus
dort war, zwei Männer zu ihm und baten ihn:
Säume nicht, zu uns zu kommen! 39Petrus aber
stand auf und ging mit ihnen. Und als er hinge-
kommen war, führten sie ihn hinauf in das Ober-
gemach, und es traten alle Witwen zu ihm, wein-
ten und zeigten ihm die Röcke und Kleider, die
Tabita gemacht hatte, als sie noch bei ihnen war.
40Und als Petrus sie alle hinausgetrieben hatte,
kniete er nieder, betete und wandte sich zu dem
Leichnam und sprach: Tabita, steh auf! Und sie
schlug ihre Augen auf; und als sie Petrus sah,
setzte sie sich auf. 41Er aber gab ihr die Hand
und ließ sie aufstehen und rief die Heiligen und
die Witwen und stellte sie lebendig vor sie. 42Und
das wurde in ganz Joppe bekannt, und viele ka-
men zum Glauben an den Herrn. 43Und es ge-
schah, daß Petrus lange Zeit in Joppe blieb bei
einem Simon, der ein Gerber war.

Der Hauptmann Kornelius

10 Es war aber ein Mann in Cäsarea mit
Namen Kornelius, ein Hauptmann
der Abteilung, die die Italische ge-
nannt wurde. 2Der war fromm und gottesfürchtig
mit seinem ganzen Haus und gab dem Volk viele
Almosen und betete immer zu Gott. 3Der hatte
eine Erscheinung um die neunte Stunde am Tage
und sah deutlich einen Engel Gottes bei sich ein-
treten; der sprach zu ihm: Kornelius! 4Er aber
sah ihn an, erschrak und fragte: Herr, was ist?
Der sprach zu ihm: Deine Gebete und deine Al-

Familien – Zellen des Glaubens

mosen sind vor Gott gekommen, und er hat ihrer
gedacht. 5Und nun sende Männer nach Joppe
und laß holen Simon mit dem Beinamen Petrus.
6Der ist zu Gast bei einem Gerber Simon, dessen
Haus am Meer liegt. 7Und als der Engel, der mit
ihm redete, hinweggegangen war, rief Kornelius
zwei seiner Knechte und einen frommen Solda-
ten von denen, die ihm dienten, 8und erzählte ih-
nen alles und sandte sie nach Joppe.
9Am nächsten Tag, als diese auf dem Wege
waren und in die Nähe der Stadt kamen, stieg
Petrus auf das Dach, zu beten um die sechste
Stunde. 10Und als er hungrig wurde, wollte er es-
sen. Während sie ihm aber etwas zubereiteten,
geriet er in Verzückung 11und sah den Himmel
aufgetan und etwas wie ein großes leinenes Tuch
herabkommen, an vier Zipfeln niedergelassen
auf die Erde. 12Darin waren allerlei vierfüßige
und kriechende Tiere der Erde und Vögel des

Unrein

Die Juden hatten viele Reinheitsgebote. Nach dem Gesetz Mose war es verboten, z.B. Kriechtiere und wilde Vögel zu essen. Petrus sollte lernen, nicht länger Grenzen zu ziehen zwischen Juden (rein) und anderen Völkern (unrein).

Himmels. 13Und es geschah eine Stimme zu ihm:
Steh auf, Petrus, schlachte und iß! 14Petrus aber
sprach: O nein, Herr; denn ich habe noch nie et-
was Verbotenes und Unreines gegessen. 15Und
die Stimme sprach zum zweiten Mal zu ihm: Was
Gott rein gemacht hat, das nenne du nicht ver-
boten. 16Und das geschah dreimal; und alsbald

Was Gott rein gemacht hat, das nenne du nicht verboten.

wurde das Tuch wieder hinaufgenommen gen
Himmel.
17Als aber Petrus noch ratlos war, was die Er-
scheinung bedeute, die er gesehen hatte, siehe,
da fragten die Männer, von Kornelius gesandt,
nach dem Haus Simons und standen an der Tür,
18riefen und fragten, ob Simon mit dem Beina-
men Petrus hier zu Gast wäre. 19Während aber
Petrus nachsann über die Erscheinung, sprach
der Geist zu ihm: Siehe, drei Männer suchen
dich; 20so steh auf, steig hinab und geh mit ihnen
und zweifle nicht, denn ich habe sie gesandt.
21Da stieg Petrus hinab zu den Männern und
sprach: Siehe, ich bin's, den ihr sucht; warum
seid ihr hier? 22Sie aber sprachen: Der Haupt-
mann Kornelius, ein frommer und gottesfürchti-
ger Mann mit gutem Ruf bei dem ganzen Volk
der Juden, hat Befehl empfangen von einem hei-
ligen Engel, daß er dich sollte holen lassen in
sein Haus und hören, was du zu sagen hast. 23Da

rief er sie herein und beherbergte sie.

Am nächsten Tag machte er sich auf und zog mit ihnen, und einige Brüder aus Joppe gingen mit ihm. 24Und am folgenden Tag kam er nach Cäsarea. Kornelius aber wartete auf sie und hatte seine Verwandten und nächsten Freunde zusammengerufen. 25Und als Petrus hereinkam, ging ihm Kornelius entgegen und fiel ihm zu Füßen und betete ihn an. 26Petrus aber richtete ihn auf und sprach: Steh auf, ich bin auch nur ein Mensch. 27Und während er mit ihm redete, ging er hinein und fand viele, die zusammengekommen waren. 28Und er sprach zu ihnen: Ihr wißt, daß es einem jüdischen Mann nicht erlaubt ist, mit einem Fremden umzugehen oder zu ihm zu kommen; aber Gott hat mir gezeigt, daß ich keinen Menschen meiden oder unrein nennen soll. 29Darum habe ich mich nicht geweigert zu kommen, als ich geholt wurde. So frage ich euch nun, warum ihr mich habt holen lassen. 30Kornelius sprach: Vor vier Tagen um diese Zeit betete ich um die neunte Stunde in meinem Hause. Und siehe, da stand ein Mann vor mir in einem leuchtenden Gewand 31und sprach: Kornelius, dein Gebet ist erhört, und deiner Almosen ist gedacht worden vor Gott. 32So sende nun nach Joppe und laß herrufen Simon mit dem Beinamen Petrus, der zu Gast ist im Hause des Gerbers Simon am Meer. 33Da sandte ich sofort zu dir; und du hast recht getan, daß du gekommen bist. Nun sind wir alle hier vor Gott zugegen, um alles zu hören, was dir vom Herrn befohlen ist.

34Petrus aber tat seinen Mund auf und sprach:

Nun sind wir alle hier vor Gott zugegen, um alles zu hören, was dir vom Herrn befohlen ist.

Nun erfahre ich in Wahrheit, daß Gott die Person nicht ansieht; 35sondern in jedem Volk, wer ihn fürchtet und recht tut, der ist ihm angenehm. 36Er hat das Wort dem Volk Israel gesandt und Frieden verkündigt durch Jesus Christus, welcher ist Herr über alle. 37Ihr wißt, was in ganz Judäa geschehen ist, angefangen von Galiläa nach der Taufe, die Johannes predigte, 38wie Gott Jesus von Nazareth gesalbt hat mit heiligem Geist und Kraft; der ist umhergezogen und hat Gutes getan und alle gesund gemacht, die in der Gewalt des Teufels waren, denn Gott war mit ihm. 39Und wir sind Zeugen für alles, was er getan hat im jüdischen Land und in Jerusalem. Den haben sie an das Holz gehängt und getötet. 40Den hat Gott auferweckt am dritten Tag und hat ihn erscheinen lassen, 41nicht dem ganzen Volk, sondern uns, den von Gott vorher erwählten Zeugen, die wir mit ihm gegessen und getrunken haben, nachdem er auferstanden war von den Toten. 42Und er hat uns geboten, dem Volk zu predigen und zu bezeugen, daß er von Gott bestimmt ist zum Richter der Lebenden und der Toten. 43Von diesem bezeugen alle Propheten, daß durch seinen Namen alle, die an ihn glauben, Vergebung der Sünden empfangen sollen.

44Während Petrus noch diese Worte redete, fiel der heilige Geist auf alle, die dem Wort zuhörten. 45Und die gläubig gewordenen Juden, die mit Petrus gekommen waren, entsetzten sich, weil auch auf die Heiden die Gabe des heiligen Geistes ausgegossen wurde; 46denn sie hörten, daß sie in Zungen redeten und Gott hoch priesen. Da antwortete Petrus: 47Kann auch jemand denen das Wasser zur Taufe verwehren, die den heiligen Geist empfangen haben ebenso wie wir? 48Und er befahl, sie zu taufen in dem Namen Jesu Christi. Da baten sie ihn, noch einige Tage dazubleiben.

Petrus in Jerusalem

11 Es kam aber den Aposteln und Brüdern in Judäa zu Ohren, daß auch die Heiden Gottes Wort angenommen hatten. 2Und als Petrus hinaufkam nach Jerusalem, stritten die gläubig gewordenen Juden mit ihm 3und sprachen: Du bist zu Männern gegangen, die nicht Juden sind, und hast mit ihnen gegessen! 4Petrus aber fing an und erzählte es ihnen der Reihe nach und sprach: 5Ich war in der Stadt Joppe im Gebet und geriet in Verzückung und hatte eine Erscheinung; ich sah etwas wie ein großes leinenes Tuch herabkommen, an vier Zipfeln niedergelassen vom Himmel; das kam bis zu mir. 6Als ich hineinsah, erblickte ich vierfüßige Tiere der Erde und wilde Tiere und kriechende Tiere und Vögel des Himmels. 7Ich hörte aber auch eine Stimme, die sprach zu mir: Steh auf, Petrus, schlachte und iß! 8Ich aber sprach: O nein, Herr; denn es ist nie etwas Verbotenes oder Unreines in meinen Mund gekommen. 9Aber die Stimme antwortete zum zweiten Mal vom Himmel: Was Gott rein gemacht hat, das nenne du nicht verboten. 10Das geschah aber dreimal; und alles wurde wieder gen Himmel

hinaufgezogen. [11]Und siehe, auf einmal standen
drei Männer vor dem Hause, in dem wir waren,
von Cäsarea zu mir gesandt. [12]Der Geist aber
sprach zu mir, ich solle mit ihnen gehen und
nicht zweifeln. Es kamen aber mit mir auch diese
sechs Brüder, und wir gingen in das Haus des
Mannes. [13]Der berichtete uns, wie er den Engel
in seinem Haus gesehen habe, der zu ihm sagte:
Sende Männer nach Joppe und laß holen Simon,
mit dem Beinamen Petrus; [14]der wird dir die
Botschaft sagen, durch die du selig wirst und
dein ganzes Haus. [15]Als ich aber anfing zu reden,
fiel der heilige Geist auf sie ebenso wie am An-
fang auf uns. [16]Da dachte ich an das Wort des
Herrn, als er sagte: Johannes hat mit Wasser ge-
tauft; ihr aber sollt mit dem heiligen Geist ge-
tauft werden. [17]Wenn nun Gott ihnen die gleiche
Gabe gegeben hat wie auch uns, die wir zum
Glauben gekommen sind an den Herrn Jesus
Christus: wer war ich, daß ich Gott wehren
konnte? [18]Als sie das hörten, schwiegen sie still
und lobten Gott und sprachen: So hat Gott auch
den Heiden die Umkehr gegeben, die zum Leben
führt!

Als sie das hörten, schwiegen sie still und lobten Gott.

Erste Christen in Antiochia

[19]Die aber zerstreut waren wegen der Verfol-
gung, die sich wegen Stephanus erhob, gingen bis
nach Phönizien und Zypern und Antiochia und
verkündigten das Wort niemandem als allein den
Juden. [20]Es waren aber einige unter ihnen, Män-
ner aus Zypern und Kyrene, die kamen nach
Antiochia und redeten auch zu den Griechen
und predigten das Evangelium vom Herrn Jesus.
[21]Und die Hand des Herrn war mit ihnen, und
eine große Zahl wurde gläubig und bekehrte sich
zum Herrn.

[22]Es kam aber die Kunde davon der Gemein-
de von Jerusalem zu Ohren; und sie sandten
Barnabas, daß er nach Antiochia ginge. [23]Als
dieser dort hingekommen war und die Gnade
Gottes sah, wurde er froh und ermahnte sie alle,
mit festem Herzen an dem Herrn zu bleiben;
[24]denn er war ein bewährter Mann, voll heiligen
Geistes und Glaubens. Und viel Volk wurde für
den Herrn gewonnen. [25]Barnabas aber zog aus
nach Tarsus, Saulus zu suchen. [26]Und als er ihn
fand, brachte er ihn nach Antiochia. Und sie
blieben ein ganzes Jahr bei der Gemeinde und
lehrten viele. In Antiochia wurden die Jünger
zuerst Christen genannt.

In Antiochia wurden die Jünger zuerst Christen genannt.

[27]In diesen Tagen kamen Propheten von Jeru-
salem nach Antiochia. [28]Und einer von ihnen mit
Namen Agabus trat auf und sagte durch den
Geist eine große Hungersnot voraus, die über
den ganzen Erdkreis kommen sollte; dies ge-
schah unter dem Kaiser Klaudius. [29]Aber unter
den Jüngern beschloß ein jeder, nach seinem
Vermögen den Brüdern, die in Judäa wohnten,
eine Gabe zu senden. [30]Das taten sie auch und
schickten sie zu den Ältesten durch Barnabas
und Saulus.

Der Tod des Jakobus und die Befreiung des Petrus

12 Um diese Zeit legte der König Hero-
des Hand an einige von der Gemein-
de, sie zu mißhandeln. [2]Er tötete aber
Jakobus, den Bruder des Johannes, mit dem
Schwert.

[3]Und als er sah, daß es den Juden gefiel, fuhr
er fort und nahm auch Petrus gefangen. Es wa-
ren aber eben die Tage der Ungesäuerten Brote.
[4]Als er ihn nun ergriffen hatte, warf er ihn ins
Gefängnis und überantwortete ihn vier Wachen
von je vier Soldaten, ihn zu bewachen. Denn er
gedachte, ihn nach dem Fest vor das Volk zu
stellen. [5]So wurde nun Petrus im Gefängnis fest-
gehalten; aber die Gemeinde betete ohne Aufhö-
ren für ihn zu Gott. [6]Und in jener Nacht, als ihn
Herodes vorführen lassen wollte, schlief Petrus
zwischen zwei Soldaten, mit zwei Ketten gefes-
selt, und die Wachen vor der Tür bewachten das

Fest der Ungesäuerten Brote
Das sieben Tage dauernde Fest erinnerte an den Auszug des Volkes Israel aus Ägypten. In der Eile des Aufbruchs konnte man Brotfladen nicht mit Sauerteig backen.

Jünger Jesu werden ins Gefängnis geworfen

Gefängnis. [7]Und siehe, der Engel des Herrn kam herein, und Licht leuchtete auf in dem Raum; und er stieß Petrus in die Seite und weckte ihn und sprach: Steh schnell auf! Und die Ketten fielen ihm von seinen Händen. [8]Und der Engel sprach zu ihm: Gürte dich und zieh deine Schuhe an! Und er tat es. Und er sprach zu ihm: Wirf deinen Mantel um und folge mir! [9]Und er ging hinaus und folgte ihm und wußte nicht, daß ihm das wahrhaftig geschehe durch den Engel, sondern meinte, eine Erscheinung zu sehen. [10]Sie gingen aber durch die erste und zweite Wache und kamen zu dem eisernen Tor, das zur Stadt führt; das tat sich ihnen von selber auf. Und sie traten hinaus und gingen eine Straße weit, und alsbald verließ ihn der Engel. [11]Und als Petrus zu sich gekommen war, sprach er: Nun weiß ich wahrhaftig, daß der Herr seinen Engel gesandt und mich aus der Hand des Herodes errettet hat und von allem, was das jüdische Volk erwartete.

[12]Und als er sich besonnen hatte, ging er zum Haus Marias, der Mutter des Johannes mit dem Beinamen Markus, wo viele beieinander waren und beteten. [13]Als er aber an das Hoftor klopfte, kam eine Magd mit Namen Rhode, um zu hören, wer da wäre. [14]Und als sie die Stimme des Petrus erkannte, tat sie vor Freude das Tor nicht auf, lief hinein und verkündete, Petrus stünde vor dem Tor. [15]Sie aber sprachen zu ihr: Du bist von Sinnen. Doch sie bestand darauf, es wäre so. Da sprachen sie: Es ist sein Engel. [16]Petrus aber klopfte weiter an. Als sie nun aufmachten, sahen sie ihn und entsetzten sich. [17]Er aber winkte ihnen mit der Hand, daß sie schweigen sollten, und erzählte ihnen, wie ihn der Herr aus dem Gefängnis geführt hatte, und sprach: Verkündet dies dem Jakobus und den Brüdern. Dann ging er hinaus und zog an einen andern Ort.

Das Ende des Herodes Agrippa

[18]Als es aber Tag wurde, entstand eine nicht geringe Verwirrung unter den Soldaten, was wohl mit Petrus geschehen sei. [19]Als aber Herodes ihn holen lassen wollte und ihn nicht fand, verhörte er die Wachen und ließ sie abführen. Dann zog er von Judäa hinab nach Cäsarea und blieb dort eine Zeitlang.

[20]Er war aber zornig auf die Einwohner von Tyrus und Sidon. Sie aber kamen einmütig zu ihm und überredeten Blastus, den Kämmerer des Königs, und baten um Frieden, weil ihr Land seine Nahrung aus dem Land des Königs bekam. [21]Und an einem festgesetzten Tag legte Herodes das königliche Gewand an, setzte sich auf den Thron und hielt eine Rede an sie. [22]Das Volk

aber rief ihm zu: Das ist Gottes Stimme und
nicht die eines Menschen! [23]Alsbald schlug ihn
der Engel des Herrn, weil er Gott nicht die Ehre
gab. Und von Würmern zerfressen, gab er den
Geist auf.
[24]Und das Wort Gottes wuchs und breitete
sich aus. [25]Barnabas und Saulus aber kehrten zu-
rück, nachdem sie in Jerusalem die Gabe über-
bracht hatten, und nahmen mit sich Johannes,
der den Beinamen Markus hat.

Der Beginn der ersten Missionsreise

13 Es waren aber in Antiochia in der
Gemeinde Propheten und Lehrer,
nämlich Barnabas und Simeon, ge-
nannt Niger, und Luzius von Kyrene und Mana-
ën, der mit dem Landesfürsten Herodes erzogen
worden war, und Saulus. [2]Als sie aber dem
Herrn dienten und fasteten, sprach der heilige
Geist: Sondert mir aus Barnabas und Saulus zu
dem Werk, zu dem ich sie berufen habe. [3]Da fa-
steten sie und beteten und legten die Hände auf
sie und ließen sie ziehen.

Auf der Insel Zypern

[4]Nachdem sie nun ausgesandt waren vom heili-
gen Geist, kamen sie nach Seleuzia und von da
zu Schiff nach Zypern. [5]Und als sie in die Stadt
Salamis kamen, verkündigten sie das Wort Got-
tes in den Synagogen der Juden; sie hatten aber
auch Johannes als Gehilfen bei sich. [6]Als sie die
ganze Insel bis nach Paphos durchzogen hatten,
trafen sie einen Zauberer und falschen Prophe-
ten, einen Juden, der hieß Barjesus; [7]der war bei
dem Statthalter Sergius Paulus, einem verständi-
gen Mann. Dieser rief Barnabas und Saulus zu
sich und begehrte, das Wort Gottes zu hören.
[8]Da widerstand ihnen der Zauberer Elymas –
denn so wird sein Name übersetzt – und versuch-
te, den Statthalter vom Glauben abzuhalten.
[9]Saulus aber, der auch Paulus heißt, voll heiligen
Geistes, sah ihn an [10]und sprach: Du Sohn des
Teufels, voll aller List und aller Bosheit, du
Feind aller Gerechtigkeit, hörst du nicht auf,
krumm zu machen die geraden Wege des Herrn?
[11]Und nun siehe, die Hand des Herrn kommt
über dich, und du sollst blind sein und die Sonne
eine Zeitlang nicht sehen! Auf der Stelle fiel
Dunkelheit und Finsternis auf ihn, und er ging
umher und suchte jemanden, der ihn an der
Hand führte. [12]Als der Statthalter sah, was ge-
schehen war, wurde er gläubig und verwunderte
sich über die Lehre des Herrn.

In Antiochia in Pisidien

[13]Paulus aber und die um ihn waren, fuhren von
Paphos ab und kamen nach Perge in Pamphy-
lien. Johannes aber trennte sich von ihnen und
kehrte zurück nach Jerusalem. [14]Sie aber zogen
von Perge weiter und kamen nach Antiochia in
Pisidien und gingen am Sabbat in die Synagoge
und setzten sich. [15]Nach der Lesung des Gesetzes
und der Propheten aber schickten die Vorsteher
der Synagoge zu ihnen und ließen ihnen sagen:
Liebe Brüder, wollt ihr etwas reden und das
Volk ermahnen, so sagt es. [16]Da stand Paulus auf
und winkte mit der Hand und sprach: Ihr Män-
ner von Israel und ihr Gottesfürchtigen, hört zu!
[17]Der Gott dieses Volkes Israel hat unsre Väter
erwählt und das Volk groß gemacht, als sie
Fremdlinge waren im Lande Ägypten, und mit
starkem Arm führte er sie von dort heraus.
[18]Und vierzig Jahre lang ertrug er sie in der Wü-
ste [19]und vernichtete sieben Völker in dem Land
Kanaan und gab ihnen deren Land zum Erbe;
[20]das geschah in etwa vierhundertfünfzig Jahren.
Danach gab er ihnen Richter bis zur Zeit des
Propheten Samuel. [21]Und von da an baten sie
um einen König; und Gott gab ihnen Saul, den
Sohn des Kisch, einen Mann aus dem Stamm
Benjamin, für vierzig Jahre. [22]Und als er diesen
verstoßen hatte, erhob er David zu ihrem König,
von dem er bezeugte (1. Samuel 13,14): »Ich ha-
be David gefunden, den Sohn Isais, einen Mann
nach meinem Herzen, der soll meinen ganzen
Willen tun.« [23]Aus dessen Geschlecht hat Gott,
wie er verheißen hat, Jesus kommen lassen als
Heiland für das Volk Israel, [24]nachdem Johan-
nes, bevor Jesus auftrat, dem ganzen Volk Israel
die Taufe der Buße gepredigt hatte. [25]Als aber
Johannes seinen Lauf vollendete, sprach er: Ich
bin nicht der, für den ihr mich haltet; aber siehe,
er kommt nach mir, dessen Schuhriemen zu lö-
sen ich nicht wert bin. [26]Ihr Männer, liebe Brü-
der, ihr Söhne aus dem Geschlecht Abrahams
und ihr Gottesfürchtigen, uns ist das Wort dieses
Heils gesandt. [27]Denn die Einwohner von Jerusa-
lem und ihre Oberen haben, weil sie Jesus nicht
erkannten, die Worte der Propheten, die an je-
dem Sabbat vorgelesen werden, mit ihrem Ur-
teilsspruch erfüllt. [28]Und obwohl sie nichts an
ihm fanden, das den Tod verdient hätte, baten
sie doch Pilatus, ihn zu töten. [29]Und als sie alles
vollendet hatten, was von ihm geschrieben steht,
nahmen sie ihn von dem Holz und legten ihn in
ein Grab. [30]Aber Gott hat ihn auferweckt von

den Toten; 31und er ist an vielen Tagen denen
erschienen, die mit ihm von Galiläa hinauf nach
Jerusalem gegangen waren; die sind jetzt seine
Zeugen vor dem Volk. 32Und wir verkündigen
euch die Verheißung, die an die Väter ergangen
ist, 33daß Gott sie uns, ihren Kindern, erfüllt hat,
indem er Jesus auferweckte; wie denn im zweiten
Psalm geschrieben steht (Psalm 2,7): »Du bist
mein Sohn, heute habe ich dich gezeugt.« 34Daß
er ihn aber von den Toten auferweckt hat und
ihn nicht der Verwesung überlassen wollte, hat er
so gesagt (Jesaja 55,3): »Ich will euch die Gna-
de, die David verheißen ist, treu bewahren.«
35Darum sagt er auch an einer andern Stelle
(Psalm 16,10): »Du wirst nicht zugeben, daß
dein Heiliger die Verwesung sehe.« 36Denn
nachdem David zu seiner Zeit dem Willen Got-
tes gedient hatte, ist er entschlafen und zu seinen
Vätern versammelt worden und hat die Verwe-
sung gesehen. 37Der aber, den Gott auferweckt
hat, der hat die Verwesung nicht gesehen. 38So
sei euch nun kundgetan, liebe Brüder, daß euch
durch ihn Vergebung der Sünden verkündigt
wird; und in all dem, worin ihr durch das Gesetz
des Mose nicht gerecht werden konntet, 39ist der
gerecht gemacht, der an ihn glaubt. 40Seht nun
zu, daß nicht über euch komme, was in den Pro-
pheten gesagt ist (Habakuk 1,5):

> 41»Seht, ihr Verächter, und wundert euch
> und werdet zunichte!
> Denn ich tue ein Werk zu euren Zeiten,
> das ihr nicht glauben werdet,
> wenn es euch jemand erzählt.«

42Als sie aber aus der Synagoge hinausgingen,
baten die Leute, daß sie am nächsten Sabbat
noch einmal von diesen Dingen redeten. 43Und
als die Gemeinde auseinanderging, folgten viele
Juden und gottesfürchtige Judengenossen dem
Paulus und Barnabas. Diese sprachen mit ihnen
und ermahnten sie, daß sie bleiben sollten in der
Gnade Gottes.

44Am folgenden Sabbat aber kam fast die gan-
ze Stadt zusammen, das Wort Gottes zu hören.
45Als aber die Juden die Menge sahen, wurden
sie neidisch und widersprachen dem, was Paulus
sagte, und lästerten. 46Paulus und Barnabas aber
sprachen frei und offen: Euch mußte das Wort
Gottes zuerst gesagt werden; da ihr es aber von
euch stoßt und haltet euch selbst nicht für würdig
des ewigen Lebens, siehe, so wenden wir uns zu
den Heiden. 47Denn so hat uns der Herr geboten
(Jesaja 49,6):

> »Ich habe dich zum Licht der Heiden ge-
> macht,
> damit du das Heil seist bis an die Enden
> der Erde.«

48Als das die Heiden hörten, wurden sie froh und
priesen das Wort des Herrn, und alle wurden
gläubig, die zum ewigen Leben bestimmt waren.
49Und das Wort des Herrn breitete sich aus in
der ganzen Gegend. 50Aber die Juden hetzten die
gottesfürchtigen vornehmen Frauen und die an-
gesehensten Männer der Stadt auf und stifteten
eine Verfolgung an gegen Paulus und Barnabas
und vertrieben sie aus ihrem Gebiet. 51Sie aber
schüttelten den Staub von ihren Füßen zum
Zeugnis gegen sie und kamen nach Ikonion.
52Die Jünger aber wurden erfüllt von Freude und
heiligem Geist.

Die Jünger aber wurden erfüllt von Freude und heiligem Geist.

In Ikonion

14 Es geschah aber in Ikonion, daß sie
wieder in die Synagoge der Juden
gingen und so predigten, daß eine
große Menge Juden und Griechen gläubig wur-
de. 2Die Juden aber, die ungläubig blieben, stifte-
ten Unruhe und hetzten die Seelen der Heiden
auf gegen die Brüder. 3Dennoch blieben sie eine
lange Zeit dort und lehrten frei und offen im
Vertrauen auf den Herrn, der das Wort seiner
Gnade bezeugte und ließ Zeichen und Wunder
geschehen durch ihre Hände. 4Die Menge in der
Stadt aber spaltete sich; die einen hielten's mit
den Juden und die andern mit den Aposteln.
5Als sich aber ein Sturm erhob bei den Heiden
und Juden und ihren Oberen und sie sie mißhan-
deln und steinigen wollten, 6merkten sie es und
entflohen in die Städte Lykaoniens, nach Lystra
und Derbe, und in deren Umgebung 7und pre-
digten dort das Evangelium.

In Lystra

8Und es war ein Mann in Lystra, der hatte
schwache Füße und konnte nur sitzen; er war ge-
lähmt von Mutterleib an und hatte noch nie ge-
hen können. 9Der hörte Paulus reden. Und als
dieser ihn ansah und merkte, daß er glaubte, ihm
könne geholfen werden, 10sprach er mit lauter

Stimme: Stell dich aufrecht auf deine Füße! Und er sprang auf und ging umher. 11 Als aber das Volk sah, was Paulus getan hatte, erhoben sie ihre Stimme und riefen auf lykaonisch: Die Götter sind den Menschen gleich geworden und zu uns herabgekommen. 12 Und sie nannten Barnabas Zeus und Paulus Hermes, weil er das Wort führte. 13 Und der Priester des Zeus aus dem Tempel

Zeus

Name der höchsten griechischen Gottheit. Hermes: Nach der griechischen Sage Bote der Götter.

vor ihrer Stadt brachte Stiere und Kränze vor das Tor und wollte opfern samt dem Volk. 14 Als das die Apostel Barnabas und Paulus hörten, zerrissen sie ihre Kleider und sprangen unter das Volk und schrien: 15 Ihr Männer, was macht ihr da? Wir sind auch sterbliche Menschen wie ihr und predigen euch das Evangelium, daß ihr euch bekehren sollt von diesen falschen Göttern zu dem lebendigen Gott, der Himmel und Erde und das Meer und alles, was darin ist, gemacht hat. 16 Zwar hat er in den vergangenen Zeiten alle Heiden ihre eigenen Wege gehen lassen; 17 und doch hat er sich selbst nicht unbezeugt gelassen, hat viel Gutes getan und euch vom Himmel Regen und fruchtbare Zeiten gegeben, hat euch ernährt und eure Herzen mit Freude erfüllt. – 18 Und obwohl sie das sagten, konnten sie kaum das Volk davon abbringen, ihnen zu opfern.

19 Es kamen aber von Antiochia und Ikonion Juden dorthin und überredeten das Volk und steinigten Paulus und schleiften ihn zur Stadt hinaus, und meinten, er wäre gestorben. 20 Als ihn aber die Jünger umringten, stand er auf und ging in die Stadt.

Die Rückkehr nach Antiochia in Syrien

Am nächsten Tag zog er mit Barnabas weiter nach Derbe; 21 und sie predigten dieser Stadt das Evangelium und machten viele zu Jüngern. Dann kehrten sie zurück nach Lystra und Ikonion und Antiochia, 22 stärkten die Seelen der Jünger und ermahnten sie, im Glauben zu bleiben, und sagten: Wir müssen durch viele Bedrängnisse in das Reich Gottes eingehen. 23 Und sie setzten in jeder Gemeinde Älteste ein, beteten und fasteten und befahlen sie dem Herrn, an den sie gläubig geworden waren. 24 Und sie zogen durch Pisidien und kamen nach Pamphylien 25 und sagten das Wort in Perge und zogen hinab nach Attalia.

26 Und von da fuhren sie mit dem Schiff nach Antiochia, wo sie der Gnade Gottes befohlen worden waren zu dem Werk, das sie nun ausgerichtet hatten. 27 Als sie aber dort ankamen, versammelten sie die Gemeinde und verkündeten, wieviel Gott durch sie getan und wie er den Heiden die Tür des Glaubens aufgetan hätte. 28 Sie blieben aber dort eine nicht geringe Zeit bei den Jüngern.

Die Apostelversammlung in Jerusalem

15 Und einige kamen herab von Judäa und lehrten die Brüder: Wenn ihr euch nicht beschneiden laßt nach der Ordnung des Mose, könnt ihr nicht selig werden. 2 Als nun Zwietracht entstand, und Paulus und Barnabas einen nicht geringen Streit mit ihnen hatten, ordnete man an, daß Paulus und Barnabas und einige andre von ihnen nach Jerusalem hinaufziehen sollten zu den Aposteln und Ältesten um dieser Frage willen. 3 Und sie wurden von der Gemeinde geleitet und zogen durch Phönizien und Samarien und erzählten von der Bekehrung der Heiden und machten damit allen Brüdern große Freude. 4 Als sie aber nach Jerusalem kamen, wurden sie empfangen von der Gemeinde und von den Aposteln und von den Ältesten. Und sie verkündeten, wieviel Gott durch sie getan hatte. 5 Da traten einige von der Partei der Pharisäer auf, die gläubig geworden waren, und sprachen: Man muß sie beschneiden und ihnen gebieten, das Gesetz des Mose zu halten. 6 Da kamen die Apostel und die Ältesten zusammen, über diese Sache zu beraten.

Sie verkündeten, wieviel Gott durch sie getan hatte.

7 Als man sich aber lange gestritten hatte, stand Petrus auf und sprach zu ihnen: Ihr Männer, liebe Brüder, ihr wißt, daß Gott vor langer Zeit unter euch bestimmt hat, daß durch meinen Mund die Heiden das Wort des Evangeliums hörten und glaubten. 8 Und Gott, der die Herzen kennt, hat es bezeugt und ihnen den heiligen Geist gegeben wie auch uns, 9 und er hat keinen Unterschied gemacht zwischen uns und ihnen,

nachdem er ihre Herzen gereinigt hatte durch
den Glauben. [10]Warum versucht ihr denn nun
Gott dadurch, daß ihr ein Joch auf den Nacken
der Jünger legt, das weder unsre Väter noch wir
haben tragen können? [11]Vielmehr glauben wir,
durch die Gnade des Herrn Jesus selig zu wer-
den, ebenso wie auch sie. [12]Da schwieg die ganze
Menge still und hörte Paulus und Barnabas zu,
die erzählten, wie große Zeichen und Wunder
Gott durch sie getan hatte unter den Heiden.
[13]Danach, als sie schwiegen, antwortete Jako-
bus und sprach: Ihr Männer, liebe Brüder, hört
mir zu! [14]Simon hat erzählt, wie Gott zum ersten
Mal die Heiden gnädig heimgesucht hat, um aus
ihnen ein Volk für seinen Namen zu gewinnen.

Christen dürfen einander keine unnötigen Lasten auflegen.

[15]Und dazu stimmen die Worte der Propheten,
wie geschrieben steht (Amos 9,11.12):

> [16]»Danach will ich mich wieder zu ihnen
> wenden
> und will die zerfallene Hütte Davids wieder
> bauen,
> und ihre Trümmer will ich wieder aufbauen
> und will sie aufrichten,
> [17]damit die Menschen, die übriggeblieben
> sind, nach dem Herrn fragen,
> dazu alle Heiden, über die mein Name
> genannt ist,
> spricht der Herr, [18]der tut, was von alters
> her bekannt ist.«

[19]Darum meine ich, daß man denen von den
Heiden, die sich zu Gott bekehren, nicht Unruhe
mache, [20]sondern ihnen vorschreibe, daß sie sich
enthalten sollen von Befleckung durch Götzen
und von Unzucht und vom Erstickten und vom
Blut. [21]Denn Mose hat von alten Zeiten her in
allen Städten solche, die ihn predigen, und wird
alle Sabbattage in den Synagogen gelesen.

Die Beschlüsse der Apostelversammlung

[22]Und die Apostel und Ältesten beschlossen
samt der ganzen Gemeinde, aus ihrer Mitte
Männer auszuwählen und mit Paulus und Barna-
bas nach Antiochia zu senden, nämlich Judas mit
dem Beinamen Barsabbas und Silas, angesehene
Männer unter den Brüdern. [23]Und sie gaben ein
Schreiben in ihre Hand, also lautend:

Wir, die Apostel und Ältesten, eure Brüder,
wünschen Heil den Brüdern aus den Heiden in
Antiochia und Syrien und Zilizien. [24]Weil wir ge-
hört haben, daß einige von den Unsern, denen
wir doch nichts befohlen hatten, euch mit Lehren
irre gemacht und eure Seelen verwirrt haben,
[25]so haben wir, einmütig versammelt, beschlos-
sen, Männer auszuwählen und zu euch zu sen-
den, mit unsern geliebten Brüdern Barnabas und
Paulus, [26]Männer, die ihr Leben eingesetzt haben
für den Namen unseres Herrn Jesus Christus.
[27]So haben wir Judas und Silas gesandt, die euch
mündlich dasselbe mitteilen werden. [28]Denn es
gefällt dem heiligen Geist und uns, euch weiter
keine Last aufzuerlegen als nur diese notwendi-
gen Dinge: [29]daß ihr euch enthaltet vom Götzen-

opfer und vom Blut und vom Erstickten und von
Unzucht. Wenn ihr euch davor bewahrt, tut ihr
recht. Lebt wohl!

Die Benachrichtigung der Gemeinde in Antiochia

30 Als man sie hatte gehen lassen, kamen sie nach
Antiochia und versammelten die Gemeinde und
übergaben den Brief. 31 Als sie ihn lasen, wurden
sie über den Zuspruch froh. 32 Judas aber und Si-
las, die selbst Propheten waren, ermahnten die
Brüder mit vielen Reden und stärkten sie. 33 Und
als sie eine Zeitlang dort verweilt hatten, ließen
die Brüder sie mit Frieden gehen zu denen, die
sie gesandt hatten. 35 Paulus und Barnabas aber
blieben in Antiochia, lehrten und predigten mit
vielen andern das Wort des Herrn.

Der Beginn der zweiten Missionsreise

36 Nach einigen Tagen sprach Paulus zu Barna-
bas: Laß uns wieder aufbrechen und nach unsern
Brüdern sehen in allen Städten, in denen wir das
Wort des Herrn verkündigt haben, wie es um sie
steht. 37 Barnabas aber wollte, daß sie auch Joh-
annes mit dem Beinamen Markus mitnähmen.
38 Paulus aber hielt es nicht für richtig, jemanden
mitzunehmen, der sie in Pamphylien verlassen
hatte und nicht mit ihnen ans Werk gegangen
war. 39 Und sie kamen scharf aneinander, so daß
sie sich trennten. Barnabas nahm Markus mit
sich und fuhr nach Zypern. 40 Paulus aber wählte
Silas und zog fort, von den Brüdern der Gnade
Gottes befohlen. 41 Er zog aber durch Syrien und
Zilizien und stärkte die Gemeinden.

In Kleinasien

16 Er kam auch nach Derbe und Lystra;
und siehe, dort war ein Jünger mit
Namen Timotheus, der Sohn einer jü-
dischen Frau, die gläubig war, und eines griechi-
schen Vaters. 2 Der hatte einen guten Ruf bei den
Brüdern in Lystra und Ikonion. 3 Diesen wollte
Paulus mit sich ziehen lassen, und er nahm ihn
und beschnitt ihn wegen der Juden, die in jener
Gegend waren; denn sie wußten alle, daß sein
Vater ein Grieche war. 4 Als sie aber durch die
Städte zogen, übergaben sie ihnen die Beschlüs-
se, die von den Aposteln und Ältesten in Jerusa-
lem gefaßt worden waren, damit sie sich daran
hielten. 5 Da wurden die Gemeinden im Glauben
gefestigt und nahmen täglich zu an Zahl.

6 Sie zogen aber durch Phrygien und das Land
Galatien, da ihnen vom heiligen Geist verwehrt
wurde, das Wort zu predigen in der Provinz
Asien. 7 Als sie aber bis nach Mysien gekommen
waren, versuchten sie, nach Bithynien zu reisen;
doch der Geist Jesu ließ es ihnen nicht zu. 8 Da
zogen sie durch Mysien und kamen hinab nach
Troas.

Der Ruf nach Mazedonien

9 Und Paulus sah eine Erscheinung bei Nacht: ein
Mann aus Mazedonien stand da und bat ihn:

Da wurden die Gemeinden im Glauben gefestigt und nahmen täglich zu an Zahl.

Komm herüber nach Mazedonien und hilf uns!
10 Als er aber die Erscheinung gesehen hatte, da
suchten wir sogleich nach Mazedonien zu reisen,
gewiß, daß uns Gott dahin berufen hatte, ihnen
das Evangelium zu predigen.

In Philippi

11 Da fuhren wir von Troas ab und kamen gera-
dewegs nach Samothrake, am nächsten Tag nach
Neapolis 12 und von da nach Philippi, das ist eine
Stadt des ersten Bezirks von Mazedonien, eine
römische Kolonie. Wir blieben aber einige Tage
in dieser Stadt. 13 Am Sabbattag gingen wir hin-
aus vor die Stadt an den Fluß, wo wir dachten,
daß man zu beten pflegte, und wir setzten uns
und redeten mit den Frauen, die dort zusammen-
kamen.

Die Bekehrung der Lydia

14 Und eine gottesfürchtige Frau mit Namen Ly-
dia, eine Purpurhändlerin aus der Stadt Thyatira,
hörte zu; der tat der Herr das Herz auf, so daß
sie darauf achthatte, was von Paulus geredet
wurde. 15 Als sie aber mit ihrem Hause getauft
war, bat sie uns und sprach: Wenn ihr anerkennt,
daß ich an den Herrn glaube, so kommt in mein
Haus und bleibt da. Und sie nötigte uns.

Die Magd mit dem Wahrsagegeist

16 Es geschah aber, als wir zum Gebet gingen, da
begegnete uns eine Magd, die hatte einen Wahr-
sagegeist und brachte ihren Herren viel Gewinn
ein mit ihrem Wahrsagen. 17 Die folgte Paulus

und uns überall hin und schrie: Diese Menschen sind Knechte des allerhöchsten Gottes, die euch den Weg des Heils verkündigen. 18 Das tat sie viele Tage lang. Paulus war darüber so aufgebracht, daß er sich umwandte und zu dem Geist sprach: Ich gebiete dir im Namen Jesu Christi, daß du von ihr ausfährst. Und er fuhr aus zu derselben Stunde. 19 Als aber ihre Herren sahen, daß damit ihre Hoffnung auf Gewinn ausgefahren war, ergriffen sie Paulus und Silas, schleppten sie auf den Markt vor die Oberen 20 und führten sie den Stadtrichtern vor und sprachen: Diese Menschen bringen unsre Stadt in Aufruhr; sie sind Juden 21 und verkünden Ordnungen, die wir weder annehmen noch einhalten dürfen, weil wir Römer sind. 22 Und das Volk wandte sich gegen sie; und die Stadtrichter ließen ihnen die Kleider herunterreißen und befahlen, sie mit Stöcken zu schlagen.

Paulus und Silas im Gefängnis

23 Nachdem man sie hart geschlagen hatte, warf man sie ins Gefängnis und befahl dem Aufseher, sie gut zu bewachen. 24 Als er diesen Befehl empfangen hatte, warf er sie in das innerste Gefängnis und legte ihre Füße in den Block.

25 Um Mitternacht aber beteten Paulus und Silas und lobten Gott. Und die Gefangenen hörten sie. 26 Plötzlich aber geschah ein großes Erdbeben, so daß die Grundmauern des Gefängnisses wankten. Und sogleich öffneten sich alle Türen, und von allen fielen die Fesseln ab. 27 Als aber der Aufseher aus dem Schlaf auffuhr und sah die Türen des Gefängnisses offenstehen, zog er das Schwert und wollte sich selbst töten; denn er meinte, die Gefangenen wären entflohen. 28 Paulus aber rief laut: Tu dir nichts an; denn wir sind alle hier! 29 Da forderte der Aufseher ein Licht und stürzte hinein und fiel zitternd Paulus und Silas zu Füßen. 30 Und er führte sie heraus und sprach: Liebe Herren, was muß ich tun, daß ich gerettet werde? 31 Sie sprachen: Glaube an den Herrn Jesus, so wirst du und dein Haus selig! 32 Und sie sagten ihm das Wort des Herrn und allen, die in seinem Hause waren. 33 Und er nahm sie zu sich in derselben Stunde der Nacht und wusch ihnen die Striemen. Und er ließ sich und alle die Seinen sogleich taufen 34 und führte sie in sein Haus und deckte ihnen den Tisch und freute sich mit seinem ganzen Hause, daß er zum Glauben an Gott gekommen war.

Was muß ich tun, daß ich gerettet werde?

35 Als es aber Tag geworden war, sandten die Stadtrichter die Amtsdiener und ließen sagen: Laß diese Männer frei! 36 Und der Aufseher überbrachte Paulus diese Botschaft: Die Stadtrichter haben hergesandt, daß ihr frei sein sollt. Nun kommt heraus und geht hin in Frieden! 37 Paulus aber sprach zu ihnen: Sie haben uns ohne Recht und Urteil öffentlich geschlagen, die wir doch römische Bürger sind, und in das Gefängnis geworfen, und sollten uns nun heimlich fortschicken? Nein! Sie sollen selbst kommen und uns hinausführen! 38 Die Amtsdiener berichteten diese Worte den Stadtrichtern. Da fürchteten sie sich, als sie hörten, daß sie römische Bürger seien, 39 und kamen und redeten ihnen zu, führten sie heraus und baten sie, die Stadt zu verlassen. 40 Da gingen sie aus dem Gefängnis und gingen zu der Lydia. Und als sie die Brüder gesehen und sie getröstet hatten, zogen sie fort.

In Thessalonich

17 Nachdem sie aber durch Amphipolis und Apollonia gereist waren, kamen sie nach Thessalonich; da war eine Synagoge der Juden. 2 Wie nun Paulus gewohnt war, ging er zu ihnen hinein und redete mit ihnen an drei Sabbaten von der Schrift, 3 tat sie ihnen auf und legte ihnen dar, daß Christus leiden mußte und von den Toten auferstehen und daß dieser Jesus, den ich – so sprach er – euch verkündige, der Christus ist. 4 Einige von ihnen ließen sich überzeugen und schlossen sich Paulus und Silas an, auch eine große Menge von gottesfürchtigen Griechen, dazu nicht wenige von den angesehensten Frauen. 5 Aber die Juden ereiferten sich und holten sich einige üble Männer aus dem Pöbel, rotteten sich zusammen und richteten einen Aufruhr in der Stadt an und zogen vor das Haus Jasons und suchten sie, um sie vor das Volk zu führen. 6 Sie fanden sie aber nicht. Da schleiften sie Jason und einige Brüder vor die Oberen der Stadt und schrien: Diese, die den ganzen Weltkreis erregen, sind jetzt auch hierher gekommen; 7 die beherbergt Jason. Und diese alle handeln gegen des Kaisers Gebote und sagen, ein anderer sei König, nämlich Jesus. 8 So brachten sie das Volk auf und die Oberen der Stadt,

Paulus predigt in griechischen Städten von Jesus

die das hörten. [9]Und erst nachdem ihnen von Ja-
son und den andern Bürgschaft geleistet war, lie-
ßen sie sie frei.

In Beröa

[10]Die Brüder aber schickten noch in derselben
Nacht Paulus und Silas nach Beröa. Als sie dahin
kamen, gingen sie in die Synagoge der Juden.
[11]Diese aber waren freundlicher als die in Thes-
salonich; sie nahmen das Wort bereitwillig auf
und forschten täglich in der Schrift, ob sich's so
verhielte. [12]So glaubten nun viele von ihnen, dar-
unter nicht wenige von den vornehmen griechi-
schen Frauen und Männern. [13]Als aber die Juden
von Thessalonich erfuhren, daß auch in Beröa
das Wort Gottes von Paulus verkündigt wurde,
kamen sie und erregten Unruhe und verwirrten
auch dort das Volk. [14]Da schickten die Brüder
Paulus sogleich weiter bis an das Meer; Silas und
Timotheus aber blieben zurück. [15]Die aber Pau-
lus geleiteten, brachten ihn bis nach Athen. Und
nachdem sie den Auftrag empfangen hatten, daß
Silas und Timotheus so schnell wie möglich zu
ihm kommen sollten, kehrten sie zurück.

In Athen

[16]Als aber Paulus in Athen auf sie wartete, er-
grimmte sein Geist in ihm, als er die Stadt voller
Götzenbilder sah. [17]Und er redete zu den Juden
und den Gottesfürchtigen in der Synagoge und
täglich auf dem Markt zu denen, die sich einfan-
den. [18]Einige Philosophen aber, Epikureer und
Stoiker, stritten mit ihm. Und einige von ihnen
sprachen: Was will dieser Schwätzer sagen? An-
dere aber: Es sieht so aus, als wolle er fremde
Götter verkündigen. Er hatte ihnen nämlich das
Evangelium von Jesus und von der Auferstehung
verkündigt. [19]Sie nahmen ihn aber mit und führ-
ten ihn auf den Areopag und sprachen: Können

Epikureer
Anhänger des um 270 vor Christus gestorbenen Philosophen Epikur. Er lehrte, persönliches Glücklichsein sei höchstes Lebensgut.

Stoiker
Anhänger des um 265 vor Christus gestorbenen Philosophen Zeno. Er lehrte, es sei am besten, ganz frei zu sein von Lust und von Schmerz.

---

wir erfahren, was das für eine neue Lehre ist, die
du lehrst? [20]Denn du bringst etwas Neues vor
unsere Ohren; nun wollen wir gerne wissen, was
das ist. [21]Alle Athener nämlich, auch die Frem-
den, die bei ihnen wohnten, hatten nichts ande-
res im Sinn, als etwas Neues zu sagen oder zu
hören.
[22]Paulus aber stand mitten auf dem Areopag
und sprach: Ihr Männer von Athen, ich sehe,
daß ihr die Götter in allen Stücken sehr verehrt.
[23]Ich bin umhergegangen und habe eure Heilig-
tümer angesehen und fand einen Altar, auf dem
stand geschrieben: Dem unbekannten Gott. Nun
verkündige ich euch, was ihr unwissend verehrt.
[24]Gott, der die Welt gemacht hat und alles, was
darin ist, er, der Herr des Himmels und der Er-
de, wohnt nicht in Tempeln, die mit Händen ge-
macht sind. [25]Auch läßt er sich nicht von Men-
schenhänden dienen, wie einer, der etwas nötig
hätte, da er doch selber jedermann Leben und
Odem und alles gibt.

Areopag
Ein Hügel in Athen, wo ursprünglich der Rat der Stadt zusammenkam.

---

[26]Und er hat aus einem Menschen das ganze
Menschengeschlecht gemacht, damit sie auf dem
ganzen Erdboden wohnen, und er hat festgesetzt,
wie lange sie bestehen und in welchen Grenzen
sie wohnen sollen, [27]damit sie Gott suchen sol-
len, ob sie ihn wohl fühlen und finden könnten;
und fürwahr, er ist nicht ferne von einem jeden
unter uns. [28]Denn in ihm leben, weben und sind
wir; wie auch einige Dichter bei euch gesagt ha-
ben: Wir sind seines Geschlechts. [29]Da wir nun
göttlichen Geschlechts sind, sollen wir nicht mei-
nen, die Gottheit sei gleich den goldenen, silber-
nen und steinernen Bildern, durch menschliche
Kunst und Gedanken gemacht. [30]Zwar hat Gott
über die Zeit der Unwissenheit hinweggesehen;
nun aber gebietet er den Menschen, daß alle an
allen Enden Buße tun. [31]Denn er hat einen Tag
festgesetzt, an dem er den Erdkreis richten will
mit Gerechtigkeit durch einen Mann, den er da-
zu bestimmt hat, und hat jedermann den Glau-
ben angeboten, indem er ihn von den Toten auf-
erweckt hat.
[32]Als sie von der Auferstehung der Toten hör-
ten, begannen die einen zu spotten; die andern

aber sprachen: Wir wollen dich darüber ein andermal weiter hören. [33]So ging Paulus von ihnen. [34]Einige Männer schlossen sich ihm an und wurden gläubig; unter ihnen war auch Dionysius, einer aus dem Rat, und eine Frau mit Namen Damaris und andere mit ihnen.

In Korinth

18 Danach verließ Paulus Athen und kam nach Korinth [2]und fand einen Juden mit Namen Aquila, aus Pontus gebürtig; der war mit seiner Frau Priszilla kürzlich aus Italien gekommen, weil Kaiser Klaudius allen Juden geboten hatte, Rom zu verlassen. Zu denen ging Paulus. [3]Und weil er das gleiche Handwerk hatte, blieb er bei ihnen und arbeitete mit ihnen; sie waren nämlich von Beruf Zeltmacher. [4]Und er lehrte in der Synagoge an allen Sabbaten und überzeugte Juden und Griechen. [5]Als aber Silas und Timotheus aus Mazedonien kamen, richtete sich Paulus ganz auf die Verkündigung des Wortes und bezeugte den Juden, daß Jesus der Christus ist. [6]Als sie aber widerstrebten und lästerten, schüttelte er die Kleider aus und sprach zu ihnen: Euer Blut komme über euer Haupt; ohne Schuld gehe ich von nun an zu den Heiden. [7]Und er machte sich auf von dort und kam in das Haus eines Mannes mit Namen Titius Justus, eines Gottesfürchtigen; dessen Haus war neben der Synagoge. [8]Krispus aber, der Vorsteher der Synagoge, kam zum Glauben an den Herrn mit seinem ganzen Hause, und auch viele Korinther, die zuhörten, wurden gläubig und ließen sich taufen.

[9]Es sprach aber der Herr durch eine Erscheinung in der Nacht zu Paulus: Fürchte dich nicht, sondern rede und schweige nicht! [10]Denn ich bin mit dir, und niemand soll sich unterstehen, dir zu schaden; denn ich habe ein großes Volk in dieser Stadt. [11]Er blieb aber dort ein Jahr und sechs Monate und lehrte unter ihnen das Wort Gottes.

Fürchte dich nicht, sondern rede und schweige nicht!

[12]Als aber Gallio Statthalter in Achaja war, empörten sich die Juden einmütig gegen Paulus und führten ihn vor den Richterstuhl [13]und sprachen: Dieser Mensch überredet die Leute, Gott zu dienen dem Gesetz zuwider. [14]Als aber Paulus den Mund auftun wollte, sprach Gallio zu den Juden: Wenn es um einen Frevel oder ein Vergehen ginge, ihr Juden, so würde ich euch anhören, wie es recht ist; [15]weil es aber Fragen sind über Lehre und Namen und das Gesetz bei euch, so seht ihr selber zu; ich gedenke, darüber nicht Richter zu sein. [16]Und er trieb sie weg von dem Richterstuhl. [17]Da ergriffen sie alle Sosthenes, den Vorsteher der Synagoge, und schlugen ihn vor dem Richterstuhl, und Gallio kümmerte sich nicht darum.

Die Rückkehr nach Antiochia

[18]Paulus aber blieb noch eine Zeitlang dort. Danach nahm er Abschied von den Brüdern und wollte nach Syrien fahren und mit ihm Priszilla und Aquila. Zuvor ließ er sich in Kenchreä sein Haupt scheren, denn er hatte ein Gelübde getan. [19]Und sie kamen nach Ephesus, und er ließ die beiden dort zurück; er aber ging in die Synagoge und redete mit den Juden. [20]Sie baten ihn aber, daß er längere Zeit bei ihnen bleibe. Doch er willigte nicht ein, [21]sondern nahm Abschied von ihnen und sprach: Will's Gott, so will ich wieder zu euch kommen. Und er fuhr weg von Ephesus [22]und kam nach Cäsarea und ging hinauf nach Jerusalem und grüßte die Gemeinde und zog hinab nach Antiochia.

Der Beginn der dritten Missionsreise

[23]Und nachdem er einige Zeit geblieben war, brach er wieder auf und durchzog nacheinander das galatische Land und Phrygien und stärkte alle Jünger.

Apollos in Ephesus

[24]Es kam aber nach Ephesus ein Jude mit Namen Apollos, aus Alexandria gebürtig, ein beredter Mann und gelehrt in der Schrift. [25]Dieser war unterwiesen im Weg des Herrn und redete brennend im Geist und lehrte richtig von Jesus, wußte aber nur von der Taufe des Johannes. [26]Er fing an, frei und offen zu predigen in der Synagoge. Als ihn Aquila und Priszilla hörten, nahmen sie ihn zu sich und legten ihm den Weg Gottes noch genauer aus. [27]Als er aber nach Achaja reisen wollte, schrieben die Brüder an die

Jünger dort und empfahlen ihnen, ihn aufzunehmen. Und als er dahin gekommen war, half er denen viel, die gläubig geworden waren durch die Gnade. [28]Denn er widerlegte die Juden kräftig und erwies öffentlich durch die Schrift, daß Jesus der Christus ist.

Paulus in Ephesus

19 Es geschah aber, als Apollos in Korinth war, daß Paulus durch das Hochland zog und nach Ephesus kam und einige Jünger fand. [2]Zu denen sprach er: Habt ihr den heiligen Geist empfangen, als ihr gläubig wurdet? Sie sprachen zu ihm: Wir haben noch nie gehört, daß es einen heiligen Geist gibt. [3]Und er fragte sie: Worauf seid ihr denn getauft? Sie antworteten: Auf die Taufe des Johannes. [4]Paulus aber sprach: Johannes hat getauft mit der Taufe der Buße und dem Volk gesagt, sie sollten an den glauben, der nach ihm kommen werde, nämlich an Jesus. [5]Als sie das hörten, ließen sie sich taufen auf den Namen des Herrn Jesus. [6]Und als Paulus die Hände auf sie legte, kam der heilige Geist auf sie, und sie redeten in Zungen und weissagten. [7]Es waren aber zusammen etwa zwölf Männer.

[8]Er ging aber in die Synagoge und predigte frei und offen drei Monate lang, lehrte und überzeugte sie von dem Reich Gottes. [9]Als aber einige verstockt waren und nicht glaubten und vor der Menge übel redeten von der Lehre, trennte er sich von ihnen und sonderte auch die Jünger ab und redete täglich in der Schule des Tyrannus. [10]Und das geschah zwei Jahre lang, so daß alle, die in der Provinz Asien wohnten, das Wort des Herrn hörten, Juden und Griechen. [11]Und Gott wirkte nicht geringe Taten durch die Hände des Paulus. [12]So hielten sie auch die Schweißtücher und andere Tücher, die er auf seiner Haut getragen hatte, über die Kranken, und die Krankheiten wichen von ihnen, und die bösen Geister fuhren aus.

[13]Es unterstanden sich aber einige von den Juden, die als Beschwörer umherzogen, den Namen des Herrn Jesus zu nennen über denen, die böse Geister hatten, und sprachen: Ich beschwöre euch bei dem Jesus, den Paulus predigt. [14]Es waren aber sieben Söhne eines jüdischen Hohenpriesters mit Namen Skevas, die dies taten. [15]Aber der böse Geist antwortete und sprach zu ihnen: Jesus kenne ich wohl, und von Paulus weiß ich wohl; aber wer seid ihr? [16]Und der Mensch, in dem der böse Geist war, stürzte sich auf sie und überwältigte sie alle und richtete sie so zu, daß sie nackt und verwundet aus dem Haus flohen. [17]Das aber wurde allen bekannt, die in Ephesus wohnten, Juden und Griechen; und Furcht befiel sie alle, und der Name des Herrn Jesus wurde hoch gelobt.

[18]Es kamen auch viele von denen, die gläubig geworden waren, und bekannten und verkündeten, was sie getan hatten. [19]Viele aber, die Zauberei getrieben hatten, brachten die Bücher zusammen und verbrannten sie öffentlich und berechneten, was sie wert waren, und kamen auf fünfzigtausend Silbergroschen. [20]So breitete

Viele aber, die Zauberei getrieben hatten, brachten die Bücher und verbrannten sie öffentlich.

sich das Wort aus durch die Kraft des Herrn und wurde mächtig.

[21]Als das geschehen war, nahm sich Paulus im Geist vor, durch Mazedonien und Achaja zu ziehen und nach Jerusalem zu reisen, und sprach: Wenn ich dort gewesen bin, muß ich auch Rom sehen. [22]Und er sandte zwei, die ihm dienten, Timotheus und Erastus, nach Mazedonien; er aber blieb noch eine Weile in der Provinz Asien.

Der Aufruhr des Demetrius

[23]Es erhob sich aber um diese Zeit eine nicht geringe Unruhe über den neuen Weg. [24]Denn einer mit Namen Demetrius, ein Goldschmied, machte silberne Tempel der Diana und verschaffte denen vom Handwerk nicht geringen Gewinn. [25]Diese und die Zuarbeiter dieses Handwerks versammelte er und sprach: Liebe Männer, ihr wißt, daß wir großen Gewinn von diesem Gewerbe haben;

Diana
Griechische Göttin der Fruchtbarkeit.

[26]und ihr seht und hört, daß nicht allein in Ephesus, sondern auch fast in der ganzen Provinz Asien dieser Paulus viel Volk abspenstig macht, überredet und spricht: Was mit Händen gemacht ist, das sind keine Götter. [27]Aber es droht nicht nur unser Gewerbe in Verruf zu geraten, sondern

auch der Tempel der großen Göttin Diana wird
für nichts geachtet werden, und zudem wird ihre
göttliche Majestät untergehen, der doch die gan-
ze Provinz Asien und der Weltkreis Verehrung
erweist. [28]Als sie das hörten, wurden sie von
Zorn erfüllt und schrien: Groß ist die Diana der
Epheser! [29]Und die ganze Stadt wurde voll Ge-
tümmel; sie stürmten einmütig zum Theater und
ergriffen Gajus und Aristarch aus Mazedonien,
die Gefährten des Paulus. [30]Als aber Paulus un-
ter das Volk gehen wollte, ließen's ihm die Jün-
ger nicht zu. [31]Auch einige der Oberen der Pro-
vinz Asien, die ihm freundlich gesinnt waren,
sandten zu ihm und ermahnten ihn, sich nicht
zum Theater zu begeben. [32]Dort schrien die ei-
nen dies, die andern das, und die Versammlung
war in Verwirrung, und die meisten wußten
nicht, warum sie zusammengekommen waren.
[33]Einige aber aus der Menge unterrichteten den
Alexander, den die Juden vorschickten. Alexan-
der aber winkte mit der Hand und wollte sich vor
dem Volk verantworten. [34]Als sie aber innewur-
den, daß er ein Jude war, schrie alles wie aus ei-
nem Munde fast zwei Stunden lang: Groß ist die
Diana der Epheser! [35]Als aber der Kanzler das
Volk beruhigt hatte, sprach er: Ihr Männer von
Ephesus, wo ist ein Mensch, der nicht weiß, daß
die Stadt Ephesus eine Hüterin der großen Diana
ist und ihres Bildes, das vom Himmel gefallen
ist? [36]Weil das nun unwidersprechlich ist, sollt ihr
euch ruhig verhalten und nichts Unbedachtes
tun. [37]Ihr habt diese Menschen hergeführt, die
weder Tempelräuber noch Lästerer unserer Göt-
tin sind. [38]Haben aber Demetrius und die mit
ihm vom Handwerk sind einen Anspruch an je-
manden, so gibt es Gerichte und Statthalter; da
laßt sie sich untereinander verklagen. [39]Wollt ihr
aber darüber hinaus noch etwas, so kann man es
in einer ordentlichen Versammlung entscheiden.
[40]Denn wir stehen in Gefahr, wegen der heutigen
Empörung verklagt zu werden, ohne daß ein
Grund vorhanden ist, mit dem wir diesen Auf-
ruhr entschuldigen könnten. Und als er dies ge-
sagt hatte, ließ er die Versammlung gehen.

Paulus in Mazedonien und Griechenland

20 Als nun das Getümmel aufgehört
hatte, rief Paulus die Jünger zu sich
und tröstete sie, nahm Abschied und
brach auf, um nach Mazedonien zu reisen. [2]Und
als er diese Gegenden durchzogen und die Ge-
meinden mit vielen Worten ermahnt hatte, kam
er nach Griechenland [3]und blieb dort drei Mona-
te. Da ihm aber die Juden nachstellten, als er zu
Schiff nach Syrien fahren wollte, beschloß er,
durch Mazedonien zurückzukehren. [4]Es zogen
aber mit ihm Sopater aus Beröa, der Sohn des
Pyrrhus, aus Thessalonich aber Aristarch und Se-
kundus und Gajus aus Derbe und Timotheus,
aus der Provinz Asien aber Tychikus und Tro-
phimus. [5]Diese reisten voraus und warteten auf
uns in Troas.

In Troas

[6]Wir aber fuhren nach den Tagen der Unge-
säuerten Brote mit dem Schiff von Philippi ab
und kamen am fünften Tag zu ihnen nach Troas
und blieben dort sieben Tage.

Neubekehrte Christen verbrennen ihre Zauberbücher

[7]Am ersten Tag der Woche aber, als wir versammelt waren, das Brot zu brechen, predigte ihnen Paulus, und da er am nächsten Tag weiterreisen wollte, zog er die Rede hin bis Mitternacht. [8]Und es waren viele Lampen in dem Obergemach, wo wir versammelt waren. [9]Es saß aber ein junger Mann mit Namen Eutychus in einem Fenster und sank in einen tiefen Schlaf, weil Paulus so lange redete; und vom Schlaf überwältigt fiel er hinunter vom dritten Stock und wurde tot aufgehoben. [10]Paulus aber ging hinab und warf sich über ihn, umfing ihn und sprach: Macht kein Getümmel; denn es ist Leben in ihm. [11]Dann ging er hinauf und brach das Brot und aß und redete viel mit ihnen, bis der Tag anbrach; und so zog er hinweg. [12]Sie brachten aber den jungen Mann lebend herein und wurden nicht wenig getröstet.

Die Reise nach Milet

[13]Wir aber zogen voraus zum Schiff und fuhren nach Assos und wollten dort Paulus zu uns nehmen; denn er hatte es so befohlen, weil er selbst zu Fuß gehen wollte. [14]Als er uns nun traf in Assos, nahmen wir ihn zu uns und kamen nach Mitylene. [15]Und von dort fuhren wir weiter und kamen am nächsten Tag auf die Höhe von Chios; am folgenden Tag gelangten wir nach Samos und am nächsten Tag kamen wir nach Milet. [16]Denn Paulus hatte beschlossen, an Ephesus vorüberzufahren, um in der Provinz Asien keine Zeit zu verlieren; denn er eilte, am Pfingsttag in Jerusalem zu sein, wenn es ihm möglich wäre.

Die Abschiedsrede des Paulus an die Ältesten von Ephesus

[17]Aber von Milet sandte er nach Ephesus und ließ die Ältesten der Gemeinde rufen. [18]Als aber die zu ihm kamen, sprach er zu ihnen: Ihr wißt, wie ich mich vom ersten Tag an, als ich in die Provinz Asien gekommen bin, die ganze Zeit bei euch verhalten habe, [19]wie ich dem Herrn gedient habe in aller Demut und mit Tränen und unter Anfechtungen, die mir durch die Nachstellungen der Juden widerfahren sind. [20]Ich habe euch nichts vorenthalten, was nützlich ist, daß ich's euch nicht verkündigt und gelehrt hätte, öffentlich und in den Häusern, [21]und habe Juden und Griechen bezeugt die Umkehr zu Gott und den Glauben an unsern Herrn Jesus. [22]Und nun siehe, durch den Geist gebunden, fahre ich nach Jerusalem und weiß nicht, was mir dort begegnen wird, [23]nur daß der heilige Geist in allen Städten mir bezeugt, daß Fesseln und Bedrängnisse auf mich warten. [24]Aber ich achte mein Leben nicht der Rede wert, wenn ich nur meinen Lauf vollende und das Amt ausrichte, das ich von dem Herrn Jesus empfangen habe, zu bezeugen das Evangelium von der Gnade Gottes. [25]Und nun siehe, ich weiß, daß ihr mein Angesicht nicht mehr sehen werdet, ihr alle, zu denen ich hingekommen bin und das Reich gepredigt habe. [26]Darum bezeuge ich euch am heutigen Tage, daß ich rein bin vom Blut aller; [27]denn ich habe nicht unterlassen, euch den ganzen Ratschluß Gottes zu verkündigen. [28]So habt nun acht auf euch selbst und auf die ganze Herde, in der euch der heilige Geist eingesetzt hat zu Bischöfen, zu weiden die Gemeinde Gottes, die er durch sein eigenes Blut erworben hat. [29]Denn das weiß ich, daß nach meinem Abschied reißende Wölfe zu euch kommen, die die Herde nicht verschonen werden. [30]Auch aus eurer Mitte werden Männer aufstehen, die Verkehrtes lehren, um die Jünger an sich zu ziehen. [31]Darum seid wachsam und denkt daran, daß ich drei Jahre lang Tag und Nacht nicht abgelassen habe, einen jeden unter Tränen zu ermahnen. [32]Und nun befehle ich euch Gott und dem Wort seiner Gnade, der da mächtig ist, euch zu erbauen und euch das Erbe zu geben mit allen, die geheiligt sind. [33]Ich habe von niemandem Silber oder Gold oder Kleidung begehrt. [34]Denn ihr wißt selber, daß mir diese Hände zum Unterhalt gedient haben für mich und die, die mit mir gewesen sind. [35]Ich habe euch in allem gezeigt, daß man so arbeiten und sich der Schwachen annehmen muß im Gedenken an das Wort des Herrn Jesus, der selbst gesagt hat: Geben ist seliger als nehmen.

Und nun befehle ich euch Gott und dem Wort seiner Gnade.

[36]Und als er das gesagt hatte, kniete er nieder und betete mit ihnen allen. [37]Da begannen alle laut zu weinen, und sie fielen Paulus um den Hals und küßten ihn, [38]am allermeisten betrübt über das Wort, das er gesagt hatte, sie würden sein Angesicht nicht mehr sehen. Und sie geleiteten ihn auf das Schiff.

Von Milet nach Cäsarea

21 Als wir uns nun von ihnen losgerissen hatten und abgefahren waren, kamen wir geradewegs nach Kos und am folgenden Tage nach Rhodos und von da nach Patara. 2 Und als wir ein Schiff fanden, das nach Phönizien fuhr, stiegen wir ein und fuhren ab. 3 Als aber Zypern in Sicht kam, ließen wir es linker Hand liegen und fuhren nach Syrien und kamen in Tyrus an, denn dort sollte das Schiff die Ware ausladen. 4 Als wir nun die Jünger fanden, blieben wir sieben Tage dort. Die sagten Paulus durch den Geist, er solle nicht nach Jerusalem hinaufziehen. 5 Und es geschah, als wir die Tage zugebracht hatten, da machten wir uns auf und reisten weiter. Und sie geleiteten uns alle mit Frauen und Kindern bis hinaus vor die Stadt, und wir knieten nieder am Ufer und beteten. 6 Und als wir voneinander Abschied genommen hatten, stiegen wir ins Schiff; jene aber wandten sich wieder heimwärts. 7 Wir beendeten die Seefahrt und kamen von Tyrus nach Ptolemaïs, begrüßten die Brüder und blieben einen Tag bei ihnen.

8 Am nächsten Tag zogen wir weiter und kamen nach Cäsarea und gingen in das Haus des Philippus, des Evangelisten, der einer von den Sieben war, und blieben bei ihm. 9 Der hatte vier Töchter, die waren Jungfrauen und weissagten. 10 Und als wir mehrere Tage dablieben, kam ein Prophet mit Namen Agabus aus Judäa herab. 11 Und als er zu uns kam, nahm er den Gürtel des Paulus und band sich die Füße und Hände und sprach: Das sagt der heilige Geist: Den Mann, dem dieser Gürtel gehört, werden die Juden in Jerusalem so binden und überantworten in die Hände der Heiden. 12 Als wir aber das hörten, baten wir und die aus dem Ort, daß er nicht hinauf nach Jerusalem zöge. 13 Paulus aber antwortete: Was macht ihr, daß ihr weint und brecht mir mein Herz? Denn ich bin bereit, nicht allein mich binden zu lassen, sondern auch zu sterben in Jerusalem für den Namen des Herrn Jesus. 14 Da er sich aber nicht überreden ließ, schwiegen wir und sprachen: Des Herrn Wille geschehe.

Die Ankunft in Jerusalem

15 Und nach diesen Tagen machten wir uns fertig und zogen hinauf nach Jerusalem. 16 Es kamen aber mit uns auch einige Jünger aus Cäsarea und führten uns zu einem alten Jünger mit Namen Mnason aus Zypern, bei dem wir zu Gast sein sollten. 17 Als wir nun nach Jerusalem kamen, nahmen uns die Brüder gerne auf.

18 Am nächsten Tag aber ging Paulus mit uns zu Jakobus, und es kamen die Ältesten alle dorthin. 19 Und als er sie begrüßt hatte, erzählte er eins nach dem andern, was Gott unter den Heiden durch seinen Dienst getan hatte. 20 Als sie aber das hörten, lobten sie Gott und sprachen zu ihm: Bruder, du siehst, wieviel tausend Juden gläubig geworden sind, und alle sind Eiferer für das Gesetz. 21 Ihnen ist aber berichtet worden über dich, daß du alle Juden, die unter den Heiden wohnen, den Abfall von Mose lehrst und sagst, sie sollen ihre Kinder nicht beschneiden und auch nicht nach den Ordnungen leben. 22 Was nun? Auf jeden Fall werden sie hören, daß du gekommen bist. 23 So tu nun das, was wir dir sagen. Wir haben vier Männer, die haben ein Gelübde auf sich genommen; 24 die nimm zu dir und laß dich reinigen mit ihnen und trage die Kosten für sie, daß sie ihr Haupt scheren können; so werden alle erkennen, daß es nicht so ist, wie man ihnen über dich berichtet hat, sondern daß du selber auch nach dem Gesetz lebst und es hältst. 25 Wegen der gläubig gewordenen Heiden aber haben wir beschlossen und geschrieben, daß sie sich hüten sollen vor dem Götzenopfer, vor Blut, vor Ersticktem und vor Unzucht. 26 Da nahm Paulus die Männer zu sich und reinigte sich am nächsten Tag mit ihnen und ging in den Tempel und zeigte an, daß die Tage der Reinigung beendet sein sollten, sobald für jeden von ihnen das Opfer dargebracht wäre.

Die Verhaftung des Paulus

27 Als aber die sieben Tage zu Ende gingen, sahen ihn die Juden aus der Provinz Asien im Tempel und erregten das ganze Volk, legten die Hände an ihn 28 und schrien: Ihr Männer von Israel, helft! Dies ist der Mensch, der alle Menschen an allen Enden lehrt gegen unser Volk, gegen das Gesetz und gegen diese Stätte; dazu hat er auch Griechen in den Tempel geführt und diese heilige Stätte entweiht. 29 Denn sie hatten Trophimus, den Epheser, mit ihm in der Stadt gesehen; den, meinten sie, hätte Paulus in den Tem-

Die ganze Stadt wurde erregt, und es entstand ein Auflauf des Volkes.

Paulus kehrt mit dem Schiff nach Cäsarea zurück ▷

BALCLUTHA
XXII
XXI
XX
XIX
XVIII
XVII
XVI
XV
XIV

pel geführt. 30Und die ganze Stadt wurde erregt,
und es entstand ein Auflauf des Volkes. Sie er-
griffen aber Paulus und zogen ihn zum Tempel
hinaus. Und sogleich wurden die Tore zuge-
schlossen.

31Als sie ihn aber töten wollten, kam die Nach-
richt hinauf vor den Oberst der Abteilung, daß
ganz Jerusalem in Aufruhr sei. 32Der nahm so-
gleich Soldaten und Hauptleute und lief hinunter
zu ihnen. Als sie aber den Oberst und die Solda-
ten sahen, hörten sie auf, Paulus zu schlagen.
33Als nun der Oberst herangekommen war,
nahm er ihn fest und ließ ihn fesseln mit zwei
Ketten und fragte, wer er wäre und was er getan
hätte. 34Einer aber rief dies, der andre das im
Volk. Da er aber nichts Gewisses erfahren konn-
te wegen des Getümmels, ließ er ihn in die Burg
führen. 35Und als er an die Stufen kam, mußten
ihn die Soldaten tragen wegen des Ungestüms
des Volkes; 36denn die Menge folgte und schrie:
Weg mit ihm! 37Als nun Paulus in die Burg ge-
führt werden sollte, fragte er den Oberst: Darf
ich mit dir reden? Er aber sprach: Kannst du
Griechisch? 38Bist du nicht der Ägypter, der vor
diesen Tagen einen Aufruhr gemacht und vier-
tausend von den Aufrührern in die Wüste hin-
ausgeführt hat? 39Paulus aber sprach: Ich bin ein
jüdischer Mann aus Tarsus in Zilizien, Bürger ei-
ner namhaften Stadt. Ich bitte dich, erlaube mir,
zu dem Volk zu reden. 40Als er es ihm aber er-
laubte, trat Paulus auf die Stufen und winkte
dem Volk mit der Hand. Da entstand eine große
Stille, und er redete zu ihnen auf hebräisch und
sprach:

Ich habe die neue Lehre verfolgt bis auf den Tod.

Die Verteidigungsrede des Paulus

22 Ihr Männer, liebe Brüder und Väter,
hört mir zu, wenn ich mich jetzt vor
euch verantworte. 2Als sie aber hör-
ten, daß er auf hebräisch zu ihnen redete, wur-
den sie noch stiller. Und er sprach: 3Ich bin ein
jüdischer Mann, geboren in Tarsus in Zilizien,
aufgewachsen aber in dieser Stadt und mit aller
Sorgfalt unterwiesen im väterlichen Gesetz zu
Füßen Gamaliels, und war ein Eiferer für Gott,
wie ihr es heute alle seid. 4Ich habe die neue
Lehre verfolgt bis auf den Tod; ich band Männer
und Frauen und warf sie ins Gefängnis, 5wie mir
auch der Hohepriester und alle Ältesten bezeu-
gen. Von ihnen empfing ich auch Briefe an die
Brüder und reiste nach Damaskus, um auch die,
die dort waren, gefesselt nach Jerusalem zu füh-
ren, damit sie bestraft würden.

6Es geschah aber, als ich dorthin zog und in
die Nähe von Damaskus kam, da umleuchtete
mich plötzlich um die Mittagszeit ein großes Licht
vom Himmel. 7Und ich fiel zu Boden und hörte
eine Stimme, die sprach zu mir: Saul, Saul, was
verfolgst du mich? 8Ich antwortete aber: Herr,
wer bist du? Und er sprach zu mir: Ich bin Jesus
von Nazareth, den du verfolgst. 9Die aber mit mir
waren, sahen zwar das Licht, aber die Stimme
dessen, der mit mir redete, hörten sie nicht. 10Ich
fragte aber: Herr, was soll ich tun? Und der Herr
sprach zu mir: Steh auf und geh nach Damaskus.
Dort wird man dir alles sagen, was dir zu tun auf-
getragen ist. 11Als ich aber, geblendet von der
Klarheit dieses Lichtes, nicht sehen konnte, wur-
de ich an der Hand geleitet von denen, die bei
mir waren, und kam nach Damaskus.

12Da war aber ein gottesfürchtiger Mann, der
sich an das Gesetz hielt, mit Namen Hananias,
der einen guten Ruf bei allen Juden hatte, die
dort wohnten. 13Der kam zu mir, trat vor mich
hin und sprach zu mir: Saul, lieber Bruder, sei
sehend. Und zur selben Stunde konnte ich ihn
sehen. 14Er aber sprach: Der Gott unserer Väter
hat dich erwählt, daß du seinen Willen erkennen
sollst und den Gerechten sehen und die Stimme
aus seinem Munde hören; 15denn du wirst für ihn
vor allen Menschen Zeuge sein von dem, was du
gesehen und gehört hast. 16Und nun, was zögerst
du? Steh auf und rufe seinen Namen an und laß
dich taufen und deine Sünden abwaschen.

17 Es geschah aber, als ich wieder nach Jerusa-
lem kam und im Tempel betete, daß ich in Ver-
zückung geriet 18und ihn sah. Da sprach er zu
mir: Eile und mach dich schnell auf aus Jerusa-
lem; denn dein Zeugnis von mir werden sie nicht
annehmen. 19Und ich sprach: Herr, sie wissen
doch, daß ich die, die an dich glaubten, gefan-
gennahm und in den Synagogen geißeln ließ.
20Und als das Blut des Stephanus, deines Zeu-
gen, vergossen wurde, stand ich auch dabei und
hatte Gefallen daran und bewachte denen die
Kleider, die ihn töteten. 21Und er sprach zu mir:
Geh hin; denn ich will dich in die Ferne zu den
Heiden senden.

Paulus vor dem römischen Oberst

22 Sie hörten ihm aber zu bis zu diesem Wort; dann erhoben sie ihre Stimme und riefen: Hinweg mit diesem von der Erde! Denn er darf nicht mehr leben.

23 Als sie aber schrien und ihre Kleider abwarfen und Staub in die Luft wirbelten, 24 befahl der Oberst, ihn in die Burg zu führen, und sagte, daß man ihn geißeln und verhören sollte, um zu erfahren, aus welchem Grund sie so gegen ihn schrien. 25 Als man ihn aber zum Geißeln festband, sprach Paulus zu dem Hauptmann, der dabeistand: Ist es erlaubt bei euch, einen Menschen, der römischer Bürger ist, ohne Urteil zu geißeln? 26 Als das der Hauptmann hörte, ging er zu dem Oberst und berichtete ihm und sprach: Was willst du tun? Dieser Mensch ist römischer Bürger. 27 Da kam der Oberst zu ihm und fragte ihn: Sage mir, bist du römischer Bürger? Er aber sprach: Ja. 28 Da sagte der Oberst: Ich habe dies Bürgerrecht für viel Geld erworben. Paulus aber sprach: Ich aber bin schon als römischer Bürger geboren. 29 Da ließen sogleich von ihm ab, die ihn verhören sollten. Und der Oberst fürchtete sich, als er vernahm, daß es ein römischer Bürger war, den er hatte festbinden lassen.

30 Am nächsten Tag wollte er genau erkunden, warum Paulus von den Juden verklagt wurde. Er ließ ihn von den Ketten lösen und befahl den Hohenpriestern und dem ganzen Hohen Rat zusammenzukommen, und führte Paulus hinab und stellte ihn vor sie.

Paulus vor dem Hohen Rat

23 Paulus aber sah den Hohen Rat an und sprach: Ihr Männer, liebe Brüder, ich habe mein Leben mit gutem Gewissen vor Gott geführt, bis auf diesen Tag. 2 Der Hohepriester Hananias aber befahl denen, die um ihn standen, ihn auf den Mund zu schlagen. 3 Da sprach Paulus zu ihm: Gott wird dich schlagen, du getünchte Wand! Sitzt du da und richtest mich nach dem Gesetz und läßt mich schlagen gegen das Gesetz? 4 Aber die dabeistanden, sprachen: Schmähst du den Hohenpriester Gottes? 5 Und Paulus sprach: Liebe Brüder, ich wußte es nicht, daß er der Hohepriester ist. Denn es steht geschrieben (2. Mose 22,27): »Dem Obersten deines Volkes sollst du nicht fluchen.« 6 Als aber Paulus erkannte, daß ein Teil Sadduzäer war und der andere Teil Pharisäer, rief er im Rat: Ihr Männer, liebe Brüder, ich bin ein Pharisäer und ein Sohn von Pharisäern. Ich werde angeklagt um der Hoffnung und um der Auferstehung der Toten willen. 7 Als er aber das sagte, entstand Zwietracht zwischen Pharisäern und Sadduzäern, und die Versammlung spaltete sich. 8 Denn die Sadduzäer sagen, es gebe keine Auferstehung noch Engel und Geister; die Pharisäer aber lehren beides. 9 Es entstand aber ein großes Geschrei; und einige Schriftgelehrte von der Partei der Pharisäer standen auf, stritten und sprachen: Wir finden nichts Böses an diesem Menschen; vielleicht hat ein Geist oder ein Engel mit ihm geredet. 10 Als aber die Zwietracht groß wurde, befürchtete der Oberst, sie könnten Paulus zerreißen, und ließ Soldaten hinabgehen und Paulus ihnen entreißen und in die Burg führen. 11 In der folgenden Nacht aber stand der Herr bei ihm und sprach: Sei getrost! denn wie du für mich in Jerusalem Zeuge warst, so mußt du auch in Rom Zeuge sein.

Der Mordanschlag gegen Paulus

12 Als es aber Tag wurde, rotteten sich einige Juden zusammen und verschworen sich, weder zu essen noch zu trinken, bis sie Paulus getötet hätten. 13 Es waren aber mehr als vierzig, die diese Verschwörung machten. 14 Die gingen zu den Hohenpriestern und Ältesten und sprachen: Wir haben uns durch einen Eid gebunden, nichts zu essen, bis wir Paulus getötet haben. 15 So wirkt nun ihr mit dem Hohen Rat bei dem Oberst darauf hin, daß er ihn zu euch herunterführen läßt, als wolltet ihr ihn genauer verhören; wir aber sind bereit, ihn zu töten, ehe er vor euch kommt.

16 Als aber der Sohn der Schwester des Paulus von dem Anschlag hörte, ging er und kam in die Burg und berichtete es Paulus. 17 Paulus aber rief einen von den Hauptleuten zu sich und sprach: Führe diesen jungen Mann zu dem Oberst, denn er hat ihm etwas zu sagen. 18 Der nahm ihn und führte ihn zum Oberst und sprach: Der Gefangene Paulus hat mich zu sich rufen lassen und mich gebeten, diesen jungen Mann zu dir zu führen, der dir etwas zu sagen hat. 19 Da nahm ihn der Oberst bei der Hand und führte ihn beiseite und fragte ihn: Was ist's, das du mir zu sagen hast? 20 Er aber sprach: Die Juden sind übereingekommen, dich zu bitten, daß du Paulus morgen vor den Hohen Rat hinunterbringen läßt, so als wollten sie ihn genauer verhören. 21 Du aber traue ihnen nicht; denn mehr als vierzig Männer von ih-

nen lauern ihm auf; die haben sich verschworen, weder zu essen noch zu trinken, bis sie ihn getötet hätten; und jetzt sind sie bereit und warten auf deine Zusage. [22]Da ließ der Oberst den jungen Mann gehen und gebot ihm, niemandem zu sagen, daß er ihm das eröffnet hätte.

Die Überführung des Paulus nach Cäsarea

[23]Und der Oberst rief zwei Hauptleute zu sich und sprach: Rüstet zweihundert Soldaten, daß sie nach Cäsarea ziehen, und siebzig Reiter und zweihundert Schützen für die dritte Stunde der Nacht; [24]und haltet Tiere bereit, Paulus draufzusetzen und wohlverwahrt zu bringen zum Statthalter Felix. [25]Und er schrieb einen Brief, der lautete: [26]Klaudius Lysias dem edlen Statthalter Felix: Gruß zuvor! [27]Diesen Mann hatten die Juden ergriffen und wollten ihn töten. Da kam ich mit Soldaten dazu und entriß ihnen den und erfuhr, daß er ein römischer Bürger ist. [28]Da ich aber erkunden wollte, weshalb sie ihn anklagten, führte ich ihn hinunter vor ihren Hohen Rat. [29]Da fand ich, daß er beschuldigt wird wegen Fragen ihres Gesetzes, aber keine Anklage gegen sich hatte, auf die Tod oder Gefängnis steht. [30]Und als vor mich kam, daß ein Anschlag gegen den Mann geplant sei, sandte ich ihn sogleich zu dir und wies auch die Kläger an, vor dir zu sagen, was sie gegen ihn hätten.

[31]Die Soldaten nahmen Paulus, wie ihnen befohlen war, und führten ihn in der Nacht nach Antipatris. [32]Am nächsten Tag aber ließen sie die Reiter mit ihm ziehen und kehrten wieder in die Burg zurück. [33]Als aber jene nach Cäsarea kamen, übergaben sie den Brief dem Statthalter und führten ihm auch Paulus vor. [34]Als der Statthalter den Brief gelesen hatte, fragte er, aus welchem Land er sei. Und als er erfuhr, daß er aus Zilizien sei, sprach er: [35]Ich will dich verhören, wenn deine Ankläger auch da sind. Und er ließ ihn in Gewahrsam halten im Palast des Herodes.

Vor dem Statthalter Felix

24 Nach fünf Tagen kam der Hohepriester Hananias mit einigen Ältesten und dem Anwalt Tertullus herab; die erschienen vor dem Statthalter gegen Paulus. [2]Als der aber herbeigerufen worden war, fing Tertullus an, ihn anzuklagen, und sprach: Daß wir in großem Frieden leben unter dir und daß diesem Volk viele Wohltaten widerfahren sind durch deine Fürsorge, edelster Felix, [3]das erkennen wir allezeit und überall mit aller Dankbarkeit an. [4]Damit ich dich aber nicht zu lange aufhalte, bitte ich dich, du wollest uns kurz anhören in deiner Güte. [5]Wir haben erkannt, daß dieser Mann schädlich ist und daß er Aufruhr erregt unter allen Juden auf dem ganzen Erdkreis und daß er ein Anführer der Sekte der Nazarener ist.

Nazarener

Bürger von Nazareth. Hier werden die Christen so genannt, weil Jesus in Nazareth aufgewachsen war.

[6]Er hat auch versucht, den Tempel zu entweihen. Ihn haben wir ergriffen. [8]Wenn du ihn verhörst, kannst du selbst das alles von ihm erkunden, dessentwegen wir ihn verklagen. [9]Auch die Juden bekräftigten das und sagten, es verhielte sich so.

[10]Paulus aber antwortete, als ihm der Statthalter winkte zu reden: Weil ich weiß, daß du in diesem Volk nun viele Jahre Richter bist, will ich meine Sache unerschrocken verteidigen. [11]Du kannst feststellen, daß es nicht mehr als zwölf Tage sind, seit ich nach Jerusalem hinaufzog, um anzubeten. [12]Und sie haben mich weder im Tempel noch in den Synagogen noch in der Stadt dabei gefunden, wie ich mit jemandem gestritten oder einen Aufruhr im Volk gemacht hätte. [13]Sie können dir auch nicht beweisen, wessen sie mich jetzt verklagen. [14]Das bekenne ich dir aber, daß ich nach dem Weg, den sie eine Sekte nennen, dem Gott meiner Väter so diene, daß ich allem glaube, was geschrieben steht im Gesetz und in den Propheten. [15]Ich habe die Hoffnung zu Gott, die auch sie selbst haben, nämlich daß es eine Auferstehung der Gerechten wie der Ungerechten geben wird. [16]Darin übe ich mich, allezeit ein unverletztes Gewissen zu haben vor Gott und den Menschen. [17]Nach mehreren Jahren aber bin ich gekommen, um Almosen für mein Volk zu überbringen und zu opfern. [18]Als ich mich im Tempel reinigte, ohne Auflauf und Getümmel, fanden mich dabei [19]einige Juden aus der Provinz Asien. Die sollten jetzt hier sein vor dir und mich verklagen, wenn sie etwas gegen mich hätten.

Darin übe ich mich, allezeit ein unverletztes Gewissen zu haben.

[20]Oder laß diese hier selbst sagen, was für ein
Unrecht sie gefunden haben, als ich vor dem Ho-
hen Rat stand; [21]es sei denn dies eine Wort, das
ich rief, als ich unter ihnen stand: Um der Aufer-
stehung der Toten willen werde ich von euch
heute angeklagt.

Die Verschleppung des Prozesses

[22]Felix aber zog die Sache hin, denn er wußte
recht gut um diese Lehre und sprach: Wenn der
Oberst Lysias herabkommt, so will ich eure Sa-
che entscheiden. [23]Er befahl aber dem Haupt-
mann, Paulus gefangen zu halten, doch in leich-
tem Gewahrsam, und niemandem von den Sei-
nen zu wehren, ihm zu dienen.

[24]Nach einigen Tagen aber kam Felix mit sei-
ner Frau Drusilla, die eine Jüdin war, und ließ
Paulus kommen und hörte ihn über den Glauben
an Christus Jesus. [25]Als aber Paulus von Gerech-
tigkeit und Enthaltsamkeit und von dem zukünf-
tigen Gericht redete, erschrak Felix und antwor-
tete: Für diesmal geh! Zu gelegener Zeit will ich
dich wieder rufen lassen.

[26]Er hoffte aber nebenbei, daß ihm von Paulus
Geld gegeben werde; darum ließ er ihn auch oft
kommen und besprach sich mit ihm. [27]Als aber
zwei Jahre um waren, kam Porzius Festus als
Nachfolger des Felix. Felix aber wollte den Ju-
den eine Gunst erweisen und ließ Paulus gefan-
gen zurück.

Die Verhandlung vor Festus

25 Als nun Festus ins Land gekommen
war, zog er nach drei Tagen von Cä-
sarea hinauf nach Jerusalem. [2]Da er-
schienen die Hohenpriester und die Angesehen-
sten der Juden vor ihm gegen Paulus und dran-
gen in ihn [3]und baten ihn um die Gunst, daß er
Paulus nach Jerusalem kommen ließe; denn sie
wollten ihm einen Hinterhalt legen, um ihn un-
terwegs umzubringen. [4]Da antwortete Festus,
Paulus werde weiter in Gewahrsam gehalten in
Cäsarea; er selber aber werde in Kürze wieder
dahin ziehen. [5]Die nun unter euch ermächtigt
sind, sprach er, die laßt mit hinabziehen und den
Mann verklagen, wenn etwas Unrechtes an ihm
ist.

[6]Nachdem aber Festus bei ihnen nicht mehr
als acht oder zehn Tage gewesen war, zog er hin-
ab nach Cäsarea. Und am nächsten Tag setzte er
sich auf den Richterstuhl und ließ Paulus holen.
[7]Als der aber vor ihn kam, umringten ihn die Ju-
den, die von Jerusalem herabgekommen waren,
und brachten viele und schwere Klagen gegen
ihn vor, die sie aber nicht beweisen konnten.
[8]Paulus aber verteidigte sich: Ich habe mich we-
der am Gesetz der Juden noch am Tempel noch
am Kaiser versündigt.

Die Berufung auf den Kaiser

[9]Festus aber wollte den Juden eine Gunst erwei-
sen und antwortete Paulus und sprach: Willst du
hinauf nach Jerusalem und dich dort in dieser
Sache von mir richten lassen? [10]Paulus aber
sprach: Ich stehe vor des Kaisers Gericht; da
muß ich gerichtet werden. Den Juden habe ich
kein Unrecht getan, wie auch du sehr wohl
weißt. [11]Habe ich aber Unrecht getan und todes-
würdig gehandelt, so weigere ich mich nicht zu
sterben; ist aber nichts an dem, dessentwegen sie
mich verklagen, so darf mich ihnen niemand
preisgeben. Ich berufe mich auf den Kaiser!

Ich berufe mich auf den Kaiser!

[12]Da besprach sich Festus mit seinen Ratgebern
und antwortete: Auf den Kaiser hast du dich be-
rufen, zum Kaiser sollst du ziehen.

König Agrippa beim Statthalter Festus

[13]Nach einigen Tagen kamen König Agrippa und
Berenike nach Cäsarea, Festus zu begrüßen.
[14]Und als sie mehrere Tage dort waren, legte Fe-
stus dem König die Sache des Paulus vor und
sprach: Da ist ein Mann von Felix als Gefange-
ner zurückgelassen worden; [15]um dessentwillen
erschienen die Hohenpriester und Ältesten der
Juden vor mir, als ich in Jerusalem war, und ba-
ten, ich solle ihn richten lassen. [16]Denen antwor-
tete ich: Es ist der Römer Art nicht, einen Ange-
klagten preiszugeben, bevor er seinen Klägern
gegenüberstand und Gelegenheit hatte, sich ge-
gen die Anklage zu verteidigen. [17]Als sie aber
hier zusammenkamen, duldete ich keinen Auf-
schub, sondern hielt am nächsten Tag Gericht
und ließ den Mann vorführen. [18]Als seine Anklä-
ger auftraten, brachten sie keine Anklage vor
wegen Vergehen, wie ich sie erwartet hatte. [19]Sie
hatten aber Streit mit ihm über einige Fragen ih-
res Glaubens und über einen verstorbenen Jesus,
von dem Paulus behauptete, er lebe. [20]Da ich

aber von diesem Streit nichts verstand, fragte ich,
ob er nach Jerusalem reisen und sich dort deswe-
gen richten lassen wolle. [21]Als aber Paulus sich
auf sein Recht berief, bis zur Entscheidung des
Kaisers in Gewahrsam zu bleiben, ließ ich ihn
gefangen halten, bis ich ihn zum Kaiser senden
könnte. [22]Agrippa sprach zu Festus: Ich möchte
den Menschen auch gerne hören. Er aber sprach:
Morgen sollst du ihn hören.
[23]Und am nächsten Tag kamen Agrippa und
Berenike mit großem Gepränge und gingen in
den Palast mit den Hauptleuten und vornehm-
sten Männern der Stadt. Und als Festus es be-
fahl, wurde Paulus gebracht. [24]Und Festus
sprach: König Agrippa und all ihr Männer, die
ihr mit uns hier seid, da seht ihr den, um dessent-
willen die ganze Menge der Juden in Jerusalem
und auch hier in mich drang und schrie, er dürfe
nicht länger leben. [25]Als ich aber erkannte, daß
er nichts getan hatte, das des Todes würdig war,
und er auch selber sich auf den Kaiser berief, be-
schloß ich, ihn dorthin zu senden. [26]Etwas Siche-
res über ihn aber habe ich nicht, das ich meinem
Herrn schreiben könnte. Darum habe ich ihn vor
euch bringen lassen, vor allem aber vor dich, Kö-
nig Agrippa, damit ich nach geschehenem Ver-
hör etwas hätte, was ich schreiben könnte.
[27]Denn es erscheint mir unsinnig, einen Gefange-
nen zu schicken und keine Beschuldigung gegen
ihn anzugeben.

Paulus vor Agrippa und Festus

26 Agrippa aber sprach zu Paulus: Es ist
dir erlaubt, für dich selbst zu reden.
Da streckte Paulus die Hand aus und
verantwortete sich: [2]Es ist mir sehr lieb, König
Agrippa, daß ich mich heute vor dir verantwor-
ten soll wegen all der Dinge, deren ich von den
Juden beschuldigt werde, [3]vor allem weil du alle
Ordnungen und Streitfragen der Juden kennst.
Darum bitte ich dich, mich geduldig anzuhören.
[4]Mein Leben von Jugend auf, wie ich es von
Anfang an unter meinem Volk und in Jerusalem
zugebracht habe, ist allen Juden bekannt, [5]die
mich von früher kennen, wenn sie es bezeugen
wollten. Denn nach der allerstrengsten Richtung
unsres Glaubens habe ich gelebt als Pharisäer.
[6]Und nun stehe ich hier und werde angeklagt
wegen der Hoffnung auf die Verheißung, die un-
sern Vätern von Gott gegeben ist. [7]Auf ihre Er-
füllung hoffen die zwölf Stämme unsres Volkes,
wenn sie Gott bei Tag und Nacht beharrlich die-
nen. Wegen dieser Hoffnung werde ich, o König,

Jesus ist nicht tot, er ist auferweckt worden!

Warum wird das bei euch für unglaublich gehalten, daß Gott Tote auferweckt?

von den Juden beschuldigt. [8]Warum wird das bei
euch für unglaublich gehalten, daß Gott Tote
auferweckt?

[9]Zwar meinte auch ich selbst, ich müßte viel
gegen den Namen Jesu von Nazareth tun. [10]Das
habe ich in Jerusalem auch getan; dort brachte
ich viele Heilige ins Gefängnis, wozu ich Voll-
macht von den Hohenpriestern empfangen hatte.
Und wenn sie getötet werden sollten, gab ich
meine Stimme dazu. [11]Und in allen Synagogen
zwang ich sie oft durch Strafen zur Lästerung,
und ich wütete maßlos gegen sie, verfolgte sie
auch bis in die fremden Städte.

[12]Als ich nun nach Damaskus reiste mit Voll-
macht und im Auftrag der Hohenpriester, [13]sah
ich mitten am Tage, o König, auf dem Weg ein
Licht vom Himmel, heller als der Glanz der Son-
ne, das mich und die mit mir reisten umleuchte-
te. [14]Als wir aber alle zu Boden stürzten, hörte
ich eine Stimme zu mir reden, die sprach auf he-
bräisch: Saul, Saul, was verfolgst du mich? Es
wird dir schwer sein, wider den Stachel zu lök-
ken. [15]Ich aber sprach: Herr, wer bist du? Der
Herr sprach: Ich bin Jesus, den du verfolgst;
[16]steh nun auf und stell dich auf deine Füße.
Denn dazu bin ich dir erschienen, um dich zu er-
wählen zum Diener und zum Zeugen für das,
was du von mir gesehen hast und was ich dir
noch zeigen will. [17]Und ich will dich erretten von
deinem Volk und von den Heiden, zu denen ich
dich sende, [18]um ihnen die Augen aufzutun, daß
sie sich bekehren von der Finsternis zum Licht
und von der Gewalt des Satans zu Gott. So wer-
den sie Vergebung der Sünden empfangen und
das Erbteil samt denen, die geheiligt sind durch
den Glauben an mich.

[19]Daher, König Agrippa, war ich der himmli-
schen Erscheinung nicht ungehorsam, [20]sondern
verkündigte zuerst denen in Damaskus und in Je-
rusalem und im ganzen jüdischen Land und dann
auch den Heiden, sie sollten Buße tun und sich
zu Gott bekehren und rechtschaffene Werke der
Buße tun. [21]Deswegen haben mich die Juden im
Tempel ergriffen und versucht, mich zu töten.
[22]Aber Gottes Hilfe habe ich erfahren bis zum
heutigen Tag und stehe nun hier und bin sein
Zeuge bei groß und klein und sage nichts, als
was die Propheten und Mose vorausgesagt ha-
ben: [23]daß Christus müsse leiden und als erster
auferstehen von den Toten und verkündigen das
Licht seinem Volk und den Heiden.

[24]Als er aber dies zu seiner Verteidigung sag-
te, sprach Festus mit lauter Stimme: Paulus, du
bist von Sinnen! Das große Wissen macht dich
wahnsinnig. [25]Paulus aber sprach: Edler Festus,
ich bin nicht von Sinnen, sondern ich rede wahre
und vernünftige Worte. [26]Der König, zu dem ich
frei und offen rede, versteht sich auf diese Dinge.
Denn ich bin gewiß, daß ihm nichts davon ver-
borgen ist; denn dies ist nicht im Winkel gesche-
hen. [27]Glaubst du, König Agrippa, den Prophe-
ten? Ich weiß, daß du glaubst. [28]Agrippa aber
sprach zu Paulus: Es fehlt nicht viel, so wirst du
mich noch überreden und einen Christen aus mir
machen. [29]Paulus aber sprach: Ich wünschte vor
Gott, daß über kurz oder lang nicht allein du,
sondern alle, die mich heute hören, das würden,
was ich bin, ausgenommen diese Fesseln.

[30]Da stand der König auf und der Statthalter
und Berenike und die bei ihnen saßen. [31]Und als
sie sich zurückzogen, redeten sie miteinander und
sprachen: Dieser Mensch hat nichts getan, was
Tod oder Gefängnis verdient hätte. [32]Agrippa
aber sagte zu Festus: Dieser Mensch könnte frei-
gelassen werden, wenn er sich nicht auf den Kai-
ser berufen hätte.

Dieser Mensch hat nichts getan, was Tod oder Gefängnis verdient hätte.

Paulus auf der Fahrt nach Rom

27 Als es aber beschlossen war, daß wir
nach Italien fahren sollten, übergaben
sie Paulus und einige andre Gefange-
ne einem Hauptmann mit Namen Julius von ei-
ner kaiserlichen Abteilung. [2]Wir bestiegen aber
ein Schiff aus Adramyttion, das die Küstenstädte
der Provinz Asien anlaufen sollte, und fuhren ab;
mit uns war auch Aristarch, ein Mazedonier aus
Thessalonich. [3]Und am nächsten Tag kamen wir
in Sidon an; und Julius verhielt sich freundlich
gegen Paulus und erlaubte ihm, zu seinen Freun-
den zu gehen und sich pflegen zu lassen. [4]Und
von da stießen wir ab und fuhren im Schutz von
Zypern hin, weil uns die Winde entgegen waren,
[5]und fuhren über das Meer längs der Küste von
Zilizien und Pamphylien und kamen nach Myra
in Lyzien. [6]Und dort fand der Hauptmann ein
Schiff aus Alexandria, das nach Italien ging, und
ließ uns darauf übersteigen. [7]Wir kamen aber
viele Tage nur langsam vorwärts und gelangten

mit Mühe bis auf die Höhe von Knidos, denn der Wind hinderte uns; und wir fuhren im Schutz von Kreta hin, bis auf die Höhe von Salmone, 8und gelangten kaum daran vorbei und kamen an einen Ort, der »Guthafen« heißt; nahe dabei lag die Stadt Lasäa.

9Da nun viel Zeit vergangen war und die Schiffahrt bereits gefährlich wurde, weil auch die Fastenzeit schon vorüber war, ermahnte sie Paulus 10und sprach zu ihnen: Liebe Männer, ich sehe, daß diese Fahrt nur mit Leid und großem Schaden vor sich gehen wird, nicht allein für die Ladung und das Schiff, sondern auch für unser Leben. 11Aber der Hauptmann glaubte dem Steuermann und dem Schiffsherrn mehr als dem, was Paulus sagte. 12Und da der Hafen zum Überwintern ungeeignet war, bestanden die meisten von ihnen auf dem Plan, von dort weiterzufahren und zu versuchen, ob sie zum Überwintern bis nach Phönix kommen könnten, einem Hafen auf Kreta, der gegen Südwest und Nordwest offen ist.

Seesturm und Schiffbruch

13Als aber der Südwind wehte, meinten sie, ihr Vorhaben ausführen zu können, lichteten die Anker und fuhren nahe an Kreta entlang. 14Nicht lange danach aber brach von der Insel her ein Sturmwind los, den man Nordost nennt. 15Und da das Schiff ergriffen wurde und nicht mehr gegen den Wind gerichtet werden konnte, gaben wir auf und ließen uns treiben. 16Wir fuhren aber vorbei an einer Insel, die Kauda heißt, da konnten wir mit Mühe das Beiboot in unsre Gewalt bekommen. 17Sie zogen es herauf und umspannten zum Schutz das Schiff mit Seilen. Da sie aber fürchteten, in die Syrte zu geraten, ließen sie den Treibanker herunter und trieben so dahin. 18Und da wir großes Ungewitter erlitten, warfen sie am nächsten Tag Ladung ins Meer. 19Und am dritten Tag warfen sie mit eigenen Händen das Schiffsgerät hinaus. 20Da aber viele Tage weder Sonne noch Sterne schienen und ein gewaltiges Ungewitter uns bedrängte, war all unsre Hoffnung auf Rettung dahin.

Da aber ein gewaltiges Ungewitter uns bedrängte, war all unsre Hoffnung dahin.

21Und als man lange nichts gegessen hatte, trat Paulus mitten unter sie und sprach: Liebe Männer, man hätte auf mich hören sollen und nicht von Kreta aufbrechen, dann wäre uns Leid und Schaden erspart geblieben. 22Doch nun ermahne ich euch: Seid unverzagt; denn keiner von euch wird umkommen, nur das Schiff. 23Denn diese Nacht trat zu mir der Engel des Gottes, dem ich gehöre und dem ich diene, 24und sprach: Fürchte dich nicht, Paulus, du mußt vor den Kaiser gestellt werden; und siehe, Gott hat dir geschenkt alle, die mit dir fahren. 25Darum, liebe Männer, seid unverzagt; denn ich glaube Gott, es wird so geschehen, wie mir gesagt ist. 26Wir werden aber auf eine Insel auflaufen.

27Als aber die vierzehnte Nacht kam, seit wir in der Adria trieben, wähnten die Schiffsleute um Mitternacht, sie kämen an ein Land. 28Und sie warfen das Senkblei aus und fanden es zwanzig Faden tief; und ein wenig weiter loteten sie abermals und fanden es fünfzehn Faden tief. 29Da fürchteten sie, wir würden auf Klippen geraten, und warfen hinten vom Schiff vier Anker aus und wünschten, daß es Tag würde. 30Als aber die Schiffsleute vom Schiff zu fliehen suchten und das Beiboot ins Meer herabließen und vorgaben, sie wollten auch vorne die Anker herunterlassen, 31sprach Paulus zu dem Hauptmann und zu den Soldaten: Wenn diese nicht auf dem Schiff bleiben, könnt ihr nicht gerettet werden. 32Da hieben die Soldaten die Taue ab und ließen das Beiboot ins Meer fallen.

33Und als es anfing hell zu werden, ermahnte Paulus sie alle, Nahrung zu sich zu nehmen, und sprach: Es ist heute der vierzehnte Tag, daß ihr wartet und ohne Nahrung geblieben seid und nichts zu euch genommen habt. 34Darum ermahne ich euch, etwas zu essen; denn das dient zu eurer Rettung; es wird keinem von euch ein Haar vom Haupt fallen. 35Und als er das gesagt hatte, nahm er Brot, dankte Gott vor ihnen allen und brach's und fing an zu essen. 36Da wurden sie alle guten Mutes und nahmen auch Nahrung zu sich. 37Wir waren aber alle zusammen im Schiff zweihundertsechsundsiebzig. 38Und nachdem sie satt geworden waren, erleichterten sie das Schiff und warfen das Getreide in das Meer.

39Als es aber Tag wurde, kannten sie das Land nicht; eine Bucht aber wurden sie gewahr, die hatte ein flaches Ufer. Dahin wollten sie das Schiff treiben lassen, wenn es möglich wäre. 40Und sie hieben die Anker ab und ließen sie im Meer, banden die Steuerruder los und richteten das Segel nach dem Wind und hielten auf das

Ufer zu. 41Und als sie auf eine Sandbank gerie-
ten, ließen sie das Schiff auflaufen, und das Vor-
derschiff bohrte sich ein und saß fest, aber das
Hinterschiff zerbrach unter der Gewalt der Wel-
len. 42Die Soldaten aber hatten vor, die Gefange-
nen zu töten, damit niemand fortschwimmen und
entfliehen könne. 43Aber der Hauptmann wollte
Paulus am Leben erhalten und wehrte ihrem
Vorhaben und ließ die, die schwimmen konnten,
als erste ins Meer springen und sich ans Land
retten, 44die andern aber einige auf Brettern, ei-
nige auf dem, was noch vom Schiff da war. Und
so geschah es, daß sie alle gerettet ans Land ka-
men.

Auf der Insel Malta

28 Und als wir gerettet waren, erfuhren
wir, daß die Insel Malta hieß. 2Die
Leute aber erwiesen uns nicht geringe
Freundlichkeit, zündeten ein Feuer an und nah-
men uns alle auf wegen des Regens, der über uns
gekommen war, und wegen der Kälte. 3Als nun
Paulus einen Haufen Reisig zusammenraffte und
aufs Feuer legte, fuhr wegen der Hitze eine
Schlange heraus und biß sich an seiner Hand
fest. 4Als aber die Leute das Tier an seiner Hand
hängen sahen, sprachen sie untereinander: Die-
ser Mensch muß ein Mörder sein, den die Göttin
der Rache nicht leben läßt, obgleich er dem
Meer entkommen ist. 5Er aber schlenkerte das
Tier ins Feuer, und es widerfuhr ihm nichts Üb-
les. 6Sie aber warteten, daß er anschwellen oder
plötzlich tot umfallen würde. Als sie nun lange
gewartet hatten und sahen, daß ihm nichts
Schlimmes widerfuhr, änderten sie ihre Meinung
und sprachen: Er ist ein Gott.

7In dieser Gegend hatte der angesehenste
Mann der Insel, mit Namen Publius, Landgüter;
der nahm uns auf und beherbergte uns drei Tage
lang freundlich. 8Es geschah aber, daß der Vater
des Publius am Fieber und an der Ruhr darnie-
der lag. Zu dem ging Paulus hinein und betete
und legte die Hände auf ihn und machte ihn ge-
sund. 9Als das geschehen war, kamen auch die
andern Kranken der Insel herbei und ließen sich
gesund machen. 10Und sie erwiesen uns große
Ehre; und als wir abfuhren, gaben sie uns mit,
was wir nötig hatten.

Von Malta nach Rom

11Nach drei Monaten aber fuhren wir ab mit ei-
nem Schiff aus Alexandria, das bei der Insel
überwintert hatte und das Zeichen der Zwillinge
führte. 12Und als wir nach Syrakus kamen, blie-
ben wir drei Tage da. 13Von da fuhren wir die
Küste entlang und kamen nach Rhegion; und da
am nächsten Tag der Südwind sich erhob, kamen
wir in zwei Tagen nach Puteoli. 14Dort fanden
wir Brüder und wurden von ihnen gebeten, sie-
ben Tage da zu bleiben. Und so kamen wir nach
Rom. 15Dort hatten die Brüder von uns gehört
und kamen uns entgegen bis Forum Appii und
Tres-Tabernae. Als Paulus sie sah, dankte er
Gott und gewann Zuversicht. 16Als wir nun nach
Rom hineinkamen, wurde dem Paulus erlaubt,
für sich allein zu wohnen mit dem Soldaten, der
ihn bewachte.

Paulus in Rom

17Es geschah aber nach drei Tagen, daß Paulus
die Angesehensten der Juden bei sich zusam-
menrief. Als sie zusammengekommen waren,
sprach er zu ihnen: Ihr Männer, liebe Brüder, ich
habe nichts getan gegen unser Volk und die Ord-
nungen der Väter und bin doch als Gefangener
aus Jerusalem überantwortet in die Hände der
Römer. 18Diese wollten mich losgeben, nachdem
sie mich verhört hatten, weil nichts gegen mich
vorlag, das den Tod verdient hätte. 19Da aber die
Juden widersprachen, war ich genötigt, mich auf
den Kaiser zu berufen, nicht als hätte ich mein
Volk wegen etwas zu verklagen. 20Aus diesem
Grund habe ich darum gebeten, daß ich euch se-
hen und zu euch sprechen könnte; denn um der
Hoffnung Israels willen trage ich diese Ketten.

Die einen stimmten dem zu, was er sagte, die andern aber glaubten nicht.

21Sie aber sprachen zu ihm: Wir haben deinetwe-
gen weder Briefe aus Judäa empfangen noch ist
ein Bruder gekommen, der über dich etwas
Schlechtes berichtet oder gesagt hätte. 22Doch
wollen wir von dir hören, was du denkst; denn
von dieser Sekte ist uns bekannt, daß ihr an allen
Enden widersprochen wird. 23Und als sie ihm ei-
nen Tag bestimmt hatten, kamen viele zu ihm in
die Herberge. Da erklärte und bezeugte er ihnen
das Reich Gottes und predigte ihnen von Jesus
aus dem Gesetz des Mose und aus den Prophe-
ten vom frühen Morgen bis zum Abend. 24Die
einen stimmten dem zu, was er sagte, die andern
aber glaubten nicht.

[25]Sie waren aber untereinander uneins und
gingen weg, als Paulus dies eine Wort gesagt hat-
te: Mit Recht hat der heilige Geist durch den
Propheten Jesaja zu euren Vätern gesprochen
(Jesaja 6,9.10):

[26]»Geh hin zu diesem Volk und sprich:
Mit den Ohren werdet ihr's hören
und nicht verstehen;
und mit den Augen werdet ihr's sehen
und nicht erkennen.
[27]Denn das Herz dieses Volkes ist verstockt,
und ihre Ohren hören schwer,
und ihre Augen sind geschlossen,
damit sie nicht etwa mit den Augen sehen
und mit den Ohren hören
und mit dem Herzen verstehen und sich bekehren,
und ich ihnen helfe.«

[28]So sei es euch kundgetan, daß den Heiden dies
Heil Gottes gesandt ist; und sie werden es hören.

[30]Paulus aber blieb zwei volle Jahre in seiner
eigenen Wohnung und nahm alle auf, die zu ihm
kamen, [31]predigte das Reich Gottes und lehrte
von dem Herrn Jesus Christus mit allem Freimut
ungehindert.

Der Brief des Paulus an die

Römer

Einführung

Der Apostel Paulus hatte die Gemeinde in Rom nicht selbst gegründet, war selbst noch nie in Rom gewesen. Und doch schreibt er diesen ausführlichen Brief. Warum? Die Antwort gibt er selbst. Paulus wollte – wieder einmal – in missionarisches Neuland vordringen, er wollte über Rom nach Spanien reisen (Röm. 15,22-24). Der Brief sollte bei den Christen in Rom um Vertrauen werben, so daß Paulus dort einen Stützpunkt hätte für den weiteren Weg nach dem Westen.

Der Römerbrief enthält die systematischste Darstellung der Botschaft von Jesus Christus. Paulus beantwortet der Gemeinde viele grundlegende Fragen über die neue Lehre. Er greift auch schwierige Fragen auf, so daß man in Rom im voraus ein umfassendes Bild von seiner Theologie haben konnte. – Was sind die wichtigsten Themen?

- Gott stellt Juden und anderen Völkern die gleiche Diagnose: Alle sind Sünder. Denn alle haben Gotteserkenntnis. Alle haben ein Gewissen. Alle haben Verantwortung. Aber kein einziger tut, war er tun sollte.
- Weil niemand sich selbst zu einem guten Menschen machen kann, hat Gott für eine Lösung gesorgt: Er sandte Christus, durch dessen Opfer alle Menschen gerecht vor Gott werden können. Aber nicht durch Leistung, sondern durch Gnade.
- Wer die Gnade Gottes im Glauben annimmt, der ist und bleibt gerecht vor Gott. Der Heilige Geist schenkt die Gewißheit der Gotteskindschaft und Kraft zu einem neuen Leben.
- Paulus erörtert dann das Schicksal Israels im Heilsplan Gottes und betont nachdrücklich die Treue Gottes.
- Wer Christ ist, muß dies zeigen – in der Gemeinde, in der Gesellschaft und in seinen persönlichen Beziehungen zu allen Menschen. Wie Jesus selbst stellt auch Paulus die überragende Bedeutung der Liebe heraus.

Überblick

Warum Paulus schreibt	1,1-17
Alle Menschen sind Sünder	1,18-3,20
Gott will alle Menschen retten durch Christus	3,21-5,21
Das neue Leben mit Christus und im Geist	6,1-8,39
Gottes Heilsplan mit Israel	9,1-11,36
Das Leben der Christen in Gemeinde und Gesellschaft	12,1-15,13
Pläne, Grüße, Abschluß	15,14-16,27

Paulus der Apostel der Heiden

1 Paulus, ein Knecht Christi Jesu, berufen
zum Apostel, ausgesondert, zu predigen
das Evangelium Gottes, 2das er zuvor ver-
heißen hat durch seine Propheten in der heiligen
Schrift, 3von seinem Sohn Jesus Christus, unserm
Herrn, der geboren ist aus dem Geschlecht Da-
vids nach dem Fleisch, 4und nach dem Geist, der
heiligt, eingesetzt ist als Sohn Gottes in Kraft
durch die Auferstehung von den Toten. 5Durch
ihn haben wir empfangen Gnade und Apostel-
amt, in seinem Namen den Gehorsam des Glau-

bens aufzurichten unter allen Heiden, [6]zu denen
auch ihr gehört, die ihr berufen seid von Jesus
Christus.
[7]An alle Geliebten Gottes und berufenen Hei-

Evangelium Gottes

Evangelium meinte vor Christus fast immer eine politische oder militärische »gute Nachricht«. Aber die gute Nachricht des Paulus kommt von Gott: Das Himmelreich ist offen. Wer Christus glaubt, kann hinein!

ligen in Rom: Gnade sei mit euch und Friede
von Gott, unserm Vater, und dem Herrn Jesus
Christus!

Der Wunsch des Paulus, nach Rom zu kommen

[8]Zuerst danke ich meinem Gott durch Jesus
Christus für euch alle, daß man von eurem Glau-
ben in aller Welt spricht. [9]Denn Gott ist mein
Zeuge, dem ich in meinem Geist diene am Evan-
gelium von seinem Sohn, daß ich ohne Unterlaß
euer gedenke [10]und allezeit in meinem Gebet fle-
he, ob sich's wohl einmal fügen möchte durch
Gottes Willen, daß ich zu euch komme. [11]Denn
mich verlangt danach, euch zu sehen, damit ich
euch etwas mitteile an geistlicher Gabe, um euch
zu stärken, [12]das heißt, damit ich zusammen mit
euch getröstet werde durch euren und meinen
Glauben, den wir miteinander haben.
[13]Ich will euch aber nicht verschweigen, liebe
Brüder, daß ich mir oft vorgenommen habe, zu
euch zu kommen - wurde aber bisher gehin-
dert -, damit ich auch unter euch Frucht schaffe
wie unter andern Heiden. [14]Ich bin ein Schuldner
der Griechen und der Nichtgriechen, der Weisen
und der Nichtweisen; [15]darum, soviel an mir
liegt, bin ich willens, auch euch in Rom das
Evangelium zu predigen.

Das Evangelium als Kraft Gottes

[16]Denn ich schäme mich des Evangeliums nicht;
denn es ist eine Kraft Gottes, die selig macht al-
le, die daran glauben, die Juden zuerst und
ebenso die Griechen. [17]Denn darin wird offen-
bart die Gerechtigkeit, die vor Gott gilt, welche
kommt aus Glauben in Glauben; wie geschrieben
steht (Habakuk 2,4): »Der Gerechte wird aus
Glauben leben.«

Ich schäme mich des Evangeliums nicht; denn es ist eine Kraft Gottes.

Die Gottlosigkeit der Heiden

[18]Denn Gottes Zorn wird vom Himmel her of-
fenbart über alles gottlose Wesen und alle Unge-
rechtigkeit der Menschen, die die Wahrheit
durch Ungerechtigkeit niederhalten. [19]Denn was
man von Gott erkennen kann, ist unter ihnen of-
fenbar; denn Gott hat es ihnen offenbart. [20]Denn
Gottes unsichtbares Wesen, das ist seine ewige
Kraft und Gottheit, wird seit der Schöpfung der
Welt ersehen aus seinen Werken, wenn man sie
wahrnimmt, so daß sie keine Entschuldigung ha-
ben. [21]Denn obwohl sie von Gott wußten, haben
sie ihn nicht als Gott gepriesen noch ihm ge-
dankt, sondern sind dem Nichtigen verfallen in
ihren Gedanken, und ihr unverständiges Herz ist
verfinstert. [22]Da sie sich für Weise hielten, sind
sie zu Narren geworden [23]und haben die Herr-
lichkeit des unvergänglichen Gottes vertauscht
mit einem Bild gleich dem eines vergänglichen
Menschen und der Vögel und der vierfüßigen
und der kriechenden Tiere.
[24]Darum hat Gott sie in den Begierden ihrer
Herzen dahingegeben in die Unreinheit, so daß
ihre Leiber durch sie selbst geschändet werden,
[25]sie, die Gottes Wahrheit in Lüge verkehrt und
das Geschöpf verehrt und ihm gedient haben
statt dem Schöpfer, der gelobt ist in Ewigkeit.
Amen.
[26]Darum hat sie Gott dahingegeben in schänd-
liche Leidenschaften; denn ihre Frauen haben
den natürlichen Verkehr vertauscht mit dem wi-
dernatürlichen; [27]desgleichen haben auch die
Männer den natürlichen Verkehr mit der Frau
verlassen und sind in Begierde zueinander ent-
brannt und haben Mann mit Mann Schande ge-
trieben und den Lohn ihrer Verirrung, wie es ja
sein mußte, an sich selbst empfangen.
[28]Und wie sie es für nichts geachtet haben,
Gott zu erkennen, hat sie Gott dahingegeben in
verkehrten Sinn, so daß sie tun, was nicht recht
ist, [29]voll von aller Ungerechtigkeit, Schlechtig-
keit, Habgier, Bosheit, voll Neid, Mord, Hader,
List, Niedertracht, Zuträger, [30]Verleumder, Got-

tesverächter, Frevler, hochmütig, prahlerisch,
erfinderisch im Bösen, den Eltern ungehorsam,
[31]unvernünftig, treulos, lieblos, unbarmherzig.
[32]Sie wissen, daß, die solches tun, nach Gottes
Recht den Tod verdienen; aber sie tun es nicht
allein, sondern haben auch Gefallen an denen,
die es tun.

Der Maßstab des göttlichen Gerichts

2 Darum, o Mensch, kannst du dich nicht
entschuldigen, wer du auch bist, der du
richtest. Denn worin du den andern rich-
test, verdammst du dich selbst, weil du ebendas-
selbe tust, was du richtest. [2]Wir wissen aber, daß
Gottes Urteil recht ist über die, die solches tun.
[3]Denkst du aber, o Mensch, der du die richtest,
die solches tun, und tust auch dasselbe, daß du
dem Urteil Gottes entrinnen wirst? [4]Oder ver-
achtest du den Reichtum seiner Güte, Geduld
und Langmut? Weißt du nicht, daß dich Gottes
Güte zur Buße leitet? [5]Du aber mit deinem ver-
stockten und unbußfertigen Herzen häufst dir
selbst Zorn an auf den Tag des Zorns und der
Offenbarung des gerechten Gerichtes Gottes,
[6]der einem jeden geben wird nach seinen Werken:
[7]ewiges Leben denen, die in aller Geduld mit gu-
ten Werken trachten nach Herrlichkeit, Ehre und
unvergänglichem Leben; [8]Ungnade und Zorn aber
denen, die streitsüchtig sind und der Wahrheit
nicht gehorchen, gehorchen aber der Ungerechtig-
keit; [9]Trübsal und Angst über alle Seelen der
Menschen, die Böses tun, zuerst der Juden und
ebenso der Griechen; [10]Herrlichkeit aber und Eh-
re und Frieden allen denen, die Gutes tun, zuerst
den Juden und ebenso den Griechen.
[11]Denn es ist kein Ansehen der Person vor
Gott. [12]Alle, die ohne Gesetz gesündigt haben,
werden auch ohne Gesetz verloren gehen; und
alle, die unter dem Gesetz gesündigt haben, wer-
den durchs Gesetz verurteilt werden. [13]Denn vor
Gott sind nicht gerecht, die das Gesetz hören,
sondern die das Gesetz tun, werden gerecht sein.
[14]Denn wenn Heiden, die das Gesetz nicht ha-
ben, doch von Natur tun, was das Gesetz fordert,
so sind sie, obwohl sie das Gesetz nicht haben,
sich selbst Gesetz. [15]Sie beweisen damit, daß in

Paulus verkündigt: Jeder Mensch ist vor Gott verantwortlich

ihr Herz geschrieben ist, was das Gesetz fordert,
zumal ihr Gewissen es ihnen bezeugt, dazu auch
die Gedanken, die einander anklagen oder auch
entschuldigen - [16]an dem Tag, an dem Gott

Sie beweisen damit, daß in ihr Herz geschrieben ist, was das Gesetz fordert, zumal ihr Gewissen es ihnen bezeugt.

das Verborgene der Menschen durch Christus
Jesus richten wird, wie es mein Evangelium
bezeugt.

Die Anklage gegen die Juden

[17]Wenn du dich aber Jude nennst und verläßt
dich aufs Gesetz und rühmst dich Gottes [18]und
kennst seinen Willen und prüfst, weil du aus dem
Gesetz unterrichtet bist, was das Beste zu tun sei,
[19]und maßt dir an, ein Leiter der Blinden zu sein,
ein Licht derer, die in Finsternis sind, [20]ein Er-
zieher der Unverständigen, ein Lehrer der Un-
mündigen, weil du im Gesetz die Richtschnur
der Erkenntnis und Wahrheit hast -: [21]Du lehrst
nun andere, und lehrst dich selber nicht? Du pre-
digst, man solle nicht stehlen, und du stiehlst?
[22]Du sprichst, man solle nicht ehebrechen, und
du brichst die Ehe? Du verabscheust die Götzen,
und beraubst ihre Tempel? [23]Du rühmst dich des
Gesetzes, und schändest Gott durch Übertretung
des Gesetzes? [24]Denn »euretwegen wird Gottes
Name gelästert unter den Heiden«, wie geschrie-
ben steht (Jesaja 52,5).
[25]Die Beschneidung nützt etwas, wenn du das
Gesetz hältst; hältst du aber das Gesetz nicht, so
bist du aus einem Beschnittenen schon ein Unbe-
schnittener geworden. [26]Wenn nun der Unbe-
schnittene hält, was nach dem Gesetz recht ist,
meinst du nicht, daß dann der Unbeschnittene
vor Gott als Beschnittener gilt? [27]Und so wird
der, der von Natur unbeschnitten ist und das Ge-
setz erfüllt, dir ein Richter sein, der du unter
dem Buchstaben und der Beschneidung stehst
und das Gesetz übertrittst. [28]Denn nicht der ist
ein Jude, der es äußerlich ist, auch ist nicht das
die Beschneidung, die äußerlich am Fleisch ge-
schieht; [29]sondern der ist ein Jude, der es inwen-
dig verborgen ist, und das ist die Beschneidung
des Herzens, die im Geist und nicht im Buchsta-
ben geschieht. Das Lob eines solchen ist nicht
von Menschen, sondern von Gott.

Gottes unwandelbare Treue

3 Was haben dann die Juden für einen Vor-
zug, oder was nützt die Beschneidung?
[2]Viel in jeder Weise! Zum ersten: ihnen ist
anvertraut, was Gott geredet hat. [3]Daß aber eini-
ge nicht treu waren, was liegt daran? Sollte ihre
Untreue Gottes Treue aufheben? [4]Das sei ferne!
Es bleibe vielmehr so: Gott ist wahrhaftig und al-
le Menschen sind Lügner; wie geschrieben steht
(Psalm 51,6):

»Damit du recht behältst in deinen Worten
und siegst, wenn man mit dir rechtet.«

[5]Ist's aber so, daß unsre Ungerechtigkeit Got-
tes Gerechtigkeit ins Licht stellt, was sollen wir
sagen? Ist Gott dann nicht ungerecht, wenn er
zürnt? - Ich rede nach Menschenweise. - [6]Das
sei ferne! Wie könnte sonst Gott die Welt rich-
ten? [7]Wenn aber die Wahrheit Gottes durch mei-
ne Lüge herrlicher wird zu seiner Ehre, warum
sollte ich dann noch als ein Sünder gerichtet wer-
den? [8]Ist es etwa so, wie wir verlästert werden
und einige behaupten, daß wir sagen: Laßt uns
Böses tun, damit Gutes daraus komme? Deren
Verdammnis ist gerecht.

Die Schuld aller vor Gott

[9]Was sagen wir denn nun? Haben wir Juden ei-
nen Vorzug? Gar keinen. Denn wir haben soe-
ben bewiesen, daß alle, Juden wie Griechen, un-
ter der Sünde sind, [10]wie geschrieben steht:

»Da ist keiner, der gerecht ist, auch nicht
einer.
[11]Da ist keiner, der verständig ist;
da ist keiner, der nach Gott fragt.

Da ist keiner, der nach Gott fragt.

[12]Sie sind alle abgewichen und allesamt
verdorben.
Da ist keiner, der Gutes tut, auch nicht ei-
ner (Psalm 14,1-3).
[13]Ihr Rachen ist ein offenes Grab;
mit ihren Zungen betrügen sie (Psalm
5,10),
Otterngift ist unter ihren Lippen (Psalm
140,4);
[14]ihr Mund ist voll Fluch und Bitterkeit
(Psalm 10,7).
[15]Ihre Füße eilen, Blut zu vergießen;

[16]auf ihren Wegen ist lauter Schaden und
Jammer,
[17]und den Weg des Friedens kennen sie
nicht (Jesaja 59,7.8).
[18]Es ist keine Gottesfurcht bei ihnen
(Psalm 36,2).«
[19]Wir wissen aber: was das Gesetz sagt, das
sagt es denen, die unter dem Gesetz sind, damit
allen der Mund gestopft werde und alle Welt vor
Gott schuldig sei, [20]weil kein Mensch durch die
Werke des Gesetzes vor ihm gerecht sein kann.
Denn durch das Gesetz kommt Erkenntnis der
Sünde.

Die Rechtfertigung allein durch Glauben

[21]Nun aber ist ohne Zutun des Gesetzes die Ge-
rechtigkeit, die vor Gott gilt, offenbart, bezeugt
durch das Gesetz und die Propheten. [22]Ich rede
aber von der Gerechtigkeit vor Gott, die da
kommt durch den Glauben an Jesus Christus zu
allen, die glauben. Denn es ist hier kein Unter-
schied: [23]sie sind allesamt Sünder und ermangeln
des Ruhmes, den sie bei Gott haben sollten,
[24]und werden ohne Verdienst gerecht aus seiner
Gnade durch die Erlösung, die durch Christus
Jesus geschehen ist. [25]Den hat Gott für den
Glauben hingestellt als Sühne in seinem Blut
zum Erweis seiner Gerechtigkeit, indem er die
Sünden vergibt, die früher [26]begangen wurden in
der Zeit seiner Geduld, um nun in dieser Zeit
seine Gerechtigkeit zu erweisen, daß er selbst ge-
recht ist und gerecht macht den, der da ist aus
dem Glauben an Jesus.
[27]Wo bleibt nun das Rühmen? Es ist ausge-
schlossen. Durch welches Gesetz? Durch das Ge-
setz der Werke? Nein, sondern durch das Gesetz
des Glaubens. [28]So halten wir nun dafür, daß der
Mensch gerecht wird ohne des Gesetzes Werke,
allein durch den Glauben. [29]Oder ist Gott al-

Allein durch den Glauben.

lein der Gott der Juden? Ist er nicht auch der
Gott der Heiden? Ja gewiß, auch der Heiden.
[30]Denn es ist der eine Gott, der gerecht macht
die Juden aus dem Glauben und die Heiden
durch den Glauben. [31]Wie? Heben wir denn das
Gesetz auf durch den Glauben? Das sei ferne!
Sondern wir richten das Gesetz auf.

Abraham der Vater des Glaubens

4 Was sagen wir denn von Abraham, unserm
leiblichen Stammvater? Was hat er er-
langt? [2]Das sagen wir: Ist Abraham durch
Werke gerecht, so kann er sich wohl rühmen,
aber nicht vor Gott. [3]Denn was sagt die Schrift?
»Abraham hat Gott geglaubt, und das ist ihm zur
Gerechtigkeit gerechnet worden.« (1. Mose
15,6) [4]Dem aber, der mit Werken umgeht, wird
der Lohn nicht aus Gnade zugerechnet, sondern
aus Pflicht. [5]Dem aber, der nicht mit Werken
umgeht, glaubt aber an den, der die Gottlosen
gerecht macht, dem wird sein Glaube gerechnet
zur Gerechtigkeit.
[6]Wie ja auch David den Menschen selig preist,
dem Gott zurechnet die Gerechtigkeit ohne Zu-
tun der Werke (Psalm 32,1.2):
[7]»Selig sind die, denen die Ungerechtigkei-
ten vergeben
und denen die Sünden bedeckt sind!
[8]Selig ist der Mann, dem der Herr die Sün-
de nicht zurechnet!«
[9]Diese Seligpreisung nun, gilt sie den Beschnitte-
nen oder auch den Unbeschnittenen? Wir sagen
doch: »Abraham ist sein Glaube zur Gerechtig-
keit gerechnet worden.« [10]Wie ist er ihm denn
zugerechnet worden? Als er beschnitten oder als
er unbeschnitten war? Ohne Zweifel: nicht als er
beschnitten, sondern als er unbeschnitten war.
[11]Das Zeichen der Beschneidung aber empfing er
als Siegel der Gerechtigkeit des Glaubens, den er
hatte, als er noch nicht beschnitten war. So sollte
er ein Vater werden aller, die glauben, ohne be-
schnitten zu sein, damit auch ihnen der Glaube
gerechnet werde zur Gerechtigkeit; [12]und ebenso
ein Vater der Beschnittenen, wenn sie nicht nur
beschnitten sind, sondern auch gehen in den
Fußtapfen des Glaubens, den unser Vater Abra-
ham hatte, als er noch nicht beschnitten war.
[13]Denn die Verheißung, daß er der Erbe der
Welt sein solle, ist Abraham oder seinen Nach-
kommen nicht zuteil geworden durchs Gesetz,
sondern durch die Gerechtigkeit des Glaubens.
[14]Denn wenn die vom Gesetz Erben sind, dann
ist der Glaube nichts, und die Verheißung ist da-
hin. [15]Denn das Gesetz richtet nur Zorn an; wo
aber das Gesetz nicht ist, da ist auch keine Über-
tretung. [16]Deshalb muß die Gerechtigkeit durch
den Glauben kommen, damit sie aus Gnaden sei
und die Verheißung fest bleibe für alle Nach-
kommen, nicht allein für die, die unter dem Ge-

setz sind, sondern auch für die, die wie Abraham aus dem Glauben leben. Der ist unser aller Vater 17- wie geschrieben steht (1. Mose 17,5): »Ich habe dich gesetzt zum Vater vieler Völker« - vor Gott, dem er geglaubt hat, der die Toten lebendig macht und ruft das, was nicht ist, daß es sei. 18Er hat geglaubt auf Hoffnung, wo nichts zu hoffen war, daß er der Vater vieler Völker werde, wie zu ihm gesagt ist (1. Mose 15,5): »So zahlreich sollen deine Nachkommen sein.« 19Und er wurde nicht schwach im Glauben, als er auf seinen eigenen Leib sah, der schon erstorben war, weil er fast hundertjährig war, und auf den erstorbenen Leib der Sara.

20Denn er zweifelte nicht an der Verheißung Gottes durch Unglauben, sondern wurde stark im Glauben und gab Gott die Ehre 21und wußte aufs allergewisseste: was Gott verheißt, das kann er auch tun. 22Darum ist es ihm auch »zur Gerechtigkeit gerechnet worden« (1. Mose 15,6). 23Daß es ihm zugerechnet worden ist, ist aber nicht allein um seinetwillen geschrieben, 24sondern auch um unsertwillen, denen es zugerechnet werden soll, wenn wir glauben an den, der unsern Herrn Jesus auferweckt hat von den Toten, 25welcher ist um unsrer Sünden willen dahingegeben und um unsrer Rechtfertigung willen auferweckt.

Frieden mit Gott

5 Da wir nun gerecht geworden sind durch den Glauben, haben wir Frieden mit Gott durch unsern Herrn Jesus Christus; 2durch ihn haben wir auch den Zugang im Glauben zu dieser Gnade, in der wir stehen, und rühmen uns der Hoffnung der zukünftigen Herrlichkeit, die

Gerecht geworden

Der Ausdruck beschreibt einen Grenzübergang. Früher war man Sünder und damit unter der Gewalt des Todes. Jetzt hat Christus die Grenze geöffnet für jeden, der glaubt. Wer hinübergeht, bekommt die Gerechtigkeit Christi geschenkt.

Gott geben wird. 3Nicht allein aber das, sondern wir rühmen uns auch der Bedrängnisse, weil wir wissen, daß Bedrängnis Geduld bringt, 4Geduld aber Bewährung, Bewährung aber Hoffnung, 5Hoffnung aber läßt nicht zuschanden werden; denn die Liebe Gottes ist ausgegossen in unsre Herzen durch den heiligen Geist, der uns gegeben ist. 6Denn Christus ist schon zu der Zeit, als wir noch schwach waren, für uns Gottlose gestorben. 7Nun stirbt kaum jemand um eines Gerechten willen; um des Guten willen wagt er vielleicht sein Leben. 8Gott aber erweist seine Liebe zu uns darin, daß Christus für uns gestorben ist, als wir noch Sünder waren. 9Um wieviel mehr

Gott aber erweist seine Liebe zu uns darin, daß Christus für uns gestorben ist, als wir noch Sünder waren.

werden wir nun durch ihn bewahrt werden vor dem Zorn, nachdem wir jetzt durch sein Blut gerecht geworden sind! 10Denn wenn wir mit Gott versöhnt worden sind durch den Tod seines Sohnes, als wir noch Feinde waren, um wieviel mehr werden wir selig werden durch sein Leben, nachdem wir nun versöhnt sind. 11Nicht allein aber das, sondern wir rühmen uns auch Gottes durch unsern Herrn Jesus Christus, durch den wir jetzt die Versöhnung empfangen haben.

Adam und Christus

12Deshalb, wie durch einen Menschen die Sünde in die Welt gekommen ist und der Tod durch die Sünde, so ist der Tod zu allen Menschen durchgedrungen, weil sie alle gesündigt haben. 13Denn die Sünde war wohl in der Welt, ehe das Gesetz kam; aber wo kein Gesetz ist, da wird Sünde nicht angerechnet. 14Dennoch herrschte der Tod von Adam an bis Mose auch über die, die nicht gesündigt hatten durch die gleiche Übertretung wie Adam, welcher ist ein Bild dessen, der kommen sollte. 15Aber nicht verhält sich's mit der Gabe wie mit der Sünde. Denn wenn durch die Sünde des Einen die Vielen gestorben sind, um wieviel mehr ist Gottes Gnade und Gabe den vielen überreich zuteil geworden durch die Gnade des einen Menschen Jesus Christus. 16Und nicht verhält es sich mit der Gabe wie mit dem, was durch den einen Sünder geschehen ist. Denn das Urteil hat von dem Einen her zur Verdammnis geführt, die Gnade aber hilft aus vielen Sünden zur Gerechtigkeit. 17Denn wenn wegen der Sünde des Einen der Tod geherrscht hat durch den Einen, um wieviel mehr werden die, welche

die Fülle der Gnade und der Gabe der Gerech-
tigkeit empfangen, herrschen im Leben durch
den Einen, Jesus Christus. [18]Wie nun durch die
Sünde des Einen die Verdammnis über alle Men-
schen gekommen ist, so ist auch durch die Ge-
rechtigkeit des Einen für alle Menschen die
Rechtfertigung gekommen, die zum Leben führt.
[19]Denn wie durch den Ungehorsam des einen
Menschen die Vielen zu Sündern geworden sind,
so werden auch durch den Gehorsam des Einen
die Vielen zu Gerechten.

[20]Das Gesetz aber ist dazwischen hineinge-
kommen, damit die Sünde mächtiger würde. Wo
aber die Sünde mächtig geworden ist, da ist doch

Das Kreuz - Symbol für den Opfertod Jesu

die Gnade noch viel mächtiger geworden, [21]damit,
wie die Sünde geherrscht hat zum Tode, so auch
die Gnade herrsche durch die Gerechtigkeit zum
ewigen Leben durch Jesus Christus, unsern Herrn.

Taufe und neues Leben

6 Was sollen wir nun sagen? Sollen wir denn
in der Sünde beharren, damit die Gnade
um so mächtiger werde? [2]Das sei ferne!
Wie sollten wir in der Sünde leben wollen, der
wir doch gestorben sind? [3]Oder wißt ihr nicht,
daß alle, die wir auf Christus Jesus getauft sind,
die sind in seinen Tod getauft? [4]So sind wir ja
mit ihm begraben durch die Taufe in den Tod,
damit, wie Christus auferweckt ist von den Toten
durch die Herrlichkeit des Vaters, auch wir in ei-
nem neuen Leben wandeln. [5]Denn wenn wir mit
ihm verbunden und ihm gleichgeworden sind in
seinem Tod, so werden wir ihm auch in der Auf-
erstehung gleich sein. [6]Wir wissen ja, daß unser
alter Mensch mit ihm gekreuzigt ist, damit der
Leib der Sünde vernichtet werde, so daß wir hin-
fort der Sünde nicht dienen. [7]Denn wer gestor-
ben ist, der ist frei geworden von der Sünde.
[8]Sind wir aber mit Christus gestorben, so glauben
wir, daß wir auch mit ihm leben werden, [9]und
wissen, daß Christus, von den Toten erweckt,
hinfort nicht stirbt; der Tod kann hinfort über
ihn nicht herrschen. [10]Denn was er gestorben ist,
das ist er der Sünde gestorben ein für allemal;
was er aber lebt, das lebt er Gott. [11]So auch ihr,
haltet dafür, daß ihr der Sünde gestorben seid
und lebt Gott in Christus Jesus.

[12]So laßt nun die Sünde nicht herrschen in eu-
rem sterblichen Leibe, und leistet seinen Begier-
den keinen Gehorsam. [13]Auch gebt nicht der
Sünde eure Glieder hin als Waffen der Unge-
rechtigkeit, sondern gebt euch selbst Gott hin, als
solche, die tot waren und nun lebendig sind, und
eure Glieder Gott als Waffen der Gerechtigkeit.
[14]Denn die Sünde wird nicht herrschen können
über euch, weil ihr ja nicht unter dem Gesetz
seid, sondern unter der Gnade.

[15]Wie nun? Sollen wir sündigen, weil wir nicht
unter dem Gesetz, sondern unter der Gnade
sind? Das sei ferne! [16]Wißt ihr nicht: wem ihr

euch zu Knechten macht, um ihm zu gehorchen,
dessen Knechte seid ihr und müßt ihm gehorsam
sein, es sei der Sünde zum Tode oder dem Ge-
horsam zur Gerechtigkeit? [17]Gott sei aber ge-
dankt, daß ihr Knechte der Sünde gewesen seid,
aber nun von Herzen gehorsam geworden der
Gestalt der Lehre, der ihr ergeben seid. [18]Denn
indem ihr nun frei geworden seid von der Sünde,
seid ihr Knechte geworden der Gerechtigkeit.
[19]Ich muß menschlich davon reden um der
Schwachheit eures Fleisches willen: Wie ihr eure
Glieder hingegeben hattet an den Dienst der Un-
reinheit und Ungerechtigkeit zu immer neuer
Ungerechtigkeit, so gebt nun eure Glieder hin an
den Dienst der Gerechtigkeit, daß sie heilig wer-
den. [20]Denn als ihr Knechte der Sünde wart, da
wart ihr frei von der Gerechtigkeit. [21]Was hattet
ihr nun damals für Frucht? Solche, deren ihr
euch jetzt schämt; denn das Ende derselben ist
der Tod. [22]Nun aber, da ihr von der Sünde frei
und Gottes Knechte geworden seid, habt ihr da-
rin eure Frucht, daß ihr heilig werdet; das Ende
aber ist das ewige Leben. [23]Denn der Sünde Sold
ist der Tod; die Gabe Gottes aber ist das ewige
Leben in Christus Jesus, unserm Herrn.

Freiheit vom Gesetz

7 Wißt ihr nicht, liebe Brüder - denn ich re-
de mit denen, die das Gesetz kennen -,
daß das Gesetz nur herrscht über den
Menschen, solange er lebt? [2]Denn eine Frau ist
an ihren Mann gebunden durch das Gesetz, so-
lange der Mann lebt; wenn aber der Mann stirbt,
so ist sie frei von dem Gesetz, das sie an den
Mann bindet. [3]Wenn sie nun bei einem andern
Mann ist, solange ihr Mann lebt, wird sie eine
Ehebrecherin genannt; wenn aber ihr Mann
stirbt, ist sie frei vom Gesetz, so daß sie nicht ei-
ne Ehebrecherin ist, wenn sie einen andern
Mann nimmt. [4]Also seid auch ihr, meine Brüder,
dem Gesetz getötet durch den Leib Christi, so
daß ihr einem andern angehört, nämlich dem,
der von den Toten auferweckt ist, damit wir Gott
Frucht bringen. [5]Denn solange wir dem Fleisch
verfallen waren, da waren die sündigen Leiden-
schaften, die durchs Gesetz erregt wurden, kräf-
tig in unsern Gliedern, so daß wir dem Tode
Frucht brachten. [6]Nun aber sind wir vom Gesetz
frei geworden und ihm abgestorben, das uns ge-
fangen hielt, so daß wir dienen im neuen Wesen
des Geistes und nicht im alten Wesen des
Buchstabens.

Der Mensch unter dem Gesetz

[7]Was sollen wir denn nun sagen? Ist das Gesetz
Sünde? Das sei ferne! Aber die Sünde erkannte
ich nicht außer durchs Gesetz. Denn ich wußte
nichts von der Begierde, wenn das Gesetz nicht
gesagt hätte (2. Mose 20,17): »Du sollst nicht
begehren!« [8]Die Sünde aber nahm das Gebot
zum Anlaß und erregte in mir Begierden aller
Art; denn ohne das Gesetz war die Sünde tot.
[9]Ich lebte einst ohne Gesetz; als aber das Gebot
kam, wurde die Sünde lebendig, [10]ich aber starb.
Und so fand sich's, daß das Gebot mir den Tod
brachte, das doch zum Leben gegeben war.
[11]Denn die Sünde nahm das Gebot zum Anlaß
und betrog mich und tötete mich durch das Ge-
bot. [12]So ist also das Gesetz heilig, und das Ge-
bot ist heilig, gerecht und gut. [13]Ist dann, was
doch gut ist, mir zum Tod geworden? Das sei
ferne! Sondern die Sünde, damit sie als Sünde
sichtbar werde, hat mir durch das Gute den Tod
gebracht, damit die Sünde überaus sündig werde
durchs Gebot.
[14]Denn wir wissen, daß das Gesetz geistlich
ist; ich aber bin fleischlich, unter die Sünde ver-
kauft. [15]Denn ich weiß nicht, was ich tue. Denn
ich tue nicht, was ich will; sondern was ich hasse,
das tue ich. [16]Wenn ich aber das tue, was ich
nicht will, so gebe ich zu, daß das Gesetz gut ist.
[17]So tue nun nicht ich es, sondern die Sünde, die
in mir wohnt. [18]Denn ich weiß, daß in mir, das
heißt in meinem Fleisch, nichts Gutes wohnt.
Wollen habe ich wohl, aber das Gute vollbringen
kann ich nicht. [19]Denn das Gute, das ich will, das
tue ich nicht; sondern das Böse, das ich nicht
will, das tue ich. [20]Wenn ich aber tue, was ich
nicht will, so tue nicht ich es, sondern die Sünde,
die in mir wohnt. [21]So finde ich nun das Gesetz,
daß mir, der ich das Gute tun will, das Böse an-
hängt. [22]Denn ich habe Lust an Gottes Gesetz
nach dem inwendigen Menschen. [23]Ich sehe aber
ein anderes Gesetz in meinen Gliedern, das wi-
derstreitet dem Gesetz in meinem Gemüt und

Geistlich - fleischlich

Zwei entgegengesetzte Lebensweisen: »Fleischlich« nennt Paulus den Menschen ohne Christus; »geistlich« ist der Mensch, der mit Christus und in der Kraft des Heiligen Geistes lebt.

---

hält mich gefangen im Gesetz der Sünde, das in
meinen Gliedern ist. 24Ich elender Mensch! Wer
wird mich erlösen von diesem todverfallenen
Leibe? 25Dank sei Gott durch Jesus Christus, un-
sern Herrn!

So diene ich nun mit dem Gemüt dem Gesetz
Gottes, aber mit dem Fleisch dem Gesetz der
Sünde.

Das Leben im Geist

8 So gibt es nun keine Verdammnis für die,
die in Christus Jesus sind. 2Denn das Ge-
setz des Geistes, der lebendig macht in
Christus Jesus, hat dich frei gemacht von dem
Gesetz der Sünde und des Todes. 3Denn was
dem Gesetz unmöglich war, weil es durch das
Fleisch geschwächt war, das tat Gott: er sandte
seinen Sohn in der Gestalt des sündigen Flei-
sches und um der Sünde willen und verdammte
die Sünde im Fleisch, 4damit die Gerechtigkeit,
vom Gesetz gefordert, in uns erfüllt würde, die
wir nun nicht nach dem Fleisch leben, sondern
nach dem Geist. 5Denn die da fleischlich sind,
die sind fleischlich gesinnt; die aber geistlich
sind, die sind geistlich gesinnt. 6Aber fleischlich
gesinnt sein ist der Tod, und geistlich gesinnt sein
ist Leben und Friede. 7Denn fleischlich gesinnt
sein ist Feindschaft gegen Gott, weil das Fleisch
dem Gesetz Gottes nicht untertan ist; denn es
vermag's auch nicht. 8Die aber fleischlich sind,
können Gott nicht gefallen. 9Ihr aber seid nicht
fleischlich, sondern geistlich, wenn denn Gottes
Geist in euch wohnt. Wer aber Christi Geist
nicht hat, der ist nicht sein. 10Wenn aber Christus
in euch ist, so ist der Leib zwar tot um der Sünde
willen, der Geist aber ist Leben um der Gerech-
tigkeit willen. 11Wenn nun der Geist dessen, der
Jesus von den Toten auferweckt hat, in euch
wohnt, so wird er, der Christus von den Toten
auferweckt hat, auch eure sterblichen Leiber le-
bendig machen durch seinen Geist, der in euch
wohnt.

12So sind wir nun, liebe Brüder, nicht dem
Fleisch schuldig, daß wir nach dem Fleisch leben.
13Denn wenn ihr nach dem Fleisch lebt, so wer-
det ihr sterben müssen; wenn ihr aber durch den
Geist die Taten des Fleisches tötet, so werdet ihr
leben. 14Denn welche der Geist Gottes treibt, die
sind Gottes Kinder. 15Denn ihr habt nicht einen
knechtischen Geist empfangen, daß ihr euch
abermals fürchten müßtet; sondern ihr habt ei-
nen kindlichen Geist empfangen, durch den wir
rufen: Abba, lieber Vater! 16Der Geist selbst gibt
Zeugnis unserm Geist, daß wir Gottes Kinder
sind. 17Sind wir aber Kinder, so sind wir auch Er-
ben, nämlich Gottes Erben und Miterben Christi,
wenn wir denn mit ihm leiden, damit wir auch
mit zur Herrlichkeit erhoben werden.

Hoffnung für die Schöpfung und Gewißheit des Heils

18Denn ich bin überzeugt, daß dieser Zeit Leiden
nicht ins Gewicht fallen gegenüber der Herrlich-
keit, die an uns offenbart werden soll. 19Denn
das ängstliche Harren der Kreatur wartet darauf,
daß die Kinder Gottes offenbar werden. 20Die
Schöpfung ist ja unterworfen der Vergänglichkeit
- ohne ihren Willen, sondern durch den, der sie
unterworfen hat -, doch auf Hoffnung; 21denn
auch die Schöpfung wird frei werden von der
Knechtschaft der Vergänglichkeit zu der herrli-
chen Freiheit der Kinder Gottes. 22Denn wir wis-
sen, daß die ganze Schöpfung bis zu diesem Au-
genblick mit uns seufzt und sich ängstet. 23Nicht
allein aber sie, sondern auch wir selbst, die wir
den Geist als Erstlingsgabe haben, seufzen in uns
selbst und sehnen uns nach der Kindschaft, der
Erlösung unseres Leibes. 24Denn wir sind zwar
gerettet, doch auf Hoffnung. Die Hoffnung aber,
die man sieht, ist nicht Hoffnung; denn wie kann
man auf das hoffen, was man sieht? 25Wenn wir
aber auf das hoffen, was wir nicht sehen, so war-
ten wir darauf in Geduld.

26Desgleichen hilft auch der Geist unsrer
Schwachheit auf. Denn wir wissen nicht, was wir
beten sollen, wie sich's gebührt; sondern der
Geist selbst vertritt uns mit unaussprechlichem
Seufzen. 27Der aber die Herzen erforscht, der
weiß, worauf der Sinn des Geistes gerichtet ist;
denn er vertritt die Heiligen, wie es Gott gefällt.
28Wir wissen aber, daß denen, die Gott lieben,
alle Dinge zum Besten dienen, denen, die nach
seinem Ratschluß berufen sind. 29Denn die er
ausersehen hat, die hat er auch vorherbestimmt,
daß sie gleich sein sollten dem Bild seines Soh-
nes, damit dieser der Erstgeborene sei unter vie-
len Brüdern. 30Die er aber vorherbestimmt hat,
die hat er auch berufen; die er aber berufen

Wir wissen aber, daß denen, die Gott lieben, alle Dinge zum Besten dienen.

hat, die hat er auch gerecht gemacht; die er aber gerecht gemacht hat, die hat er auch verherrlicht.

31 Was wollen wir nun hierzu sagen? Ist Gott für uns, wer kann wider uns sein? 32 Der auch seinen eigenen Sohn nicht verschont hat, sondern hat ihn für uns alle dahingegeben – wie sollte er uns mit ihm nicht alles schenken? 33 Wer will die Auserwählten Gottes beschuldigen? Gott ist hier, der gerecht macht. 34 Wer will verdammen? Christus Jesus ist hier, der gestorben ist, ja vielmehr, der auch auferweckt ist, der zur Rechten Gottes ist und uns vertritt. 35 Wer will uns scheiden von der Liebe Gottes? Trübsal oder Angst oder Verfolgung oder Hunger oder Blöße oder Gefahr oder Schwert? 36 wie geschrieben steht (Psalm 44,23): »Um deinetwillen werden wir getötet den ganzen Tag; wir sind geachtet wie Schlachtschafe.«

37 Aber in dem allen überwinden wir weit durch den, der uns geliebt hat. 38 Denn ich bin gewiß, daß weder Tod noch Leben, weder Engel noch Mächte noch Gewalten, weder Gegenwärtiges noch Zukünftiges, 39 weder Hohes noch Tiefes noch eine andere Kreatur uns scheiden kann von der Liebe Gottes, die in Christus Jesus ist, unserm Herrn.

GOTTES WEG MIT ISRAEL

(Kapitel 9–11)

Israels Gotteskindschaft

9 Ich sage die Wahrheit in Christus und lüge nicht, wie mir mein Gewissen bezeugt im heiligen Geist, 2 daß ich große Traurigkeit und Schmerzen ohne Unterlaß in meinem Herzen habe. 3 Ich selber wünschte, verflucht und von Christus getrennt zu sein für meine Brüder, die meine Stammverwandten sind nach dem Fleisch, 4 die Israeliten sind, denen die Kindschaft gehört und die Herrlichkeit und der Bund und das Gesetz und der Gottesdienst und die Verheißungen, 5 denen auch die Väter gehören, und aus denen Christus herkommt nach dem Fleisch, der da ist Gott über alles, gelobt in Ewigkeit. Amen.

Die Kinder der Verheißung als das wahre Israel

6 Aber ich sage damit nicht, daß Gottes Wort hinfällig geworden sei. Denn nicht alle sind Israeliten, die von Israel stammen; 7 auch nicht alle, die Abrahams Nachkommen sind, sind darum seine Kinder. Sondern nur »was von Isaak stammt, soll dein Geschlecht genannt werden« (1. Mose 21,12), 8 das heißt: nicht das sind Gottes Kinder, die nach dem Fleisch Kinder sind; sondern nur die Kinder der Verheißung werden als seine Nachkommenschaft anerkannt. 9 Denn dies ist ein Wort der Verheißung, da er spricht (1. Mose 18,10): »Um diese Zeit will ich kommen, und Sara soll einen Sohn haben.«

10 Aber nicht allein hier ist es so, sondern auch bei Rebekka, die von dem einen, unserm Vater Isaak, schwanger wurde. 11 Ehe die Kinder geboren waren und weder Gutes noch Böses getan hatten, da wurde, damit der Ratschluß Gottes bestehen bliebe und seine freie Wahl – 12 nicht aus Verdienst der Werke, sondern durch die Gnade des Berufenden –, zu ihr gesagt: »Der Ältere soll dienstbar werden dem Jüngeren« (1. Mose 25,23), 13 wie geschrieben steht (Maleachi 1,2.3): »Jakob habe ich geliebt, aber Esau habe ich gehaßt.«

Gottes freie Gnadenwahl

14 Was sollen wir nun hierzu sagen? Ist denn Gott ungerecht? Das sei ferne! 15 Denn er spricht zu Mose (2. Mose 33,19): »Wem ich gnädig bin, dem bin ich gnädig; und wessen ich mich erbarme, dessen erbarme ich mich.« 16 So liegt es nun nicht an jemandes Wollen oder Laufen, sondern an Gottes Erbarmen. 17 Denn die Schrift sagt zum Pharao (2. Mose 9,16): »Eben dazu habe ich dich erweckt, damit ich an dir meine Macht erweise und damit mein Name auf der ganzen Erde verkündigt werde.« 18 So erbarmt er sich nun, wessen er will, und verstockt, wen er will.

19 Nun sagst du zu mir: Warum beschuldigt er uns dann noch? Wer kann seinem Willen widerstehen? 20 Ja, lieber Mensch, wer bist du denn, daß du mit Gott rechten willst? Spricht auch ein Werk zu seinem Meister: Warum machst du mich so? 21 Hat nicht ein Töpfer Macht über den Ton, aus demselben Klumpen ein Gefäß zu ehrenvollem und ein anderes zu nicht ehrenvollem Gebrauch zu machen? 22 Da Gott seinen Zorn erzeigen und seine Macht kundtun wollte, hat er mit großer Geduld ertragen die Gefäße

Ja, lieber Mensch, wer bist du denn, daß du mit Gott rechten willst?

des Zorns, die zum Verderben bestimmt waren,
[23]damit er den Reichtum seiner Herrlichkeit
kundtue an den Gefäßen der Barmherzigkeit, die
er zuvor bereitet hatte zur Herrlichkeit. [24]Dazu
hat er uns berufen, nicht allein aus den Juden,
sondern auch aus den Heiden. [25]Wie er denn
auch durch Hosea spricht (Hosea 2,25; 2,1):

> »Ich will das mein Volk nennen, das nicht
> mein Volk war,
> und meine Geliebte, die nicht meine Geliebte war.«
> [26]»Und es soll geschehen: Anstatt daß zu
> ihnen gesagt wurde:
> ,Ihr seid nicht mein Volk',
> sollen sie Kinder des lebendigen Gottes genannt werden.«

[27]Jesaja aber ruft aus über Israel
(Jesaja 10,22.23):

> »Wenn die Zahl der Israeliten wäre wie der
> Sand am Meer,
> so wird doch nur ein Rest gerettet werden;
> [28]denn der Herr wird sein Wort, indem er
> vollendet und scheidet, ausrichten auf Erden.«

[29]Und wie Jesaja vorausgesagt hat (Jesaja 1,9):

> »Wenn uns nicht der Herr Zebaoth Nachkommen übriggelassen hätte,
> so wären wir wie Sodom geworden und wie
> Gomorra.«

Gesetzesgerechtigkeit und Glaubensgerechtigkeit

[30]Was sollen wir nun hierzu sagen? Das wollen
wir sagen: Die Heiden, die nicht nach der Gerechtigkeit trachteten, haben die Gerechtigkeit
erlangt; ich rede aber von der Gerechtigkeit, die
aus dem Glauben kommt. [31]Israel aber hat nach
dem Gesetz der Gerechtigkeit getrachtet und hat
es doch nicht erreicht. [32]Warum das? Weil es die
Gerechtigkeit nicht aus dem Glauben sucht, sondern als komme sie aus den Werken. Sie haben
sich gestoßen an dem Stein des Anstoßes, [33]wie
geschrieben steht (Jesaja 8,14; 28,16):

> »Siehe, ich lege in Zion einen Stein des
> Anstoßes
> und einen Fels des Ärgernisses;
> und wer an ihn glaubt,
> der soll nicht zuschanden werden.«

10 Liebe Brüder, meines Herzens
Wunsch ist, und ich flehe auch zu
Gott für sie, daß sie gerettet werden.
[2]Denn ich bezeuge ihnen, daß sie Eifer für Gott haben, aber ohne Einsicht. [3]Denn sie
erkennen die Gerechtigkeit nicht, die vor Gott
gilt, und suchen ihre eigene Gerechtigkeit aufzurichten und sind so der Gerechtigkeit Gottes
nicht untertan. [4]Denn Christus ist des Gesetzes
Ende; wer an den glaubt, der ist gerecht.

[5]Mose nämlich schreibt von der Gerechtigkeit,
die aus dem Gesetz kommt (3. Mose 18,5): »Der
Mensch, der das tut, wird dadurch leben.« [6]Aber
die Gerechtigkeit aus dem Glauben spricht so (5.
Mose 30,11-14): »Sprich nicht in deinem Herzen: Wer will hinauf gen Himmel fahren?« -
nämlich um Christus herabzuholen - [7]oder:
»Wer will hinab in die Tiefe fahren?« - nämlich
um Christus von den Toten heraufzuholen -,
[8]sondern was sagt sie? »Das Wort ist dir nahe, in
deinem Munde und in deinem Herzen.« Dies ist
das Wort vom Glauben, das wir predigen. [9]Denn
wenn du mit deinem Munde bekennst, daß Jesus
der Herr ist, und in deinem Herzen glaubst, daß
ihn Gott von den Toten auferweckt hat, so wirst
du gerettet. [10]Denn wenn man von Herzen
glaubt, so wird man gerecht; und wenn man mit
dem Munde bekennt, so wird man gerettet.

**Wenn man von Herzen glaubt,
so wird man gerecht.**

[11]Denn die Schrift spricht (Jesaja 28,16): »Wer
an ihn glaubt, wird nicht zuschanden werden.«
[12]Es ist hier kein Unterschied zwischen Juden
und Griechen; es ist über alle derselbe Herr,
reich für alle, die ihn anrufen. [13]Denn »wer den
Namen des Herrn anrufen wird, soll gerettet
werden« (Joel 3,5).

Israel hat keine Entschuldigung

[14]Wie sollen sie aber den anrufen, an den sie
nicht glauben? Wie sollen sie aber an den glauben, von dem sie nichts gehört haben? Wie sollen sie aber hören ohne Prediger? [15]Wie sollen
sie aber predigen, wenn sie nicht gesandt werden? Wie denn geschrieben steht (Jesaja 52,7):
»Wie lieblich sind die Füße der Freudenboten,
die das Gute verkündigen!« [16]Aber nicht alle
sind dem Evangelium gehorsam. Denn Jesaja

spricht (Jesaja 53,1): »Herr, wer glaubt unserm
Predigen?« [17]So kommt der Glaube aus der Pre-
digt, das Predigen aber durch das Wort Christi.
[18]Ich frage aber: Haben sie es nicht gehört?
Doch,

> es ist ja »in alle Lande ausgegangen ihr Schall
> und ihr Wort bis an die Enden der Welt« (Psalm 19,5).

[19]Ich frage aber: Hat es Israel nicht verstanden?
Als erster spricht Mose (5. Mose 32,21):

> »Ich will euch eifersüchtig machen auf ein Nicht-Volk;
> und über ein unverständiges Volk will ich euch zornig machen.«

[20]Jesaja aber wagt zu sagen (Jesaja 65,1):

> »Ich ließ mich finden von denen, die mich nicht suchten,
> und erschien denen, die nicht nach mir fragten.«

[21]Zu Israel aber spricht er (Jesaja 65,2): »Den
ganzen Tag habe ich meine Hände ausgestreckt
nach dem Volk, das sich nichts sagen läßt und
widerspricht.«

Nicht ganz Israel ist verstockt

11 So frage ich nun: Hat denn Gott sein
Volk verstoßen? Das sei ferne! Denn
ich bin auch ein Israelit, vom Ge-
schlecht Abrahams, aus dem Stamm Benjamin.
[2]Gott hat sein Volk nicht verstoßen, das er zuvor
erwählt hat. Oder wißt ihr nicht, was die Schrift
sagt von Elia, wie er vor Gott tritt gegen Israel
und spricht (1. Könige 19,10): [3]»Herr, sie haben
deine Propheten getötet und haben deine Altäre
zerbrochen, und ich bin allein übriggeblieben,
und sie trachten mir nach dem Leben«? [4]Aber
was sagt ihm die göttliche Antwort? (1. Könige
19,18): »Ich habe mir übriggelassen siebentau-
send Mann, die ihre Knie nicht gebeugt haben
vor dem Baal.« [5]So geht es auch jetzt zu dieser
Zeit, daß einige übriggeblieben sind nach der
Wahl der Gnade. [6]Ist's aber aus Gnade, so ist's
nicht aus Verdienst der Werke; sonst wäre Gna-
de nicht Gnade. [7]Wie nun? Was Israel sucht, das
hat es nicht erlangt; die Auserwählten aber ha-
ben es erlangt. Die andern sind verstockt, [8]wie
geschrieben steht (Jesaja 29,10):

> »Gott hat ihnen einen Geist der Betäubung gegeben,
> Augen, daß sie nicht sehen, und Ohren, daß sie nicht
> hören, bis auf den heutigen Tag.«

[9]Und David spricht (Psalm 69,23.24):

> »Laß ihren Tisch zur Falle werden
> und zu einer Schlinge und ihnen zum Anstoß und zur Vergeltung.
> [10]Ihre Augen sollen finster werden, daß sie nicht sehen,
> und ihren Rücken beuge allezeit.«

Die Berufung der Heiden als Hoffnung für Israel

[11]So frage ich nun: Sind sie gestrauchelt, damit
sie fallen? Das sei ferne! Sondern durch ihren
Fall ist den Heiden das Heil widerfahren, damit
Israel ihnen nacheifern sollte. [12]Wenn aber schon
ihr Fall Reichtum für die Welt ist und ihr Schade
Reichtum für die Heiden, wieviel mehr wird es
Reichtum sein, wenn ihre Zahl voll wird.

[13]Euch Heiden aber sage ich: Weil ich Apo-
stel der Heiden bin, preise ich mein Amt, [14]ob
ich vielleicht meine Stammverwandten zum
Nacheifern reizen und einige von ihnen retten
könnte. [15]Denn wenn ihre Verwerfung die Ver-
söhnung der Welt ist, was wird ihre Annahme
anderes sein als Leben aus den Toten! [16]Ist die
Erstlingsgabe vom Teig heilig, so ist auch der
ganze Teig heilig; und wenn die Wurzel heilig ist,
so sind auch die Zweige heilig.

Warnung an die Heidenchristen vor Überheblichkeit

[17]Wenn aber nun einige von den Zweigen ausge-
brochen wurden und du, der du ein wilder Öl-
zweig warst, in den Ölbaum eingepfropft worden
bist und teilbekommen hast an der Wurzel und
dem Saft des Ölbaums, [18]so rühme dich nicht ge-
genüber den Zweigen. Rühmst du dich aber, so
sollst du wissen, daß nicht du die Wurzel trägst,
sondern die Wurzel trägt dich. [19]Nun sprichst du:
Die Zweige sind ausgebrochen worden, damit ich
eingepfropft würde. [20]Ganz recht! Sie wurden
ausgebrochen um ihres Unglaubens willen; du
aber stehst fest durch den Glauben. Sei nicht
stolz, sondern fürchte dich! [21]Hat Gott die natür-
lichen Zweige nicht verschont, wird er dich doch
wohl auch nicht verschonen. [22]Darum sieh die
Güte und den Ernst Gottes: den Ernst gegen-
über denen, die gefallen sind, die Güte Gottes
aber dir gegenüber, sofern du bei seiner Güte
bleibst; sonst wirst du auch abgehauen werden.
[23]Jene aber, sofern sie nicht im Unglauben blei-

ben, werden eingepfropft werden; denn Gott
kann sie wieder einpfropfen. [24]Denn wenn du
aus dem Ölbaum, der von Natur wild war, abge-
hauen und wider die Natur in den edlen Ölbaum
eingepfropft worden bist, wieviel mehr werden
die natürlichen Zweige wieder eingepfropft wer-
den in ihren eigenen Ölbaum.

Israels endliche Errettung

[25]Ich will euch, liebe Brüder, dieses Geheimnis
nicht verhehlen, damit ihr euch nicht selbst für
klug haltet: Verstockung ist einem Teil Israels
widerfahren, so lange bis die Fülle der Heiden
zum Heil gelangt ist; [26]und so wird ganz Israel
gerettet werden, wie geschrieben steht (Jesaja
59,20; Jeremia 31,33):

»Es wird kommen aus Zion der Erlöser,
der abwenden wird alle Gottlosigkeit von
Jakob.
[27]Und dies ist mein Bund mit ihnen,
wenn ich ihre Sünden wegnehmen werde.«

[28]Im Blick auf das Evangelium sind sie zwar
Feinde um euretwillen; aber im Blick auf die Er-
wählung sind sie Geliebte um der Väter willen.
[29]Denn Gottes Gaben und Berufung können ihn
nicht gereuen. [30]Denn wie ihr zuvor Gott unge-
horsam gewesen seid, nun aber Barmherzigkeit
erlangt habt wegen ihres Ungehorsams, [31]so sind
auch jene jetzt ungehorsam geworden wegen der
Barmherzigkeit, die euch widerfahren ist, damit
auch sie jetzt Barmherzigkeit erlangen. [32]Denn
Gott hat alle eingeschlossen in den Ungehorsam,
damit er sich aller erbarme.

Lobpreis der Wunderwege Gottes

[33]O welch eine Tiefe des Reichtums,
beides, der Weisheit und der Erkenntnis
Gottes!

Tiefe des Reichtums

Paulus beschließt seine Gedanken über das Heil Israels (Kapitel 9-11) mit einem Lobpreis. Oft stößt er mit seinem Denken an Grenzen. Dann geht seine Sprache über in Staunen und Anbetung.

Wie unbegreiflich sind seine Gerichte
und unerforschlich seine Wege!
[34]Denn »wer hat des Herrn Sinn erkannt,
oder wer ist sein Ratgeber gewesen?«
(Jesaja 40,13)
[35]Oder »wer hat ihm etwas zuvor gegeben,
daß Gott es ihm vergelten müßte?«
(Hiob 41,3)
[36]Denn von ihm und durch ihn und zu ihm
sind alle Dinge.
Ihm sei Ehre in Ewigkeit! Amen.

Wie unerforschlich sind seine Wege!

Das Leben als Gottesdienst

12 Ich ermahne euch nun, liebe Brüder,
durch die Barmherzigkeit Gottes, daß
ihr eure Leiber hingebt als ein Opfer,
das lebendig, heilig und Gott wohlgefällig ist.
Das sei euer vernünftiger Gottesdienst. [2]Und

Laßt euer Leben von Gott gestalten

stellt euch nicht dieser Welt gleich, sondern än-
dert euch durch Erneuerung eures Sinnes, damit
ihr prüfen könnt, was Gottes Wille ist, nämlich
das Gute und Wohlgefällige und Vollkommene.

Die Gnadengaben im Dienst der Gemeinde

3 Denn ich sage durch die Gnade, die mir gege-
ben ist, jedem unter euch, daß niemand mehr
von sich halte, als sich's gebührt zu halten, son-
dern daß er maßvoll von sich halte, ein jeder, wie
Gott das Maß des Glaubens ausgeteilt hat.
4 Denn wie wir an einem Leib viele Glieder ha-
ben, aber nicht alle Glieder dieselbe Aufgabe ha-
ben, 5 so sind wir viele ein Leib in Christus, aber
untereinander ist einer des andern Glied, 6 und
haben verschiedene Gaben nach der Gnade, die
uns gegeben ist. Ist jemand prophetische Rede
gegeben, so übe er sie dem Glauben gemäß. 7 Ist
jemand ein Amt gegeben, so diene er. Ist jemand
Lehre gegeben, so lehre er. 8 Ist jemand Ermah-
nung gegeben, so ermahne er. Gibt jemand, so
gebe er mit lauterem Sinn. Steht jemand der Ge-
meinde vor, so sei er sorgfältig. Übt jemand
Barmherzigkeit, so tue er's gern.

Das Leben der Gemeinde

9 Die Liebe sei ohne Falsch. Haßt das Böse, hängt
dem Guten an. 10 Die brüderliche Liebe unterein-
ander sei herzlich. Einer komme dem andern mit
Ehrerbietung zuvor. 11 Seid nicht träge in dem,
was ihr tun sollt. Seid brennend im Geist. Dient
dem Herrn. 12 Seid fröhlich in Hoffnung, geduldig
in Trübsal, beharrlich im Gebet. 13 Nehmt euch
der Nöte der Heiligen an. Übt Gastfreundschaft.
14 Segnet, die euch verfolgen; segnet, und flucht
nicht. 15 Freut euch mit den Fröhlichen und weint
mit den Weinenden. 16 Seid eines Sinnes unter-
einander. Trachtet nicht nach hohen Dingen,
sondern haltet euch herunter zu den geringen.
Haltet euch nicht selbst für klug. 17 Vergeltet nie-
mand Böses mit Bösem. Seid auf Gutes bedacht
gegenüber jedermann. 18 Ist's möglich, soviel an

Vergeltet niemand Böses mit Bösem.

euch liegt, so habt mit allen Menschen Frieden.
19 Rächt euch nicht selbst, meine Lieben, sondern
gebt Raum dem Zorn Gottes; denn es steht ge-
schrieben (5. Mose 32,35): »Die Rache ist mein;
ich will vergelten, spricht der Herr.« 20 Vielmehr,
»wenn deinen Feind hungert, gib ihm zu essen;
dürstet ihn, gib ihm zu trinken. Wenn du das
tust, so wirst du feurige Kohlen auf sein Haupt
sammeln« (Sprüche 25,21.22). 21 Laß dich nicht
vom Bösen überwinden, sondern überwinde das
Böse mit Gutem.

Die Stellung zur staatlichen Gewalt

13 Jedermann sei untertan der Obrig-
keit, die Gewalt über ihn hat. Denn
es ist keine Obrigkeit außer von Gott;
wo aber Obrigkeit ist, die ist von Gott angeord-

Ehre, dem die Ehre gebührt.

net. 2 Wer sich nun der Obrigkeit widersetzt, der
widerstrebt der Anordnung Gottes; die ihr aber
widerstreben, ziehen sich selbst das Urteil zu.
3 Denn vor denen, die Gewalt haben, muß man
sich nicht fürchten wegen guter, sondern wegen
böser Werke. Willst du dich aber nicht fürchten
vor der Obrigkeit, so tue Gutes; so wirst du Lob
von ihr erhalten. 4 Denn sie ist Gottes Dienerin,
dir zugut. Tust du aber Böses, so fürchte dich;
denn sie trägt das Schwert nicht umsonst: sie ist
Gottes Dienerin und vollzieht das Strafgericht an
dem, der Böses tut. 5 Darum ist es notwendig,
sich unterzuordnen, nicht allein um der Strafe,
sondern auch um des Gewissens willen. 6 Deshalb
zahlt ihr ja auch Steuer; denn sie sind Gottes
Diener, auf diesen Dienst beständig bedacht. 7 So
gebt nun jedem, was ihr schuldig seid: Steuer,
dem die Steuer gebührt; Zoll, dem der Zoll ge-
bührt; Furcht, dem die Furcht gebührt; Ehre,
dem die Ehre gebührt.

Die Liebe als Erfüllung des Gesetzes

8 Seid niemand etwas schuldig, außer, daß ihr
euch untereinander liebt; denn wer den andern
liebt, der hat das Gesetz erfüllt. 9 Denn was da
gesagt ist (2. Mose 20,13-17): »Du sollst nicht
ehebrechen; du sollst nicht töten; du sollst nicht
stehlen; du sollst nicht begehren«, und was da
sonst an Geboten ist, das wird in diesem Wort
zusammengefaßt (3. Mose 19,18): »Du sollst
deinen Nächsten lieben wie dich selbst.« 10 Die
Liebe tut dem Nächsten nichts Böses. So ist nun
die Liebe des Gesetzes Erfüllung.

Leben im Licht des kommenden Tages

[11]Und das tut, weil ihr die Zeit erkennt, nämlich daß die Stunde da ist, aufzustehen vom Schlaf, denn unser Heil ist jetzt näher als zu der Zeit, da wir gläubig wurden. [12]Die Nacht ist vorgerückt, der Tag aber nahe herbeigekommen. So laßt uns ablegen die Werke der Finsternis und anlegen die Waffen des Lichts. [13]Laßt uns ehrbar leben wie am Tage, nicht in Fressen und Saufen, nicht in Unzucht und Ausschweifung, nicht in Hader und Eifersucht; [14]sondern zieht an den Herrn Jesus Christus und sorgt für den Leib nicht so, daß ihr den Begierden verfallt.

Von den Schwachen und Starken im Glauben

14 Den Schwachen im Glauben nehmt an und streitet nicht über Meinungen. [2]Der eine glaubt, er dürfe alles essen; wer aber schwach ist, der ißt kein Fleisch. [3]Wer ißt, der verachte den nicht, der nicht ißt; und wer nicht ißt, der richte den nicht, der ißt; denn Gott hat ihn angenommen. [4]Wer bist du, daß du einen fremden Knecht richtest? Er steht oder fällt seinem Herrn. Er wird aber stehen bleiben; denn der Herr kann ihn aufrecht halten. [5]Der eine hält einen Tag für höher als den andern; der andere aber hält alle Tage für gleich. Ein jeder sei in seiner Meinung gewiß. [6]Wer auf den Tag achtet, der tut's im Blick auf den Herrn; wer ißt, der ißt im Blick auf den Herrn, denn er dankt Gott; und wer nicht ißt, der ißt im Blick auf den Herrn nicht und dankt Gott auch. [7]Denn unser keiner lebt sich selber, und keiner stirbt sich selber. [8]Leben wir, so leben wir dem Herrn; sterben wir, so sterben wir dem Herrn. Darum: wir leben oder sterben, so sind wir des Herrn. [9]Denn dazu ist Christus gestorben und wieder lebendig geworden, daß er über Tote und Lebende Herr sei.

[10]Du aber, was richtest du deinen Bruder? Oder du, was verachtest du deinen Bruder? Wir werden alle vor den Richterstuhl Gottes gestellt werden. [11]Denn es steht geschrieben (Jesaja 45,23): »So wahr ich lebe, spricht der Herr, mir sollen sich alle Knie beugen, und alle Zungen sollen Gott bekennen.« [12]So wird nun jeder von uns für sich selbst Gott Rechenschaft geben. [13]Darum laßt uns nicht mehr einer den andern richten; sondern richtet vielmehr darauf euren Sinn, daß niemand seinem Bruder einen Anstoß oder Ärgernis bereite.

[14]Ich weiß und bin gewiß in dem Herrn Jesus, daß nichts unrein ist an sich selbst; nur für den, der es für unrein hält, ist es unrein. [15]Wenn aber dein Bruder wegen deiner Speise betrübt wird, so handelst du nicht mehr nach der Liebe. Bringe nicht durch deine Speise den ins Verderben, für den Christus gestorben ist. [16]Es soll doch nicht verlästert werden, was ihr Gutes habt. [17]Denn das Reich Gottes ist nicht Essen und Trinken, sondern Gerechtigkeit und Friede und Freude in dem heiligen Geist. [18]Wer darin Christus dient, der ist Gott wohlgefällig und bei den Menschen geachtet.

Das Reich Gottes ist nicht Essen und Trinken.

[19]Darum laßt uns dem nachstreben, was zum Frieden dient und zur Erbauung untereinander. [20]Zerstöre nicht um der Speise willen Gottes Werk. Es ist zwar alles rein; aber es ist nicht gut für den, der es mit schlechtem Gewissen ißt. [21]Es ist besser, du ißt kein Fleisch und trinkst keinen Wein und tust nichts, woran sich dein Bruder stößt. [22]Den Glauben, den du hast, behalte bei dir selbst vor Gott. Selig ist, der sich selbst nicht zu verurteilen braucht, wenn er sich prüft. [23]Wer aber dabei zweifelt und dennoch ißt, der ist gerichtet, denn es kommt nicht aus dem Glauben. Was aber nicht aus dem Glauben kommt, das ist Sünde.

15 Wir aber, die wir stark sind, sollen das Unvermögen der Schwachen tragen und nicht Gefallen an uns selber haben. [2]Jeder von uns lebe so, daß er seinem Nächsten gefalle zum Guten und zur Erbauung. [3]Denn auch Christus hatte nicht an sich selbst Gefallen, sondern wie geschrieben steht (Psalm 69,10): »Die Schmähungen derer, die dich schmähen, sind auf mich gefallen.« [4]Denn was zuvor geschrieben ist, das ist uns zur Lehre geschrieben, damit wir durch Geduld und den Trost der Schrift Hoffnung haben. [5]Der Gott aber der Geduld und des Trostes gebe euch, daß ihr einträchtig gesinnt seid untereinander, Christus Jesus gemäß, [6]damit ihr einmütig mit einem Munde Gott lobt, den Vater unseres Herrn Jesus Christus.

[7]Darum nehmt einander an, wie Christus euch angenommen hat zu Gottes Lob. [8]Denn ich

Darum nehmt einander an, wie Christus euch angenommen hat zu Gottes Lob.

sage: Christus ist ein Diener der Juden geworden
um der Wahrhaftigkeit Gottes willen, um die
Verheißungen zu bestätigen, die den Vätern ge-
geben sind; 9die Heiden aber sollen Gott loben
um der Barmherzigkeit willen, wie geschrieben
steht (Psalm 18,50):
»Darum will ich dich loben unter den
Heiden
und deinem Namen singen.«
10Und wiederum heißt es (5. Mose 32,43):
»Freut euch, ihr Heiden, mit seinem
Volk!«
11Und wiederum (Psalm 117,1):
»Lobet den Herrn, alle Heiden,
und preist ihn, alle Völker!«
12Und wiederum spricht Jesaja (Jesaja 11,10):
»Es wird kommen der Sproß aus der Wur-
zel Isais
und wird aufstehen, um zu herrschen über
die Heiden; auf den werden die Heiden
hoffen.«
13Der Gott der Hoffnung aber erfülle euch mit
aller Freude und Frieden im Glauben, daß ihr
immer reicher werdet an Hoffnung durch die
Kraft des heiligen Geistes.

Die Vollmacht des Apostels

14Ich weiß aber selbst sehr wohl von euch, liebe
Brüder, daß auch ihr selber voll Güte seid, erfüllt
mit aller Erkenntnis, so daß ihr euch untereinan-
der ermahnen könnt. 15Ich habe es aber dennoch
gewagt und euch manches geschrieben, um euch
zu erinnern kraft der Gnade, die mir von Gott
gegeben ist, 16damit ich ein Diener Christi Jesu
unter den Heiden sei, um das Evangelium Gottes
priesterlich auszurichten, damit die Heiden ein
Opfer werden, das Gott wohlgefällig ist, geheiligt
durch den heiligen Geist. 17Darum kann ich mich
rühmen in Christus Jesus vor Gott. 18Denn ich
werde nicht wagen, von etwas zu reden, das nicht
Christus durch mich gewirkt hat, um die Heiden
zum Gehorsam zu bringen durch Wort und
Werk, 19in der Kraft von Zeichen und Wundern
und in der Kraft des Geistes Gottes. So habe ich
von Jerusalem aus ringsumher bis nach Illyrien
das Evangelium von Christus voll ausgerichtet.
20Dabei habe ich meine Ehre darein gesetzt, das
Evangelium zu predigen, wo Christi Name noch
nicht bekannt war, damit ich nicht auf einen
fremden Grund baute, 21sondern ich habe getan,
wie geschrieben steht (Jesaja 52,15):
»Denen nichts von ihm verkündigt
worden ist,
die sollen sehen,
und die nichts gehört haben,
sollen verstehen.«

Reisepläne des Apostels

22Das ist auch der Grund, warum ich so viele
Male daran gehindert worden bin, zu euch zu
kommen. 23Nun aber habe ich keine Aufgabe
mehr in diesen Ländern, habe aber seit vielen
Jahren das Verlangen, zu euch zu kommen,
24wenn ich nach Spanien reisen werde. Denn ich
hoffe, daß ich bei euch durchreisen und euch se-
hen kann und von euch dorthin weitergeleitet
werde, doch so, daß ich mich zuvor ein wenig an
euch erquicke. 25Jetzt aber fahre ich hin nach Je-
rusalem, um den Heiligen zu dienen. 26Denn die
in Mazedonien und Achaja haben willig eine ge-
meinsame Gabe zusammengelegt für die Armen
unter den Heiligen in Jerusalem. 27Sie haben's
willig getan und sind auch ihre Schuldner. Denn
wenn die Heiden an ihren geistlichen Gütern
Anteil bekommen haben, ist es recht und billig,
daß sie ihnen auch mit leiblichen Gütern Dienst
erweisen. 28Wenn ich das nun ausgerichtet und

Der Gott des Friedens aber sei mit euch allen! Amen.

ihnen diesen Ertrag zuverlässig übergeben habe,
will ich von euch aus nach Spanien ziehen. 29Ich
weiß aber, wenn ich zu euch komme, daß ich mit
dem vollen Segen Christi kommen werde.

30Ich ermahne euch aber, liebe Brüder, durch
unsern Herrn Jesus Christus und durch die Liebe
des Geistes, daß ihr mir kämpfen helft durch eu-
re Gebete für mich zu Gott, 31damit ich errettet
werde von den Ungläubigen in Judäa und mein
Dienst, den ich für Jerusalem tue, den Heiligen
willkommen sei, 32damit ich mit Freuden zu euch
komme nach Gottes Willen und mich mit euch
erquicke. 33Der Gott des Friedens aber sei mit
euch allen! Amen.

Empfehlung der Phöbe. Grüße

16 Ich befehle euch unsere Schwester
Phöbe an, die im Dienst der Gemein-
de von Kenchreä ist, [2]daß ihr sie auf-
nehmt in dem Herrn, wie sich's ziemt für die
Heiligen, und ihr beisteht in jeder Sache, in der
sie euch braucht; denn auch sie hat vielen beige-
standen, auch mir selbst.
[3]Grüßt die Priska und den Aquila, meine Mit-
arbeiter in Christus Jesus, [4]die für mein Leben
ihren Hals hingehalten haben, denen nicht allein
ich danke, sondern alle Gemeinden unter den
Heiden. [5]Grüßt auch die Gemeinde in ihrem
Hause. Grüßt Epänetus, meinen Lieben, der aus
der Provinz Asien der Erstling für Christus ist.
[6]Grüßt Maria, die viel Mühe und Arbeit um euch
gehabt hat. [7]Grüßt Andronikus und Junias, mei-
ne Stammverwandten und Mitgefangenen, die
berühmt sind unter den Aposteln und schon vor
mir in Christus gewesen sind. [8]Grüßt Ampliatus,
meinen Lieben in dem Herrn. [9]Grüßt Urbanus,
unsern Mitarbeiter in Christus, und Stachys, mei-
nen Lieben. [10]Grüßt Apelles, den Bewährten in
Christus. Grüßt die aus dem Haus des Aristobul.
[11]Grüßt Herodion, meinen Stammverwandten.
Grüßt die aus dem Haus des Narzissus, die in
dem Herrn sind. [12]Grüßt die Tryphäna und die
Tryphosa, die in dem Herrn arbeiten. Grüßt die
Persis, meine Liebe, die sich viel gemüht hat im
Dienst des Herrn. [13]Grüßt Rufus, den Auser-
wählten in dem Herrn, und seine Mutter, die
auch mir eine Mutter geworden ist. [14]Grüßt
Asynkritus, Phlegon, Hermes, Patrobas, Hermas
und die Brüder bei ihnen. [15]Grüßt Philologus
und Julia, Nereus und seine Schwester und
Olympas und alle Heiligen bei ihnen. [16]Grüßt
euch untereinander mit dem heiligen Kuß. Es
grüßen euch alle Gemeinden Christi.

Warnung vor Irrlehrern

[17]Ich ermahne euch aber, liebe Brüder, daß ihr
euch in acht nehmt vor denen, die Zwietracht
und Ärgernis anrichten entgegen der Lehre, die
ihr gelernt habt, und euch von ihnen abwendet.
[18]Denn solche dienen nicht unserm Herrn Chri-
stus, sondern ihrem Bauch; und durch süße Wor-
te und prächtige Reden verführen sie die Herzen
der Arglosen. [19]Denn euer Gehorsam ist bei al-

Paulus plant eine neue Missionsreise

len bekannt geworden. Deshalb freue ich mich über euch; ich will aber, daß ihr weise seid zum Guten, aber geschieden vom Bösen.
20Der Gott des Friedens aber wird den Satan unter eure Füße treten in Kürze. Die Gnade unseres Herrn Jesus Christus sei mit euch!

Grüße der Mitarbeiter

21Es grüßen euch Timotheus, mein Mitarbeiter, und Luzius, Jason und, Sosipater, meine Stammverwandten.
22Ich, Tertius, der ich diesen Brief geschrieben habe, grüße euch in dem Herrn.
23Es grüßt euch Gajus, mein und der ganzen Gemeinde Gastgeber. Es grüßt euch Erastus, der Stadtkämmerer, und Quartus, der Bruder.

Lobpreis Gottes

25Dem aber, der euch stärken kann gemäß meinem Evangelium und der Predigt von Jesus Christus, durch die das Geheimnis offenbart ist, das seit ewigen Zeiten verschwiegen war,
26nun aber offenbart und kundgemacht ist durch die Schriften der Propheten nach dem Befehl des ewigen Gottes, den Gehorsam des Glaubens aufzurichten unter allen Heiden:
27dem Gott, der allein weise ist, sei Ehre durch Jesus Christus in Ewigkeit! Amen.

Dem Gott, der allein weise ist, sei Ehre.

Der 1. Brief von Paulus an die

Korinther

Einführung

Über die Entstehung der christlichen Gemeinde in der großen griechischen Hafen- und Handelsstadt Korinth berichtet Lukas in Apg. 18,1-18. Die Briefe an diese Gemeinde mußten schon früh auf Fragen und ungelöste Probleme eingehen, denn trotz der längeren Lehrtätigkeit von Paulus und Apollos in Korinth schaffte die junge Gemeinde es nicht, ihr weiteres Leben ohne Hilfe von außen zu gestalten. Es gab zu viele Meinungen und Lebensstile. Paulus und die Gemeinde hatten schon vorher darüber korrespondiert (vgl. Kap. 5,9 und 7,1).

Einige brennende Fragen, die Paulus nun anspricht, betreffen die Parteienbildung innerhalb der Gemeinde, die Gestaltung des gottesdienstlichen Lebens und des Abendmahls sowie Unklarheiten in sexuellen Beziehungen, in Ehe und Ledigsein. Schließlich muß Paulus unterschiedliche Auffassungen über Geistesgaben und über die Auferstehung klären.

Der 1. Korintherbrief enthält eins der schönsten Kapitel der Bibel, das sogenannte »Hohelied der Liebe« (Kap. 13) und ein großartiges Bild vom Leben in der Gemeinde, dem Leib Christi (Kap. 12).

Überblick

1 Paulus, berufen zum Apostel Christi Jesu
durch den Willen Gottes, und Sosthenes,
unser Bruder, [2]an die Gemeinde Gottes in
Korinth, an die Geheiligten in Christus Jesus, die
berufenen Heiligen samt allen, die den Namen
unsres Herrn Jesus Christus anrufen an jedem
Ort, bei ihnen und bei uns:
[3]Gnade sei mit euch und Friede von Gott, unserm Vater, und dem Herrn Jesus Christus!

Dank für die Gemeinde in Korinth

[4]Ich danke meinem Gott allezeit euretwegen für
die Gnade Gottes, die euch gegeben ist in Christus Jesus, [5]daß ihr durch ihn in allen Stücken
reich gemacht seid, in aller Lehre und in aller
Erkenntnis. [6]Denn die Predigt von Christus ist in
euch kräftig geworden, [7]so daß ihr keinen Man-

gel habt an irgendeiner Gabe und wartet nur auf
die Offenbarung unseres Herrn Jesus Christus.
[8]Der wird euch auch fest erhalten bis ans Ende,
daß ihr untadelig seid am Tag unseres Herrn Je-
sus Christus. [9]Denn Gott ist treu, durch den ihr
berufen seid zur Gemeinschaft seines Sohnes Je-
sus Christus, unseres Herrn.

Spaltungen in der Gemeinde

[10]Ich ermahne euch aber, liebe Brüder, im Na-
men unseres Herrn Jesus Christus, daß ihr alle
mit einer Stimme redet und laßt keine Spaltun-
gen unter euch sein, sondern haltet aneinander
fest in einem Sinn und in einer Meinung. [11]Denn

Laßt keine Spaltungen unter euch sein.

es ist mir bekannt geworden über euch, liebe
Brüder, durch die Leute der Chloë, daß Streit
unter euch ist. [12]Ich meine aber dies, daß unter
euch der eine sagt: Ich gehöre zu Paulus, der an-
dere: Ich zu Apollos, der dritte: Ich zu Kephas,
der vierte: Ich zu Christus. [13]Wie? Ist Christus et-
wa zerteilt? Ist denn Paulus für euch gekreuzigt?
Oder seid ihr auf den Namen des Paulus getauft?
[14]Ich danke Gott, daß ich niemanden unter euch
getauft habe außer Krispus und Gajus, [15]damit
nicht jemand sagen kann, ihr wäret auf meinen
Namen getauft. [16]Ich habe aber auch Stephanas
und sein Haus getauft; sonst weiß ich nicht, ob
ich noch jemand getauft habe. [17]Denn Christus
hat mich nicht gesandt zu taufen, sondern das
Evangelium zu predigen - nicht mit klugen Wor-
ten, damit nicht das Kreuz Christi zunichte
werde.

Die Weisheit der Welt ist Torheit vor Gott

[18]Denn das Wort vom Kreuz ist eine Torheit de-
nen, die verloren werden; uns aber, die wir selig
werden, ist's eine Gotteskraft. [19]Denn es steht
geschrieben (Jesaja 29,14):

»Ich will zunichte machen die Weisheit der
Weisen,
und den Verstand der Verständigen will
ich verwerfen.«

[20]Wo sind die Klugen? Wo sind die Schriftge-
lehrten? Wo sind die Weisen dieser Welt? Hat
nicht Gott die Weisheit der Welt zur Torheit ge-
macht? [21]Denn weil die Welt, umgeben von der
Weisheit Gottes, Gott durch ihre Weisheit nicht
erkannte, gefiel es Gott wohl, durch die Torheit
der Predigt selig zu machen, die daran glauben.
[22]Denn die Juden fordern Zeichen, und die Grie-
chen fragen nach Weisheit, [23]wir aber predigen
den gekreuzigten Christus, den Juden ein Ärger-
nis und den Griechen eine Torheit; [24]denen aber,

Ärgernis
Wo die eigene religiöse Tradition (bei Juden) oder das menschliche Denkvermögen (bei Griechen) überschätzt wurde, lehnte man Christus als Ärgernis (anstößig) oder als Torheit (unvorstellbar) ab.

die berufen sind, Juden und Griechen, predigen
wir Christus als Gottes Kraft und Gottes Weis-
heit. [25]Denn die Torheit Gottes ist weiser, als die
Menschen sind, und die Schwachheit Gottes ist
stärker, als die Menschen sind.
[26]Seht doch, liebe Brüder, auf eure Berufung.
Nicht viele Weise nach dem Fleisch, nicht viele
Mächtige, nicht viele Angesehene sind berufen.
[27]Sondern was töricht ist vor der Welt, das hat
Gott erwählt, damit er die Weisen zuschanden
mache; und was schwach ist vor der Welt, das
hat Gott erwählt, damit er zuschanden mache,
was stark ist; [28]und das Geringe vor der Welt
und das Verachtete hat Gott erwählt, das, was
nichts ist, damit er zunichte mache, was etwas ist,
[29]damit sich kein Mensch vor Gott rühme.
[30]Durch ihn aber seid ihr in Christus Jesus, der
uns von Gott gemacht ist zur Weisheit und zur
Gerechtigkeit und zur Heiligung und zur Erlö-
sung, [31]damit, wie geschrieben steht (Jeremia
9,22.23): »Wer sich rühmt, der rühme sich des
Herrn!«

Die Predigt des Apostels vom Gekreuzigten

2 Auch ich, liebe Brüder, als ich zu euch
kam, kam ich nicht mit hohen Worten und
hoher Weisheit, euch das Geheimnis Got-
tes zu verkündigen. [2]Denn ich hielt es für richtig,
unter euch nichts zu wissen als allein Jesus Chri-
stus, den Gekreuzigten. [3]Und ich war bei euch in
Schwachheit und in Furcht und mit großem Zit-
tern; [4]und mein Wort und meine Predigt gescha-
hen nicht mit überredenden Worten menschli-

cher Weisheit, sondern in Erweisung des Geistes
und der Kraft, 5damit euer Glaube nicht stehe
auf Menschenweisheit, sondern auf Gottes Kraft.

Von der Weisheit Gottes

6Wovon wir aber reden, das ist dennoch Weisheit
bei den Vollkommenen; nicht eine Weisheit die-
ser Welt, auch nicht der Herrscher dieser Welt,
die vergehen. 7Sondern wir reden von der Weis-
heit Gottes, die im Geheimnis verborgen ist, die
Gott vorherbestimmt hat vor aller Zeit zu unse-
rer Herrlichkeit, 8die keiner von den Herrschern
dieser Welt erkannt hat; denn wenn sie die er-
kannt hätten, so hätten sie den Herrn der Herr-
lichkeit nicht gekreuzigt. 9Sondern es ist gekom-
men, wie geschrieben steht (Jesaja 64,3):

> »Was kein Auge gesehen hat und kein Ohr gehört hat
> und in keines Menschen Herz gekommen ist,
> was Gott bereitet hat denen, die ihn lieben.«

10Uns aber hat es Gott offenbart durch seinen
Geist; denn der Geist erforscht alle Dinge, auch
die Tiefen der Gottheit. 11Denn welcher Mensch
weiß, was im Menschen ist, als allein der Geist
des Menschen, der in ihm ist? So weiß auch nie-
mand, was in Gott ist, als allein der Geist Gottes.
12Wir aber haben nicht empfangen den Geist der
Welt, sondern den Geist aus Gott, daß wir wis-
sen können, was uns von Gott geschenkt ist.
13Und davon reden wir auch nicht mit Worten,
wie sie menschliche Weisheit lehren kann, son-
dern mit Worten, die der Geist lehrt, und deuten
geistliche Dinge für geistliche Menschen. 14Der
natürliche Mensch aber vernimmt nichts vom
Geist Gottes; es ist ihm eine Torheit, und er
kann es nicht erkennen; denn es muß geistlich
beurteilt werden. 15Der geistliche Mensch
aber beurteilt alles und und wird doch selber
von niemandem beurteilt. 16Denn »wer hat des
Herrn Sinn erkannt, oder wer will ihn unter-
weisen« (Jesaja 40,13)? Wir aber haben Christi
Sinn.

Der natürliche Mensch aber vernimmt nichts vom Geist Gottes.

Wir sind Gottes Mitarbeiter

Unmündigkeit der Korinther

3 Und ich, liebe Brüder, konnte nicht zu
euch reden wie zu geistlichen Menschen,
sondern wie zu fleischlichen, wie zu un-
mündigen Kindern in Christus. 2Milch habe ich
euch zu trinken gegeben und nicht feste Speise;
denn ihr konntet sie noch nicht vertragen. Auch
jetzt könnt ihr's noch nicht, 3weil ihr noch
fleischlich seid. Denn wenn Eifersucht und Zank
unter euch sind, seid ihr da nicht fleischlich und
lebt nach Menschenweise? 4Denn wenn der eine
sagt: Ich gehöre zu Paulus, der andere aber: Ich

zu Apollos -, ist das nicht nach Menschenweise
geredet?

Mitarbeiter Gottes

[5]Wer ist nun Apollos? Wer ist Paulus? Diener
sind sie, durch die ihr gläubig geworden seid,
und das, wie es der Herr einem jeden gegeben
hat: [6]Ich habe gepflanzt, Apollos hat begossen;
aber Gott hat das Gedeihen gegeben. [7]So ist nun
weder der pflanzt noch der begießt etwas, son-
dern Gott, der das Gedeihen gibt. [8]Der aber
pflanzt und der begießt, sind einer wie der ande-
re. Jeder aber wird seinen Lohn empfangen nach
seiner Arbeit.

[9]Denn wir sind Gottes Mitarbeiter; ihr seid
Gottes Ackerfeld und Gottes Bau. [10]Ich nach
Gottes Gnade, die mir gegeben ist, habe den
Grund gelegt als ein weiser Baumeister; ein an-
derer baut darauf. Ein jeder aber sehe zu, wie er
darauf baut. [11]Einen andern Grund kann nie-
mand legen als den, der gelegt ist, welcher ist Je-
sus Christus. [12]Wenn aber jemand auf den Grund
baut Gold, Silber, Edelsteine, Holz, Heu, Stroh,
[13]so wird das Werk eines jeden offenbar werden.
Der Tag des Gerichts wird's klar machen; denn
mit Feuer wird er sich offenbaren. Und von wel-
cher Art eines jeden Werk ist, wird das Feuer er-
weisen. [14]Wird jemandes Werk bleiben, das er
darauf gebaut hat, so wird er Lohn empfangen.
[15]Wird aber jemandes Werk verbrennen, so wird
er Schaden leiden; er selbst aber wird gerettet
werden, doch so wie durchs Feuer hindurch.

[16]Wißt ihr nicht, daß ihr Gottes Tempel seid
und der Geist Gottes in euch wohnt? [17]Wenn

Wißt ihr nicht, daß der Geist Gottes in euch wohnt?

jemand den Tempel Gottes verdirbt, den wird
Gott verderben, denn der Tempel Gottes ist hei-
lig; der seid ihr.

Kein Grund zum Ruhm

[18]Niemand betrüge sich selbst. Wer unter euch
meint, weise zu sein in dieser Welt, der werde ein
Narr, daß er weise werde. [19]Denn die Weisheit
dieser Welt ist Torheit bei Gott. Denn es steht
geschrieben (Hiob 5,13): »Die Weisen fängt er
in ihrer Klugheit«, [20]und wiederum (Psalm
94,11): »Der Herr kennt die Gedanken der Wei-
sen, daß sie nichtig sind.« [21]Darum rühme sich
niemand eines Menschen; denn alles ist euer:
[22]es sei Paulus oder Apollos oder Kephas, es sei
Welt oder Leben oder Tod, es sei Gegenwärtiges
oder Zukünftiges, alles ist euer, [23]ihr aber seid
Christi, Christus aber ist Gottes.

Kein Recht zum Richten

4 Dafür halte uns jedermann: für Diener
Christi und Haushalter über Gottes Ge-
heimnisse. [2]Nun fordert man nicht mehr
von den Haushaltern, als daß sie für treu befun-
den werden. [3]Mir aber ist's ein Geringes, daß ich
von euch gerichtet werde oder von einem
menschlichen Gericht; auch richte ich mich
selbst nicht. [4]Ich bin mir zwar nichts bewußt,
aber darin bin ich nicht gerechtfertigt; der Herr
ist's aber, der mich richtet. [5]Darum richtet nicht
vor der Zeit, bis der Herr kommt, der auch ans
Licht bringen wird, was im Finstern verborgen
ist, und wird das Trachten der Herzen offenbar
machen. Dann wird einem jeden von Gott sein
Lob zuteil werden.

Gegen die Überheblichkeit der Korinther

[6]Dies aber, liebe Brüder, habe ich im Blick auf
mich selbst und Apollos gesagt um euretwillen,
damit ihr an uns lernt, was das heißt: Nicht über
das hinaus, was geschrieben steht!, damit sich
keiner für den einen gegen den andern aufblase.
[7]Denn wer gibt dir einen Vorrang? Was hast du,
das du nicht empfangen hast? Wenn du es aber
empfangen hast, was rühmst du dich dann, als
hättest du es nicht empfangen? [8]Ihr seid schon

Was hast du, das du nicht empfangen hast?

satt geworden? Ihr seid schon reich geworden?
Ihr herrscht ohne uns? Ja, wollte Gott, ihr wür-
det schon herrschen, damit auch wir mit euch
herrschen könnten! [9]Denn ich denke, Gott hat
uns Apostel als die Allergeringsten hingestellt,
wie zum Tode Verurteilte. Denn wir sind ein
Schauspiel geworden der Welt und den Engeln
und den Menschen. [10]Wir sind Narren um Chri-
sti willen, ihr aber seid klug in Christus; wir
schwach, ihr aber stark; ihr herrlich, wir aber
verachtet. [11]Bis auf diese Stunde leiden wir Hun-
ger und Durst und Blöße und werden geschlagen

und haben keine feste Bleibe [12]und mühen uns ab mit unsrer Hände Arbeit. Man schmäht uns, so segnen wir; man verfolgt uns, so dulden wir's, [13]man verlästert uns, so reden wir freundlich. Wir sind geworden wie der Abschaum der Menschheit, jedermanns Kehricht, bis heute.

Paulus der Vater der Gemeinde in Korinth

[14]Nicht um euch zu beschämen, schreibe ich dies; sondern ich ermahne euch als meine lieben Kinder. [15]Denn wenn ihr auch zehntausend Erzieher hättet in Christus, so habt ihr doch nicht viele Väter; denn ich habe euch gezeugt in Christus Jesus durchs Evangelium. [16]Darum ermahne ich euch: Folgt meinem Beispiel! [17]Aus demselben Grund habe ich Timotheus zu euch gesandt, der mein lieber und getreuer Sohn ist in dem Herrn, damit er euch erinnere an meine Weisungen in Christus Jesus, wie ich sie überall in allen Gemeinden lehre.

[18]Es haben sich einige aufgebläht, als würde ich nicht zu euch kommen. [19]Ich werde aber, wenn der Herr will, recht bald zu euch kommen und nicht die Worte der Aufgeblasenen kennenlernen, sondern ihre Kraft. [20]Denn das Reich Gottes steht nicht in Worten, sondern in Kraft. [21]Was wollt ihr? Soll ich mit dem Stock zu euch kommen oder mit Liebe und sanftmütigem Geist?

Erzieher

Griechisch: Pädagogen. Gebildete Sklaven, die heranwachsende Jungen zu beaufsichtigen hatten, auch mit Zuchtmitteln.

Ausschluß der Unzüchtigen aus der Gemeinde

5 Überhaupt geht die Rede, daß Unzucht unter euch ist, und zwar eine solche Unzucht, wie es sie nicht einmal unter den Heiden gibt: daß einer die Frau seines Vaters hat. [2]Und ihr seid aufgeblasen und seid nicht vielmehr traurig geworden, so daß ihr den aus eurer Mitte verstoßen hättet, der diese Tat begangen hat? [3]Ich aber, der ich nicht leiblich bei euch bin, doch mit dem Geist, habe schon, als wäre ich bei euch, beschlossen über den, der solches getan hat: [4]wenn ihr in dem Namen unseres Herrn Jesus versammelt seid und mein Geist samt der Kraft unseres Herrn Jesus bei euch ist, [5]soll dieser Mensch dem Satan übergeben werden zum Verderben des Fleisches, damit der Geist gerettet werde am Tage des Herrn.

[6]Euer Rühmen ist nicht gut. Wißt ihr nicht, daß ein wenig Sauerteig den ganzen Teig durchsäuert? [7]Darum schafft den alten Sauerteig weg, damit ihr ein neuer Teig seid, wie ihr ja ungesäuert seid. Denn auch wir haben ein Passalamm, das ist Christus, der geopfert ist. [8]Darum laßt uns das Fest feiern nicht im alten Sauerteig, auch nicht im Sauerteig der Bosheit und Schlechtigkeit, sondern im ungesäuerten Teig der Lauterkeit und Wahrheit.

[9]Ich habe euch in dem Brief geschrieben, daß ihr nichts zu schaffen haben sollt mit den Unzüchtigen. [10]Damit meine ich nicht allgemein die Unzüchtigen in dieser Welt oder die Geizigen oder Räuber oder Götzendiener; sonst müßtet ihr ja die Welt räumen. [11]Vielmehr habe ich euch geschrieben: Ihr sollt nichts mit einem zu schaffen haben, der sich Bruder nennen läßt und ist ein Unzüchtiger oder ein Geiziger oder ein Götzendiener oder ein Lästerer oder ein Trunkenbold oder ein Räuber; mit so einem sollt ihr auch nicht essen. [12]Denn was gehen mich die draußen an, daß ich sie richten sollte? Habt ihr nicht die zu richten, die drinnen sind? [13]Gott aber wird, die draußen sind, richten. Verstoßt ihr den Bösen aus eurer Mitte!

Rechtssachen unter Christen

6 Wie kann jemand von euch wagen, wenn er einen Streit hat mit einem andern, sein Recht zu suchen vor den Ungerechten und nicht vor den Heiligen? [2]Wißt ihr nicht, daß die Heiligen die Welt richten werden? Wenn nun die Welt von euch gerichtet werden soll, seid ihr dann nicht gut genug, geringe Sachen zu richten? [3]Wißt ihr nicht, daß wir über Engel richten wer-

Gemeinde

Gemeinde, Kirche wurde nicht als Gebäude verstanden, sondern entweder als eine Gemeinschaft von Gläubigen an einem Ort, oder als die Gesamtheit der Christen in aller Welt.

den? Wieviel mehr über Dinge des täglichen Lebens. 4Ihr aber, wenn ihr über diese Dinge rechtet, nehmt solche, die in der Gemeinde nichts gelten, und setzt sie zu Richtern. 5Euch zur Schande muß ich das sagen. Ist denn gar kein Weiser unter euch, auch nicht einer, der zwischen Bruder und Bruder richten könnte? 6Vielmehr rechtet ein Bruder mit dem andern, und das vor Ungläubigen! 7Es ist schon schlimm genug, daß ihr miteinander rechtet. Warum laßt ihr euch nicht lieber Unrecht tun? Warum laßt ihr euch nicht lieber übervorteilen? 8Vielmehr tut ihr Unrecht und übervorteilt, und das unter Brüdern!

9Oder wißt ihr nicht, daß die Ungerechten das Reich Gottes nicht ererben werden? Laßt euch nicht irreführen! Weder Unzüchtige noch Götzendiener, Ehebrecher, Lustknaben, Knabenschänder, 10Diebe, Geizige, Trunkenbolde, Lästerer oder Räuber werden das Reich Gottes ererben. 11Und solche sind einige von euch gewesen. Aber ihr seid reingewaschen, ihr seid geheiligt, ihr seid gerecht geworden durch den Namen des Herrn Jesus Christus und durch den Geist unseres Gottes.

Der Leib ein Tempel des heiligen Geistes

12Alles ist mir erlaubt, aber nicht alles dient zum Guten. Alles ist mir erlaubt, aber es soll mich nichts gefangennehmen. 13Die Speise dem Bauch und der Bauch der Speise; aber Gott wird das eine wie das andere zunichte machen. Der Leib aber nicht der Hurerei, sondern dem Herrn, und der Herr dem Leibe. 14Gott aber hat den Herrn auferweckt und wird auch uns auferwecken durch seine Kraft. 15Wißt ihr nicht, daß eure Leiber Glieder Christi sind? Sollte ich nun die Glieder Christi nehmen und Hurenglieder daraus machen? Das sei ferne! 16Oder wißt ihr nicht: wer sich an die Hure hängt, der ist ein Leib mit ihr? Denn die Schrift sagt: »Die zwei werden ein Fleisch sein« (1. Mose 2,24). 17Wer aber dem Herrn anhängt, der ist ein Geist mit ihm. 18Flieht die Hurerei! Alle Sünden, die der Mensch tut, bleiben außerhalb des Leibes; wer aber Hurerei treibt, der sündigt am eigenen Leibe. 19Oder wißt ihr nicht, daß euer Leib ein Tempel des heiligen Geistes ist, der in euch ist und den ihr von Gott habt, und daß ihr nicht euch selbst gehört? 20Denn ihr seid teuer erkauft; darum preist Gott mit eurem Leibe.

Ehe und Ehelosigkeit

7 Wovon ihr aber geschrieben habt, darauf antworte ich: Es ist gut für den Mann, keine Frau zu berühren. 2Aber um Unzucht zu vermeiden, soll jeder seine eigene Frau haben und jede Frau ihren eigenen Mann. 3Der Mann leiste der Frau, was er ihr schuldig ist, desgleichen die Frau dem Mann. 4Die Frau verfügt nicht über ihren Leib, sondern der Mann. Ebenso verfügt der Mann nicht über seinen Leib, sondern die Frau. 5Entziehe sich nicht eins dem andern, es sei denn eine Zeitlang, wenn beide es wollen, damit ihr zum Beten Ruhe habt; und dann kommt wieder zusammen, damit euch der Satan nicht versucht, weil ihr euch nicht enthalten könnt. 6Das sage ich aber als Erlaubnis und nicht als Gebot. 7Ich wollte zwar lieber, alle Menschen wären, wie ich bin, aber jeder hat seine eigene Gabe von Gott, der eine so, der andere so.

Ihr seid teuer erkauft; darum preist Gott mit eurem Leibe.

8Den Ledigen und Witwen sage ich: Es ist gut für sie, wenn sie bleiben wie ich. 9Wenn sie sich aber nicht enthalten können, sollen sie heiraten; denn es ist besser, zu heiraten als sich in Begierde zu verzehren.

Ehescheidung

10Den Verheirateten aber gebiete nicht ich, sondern der Herr, daß die Frau sich nicht von ihrem Manne scheiden soll 11- hat sie sich aber geschieden, soll sie ohne Ehe bleiben oder sich mit ihrem Mann versöhnen - und daß der Mann seine Frau nicht verstoßen soll. 12Den andern aber sage ich, nicht der Herr: Wenn ein Bruder eine ungläubige Frau hat und es gefällt ihr, bei ihm zu wohnen, so soll er sich nicht von ihr scheiden. 13Und wenn eine Frau einen ungläubigen Mann hat und es gefällt ihm, bei ihr zu wohnen, so soll sie sich nicht von ihm scheiden. 14Denn der ungläubige Mann ist geheiligt durch die Frau, und die ungläubige Frau ist geheiligt durch den gläubigen Mann. Sonst wären eure Kinder unrein; nun aber sind sie heilig. 15Wenn aber der Ungläubige sich scheiden will, so laß ihn sich schei-

Paulus beantwortet Fragen über Ehe und Familie

Gute Nachricht . . .

auch für die Menschen des technischen Zeitalters

den. Der Bruder oder die Schwester ist nicht ge-
bunden in solchen Fällen. Zum Frieden hat euch
Gott berufen. [16]Denn was weißt du, Frau, ob du
den Mann retten wirst? Oder du, Mann, was
weißt du, ob du die Frau retten wirst?

Gottes Ruf und der Stand der Berufenen

[17]Nur soll jeder so leben, wie der Herr es ihm zu-
gemessen, wie Gott einen jeden berufen hat.
Und so ordne ich es an in allen Gemeinden. [18]Ist
jemand als Beschnittener berufen, der bleibe bei
der Beschneidung. Ist jemand als Unbeschnitte-
ner berufen, der lasse sich nicht beschneiden.
[19]Beschnitten sein ist nichts, und unbeschnitten
sein ist nichts, sondern: Gottes Gebote halten.
[20]Jeder bleibe in der Berufung, in der er berufen
wurde. [21]Bist du als Knecht berufen, so sorge
dich nicht; doch kannst du frei werden, so nutze
es um so lieber. [22]Denn wer als Knecht berufen
ist in dem Herrn, der ist ein Freigelassener des
Herrn; desgleichen, wer als Freier berufen ist,
der ist ein Knecht Christi. [23]Ihr seid teuer er-
kauft; werdet nicht der Menschen Knechte.
[24]Liebe Brüder, ein jeder bleibe vor Gott, worin
er berufen ist.

Von den Unverheirateten

[25]Über die Jungfrauen habe ich kein Gebot des
Herrn; ich sage aber meine Meinung als einer, der
durch die Barmherzigkeit des Herrn Vertrauen
verdient. [26]So meine ich nun, es sei gut um der
kommenden Not willen, es sei gut für den Men-
schen, ledig zu sein. [27]Bist du an eine Frau gebun-
den, so suche nicht, von ihr loszukommen; bist du
nicht gebunden, so suche keine Frau. [28]Wenn du
aber doch heiratest, sündigst du nicht, und wenn
eine Jungfrau heiratet, sündigt sie nicht; doch
werden solche in äußere Bedrängnis kommen. Ich
aber möchte euch gerne schonen.

[29]Das sage ich aber, liebe Brüder: Die Zeit ist
kurz. Fortan sollen auch die, die Frauen haben,
sein, als hätten sie keine; und die weinen, als
weinten sie nicht; [30]und die sich freuen, als freu-
ten sie sich nicht; und die kaufen, als behielten
sie es nicht; [31]und die diese Welt gebrauchen, als
brauchten sie sie nicht. Denn das Wesen dieser
Welt vergeht. [32]Ich möchte aber, daß ihr ohne
Sorge seid. Wer ledig ist, der sorgt sich um die
Sache des Herrn, wie er dem Herrn gefalle; [33]wer
aber verheiratet ist, der sorgt sich um die Dinge
der Welt, wie er der Frau gefalle, und so ist er
geteilten Herzens.
[34]Und die Frau, die keinen Mann hat, und die
Jungfrau sorgen sich um die Sache des Herrn,
daß sie heilig seien am Leib und auch am Geist;
aber die verheiratete Frau sorgt sich um die Din-
ge der Welt, wie sie dem Mann gefalle. [35]Das sa-
ge ich zu eurem eigenen Nutzen; nicht um euch
einen Strick um den Hals zu werfen, sondern da-
mit es recht zugehe, und ihr stets und ungehin-
dert dem Herrn dienen könnt.

Wer aber verheiratet ist, der sorgt, wie er der Frau gefalle.

[36]Wenn aber jemand meint, er handle unrecht
an seiner Jungfrau, wenn sie erwachsen ist, und
es kann nicht anders sein, so tue er, was er will;
er sündigt nicht, sie sollen heiraten. [37]Wenn einer
aber in seinem Herzen fest ist, weil er nicht unter
Zwang ist und seinen freien Willen hat, und be-
schließt in seinem Herzen, seine Jungfrau unbe-
rührt zu lassen, so tut er gut daran. [38]Also, wer
seine Jungfrau heiratet, der handelt gut; wer sie
aber nicht heiratet, der handelt besser.

Von den Witwen

[39]Eine Frau ist gebunden, solange ihr Mann lebt;
wenn aber der Mann entschläft, ist sie frei, zu
heiraten, wen sie will; nur daß es in dem Herrn
geschehe! [40]Seliger ist sie aber, nach meiner Mei-
nung, wenn sie ledig bleibt. Ich meine aber: ich
habe auch den Geist Gottes.

Vom Essen des Götzenopferfleisches

8 Was aber das Götzenopfer angeht, so wis-
sen wir, daß wir alle die Erkenntnis haben.
Die Erkenntnis bläht auf; aber die Liebe
baut auf. [2]Wenn jemand meint, er habe etwas er-
kannt, der hat noch nicht erkannt, wie man er-
kennen soll. [3]Wenn aber jemand Gott liebt, der
ist von ihm erkannt.

[4]Was nun das Essen von Götzenopferfleisch
angeht, so wissen wir, daß es keinen Götzen gibt
in der Welt und keinen Gott als den einen. [5]Und
obwohl es solche gibt, die Götter genannt wer-
den, es sei im Himmel oder auf Erden, wie es ja
viele Götter und viele Herren gibt, [6]so haben wir
doch nur einen Gott, den Vater, von dem alle
Dinge sind und wir zu ihm; und einen Herrn, Je-
sus Christus, durch den alle Dinge sind und wir
durch ihn.

[7]Aber nicht jeder hat die Erkenntnis. Denn einige, weil sie bisher an die Götzen gewöhnt waren, essen's als Götzenopfer; dadurch wird ihr Gewissen, weil es schwach ist, befleckt. [8]Aber Speise wird uns nicht vor Gottes Gericht bringen. Essen wir nicht, so werden wir darum nicht weniger gelten, essen wir, so werden wir darum nicht besser sein. [9]Seht aber zu, daß diese eure

Speise wird uns nicht vor Gottes Gericht bringen.

Freiheit für die Schwachen nicht zum Anstoß wird! [10]Denn wenn jemand dich, der du die Erkenntnis hast, im Götzentempel zu Tisch sitzen sieht, wird dann nicht sein Gewissen, da er doch schwach ist, verleitet, das Götzenopfer zu essen? [11]Und so wird durch deine Erkenntnis der Schwache zugrunde gehen, der Bruder, für den doch Christus gestorben ist. [12]Wenn ihr aber so sündigt an den Brüdern und verletzt ihr schwaches Gewissen, so sündigt ihr an Christus. [13]Darum, wenn Speise meinen Bruder zu Fall bringt, will ich nie mehr Fleisch essen, damit ich meinen Bruder nicht zu Fall bringe.

Götzenopfer

Für Christen waren alle heidnischen Gottheiten »Götzen«. In ihren Tempeln wurden auch Tiere geopfert und das Fleisch später frei verkauft. Die Frage war, ob Christen mit gutem Gewissen solches Fleisch essen durften.

Recht und Freiheit des Apostels

9 Bin ich nicht frei? Bin ich nicht ein Apostel? Habe ich nicht unsern Herrn Jesus gesehen? Seid nicht ihr mein Werk in dem Herrn? [2]Bin ich für andere kein Apostel, so bin ich's doch für euch; denn das Siegel meines Apostelamts seid ihr in dem Herrn. [3]Denen, die mich verurteilen, antworte ich so: [4]Haben wir nicht das Recht, zu essen und zu trinken? [5]Haben wir nicht auch das Recht, eine Schwester als Ehefrau mit uns zu führen wie die andern Apostel und die Brüder des Herrn und Kephas? [6]Oder haben allein ich und Barnabas nicht das Recht, nicht zu arbeiten? [7]Wer zieht denn in den Krieg und zahlt sich selbst den Sold? Wer pflanzt einen Weinberg und ißt nicht von seiner Frucht? Oder wer weidet eine Herde und nährt sich nicht von der Milch der Herde? [8]Rede ich das nach menschlichem Gutdünken? Sagt das nicht auch das Gesetz? [9]Denn im Gesetz des Mose steht geschrieben (5. Mose 25,4): »Du sollst dem Ochsen, der da drischt, nicht das Maul verbinden.« Sorgt sich Gott etwa um die Ochsen? [10]Oder redet er nicht überall um unsertwillen? Ja, um unsertwillen ist es geschrieben: Wer pflügt, soll auf Hoffnung pflügen; und wer drischt, soll in der Hoffnung dreschen, daß er seinen Teil empfangen wird. [11]Wenn wir euch zugut Geistliches säen, ist es dann zuviel, wenn wir Leibliches von euch ernten? [12]Wenn andere dieses Recht an euch haben, warum nicht viel mehr wir? Aber wir haben von diesem Recht nicht Gebrauch gemacht, sondern wir ertragen alles, damit wir nicht dem Evangelium von Christus ein Hindernis bereiten. [13]Wißt ihr nicht, daß, die im Tempel dienen, vom Tempel leben, und die am Altar dienen, vom Altar ihren Anteil bekommen? [14]So hat auch der Herr befohlen, daß, die das Evangelium verkündigen, sich vom Evangelium nähren sollen. [15]Ich aber habe von alledem keinen Gebrauch gemacht. Ich schreibe auch nicht deshalb davon, damit es nun mit mir so gehalten werden sollte. Lieber würde ich sterben – nein, meinen Ruhm soll niemand zunichte machen! [16]Denn daß ich das Evangelium predige, dessen darf ich mich nicht rühmen; denn ich muß es tun. Und wehe mir, wenn ich das Evangelium nicht predigte! [17]Täte ich's aus eigenem Wil-

Wehe mir, wenn ich das Evangelium nicht predigte!

len, so erhielte ich Lohn. Tue ich's aber nicht aus eigenem Willen, so ist mir doch das Amt anvertraut. [18]Was ist denn nun mein Lohn? Daß ich das Evangelium predige ohne Entgelt und von meinem Recht am Evangelium nicht Gebrauch mache.

[19]Denn obwohl ich frei bin von jedermann, habe ich doch mich selbst jedermann zum Knecht gemacht, damit ich möglichst viele gewinne. [20]Den Juden bin ich wie ein Jude geworden, damit ich die Juden gewinne. Denen, die

unter dem Gesetz sind, bin ich wie einer unter
dem Gesetz geworden - obwohl ich selbst nicht
unter dem Gesetz bin -, damit ich die, die unter
dem Gesetz sind, gewinne. 21Denen, die ohne
Gesetz sind, bin ich wie einer ohne Gesetz ge-
worden - obwohl ich doch nicht ohne Gesetz bin
vor Gott, sondern bin in dem Gesetz Christi -,
damit ich die, die ohne Gesetz sind, gewinne.
22Den Schwachen bin ich ein Schwacher gewor-
den, damit ich die Schwachen gewinne. Ich bin
allen alles geworden, damit ich auf alle Weise ei-
nige rette. 23Alles aber tue ich um des Evange-
liums willen, um an ihm teilzuhaben.

24Wißt ihr nicht, daß die, die in der Kampf-
bahn laufen, die laufen alle, aber einer empfängt
den Siegespreis? Lauft so, daß ihr ihn erlangt.
25Jeder aber, der kämpft, enthält sich aller Din-
ge; jene nun, damit sie einen vergänglichen
Kranz empfangen, wir aber einen unvergängli-
chen. 26Ich aber laufe nicht wie aufs Ungewisse;
ich kämpfe mit der Faust, nicht wie einer, der in
die Luft schlägt, 27sondern ich bezwinge meinen
Leib und zähme ihn, damit ich nicht andern pre-
dige und selbst verwerflich werde.

Das warnende Beispiel Israels

10 Ich will euch aber, liebe Brüder, nicht
in Unwissenheit darüber lassen, daß
unsre Väter alle unter der Wolke ge-
wesen und alle durchs Meer gegangen sind; 2und
alle sind auf Mose getauft worden durch die
Wolke und durch das Meer 3und haben alle die-
selbe geistliche Speise gegessen 4und haben alle
denselben geistlichen Trank getrunken; sie tran-
ken nämlich von dem geistlichen Felsen, der ih-
nen folgte; der Fels aber war Christus. 5Aber an
den meisten von ihnen hatte Gott kein Wohlge-
fallen, denn sie wurden in der Wüste erschlagen.
6Das ist aber geschehen uns zum Vorbild, damit
wir nicht am Bösen unsre Lust haben, wie jene
sie hatten. 7Werdet auch nicht Götzendiener, wie
einige von ihnen es wurden, wie geschrieben
steht (2. Mose 32,6): »Das Volk setzte sich nie-
der, um zu essen und zu trinken, und stand auf,
um zu tanzen.« 8Auch laßt uns nicht Hurerei
treiben, wie einige von ihnen Hurerei trieben:
und an einem einzigen Tag kamen dreiundzwan-
zigtausend um. 9Laßt uns auch nicht Christus
versuchen, wie einige von ihnen ihn versuchten
und wurden von den Schlangen umgebracht.
10Murrt auch nicht, wie einige von ihnen murrten
und wurden umgebracht durch den Verderber.
11Dies widerfuhr ihnen als ein Vorbild. Es ist
aber geschrieben uns zur Warnung, auf die das
Ende der Zeiten gekommen ist. 12Darum, wer
meint, er stehe, mag zusehen, daß er nicht falle.
13Bisher hat euch nur menschliche Versuchung
getroffen. Aber Gott ist treu, der euch nicht ver-
suchen läßt über eure Kraft, sondern macht, daß
die Versuchung so ein Ende nimmt, daß ihr's er-
tragen könnt.

Die Unvereinbarkeit von Abendmahl und Götzendienst

14Darum, meine Lieben, flieht den Götzendienst!
15Ich rede doch zu verständigen Menschen; beur-
teilt ihr, was ich sage. 16Der gesegnete Kelch, den
wir segnen, ist der nicht die Gemeinschaft
des Blutes Christi? Das Brot, das wir brechen,
ist das nicht die Gemeinschaft des Leibes

Das Brot, das wir brechen, ist das nicht die Gemeinschaft des Leibes Christi?

Christi? 17Denn ein Brot ist's: So sind wir viele
ein Leib, weil wir alle an einem Brot teilhaben.
18Seht an das Israel nach dem Fleisch! Welche
die Opfer essen, stehen die nicht in der Gemein-
schaft des Altars? 19Was will ich nun damit sa-
gen? Daß das Götzenopfer etwas sei? Oder daß
der Götze etwas sei? 20Nein, sondern was man
da opfert, das opfert man den bösen Geistern
und nicht Gott. Nun will ich nicht, daß ihr in der
Gemeinschaft der bösen Geister seid. 21Ihr könnt
nicht zugleich den Kelch des Herrn trinken und
den Kelch der bösen Geister; ihr könnt nicht zu-
gleich am Tisch des Herrn teilhaben und am
Tisch der bösen Geister. 22Oder wollen wir den
Herrn herausfordern? Sind wir stärker als er?

Rücksicht auf das Gewissen

23Alles ist erlaubt, aber nicht alles dient zum Gu-
ten. Alles ist erlaubt, aber nicht alles baut auf.
24Niemand suche das Seine, sondern was dem
andern dient. 25Alles, was auf dem Fleischmarkt
verkauft wird, das eßt, und forscht nicht nach,
damit ihr das Gewissen nicht beschwert. 26Denn
»die Erde ist des Herrn und was darinnen ist«
(Psalm 24,1). 27Wenn euch einer von den Un-
gläubigen einlädt und ihr wollt hingehen, so eßt
alles, was euch vorgesetzt wird, und forscht nicht
nach, damit ihr das Gewissen nicht beschwert.

Christen kämpfen um einen Siegespreis

28Wenn aber jemand zu euch sagen würde: Das
ist Opferfleisch, so eßt nicht davon, um dessent-
willen, der es euch gesagt hat, und damit ihr das
Gewissen nicht beschwert. 29Ich rede aber nicht
von deinem eigenen Gewissen, sondern von dem
des andern. Denn warum sollte ich das Gewissen
eines andern über meine Freiheit urteilen lassen?
30Wenn ich's mit Danksagung genieße, was soll
ich mich dann wegen etwas verlästern lassen, wo-
für ich danke? 31Ob ihr nun eßt oder trinkt oder
was ihr auch tut, das tut alles zu Gottes Ehre.
32Erregt keinen Anstoß, weder bei den Juden
noch bei den Griechen noch bei der Gemeinde
Gottes, 33so wie auch ich jedermann in allem zu
Gefallen lebe und suche nicht, was mir, sondern
was vielen dient, damit sie gerettet werden.
1Folgt meinem Beispiel wie ich dem Beispiel
Christi!

Die Frau im Gottesdienst

11 2Ich lobe euch, weil ihr in allen Stük-
ken an mich denkt und an den Über-
lieferungen festhaltet, wie ich sie euch
gegeben habe. 3Ich lasse euch aber wissen, daß
Christus das Haupt eines jeden Mannes ist; der
Mann aber ist das Haupt der Frau; Gott aber ist
das Haupt Christi. 4Ein jeder Mann, der betet
oder prophetisch redet und hat etwas auf dem
Haupt, der schändet sein Haupt. 5Eine Frau
aber, die betet oder prophetisch redet mit unbe-
decktem Haupt, die schändet ihr Haupt; denn es
ist gerade so, als wäre sie geschoren. 6Will sie
sich nicht bedecken, so soll sie sich doch das
Haar abschneiden lassen! Weil es aber für die
Frau eine Schande ist, daß sie das Haar abge-
schnitten hat oder geschoren ist, soll sie das
Haupt bedecken. 7Der Mann aber soll das Haupt
nicht bedecken, denn er ist Gottes Bild und Ab-
glanz; die Frau aber ist des Mannes Abglanz.
8Denn der Mann ist nicht von der Frau, sondern
die Frau von dem Mann. 9Und der Mann ist
nicht geschaffen um der Frau willen, sondern die
Frau um des Mannes willen. 10Darum soll die
Frau eine Macht auf dem Haupt haben um der
Engel willen. 11Doch in dem Herrn ist weder die
Frau etwas ohne den Mann noch der Mann et-
was ohne die Frau; 12denn wie die Frau von dem
Mann, so kommt auch der Mann durch die Frau;
aber alles von Gott. 13Urteilt bei euch selbst, ob
es sich ziemt, daß eine Frau unbedeckt vor Gott
betet. 14Lehrt euch nicht auch die Natur, daß es
für einen Mann eine Unehre ist, wenn er langes

Haar trägt, [15]aber für eine Frau eine Ehre, wenn sie langes Haar hat? Das Haar ist ihr als Schleier gegeben. [16]Ist aber jemand unter euch, der Lust hat, darüber zu streiten, so soll er wissen, daß wir diese Sitte nicht haben, die Gemeinden Gottes auch nicht.

Vom Abendmahl des Herrn

[17]Dies aber muß ich befehlen: Ich kann's nicht loben, daß ihr nicht zu eurem Nutzen, sondern zu eurem Schaden zusammenkommt. [18]Zum ersten höre ich: Wenn ihr in der Gemeinde zusammenkommt, sind Spaltungen unter euch; und zum Teil glaube ich's. [19]Denn es müssen ja Spaltungen unter euch sein, damit die Rechtschaffenen unter euch offenbar werden. [20]Wenn ihr nun zusammenkommt, so hält man da nicht das Abendmahl des Herrn. [21]Denn ein jeder nimmt beim Essen sein eigenes Mahl vorweg, und der eine ist hungrig, der andere ist betrunken. [22]Habt ihr denn nicht Häuser, wo ihr essen und trinken könnt? Oder verachtet ihr die Gemeinde Gottes und beschämt die, die nichts haben? Was soll ich euch sagen? Soll ich euch loben? Hierin lobe ich euch nicht.

[23]Denn ich habe von dem Herrn empfangen, was ich euch weitergegeben habe: Der Herr Jesus, in der Nacht, da er verraten ward, nahm er das Brot, [24]dankte und brach's und sprach: Das ist mein Leib, der für euch gegeben wird; das tut zu meinem Gedächtnis. [25]Desgleichen nahm er auch den Kelch nach dem Mahl und sprach: Dieser Kelch ist der neue Bund in meinem Blut; das tut, sooft ihr daraus trinkt, zu meinem Gedächtnis. [26]Denn sooft ihr von diesem Brot eßt und aus diesem Kelch trinkt, verkündigt ihr den Tod des Herrn, bis er kommt. [27]Wer nun unwürdig von dem Brot ißt oder aus dem Kelch des Herrn trinkt, der wird schuldig sein am Leib und Blut des Herrn. [28]Der Mensch prüfe aber sich selbst, und so esse er von diesem Brot und trinke aus diesem Kelch. [29]Denn wer so ißt und trinkt, daß er den Leib des Herrn nicht achtet, der ißt und trinkt sich selber zum Gericht. [30]Darum sind auch viele Schwache und Kranke unter euch, und nicht wenige sind entschlafen. [31]Wenn wir uns selber richteten, so würden wir nicht gerichtet. [32]Wenn wir aber von dem Herrn gerichtet werden, so werden wir gezüchtigt, damit wir nicht samt der Welt verdammt werden. [33]Darum, meine lieben Brüder, wenn ihr zusammenkommt, um zu essen, so wartet aufeinander. [34]Hat jemand Hunger, so esse er daheim, damit ihr nicht zum Gericht zusammenkommt. Das andre will ich ordnen, wenn ich komme.

Denn sooft ihr von diesem Brot eßt und aus diesem Kelch trinkt, verkündigt ihr den Tod des Herrn, bis er kommt.

Viele Gaben - ein Geist

12 Über die Gaben des Geistes aber will ich euch, liebe Brüder, nicht in Unwissenheit lassen. [2]Ihr wißt: als ihr Heiden wart, zog es euch mit Macht zu den stummen Götzen. [3]Darum tue ich euch kund, daß niemand Jesus verflucht, der durch den Geist Gottes redet; und niemand kann Jesus den Herrn nennen außer durch den heiligen Geist. [4]Es sind verschiedene Gaben; aber es ist ein Geist. [5]Und es sind verschiedene Ämter; aber es ist ein Herr. [6]Und es sind verschiedene Kräfte; aber es ist ein Gott, der da wirkt alles in allen. [7]In einem jeden offenbart sich der Geist zum Nutzen aller; [8]dem einen wird durch den Geist gegeben, von der Weisheit zu reden; dem andern wird gegeben, von der Erkenntnis zu reden, nach demselben Geist; [9]einem andern Glaube, in demselben Geist; einem andern die Gabe, gesund zu machen, in dem einen Geist; [10]einem andern die Kraft, Wunder zu tun; einem andern prophetische Rede; einem andern die Gabe, die Geister zu unterscheiden; einem andern mancherlei Zungenrede; einem andern die Gabe, sie auszulegen. [11]Dies alles aber wirkt derselbe eine Geist und teilt einem jeden das Seine zu, wie er will.

Es sind verschiedene Gaben; aber es ist ein Geist.

Viele Glieder - ein Leib

[12]Denn wie der Leib einer ist und doch viele Glieder hat, alle Glieder des Leibes aber, obwohl sie viele sind, doch ein Leib sind: so auch Christus. [13]Denn wir sind durch einen Geist alle zu einem Leib getauft, wir seien Juden oder Griechen, Sklaven oder Freie, und sind alle mit einem Geist getränkt. [14]Denn auch der Leib ist

Die Liebe hört niemals auf

nicht ein Glied, sondern viele. [15]Wenn aber der
Fuß spräche: Ich bin keine Hand, darum bin ich
nicht Glied des Leibes, sollte er deshalb nicht
Glied des Leibes sein? [16]Und wenn das Ohr
spräche: Ich bin kein Auge, darum bin ich nicht
Glied des Leibes, sollte es deshalb nicht Glied
des Leibes sein? [17]Wenn der ganze Leib Auge
wäre, wo bliebe das Gehör? Wenn er ganz Ge-
hör wäre, wo bliebe der Geruch? [18]Nun aber hat
Gott die Glieder eingesetzt, ein jedes von ihnen
im Leib, so wie er gewollt hat. [19]Wenn aber alle
Glieder ein Glied wären, wo bliebe der Leib?
[20]Nun aber sind es viele Glieder, aber der Leib
ist einer. [21]Das Auge kann nicht sagen zu der
Hand: Ich brauche dich nicht; oder auch das
Haupt zu den Füßen: Ich brauche euch nicht.
[22]Vielmehr sind die Glieder des Leibes, die uns
die schwächsten zu sein scheinen, die nötigsten;
[23]und die uns am wenigsten ehrbar zu sein schei-
nen, die umkleiden wir mit besonderer Ehre;
und bei den unanständigen achten wir besonders
auf Anstand; [24]denn die anständigen brauchen's
nicht. Aber Gott hat den Leib zusammengefügt
und dem geringeren Glied höhere Ehre gegeben,

Gott hat den Leib zusammengefügt.

[25]damit im Leib keine Spaltung sei, sondern die
Glieder in gleicher Weise füreinander sorgen.
[26]Und wenn ein Glied leidet, so leiden alle Glie-
der mit, und wenn ein Glied geehrt wird, so
freuen sich alle Glieder mit.
[27]Ihr aber seid der Leib Christi und jeder von
euch ein Glied. [28]Und Gott hat in der Gemeinde
eingesetzt erstens Apostel, zweitens Propheten,
drittens Lehrer, dann Wundertäter, dann Gaben,
gesund zu machen, zu helfen, zu leiten und man-
cherlei Zungenrede. [29]Sind alle Apostel? Sind al-
le Propheten? Sind alle Lehrer? Sind alle Wun-
dertäter? [30]Haben alle die Gabe, gesund zu ma-
chen? Reden alle in Zungen? Können alle ausle-
gen? [31]Strebt aber nach den größeren Gaben!
Und ich will euch einen noch besseren Weg
zeigen.

Das Hohelied der Liebe

13 Wenn ich mit Menschen- und mit
Engelzungen redete und hätte die
Liebe nicht, so wäre ich ein tönendes
Erz oder eine klingende Schelle. [2]Und wenn ich
prophetisch reden könnte und wüßte alle Ge-
heimnisse und alle Erkenntnis und hätte allen
Glauben, so daß ich Berge versetzen könnte, und
hätte die Liebe nicht, so wäre ich nichts. [3]Und
wenn ich alle meine Habe den Armen gäbe und
ließe meinen Leib verbrennen, und hätte die Lie-
be nicht, so wäre mir's nichts nütze.
[4]Die Liebe ist langmütig und freundlich, die
Liebe eifert nicht, die Liebe treibt nicht Mutwil-
len, sie bläht sich nicht auf, [5]sie verhält sich nicht

ungehörig, sie sucht nicht das Ihre, sie läßt sich
nicht erbittern, sie rechnet das Böse nicht zu, [6]sie
freut sich nicht über die Ungerechtigkeit, sie
freut sich aber an der Wahrheit; [7]sie erträgt alles,
sie glaubt alles, sie hofft alles, sie duldet alles.

Die Liebe erträgt alles, sie glaubt alles, sie hofft alles, sie duldet alles.

[8]Die Liebe hört niemals auf, wo doch das pro-
phetische Reden aufhören wird und das Zungen-
reden aufhören wird und die Erkenntnis aufhö-
ren wird. [9]Denn unser Wissen ist Stückwerk, und
unser prophetisches Reden ist Stückwerk.
[10]Wenn aber kommen wird das Vollkommene, so
wird das Stückwerk aufhören. [11]Als ich ein Kind
war, da redete ich wie ein Kind und dachte wie
ein Kind und war klug wie ein Kind; als ich aber
ein Mann wurde, tat ich ab, was kindlich war.
[12]Wir sehen jetzt durch einen Spiegel ein dunkles
Bild; dann aber von Angesicht zu Angesicht.
Jetzt erkenne ich stückweise; dann aber werde
ich erkennen, wie ich erkannt bin.

[13]Nun aber bleiben Glaube, Hoffnung, Liebe,
diese drei; aber die Liebe ist die größte unter
ihnen.

Zungenrede und prophetische Rede

14 Strebt nach der Liebe! Bemüht euch
um die Gaben des Geistes, am mei-
sten aber um die Gabe der propheti-
schen Rede! [2]Denn wer in Zungen redet, der re-
det nicht für Menschen, sondern für Gott; denn
niemand versteht ihn, vielmehr redet er im Geist
von Geheimnissen. [3]Wer aber prophetisch redet,
der redet den Menschen zur Erbauung und zur
Ermahnung und zur Tröstung. [4]Wer in Zungen
redet, der erbaut sich selbst; wer aber prophe-
tisch redet, der erbaut die Gemeinde. [5]Ich wollte,
daß ihr alle in Zungen reden könntet; aber noch
viel mehr, daß ihr prophetisch reden könntet.
Denn wer prophetisch redet, ist größer als der,
der in Zungen redet; es sei denn, er legt es
auch aus, damit die Gemeinde dadurch erbaut
werde.

[6]Nun aber, liebe Brüder, wenn ich zu euch kä-
me und redete in Zungen, was würde ich euch
nützen, wenn ich nicht mit euch redete in Wor-
ten der Offenbarung oder der Erkenntnis oder
der Prophetie oder der Lehre? [7]Verhält sich's
doch auch so mit leblosen Dingen, die Töne her-
vorbringen, es sei eine Flöte oder eine Harfe:
wenn sie nicht unterschiedliche Töne von sich
geben, wie kann man erkennen, was auf der Flö-
te oder auf der Harfe gespielt wird? [8]Und wenn
die Posaune einen undeutlichen Ton gibt, wer
wird sich zum Kampf rüsten? [9]So auch ihr: wenn
ihr in Zungen redet und nicht mit deutlichen
Worten, wie kann man wissen, was gemeint ist?
Ihr werdet in den Wind reden. [10]Es gibt so viele

Trachtet danach, daß ihr die Gemeinde erbaut.

Arten von Sprache in der Welt, und nichts ist
ohne Sprache. [11]Wenn ich nun die Bedeutung
der Sprache nicht kenne, werde ich den nicht
verstehen, der redet, und der redet, wird mich
nicht verstehen. [12]So auch ihr: da ihr euch be-
müht um die Gaben des Geistes, so trachtet da-
nach, daß ihr die Gemeinde erbaut und alles
reichlich habt. [13]Wer also in Zungen redet, der
bete, daß er's auch auslegen könne. [14]Denn wenn
ich in Zungen bete, so betet mein Geist; aber
was ich im Sinn habe, bleibt ohne Frucht. [15]Wie
soll es denn nun sein? Ich will beten mit dem
Geist und will auch beten mit dem Verstand; ich
will Psalmen singen mit dem Geist und will auch
Psalmen singen mit dem Verstand. [16]Wenn du
Gott lobst im Geist, wie soll der, der als Unkun-
diger dabeisteht, das Amen sagen auf dein Dank-
gebet, da er doch nicht weiß, was du sagst?
[17]Dein Dankgebet mag schön sein; aber der an-
dere wird dadurch nicht erbaut. [18]Ich danke
Gott, daß ich mehr in Zungen rede als ihr alle.
[19]Aber ich will in der Gemeinde lieber fünf Wor-
te reden mit meinem Verstand, damit ich auch
andere unterweise, als zehntausend Worte in
Zungen.

[20]Liebe Brüder, seid nicht Kinder, wenn es
ums Verstehen geht; sondern seid Kinder, wenn
es um Böses geht; im Verstehen aber seid voll-
kommen. [21]Im Gesetz steht geschrieben (Jesaja
28,11.12): »Ich will in andern Zungen und mit
andern Lippen reden zu diesem Volk, und sie
werden mich auch so nicht hören, spricht der
Herr.« [22]Darum ist die Zungenrede ein Zeichen
nicht für die Gläubigen, sondern für die Ungläu-
bigen; die prophetische Rede aber ein Zeichen
nicht für die Ungläubigen, sondern für die Gläu-

bigen. [23]Wenn nun die ganze Gemeinde an einem Ort zusammenkäme und alle redeten in Zungen, es kämen aber Unkundige oder Ungläubige hinein, würden sie nicht sagen, ihr seid von Sinnen? [24]Wenn sie aber alle prophetisch redeten und es käme ein Ungläubiger oder Unkundiger hinein, der würde von allen geprüft und von allen überführt; [25]was in seinem Herzen verborgen ist, würde offenbar, und so würde er niederfallen auf sein Angesicht, Gott anbeten und bekennen, daß Gott wahrhaftig unter euch ist.

[26]Wie ist es denn nun, liebe Brüder? Wenn ihr zusammenkommt, so hat ein jeder einen Psalm, er hat eine Lehre, er hat eine Offenbarung, er hat eine Zungenrede, er hat eine Auslegung. Laßt es alles geschehen zur Erbauung! [27]Wenn jemand in Zungen redet, so seien es zwei oder höchstens drei, und einer nach dem andern; und einer lege es aus. [28]Ist aber kein Ausleger da, so schweige er in der Gemeinde und rede für sich selber und für Gott. [29]Auch von den Propheten laßt zwei oder drei reden, und die andern laßt darüber urteilen. [30]Wenn aber einem andern, der dabeisitzt, eine Offenbarung zuteil wird, so schweige der erste. [31]Ihr könnt alle prophetisch reden, doch einer nach dem andern, damit alle lernen und alle ermahnt werden. [32]Die Geister der Propheten sind den Propheten untertan. [33]Denn Gott ist nicht ein Gott der Unordnung, sondern des Friedens.

Wie in allen Gemeinden der Heiligen [34]sollen die Frauen schweigen in der Gemeindeversammlung; denn es ist ihnen nicht gestattet zu reden, sondern sie sollen sich unterordnen, wie auch das Gesetz sagt. [35]Wollen sie aber etwas lernen, so sollen sie daheim ihre Männer fragen. Es steht der Frau schlecht an, in der Gemeinde zu reden. [36]Oder ist das Wort Gottes von euch ausgegangen? Oder ist's allein zu euch gekommen?

[37]Wenn einer meint, er sei ein Prophet oder vom Geist erfüllt, der erkenne, daß es des Herrn Gebot ist, was ich euch schreibe. [38]Wer aber das nicht anerkennt, der wird auch nicht anerkannt. [39]Darum, liebe Brüder, bemüht euch um die prophetische Rede und wehrt nicht der Zungenrede. [40]Laßt aber alles ehrbar und ordentlich zugehen.

VON DER AUFERSTEHUNG
(Kapitel 15)

Das Zeugnis von der Auferstehung Christi

15 Ich erinnere euch aber, liebe Brüder, an das Evangelium, das ich euch verkündigt habe, das ihr auch angenommen habt, in dem ihr auch fest steht, [2]durch das ihr auch selig werdet, wenn ihr's festhaltet in der Gestalt, in der ich es euch verkündigt habe; es sei denn, daß ihr umsonst gläubig geworden wärt. [3]Denn als erstes habe ich euch weitergegeben, was ich auch empfangen habe: Daß Christus gestorben ist für unsre Sünden nach der Schrift; [4]und daß er begraben worden ist; und daß er auferstanden ist am dritten Tage nach der Schrift; [5]und daß er gesehen worden ist von Kephas, danach von den Zwölfen. [6]Danach ist er gesehen worden von mehr als fünfhundert Brüdern auf einmal, von denen die meisten noch heute leben, einige aber sind entschlafen. [7]Danach ist er gesehen worden von Jakobus, danach von allen Aposteln. [8]Zuletzt von allen ist er auch von mir als einer unzeitigen Geburt gesehen worden. [9]Denn ich bin der geringste unter den Aposteln, der ich nicht wert bin, daß ich ein Apostel heiße, weil ich die Gemeinde Gottes verfolgt habe. [10]Aber durch Gottes Gnade bin ich, was ich bin. Und seine Gnade an mir ist nicht vergeblich gewesen, sondern ich habe viel mehr gearbeitet als sie alle; nicht aber ich, sondern Gottes Gnade, die mit mir ist. [11]Es sei nun ich oder jene: so predigen wir, und so habt ihr geglaubt.

Danach ist er gesehen worden von mehr als fünfhundert Brüdern auf einmal.

Gegen die Leugnung der Auferstehung der Toten

[12]Wenn aber Christus gepredigt wird, daß er von den Toten auferstanden ist, wie sagen dann einige unter euch: Es gibt keine Auferstehung der Toten? [13]Gibt es keine Auferstehung der Toten, so ist auch Christus nicht auferstanden. [14]Ist aber Christus nicht auferstanden, so ist unsre Predigt vergeblich, so ist auch euer Glaube vergeblich. [15]Wir würden dann auch als falsche Zeugen

Gottes befunden, weil wir gegen Gott bezeugt
hätten, er habe Christus auferweckt, den er nicht
auferweckt hätte, wenn doch die Toten nicht auf-
erstehen. [16]Denn wenn die Toten nicht auferste-
hen, so ist Christus auch nicht auferstanden.
[17]Ist Christus aber nicht auferstanden, so ist
euer Glaube nichtig, so seid ihr noch in euren
Sünden; [18]so sind auch die, die in Christus ent-
schlafen sind, verloren. [19]Hoffen wir allein in die-
sem Leben auf Christus, so sind wir die elende-
sten unter allen Menschen.

Christus ist auferstanden

[20]Nun aber ist Christus auferstanden von den To-
ten als Erstling unter denen, die entschlafen sind.
[21]Denn da durch einen Menschen der Tod ge-
kommen ist, so kommt auch durch einen Men-
schen die Auferstehung der Toten. [22]Denn wie
sie in Adam alle sterben, so werden sie in Chri-
stus alle lebendig gemacht werden. [23]Ein jeder
aber in seiner Ordnung: als Erstling Christus; da-
nach, wenn er kommen wird, die, die Christus
angehören; [24]danach das Ende, wenn er das
Reich Gott, dem Vater, übergeben wird, nach-
dem er alle Herrschaft und alle Macht und Ge-
walt vernichtet hat. [25]Denn er muß herrschen, bis
Gott ihm »alle Feinde unter seine Füße legt«
(Psalm 110,1). [26]Der letzte Feind, der vernichtet
wird, ist der Tod. [27]Denn »alles hat er unter

Der letzte Feind, der vernichtet wird, ist der Tod.

seine Füße getan« (Psalm 8,7). Wenn es aber
heißt, alles sei ihm unterworfen, so ist offenbar,
daß der ausgenommen ist, der ihm alles unter-
worfen hat. [28]Wenn aber alles ihm untertan sein
wird, dann wird auch der Sohn selbst untertan
sein dem, der ihm alles unterworfen hat, damit
Gott sei alles in allem.

Leben aus der Auferstehung

[29]Was soll es sonst, daß sich einige für die Toten
taufen lassen? Wenn die Toten gar nicht aufer-
stehen, was lassen sie sich dann für sie taufen?
[30]Und was stehen wir dann jede Stunde in Ge-
fahr? [31]So wahr ihr, liebe Brüder, mein Ruhm
seid, den ich in Christus Jesus, unserm Herrn,
habe: ich sterbe täglich. [32]Habe ich nur im Blick
auf dieses Leben in Ephesus mit wilden Tieren
gekämpft, was hilft's mir? Wenn die Toten nicht
auferstehen, dann »laßt uns essen und trinken;
denn morgen sind wir tot!« (Jesaja 22,13) [33]Laßt
euch nicht verführen! Schlechter Umgang ver-
dirbt gute Sitten. [34]Werdet doch einmal recht
nüchtern und sündigt nicht! Denn einige wissen
nichts von Gott; das sage ich euch zur Schande.

Der neue Leib bei der Auferstehung

[35]Es könnte aber jemand fragen: Wie werden die
Toten auferstehen, und mit was für einem Leib
werden sie kommen? [36]Du Narr: Was du säst,
wird nicht lebendig, wenn es nicht stirbt. [37]Und
was du säst, ist ja nicht der Leib, der werden soll,
sondern ein bloßes Korn, sei es von Weizen oder
etwas anderem. [38]Gott aber gibt ihm einen Leib,
wie er will, einem jeden Samen seinen eigenen
Leib. [39]Nicht alles Fleisch ist das gleiche Fleisch,
sondern ein anderes Fleisch haben die Men-
schen, ein anderes das Vieh, ein anderes die Vö-
gel, ein anderes die Fische. [40]Und es gibt himmli-
sche Körper und irdische Körper; aber eine an-
dere Herrlichkeit haben die himmlischen und ei-
ne andere die irdischen. [41]Einen andern Glanz
hat die Sonne, einen andern Glanz hat der
Mond, einen andern Glanz haben die Sterne;
denn ein Stern unterscheidet sich vom andern
durch seinen Glanz. [42]So auch die Auferstehung
der Toten. Es wird gesät verweslich und wird
auferstehen unverweslich. [43]Es wird gesät in
Niedrigkeit und wird auferstehen in Herrlichkeit.
Es wird gesät in Armseligkeit und wird auferste-
hen in Kraft. [44]Es wird gesät ein natürlicher Leib
und wird auferstehen ein geistlicher Leib. Gibt es
einen natürlichen Leib, so gibt es auch einen
geistlichen Leib. [45]Wie geschrieben steht: Der er-
ste Mensch, Adam, »wurde zu einem lebendigen
Wesen« (1. Mose 2,7), und der letzte Adam zum
Geist, der lebendig macht. [46]Aber der geistliche
Leib ist nicht der erste, sondern der natürliche;
danach der geistliche. [47]Der erste Mensch ist von
der Erde und irdisch; der zweite Mensch ist vom
Himmel. [48]Wie der irdische ist, so sind auch die
irdischen; und wie der himmlische ist, so sind
auch die himmlischen. [49]Und wie wir getragen
haben das Bild des irdischen, so werden wir auch
tragen das Bild des himmlischen.

Verwandlung der Gläubigen und Sieg über den Tod

[50]Das sage ich aber, liebe Brüder, daß Fleisch
und Blut das Reich Gottes nicht ererben können;

Der Tod wird einmal ganz überwunden ▷

auch wird das Verwesliche nicht erben die Un-
verweslichkeit. [51]Siehe, ich sage euch ein Ge-
heimnis: Wir werden nicht alle entschlafen, wir
werden aber alle verwandelt werden; [52]und das
plötzlich, in einem Augenblick, zur Zeit der letz-
ten Posaune. Denn es wird die Posaune erschal-
len, und die Toten werden auferstehen unver-
weslich, und wir werden verwandelt werden.
[53]Denn dies Verwesliche muß anziehen die Un-
verweslichkeit, und dies Sterbliche muß anziehen
die Unsterblichkeit. [54]Wenn aber dies Verwesli-
che anziehen wird die Unverweslichkeit und dies
Sterbliche anziehen wird die Unsterblichkeit,
dann wird erfüllt werden das Wort, das geschrie-
ben steht (Jesaja 25,8; Hosea 13,14):

»Der Tod ist verschlungen vom Sieg.
[55]Tod, wo ist dein Sieg?
Tod, wo ist dein Stachel?«

[56]Der Stachel des Todes aber ist die Sünde, die
Kraft aber der Sünde ist das Gesetz. [57]Gott aber
sei Dank, der uns den Sieg gibt durch unsern
Herrn Jesus Christus!

[58]Darum, meine lieben Brüder, seid fest, uner-
schütterlich und nehmt immer zu in dem Werk
des Herrn, weil ihr wißt, daß eure Arbeit nicht
vergeblich ist in dem Herrn.

Geldsammlung für die Gemeinde in Jerusalem

16 Was aber die Sammlung für die Heili-
gen angeht: wie ich in den Gemein-
den in Galatien angeordnet habe, so
sollt auch ihr tun! [2]An jedem ersten Tag der Wo-
che lege ein jeder von euch bei sich etwas zurück
und sammle an, soviel ihm möglich ist, damit die
Sammlung nicht erst dann geschieht, wenn ich
komme. [3]Wenn ich aber gekommen bin, will ich
die, die ihr für bewährt haltet, mit Briefen sen-
den, damit sie eure Gabe nach Jerusalem brin-
gen. [4]Wenn es aber die Mühe lohnt, daß ich auch
hinreise, sollen sie mit mir reisen.

Reisepläne

[5]Ich will aber zu euch kommen, sobald ich durch
Mazedonien gezogen bin; denn durch Mazedo-
nien werde ich nur durchreisen. [6]Bei euch aber
werde ich, wenn möglich, eine Weile bleiben
oder auch den Winter zubringen, damit ihr mich
dann dahin geleitet, wohin ich ziehen werde. [7]Ich
will euch jetzt nicht nur sehen, wenn ich durch-
reise; denn ich hoffe, ich werde einige Zeit bei
euch bleiben, wenn es der Herr zuläßt. [8]Ich wer-
de aber in Ephesus bleiben bis Pfingsten. [9]Denn
mir ist eine Tür aufgetan zu reichem Wirken;
aber auch viele Widersacher sind da.

[10]Wenn Timotheus kommt, so seht zu, daß er
ohne Furcht bei euch sein kann; denn er treibt
auch das Werk des Herrn wie ich. [11]Daß ihn nur
nicht jemand verachte! Geleitet ihn aber in Frie-
den, daß er zu mir komme; denn ich warte auf
ihn mit den Brüdern. [12]Von Apollos, dem Bru-
der, aber sollt ihr wissen, daß ich ihn oft ermahnt
habe, mit den Brüdern zu euch zu kommen; aber
es war durchaus nicht sein Wille, jetzt zu kom-
men; er wird aber kommen, wenn es ihm gelegen
sein wird.

Ermahnungen und Grüße

[13]Wachet, steht im Glauben, seid mutig und seid
stark! [14]Alle eure Dinge laßt in der Liebe
geschehen!

[15]Ich ermahne euch aber, liebe Brüder: Ihr
kennt das Haus des Stephanas, daß sie die Erst-
linge in Achaja sind und haben sich selbst bereit-
gestellt zum Dienst für die Heiligen. [16]Ordnet
auch ihr euch solchen unter und allen, die mitar-
beiten und sich mühen! [17]Ich freue mich über die
Ankunft des Stephanas und Fortunatus und
Achaikus; denn sie haben mir euch, die ihr nicht
hier sein könnt, ersetzt. [18]Sie haben meinen und
euren Geist erquickt. Erkennt solche Leute an!

[19]Es grüßen euch die Gemeinden in der Pro-
vinz Asien. Es grüßen euch vielmals in dem
Herrn Aquila und Priska samt der Gemeinde in
ihrem Hause. [20]Es grüßen euch alle Brüder.
Grüßt euch untereinander mit dem heiligen Kuß.

[21]Hier mein, des Paulus, eigenhändiger Gruß.
[22]Wenn jemand den Herrn nicht lieb hat, der sei
verflucht. Maranata! [23]Die Gnade des Herrn Je-
sus sei mit euch! [24]Meine Liebe ist mit euch allen
in Christus Jesus!

Wachet, steht im Glauben, seid mutig und seid stark!

Der 2. Brief von Paulus an die

Korinther

Einführung

Paulus hat den zweiten uns erhaltenen Brief an die Gemeinde in Korinth geschrieben, als das beiderseitige Verhältnis schwer belastet war. Falsche Apostel, die sehr selbstsicher auftraten, waren nach Korinth gekommen und hatten für Verwirrung gesorgt. Ein zwischendurch erfolgter Besuch (Kap. 2,1) führte nicht zur Einigung. Erst ein Brief, den Titus überbrachte, bewirkte Buße in der Gemeinde und große Freude bei Paulus (Kap. 7,5-13).

Der 2. Korintherbrief behandelt in sehr persönlichem Ton den Dienst eines Apostels, der mit Leiden verbunden ist, aber der eine Botschaft voller Herrlichkeit weiterzugeben hat. Das andere größere Thema ist die Sammlung eines Notopfers für die Christen in Jerusalem und Judäa.

Überblick

Das Verhältnis zur Gemeinde in Korinth	1,1-2,16
Der Dienst des Paulus und seine Botschaft	2,17-7,16
Die Opfersammlung für Jerusalem	8,1-9,15
Die Autorität des apostolischen Amtes	10,1-12,13
Pläne, seelsorgerlicher Auftrag und Grüße	12,14-13,14

1 Paulus, ein Apostel Christi Jesu durch den
Willen Gottes, und Timotheus, unser Bruder, an die Gemeinde Gottes in Korinth
samt allen Heiligen in ganz Achaja:
[2]Gnade sei mit euch und Friede von Gott, unserm Vater, und dem Herrn Jesus Christus!

Dank für Gottes Trost in Trübsal

[3]Gelobt sei Gott, der Vater unseres Herrn Jesus
Christus, der Vater der Barmherzigkeit und Gott
allen Trostes, [4]der uns tröstet in aller unserer
Trübsal, damit wir auch trösten können, die in
allerlei Trübsal sind, mit dem Trost, mit dem wir
selber getröstet werden von Gott. [5]Denn wie die
Leiden Christi reichlich über uns kommen, so
werden wir auch reichlich getröstet durch Christus. [6]Haben wir aber Trübsal, so geschieht es
euch zu Trost und Heil. Haben wir Trost, so geschieht es zu eurem Trost, der sich wirksam erweist, wenn ihr mit Geduld dieselben Leiden ertragt, die auch wir leiden. [7]Und unsre Hoffnung
steht fest für euch, weil wir wissen: wie ihr an
den Leiden teilhabt, so werdet ihr auch am Trost
teilhaben.
[8]Denn wir wollen euch, liebe Brüder, nicht
verschweigen die Bedrängnis, die uns in der Provinz Asien widerfahren ist, wo wir über die Maßen beschwert waren und über unsere Kraft, so
daß wir auch am Leben verzagten [9]und es bei
uns selbst für beschlossen hielten, wir müßten
sterben. Das geschah aber, damit wir unser Vertrauen nicht auf uns selbst setzten, sondern auf
Gott, der die Toten auferweckt, [10]der uns aus
solcher Todesnot errettet hat und erretten wird.
Auf ihn hoffen wir, er werde uns auch hinfort erretten. [11]Dazu helft auch ihr durch eure Fürbitte
für uns, damit unsertwegen für die Gabe, die uns
gegeben ist, durch viele Personen viel Dank dargebracht werde.

Gegen den Vorwurf der Unwahrhaftigkeit

[12]Denn dies ist unser Ruhm: das Zeugnis unseres
Gewissens, daß wir in Einfalt und göttlicher Lauterkeit, nicht in fleischlicher Weisheit, sondern in
der Gnade Gottes unser Leben in der Welt geführt haben, und das vor allem bei euch. [13]Denn

wir schreiben euch nichts anderes, als was ihr lest und auch versteht. Ich hoffe aber, ihr werdet es noch völlig verstehen, [14]wie ihr uns zum Teil auch schon verstanden habt, nämlich, daß wir euer Ruhm sind, wie auch ihr unser Ruhm seid am Tage unseres Herrn Jesus.

[15]Und in solchem Vertrauen wollte ich zunächst zu euch kommen, damit ihr abermals eine Wohltat empfinget. [16]Von euch aus wollte ich nach Mazedonien reisen, aus Mazedonien wieder zu euch kommen und mich von euch geleiten lassen nach Judäa. [17]Bin ich etwa leichtfertig gewesen, als ich dies wollte? Oder ist mein Vorhaben fleischlich, so daß das Ja Ja bei mir auch ein Nein Nein ist? [18]Gott ist mein Zeuge, daß unser Wort an euch nicht Ja und Nein zugleich ist. [19]Denn der Sohn Gottes, Jesus Christus, der unter euch durch uns gepredigt worden ist, durch mich und Silvanus und Timotheus, der war nicht Ja und Nein, sondern es war Ja in ihm. [20]Denn auf alle Gottesverheißungen ist in ihm das Ja; darum sprechen wir auch durch ihn das Amen, Gott zum Lobe. [21]Gott ist's aber, der uns fest macht samt euch in Christus und uns gesalbt [22]und versiegelt und in unsre Herzen als Unterpfand den Geist gegeben hat.

[23]Ich rufe aber Gott zum Zeugen an bei meiner Seele, daß ich euch schonen wollte und darum nicht wieder nach Korinth gekommen bin. [24]Nicht daß wir Herren wären über euren Glauben, sondern wir sind Gehilfen eurer Freude; denn ihr steht im Glauben.

Wir sind Gehilfen eurer Freude; denn ihr steht im Glauben.

2 Ich hatte aber dies bei mir beschlossen, daß ich nicht abermals in Traurigkeit zu euch käme. [2]Denn wenn ich euch traurig mache, wer soll mich dann fröhlich machen? Doch nur der, der von mir betrübt wird. [3]Und eben dies habe ich geschrieben, damit ich nicht, wenn ich komme, über die traurig sein müßte, über die ich mich freuen sollte. Habe ich doch zu euch allen das Vertrauen, daß meine Freude euer aller Freude ist. [4]Denn ich schrieb euch aus großer Trübsal und Angst des Herzens unter vielen Tränen; nicht, damit ihr betrübt werden sollt, sondern damit ihr die Liebe erkennt, die ich habe besonders zu euch.

Vergebung für ein bestraftes Gemeindeglied

[5]Wenn aber jemand Betrübnis angerichtet hat, der hat nicht mich betrübt, sondern zum Teil – damit ich nicht zu viel sage – euch alle. [6]Es ist aber genug, daß derselbe von den meisten gestraft ist, [7]so daß ihr nun ihm desto mehr vergeben und ihn trösten sollt, damit er nicht in allzu große Traurigkeit versinkt. [8]Darum ermahne ich euch, daß ihr ihm Liebe erweist. [9]Denn darum habe ich auch geschrieben, um eure Bewährung zu erkennen, ob ihr gehorsam seid in allen Stükken. [10]Wem aber ihr etwas vergebt, dem vergebe ich auch. Denn auch ich habe, wenn ich etwas zu vergeben hatte, es vergeben um euretwillen vor Christi Angesicht, [11]damit wir nicht übervorteilt werden vom Satan; denn uns ist wohl bewußt, was er im Sinn hat.

Die Verkündigung des Evangeliums als Siegeszug Christi

[12]Als ich aber nach Troas kam, zu predigen das Evangelium Christi, und mir eine Tür aufgetan war in dem Herrn, [13]da hatte ich keine Ruhe in meinem Geist, weil ich Titus, meinen Bruder, nicht fand; sondern ich nahm Abschied von ihnen und fuhr nach Mazedonien.

[14]Gott aber sei gedankt, der uns allezeit Sieg gibt in Christus und offenbart den Wohlgeruch seiner Erkenntnis durch uns an allen Orten! [15]Denn wir sind für Gott ein Wohlgeruch Christi unter denen, die gerettet werden, und unter denen, die verloren werden: [16]diesen ein Geruch des Todes zum Tode, jenen aber ein Geruch des Lebens zum Leben. Wer aber ist dazu tüchtig? [17]Wir sind ja nicht wie die vielen, die mit dem Wort Gottes Geschäfte machen; sondern wie man aus Lauterkeit und aus Gott reden muß, so reden wir vor Gott in Christus.

Die Herrlichkeit des Dienstes im neuen Bund

3 Fangen wir denn abermals an, uns selbst zu empfehlen? Oder brauchen wir, wie gewisse Leute, Empfehlungsbriefe an euch oder von euch? [2]Ihr seid unser Brief, in unser Herz geschrieben, erkannt und gelesen von allen Menschen! [3]Ist doch offenbar geworden, daß ihr ein Brief Christi seid, durch unsern Dienst zubereitet, geschrieben nicht mit Tinte, sondern mit

dem Geist des lebendigen Gottes, nicht auf stei-
nerne Tafeln, sondern auf fleischerne Tafeln,
nämlich eure Herzen.
4 Solches Vertrauen aber haben wir durch
Christus zu Gott. 5 Nicht daß wir tüchtig sind von
uns selber, uns etwas zuzurechnen als von uns
selber; sondern daß wir tüchtig sind, ist von
Gott, 6 der uns auch tüchtig gemacht hat zu Die-
nern des neuen Bundes, nicht des Buchstabens,
sondern des Geistes. Denn der Buchstabe tötet,
aber der Geist macht lebendig.
7 Wenn aber schon das Amt, das den Tod
bringt und das mit Buchstaben in Stein gehauen
war, Herrlichkeit hatte, so daß die Israeliten das
Angesicht des Mose nicht ansehen konnten we-
gen der Herrlichkeit auf seinem Angesicht, die
doch aufhörte, 8 wie sollte nicht viel mehr das
Amt, das den Geist gibt, Herrlichkeit haben?
9 Denn wenn das Amt, das zur Verdammnis
führt, Herrlichkeit hatte, wieviel mehr hat das
Amt, das zur Gerechtigkeit führt, überschwengli-
che Herrlichkeit. 10 Ja, jene Herrlichkeit ist nicht
für Herrlichkeit zu achten gegenüber dieser über-
schwenglichen Herrlichkeit. 11 Denn wenn das
Herrlichkeit hatte, was aufhört, wieviel mehr
wird das Herrlichkeit haben, was bleibt.
12 Weil wir nun solche Hoffnung haben, sind
wir voll großer Zuversicht 13 und tun nicht wie
Mose, der eine Decke vor sein Angesicht hängte,
damit die Israeliten nicht sehen konnten das En-
de der Herrlichkeit, die aufhört. 14 Aber ihre Sin-
ne wurden verstockt. Denn bis auf den heutigen
Tag bleibt diese Decke unaufgedeckt über dem
alten Testament, wenn sie es lesen, weil sie nur
in Christus abgetan wird. 15 Aber bis auf den heu-
tigen Tag, wenn Mose gelesen wird, hängt die
Decke vor ihrem Herzen. 16 Wenn Israel aber sich
bekehrt zu dem Herrn, so wird die Decke abge-
tan. 17 Der Herr ist der Geist; wo aber der Geist
des Herrn ist, da ist Freiheit. 18 Nun aber schauen
wir alle mit aufgedecktem Angesicht die Herr-
lichkeit des Herrn wie in einem Spiegel, und wir
werden verklärt in sein Bild von einer Herrlich-
keit zur andern von dem Herrn, der der Geist ist.

Das Licht des Evangeliums im Amt des Apostels

4 Darum, weil wir dieses Amt haben nach
der Barmherzigkeit, die uns widerfahren
ist, werden wir nicht müde, 2 sondern wir
meiden schändliche Heimlichkeit und gehen
nicht mit List um, fälschen auch nicht Gottes
Wort, sondern durch Offenbarung der Wahrheit
empfehlen wir uns dem Gewissen aller Menschen
vor Gott. 3 Ist nun aber unser Evangelium ver-
deckt, so ist's denen verdeckt, die verloren wer-
den, 4 den Ungläubigen, denen der Gott dieser
Welt den Sinn verblendet hat, daß sie nicht se-
hen das helle Licht des Evangeliums von der

Die Gute Nachricht soll überall bekannt werden

Herrlichkeit Christi, welcher ist das Ebenbild Gottes. 5Denn wir predigen nicht uns selbst, sondern Jesus Christus, daß er der Herr ist, wir aber eure Knechte um Jesu willen. 6Denn Gott, der sprach: Licht soll aus der Finsternis hervorleuchten, der hat einen hellen Schein in unsre Herzen gegeben, daß durch uns entstünde die Erleuchtung zur Erkenntnis der Herrlichkeit Gottes in dem Angesicht Jesu Christi.

Gott dieser Welt

Gemeint ist der Teufel, der bis zum Ende dieser Weltzeit noch Freiraum hat, die Menschen gegen Gott zu beeinflussen.

Leidensgemeinschaft mit Christus

7Wir haben aber diesen Schatz in irdenen Gefäßen, damit die überschwengliche Kraft von Gott sei und nicht von uns. 8Wir sind von allen Seiten bedrängt, aber wir ängstigen uns nicht. Uns ist bange, aber wir verzagen nicht. 9Wir leiden Verfolgung, aber wir werden nicht verlassen. Wir werden unterdrückt, aber wir kommen nicht um. 10Wir tragen allezeit das Sterben Jesu an unserm Leibe, damit auch das Leben Jesu an unserm Leibe offenbar werde. 11Denn wir, die wir leben, werden immerdar in den Tod gegeben um Jesu willen, damit auch das Leben Jesu offenbar werde an unserm sterblichen Fleisch. 12So ist nun der Tod mächtig in uns, aber das Leben in euch. 13Weil wir aber denselben Geist des Glaubens haben, wie geschrieben steht (Psalm 116,10): »Ich glaube, darum rede ich«, so glauben wir auch, darum reden wir auch; 14denn wir wissen, daß der, der den Herrn Jesus auferweckt hat, wird uns auch auferwecken mit Jesus und wird uns vor sich stellen samt euch. 15Denn es geschieht alles um euretwillen, damit die überschwengliche Gnade durch die Danksagung vieler noch reicher werde zur Ehre Gottes.

16Darum werden wir nicht müde; sondern wenn auch unser äußerer Mensch verfällt, so wird doch der innere von Tag zu Tag erneuert. 17Denn unsre Trübsal, die zeitlich und leicht ist, schafft eine ewige und über alle Maßen gewichtige Herrlichkeit, 18uns, die wir nicht sehen auf das Sichtbare, sondern auf das Unsichtbare. Denn was sichtbar ist, das ist zeitlich; was aber unsichtbar ist, das ist ewig.

Sehnsucht nach der himmlischen Heimat

5 Denn wir wissen: wenn unser irdisches Haus, diese Hütte, abgebrochen wird, so haben wir einen Bau, von Gott erbaut, ein Haus, nicht mit Händen gemacht, das ewig ist im Himmel. 2Denn darum seufzen wir auch und sehnen uns danach, daß wir mit unserer Behausung, die vom Himmel ist, überkleidet werden, 3weil wir dann bekleidet und nicht nackt befunden werden. 4Denn solange wir in dieser Hütte sind, seufzen wir und sind beschwert, weil wir lieber nicht entkleidet, sondern überkleidet werden wollen, damit das Sterbliche verschlungen werde von dem Leben. 5Der uns aber dazu bereitet hat, das ist Gott, der uns als Unterpfand den Geist gegeben hat. 6So sind wir denn allezeit getrost und wissen: solange wir im Leibe wohnen, weilen wir fern von dem Herrn; 7denn wir wandeln im Glauben und nicht im Schauen. 8Wir sind aber getrost und haben vielmehr Lust, den Leib zu verlassen und daheim zu sein bei dem Herrn. 9Darum setzen wir auch unsre Ehre darein, ob wir daheim sind oder in der Fremde, daß wir ihm wohlgefallen. 10Denn wir müssen alle offenbar werden vor dem Richterstuhl Christi, damit jeder seinen Lohn empfange für das, was er getan hat bei Lebzeiten, es sei gut oder böse.

Wir müssen alle offenbar werden vor dem Richterstuhl Christi.

Botschafter der Versöhnung

11Weil wir nun wissen, daß der Herr zu fürchten ist, suchen wir Menschen zu gewinnen; aber vor Gott sind wir offenbar. Ich hoffe aber, daß wir auch vor eurem Gewissen offenbar sind. 12Damit empfehlen wir uns nicht abermals bei euch, sondern geben euch Anlaß, euch unser zu rühmen, damit ihr antworten könnt denen, die sich des Äußeren rühmen und nicht des Herzens. 13Denn wenn wir außer uns waren, so war es für Gott; sind wir aber besonnen, so sind wir's für euch. 14Denn die Liebe Christi drängt uns, zumal wir überzeugt sind, daß, wenn einer für alle gestorben ist, so sind sie alle gestorben. 15Und er ist darum für alle gestorben, damit, die da leben, hinfort nicht sich selbst leben, sondern dem, der für sie gestorben und auferstanden ist.

16Darum kennen wir von nun an niemanden

mehr nach dem Fleisch; und auch wenn wir
Christus gekannt haben nach dem Fleisch, so
kennen wir ihn doch jetzt so nicht mehr. [17]Dar-
um: Ist jemand in Christus, so ist er eine neue
Kreatur; das Alte ist vergangen, siehe, Neues ist
geworden. [18]Aber das alles von Gott, der uns mit
sich selber versöhnt hat durch Christus und uns
das Amt gegeben, das die Versöhnung predigt.
[19]Denn Gott war in Christus und versöhnte die
Welt mit sich selber und rechnete ihnen ihre
Sünden nicht zu und hat unter uns aufgerichtet
das Wort von der Versöhnung. [20]So sind wir nun
Botschafter an Christi Statt, denn Gott ermahnt
durch uns; so bitten wir nun an Christi Statt:
Laßt euch versöhnen mit Gott! [21]Denn er hat
den, der von keiner Sünde wußte, für uns zur
Sünde gemacht, damit wir in ihm die Gerechtig-
keit würden, die vor Gott gilt.

Die Bewährung des Apostels in seinem Dienst

6 Als Mitarbeiter aber ermahnen wir euch,
daß ihr die Gnade Gottes nicht vergeblich
empfangt. [2]Denn er spricht (Jesaja 49,8):
»Ich habe dich zur Zeit der Gnade erhört und
habe dir am Tage des Heils geholfen.« Siehe,
jetzt ist die Zeit der Gnade, siehe, jetzt ist der
Tag des Heils! [3]Und wir geben in nichts irgendei-
nen Anstoß, damit unser Amt nicht verlästert
werde; [4]sondern in allem erweisen wir uns als
Diener Gottes: in großer Geduld, in Trübsalen,
in Nöten, in Ängsten, [5]in Schlägen, in Gefäng-
nissen, in Verfolgungen, in Mühen, im Wachen,
im Fasten, [6]in Lauterkeit, in Erkenntnis, in Lang-
mut, in Freundlichkeit, im heiligen Geist, in un-
gefärbter Liebe, [7]in dem Wort der Wahrheit, in
der Kraft Gottes, mit den Waffen der Gerechtig-
keit zur Rechten und zur Linken, [8]in Ehre und
Schande; in bösen Gerüchten und guten Gerüch-
ten, als Verführer und doch wahrhaftig; [9]als die
Unbekannten, und doch bekannt; als die Ster-
benden und siehe, wir leben; als die Gezüchtig-
ten, und doch nicht getötet; [10]als die Traurigen,
aber allezeit fröhlich; als die Armen, aber die
doch viele reich machen; als die nichts haben,
und doch alles haben.

Werbung um die Gemeinde und Warnung vor Götzendienst

[11]O ihr Korinther, unser Mund hat sich euch ge-
genüber aufgetan, unser Herz ist weit gewor-
den. [12]Eng ist nicht der Raum, den ihr in uns
habt; eng aber ist's in euren Herzen. [13]Ich rede
mit euch als mit meinen Kindern; stellt euch
doch zu mir auch so, und macht auch ihr euer
Herz weit.

[14]Zieht nicht am fremden Joch mit den Un-
gläubigen. Denn was hat die Gerechtigkeit zu
schaffen mit der Ungerechtigkeit? Was hat das
Licht für Gemeinschaft mit der Finsternis? [15]Wie
stimmt Christus überein mit Beliar? Oder was für
ein Teil hat der Gläubige mit dem Ungläubigen?
[16]Was hat der Tempel Gottes gemein mit den
Götzen? Wir aber sind der Tempel des lebendi-
gen Gottes; wie denn Gott spricht (3. Mose
26,11.12; Hesekiel 37,27):

> »Ich will unter ihnen wohnen und wandeln
> und will ihr Gott sein, und sie sollen mein
> Volk sein.«
> [17]Darum »geht aus von ihnen
> und sondert euch ab«, spricht der Herr;
> »und rührt nichts Unreines an,
> so will ich euch annehmen
> [18]und euer Vater sein,
> und ihr sollt meine Söhne und Töchter
> sein«,
> spricht der allmächtige Herr (Jesaja 52,11;
> Hesekiel 20,41; 2. Samuel 7,14).

7 Weil wir nun solche Verheißungen haben,
meine Lieben, so laßt uns von aller Beflek-
kung des Fleisches und des Geistes uns rei-
nigen und die Heiligung vollenden in der Furcht
Gottes.

[2]Gebt uns Raum in euren Herzen! Wir haben
niemand Unrecht getan, wir haben niemand ver-
letzt, wir haben niemand übervorteilt. [3]Nicht sa-
ge ich das, um euch zu verurteilen; denn ich ha-
be schon zuvor gesagt, daß ihr in unserm Herzen
seid, mitzusterben und mitzuleben. [4]Ich rede mit
großer Zuversicht zu euch; ich rühme viel von
euch; ich bin erfüllt mit Trost; ich habe über-
schwengliche Freude in aller unsrer Bedrängnis.

Die Freude des Paulus über die Reue der Gemeinde

[5]Denn als wir nach Mazedonien kamen, fanden
wir keine Ruhe; sondern von allen Seiten waren
wir bedrängt, von außen mit Streit, von innen
mit Furcht. [6]Aber Gott, der die Geringen tröstet,
der tröstete uns durch die Ankunft des Titus;
[7]nicht allein aber durch seine Ankunft, sondern
auch durch den Trost, mit dem er bei euch getrö-
stet worden war. Er berichtete uns von eurem

Verlangen, eurem Weinen, eurem Eifer für mich,
so daß ich mich noch mehr freute.
8Denn wenn ich euch auch durch den Brief
traurig gemacht habe, reut es mich nicht. Und
wenn es mich reute - ich sehe ja, daß jener Brief
euch wohl eine Weile betrübt hat -, 9so freue ich
mich doch jetzt nicht darüber, daß ihr betrübt
worden seid, sondern darüber, daß ihr betrübt
worden seid zur Reue. Denn ihr seid betrübt
worden nach Gottes Willen, so daß ihr von uns
keinen Schaden erlitten habt. 10Denn die Trau-
rigkeit nach Gottes Willen wirkt zur Seligkeit ei-
ne Reue, die niemanden reut; die Traurigkeit der
Welt aber wirkt den Tod. 11Siehe: eben dies, daß
ihr betrübt worden seid nach Gottes Willen, wel-
ches Mühen hat das in euch gewirkt, dazu Ver-
teidigung, Unwillen, Furcht, Verlangen, Eifer,
Bestrafung! Ihr habt in allen Stücken bewiesen,
daß ihr rein seid in dieser Sache. 12Darum, wenn
ich euch auch geschrieben habe, so ist's doch
nicht geschehen um dessentwillen, der beleidigt
hat, auch nicht um dessentwillen, der beleidigt
worden ist, sondern damit euer Mühen für uns
offenbar werde bei euch vor Gott. 13Dadurch
sind wir getröstet worden.

Außer diesem unserm Trost aber haben wir
uns noch überschwenglicher gefreut über die
Freude des Titus; denn sein Geist ist erquickt
worden von euch allen. 14Denn was ich vor ihm
von euch gerühmt habe, darin bin ich nicht zu-
schanden geworden; sondern wie alles wahr ist,
was wir mit euch geredet haben, so hat sich auch
unser Rühmen vor Titus als wahr erwiesen.
15Und er ist überaus herzlich gegen euch gesinnt,
wenn er an den Gehorsam von euch allen denkt,
wie ihr ihn mit Furcht und Zittern aufgenommen
habt. 16Ich freue mich, daß ich mich in allem auf
euch verlassen kann.

Die Geldsammlung für die Gemeinde in Jerusalem

8 Wir tun euch aber kund, liebe Brüder, die
Gnade Gottes, die in den Gemeinden Ma-
zedoniens gegeben ist. 2Denn ihre Freude
war überschwenglich, als sie durch viel Bedräng-
nis bewährt wurden, und obwohl sie sehr arm
sind, haben sie doch reichlich gegeben in aller
Einfalt. 3Denn nach Kräften, das bezeuge ich,
und sogar über ihre Kräfte haben sie willig gege-
ben 4und haben uns mit vielem Zureden gebeten,
daß sie mithelfen dürften an der Wohltat und der
Gemeinschaft des Dienstes für die Heiligen; 5und
das nicht nur, wie wir hofften, sondern sie gaben
sich selbst, zuerst dem Herrn und danach uns,
nach dem Willen Gottes. 6So haben wir Titus zu-
geredet, daß er, wie er zuvor angefangen hatte,
nun auch diese Wohltat unter euch vollends aus-
richte.

7Wie ihr aber in allen Stücken reich seid, im
Glauben und im Wort und in der Erkenntnis und
in allem Eifer und in der Liebe, die wir in euch
erweckt haben, so gebt auch reichlich bei dieser
Wohltat. 8Nicht sage ich das als Befehl; sondern
weil andere so eifrig sind, prüfe ich auch eure
Liebe, ob sie rechter Art sei. 9Denn ihr kennt die
Gnade unseres Herrn Jesus Christus: obwohl er
reich ist, wurde er doch arm um euretwillen, da-
mit ihr durch seine Armut reich würdet. 10Und
darin sage ich meine Meinung; denn das ist euch
nützlich, die ihr seit vorigem Jahr angefangen
habt nicht allein mit dem Tun, sondern auch mit
dem Wollen. 11Nun aber vollbringt auch das
Tun, damit, wie ihr geneigt seid zu wollen, ihr
auch geneigt seid zu vollbringen nach dem Maß
dessen, was ihr habt. 12Denn wenn der gute Wille
da ist, so ist er willkommen nach dem, was einer
hat, nicht nach dem, was er nicht hat. 13Nicht,
daß die andern gute Tage haben sollen und ihr
Not leidet, sondern daß es zu einem Ausgleich
komme. 14Jetzt helfe euer Überfluß ihrem Man-
gel ab, damit danach auch ihr Überfluß eurem
Mangel abhelfe und so ein Ausgleich geschehe,

Jetzt helfe euer Überfluß ihrem Mangel ab.

15wie geschrieben steht (2. Mose 16,18): »Wer
viel sammelte, hatte keinen Überfluß, und wer
wenig sammelte, hatte keinen Mangel.«

16Gott aber sei Dank, der dem Titus solchen
Eifer für euch ins Herz gegeben hat. 17Denn er
ließ sich gerne zureden; ja, weil er so sehr eifrig
war, ist er von selber zu euch gereist. 18Wir ha-
ben aber den Bruder mit ihm gesandt, dessen
Lob wegen seines Dienstes am Evangelium durch
alle Gemeinden geht. 19Nicht allein aber das,
sondern er ist auch von den Gemeinden dazu
eingesetzt, uns zu begleiten, wenn wir diese Gabe
überbringen dem Herrn zur Ehre und zum Er-
weis unsres guten Willens. 20So verhüten wir, daß
uns jemand übel nachredet wegen dieser reichen
Gabe, die durch uns überbracht wird. 21Denn wir
sehen darauf, daß es redlich zugehe nicht allein
vor dem Herrn, sondern auch vor den Menschen.

22 Auch haben wir mit ihnen unsern Bruder ge-
sandt, dessen Eifer wir oft in vielen Stücken er-
probt haben, nun aber ist er noch viel eifriger aus
großem Vertrauen zu euch. 23 Es sei nun Titus,
der mein Gefährte und mein Mitarbeiter unter
euch ist, oder es seien unsere Brüder, die Abge-
sandte der Gemeinden sind und eine Ehre Chri-
sti: 24 erbringt den Beweis eurer Liebe und zeigt,
daß wir euch zu Recht vor ihnen gerühmt haben
öffentlich vor den Gemeinden.

Der Segen der Geldsammlung

9 Von dem Dienst, der für die Heiligen ge-
schieht, brauche ich euch nicht zu schrei-
ben. 2 Denn ich weiß von eurem guten Wil-
len, den ich an euch rühme bei denen aus Maze-
donien, wenn ich sage: Achaja ist schon voriges
Jahr bereit gewesen! Und euer Beispiel hat die
meisten angespornt. 3 Ich habe aber die Brüder
gesandt, damit nicht unser Rühmen über euch
zunichte werde in diesem Stück, und damit ihr
vorbereitet seid, wie ich von euch gesagt habe,
4 daß nicht, wenn die aus Mazedonien mit mir
kommen und euch nicht vorbereitet finden, wir,
um nicht zu sagen: ihr, zuschanden werden mit
dieser unsrer Zuversicht. 5 So habe ich es nun für
nötig angesehen, die Brüder zu ermahnen, daß
sie voranzögen zu euch, um die von euch ange-
kündigte Segensgabe vorher fertig zu machen, so
daß sie bereitliegt als eine Gabe des Segens und
nicht des Geizes. 6 Ich meine aber dies: Wer da
kärglich sät, der wird auch kärglich ernten; und
wer da sät im Segen, der wird auch ernten im Se-
gen. 7 Ein jeder, wie er's sich im Herzen vorge-
nommen hat, nicht mit Unwillen oder aus
Zwang; denn einen fröhlichen Geber hat Gott
lieb. 8 Gott aber kann machen, daß alle Gnade
unter euch reichlich sei, damit ihr in allen Din-
gen allezeit volle Genüge habt und noch reich
seid zu jedem guten Werk; 9 wie geschrieben steht
(Psalm 112,9):

Einen fröhlichen Geber hat Gott lieb.

Christen kümmern sich um die Armen

»Er hat ausgestreut und den Armen gege-
ben;
seine Gerechtigkeit bleibt in Ewigkeit.«
[10]Der aber Samen gibt dem Sämann und Brot zur
Speise, der wird auch euch Samen geben und ihn
mehren und wachsen lassen die Früchte eurer Ge-
rechtigkeit. [11]So werdet ihr reich sein in allen Din-
gen, zu geben in aller Einfalt, die durch uns wirkt
Danksagung an Gott. [12]Denn der Dienst dieser
Sammlung hilft nicht allein dem Mangel der Heili-
gen ab, sondern wirkt auch überschwenglich dar-
in, daß viele Gott danken. [13]Denn für diesen
treuen Dienst preisen sie Gott über eurem Gehor-
sam im Bekenntnis zum Evangelium Christi und
über der Einfalt eurer Gemeinschaft mit ihnen
und allen. [14]Und in ihrem Gebet für euch sehnen
sie sich nach euch wegen der überschwenglichen
Gnade Gottes bei euch. [15]Gott aber sei Dank für
seine unaussprechliche Gabe!

Verteidigung des Apostels gegen persönliche Angriffe

10 Ich selbst aber, Paulus, ermahne euch
bei der Sanftmut und Güte Christi,
der ich in eurer Gegenwart unterwür-
fig sein soll, aber mutig, wenn ich fern von euch
bin. [2]Ich bitte aber, daß ihr mich nicht zwingt,
wenn ich bei euch bin, mutig zu sein und die
Kühnheit zu gebrauchen, mit der ich gegen eini-
ge vorzugehen gedenke, die unsern Wandel für
fleischlich halten. [3]Denn obwohl wir im Fleisch
leben, kämpfen wir doch nicht auf fleischliche
Weise. [4]Denn die Waffen unsres Kampfes sind
nicht fleischlich, sondern mächtig im Dienste
Gottes, Festungen zu zerstören. [5]Wir zerstören
damit Gedanken und alles Hohe, das sich erhebt
gegen die Erkenntnis Gottes, und nehmen gefan-
gen alles Denken in den Gehorsam gegen Chri-
stus. [6]So sind wir bereit, zu strafen allen Unge-
horsam, sobald euer Gehorsam vollkommen ge-
worden ist.

[7]Seht, was vor Augen liegt! Verläßt sich je-
mand darauf, daß er Christus angehört, der be-
denke wiederum auch dies bei sich, daß, wie er
Christus angehört, so auch wir! [8]Auch wenn ich
mich noch mehr der Vollmacht rühmen würde,
die uns der Herr gegeben hat, euch zu erbauen,
und nicht euch zu zerstören, so würde ich nicht
zuschanden werden. [9]Das sage ich aber, damit es
nicht scheint, als hätte ich euch mit den Briefen
schrecken wollen. [10]Denn seine Briefe, sagen sie,
wiegen schwer und sind stark; aber wenn er
selbst anwesend ist, ist er schwach und seine Re-
de kläglich. [11]Wer so redet, der bedenke: wie wir
aus der Ferne in den Worten unsrer Briefe sind,
so werden wir, wenn wir anwesend sind, auch
mit der Tat sein.

Der Maßstab für die Beurteilung des Apostels

[12]Denn wir wagen nicht, uns unter die zu rech-
nen oder mit denen zu vergleichen, die sich
selbst empfehlen; aber weil sie sich nur an sich
selbst messen und mit sich selbst vergleichen,
verstehen sie nichts. [13]Wir aber wollen uns nicht
über alles Maß hinaus rühmen, sondern nur nach
dem Maß, das uns Gott zugemessen hat, nämlich
daß wir auch bis zu euch gelangen sollten.
[14]Denn es ist nicht so, daß wir uns zuviel anma-
ßen, als wären wir nicht bis zu euch gelangt;
denn wir sind ja mit dem Evangelium Christi bis
zu euch gekommen [15]und rühmen uns nicht über
alles Maß hinaus mit dem, was andere gearbeitet
haben. Wir haben aber die Hoffnung, daß wir,
wenn euer Glaube in euch wächst, nach dem
Maß, das uns zugemessen ist, überschwenglich zu
Ehren kommen. [16]Denn wir wollen das Evange-
lium auch denen predigen, die jenseits von euch
wohnen, und rühmen uns nicht mit dem, was an-
dere nach ihrem Maß vollbracht haben. [17]»Wer
sich aber rühmt, der rühme sich des Herrn« (Je-
remia 9,22.23). [18]Denn nicht der ist tüchtig, der
sich selbst empfiehlt, sondern der, den der Herr
empfiehlt.

Paulus und die falschen Apostel

11 Wollte Gott, ihr hieltet mir ein wenig
Torheit zugut! Doch ihr haltet mir's
wohl zugut. [2]Denn ich eifere um euch
mit göttlichem Eifer; denn ich habe euch verlobt
mit einem einzigen Mann, damit ich Christus ei-
ne reine Jungfrau zuführte. [3]Ich fürchte aber,
daß, wie die Schlange Eva verführte mit ihrer
List, so auch eure Gedanken abgewendet werden
von der Einfalt und Lauterkeit gegenüber Chri-
stus. [4]Denn wenn einer zu euch kommt und ei-
nen andern Jesus predigt, den wir nicht gepredigt
haben, oder ihr einen andern Geist empfangt,
den ihr nicht empfangen habt, oder ein anderes
Evangelium, das ihr nicht angenommen habt, so
ertragt ihr das recht gern! [5]Ich meine doch, ich
sei nicht weniger als die Überapostel. [6]Und wenn
ich schon ungeschickt bin in der Rede, so bin
ich's doch nicht in der Erkenntnis; sondern in je-

der Weise und vor allen haben wir sie bei euch kundgetan.

[7]Oder habe ich gesündigt, als ich mich erniedrigt habe, damit ihr erhöht würdet? Denn ich habe euch das Evangelium Gottes ohne Entgelt verkündigt. [8]Andere Gemeinden habe ich beraubt und Geld von ihnen genommen, um euch dienen zu können. [9]Und als ich bei euch war und Mangel hatte, fiel ich niemandem zur Last. Denn meinem Mangel halfen die Brüder ab, die aus Mazedonien kamen. So bin ich euch in keiner Weise zur Last gefallen und will es auch weiterhin so halten. [10]So gewiß die Wahrheit Christi in mir ist, so soll mir dieser Ruhm im Gebiet von Achaja nicht verwehrt werden. [11]Warum das? Weil ich euch nicht lieb habe? Gott weiß es. [12]Was ich aber tue, das will ich auch weiterhin tun und denen den Anlaß nehmen, die einen Anlaß suchen, sich zu rühmen, sie seien wie wir. [13]Denn solche sind falsche Apostel, betrügerische Arbeiter und verstellen sich als Apostel Christi. [14]Und das ist auch kein Wunder; denn er selbst, der Satan, verstellt sich als Engel des Lichts. [15]Darum ist es nichts Großes, wenn sich auch seine Diener verstellen als Diener der Gerechtigkeit; deren Ende wird sein nach ihren Werken.

Die Leiden und Mühen des Apostels

[16]Ich sage abermals: niemand halte mich für töricht; wenn aber doch, so nehmt mich an als einen Törichten, damit auch ich mich ein wenig rühme. [17]Was ich jetzt rede, das rede ich nicht dem Herrn gemäß, sondern wie in Torheit, weil wir so ins Rühmen gekommen sind. [18]Da viele sich rühmen nach dem Fleisch, will ich mich auch rühmen. [19]Denn ihr ertragt gerne die Narren, ihr, die ihr klug seid! [20]Ihr ertragt es, wenn

Ihr ertragt gerne die Narren, ihr, die ihr klug seid!

euch jemand knechtet, wenn euch jemand ausnützt, wenn euch jemand gefangennimmt, wenn euch jemand erniedrigt, wenn euch jemand ins Gesicht schlägt. [21]Zu meiner Schande muß ich sagen, dazu waren wir zu schwach!

Wo einer kühn ist - ich rede in Torheit -, da bin ich auch kühn. [22]Sie sind Hebräer - ich auch! Sie sind Israeliten - ich auch! Sie sind Abrahams Kinder - ich auch! [23]Sie sind Diener Christi - ich rede töricht: ich bin's weit mehr! Ich habe mehr gearbeitet, ich bin öfter gefangen gewesen, ich habe mehr Schläge erlitten, ich bin oft in Todesnöten gewesen. [24]Von den Juden habe ich fünfmal erhalten vierzig Geißelhiebe weniger einen; [25]ich bin dreimal mit Stöcken geschlagen, einmal gesteinigt worden; dreimal habe ich Schiffbruch

Paulus geriet auf dem Meer oft in Gefahr

erlitten, einen Tag und eine Nacht trieb ich auf
dem tiefen Meer. [26]Ich bin oft gereist, ich bin in
Gefahr gewesen durch Flüsse, in Gefahr unter
Räubern, in Gefahr unter Juden, in Gefahr unter
Heiden, in Gefahr in Städten, in Gefahr in Wü-
sten, in Gefahr auf dem Meer, in Gefahr unter
falschen Brüdern; [27]in Mühe und Arbeit, in viel
Wachen, in Hunger und Durst, in viel Fasten, in

Geißelhiebe

Geißelung oder Auspeitschen war eine Strafe für Übertreter des Gesetzes. Da höchstens 40 Schläge erlaubt waren, gab man sicherheitshalber einen Schlag weniger.

Frost und Blöße; [28]und außer all dem noch das,
was täglich auf mich einstürmt, und die Sorge für
alle Gemeinden. [29]Wer ist schwach, und ich wer-
de nicht schwach? Wer wird zu Fall gebracht,
und ich brenne nicht?

[30]Wenn ich mich denn rühmen soll, will ich
mich meiner Schwachheit rühmen. [31]Gott, der
Vater des Herrn Jesus, der gelobt sei in Ewigkeit,
weiß, daß ich nicht lüge. [32]In Damaskus bewach-
te der Statthalter des Königs Aretas die Stadt der
Damaszener und wollte mich gefangennehmen,
[33]und ich wurde in einem Korb durch ein Fenster
die Mauer hinuntergelassen und entrann seinen
Händen.

Die Offenbarungen des Herrn und die Schwachheit des Apostels

12 Gerühmt muß werden; wenn es auch
nichts nützt, so will ich doch kommen
auf die Erscheinungen und Offenba-
rungen des Herrn. [2]Ich kenne einen Menschen in
Christus; vor vierzehn Jahren - ist er im Leib ge-
wesen? ich weiß es nicht; oder ist er außer dem
Leib gewesen? ich weiß es auch nicht; Gott weiß
es -, da wurde derselbe entrückt bis in den drit-
ten Himmel. [3]Und ich kenne denselben Men-
schen - ob er im Leib oder außer dem Leib ge-
wesen ist, weiß ich nicht; Gott weiß es -, [4]der
wurde entrückt in das Paradies und hörte unaus-
sprechliche Worte, die kein Mensch sagen kann.
[5]Für denselben will ich mich rühmen; für mich
selbst aber will ich mich nicht rühmen, außer
meiner Schwachheit. [6]Und wenn ich mich rüh-
men wollte, wäre ich nicht töricht; denn ich wür-
de die Wahrheit sagen. Ich enthalte mich aber
dessen, damit nicht jemand mich höher achte, als
er an mir sieht oder von mir hört. [7]Und damit ich
mich wegen der hohen Offenbarungen nicht
überhebe, ist mir gegeben ein Pfahl ins Fleisch,
nämlich des Satans Engel, der mich mit Fäusten
schlagen soll, damit ich mich nicht überhebe.
[8]Seinetwegen habe ich dreimal zum Herrn ge-
fleht, daß er von mir weiche. [9]Und er hat zu mir
gesagt: Laß dir an meiner Gnade genügen; denn
meine Kraft ist in den Schwachen mächtig. Dar-
um will ich mich am allerliebsten rühmen meiner
Schwachheit, damit die Kraft Christi bei mir
wohne. [10]Darum bin ich guten Mutes in

Laß dir an meiner Gnade genügen; denn meine Kraft ist in den Schwachen mächtig.

Schwachheit, in Mißhandlungen, in Nöten, in
Verfolgungen und Ängsten, um Christi willen;
denn wenn ich schwach bin, so bin ich stark.

Das Ringen des Apostels um seine Gemeinde

[11]Ich bin ein Narr geworden! Dazu habt ihr mich
gezwungen. Denn ich sollte von euch gelobt wer-
den, da ich doch nicht weniger bin als die Über-
apostel, obwohl ich nichts bin. [12]Denn es sind ja
die Zeichen eines Apostels unter euch geschehen
in aller Geduld, mit Zeichen und mit Wundern
und mit Taten. [13]Was ist's, worin ihr zu kurz ge-
kommen seid gegenüber den andern Gemeinden,
außer daß ich euch nicht zur Last gefallen bin?
Vergebt mir dieses Unrecht! [14]Siehe, ich bin jetzt
bereit, zum dritten Mal zu euch zu kommen, und
will euch nicht zur Last fallen; denn ich suche
nicht das Eure, sondern euch. Denn es sollen

Paradies

Die Ausdrücke »Paradies« und »dritter Himmel« meinen, daß der Beschriebene – Ausleger vertreten die Ansicht, es handele sich um Paulus selbst – durch den Geist Gottes in eine für Menschen normalerweise nicht zugängliche himmlische Herrlichkeit versetzt wurde.

nicht die Kinder den Eltern Schätze sammeln,
sondern die Eltern den Kindern. [15]Ich aber will

Christen sollen in den Fußstapfen Jesu gehen

gern hingeben und hingegeben werden für eure
Seelen. Wenn ich euch mehr liebe, soll ich darum
weniger geliebt werden?
[16]Nun gut, ich bin euch nicht zur Last gefal-
len. Aber bin ich etwa heimtückisch und habe
euch mit Hinterlist gefangen? [17]Habe ich euch
etwa übervorteilt durch einen von denen, die ich
zu euch gesandt habe? [18]Ich habe Titus zugeredet
und den Bruder mit ihm gesandt. Hat euch etwa
Titus übervorteilt? Haben wir nicht beide in
demselben Geist gehandelt? Sind wir nicht in
denselben Fußtapfen gegangen?
[19]Schon lange werdet ihr denken, daß wir uns
vor euch verteidigen. Wir reden jedoch in Chri-
stus vor Gott! Aber das alles geschieht, meine
Lieben, zu eurer Erbauung. [20]Denn ich fürchte,
wenn ich komme, finde ich euch nicht, wie ich
will, und ihr findet mich auch nicht, wie ihr
wollt, sondern es gibt Hader, Neid, Zorn, Zank,
üble Nachrede, Verleumdung, Aufgeblasenheit,
Unordnung. [21]Ich fürchte, wenn ich abermals
komme, wird mein Gott mich demütigen bei
euch, und ich muß Leid tragen über viele, die zu-
vor gesündigt und nicht Buße getan haben für
die Unreinheit und Unzucht und Ausschweifung,
die sie getrieben haben.

Mahnungen vor dem dritten Besuch

13 Jetzt komme ich zum dritten Mal zu
euch. »Durch zweier oder dreier Zeu-
gen Mund soll jede Sache bestätigt
werden.« (5. Mose 19,15) [2]Ich habe es vorausge-
sagt und sage es abermals voraus – wie bei mei-
nem zweiten Besuch, so auch nun aus der Ferne
– denen, die zuvor gesündigt haben, und den an-
dern allen: Wenn ich noch einmal komme, dann
will ich nicht schonen. [3]Ihr verlangt ja einen Be-
weis dafür, daß Christus in mir redet, der euch
gegenüber nicht schwach ist, sondern ist mächtig
unter euch. [4]Denn wenn er auch gekreuzigt wor-
den ist in Schwachheit, so lebt er doch in der
Kraft Gottes. Und wenn wir auch schwach sind
in ihm, so werden wir uns doch mit ihm lebendig
erweisen an euch in der Kraft Gottes.
[5]Erforscht euch selbst, ob ihr im Glauben
steht; prüft euch selbst! Oder erkennt ihr euch
selbst nicht, daß Jesus Christus in euch ist? Wenn
nicht, dann wärt ihr ja untüchtig. [6]Ich hoffe aber,
ihr werdet erkennen, daß wir nicht untüchtig
sind. [7]Wir bitten aber Gott, daß ihr nichts Böses
tut; nicht damit wir als tüchtig angesehen wer-
den, sondern damit ihr das Gute tut und wir wie
die Untüchtigen seien. [8]Denn wir vermögen

nichts wider die Wahrheit, sondern nur etwas für
die Wahrheit. 9Wir freuen uns ja, wenn wir
schwach sind und ihr mächtig seid. Um dies be-
ten wir auch, um eure Vollkommenheit. 10Des-
halb schreibe ich auch dies aus der Ferne, damit
ich nicht, wenn ich anwesend bin, Strenge ge-
brauchen muß nach der Vollmacht, die mir der
Herr gegeben hat, zu erbauen, nicht zu zerstören.
11Zuletzt, liebe Brüder, freut euch, laßt euch
zurechtbringen, laßt euch mahnen, habt einerlei
Sinn, haltet Frieden! So wird der Gott der Liebe
und des Friedens mit euch sein. 12Grüßt euch un-
tereinander mit dem heiligen Kuß. Es grüßen
euch alle Heiligen. 13Die Gnade unseres Herrn
Jesus Christus und die Liebe Gottes und die Ge-
meinschaft des heiligen Geistes sei mit euch
allen!

Die Gnade unseres Herrn Jesus Christus sei mit euch allen!

Der Brief von Paulus an die

Galater

Einführung

Der Brief an die Christen in Galatien, einer kleinen Provinz in der heutigen Türkei, ist eine Kampfschrift. Paulus kämpft gegen jüdische Irrlehrer und für das Evangelium, in dem Jesus Christus die Mitte bleiben soll. Einige aus dem Judentum stammende Christen hatten nach der Abreise des Apostels Paulus in Galatien gelehrt, ein rechter Christ müsse auch das alttestamentliche Gesetz halten, und die Männer müßten sich – auch wenn sie aus anderen Völkern stammen – der von Mose gebotenen Beschneidung als Zeichen des Eintritts in das Volk Gottes unterziehen.

Leidenschaftlich stellt Paulus diese Verdreher des Evangeliums zur Rede. Wie in keinem anderen Brief erzählt er von Gottes Eingreifen in sein Leben: Er betont seine göttliche Berufung in den Apostelдienst und drängt die Gemeinde, keine Mischlehren zu dulden. Denn das wunderbare Neue, das Christus gebracht hat, ist ja gerade die Erlösung und Rechtfertigung aus Gnade. Wer jetzt noch behauptet, daß Werke den Menschen retten, macht Christus überflüssig, versteht nicht die neue Freiheit durch Christus und steht damit gegen Gott. – Im Anschluß an diese Klarstellung schreibt Paulus vom rechten Leben aus der Kraft des Heiligen Geistes, der zu Taten der Liebe hilft.

Überblick

Briefeinleitung	1,1-1,10
Die Lehrautorität des Paulus stammt von Gott	1,11-2,21
Das Evangelium ist Botschaft von Gottes Gnade	3,1-4,31
Christliche Freiheit und christliche Verantwortung	5,1-6,10
Briefschluß und Grüße	6,11-6,18

1 Paulus, ein Apostel nicht von Menschen,
auch nicht durch einen Menschen, sondern
durch Jesus Christus und Gott, den Vater,
der ihn auferweckt hat von den Toten, [2]und alle
Brüder, die bei mir sind, an die Gemeinden in
Galatien:
[3]Gnade sei mit euch und Friede von Gott, un-
serm Vater, und dem Herrn Jesus Christus, [4]der
sich selbst für unsre Sünden dahingegeben hat,
daß er uns errette von dieser gegenwärtigen, bö-
sen Welt nach dem Willen Gottes, unseres Va-
ters; [5]dem sei Ehre von Ewigkeit zu Ewigkeit!
Amen.

Gegen die Verfälschung des Evangeliums

[6]Mich wundert, daß ihr euch so bald abwenden
laßt von dem, der euch berufen hat in die Gnade
Christi, zu einem andern Evangelium, [7]obwohl es
doch kein andres gibt; nur daß einige da sind, die
euch verwirren und wollen das Evangelium Chri-
sti verkehren. [8]Aber auch wenn wir oder ein En-
gel vom Himmel euch ein Evangelium predigen
würden, das anders ist, als wir es euch gepredigt
haben, der sei verflucht. [9]Wie wir eben gesagt
haben, so sage ich abermals: Wenn jemand euch
ein Evangelium predigt, anders als ihr es emp-
fangen habt, der sei verflucht.

Freiheit! – Ein großes Thema der Bibel

[10]Predige ich denn jetzt Menschen oder Gott zuliebe? Oder suche ich Menschen gefällig zu sein? Wenn ich noch Menschen gefällig wäre, so wäre ich Christi Knecht nicht.

Die Berufung des Paulus zum Apostel

[11]Denn ich tue euch kund, liebe Brüder, daß das Evangelium, das von mir gepredigt ist, nicht von menschlicher Art ist. [12]Denn ich habe es nicht von einem Menschen empfangen oder gelernt, sondern durch eine Offenbarung Jesu Christi. [13]Denn ihr habt ja gehört von meinem Leben früher im Judentum, wie ich über die Maßen die Gemeinde Gottes verfolgte und sie zu zerstören suchte [14]und übertraf im Judentum viele meiner Altersgenossen in meinem Volk weit und eiferte über die Maßen für die Satzungen der Väter.

[15]Als es aber Gott wohlgefiel, der mich von meiner Mutter Leib an ausgesondert und durch seine Gnade berufen hat, [16]daß er seinen Sohn offenbarte in mir, damit ich ihn durchs Evangelium verkündigen sollte unter den Heiden, da besprach ich mich nicht erst mit Fleisch und Blut, [17]ging auch nicht hinauf nach Jerusalem zu denen, die vor mir Apostel waren, sondern zog nach Arabien und kehrte wieder zurück nach Damaskus. [18]Danach, drei Jahre später, kam ich hinauf nach Jerusalem, um Kephas kennenzulernen, und blieb fünfzehn Tage bei ihm. [19]Von den andern Aposteln aber sah ich keinen außer Jakobus, des Herrn Bruder. [20]Was ich euch aber schreibe – siehe, Gott weiß, ich lüge nicht! [21]Danach kam ich in die Länder Syrien und Zilizien. [22]Ich war aber unbekannt von Angesicht den christlichen Gemeinden in Judäa. [23]Sie hatten nur gehört: Der uns früher verfolgte, der predigt jetzt den Glauben, den er früher zu zerstören suchte, [24]und priesen Gott über mir.

Der uns früher verfolgte, der predigt jetzt den Glauben.

Die Anerkennung des Paulus durch die anderen Apostel

2 Danach, vierzehn Jahre später, zog ich abermals hinauf nach Jerusalem mit Barnabas und nahm auch Titus mit mir. [2]Ich zog aber hinauf aufgrund einer Offenbarung und besprach mich mit ihnen über das Evangelium, das ich predige unter den Heiden, besonders aber mit denen, die das Ansehen hatten, damit ich nicht etwa vergeblich liefe oder gelaufen wäre. [3]Aber selbst Titus, der bei mir war, ein Grieche, wurde nicht gezwungen, sich beschneiden zu lassen. [4]Denn es hatten sich einige falsche Brüder mit eingedrängt und neben eingeschlichen, um unsere Freiheit auszukundschaften, die wir in Christus Jesus haben, und uns zu knechten. [5]Denen wichen wir auch nicht eine Stunde und unterwarfen uns ihnen nicht, damit die Wahrheit des Evangeliums bei euch bestehen bliebe. [6]Von denen aber, die das Ansehen hatten – was sie früher gewesen sind,

Durch Werke des Gesetzes wird kein Mensch gerecht.

daran liegt mir nichts; denn Gott achtet das Ansehen der Menschen nicht -, mir haben die, die das Ansehen hatten, nichts weiter auferlegt. [7]Im Gegenteil, da sie sahen, daß mir anvertraut war das Evangelium an die Heiden so wie Petrus das Evangelium an die Juden [8]- denn der in Petrus wirksam gewesen ist zum Apostelamt unter den Juden, der ist auch in mir wirksam gewesen unter den Heiden -, [9]und da sie die Gnade erkannten, die mir gegeben war, gaben Jakobus und Kephas und Johannes, die als Säulen angesehen werden, mir und Barnabas die rechte Hand und wurden mit uns eins, daß wir unter den Heiden, sie aber unter den Juden predigen sollten, [10]nur daß wir an die Armen dächten, was ich mich auch eifrig bemüht habe zu tun.

Die Auseinandersetzung des Paulus mit Petrus in Antiochia

[11]Als aber Kephas nach Antiochia kam, widerstand ich ihm ins Angesicht, denn es war Grund zur Klage gegen ihn. [12]Denn bevor einige von Jakobus kamen, aß er mit den Heiden; als sie aber kamen, zog er sich zurück und sonderte sich ab, weil er die aus dem Judentum fürchtete. [13]Und mit ihm heuchelten auch die andern Juden, so daß selbst Barnabas verführt wurde, mit ihnen zu heucheln. [14]Als ich aber sah, daß sie nicht richtig handelten nach der Wahrheit des Evangeliums, sprach ich zu Kephas öffentlich vor allen: Wenn du, der du ein Jude bist, heidnisch lebst und nicht jüdisch, warum zwingst du dann die Heiden, jüdisch zu leben?

[15]Wir sind von Geburt Juden und nicht Sün-
der aus den Heiden. [16]Doch weil wir wissen, daß
der Mensch durch Werke des Gesetzes nicht ge-
recht wird, sondern durch den Glauben an Jesus
Christus, sind auch wir zum Glauben an Christus
Jesus gekommen, damit wir gerecht werden
durch den Glauben an Christus und nicht durch
Werke des Gesetzes; denn durch Werke des Ge-
setzes wird kein Mensch gerecht. [17]Sollten wir
aber, die wir durch Christus gerecht zu werden
suchen, auch selbst als Sünder befunden werden
- ist dann Christus ein Diener der Sünde? Das
sei ferne! [18]Denn wenn ich das, was ich abgebro-
chen habe, wieder aufbaue, dann mache ich mich
selbst zu einem Übertreter. [19]Denn ich bin
durchs Gesetz dem Gesetz gestorben, damit ich
Gott lebe. Ich bin mit Christus gekreuzigt. [20]Ich
lebe, doch nun nicht ich, sondern Christus lebt in
mir. Denn was ich jetzt lebe im Fleisch, das lebe
ich im Glauben an den Sohn Gottes, der mich
geliebt hat und sich selbst für mich dahingege-
ben. [21]Ich werfe nicht weg die Gnade Gottes;
denn wenn die Gerechtigkeit durch das Gesetz
kommt, so ist Christus vergeblich gestorben.

Die Gerechtigkeit aus dem Glauben

3 O ihr unverständigen Galater! Wer hat
euch bezaubert, denen doch Jesus Christus
vor die Augen gemalt war als der Gekreu-
zigte? [2]Das allein will ich von euch erfahren:
Habt ihr den Geist empfangen durch des Geset-
zes Werke oder durch die Predigt vom Glauben?

Habt ihr den Geist empfangen durch des Gesetzes Werke oder durch die Predigt?

[3]Seid ihr so unverständig? Im Geist habt ihr an-
gefangen, wollt ihr's denn nun im Fleisch vollen-
den? [4]Habt ihr denn so vieles vergeblich erfah-
ren? Wenn es denn vergeblich war! [5]Der euch
nun den Geist darreicht und tut solche Taten un-
ter euch, tut er's durch des Gesetzes Werke oder
durch die Predigt vom Glauben?

[6]So war es mit Abraham: »Er hat Gott ge-
glaubt, und es ist ihm zur Gerechtigkeit gerech-
net worden« (1. Mose 15,6). [7]Erkennt also: die
aus dem Glauben sind, das sind Abrahams Kin-
der. [8]Die Schrift aber hat es vorausgesehen, daß
Gott die Heiden durch den Glauben gerecht
macht. Darum verkündigte sie dem Abraham
(1. Mose 12,3): »In dir sollen alle Heiden geseg-
net werden.« [9]So werden nun die, die aus dem
Glauben sind, gesegnet mit dem gläubigen Abra-
ham. [10]Denn die aus den Werken des Gesetzes
leben, die sind unter dem Fluch. Denn es steht
geschrieben (5. Mose 27,26): »Verflucht sei je-
der, der nicht bleibt bei alledem, was geschrieben
steht in dem Buch des Gesetzes, daß er's tue!«
[11]Daß aber durchs Gesetz niemand gerecht wird
vor Gott, ist offenbar; denn »der Gerechte wird
aus Glauben leben« (Habakuk 2,4). [12]Das Ge-
setz aber ist nicht »aus Glauben«, sondern: »der
Mensch, der es tut, wird dadurch leben« (3. Mo-
se 18,5). [13]Christus aber hat uns erlöst von dem
Fluch des Gesetzes, da er zum Fluch wurde für
uns; denn es steht geschrieben (5. Mose 21,23):
»Verflucht ist jeder, der am Holz hängt«, [14]damit
der Segen Abrahams unter die Heiden komme in
Christus Jesus und wir den verheißenen Geist
empfingen durch den Glauben.

Verheißung und Gesetz

[15]Liebe Brüder, ich will nach menschlicher Weise
reden: Man hebt doch das Testament eines Men-
schen nicht auf, wenn es bestätigt ist, und setzt
auch nichts dazu. [16]Nun ist die Verheißung
Abraham zugesagt und seinem Nachkommen. Es
heißt nicht: und den Nachkommen, als gälte es
vielen, sondern es gilt einem: »und deinem
Nachkommen« (1. Mose 22,18), welcher ist
Christus. [17]Ich meine aber dies: Das Testament,
das von Gott zuvor bestätigt worden ist, wird
nicht aufgehoben durch das Gesetz, das vierhun-
dertdreißig Jahre danach gegeben worden ist, so
daß die Verheißung zunichte würde. [18]Denn
wenn das Erbe durch das Gesetz erworben wür-
de, so würde es nicht durch Verheißung gegeben;
Gott aber hat es Abraham durch Verheißung frei
geschenkt.

[19]Was soll dann das Gesetz? Es ist hinzuge-
kommen um der Sünden willen, bis der Nach-

Testament

Ein Vertrag zwischen einem, der eine Erbschaft weitergibt und den Empfängern. Paulus will die Vertragstreue oder die Bundestreue Gottes unterstreichen.

komme da sei, dem die Verheißung gilt, und zwar ist es von Engeln verordnet durch die Hand eines Mittlers. [20]Ein Mittler aber ist nicht Mittler eines Einzigen, Gott aber ist Einer. [21]Wie? Ist dann das Gesetz gegen Gottes Verheißungen? Das sei ferne! Denn nur, wenn ein Gesetz gegeben wäre, das lebendig machen könnte, käme die Gerechtigkeit wirklich aus dem Gesetz. [22]Aber die Schrift hat alles eingeschlossen unter die Sünde, damit die Verheißung durch den Glauben an Jesus Christus gegeben würde denen, die glauben.

[23]Ehe aber der Glaube kam, waren wir unter dem Gesetz verwahrt und verschlossen auf den Glauben hin, der dann offenbart werden sollte. [24]So ist das Gesetz unser Zuchtmeister gewesen auf Christus hin, damit wir durch den Glauben gerecht würden. [25]Nachdem aber der Glaube gekommen ist, sind wir nicht mehr unter dem Zuchtmeister. [26]Denn ihr seid alle durch den Glauben Gottes Kinder in Christus Jesus. [27]Denn ihr alle, die ihr auf Christus getauft seid, habt Christus angezogen. [28]Hier ist nicht Jude noch Grieche, hier ist nicht Sklave noch Freier, hier ist nicht Mann noch Frau; denn ihr seid allesamt einer in Christus Jesus. [29]Gehört ihr aber Christus an, so seid ihr ja Abrahams Kinder und nach der Verheißung Erben.

Ihr seid alle durch den Glauben Gottes Kinder in Christus Jesus.

Befreiung vom Gesetz durch Christus

4 Ich sage aber: Solange der Erbe unmündig ist, ist zwischen ihm und einem Knecht kein Unterschied, obwohl er Herr ist über alle Güter; [2]sondern er untersteht Vormündern und Pflegern bis zu der Zeit, die der Vater bestimmt hat. [3]So auch wir: Als wir unmündig waren, waren wir in der Knechtschaft der Mächte der Welt. [4]Als aber die Zeit erfüllt war, sandte Gott seinen Sohn, geboren von einer Frau und unter das Gesetz getan, [5]damit er die, die unter dem Gesetz waren, erlöste, damit wir die Kindschaft empfingen. [6]Weil ihr nun Kinder seid, hat Gott den Geist seines Sohnes gesandt in unsre Herzen, der da ruft: Abba, lieber Vater! [7]So bist du nun nicht mehr Knecht, sondern Kind; wenn aber Kind, dann auch Erbe durch Gott.

Warnung vor Rückfall in die Gesetzlichkeit

[8]Aber zu der Zeit, als ihr Gott noch nicht kanntet, dientet ihr denen, die in Wahrheit nicht Götter sind. [9]Nachdem ihr aber Gott erkannt habt, ja vielmehr von Gott erkannt seid, wie wendet ihr euch dann wieder den schwachen und dürftigen Mächten zu, denen ihr von neuem dienen wollt? [10]Ihr haltet bestimmte Tage ein und Monate und Zeiten und Jahre. [11]Ich fürchte für euch, daß ich vielleicht vergeblich an euch gearbeitet habe. [12]Werdet doch wie ich, denn ich wurde wie ihr, liebe Brüder, ich bitte euch. Ihr habt mir kein Leid getan. [13]Ihr wißt doch, daß ich euch in Schwachheit des Leibes das Evangelium gepredigt habe beim erstenmal. [14]Und obwohl meine leibliche Schwäche euch ein Anstoß war, habt ihr mich nicht verachtet oder vor mir ausgespuckt, sondern wie einen Engel Gottes nahmt ihr mich auf, ja wie Christus Jesus. [15]Wo sind nun eure Seligpreisungen geblieben? Denn ich bezeuge euch, ihr hättet, wenn es möglich gewesen wäre, eure Augen ausgerissen und mir gegeben. [16]Bin ich denn damit euer Feind geworden, daß ich euch die Wahrheit vorhalte? [17]Es ist nicht recht, wie sie um euch werben; sie wollen euch nur von mir abspenstig machen, damit ihr um sie werben sollt. [18]Umworben zu werden ist gut, wenn's im Guten geschicht, und zwar immer und nicht nur in meiner Gegenwart, wenn ich bei euch bin. [19]Meine lieben Kinder, die ich abermals unter Wehen gebäre, bis Christus in euch Gestalt gewinne! – [20]Ich wollte aber, daß ich jetzt bei euch wäre und mit andrer Stimme zu euch reden könnte; denn ich bin irre an euch.

Knechtschaft und Freiheit

[21]Sagt mir, die ihr unter dem Gesetz sein wollt: Hört ihr das Gesetz nicht? [22]Denn es steht geschrieben, daß Abraham zwei Söhne hatte, den einen von der Magd, den andern von der Freien. [23]Aber der von der Magd ist nach dem Fleisch gezeugt worden, der von der Freien aber kraft der Verheißung. [24]Diese Worte haben tiefere Bedeutung. Denn die beiden Frauen bedeuten zwei Bundesschlüsse: einen vom Berg Sinai, der zur Knechtschaft gebiert, das ist Hagar; [25]denn Hagar bedeutet den Berg Sinai in Arabien und ist ein Gleichnis für das jetzige Jerusalem, das mit seinen Kindern in der Knechtschaft lebt. [26]Aber das Jerusalem, das droben ist, das ist die Freie;

Paulus wünscht, daß die Gemeinden wie eine gesunde Ernte sind

das ist unsre Mutter. 27Denn es steht geschrieben (Jesaja 54,1):

»Sei fröhlich, du Unfruchtbare,
die du nicht gebierst!
Brich in Jubel aus und jauchze,
die du nicht schwanger bist.
Denn die Einsame hat viel mehr Kinder,
als die den Mann hat.«

28Ihr aber, liebe Brüder, seid wie Isaak Kinder der Verheißung. 29Aber wie zu jener Zeit der, der nach dem Fleisch gezeugt war, den verfolgte, der nach dem Geist gezeugt war, so geht es auch jetzt. 30Doch was spricht die Schrift? »Stoß die Magd hinaus mit ihrem Sohn; denn der Sohn der Magd soll nicht erben mit dem Sohn der Freien« (1. Mose 21,10). 31So sind wir nun, liebe Brüder, nicht Kinder der Magd, sondern der Freien.

Aufruf zur rechten Freiheit

5 Zur Freiheit hat uns Christus befreit! So steht nun fest und laßt euch nicht wieder das Joch der Knechtschaft auflegen! 2Siehe, ich, Paulus, sage euch: Wenn ihr euch beschneiden laßt, so wird euch Christus nichts nützen. 3Ich bezeuge abermals einem jeden, der sich beschneiden läßt, daß er das ganze Gesetz zu tun schuldig ist. 4Ihr habt Christus verloren, die ihr durch das Gesetz gerecht werden wollt, und seid aus der Gnade gefallen. 5Denn wir warten im Geist durch den Glauben auf die Gerechtigkeit, auf die man hoffen muß. 6Denn in Christus Jesus gilt weder Beschneidung noch Unbeschnittensein etwas, sondern der Glaube, der durch die Liebe tätig ist.

7Ihr lieft so gut. Wer hat euch aufgehalten, der Wahrheit nicht zu gehorchen? 8Solches Überreden kommt nicht von dem, der euch berufen hat. 9Ein wenig Sauerteig durchsäuert den ganzen Teig. 10Ich habe das Vertrauen zu euch in dem Herrn, ihr werdet nicht anders gesinnt sein. Wer euch aber irremacht, der wird sein Urteil tragen, er sei, wer er wolle.

Ihr lieft so gut. Wer hat euch aufgehalten?

11Ich aber, liebe Brüder, wenn ich die Beschneidung noch predige, warum leide ich dann Verfolgung? Dann wäre das Ärgernis des Kreuzes aufgehoben. 12Sollen sie sich doch gleich verschneiden lassen, die euch aufhetzen!

[13]Ihr aber, liebe Brüder, seid zur Freiheit be-
rufen. Allein seht zu, daß ihr durch die Freiheit
nicht dem Fleisch Raum gebt; sondern durch die
Liebe diene einer dem andern. [14]Denn das ganze
Gesetz ist in einem Wort erfüllt, in dem (3. Mose
19,18): »Liebe deinen Nächsten wie dich selbst!«
[15]Wenn ihr euch aber untereinander beißt und
freßt, so seht zu, daß ihr nicht einer vom andern
aufgefressen werdet.

Das Leben im Geist

[16]Ich sage aber: Lebt im Geist, so werdet ihr die
Begierden des Fleisches nicht vollbringen.
[17]Denn das Fleisch begehrt auf gegen den Geist
und der Geist gegen das Fleisch; die sind gegen-
einander, so daß ihr nicht tut, was ihr wollt.
[18]Regiert euch aber der Geist, so seid ihr nicht
unter dem Gesetz. [19]Offenkundig sind aber die
Werke des Fleisches, als da sind: Unzucht, Un-
reinheit, Ausschweifung, [20]Götzendienst, Zaube-
rei, Feindschaft, Hader, Eifersucht, Zorn, Zank,
Zwietracht, Spaltungen, [21]Neid, Saufen, Fressen
und dergleichen. Davon habe ich euch vorausge-
sagt und sage noch einmal voraus: die solches
tun, werden das Reich Gottes nicht erben. [22]Die
Frucht aber des Geistes ist Liebe, Freude, Frie-
de, Geduld, Freundlichkeit, Güte, Treue,
[23]Sanftmut, Keuschheit; gegen all dies ist das Ge-
setz nicht. [24]Die aber Christus Jesus angehören,
die haben ihr Fleisch gekreuzigt samt den Lei-
denschaften und Begierden. [25]Wenn wir im Geist
leben, so laßt uns auch im Geist wandeln. [26]Laßt
uns nicht nach eitler Ehre trachten, einander
nicht herausfordern und beneiden.

Mahnung zur Brüderlichkeit

6 Liebe Brüder, wenn ein Mensch etwa von
einer Verfehlung ereilt wird, so helft ihm
wieder zurecht mit sanftmütigem Geist,
ihr, die ihr geistlich seid; und sieh auf dich selbst,
daß du nicht auch versucht werdest. [2]Einer trage
des andern Last, so werdet ihr das Gesetz Christi
erfüllen. [3]Denn wenn jemand meint, er sei etwas,

Einer trage des andern Last, so werdet ihr das Gesetz Christi erfüllen.

obwohl er doch nichts ist, der betrügt sich selbst.
[4]Ein jeder aber prüfe sein eigenes Werk; und
dann wird er seinen Ruhm bei sich selbst haben
und nicht gegenüber einem andern. [5]Denn ein
jeder wird seine eigene Last tragen.
[6]Wer aber unterrichtet wird im Wort, der gebe
dem, der ihn unterrichtet, Anteil an allem Gu-
ten. [7]Irret euch nicht! Gott läßt sich nicht spot-
ten. Denn was der Mensch sät, das wird er ern-
ten. [8]Wer auf sein Fleisch sät, der wird von dem

Gott läßt sich nicht spotten. Denn was der Mensch sät, das wird er ernten.

Fleisch das Verderben ernten; wer aber auf den
Geist sät, der wird von dem Geist das ewige Le-
ben ernten. [9]Laßt uns aber Gutes tun und nicht
müde werden; denn zu seiner Zeit werden wir
auch ernten, wenn wir nicht nachlassen. [10]Dar-
um, solange wir noch Zeit haben, laßt uns Gutes
tun an jedermann, allermeist aber an des Glau-
bens Genossen.

Eigenhändiger Briefschluß

[11]Seht, mit wie großen Buchstaben ich euch
schreibe mit eigener Hand! [12]Die Ansehen haben
wollen nach dem Fleisch, die zwingen euch zur
Beschneidung, nur damit sie nicht um des Kreu-
zes Christi willen verfolgt werden. [13]Denn auch
sie selbst, die sich beschneiden lassen, halten das
Gesetz nicht, sondern sie wollen, daß ihr euch
beschneiden laßt, damit sie sich dessen rühmen
können. [14]Es sei aber fern von mir, mich zu rüh-
men als allein des Kreuzes unseres Herrn Jesus
Christus, durch den mir die Welt gekreuzigt ist
und ich der Welt. [15]Denn in Christus Jesus gilt
weder Beschneidung noch Unbeschnittensein et-
was, sondern eine neue Kreatur. [16]Und alle, die
sich nach diesem Maßstab richten – Friede und
Barmherzigkeit über sie und über das Israel Got-
tes! [17]Hinfort mache mir niemand weiter Mühe;
denn ich trage die Malzeichen Jesu an meinem
Leibe.
[18]Die Gnade unseres Herrn Jesus Christus sei
mit eurem Geist, liebe Brüder! Amen.

Kreuz

Der Tod Jesu am Kreuz ist der entscheidende und endgültige Beweis der Gnade Gottes. Gesetze und Zeremonien bringen kein Heil. Ihre Heilsbedeutung ist durch das Kreuz Christi abgelöst, erledigt.

Der Brief von Paulus an die

Epheser

Einführung

Paulus schrieb den Epheserbrief aus einem Gefängnis – ebenso drei andere Briefe, die an die Philipper und Kolosser, den 2. Timotheusbrief und wahrscheinlich den an Philemon. Gerade diese Briefe strahlen Frieden und Dankbarkeit, Anbetung und Freude aus. Auch der Epheserbrief beginnt mit einem innigen Lob des drei-einigen Gottes für seinen wunderbaren Heilsplan: Der ewige Schöpfer-Gott, der Herr Jesus Christus und der Heilige Geist werden gepriesen für ihre Wunder an den Menschen. Die Christen sollen als Dank etwas sein zum Lob Gottes.

Der Epheserbrief entwickelt wie keine andere Schrift des Neuen Testaments das Wesen und die Aufgaben der Gemeinde/Kirche. Paulus benutzt dabei drei Vergleiche: Die Gemeinde ist wie ein Leib (vgl. Röm 12 und 1. Kor. 12); sie ist wie ein Haus und sie ist wie eine Ehe. Paulus betont nachdrücklich die Einheit in der Vielfalt und darum auch, daß jeder Christ von Gott Fähigkeiten bekommen hat zu lernen, zu wachsen und die Gemeinde mitaufzubauen. Den Abschluß des Briefes bildet eine Schilderung des geistlichen Kampfes gegen den Teufel.

Wie in vielen Briefen des Apostels erkennt man einen grundlegenden theologischen Teil mit wichtigen Lehraussagen, an den sich ein praktisch-ethischer zweiter Teil anschließt.

Überblick

Lobpreis Gottes und Gebet für die Gemeinde	1,1-1,23
Die Einheit der Gemeinde, geschaffen durch Christus	2,1-2,22
Gott offenbart sein wunderbares Geheimnis	3,1-21
Wesen und Aufgaben der Gemeinde	4,1-4,32
Die Lebensgestaltung der Christen im Alltag	5,1-6,24

1 Paulus, ein Apostel Christi Jesu durch den
Willen Gottes, an die Heiligen in Ephesus,
die Gläubigen in Christus Jesus:
2 Gnade sei mit euch und Friede von Gott, un-
serm Vater, und dem Herrn Jesus Christus!

Lobpreis Gottes für die Erlösung durch Christus

3 Gelobt sei Gott, der Vater unseres Herrn Je-
sus Christus, der uns gesegnet hat mit allem
geistlichen Segen im Himmel durch Christus.
4 Denn in ihm hat er uns erwählt, ehe der Welt
Grund gelegt war, daß wir heilig und untadelig
vor ihm sein sollten; in seiner Liebe 5 hat er uns
dazu vorherbestimmt, seine Kinder zu sein durch
Jesus Christus nach dem Wohlgefallen seines
Willens, 6 zum Lob seiner herrlichen Gnade, mit
der er uns begnadet hat in dem Geliebten.
7 In ihm haben wir die Erlösung durch sein
Blut, die Vergebung der Sünden, nach dem
Reichtum seiner Gnade, 8 die er uns reichlich hat
widerfahren lassen in aller Weisheit und Klug-
heit. 9 Denn Gott hat uns wissen lassen das Ge-
heimnis seines Willens nach seinem Ratschluß,
den er zuvor in Christus gefaßt hatte, 10 um ihn
auszuführen, wenn die Zeit erfüllt wäre, daß alles
zusammengefaßt würde in Christus, was im Him-
mel und auf Erden ist.
11 In ihm sind wir auch zu Erben eingesetzt
worden, die wir dazu vorherbestimmt sind nach

dem Vorsatz dessen, der alles wirkt nach dem
Ratschluß seines Willens; 12damit wir etwas seien

In ihm sind wir auch zu Erben eingesetzt worden.

zum Lob seiner Herrlichkeit, die wir zuvor auf
Christus gehofft haben.
13In ihm seid auch ihr, die ihr das Wort der
Wahrheit gehört habt, nämlich das Evangelium
von eurer Seligkeit - in ihm seid auch ihr, als ihr

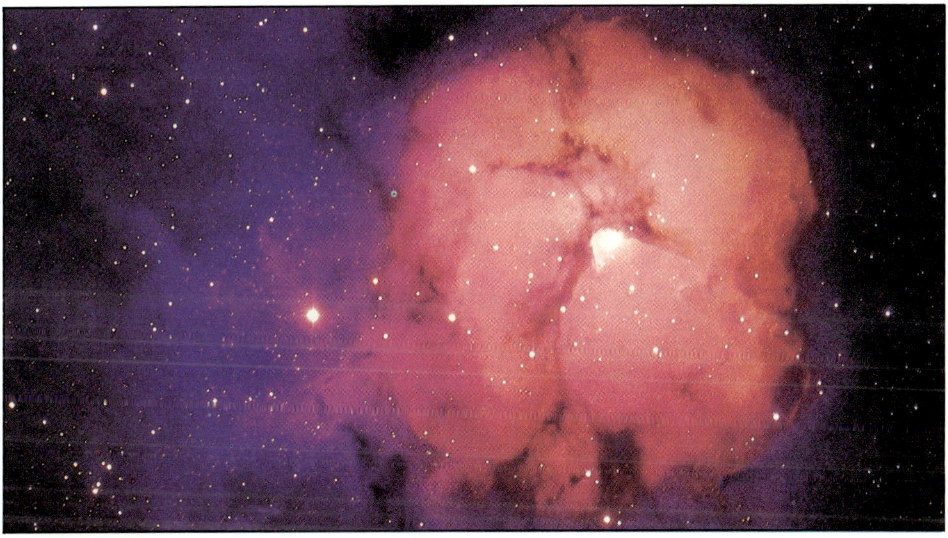

Die ganze Schöpfung ist Gottes Werk durch Christus

gläubig wurdet, versiegelt worden mit dem heili-
gen Geist, der verheißen ist, 14welcher ist das
Unterpfand unsres Erbes, zu unsrer Erlösung,
daß wir sein Eigentum würden zum Lob seiner
Herrlichkeit.

Gebet um Erkenntnis der Herrlichkeit Christi

15Darum auch ich, nachdem ich gehört habe von
dem Glauben bei euch an den Herrn Jesus und
von eurer Liebe zu allen Heiligen, 16höre ich
nicht auf, zu danken für euch, und gedenke euer
in meinem Gebet, 17daß der Gott unseres Herrn
Jesus Christus, der Vater der Herrlichkeit, euch
gebe den Geist der Weisheit und der Offenba-
rung, ihn zu erkennen. 18Und er gebe euch er-
leuchtete Augen des Herzens, damit ihr erkennt,
zu welcher Hoffnung ihr von ihm berufen seid,
wie reich die Herrlichkeit seines Erbes für die
Heiligen ist 19und wie überschwenglich groß sei-
ne Kraft an uns, die wir glauben, weil die Macht
seiner Stärke bei uns wirksam wurde, 20mit der er
in Christus gewirkt hat. Durch sie hat er ihn von
den Toten auferweckt und eingesetzt zu seiner
Rechten im Himmel 21über alle Reiche, Gewalt,
Macht, Herrschaft und alles, was sonst einen Na-
men hat, nicht allein in dieser Welt, sondern
auch in der zukünftigen. 22Und alles hat er unter
seine Füße getan und hat ihn gesetzt der Ge-
meinde zum Haupt über alles, 23welche sein Leib
ist, nämlich die Fülle dessen, der alles in allem
erfüllt.

Das neue Leben als Geschenk der Gnade

2 Auch ihr wart tot durch eure Übertretun-
gen und Sünden, 2in denen ihr früher ge-
lebt habt nach der Art dieser Welt, unter
dem Mächtigen, der in der Luft herrscht, näm-
lich dem Geist, der zu dieser Zeit am Werk ist in
den Kindern des Ungehorsams. 3Unter ihnen ha-
ben auch wir alle einst unser Leben geführt in
den Begierden unsres Fleisches und taten den
Willen des Fleisches und der Sinne und waren
Kinder des Zorns von Natur wie auch die an-
dern. 4Aber Gott, der reich ist an Barmherzig-
keit, hat in seiner großen Liebe, mit der er uns

geliebt hat, [5]auch uns, die wir tot waren in den Sünden, mit Christus lebendig gemacht – aus Gnade seid ihr selig geworden –; [6]und er hat uns mit auferweckt und mit eingesetzt im Himmel in Christus Jesus, [7]damit er in den kommenden Zeiten erzeige den überschwenglichen Reichtum seiner Gnade durch seine Güte gegen uns in Christus Jesus. [8]Denn aus Gnade seid ihr selig geworden durch Glauben, und das nicht aus euch: Gottes Gabe ist es, [9]nicht aus Werken, damit sich nicht jemand rühme. [10]Denn wir sind sein Werk, geschaffen in Christus Jesus zu guten Werken, die Gott zuvor bereitet hat, daß wir darin wandeln sollen.

Wir sind sein Werk, geschaffen in Christus Jesus zu guten Werken.

Die Einheit der Gemeinde aus Juden und Heiden

[11]Darum denkt daran, daß ihr, die ihr von Geburt einst Heiden wart und Unbeschnittene genannt wurdet von denen, die äußerlich beschnitten sind, [12]daß ihr zu jener Zeit ohne Christus wart, ausgeschlossen vom Bürgerrecht Israels und Fremde außerhalb des Bundes der Verheißung; daher hattet ihr keine Hoffnung und wart ohne Gott in der Welt. [13]Jetzt aber in Christus Jesus seid ihr, die ihr einst Ferne wart, Nahe geworden durch das Blut Christi. [14]Denn er ist unser Friede, der aus beiden eines gemacht hat und den Zaun abgebrochen hat, der dazwischen war, nämlich die Feindschaft. Durch das Opfer seines Leibes [15]hat er abgetan das Gesetz mit seinen Geboten und Satzungen, damit er in sich selber aus den zweien einen neuen Menschen schaffe und Frieden mache [16]und die beiden versöhne mit Gott in einem Leib durch das Kreuz, indem er die Feindschaft tötete durch sich selbst. [17]Und er ist gekommen und hat im Evangelium Frieden verkündigt euch, die ihr fern wart, und Frieden denen, die nahe waren. [18]Denn durch ihn haben wir alle beide in einem Geist den Zugang zum Vater.

[19]So seid ihr nun nicht mehr Gäste und Fremdlinge, sondern Mitbürger der Heiligen und Gottes Hausgenossen, [20]erbaut auf den Grund der Apostel und Propheten, da Jesus Christus der Eckstein ist, [21]auf welchem der ganze Bau ineinandergefügt wächst zu einem heiligen Tempel in dem Herrn. [22]Durch ihn werdet auch ihr miterbaut zu einer Wohnung Gottes im Geist.

Eckstein
Der Grundstein, der den Winkel von zwei Mauern bildet und so dem Fundament Halt gibt.

Das Amt des Apostels für die Heiden

3 Deshalb sage ich, Paulus, der Gefangene Christi Jesu für euch Heiden – [2]ihr habt ja gehört, welches Amt die Gnade Gottes mir für euch gegeben hat: [3]Durch Offenbarung ist mir das Geheimnis kundgemacht worden, wie ich eben aufs kürzeste geschrieben habe. [4]Daran könnt ihr, wenn ihr's lest, meine Einsicht in das Geheimnis Christi erkennen. [5]Dies war in früheren Zeiten den Menschenkindern nicht kundgemacht, wie es jetzt offenbart ist seinen heiligen Aposteln und Propheten durch den Geist; [6]nämlich daß die Heiden Miterben sind und mit zu seinem Leib gehören und Mitgenossen der Verheißung in Christus Jesus sind durch das Evangelium, [7]dessen Diener ich geworden bin durch die Gabe der Gnade Gottes, die mir nach seiner mächtigen Kraft gegeben ist.

[8]Mir, dem allergeringsten unter allen Heiligen, ist die Gnade gegeben worden, den Heiden zu verkündigen den unausforschlichen Reichtum Christi [9]und für alle ans Licht zu bringen, wie Gott seinen geheimen Ratschluß ausführt, der von Ewigkeit her verborgen war in ihm, der alles geschaffen hat; [10]damit jetzt kund werde die mannigfaltige Weisheit Gottes den Mächten und Gewalten im Himmel durch die Gemeinde. [11]Diesen ewigen Vorsatz hat Gott ausgeführt in Christus Jesus, unserm Herrn, [12]durch den wir Freimut und Zugang haben in aller Zuversicht durch den Glauben an ihn. [13]Darum bitte ich, daß ihr nicht müde werdet wegen der Bedrängnisse, die ich für euch erleide, die für euch eine Ehre sind.

Die Fürbitte des Apostels für die Gemeinde

[14]Deshalb beuge ich meine Knie vor dem Vater, [15]der der rechte Vater ist über alles, was da Kin-

der heißt im Himmel und auf Erden, [16]daß er euch Kraft gebe nach dem Reichtum seiner Herrlichkeit, stark zu werden durch seinen Geist an dem inwendigen Menschen, [17]daß Christus durch den Glauben in euren Herzen wohne und ihr in der Liebe eingewurzelt und gegründet seid. [18]So könnt ihr mit allen Heiligen begreifen, welches die Breite und die Länge und die Höhe und die Tiefe ist, [19]auch die Liebe Christi erkennen, die alle Erkenntnis übertrifft, damit ihr erfüllt werdet mit der ganzen Gottesfülle. [20]Dem aber, der überschwenglich tun kann über alles hinaus, was wir bitten oder verstehen, nach der Kraft, die in uns wirkt, [21]dem sei Ehre in der Gemeinde und in Christus Jesus zu aller Zeit, von Ewigkeit zu Ewigkeit! Amen.

Die Einheit im Geist und die Vielfalt der Gaben

4 So ermahne ich euch nun, ich, der Gefangene in dem Herrn, daß ihr der Berufung würdig lebt, mit der ihr berufen seid, [2]in aller Demut und Sanftmut, in Geduld. Ertragt einer den andern in Liebe [3]und seid darauf bedacht, zu wahren die Einigkeit im Geist durch das Band des Friedens: [4]ein Leib und ein Geist, wie ihr auch berufen seid zu einer Hoffnung eurer Berufung; [5]ein Herr, ein Glaube, eine Taufe; [6]ein Gott und Vater aller, der da ist über allen und durch alle und in allen.

Ein Herr, ein Glaube, eine Taufe; ein Gott und Vater aller.

[7]Einem jeden aber von uns ist die Gnade gegeben nach dem Maß der Gabe Christi. [8]Darum heißt es (Psalm 68,19):

»Er ist aufgefahren zur Höhe
und hat Gefangene mit sich geführt
und hat den Menschen Gaben gegeben.«

[9]Daß er aber aufgefahren ist, was heißt das anderes, als daß er auch hinabgefahren ist in die Tiefen der Erde? [10]Der hinabgefahren ist, das ist derselbe, der aufgefahren ist über alle Himmel, damit er alles erfülle. [11]Und er hat einige als Apostel eingesetzt, einige als Propheten, einige als Evangelisten, einige als Hirten und Lehrer, [12]damit die Heiligen zugerüstet werden zum Werk des Dienstes. Dadurch soll der Leib Christi erbaut werden, [13]bis wir alle hingelangen zur Einheit des Glaubens und der Erkenntnis des Sohnes Gottes, zum vollendeten Mann, zum vollen Maß der Fülle Christi, [14]damit wir nicht mehr unmündig seien und uns von jedem Wind einer Lehre bewegen und umhertreiben lassen durch trügerisches Spiel der Menschen, mit dem sie uns arglistig verführen. [15]Laßt uns aber wahrhaftig sein in der Liebe und wachsen in allen Stücken zu dem hin, der das Haupt ist, Christus, [16]von dem aus der ganze Leib zusammengefügt ist und ein Glied am andern hängt durch alle Gelenke, wodurch jedes Glied das andere unterstützt nach dem Maß seiner Kraft und macht, daß der Leib wächst und sich selbst aufbaut in der Liebe.

Der alte und der neue Mensch

[17]So sage ich nun und bezeuge in dem Herrn, daß ihr nicht mehr leben dürft, wie die Heiden leben in der Nichtigkeit ihres Sinnes. [18]Ihr Verstand ist verfinstert, und sie sind entfremdet dem Leben, das aus Gott ist, durch die Unwissenheit, die in ihnen ist, und durch die Verstockung ihres Herzens. [19]Sie sind abgestumpft und haben sich der Ausschweifung ergeben, um allerlei unreine Dinge zu treiben in Habgier.

[20]Ihr aber habt Christus nicht so kennengelernt; [21]ihr habt doch von ihm gehört und seid in ihm unterwiesen, wie es Wahrheit in Jesus ist. [22]Legt von euch ab den alten Menschen mit seinem früheren Wandel, der sich durch trügerische Begierden zugrunde richtet. [23]Erneuert euch aber in eurem Geist und Sinn [24]und zieht den neuen Menschen an, der nach Gott geschaffen ist in wahrer Gerechtigkeit und Heiligkeit.

Weisungen für das neue Leben

[25]Darum legt die Lüge ab und redet die Wahrheit, ein jeder mit seinem Nächsten, weil wir untereinander Glieder sind. [26]Zürnt ihr, so sündigt nicht; laßt die Sonne nicht über eurem Zorn untergehen, [27]und gebt nicht Raum dem Teufel.

Laßt die Sonne nicht über eurem Zorn untergehen.

[28]Wer gestohlen hat, der stehle nicht mehr, sondern arbeite und schaffe mit eigenen Händen das nötige Gut, damit er dem Bedürftigen abgeben kann. [29]Laßt kein faules Geschwätz aus eurem Mund gehen, sondern redet, was gut ist, was er-

baut und was notwendig ist, damit es Segen brin-
ge denen, die es hören. 30Und betrübt nicht den
heiligen Geist Gottes, mit dem ihr versiegelt seid
für den Tag der Erlösung. 31Alle Bitterkeit und
Grimm und Zorn und Geschrei und Lästerung
seien fern von euch samt aller Bosheit. 32Seid
aber untereinander freundlich und herzlich und
vergebt einer dem andern, wie auch Gott euch
vergeben hat in Christus.

Das Leben im Licht

5 So folgt nun Gottes Beispiel als die gelieb-
ten Kinder 2und lebt in der Liebe, wie
auch Christus uns geliebt hat und hat sich
selbst für uns gegeben als Gabe und Opfer, Gott
zu einem lieblichen Geruch. 3Von Unzucht aber
und jeder Art Unreinheit oder Habsucht soll bei
euch nicht einmal die Rede sein, wie es sich für
die Heiligen gehört. 4Auch schandbare und när-
rische oder lose Reden stehen euch nicht an,
sondern vielmehr Danksagung. 5Denn das sollt
ihr wissen, daß kein Unzüchtiger oder Unreiner
oder Habsüchtiger - das sind Götzendiener - ein
Erbteil hat im Reich Christi und Gottes. 6Laßt
euch von niemandem verführen mit leeren Wor-
ten; denn um dieser Dinge willen kommt der
Zorn Gottes über die Kinder des Ungehorsams.
7Darum seid nicht ihre Mitgenossen. 8Denn ihr
wart früher Finsternis; nun aber seid ihr Licht in
dem Herrn. Lebt als Kinder des Lichts; 9die
Frucht des Lichts ist lauter Güte und Gerechtig-
keit und Wahrheit. 10Prüft, was dem Herrn wohl-
gefällig ist, 11und habt nicht Gemeinschaft mit
den unfruchtbaren Werken der Finsternis; deckt
sie vielmehr auf. 12Denn was von ihnen heimlich
getan wird, davon auch nur zu reden ist schänd-
lich. 13Das alles aber wird offenbar, wenn's vom
Licht aufgedeckt wird; 14denn alles, was offenbar
wird, das ist Licht. Darum heißt es:

> Wach auf, der du schläfst,
> und steh auf von den Toten,
> so wird dich Christus erleuchten.

15So seht nun sorgfältig darauf, wie ihr euer Le-
ben führt, nicht als Unweise, sondern als Weise,
16und kauft die Zeit aus; denn es ist böse Zeit.
17Darum werdet nicht unverständig, sondern ver-
steht, was der Wille des Herrn ist. 18Und sauft
euch nicht voll Wein, woraus ein unordentliches
Wesen folgt, sondern laßt euch vom Geist erfül-
len. 19Ermuntert einander mit Psalmen und Lob-
gesängen und geistlichen Liedern, singt und
spielt dem Herrn in eurem Herzen 20und sagt
Dank Gott, dem Vater, allezeit für alles, im Na-
men unseres Herrn Jesus Christus.

Die christliche Haustafel

21Ordnet euch einander unter in der Furcht Chri-
sti. 22Ihr Frauen, ordnet euch euren Männern un-
ter wie dem Herrn. 23Denn der Mann ist das
Haupt der Frau, wie auch Christus das Haupt
der Gemeinde ist, die er als seinen Leib erlöst
hat. 24Aber wie nun die Gemeinde sich Christus
unterordnet, so sollen sich auch die Frauen ihren
Männern unterordnen in allen Dingen.
25Ihr Männer, liebt eure Frauen, wie auch
Christus die Gemeinde geliebt hat und hat sich
selbst für sie dahingegeben, 26um sie zu heiligen.

Ihr Männer, liebt eure Frauen.

Er hat sie gereinigt durch das Wasserbad im
Wort, damit er 27sie vor sich stelle als eine Ge-
meinde, die herrlich sei und keinen Flecken oder
Runzel oder etwas dergleichen habe, sondern die
heilig und untadelig sei. 28So sollen auch die
Männer ihre Frauen lieben wie ihren eigenen
Leib. Wer seine Frau liebt, der liebt sich selbst.
29Denn niemand hat je sein eigenes Fleisch ge-
haßt; sondern er nährt und pflegt es, wie auch
Christus die Gemeinde. 30Denn wir sind Glieder
seines Leibes. 31»Darum wird ein Mann Vater
und Mutter verlassen und an seiner Frau hängen,
und die zwei werden ein Fleisch sein« (1. Mose
2,24). 32Dies Geheimnis ist groß; ich deute es
aber auf Christus und die Gemeinde. 33Darum
auch ihr: ein jeder habe lieb seine Frau wie sich
selbst; die Frau aber ehre den Mann.

6 Ihr Kinder, seid gehorsam euren Eltern in
dem Herrn; denn das ist recht. 2»Ehre Va-
ter und Mutter«, das ist das erste Gebot,
das eine Verheißung hat: 3»auf daß dir's wohl
gehe und du lange lebest auf Erden« (5. Mose
5,16).
4Und ihr Väter, reizt eure Kinder nicht zum
Zorn, sondern erzieht sie in der Zucht und Er-
mahnung des Herrn.
5Ihr Sklaven, seid gehorsam euren irdischen
Herren mit Furcht und Zittern, in Einfalt eures
Herzens, als dem Herrn Christus; 6nicht mit
Dienst allein vor Augen, um den Menschen zu
gefallen, sondern als Knechte Christi, die den
Willen Gottes tun von Herzen. 7Tut euren Dienst

mit gutem Willen als dem Herrn und nicht den Menschen; [8]denn ihr wißt: Was ein jeder Gutes tut, das wird er vom Herrn empfangen, er sei Sklave oder Freier.

[9]Und ihr Herren, tut ihnen gegenüber das gleiche und laßt das Drohen; denn ihr wißt, daß euer und ihr Herr im Himmel ist, und bei ihm gilt kein Ansehen der Person.

Die geistliche Waffenrüstung

[10]Zuletzt: Seid stark in dem Herrn und in der Macht seiner Stärke. [11]Zieht an die Waffenrüstung Gottes, damit ihr bestehen könnt gegen die listigen Anschläge des Teufels. [12]Denn wir haben nicht mit Fleisch und Blut zu kämpfen, sondern mit Mächtigen und Gewaltigen, nämlich mit den Herren der Welt, die in dieser Finsternis herrschen, mit den bösen Geistern unter dem Himmel. [13]Deshalb ergreift die Waffenrüstung Gottes, damit ihr an dem bösen Tag Widerstand leisten und alles überwinden und das Feld behalten könnt. [14]So steht nun fest, umgürtet an euren Lenden mit Wahrheit und angetan mit dem Panzer der Gerechtigkeit, [15]und an den Beinen gestiefelt, bereit, einzutreten für das Evangelium des Friedens. [16]Vor allen Dingen aber ergreift den Schild des Glaubens, mit dem ihr auslöschen könnt alle feurigen Pfeile des Bösen, [17]und nehmt den Helm des Heils und das Schwert des Geistes, welches ist das Wort Gottes.

[18]Betet allezeit mit Bitten und Flehen im Geist und wacht dazu mit aller Beharrlichkeit im Gebet für alle Heiligen [19]und für mich, daß mir

Betet allezeit.

das Wort gegeben werde, wenn ich meinen Mund auftue, freimütig das Geheimnis des Evangeliums zu verkündigen, [20]dessen Bote ich bin in Ketten, daß ich mit Freimut davon rede, wie ich es muß.

Grüße und Segenswünsche

[21]Damit aber auch ihr wißt, wie es um mich steht und was ich mache, wird euch Tychikus alles berichten, mein lieber Bruder und treuer Diener in dem Herrn, [22]den ich eben dazu gesandt habe zu euch, daß ihr erfahrt, wie es um uns steht, und daß er eure Herzen tröste.

[23]Friede sei mit den Brüdern und Liebe mit Glauben von Gott, dem Vater, und dem Herrn Jesus Christus! [24]Die Gnade sei mit allen, die lieb haben unsern Herrn Jesus Christus, in Unvergänglichkeit.

Der Brief von Paulus an die

Philipper

Einführung

Die erste Gemeinde von Menschen, die in Europa zum Glauben an Christus kamen, war die Gemeinde in Philippi. Paulus schreibt an diese jungen Christen aus dem Gefängnis. Oft ist er von religiösen und politischen Feinden verfolgt worden. Aber sein Brief nach Philippi ist ganz durchzogen von Freude und Zuversicht, obwohl er von einigen Problemen dieser Gemeinde sehr wohl wußte.

Die Gemeinde von Philippi hat für Paulus und seine Mitarbeiter mehrfach materiell gesorgt. Für eine solche Sendung dankt Paulus und benutzt die Gelegenheit, ein Zeugnis zu geben von dem Reichtum, den er durch Christus immer und überall hat. Er beschreibt die Treue und Liebe Christi. Er bekennt in einem sehr persönlichen Lebensrückblick, daß der Verzicht auf seine Privilegien und Karriere im Judentum ihn um Jesu Willen nur glücklich macht; und er ermutigt unablässig, auf dem Weg zum ewigen Ziel die Freude und das Danken nicht zu vergessen.

Überblick

Freude und Zuversicht im Leiden	1,1-30
Freude im Dienst für Christus	2,1-30
– Der Christushymnus –	2,5-11
Freude durch enge Gemeinschaft mit Christus	3,1-21
Ermutigung zur Freude und zum Danken	4,1-23

1 Paulus und Timotheus, Knechte Christi
Jesu, an alle Heiligen in Christus Jesus
in Philippi samt den Bischöfen und
Diakonen:
2 Gnade sei mit euch und Friede von Gott, unserm Vater, und dem Herrn Jesus Christus!

Dank und Fürbitte für die Gemeinde

3 Ich danke meinem Gott, sooft ich euer gedenke -
4 was ich allezeit tue in allen meinen Gebeten für euch alle, und ich tue das Gebet mit
Freuden -,
5 für eure Gemeinschaft am Evangelium vom ersten Tage an bis heute;
6 und ich bin darin guter Zuversicht, daß der in euch angefangen hat das gute Werk, der wird's auch vollenden
bis an den Tag Christi Jesu.
7 Wie es denn recht und billig ist, daß ich so von euch allen denke,
weil ich euch in meinem Herzen habe, die ihr alle mit mir an der Gnade teilhabt in meiner Gefangenschaft und wenn ich das Evangelium verteidige und bekräftige.
8 Denn Gott ist mein Zeuge, wie mich nach euch allen verlangt von Herzensgrund in Christus Jesus.
9 Und ich bete darum, daß eure Liebe immer noch reicher werde
an Erkenntnis und aller Erfahrung,
10 so daß ihr prüfen könnt, was das Beste sei, damit ihr lauter
und unanstößig seid für den Tag Christi,
11 erfüllt mit Frucht der Gerechtigkeit durch Jesus Christus zur Ehre und zum Lobe Gottes.

Der in euch angefangen hat das gute Werk, der wird's auch vollenden bis an den Tag Christi Jesu.

Die Gefangenschaft des Paulus und die Verkündigung des Evangeliums

[12]Ich lasse euch aber wissen, liebe Brüder: Wie es
um mich steht, das ist nur mehr zur Förderung
des Evangeliums geraten. [13]Denn daß ich meine
Fesseln für Christus trage, das ist im ganzen Prä-
torium und bei allen andern offenbar geworden,
[14]und die meisten Brüder in dem Herrn haben
durch meine Gefangenschaft Zuversicht gewon-
nen und sind um so kühner geworden, das Wort
zu reden ohne Scheu. [15]Einige zwar predigen
Christus aus Neid und Streitsucht, einige aber
auch in guter Absicht: [16]diese aus Liebe, denn sie
wissen, daß ich zur Verteidigung des Evange-
liums hier liege; [17]jene aber verkündigen Christus
aus Eigennutz und nicht lauter, denn sie möchten
mir Trübsal bereiten in meiner Gefangenschaft.
[18]Was tut's aber? Wenn nur Christus verkündigt
wird auf jede Weise, es geschehe zum Vorwand
oder in Wahrheit, so freue ich mich darüber.
Aber ich werde mich auch weiterhin freuen;
[19]denn ich weiß, daß mir dies zum Heil ausgehen
wird durch euer Gebet und durch den Beistand
des Geistes Jesu Christi, [20]wie ich sehnlich warte
und hoffe, daß ich in keinem Stück zuschanden
werde, sondern daß frei und offen, wie allezeit so
auch jetzt, Christus verherrlicht werde an mei-
nem Leibe, es sei durch Leben oder durch Tod.
[21]Denn Christus ist mein Leben, und Sterben ist
mein Gewinn. [22]Wenn ich aber weiterleben soll
im Fleisch, so dient mir das dazu, mehr Frucht
zu schaffen; und so weiß ich nicht, was ich wäh-
len soll. [23]Denn es setzt mir beides hart zu: ich
habe Lust, aus der Welt zu scheiden und bei
Christus zu sein, was auch viel besser wäre;
[24]aber es ist nötiger, im Fleisch zu bleiben, um
euretwillen. [25]Und in solcher Zuversicht weiß
ich, daß ich bleiben und bei euch allen sein wer-
de, euch zur Förderung und zur Freude im Glau-
ben, [26]damit euer Rühmen in Christus Jesus grö-
ßer werde durch mich, wenn ich wieder zu euch
komme.

Bereitschaft der Gemeinde zum Leiden für Christus

[27]Wandelt nur würdig des Evangeliums Christi,
damit - ob ich komme und euch sehe oder abwe-
send von euch höre - ihr in einem Geist steht
und einmütig mit uns kämpft für den Glauben
des Evangeliums [28]und euch in keinem Stück er-
schrecken laßt von den Widersachern, was ihnen
ein Anzeichen der Verdammnis ist, euch aber
der Seligkeit, und das von Gott. [29]Denn euch ist
es gegeben um Christi willen, nicht allein an ihn
zu glauben, sondern auch um seinetwillen zu lei-
den, [30]habt ihr doch denselben Kampf, den ihr
an mir gesehen habt und nun von mir hört.

Leben in der Gemeinschaft mit Christus

2 Ist nun bei euch Ermahnung in Christus,
ist Trost der Liebe, ist Gemeinschaft des
Geistes, ist herzliche Liebe und Barmher-
zigkeit, [2]so macht meine Freude dadurch voll-
kommen, daß ihr eines Sinnes seid, gleiche Liebe
habt, einmütig und einträchtig seid. [3]Tut nichts
aus Eigennutz oder um eitler Ehre willen, son-
dern in Demut achte einer den andern höher als
sich selbst, [4]und ein jeder sehe nicht auf das Sei-
ne, sondern auch auf das, was dem andern dient.

[5]Seid so unter euch gesinnt, wie es auch der
Gemeinschaft in Christus Jesus entspricht:
[6]Er, der in göttlicher Gestalt war,
hielt es nicht für einen Raub, Gott gleich
zu sein,
[7]sondern entäußerte sich selbst
und nahm Knechtsgestalt an,
ward den Menschen gleich
und der Erscheinung nach als Mensch er-
kannt.
[8]Er erniedrigte sich selbst
und ward gehorsam bis zum Tode,
ja zum Tode am Kreuz.
[9]Darum hat ihn auch Gott erhöht
und hat ihm den Namen gegeben, der über
alle Namen ist,
[10]daß in dem Namen Jesu sich beugen sol-
len aller derer Knie,
die im Himmel und auf Erden und unter
der Erde sind,
[11]und alle Zungen bekennen sollen,
daß Jesus Christus der Herr ist,
zur Ehre Gottes, des Vaters.

**Schaffet, daß ihr selig werdet,
mit Furcht und Zittern.**

Sorge um das Heil

[12]Also, meine Lieben, - wie ihr allezeit gehorsam
gewesen seid, nicht allein in meiner Gegenwart,
sondern jetzt noch viel mehr in meiner Abwesen-

heit, - schaffet, daß ihr selig werdet, mit Furcht
und Zittern. [13]Denn Gott ist's, der in euch wirkt
beides, das Wollen und das Vollbringen, nach
seinem Wohlgefallen.
[14]Tut alles ohne Murren und ohne Zweifel,
[15]damit ihr ohne Tadel und lauter seid, Gottes
Kinder, ohne Makel mitten unter einem verdor-
benen und verkehrten Geschlecht, unter dem ihr
scheint als Lichter in der Welt, [16]dadurch daß ihr
festhaltet am Wort des Lebens, mir zum Ruhm
an dem Tage Christi, so daß ich nicht vergeblich
gelaufen bin noch vergeblich gearbeitet habe.
[17]Und wenn ich auch geopfert werde bei dem
Opfer und Gottesdienst eures Glaubens, so freue
ich mich und freue mich mit euch allen. [18]Dar-
über sollt ihr euch auch freuen und sollt euch mit
mir freuen.

Sendung des Timotheus und Rückkehr des Epaphroditus

[19]Ich hoffe aber in dem Herrn Jesus, daß ich Ti-
motheus bald zu euch senden werde, damit ich
auch erquickt werde, wenn ich erfahre, wie es
um euch steht. [20]Denn ich habe keinen, der so
ganz meines Sinnes ist, der so herzlich für euch
sorgen wird. [21]Denn sie suchen alle das Ihre,
nicht das, was Jesu Christi ist. [22]Ihr aber wißt,
daß er sich bewährt hat; denn wie ein Kind dem
Vater hat er mit mir dem Evangelium gedient.
[23]Ihn hoffe ich zu senden, sobald ich erfahren ha-
be, wie es um mich steht. [24]Ich vertraue aber in
dem Herrn darauf, daß auch ich selbst bald kom-
men werde.
[25]Ich habe es aber für nötig angesehen, den
Bruder Epaphroditus zu euch zu senden, der
mein Mitarbeiter und Mitstreiter ist und euer
Abgesandter und Helfer in meiner Not; [26]denn
er hatte nach euch allen Verlangen und war tief
bekümmert, weil ihr gehört hattet, daß er krank
geworden war. [27]Und er war auch todkrank, aber
Gott hat sich über ihn erbarmt; nicht allein aber
über ihn, sondern auch über mich, damit ich
nicht eine Traurigkeit zu der anderen hätte. [28]Ich
habe ihn nun um so eiliger gesandt, damit ihr ihn
seht und wieder fröhlich werdet und auch ich
weniger Traurigkeit habe. [29]So nehmt ihn nun
auf in dem Herrn mit aller Freude und haltet sol-
che Menschen in Ehren. [30]Denn um des Werkes
Christi willen ist er dem Tode so nahe gekom-
men, da er sein Leben nicht geschont hat, um
mir zu dienen an eurer Statt.

Warnung vor Rückfall in die Gesetzesgerechtigkeit

3 Weiter, liebe Brüder: Freut euch in dem
Herrn! Daß ich euch immer dasselbe
schreibe, verdrießt mich nicht und macht
euch um so gewisser.
[2]Nehmt euch in acht vor den Hunden, nehmt
euch in acht vor den böswilligen Arbeitern,
nehmt euch in acht vor der Zerschneidung!
[3]Denn wir sind die Beschneidung, die wir im

Paulus schreibt diesen Brief aus dem Gefängnis

Geist Gottes dienen und uns Christi Jesu rühmen und uns nicht verlassen auf Fleisch, [4]obwohl ich mich auch des Fleisches rühmen könnte. Wenn ein anderer meint, er könne sich auf Fleisch verlassen, so könnte ich es viel mehr, [5]der ich am achten Tag beschnitten bin, aus dem Volk Israel, vom Stamm Benjamin, ein Hebräer von Hebräern, nach dem Gesetz ein Pharisäer, [6]nach dem Eifer ein Verfolger der Gemeinde, nach der Gerechtigkeit, die das Gesetz fordert, untadelig gewesen. [7]Aber was mir Gewinn war, das habe ich um Christi willen für Schaden erachtet. [8]Ja, ich erachte es noch alles für Schaden gegenüber der überschwenglichen Erkenntnis Christi Jesu, meines Herrn. Um seinetwillen ist mir das alles ein Schaden geworden, und ich erachte es für Dreck, damit ich Christus gewinne [9]und in ihm gefunden werde, daß ich nicht habe meine Gerechtigkeit, die aus dem Gesetz kommt, sondern die durch den Glauben an Christus kommt, nämlich die Gerechtigkeit, die von Gott dem Glauben zugerechnet wird. [10]Ihn möchte ich erkennen und die Kraft seiner Auferstehung und die Gemeinschaft seiner Leiden und so seinem Tode gleichgestaltet werden, [11]damit ich gelange zur Auferstehung von den Toten.

Das Ziel

[12]Nicht, daß ich's schon ergriffen habe oder schon vollkommen sei; ich jage ihm aber nach, ob ich's wohl ergreifen könnte, weil ich von Christus Jesus ergriffen bin. [13]Meine Brüder, ich schätze mich selbst noch nicht so ein, daß ich's ergriffen habe. Eins aber sage ich: Ich vergesse, was dahinten ist, und strecke mich aus nach dem, was da vorne ist, [14]und jage nach dem vorgesteckten Ziel, dem Siegespreis der himmlischen Berufung Gottes in Christus Jesus. [15]Wie viele nun von uns vollkommen sind, die laßt uns so gesinnt sein. Und solltet ihr in einem Stück anders denken, so wird euch Gott auch das offenbaren. [16]Nur, was wir schon erreicht haben, darin laßt uns auch leben.

Siegespreis

Paulus denkt an Sportwettkämpfe. Dort kämpft man um einen Lorbeerkranz. Der Siegespreis der Christen ist viel höheren Einsatz wert.

[17]Folgt mir, liebe Brüder, und seht auf die, die so leben, wie ihr uns zum Vorbild habt. [18]Denn viele leben so, daß ich euch oft von ihnen gesagt habe, nun aber sage ich's auch unter Tränen: sie sind die Feinde des Kreuzes Christi. [19]Ihr Ende ist die Verdammnis, ihr Gott ist der Bauch, und ihre Ehre ist in ihrer Schande; sie sind irdisch gesinnt. [20]Unser Bürgerrecht aber ist im Himmel; woher wir auch erwarten den Heiland, den Herrn Jesus Christus, [21]der unsern nichtigen Leib verwandeln wird, daß er gleich werde seinem verherrlichten Leibe nach der Kraft, mit der er sich alle Dinge untertan machen kann.

Mahnung zur Einigkeit und zur Freude im Herrn

4 Also, meine lieben Brüder, nach denen ich mich sehne, meine Freude und meine Krone, steht fest in dem Herrn, ihr Lieben. [2]Evodia ermahne ich und Syntyche ermahne ich, daß sie eines Sinnes seien in dem Herrn. [3]Ja, ich bitte auch dich, mein treuer Gefährte, steh ihnen bei; sie haben mit mir für das Evangelium gekämpft, zusammen mit Klemens und meinen andern Mitarbeitern, deren Namen im Buch des Lebens stehen.

[4]Freuet euch in dem Herrn allewege, und abermals sage ich: Freuet euch! [5]Eure Güte laßt kundsein allen Menschen! Der Herr ist nahe! [6]Sorgt euch um nichts, sondern in allen Dingen laßt eure Bitten in Gebet und Flehen mit Danksagung vor Gott kundwerden! [7]Und der Friede Gottes, der höher ist als alle Vernunft, bewahre eure Herzen und Sinne in Christus Jesus.

Freuet euch in dem Herrn allewege! Freuet euch! Sorgt euch um nichts!

[8]Weiter, liebe Brüder: Was wahrhaftig ist, was ehrbar, was gerecht, was rein, was liebenswert, was einen guten Ruf hat, sei es eine Tugend, sei es ein Lob – darauf seid bedacht! [9]Was ihr gelernt und empfangen und gehört und gesehen habt an mir, das tut; so wird der Gott des Friedens mit euch sein.

Gott kann allen helfen, die Mangel leiden ▷

Dank für die Gabe der Gemeinde

[10]Ich bin aber hoch erfreut in dem Herrn, daß ihr
wieder eifrig geworden seid, für mich zu sorgen;
ihr wart zwar immer darauf bedacht, aber die
Zeit hat's nicht zugelassen. [11]Ich sage das nicht,
weil ich Mangel leide; denn ich habe gelernt, mir
genügen zu lassen, wie's mir auch geht.

> [12]Ich kann niedrig sein und kann hoch sein;
> mir ist alles und jedes vertraut:
> beides, satt sein und hungern,
> beides, Überfluß haben und Mangel
> leiden;
> [13]ich vermag alles durch den, der mich
> mächtig macht.

[14]Doch ihr habt wohl daran getan, daß ihr euch
meiner Bedrängnis angenommen habt. [15]Denn
ihr Philipper wißt, daß am Anfang meiner Pre-
digt des Evangeliums, als ich auszog aus Maze-
donien, keine Gemeinde mit mir Gemeinschaft
gehabt hat im Geben und Nehmen als ihr allein.
[16]Denn auch nach Thessalonich habt ihr etwas
gesandt für meinen Bedarf, einmal und danach
noch einmal. [17]Nicht, daß ich das Geschenk su-
che, sondern ich suche die Frucht, damit sie euch
reichlich angerechnet wird. [18]Ich habe aber alles
erhalten und habe Überfluß. Ich habe in Fülle,
nachdem ich durch Epaphroditus empfangen ha-
be, was von euch gekommen ist: ein lieblicher
Geruch, ein angenehmes Opfer, Gott gefällig.
[19]Mein Gott aber wird all eurem Mangel abhel-
fen nach seinem Reichtum in Herrlichkeit in
Christus Jesus. [20]Gott aber, unserm Vater, sei
Ehre von Ewigkeit zu Ewigkeit! Amen.

Grüße und Segenswunsch

[21]Grüßt alle Heiligen in Christus Jesus. Es grü-
ßen euch die Brüder, die bei mir sind. [22]Es grü-
ßen euch alle Heiligen, besonders aber die aus
dem Haus des Kaisers. [23]Die Gnade des Herrn
Jesus Christus sei mit eurem Geist!

Der Brief von Paulus an die

Kolosser

Einführung

Die Stadt Kolossä lag in der Nähe der großen Verwaltungsstadt Ephesus. Junge Christen hatten das Evangelium wahrscheinlich von Ephesus nach Kolossä gebracht, so daß dort auch eine Gemeinde entstanden war. Diese Gemeinde wurde nun bedroht von einem Gemisch jüdischer und orientalischer Lehren, die die Wahrheit von Christus zu zersetzen begannen. So entstand ein gefährlicher Synkretismus (Religionsvermischung).

Paulus erinnert in seinem Brief an die Einzigartigkeit Jesu Christi und begründet sie nachdrücklich: Alles ist durch Christus geschaffen – in der unsichtbaren und in der sichtbaren Welt. Christus allein ist die Grundlage des Heils. Christus allein ist der Herr über die Gemeinde, das neue Volk Gottes. Darum aber sollen die Christen auch das frühere sündige Leben »ausziehen« und in allen Verhältnissen – in Ehe und Familie, in Beruf und Alltag – als Lichtträger leben. Und sie sollen lernen, von ihrem Glauben weiterzusagen.

Dieser Brief und der Brief an Philemon wurden im Gefängnis geschrieben, zugleich mit dem Epheserbrief. Tychikus und Onesimus überbrachten die Briefe persönlich an die Empfänger.

Überblick

Gruß, Dank und Gebetswunsch	1,1-12
Das Wesen und das Werk des einzigartigen Christus	1,13-2,19
Das neue Leben der Christen	2,20-4,6
Grüße und Segenswünsche	4,7-18

1 Paulus, ein Apostel Christi Jesu durch den
Willen Gottes, und Bruder Timotheus 2an
die Heiligen in Kolossä, die gläubigen Brüder in Christus:

Gnade sei mit euch und Friede von Gott, unserm Vater!

Dank und Fürbitte für die Gemeinde

3Wir danken Gott, dem Vater unseres Herrn Jesus Christus, allezeit, wenn wir für euch beten,
4da wir gehört haben von eurem Glauben an
Christus Jesus und von der Liebe, die ihr zu allen
Heiligen habt, 5um der Hoffnung willen, die für
euch bereit ist im Himmel. Von ihr habt ihr schon zuvor gehört durch das Wort der Wahrheit, das Evangelium, 6das zu euch gekommen
ist, wie es auch in aller Welt Frucht bringt und auch bei euch wächst von dem Tag an, da ihr's gehört und die Gnade Gottes erkannt habt in der
Wahrheit. 7So habt ihr's gelernt von Epaphras,
unserm lieben Mitknecht, der ein treuer Diener
Christi für euch ist, 8der uns auch berichtet hat
von eurer Liebe im Geist.

9Darum lassen wir auch von dem Tag an, an dem wir's gehört haben, nicht ab, für euch zu beten und zu bitten, daß ihr erfüllt werdet mit der Erkenntnis seines Willens in aller geistlichen
Weisheit und Einsicht, 10daß ihr des Herrn würdig lebt, ihm in allen Stücken gefallt und Frucht bringt in jedem guten Werk und wachst in der
Erkenntnis Gottes 11und gestärkt werdet mit aller
Kraft durch seine herrliche Macht zu aller Ge-

duld und Langmut. 12Mit Freuden sagt Dank dem Vater, der euch tüchtig gemacht hat zu dem Erbteil der Heiligen im Licht. 13Er hat uns errettet von der Macht der Finsternis und hat uns versetzt in das Reich seines lieben Sohnes, 14in dem wir die Erlösung haben, nämlich die Vergebung der Sünden.

Christus, der Erste in Schöpfung und Erlösung

15Er ist das Ebenbild des unsichtbaren Gottes,
der Erstgeborene vor aller Schöpfung.
16Denn in ihm ist alles geschaffen,
was im Himmel und auf Erden ist,
das Sichtbare und das Unsichtbare,
es seien Throne oder Herrschaften
oder Mächte oder Gewalten;
es ist alles durch ihn und zu ihm geschaffen.
17Und er ist vor allem,
und es besteht alles in ihm.
18Und er ist das Haupt des Leibes, nämlich der Gemeinde.

Er ist der Anfang,
der Erstgeborene von den Toten,
damit er in allem der Erste sei.
19Denn es hat Gott wohlgefallen,
daß in ihm alle Fülle wohnen sollte
20und er durch ihn alles mit sich versöhnte,
es sei auf Erden oder im Himmel,
indem er Frieden machte durch sein Blut am Kreuz.

Er ist das Ebenbild des unsichtbaren Gottes.

21Auch euch, die ihr einst fremd und feindlich gesinnt wart in bösen Werken, 22hat er nun versöhnt durch den Tod seines sterblichen Leibes, damit er euch heilig und untadelig und makellos vor sein Angesicht stelle; 23wenn ihr nur bleibt im Glauben, gegründet und fest, und nicht weicht von der Hoffnung des Evangeliums, das ihr gehört habt und das gepredigt ist allen Geschöpfen unter dem Himmel. Sein Diener bin ich, Paulus, geworden.

Das Amt des Apostels unter den Heiden

24Nun freue ich mich in den Leiden, die ich für euch leide, und erstatte an meinem Fleisch, was an den Leiden Christi noch fehlt, für seinen Leib, das ist die Gemeinde. 25Ihr Diener bin ich geworden durch das Amt, das Gott mir gegeben hat, daß ich euch sein Wort reichlich predigen soll, 26nämlich das Geheimnis, das verborgen war seit ewigen Zeiten und Geschlechtern, nun aber ist es offenbart seinen Heiligen, 27denen Gott kundtun wollte, was der herrliche Reichtum dieses Geheimnisses unter den Heiden ist, nämlich Christus in euch, die Hoffnung der Herrlichkeit. 28Den verkündigen wir und ermahnen alle Menschen und lehren alle Menschen in aller Weisheit, damit wir einen jeden Menschen in Christus vollkommen machen. 29Dafür mühe ich mich auch ab und ringe in der Kraft dessen, der in mir kräftig wirkt.

Mächte oder Gewalten

In der alten Welt war die Angst vor Geistern und unsichtbaren Mächten sehr verbreitet. Paulus erkennt die Existenz antigöttlicher Mächte an, aber er betont nachdrücklich: Christus ist größer!

Warnung vor den Irrlehrern

2 Ich will euch nämlich wissen lassen, welchen Kampf ich um euch führe und um die in Laodizea und um alle, die mich nicht von Angesicht gesehen haben, 2damit ihre Herzen gestärkt und zusammengefügt werden in der Liebe und zu allem Reichtum an Gewißheit und Verständnis, zu erkennen das Geheimnis Gottes, das Christus ist, 3in welchem verborgen liegen alle Schätze der Weisheit und der Erkenntnis.

4Ich sage das, damit euch niemand betrüge mit verführerischen Reden. 5Denn obwohl ich leiblich abwesend bin, so bin ich doch im Geist bei euch und freue mich, wenn ich eure Ordnung und euren festen Glauben an Christus sehe. 6Wie ihr nun den Herrn Christus Jesus angenommen habt, so lebt auch in ihm 7und seid in ihm verwurzelt und gegründet und fest im Glauben, wie ihr gelehrt worden seid, und seid reichlich dankbar.

8Seht zu, daß euch niemand einfange durch

Philosophie und leeren Trug, gegründet auf die Lehre von Menschen und auf die Mächte der Welt und nicht auf Christus. [9]Denn in ihm wohnt die ganze Fülle der Gottheit leibhaftig, [10]und an dieser Fülle habt ihr teil in ihm, der das Haupt aller Mächte und Gewalten ist. [11]In ihm seid ihr auch beschnitten worden mit einer Beschneidung, die nicht mit Händen geschieht, als ihr nämlich euer fleischliches Wesen ablegtet in der Beschneidung durch Christus. [12]Mit ihm seid ihr begraben worden durch die Taufe; mit ihm seid ihr auch auferstanden durch den Glauben aus der Kraft Gottes, der ihn auferweckt hat von den Toten. [13]Und er hat euch mit ihm lebendig gemacht, die ihr tot wart in den Sünden und in der Unbeschnittenheit eures Fleisches, und hat uns vergeben alle Sünden. [14]Er hat den Schuldbrief getilgt, der mit seinen Forderungen gegen uns war, und hat ihn weggetan und an das Kreuz geheftet. [15]Er hat die Mächte und Gewalten ihrer Macht entkleidet und sie öffentlich zur Schau gestellt und hat einen Triumph aus ihnen gemacht in Christus.

Seid reichlich dankbar.

[16]So laßt euch nun von niemandem ein schlechtes Gewissen machen wegen Speise und Trank oder wegen eines bestimmten Feiertages, Neumondes oder Sabbats. [17]Das alles ist nur ein Schatten des Zukünftigen; leibhaftig aber ist es in Christus. [18]Laßt euch den Siegespreis von niemandem nehmen, der sich gefällt in falscher Demut und Verehrung der Engel und sich dessen rühmt, was er geschaut hat, und ist ohne Grund aufgeblasen in seinem fleischlichen Sinn [19]und hält sich nicht an das Haupt, von dem her der ganze Leib durch Gelenke und Bänder gestützt und zusammengehalten wird und wächst durch Gottes Wirken.

[20]Wenn ihr nun mit Christus den Mächten der Welt gestorben seid, was laßt ihr euch dann Satzungen auferlegen, als lebtet ihr noch in der Welt: [21]Du sollst das nicht anfassen, du sollst das nicht kosten, du sollst das nicht anrühren? [22]Das alles soll doch verbraucht und verzehrt werden. Es sind Gebote und Lehren von Menschen, [23]die zwar einen Schein von Weisheit haben durch selbsterwählte Frömmigkeit und Demut und dadurch, daß sie den Leib nicht schonen; sie sind aber nichts wert und befriedigen nur das Fleisch.

Der alte und der neue Mensch

3 Seid ihr nun mit Christus auferstanden, so sucht, was droben ist, wo Christus ist, sitzend zur Rechten Gottes. [2]Trachtet nach dem, was droben ist, nicht nach dem, was auf Erden ist. [3]Denn ihr seid gestorben, und euer Leben ist verborgen mit Christus in Gott. [4]Wenn aber Christus, euer Leben, sich offenbaren wird, dann werdet ihr auch offenbar werden mit ihm in Herrlichkeit.

Trachtet nach dem, was droben ist, nicht nach dem, was auf Erden ist.

[5]So tötet nun die Glieder, die auf Erden sind, Unzucht, Unreinheit, schändliche Leidenschaft, böse Begierde und die Habsucht, die Götzendienst ist. [6]Um solcher Dinge willen kommt der Zorn Gottes über die Kinder des Ungehorsams. [7]In dem allen seid auch ihr einst gewandelt, als ihr noch darin lebtet. [8]Nun aber legt alles ab von euch: Zorn, Grimm, Bosheit, Lästerung, schandbare Worte aus eurem Munde; [9]belügt einander nicht; denn ihr habt den alten Menschen mit seinen Werken ausgezogen [10]und den neuen angezogen, der erneuert wird zur Erkenntnis nach dem Ebenbild dessen, der ihn geschaffen hat. [11]Da ist nicht mehr Grieche oder Jude, Beschnittener oder Unbeschnittener, Nichtgrieche, Skythe, Sklave, Freier, sondern alles und in allen Christus.

[12]So zieht nun an als die Auserwählten Gottes, als die Heiligen und Geliebten, herzliches Erbarmen, Freundlichkeit, Demut, Sanftmut, Geduld; [13]und ertrage einer den andern und vergebt euch untereinander, wenn jemand Klage hat gegen den andern; wie der Herr euch vergeben hat, so vergebt auch ihr! [14]Über alles aber zieht an die Liebe, die da ist das Band der Vollkommenheit. [15]Und der Friede Christi, zu dem ihr auch berufen seid in einem Leibe, regiere in euren Herzen; und seid dankbar. [16]Laßt das Wort Christi reichlich unter euch wohnen: lehrt und ermahnt einander in aller Weisheit; mit Psalmen, Lobgesängen und geistlichen Liedern singt Gott dankbar in euren Herzen. [17]Und alles, was ihr tut

mit Worten oder mit Werken, das tut alles im
Namen des Herrn Jesus und dankt Gott, dem
Vater, durch ihn.

Laßt das Wort Christi reichlich unter euch wohnen.

Die christliche Haustafel

[18]Ihr Frauen, ordnet euch euren Männern unter,
wie sich's gebührt in dem Herrn. [19]Ihr Männer,
liebt eure Frauen und seid nicht bitter gegen sie.
[20]Ihr Kinder, seid gehorsam den Eltern in allen
Dingen; denn das ist wohlgefällig in dem Herrn.
[21]Ihr Väter, erbittert eure Kinder nicht, damit sie
nicht scheu werden.

[22]Ihr Sklaven, seid gehorsam in allen Dingen
euren irdischen Herren, nicht mit Dienst vor Au-
gen, um den Menschen zu gefallen, sondern in
Einfalt des Herzens und in der Furcht des Herrn.
[23]Alles, was ihr tut, das tut von Herzen als dem
Herrn und nicht den Menschen, [24]denn ihr wißt,
daß ihr von dem Herrn als Lohn das Erbe emp-
fangen werdet. Ihr dient dem Herrn Christus!
[25]Denn wer unrecht tut, der wird empfangen,
was er unrecht getan hat; und es gilt kein Anse-
hen der Person.

4 Ihr Herren, was recht und billig ist, das ge-
währt den Sklaven, und bedenkt, daß auch
ihr einen Herrn im Himmel habt.

Ermahnung zum Gebet und zum rechten Wort

[2]Seid beharrlich im Gebet und wacht in ihm mit
Danksagung! [3]Betet zugleich auch für uns, daß
Gott uns eine Tür für das Wort auftue und wir
das Geheimnis Christi sagen können, um des-
sentwillen ich auch in Fesseln bin, [4]damit ich es
offenbar mache, wie ich es sagen muß.

[5]Verhaltet euch weise gegenüber denen, die
draußen sind, und kauft die Zeit aus. [6]Eure Rede
sei allezeit freundlich und mit Salz gewürzt, daß
ihr wißt, wie ihr einem jeden antworten sollt.

Grüße und Segenswünsche

[7]Wie es um mich steht, wird euch alles Tychikus
berichten, der liebe Bruder und treue Diener und
Mitknecht in dem Herrn, [8]den ich darum zu euch
sende, daß ihr erfahrt, wie es uns ergeht, und da-
mit er eure Herzen tröste. [9]Mit ihm sende ich
Onesimus, den treuen und lieben Bruder, der ei-
ner der Euren ist. Alles, wie es hier steht, werden
sie euch berichten. [10]Es grüßt euch Aristarch,
mein Mitgefangener, und Markus, der Vetter des
Barnabas - seinetwegen habt ihr schon Weisun-
gen empfangen; wenn er zu euch kommt, nehmt
ihn auf! -, [11]und Jesus mit dem Beinamen Justus.
Von den Juden sind diese allein meine Mitarbei-
ter am Reich Gottes, und sie sind mir ein Trost
geworden. [12]Es grüßt euch Epaphras, der einer
von den Euren ist, ein Knecht Christi Jesu, der
allezeit in seinen Gebeten für euch ringt, damit
ihr feststeht, vollkommen und erfüllt mit allem,
was Gottes Wille ist. [13]Ich bezeuge ihm, daß er
viel Mühe hat um euch und um die in Laodizea
und in Hierapolis. [14]Es grüßt euch Lukas, der
Arzt, der Geliebte, und Demas.

Eure Rede sei allezeit freundlich, daß ihr wißt, wie ihr einem jeden antworten sollt.

[15]Grüßt die Brüder in Laodizea und die Nym-
pha und die Gemeinde in ihrem Hause. [16]Und
wenn der Brief bei euch gelesen ist, so sorgt da-
für, daß er auch in der Gemeinde von Laodizea
gelesen wird und daß ihr auch den von Laodizea
lest. [17]Und sagt dem Archippus: Sieh auf das
Amt, das du empfangen hast in dem Herrn, daß
du es ausfüllst! [18]Mein Gruß mit meiner, des
Paulus, Hand. Gedenket meiner Fesseln! Die
Gnade sei mit euch!

Laodizea

Der erwähnte Brief des Apostels an diese Gemeinde ist uns nicht erhalten.

Die Briefe des Apostels Paulus gelten allen Kirchen in aller Welt

Der 1. Brief von Paulus an die

Thessalonicher

Einführung

Thessalonich, heute Saloniki, war schon zur Zeit des Paulus eine große Stadt. Hier entstand die zweite europäische Christengemeinde. Aber weil Paulus und sein Begleiter Silas unter verschiedenen Volksgruppen der Stadt so erfolgreich waren, kam es bald zu Neid, Widerstand und Vertreibung (Apg. 17,1-9). Später hielt Paulus sich in Korinth auf und empfing dort durch seinen jungen Mitarbeiter Timotheus einen im ganzen guten Bericht über die Gemeinde in Thessalonich. Daraufhin schrieb er diesen Brief, den vermutlich ältesten Teil des Neuen Testaments (entstanden um das Jahr 50). Er will neubekehrten Christen Mut machen und sie seelsorgerlich weiterführen.

Fragen und Sorgen, auf die er eingehen mußte, waren dogmatischer und ethischer Art. Einige fragten: Was wird aus den Toten, und wie ist es mit der Auferstehung? Andere standen in der Gefahr, faul und moralisch gleichgültig zu werden und in der Abwesenheit des Apostels wieder in einen heidnischen Lebensstil zurückzufallen. Paulus ruft mit vielen knappen Mahnungen zur Bewährung im neuen Stand auf. Ein besonderes Merkmal dieses Briefes sind Aussagen über die Wiederkunft Jesu.

Überblick

1 Paulus und Silvanus und Timotheus an die
Gemeinde in Thessalonich in Gott, dem
Vater, und dem Herrn Jesus Christus:
Gnade sei mit euch und Friede!

Der vorbildliche Glaube der Gemeinde

2 Wir danken Gott allezeit für euch alle und ge-
denken euer in unserm Gebet 3 und denken ohne
Unterlaß vor Gott, unserm Vater, an euer Werk
im Glauben und an eure Arbeit in der Liebe und
an eure Geduld in der Hoffnung auf unsern
Herrn Jesus Christus. 4 Liebe Brüder, von Gott
geliebt, wir wissen, daß ihr erwählt seid; 5 denn
unsere Predigt des Evangeliums kam zu euch
nicht allein im Wort, sondern auch in der Kraft
und in dem heiligen Geist und in großer Gewiß-
heit. Ihr wißt ja, wie wir uns unter euch verhalten
haben um euretwillen. 6 Und ihr seid unserm Bei-
spiel gefolgt und dem des Herrn und habt das
Wort aufgenommen in großer Bedrängnis mit
Freuden im heiligen Geist, 7 so daß ihr ein Vor-
bild geworden seid für alle Gläubigen in Maze-
donien und Achaja. 8 Denn von euch aus ist das
Wort des Herrn erschollen nicht allein in Maze-
donien und Achaja, sondern an allen Orten ist
euer Glaube an Gott bekannt geworden, so daß
wir es nicht nötig haben, etwas darüber zu sagen.
9 Denn sie selbst berichten von uns, welchen Ein-
gang wir bei euch gefunden haben und wie ihr
euch bekehrt habt zu Gott von den Abgöttern,

Gemeindeaufbau kostet viel Mühe und Kraft

zu dienen dem lebendigen und wahren Gott
[10]und zu warten auf seinen Sohn vom Himmel,
den er auferweckt hat von den Toten, Jesus, der
uns von dem zukünftigen Zorn errettet.

Das Wirken des Apostels bei der Gründung der Gemeinde

2 Denn ihr wißt selbst, liebe Brüder, wie wir
Eingang gefunden haben bei euch: Es war
nicht vergeblich; [2]denn obgleich wir zuvor
in Philippi gelitten hatten und mißhandelt wor-
den waren, wie ihr wißt, fanden wir dennoch in
unserm Gott den Mut, bei euch das Evangelium
Gottes zu sagen unter viel Kampf. [3]Denn unsre
Ermahnung kam nicht aus betrügerischem oder
unlauterem Sinn, noch geschah sie mit List, [4]son-
dern weil Gott uns für wert geachtet hat, uns das
Evangelium anzuvertrauen, darum reden wir,
nicht, als wollten wir den Menschen gefallen,
sondern Gott, der unsere Herzen prüft. [5]Denn
wir sind nie mit Schmeichelworten umgegangen,
wie ihr wißt, noch mit versteckter Habsucht -
Gott ist Zeuge -; [6]wir haben auch nicht Ehre ge-
sucht bei den Leuten, weder bei euch noch bei
andern [7]- obwohl wir unser Gewicht als Christi
Apostel hätten einsetzen können -, sondern wir
sind unter euch mütterlich gewesen: Wie eine
Mutter ihre Kinder pflegt, [8]so hatten wir Her-
zenslust an euch und waren bereit, euch nicht al-
lein am Evangelium Gottes teil zu geben, son-
dern auch an unserm Leben; denn wir hatten
euch lieb gewonnen. [9]Ihr erinnert euch doch, lie-
be Brüder, an unsre Arbeit und unsre Mühe; Tag
und Nacht arbeiteten wir, um niemand unter
euch zur Last zu fallen, und predigten unter euch

Wir haben nicht Ehre gesucht bei den Leuten.

das Evangelium Gottes. [10]Ihr und Gott seid Zeu-
gen, wie heilig und gerecht und untadelig wir bei
euch, den Gläubigen, gewesen sind. [11]Denn ihr
wißt, daß wir, wie ein Vater seine Kinder, einen
jeden von euch [12]ermahnt und getröstet und be-
schworen haben, euer Leben würdig des Gottes
zu führen, der euch berufen hat zu seinem Reich
und zu seiner Herrlichkeit.

Die Aufnahme des Evangeliums in der Gemeinde

[13]Und darum danken auch wir Gott ohne Unter-
laß dafür, daß ihr das Wort der göttlichen Pre-
digt, das ihr von uns empfangen habt, nicht als

Menschenwort aufgenommen habt, sondern als
das, was es in Wahrheit ist, als Gottes Wort, das
in euch wirkt, die ihr glaubt. 14Denn, liebe Brü-
der, ihr seid den Gemeinden Gottes in Judäa
nachgefolgt, die in Christus Jesus sind; denn ihr
habt dasselbe erlitten von euren Landsleuten,
was jene von den Juden erlitten haben. 15Die ha-
ben den Herrn Jesus getötet und die Propheten
und haben uns verfolgt und gefallen Gott nicht
und sind allen Menschen feind. 16Und um das
Maß ihrer Sünden allewege vollzumachen, weh-
ren sie uns, den Heiden zu predigen zu ihrem
Heil. Aber der Zorn Gottes ist schon in vollem
Maß über sie gekommen.

17Wir aber, liebe Brüder, nachdem wir eine
Weile von euch geschieden waren - von Ange-
sicht, nicht im Herzen -, haben wir uns um so
mehr bemüht, euch von Angesicht zu sehen, mit
großem Verlangen. 18Darum wollten wir zu euch
kommen, ich, Paulus, einmal und noch einmal,
doch der Satan hat uns gehindert. 19Denn wer ist
unsre Hoffnung oder Freude oder unser Ruh-
meskranz - seid nicht auch ihr es vor unserm
Herrn Jesus, wenn er kommt? 20Ihr seid ja unsre
Ehre und Freude.

Die Sendung des Timotheus

3 Darum ertrugen wir's nicht länger und be-
schlossen, in Athen allein zurückzubleiben,
2und sandten Timotheus, unsern Bruder
und Gottes Mitarbeiter am Evangelium Christi,
euch zu stärken und zu ermahnen in eurem
Glauben, 3damit nicht jemand wankend würde in
diesen Bedrängnissen. Denn ihr wißt selbst, daß
uns das bestimmt ist. 4Denn schon als wir bei

Damit nicht jemand wankend würde in diesen Bedrängnissen.

euch waren, sagten wir's euch voraus, daß Be-
drängnisse über uns kommen würden, wie es
auch geschehen ist und wie ihr wißt. 5Darum ha-
be ich's auch nicht länger ertragen und habe ihn
gesandt, um zu erfahren, wie es mit eurem Glau-
ben steht, ob der Versucher euch etwa versucht
hätte und unsre Arbeit vergeblich würde.

6Nun aber ist Timotheus von euch wieder zu
uns gekommen und hat uns Gutes berichtet von
eurem Glauben und eurer Liebe und daß ihr uns
allezeit in gutem Andenken habt und euch da-
nach sehnt, uns zu sehen, wie auch wir uns nach
euch sehnen. 7Dadurch sind wir, liebe Brüder,
euretwegen getröstet worden in aller unsrer Not
und Bedrängnis durch euren Glauben; 8denn nun
sind wir wieder lebendig, wenn ihr feststeht in

In dem Herrn

Diese Formulierung meint die enge Verbindung des Glaubenden mit Christus.

dem Herrn. 9Denn wie können wir euretwegen
Gott genug danken für all die Freude, die wir an
euch haben vor unserm Gott? 10Wir bitten Tag
und Nacht inständig, daß wir euch von Angesicht
sehen, um zu ergänzen, was an eurem Glauben
noch fehlt. 11Er selbst aber, Gott, unser Vater,
und unser Herr Jesus lenke unsern Weg zu euch
hin. 12Euch aber lasse der Herr wachsen und im-
mer reicher werden in der Liebe untereinander
und zu jedermann, wie auch wir sie zu euch ha-
ben, 13damit eure Herzen gestärkt werden und
untadelig seien in Heiligkeit vor Gott, unserm
Vater, wenn unser Herr Jesus kommt mit allen
seinen Heiligen. Amen.

Ermahnung zur Heiligung

4 Weiter, liebe Brüder, bitten und ermahnen
wir euch in dem Herrn Jesus, da ihr von
uns empfangen habt, wie ihr leben sollt,
um Gott zu gefallen, was ihr ja auch tut -, daß
ihr darin immer vollkommener werdet. 2Denn ihr
wißt, welche Gebote wir euch gegeben haben
durch den Herrn Jesus. 3Denn das ist der Wille
Gottes, eure Heiligung, daß ihr meidet die Un-
zucht 4und ein jeder von euch seine eigene Frau
zu gewinnen suche in Heiligkeit und Ehrerbie-
tung, 5nicht in gieriger Lust wie die Heiden, die
von Gott nichts wissen. 6Niemand gehe zu weit
und übervorteile seinen Bruder im Handel; denn
der Herr ist ein Richter über das alles, wie wir
euch schon früher gesagt und bezeugt haben.
7Denn Gott hat uns nicht berufen zur Unrein-
heit, sondern zur Heiligung. 8Wer das nun ver-
achtet, der verachtet nicht Menschen, sondern
Gott, der seinen heiligen Geist in euch gibt.

9Von der brüderlichen Liebe aber ist es nicht
nötig, euch zu schreiben; denn ihr selbst seid von
Gott gelehrt, euch untereinander zu lieben.
10Und das tut ihr auch an allen Brüdern, die in
ganz Mazedonien sind. Wir ermahnen euch aber,

liebe Brüder, daß ihr darin noch vollkommener werdet, [11]und setzt eure Ehre darein, daß ihr ein stilles Leben führt und das Eure schafft und mit

Seid nicht traurig wie die andern, die keine Hoffnung haben.

euren eigenen Händen arbeitet, wie wir euch geboten haben, [12]damit ihr ehrbar lebt vor denen, die draußen sind, und auf niemanden angewiesen seid.

Von der Auferstehung der Toten

[13]Wir wollen euch aber, liebe Brüder, nicht im Ungewissen lassen über die, die entschlafen sind, damit ihr nicht traurig seid wie die andern, die keine Hoffnung haben. [14]Denn wenn wir glauben, daß Jesus gestorben und auferstanden ist, so wird Gott auch die, die entschlafen sind, durch Jesus mit ihm einherführen.

[15]Denn das sagen wir euch mit einem Wort des Herrn, daß wir, die wir leben und übrigbleiben bis zur Ankunft des Herrn, denen nicht zuvorkommen werden, die entschlafen sind. [16]Denn er selbst, der Herr, wird, wenn der Befehl ertönt, wenn die Stimme des Erzengels und die Posaune Gottes erschallen, herabkommen vom Himmel, und zuerst werden die Toten, die in Christus gestorben sind, auferstehen. [17]Danach werden wir, die wir leben und übrigbleiben, zugleich mit ihnen entrückt werden auf den Wolken in die Luft, dem Herrn entgegen; und so werden wir bei dem Herrn sein allezeit. [18]So tröstet euch mit diesen Worten untereinander.

Leben im Licht des kommenden Tages

5 Von den Zeiten und Stunden aber, liebe Brüder, ist es nicht nötig, euch zu schreiben; [2]denn ihr selbst wißt genau, daß der Tag des Herrn kommen wird wie ein Dieb in der Nacht. [3]Wenn sie sagen werden: Es ist Friede, es hat keine Gefahr -, dann wird sie das Verderben schnell überfallen wie die Wehen eine schwangere Frau, und sie werden nicht entfliehen. [4]Ihr aber, liebe Brüder, seid nicht in der Finsternis, daß der Tag wie ein Dieb über euch komme. [5]Denn ihr alle seid Kinder des Lichtes und Kinder des Tages. Wir sind nicht von der Nacht noch von der Finsternis. [6]So laßt uns nun nicht schlafen wie die andern, sondern laßt uns wachen und nüchtern sein. [7]Denn die schlafen, die schlafen des Nachts, und die betrunken sind, die sind des Nachts betrunken. [8]Wir aber, die wir Kinder des Tages sind, wollen nüchtern sein, angetan mit dem Panzer des Glaubens und der Liebe und mit dem Helm der Hoffnung auf das Heil. [9]Denn Gott hat uns nicht bestimmt zum Zorn, sondern dazu, das Heil zu erlangen durch unsern Herrn Jesus Christus, [10]der für uns gestorben ist, damit, ob wir wachen oder schlafen, wir zugleich mit ihm leben. [11]Darum ermahnt euch untereinander, und einer erbaue den andern, wie ihr auch tut.

Ermahnungen und Grüße

[12]Wir bitten euch aber, liebe Brüder, erkennt an, die an euch arbeiten und euch vorstehen in dem Herrn und euch ermahnen; [13]habt sie um so lieber um ihres Werkes willen. Haltet Frieden untereinander. [14]Wir ermahnen euch aber, liebe Brüder: Weist die Unordentlichen zurecht, tröstet die Kleinmütigen, tragt die Schwachen, seid geduldig gegen jedermann. [15]Seht zu, daß keiner dem andern Böses mit Bösem vergelte, sondern jagt allezeit dem Guten nach untereinander und gegen jedermann.

[16]Seid allezeit fröhlich, [17]betet ohne Unterlaß,

Seid allezeit fröhlich, betet ohne Unterlaß.

[18]seid dankbar in allen Dingen; denn das ist der Wille Gottes in Christus Jesus an euch. [19]Den Geist dämpft nicht. [20]Prophetische Rede verachtet nicht. [21]Prüft aber alles, und das Gute behaltet. [22]Meidet das Böse in jeder Gestalt.

[23]Er aber, der Gott des Friedens, heilige euch durch und durch und bewahre euren Geist samt Seele und Leib unversehrt, untadelig für die Ankunft unseres Herrn Jesus Christus. [24]Treu ist er, der euch ruft; er wird's auch tun.

[25]Liebe Brüder, betet auch für uns. [26]Grüßt alle Brüder mit dem heiligen Kuß. [27]Ich beschwöre euch bei dem Herrn, daß ihr diesen Brief lesen laßt vor allen Brüdern. [28]Die Gnade unseres Herrn Jesus Christus sei mit euch!

Paulus ermutigt die Schwachen

Der 2. Brief von Paulus an die

Thessalonicher

Einführung

Da die Probleme in Thessalonich nicht so schnell gelöst wurden, schrieb Paulus sehr bald einen zweiten Brief – überwiegend mit den gleichen Themen. Gegenüber Gerüchtemachern stellt er seine Lehre von der Wiederkunft Jesu richtig und ermutigt dann noch einmal zum Aushalten trotz Verfolgungen. Ausführlicher schreibt er über das Endgericht und über böse Mächte, die vor der zweiten Ankunft Jesu die Christen verführen wollen. Schließlich warnt er vor Faulheit auf Kosten anderer.

Überblick

1 Paulus und Silvanus und Timotheus an die Gemeinde in Thessalonich in Gott, unserm Vater, und dem Herrn Jesus Christus: 2 Gnade sei mit euch und Friede von Gott, unserm Vater, und dem Herrn Jesus Christus!

Die Bedrängnis der Gemeinde und das gerechte Gericht Gottes

3 Wir müssen Gott allezeit für euch danken, liebe Brüder, wie sich's gebührt. Denn euer Glaube wächst sehr, und eure gegenseitige Liebe nimmt zu bei euch allen. 4 Darum rühmen wir uns euer unter den Gemeinden Gottes wegen eurer Geduld und eures Glaubens in allen Verfolgungen und Bedrängnissen, die ihr erduldet, 5 ein Anzeichen dafür, daß Gott recht richten wird und ihr gewürdigt werdet des Reiches Gottes, für das ihr auch leidet. 6 Denn es ist gerecht bei Gott, mit Bedrängnis zu vergelten denen, die euch bedrängen, 7 euch aber, die ihr Bedrängnis leidet, Ruhe zu geben mit uns, wenn der Herr Jesus sich offenbaren wird vom Himmel her mit den Engeln seiner Macht 8 in Feuerflammen, Vergeltung zu üben an denen, die Gott nicht kennen und die nicht gehorsam sind dem Evangelium unseres Herrn Jesus. 9 Die werden Strafe erleiden, das ewige Verderben, vom Angesicht des Herrn her und von seiner herrlichen Macht, 10 wenn er kommen wird, daß er verherrlicht werde bei seinen Heiligen und wunderbar erscheine bei allen Gläubigen, an jenem Tage; denn was wir euch bezeugt haben, das habt ihr geglaubt.

11 Deshalb beten wir auch allezeit für euch, daß unser Gott euch würdig mache der Berufung und vollende alles Wohlgefallen am Guten und das Werk des Glaubens in Kraft, 12 damit in euch verherrlicht werde der Name unseres Herrn Jesus und ihr in ihm, nach der Gnade unseres Gottes und des Herrn Jesus Christus.

Das Auftreten des Widersachers vor dem Kommen Christi

2 Was nun das Kommen unseres Herrn Jesus Christus angeht und unsre Vereinigung mit ihm, so bitten wir euch, liebe Brüder, 2 daß ihr euch in eurem Sinn nicht so schnell wankend machen noch erschrecken laßt – weder durch eine Weissagung noch durch ein Wort oder einen

Gott schenkt Frieden

Brief, die von uns sein sollen -, als sei der Tag
des Herrn schon da. 3Laßt euch von niemandem
verführen, in keinerlei Weise; denn zuvor muß
der Abfall kommen und der Mensch der Bosheit
offenbart werden, der Sohn des Verderbens. 4Er
ist der Widersacher, der sich erhebt über alles,

Abfall

Gemeint ist wahrscheinlich ein letzter, von Gott zugelassener Aufstand gegen Christus und die christliche Gemeinde am Ende der Geschichte (Offenbarung 20,7ff).

---

was Gott oder Gottesdienst heißt, so daß er sich
in den Tempel Gottes setzt und vorgibt, er sei
Gott. 5Erinnert ihr euch nicht daran, daß ich
euch dies sagte, als ich noch bei euch war? 6Und
ihr wißt, was ihn noch aufhält, bis er offenbart
wird zu seiner Zeit. 7Denn es regt sich schon das
Geheimnis der Bosheit; nur muß der, der es jetzt
noch aufhält, weggetan werden, 8und dann wird
der Böse offenbart werden. Ihn wird der Herr Je-
sus umbringen mit dem Hauch seines Mundes
und wird ihm ein Ende machen durch seine Er-
scheinung, wenn er kommt. 9Der Böse aber wird
in der Macht des Satans auftreten mit großer
Kraft und lügenhaften Zeichen und Wundern
10und mit jeglicher Verführung zur Ungerechtig-
keit bei denen, die verloren werden, weil sie die
Liebe zur Wahrheit nicht angenommen haben,
daß sie gerettet würden. 11Darum sendet ihnen
Gott die Macht der Verführung, so daß sie der
Lüge glauben, 12damit gerichtet werden alle, die
der Wahrheit nicht glaubten, sondern Lust hatten
an der Ungerechtigkeit.

Mahnung zum Festhalten an der Lehre

13Wir aber müssen Gott allezeit für euch danken,
vom Herrn geliebte Brüder, daß Gott euch als
erste zur Seligkeit erwählt hat, in der Heiligung
durch den Geist und im Glauben an die Wahr-
heit, 14wozu er euch auch berufen hat durch un-
ser Evangelium, damit ihr die Herrlichkeit unse-
res Herrn Jesus Christus erlangt. 15So steht nun
fest, liebe Brüder, und haltet euch an die Lehre,

in der ihr durch uns unterwiesen worden seid, es
sei durch Wort oder Brief von uns. [16]Er aber, un-
ser Herr Jesus Christus, und Gott, unser Vater,
der uns geliebt und uns einen ewigen Trost gege-
ben hat und eine gute Hoffnung durch Gnade,
[17]der tröste eure Herzen und stärke euch in allem
guten Werk und Wort.

Wünsche des Apostels für sich selbst und die Gemeinde

3 Weiter, liebe Brüder, betet für uns, daß
das Wort des Herrn laufe und gepriesen
werde wie bei euch [2]und daß wir erlöst
werden von den falschen und bösen Menschen;
denn der Glaube ist nicht jedermanns Ding.
[3]Aber der Herr ist treu; der wird euch stärken
und bewahren vor dem Bösen. [4]Wir haben aber

Aber der Herr ist treu; der wird euch stärken und bewahren vor dem Bösen.

das Vertrauen zu euch in dem Herrn, daß ihr tut
und tun werdet, was wir gebieten. [5]Der Herr
aber richte eure Herzen aus auf die Liebe Gottes
und auf die Geduld Christi.

Warnung vor Müßiggang

[6]Wir gebieten euch aber, liebe Brüder, im Na-
men unseres Herrn Jesus Christus, daß ihr euch
zurückzieht von jedem Bruder, der unordentlich
lebt und nicht nach der Lehre, die ihr von uns
empfangen habt. [7]Denn ihr wißt, wie ihr uns
nachfolgen sollt. Denn wir haben nicht unordent-
lich bei euch gelebt, [8]haben auch nicht umsonst
Brot von jemandem genommen, sondern mit
Mühe und Plage haben wir Tag und Nacht gear-
beitet, um keinem von euch zur Last zu fallen.
[9]Nicht, daß wir dazu nicht das Recht hätten, son-
dern wir wollten uns selbst euch zum Vorbild ge-
ben, damit ihr uns nachfolgt. [10]Denn schon als
wir bei euch waren, geboten wir euch: Wer nicht
arbeiten will, der soll auch nicht essen. [11]Denn
wir hören, daß einige unter euch unordentlich le-
ben und nichts arbeiten, sondern unnütze Dinge
treiben. [12]Solchen aber gebieten wir und ermah-
nen sie in dem Herrn Jesus Christus, daß sie still
ihrer Arbeit nachgehen und ihr eigenes Brot es-
sen. [13]Ihr aber, liebe Brüder, laßt's euch nicht
verdrießen, Gutes zu tun.

[14]Wenn aber jemand unserm Wort in diesem
Brief nicht gehorsam ist, den merkt euch und
habt nichts mit ihm zu schaffen, damit er scham-
rot werde. [15]Doch haltet ihn nicht für einen
Feind, sondern weist ihn zurecht als einen Bru-
der. [16]Er aber, der Herr des Friedens, gebe euch
Frieden allezeit und auf alle Weise. Der Herr sei
mit euch allen!

Gruß und Segenswunsch

[17]Der Gruß mit meiner, des Paulus, Hand. Das
ist das Zeichen in allen Briefen; so schreibe ich.
[18]Die Gnade unseres Herrn Jesus Christus sei mit
euch allen!

Der 1. Brief von Paulus an

Timotheus

Einführung

Timotheus war ein junger Mann aus Kleinasien. Seine Mutter war Jüdin, sein Vater ein Grieche. Bald nach seiner Bekehrung zu Christus wurde er ein Mitarbeiter des Apostels. Er wird deshalb im Neuen Testament häufiger erwähnt.

In dem ersten Brief an Timotheus will Paulus den jungen Mitarbeiter stärken, unter allen Umständen die rechte evangelische Lehre über das Heil durch Christus weiterzugeben und sich nicht durch Zusatzgebote aus anderen Quellen verwirren zu lassen. Außerdem enthält der Brief wichtige Worte über Gemeindeleitung und Gemeindeämter. Es schließen sich Weisungen für verschiedene Gruppen von Gläubigen an, die Timotheus in Deutlichkeit weitergeben soll.

Überblick

Warnung vor falscher Lehre, Ermutigung zu rechter Lehre	1,3-1,20
Gottesdienstliche Ordnungen	2,1-15
Über die Verantwortung der Mitarbeiter	3,1-16
Die persönliche Verantwortung des Timotheus	4,1-6,21

1 Paulus, ein Apostel Christi Jesu nach dem
Befehl Gottes, unseres Heilands, und Chri-
sti Jesu, der unsre Hoffnung ist, 2an Timo-
theus, meinen rechten Sohn im Glauben:
Gnade, Barmherzigkeit, Friede von Gott, dem
Vater, und unserm Herrn Christus Jesus!

Gegen falsche Gesetzeslehrer

3Du weißt, wie ich dich ermahnt habe, in Ephe-
sus zu bleiben, als ich nach Mazedonien zog, und
einigen zu gebieten, daß sie nicht anders lehren,
4auch nicht achthaben auf die Fabeln und Ge-
schlechtsregister, die kein Ende haben und eher
Fragen aufbringen, als daß sie dem Ratschluß
Gottes im Glauben dienen. 5Die Hauptsumme
aller Unterweisung aber ist Liebe aus reinem
Herzen und aus gutem Gewissen und aus unge-
färbtem Glauben. 6Davon sind einige abgeirrt
und haben sich hingewandt zu unnützem Ge-
schwätz, 7wollen die Schrift meistern und verste-
hen selber nicht, was sie sagen oder was sie so
fest behaupten.
8Wir wissen aber, daß das Gesetz gut ist, wenn
es jemand recht gebraucht, 9weil er weiß, daß
dem Gerechten kein Gesetz gegeben ist, sondern
den Ungerechten und Ungehorsamen, den Gott-
losen und Sündern, den Unheiligen und Ungeist-
lichen, den Vatermördern und Muttermördern,
den Totschlägern, 10den Unzüchtigen, den Kna-
benschändern, den Menschenhändlern, den Lüg-
nern, den Meineidigen und wenn noch etwas an-
deres der heilsamen Lehre zuwider ist, 11nach

Die Hauptsumme aller Unterweisung aber ist Liebe.

dem Evangelium von der Herrlichkeit des seligen
Gottes, das mir anvertraut ist.

Lobpreis der göttlichen Barmherzigkeit

12Ich danke unserm Herrn Christus Jesus, der
mich stark gemacht und für treu erachtet hat und

in das Amt eingesetzt, [13]mich, der ich früher ein Lästerer und ein Verfolger und ein Frevler war; aber mir ist Barmherzigkeit widerfahren, denn ich habe es unwissend getan, im Unglauben.

Mir ist Barmherzigkeit widerfahren, denn ich habe es unwissend getan.

[14]Es ist aber desto reicher geworden die Gnade unseres Herrn samt dem Glauben und der Liebe, die in Christus Jesus ist. [15]Das ist gewißlich wahr und ein Wort, des Glaubens wert, daß Christus Jesus in die Welt gekommen ist, die Sünder selig zu machen, unter denen ich der erste bin. [16]Aber darum ist mir Barmherzigkeit widerfahren, daß Christus Jesus an mir als erstem alle Geduld erweise, zum Vorbild denen, die an ihn glauben sollten zum ewigen Leben. [17]Aber Gott, dem ewigen König, dem Unvergänglichen und Unsichtbaren, der allein Gott ist, sei Ehre und Preis in Ewigkeit! Amen.

[18]Diese Botschaft vertraue ich dir an, mein Sohn Timotheus, nach den Weissagungen, die früher über dich ergangen sind, damit du in ihrer Kraft einen guten Kampf kämpfst [19]und den Glauben und ein gutes Gewissen hast. Das haben einige von sich gestoßen und am Glauben Schiffbruch erlitten. [20]Unter ihnen sind Hymenäus und Alexander, die ich dem Satan übergeben habe, damit sie in Zucht genommen werden und nicht mehr lästern.

Das Gemeindegebet

2 So ermahne ich nun, daß man vor allen Dingen tue Bitte, Gebet, Fürbitte und Danksagung für alle Menschen, [2]für die Könige und für alle Obrigkeit, damit wir ein ruhiges und stilles Leben führen können in aller Frömmigkeit und Ehrbarkeit. [3]Dies ist gut und wohlgefällig vor Gott, unserm Heiland, [4]welcher will, daß allen Menschen geholfen werde und sie zur Erkenntnis der Wahrheit kommen. [5]Denn es ist ein Gott und ein Mittler zwischen Gott und den Menschen, nämlich der Mensch Christus Jesus, [6]der sich selbst gegeben hat für alle zur Erlösung, daß dies zu seiner Zeit gepredigt werde. [7]Dazu bin ich eingesetzt als Prediger und Apostel – ich sage die Wahrheit und lüge nicht –, als Lehrer der Heiden im Glauben und in der Wahrheit.

Männer und Frauen im Gottesdienst

[8]So will ich nun, daß die Männer beten an allen Orten und aufheben heilige Hände ohne Zorn und Zweifel. [9]Desgleichen, daß die Frauen in schicklicher Kleidung sich schmücken mit Anstand und Zucht, nicht mit Haarflechten und Gold oder Perlen oder kostbarem Gewand, [10]sondern, wie sich's ziemt für Frauen, die ihre Frömmigkeit bekunden wollen, mit guten Werken. [11]Eine Frau lerne in der Stille mit aller Unterordnung. [12]Einer Frau gestatte ich nicht, daß sie lehre, auch nicht, daß sie über den Mann Herr sei, sondern sie sei still. [13]Denn Adam wurde zuerst gemacht, danach Eva. [14]Und Adam wurde nicht verführt, die Frau aber hat sich zur Übertretung verführen lassen. [15]Sie wird aber selig werden dadurch, daß sie Kinder zur Welt bringt, wenn sie bleiben mit Besonnenheit im Glauben und in der Liebe und in der Heiligung.

Von den Bischöfen

3 Das ist gewißlich wahr: Wenn jemand ein Bischofsamt begehrt, der begehrt eine hohe Aufgabe. [2]Ein Bischof aber soll untadelig sein, Mann einer einzigen Frau, nüchtern, maßvoll, würdig, gastfrei, geschickt im Lehren, [3]kein Säufer, nicht gewalttätig, sondern gütig, nicht streitsüchtig, nicht geldgierig, [4]einer, der seinem eigenen Haus gut vorsteht und gehorsame Kinder hat in aller Ehrbarkeit. [5]Denn wenn jemand seinem eigenen Haus nicht vorzustehen weiß, wie soll er für die Gemeinde Gottes sorgen? [6]Er soll kein Neugetaufter sein, damit er sich nicht aufblase und dem Urteil des Teufels verfalle. [7]Er muß aber auch einen guten Ruf haben bei denen, die draußen sind, damit er nicht geschmäht werde und sich nicht fange in der Schlinge des Teufels.

Bischofsamt

»Bischof« heißt Wächter oder Aufseher, einer, der Leitungsverantwortung trägt.

Von den Diakonen

[8]Desgleichen sollen die Diakone ehrbar sein, nicht doppelzüngig, keine Säufer, nicht schändlichen Gewinn suchen; [9]sie sollen das Geheimnis des Glaubens mit reinem Gewissen bewahren.

[10]Und man soll sie zuvor prüfen, und wenn sie
untadelig sind, sollen sie den Dienst versehen.
[11]Desgleichen sollen ihre Frauen ehrbar sein,
nicht verleumderisch, nüchtern, treu in allen
Dingen. [12]Die Diakone sollen ein jeder der Mann
einer einzigen Frau sein und ihren Kindern und
ihrem eigenem Haus gut vorstehen. [13]Welche
aber ihren Dienst gut versehen, die erwerben sich
selbst ein gutes Ansehen und große Zuversicht
im Glauben an Christus Jesus.

Das Geheimnis des Glaubens

[14]Dies schreibe ich dir und hoffe, bald zu dir zu
kommen; [15]wenn ich aber erst später komme,
sollst du wissen, wie man sich verhalten soll im
Hause Gottes, das ist die Gemeinde des lebendi-
gen Gottes, ein Pfeiler und eine Grundfeste der
Wahrheit. [16]Und groß ist, wie jedermann beken-
nen muß, das Geheimnis des Glaubens:

> Er ist offenbart im Fleisch,
> gerechtfertigt im Geist,
> erschienen den Engeln,
> gepredigt den Heiden,
> geglaubt in der Welt,
> aufgenommen in die Herrlichkeit.

Falsche Enthaltsamkeit

4 Der Geist aber sagt deutlich, daß in den
letzten Zeiten einige von dem Glauben ab-
fallen werden und verführerischen Gei-
stern und teuflischen Lehren anhängen, [2]verleitet
durch Heuchelei der Lügenredner, die ein
Brandmal in ihrem Gewissen haben. [3]Sie gebie-
ten, nicht zu heiraten und Speisen zu meiden,

Alles, was Gott geschaffen hat, ist gut.

die Gott geschaffen hat, daß sie mit Danksagung
empfangen werden von den Gläubigen und de-
nen, die die Wahrheit erkennen. [4]Denn alles, was
Gott geschaffen hat, ist gut, und nichts ist ver-
werflich, was mit Danksagung empfangen wird;
[5]denn es wird geheiligt durch das Wort Gottes
und Gebet.

Der Dienst des Timotheus

[6]Wenn du die Brüder dies lehrst, so wirst du ein
guter Diener Christi Jesu sein, auferzogen in den
Worten des Glaubens und der guten Lehre, bei
der du immer geblieben bist. [7]Die ungeistlichen
Altweiberfabeln aber weise zurück; übe dich
selbst aber in der Frömmigkeit! [8]Denn die leibli-
che Übung ist wenig nütze; aber die Frömmigkeit
ist zu allen Dingen nütze und hat die Verheißung
dieses und des zukünftigen Lebens. [9]Das ist ge-
wißlich wahr und ein Wort, des Glaubens wert.
[10]Denn dafür arbeiten und kämpfen wir, weil wir
unsre Hoffnung auf den lebendigen Gott gesetzt
haben, welcher ist der Heiland aller Menschen,
besonders der Gläubigen. [11]Dies gebiete und
lehre.

[12]Niemand verachte dich wegen deiner Ju-
gend; du aber sei den Gläubigen ein Vorbild im
Wort, im Wandel, in der Liebe, im Glauben, in
der Reinheit. [13]Fahre fort mit Vorlesen, mit Er-
mahnen, mit Lehren, bis ich komme. [14]Laß nicht
außer acht die Gabe in dir, die dir gegeben ist
durch Weissagung mit Handauflegung der Älte-
sten. [15]Dies laß deine Sorge sein, damit gehe um,
damit dein Fortschreiten allen offenbar werde.
[16]Hab acht auf dich selbst und auf die Lehre; be-
harre in diesen Stücken! Denn wenn du das tust,
wirst du dich selbst retten und die, die dich
hören.

Verhalten gegen Männer und Frauen in der Gemeinde

5 Einen Älteren fahre nicht an, sondern er-
mahne ihn wie einen Vater, die jüngeren
Männer wie Brüder, [2]die älteren Frauen
wie Mütter, die jüngeren wie Schwestern, mit
allem Anstand.

Von den Witwen

[3]Ehre die Witwen, die rechte Witwen sind.
[4]Wenn aber eine Witwe Kinder oder Enkel hat,
so sollen diese lernen, zuerst im eigenen Hause
fromm zu leben und sich den Eltern dankbar zu
erweisen; denn das ist wohlgefällig vor Gott.
[5]Das ist aber eine rechte Witwe, die allein steht,
die ihre Hoffnung auf Gott setzt und beharrlich
fleht und betet Tag und Nacht. [6]Eine aber, die
ausschweifend lebt, ist lebendig tot. [7]Dies gebie-
te, damit sie untadelig seien. [8]Wenn aber jemand
die Seinen, besonders seine Hausgenossen, nicht
versorgt, hat er den Glauben verleugnet und ist
schlimmer als ein Heide.

[9]Es soll keine Witwe auserwählt werden unter
sechzig Jahren; sie soll eines einzigen Mannes
Frau gewesen sein [10]und ein Zeugnis guter Wer-
ke haben: wenn sie Kinder aufgezogen hat, wenn
sie gastfrei gewesen ist, wenn sie den Heiligen

die Füße gewaschen hat, wenn sie den Bedrängten beigestanden hat, wenn sie allem guten Werk nachgekommen ist. [11]Jüngere Witwen aber weise ab; denn wenn sie ihrer Begierde nachgeben Christus zuwider, so wollen sie heiraten [12]und stehen dann unter dem Urteil, daß sie die erste Treue gebrochen haben. [13]Daneben sind sie faul und lernen, von Haus zu Haus zu laufen; und nicht nur faul sind sie, sondern auch geschwätzig und vorwitzig und reden, was nicht sein soll. [14]So will ich nun, daß die jüngeren Witwen heiraten, Kinder zur Welt bringen, den Haushalt führen, dem Widersacher keinen Anlaß geben zu lästern. [15]Denn schon haben sich einige abgewandt und folgen dem Satan. [16]Wenn aber einer gläubigen Frau Witwen anbefohlen sind, so versorge sie diese, die Gemeinde aber soll nicht beschwert werden, damit sie für die rechten Witwen sorgen kann.

Von den Vorstehern der Gemeinde

[17]Die Ältesten, die der Gemeinde gut vorstehen, die halte man zwiefacher Ehre wert, besonders, die sich mühen im Wort und in der Lehre. [18]Denn die Schrift sagt (5. Mose 25,4): »Du sollst dem Ochsen, der da drischt, nicht das Maul verbinden«; und: »Ein Arbeiter ist seines Lohnes wert«. [19]Gegen einen Ältesten nimm keine Klage an ohne zwei oder drei Zeugen. [20]Die da sündigen, die weise zurecht vor allen, damit sich auch die andern fürchten. [21]Ich ermahne dich inständig vor Gott und Christus Jesus und den auserwählten Engeln, daß du dich daran hältst ohne Vorurteil und niemanden begünstigst. [22]Die Hände lege niemandem zu bald auf; habe nicht teil an fremden Sünden! Halte dich selber rein! [23]Trinke nicht mehr nur Wasser, sondern nimm ein wenig Wein dazu um des Magens willen, und weil du oft krank bist.

[24]Bei einigen Menschen sind die Sünden offenbar und gehen ihnen zum Gericht voran; bei einigen aber werden sie hernach offenbar. [25]Desgleichen sind auch die guten Werke einiger Menschen zuvor offenbar, und wenn es anders ist, können sie doch nicht verborgen bleiben.

Von den Sklaven

6 Alle, die als Sklaven unter dem Joch sind, sollen ihre Herren aller Ehre wert halten, damit nicht der Name Gottes und die Lehre verlästert werde. [2]Welche aber gläubige Herren haben, sollen diese nicht weniger ehren, weil sie Brüder sind, sondern sollen ihnen um so mehr dienstbar sein, weil sie gläubig und geliebt sind und sich bemühen, Gutes zu tun.

Mahnung an Timotheus und alle Brüder

Dies lehre und dazu ermahne! [3]Wenn jemand anders lehrt und bleibt nicht bei den heilsamen Worten unseres Herrn Jesus Christus und bei der Lehre, die dem Glauben gemäß ist, [4]der ist aufgeblasen und weiß nichts, sondern hat die Seuche der Fragen und Wortgefechte. Daraus entspringen Neid, Hader, Lästerung, böser Argwohn, [5]Schulgezänk solcher Menschen, die zerrüttete Sinne haben und der Wahrheit beraubt sind, die meinen, Frömmigkeit sei ein Gewerbe. [6]Die Frömmigkeit aber ist ein großer Gewinn für den, der sich genügen läßt. [7]Denn wir haben nichts in die Welt gebracht; darum werden wir auch nichts hinausbringen. [8]Wenn wir aber Nahrung und Kleider haben, so wollen wir uns daran genügen lassen. [9]Denn die reich werden wollen, die fallen in Versuchung und Verstrickung und in viele törichte und schädliche Begierden, welche die Menschen versinken lassen in Verderben und Verdammnis. [10]Denn Geldgier ist eine Wurzel alles Übels; danach hat einige gelüstet, und sie sind vom Glauben abgeirrt und machen sich selbst viel Schmerzen.

Geldgier ist eine Wurzel alles Übels.

[11]Aber du, Gottesmensch, fliehe das! Jage aber nach der Gerechtigkeit, der Frömmigkeit, dem Glauben, der Liebe, der Geduld, der Sanftmut! [12]Kämpfe den guten Kampf des Glaubens; ergreife das ewige Leben, wozu du berufen bist und bekannt hast das gute Bekenntnis vor vielen Zeugen. [13]Ich gebiete dir vor Gott, der alle Dinge lebendig macht, und vor Christus Jesus, der unter Pontius Pilatus bezeugt hat das gute Bekenntnis, [14]daß du das Gebot unbefleckt, untadelig haltest bis zur Erscheinung unseres Herrn Jesus Christus, [15]welche uns zeigen wird zu seiner Zeit der Selige und allein Gewaltige, der König aller Könige und Herr aller Herren, [16]der allein Unsterblichkeit hat, der da wohnt in einem Licht, zu dem niemand kommen kann, den kein Mensch gesehen hat noch sehen kann. Dem sei Ehre und ewige Macht! Amen.

Streben nach Reichtum ist eine Quelle des Bösen

Mahnung an die Reichen

17Den Reichen in dieser Welt gebiete, daß sie nicht stolz seien, auch nicht hoffen auf den unsicheren Reichtum, sondern auf Gott, der uns alles reichlich darbietet, es zu genießen; 18daß sie Gutes tun, reich werden an guten Werken, gerne geben, behilflich seien, 19sich selbst einen Schatz sammeln als guten Grund für die Zukunft, damit sie das wahre Leben ergreifen.

20O Timotheus! Bewahre, was dir anvertraut ist, und meide das ungeistliche lose Geschwätz und das Gezänk der fälschlich so genannten Erkenntnis, 21zu der sich einige bekannt haben und sind vom Glauben abgeirrt.

Die Gnade sei mit euch!

Der 2. Brief von Paulus an

Timotheus

Einführung

Der zweite Brief an Timotheus enthält Ratschläge und Weisungen des älteren Apostels an den jungen Kollegen. Paulus ruft vor allem zur Standhaftigkeit auf, die er selbst während seines ganzen Dienstes – auch kurz vor der Abfassung dieses Briefes – beweisen mußte (Kap. 4,16). Der Brief gibt viele konkrete Hinweise zur Mitarbeit in der Gemeinde und fordert besonders Treue gegenüber dem Wort Gottes. Diskussionen über Nebensachen soll Timotheus ausweichen.

Überblick

Wort des Dankes und der Ermutigung	1,1-2,13
Ratschläge und Warnungen	2,14-4,5
Die persönliche Lage des Apostels	4,6-18
Letzte Grüße und Segen	4,19-22

1 Paulus, ein Apostel Christi Jesu durch den
Willen Gottes nach der Verheißung des
Lebens in Christus Jesus, [2]an meinen lieben Sohn Timotheus:

Gnade, Barmherzigkeit, Friede von Gott, dem Vater, und Christus Jesus, unserm Herrn!

Treue zum Evangelium

[3]Ich danke Gott, dem ich diene von meinen Vorfahren her mit reinem Gewissen, wenn ich ohne Unterlaß deiner gedenke in meinem Gebet, Tag
und Nacht. [4]Und wenn ich an deine Tränen denke, verlangt mich, dich zu sehen, damit ich mit
Freude erfüllt werde. [5]Denn ich erinnere mich an den ungefärbten Glauben in dir, der zuvor schon gewohnt hat in deiner Großmutter Lois und in deiner Mutter Eunike; ich bin aber gewiß, auch in dir.

[6]Aus diesem Grund erinnere ich dich daran, daß du erweckest die Gabe Gottes, die in dir ist
durch die Auflegung meiner Hände. [7]Denn Gott
hat uns nicht gegeben den Geist der Furcht, sondern der Kraft und der Liebe und der Besonnen-
heit. [8]Darum schäme dich nicht des Zeugnisses von unserm Herrn noch meiner, der ich sein Gefangener bin, sondern leide mit mir für das
Evangelium in der Kraft Gottes. [9]Er hat uns selig gemacht und berufen mit einem heiligen Ruf, nicht nach unsern Werken, sondern nach seinem Ratschluß und nach der Gnade, die uns gegeben
ist in Christus Jesus vor der Zeit der Welt, [10]jetzt
aber offenbart ist durch die Erscheinung unseres Heilands Christus Jesus, der dem Tode die Macht genommen und das Leben und ein unvergängliches Wesen ans Licht gebracht hat durch
das Evangelium, [11]für das ich eingesetzt bin als
Prediger und Apostel und Lehrer. [12]Aus diesem
Grund leide ich dies alles; aber ich schäme mich dessen nicht; denn ich weiß, an wen ich glaube, und bin gewiß, er kann mir bewahren, was mir
anvertraut ist, bis an jenen Tag. [13]Halte dich an
das Vorbild der heilsamen Worte, die du von mir gehört hast, im Glauben und in der Liebe in
Christus Jesus. [14]Dieses kostbare Gut, das dir

> **Schäme dich nicht des Zeugnisses von unserm Herrn.**

anvertraut ist, bewahre durch den heiligen Geist,
der in uns wohnt.
15Das weißt du, daß sich von mir abgewandt
haben alle, die in der Provinz Asien sind, unter
ihnen Phygelus und Hermogenes. 16Der Herr ge-
be Barmherzigkeit dem Hause des Onesiphorus;
denn er hat mich oft erquickt und hat sich mei-

Provinz Asien

Eine Provinz des römischen Reiches, die heute einen Teil der westlichen Türkei umfaßt.

ner Ketten nicht geschämt, 17sondern als er in
Rom war, suchte er mich eifrig und fand mich.
18Der Herr gebe ihm, daß er Barmherzigkeit fin-
de bei dem Herrn an jenem Tage. Und welche
Dienste er in Ephesus geleistet hat, weißt du am
besten.

Kampf und Leiden

2 So sei nun stark, mein Sohn, durch die
Gnade in Christus Jesus. 2Und was du von
mir gehört hast vor vielen Zeugen, das be-
fiehl treuen Menschen an, die tüchtig sind, auch
andere zu lehren. 3Leide mit als ein guter Streiter
Christi Jesu. 4Wer in den Krieg zieht, verwickelt
sich nicht in Geschäfte des täglichen Lebens, da-
mit er dem gefalle, der ihn angeworben hat.
5Und wenn jemand auch kämpft, wird er doch
nicht gekrönt, er kämpfe denn recht. 6Es soll der
Bauer, der den Acker bebaut, die Früchte als er-
ster genießen. 7Bedenke, was ich sage! Der Herr
aber wird dir in allen Dingen Verstand geben.
8Halt im Gedächtnis Jesus Christus, der aufer-
standen ist von den Toten, aus dem Geschlecht
Davids, nach meinem Evangelium, 9für welches
ich leide bis dahin, daß ich gebunden bin wie ein
Übeltäter; aber Gottes Wort ist nicht gebunden.
10Darum dulde ich alles um der Auserwählten
willen, damit auch sie die Seligkeit erlangen in
Christus Jesus mit ewiger Herrlichkeit. 11Das ist
gewißlich wahr:

Sterben wir mit, so werden wir mit leben;
12dulden wir, so werden wir mit herrschen;
verleugnen wir, so wird er uns auch ver-
leugnen;
13sind wir untreu, so bleibt er doch treu;
denn er kann sich selbst nicht verleugnen.

Warnung vor unnützem Streit

14Daran erinnere sie und ermahne sie inständig
vor Gott, daß sie nicht um Worte streiten, was zu
nichts nütze ist, als die zu verwirren, die zuhören.
15Bemühe dich darum, dich vor Gott zu erweisen
als einen rechtschaffenen und untadeligen Arbei-
ter, der das Wort der Wahrheit recht austeilt.
16Halte dich fern von ungeistlichem losem Ge-
schwätz; denn es führt mehr und mehr zu un-
göttlichem Wesen, 17und ihr Wort frißt um sich
wie der Krebs. Unter ihnen sind Hymenäus und
Philetus, 18die von der Wahrheit abgeirrt sind
und sagen, die Auferstehung sei schon gesche-
hen, und bringen einige vom Glauben ab. 19Aber
der feste Grund Gottes besteht und hat dieses
Siegel: Der Herr kennt die Seinen; und: Es lasse
ab von Ungerechtigkeit, wer den Namen des
Herrn nennt. 20In einem großen Haus aber sind
nicht allein goldene und silberne Gefäße, son-
dern auch hölzerne und irdene, die einen zu eh-
renvollem, die andern zu nicht ehrenvollem Ge-
brauch. 21Wenn nun jemand sich reinigt von sol-
chen Leuten, der wird ein Gefäß sein zu ehren-
vollem Gebrauch, geheiligt, für den Hausherrn
brauchbar und zu allem guten Werk bereitet.
22Fliehe die Begierden der Jugend! Jage aber
nach der Gerechtigkeit, dem Glauben, der Liebe,
dem Frieden mit allen, die den Herrn anrufen
aus reinem Herzen. 23Aber die törichten und un-

Sind wir untreu, so bleibt er doch treu.

nützen Fragen weise zurück; denn du weißt, daß
sie nur Streit erzeugen. 24Ein Knecht des Herrn
aber soll nicht streitsüchtig sein, sondern freund-
lich gegen jedermann, im Lehren geschickt, der
Böses ertragen kann 25und mit Sanftmut die Wi-
derspenstigen zurechtweist, ob ihnen Gott viel-
leicht Buße gebe, die Wahrheit zu erkennen
26und wieder nüchtern zu werden aus der Ver-
strickung des Teufels, von dem sie gefangen sind,
zu tun seinen Willen.

Der Verfall der Frömmigkeit in der Endzeit

3 Das sollst du aber wissen, daß in den letz-
ten Tagen schlimme Zeiten kommen wer-
den. 2Denn die Menschen werden viel von
sich halten, geldgierig sein, prahlerisch, hochmü-

tig, Lästerer, den Eltern ungehorsam, undankbar, gottlos, [3]lieblos, unversöhnlich, verleumderisch, zuchtlos, wild, dem Guten feind, [4]Verräter, unbedacht, aufgeblasen. Sie lieben die Wollust mehr als Gott; [5]sie haben den Schein der Frömmigkeit, aber deren Kraft verleugnen sie; solche Menschen meide! [6]Zu ihnen gehören auch die, die sich in die Häuser einschleichen und gewisse Frauen einfangen, die mit Sünden beladen sind und von mancherlei Begierden getrieben werden, [7]die immer auf neue Lehren aus sind und nie zur Erkenntnis der Wahrheit kommen können. [8]Wie Jannes und Jambres dem Mose widerstanden, so widerstehen auch diese der Wahrheit: es sind Menschen mit zerrütteten Sinnen, untüchtig zum Glauben. [9]Aber sie werden damit nicht weit kommen; denn ihre Torheit wird jedermann offenbar werden, wie es auch bei jenen geschah.

Das Vorbild des leidenden Apostels

[10]Du aber bist mir gefolgt in der Lehre, im Leben, im Streben, im Glauben, in der Langmut, in der Liebe, in der Geduld, [11]in den Verfolgungen, in den Leiden, die mir widerfahren sind in Antiochia, in Ikonion, in Lystra. Welche Verfolgungen ertrug ich da! Und aus allen hat mich der Herr erlöst. [12]Und alle, die fromm leben wollen in Christus Jesus, müssen Verfolgung leiden. [13]Mit den bösen Menschen aber und Betrügern wird's je länger, desto ärger: sie verführen und werden verführt.

Alle Schrift, von Gott eingegeben, ist nütze zur Lehre, zur Zurechtweisung, zur Besserung, zur Erziehung in der Gerechtigkeit.

Die Bedeutung der Heiligen Schrift

[14]Du aber bleibe bei dem, was du gelernt hast und was dir anvertraut ist; du weißt ja, von wem du gelernt hast [15]und daß du von Kind auf die heilige Schrift kennst, die dich unterweisen kann zur Seligkeit durch den Glauben an Christus Jesus. [16]Denn alle Schrift, von Gott eingegeben, ist nütze zur Lehre, zur Zurechtweisung, zur Besserung, zur Erziehung in der Gerechtigkeit, [17]daß der Mensch Gottes vollkommen sei, zu allem guten Werk geschickt.

Treue bis zum Ende

4 So ermahne ich dich inständig vor Gott und Christus Jesus, der da kommen wird zu richten die Lebenden und die Toten, und bei seiner Erscheinung und seinem Reich: [2]Predige das Wort, steh dazu, es sei zur Zeit oder zur Unzeit; weise zurecht, drohe, ermahne mit aller Geduld und Lehre. [3]Denn es wird eine Zeit kommen, da sie die heilsame Lehre nicht ertragen werden; sondern nach ihren eigenen Gelüsten werden sie sich selbst Lehrer aufladen, nach denen ihnen die Ohren jucken, [4]und werden die Ohren von der Wahrheit abwenden und sich den Fabeln zukehren.

Fabeln

Geschichten ohne historische Grundlage; sie sind ausgedacht und stehen deshalb im Gegensatz zu dem wahren Evangelium von Jesus Christus, der wirklich gelebt hat, wirklich gestorben und auferstanden ist.

[5]Du aber sei nüchtern in allen Dingen, leide willig, tu das Werk eines Predigers des Evangeliums, richte dein Amt redlich aus. [6]Denn ich werde schon geopfert, und die Zeit meines Hinscheidens ist gekommen. [7]Ich habe den guten Kampf gekämpft, ich habe den Lauf vollendet, ich habe Glauben gehalten; [8]hinfort liegt für mich bereit die Krone der Gerechtigkeit, die mir der Herr, der gerechte Richter, an jenem Tag geben wird, nicht aber mir allein, sondern auch allen, die seine Erscheinung lieb haben.

Der Apostel und seine Mitarbeiter

[9]Beeile dich, daß du bald zu mir kommst. [10]Denn Demas hat mich verlassen und diese Welt liebgewonnen und ist nach Thessalonich gezogen, Kreszens nach Galatien, Titus nach Dalmatien. [11]Lukas ist allein bei mir. Markus nimm zu dir und bringe ihn mit dir; denn er ist mir nützlich zum Dienst. [12]Tychikus habe ich nach Ephesus gesandt. [13]Den Mantel, den ich in Troas ließ bei Karpus, bringe mit, wenn du kommst, und die Bücher, besonders die Pergamente. [14]Alexander, der Schmied, hat mir viel Böses angetan; der Herr wird ihm vergelten nach seinen Werken. [15]Vor dem hüte du dich auch; denn er hat sich unsern Worten sehr widersetzt.

[16]Bei meinem ersten Verhör stand mir niemand
bei, sondern sie verließen mich alle. Es sei ihnen
nicht zugerechnet. [17]Der Herr aber stand mir bei
und stärkte mich, damit durch mich die Botschaft
ausgebreitet würde und alle Heiden sie hörten, so
wurde ich erlöst aus dem Rachen des Löwen.
[18]Der Herr aber wird mich erlösen von allem Übel
und mich retten in sein himmlisches Reich. Ihm
sei Ehre von Ewigkeit zu Ewigkeit! Amen.
[19]Grüße Priska und Aquila und das Haus des
Onesiphorus. [20]Erastus blieb in Korinth, Trophi-
mus aber ließ ich krank in Milet. [21]Beeile dich,
daß du vor dem Winter kommst. Es grüßen dich
Eubulus und Pudens und Linus und Klaudia und
alle Brüder. [22]Der Herr sei mit deinem Geist!
Die Gnade sei mit euch!

Paulus vergleicht sein Leben mit einem sportlichen Wettkampf

Der Brief von Paulus an

Titus

Einführung

Paulus hat für seine internationale Missionsarbeit auch nicht-jüdische Mitarbeiter gebraucht und ihnen viel Verantwortung übergeben. Titus stammte von heidnischen Eltern und wurde – wie Timotheus – von Paulus zum Glauben an Christus geführt. Der Apostel schrieb diesen Brief nach Kreta, wo Titus sich um die Ordnung des Gemeindelebens kümmern sollte.

Paulus wußte, daß eine gesunde Gemeinde sich auf gesunde Lehre und auf geistlich gesunde Mitarbeiter gründet. Beide Themenkreise, Lehre und Verhalten, spielen im Titusbrief eine große Rolle.

Überblick

1 Paulus, ein Knecht Gottes und ein Apostel
Jesu Christi, nach dem Glauben der Aus-
erwählten Gottes und der Erkenntnis der
Wahrheit, die dem Glauben gemäß ist, 2in der
Hoffnung auf das ewige Leben, das Gott, der
nicht lügt, verheißen hat vor den Zeiten der
Welt; 3aber zu seiner Zeit hat er sein Wort offen-
bart durch die Predigt, die mir anvertraut ist
nach dem Befehl Gottes, unseres Heilands;
4an Titus, meinen rechten Sohn nach unser
beider Glauben:
Gnade und Friede von Gott, dem Vater, und
Christus Jesus, unserm Heiland!

Von den Ältesten und Bischöfen

5Deswegen ließ ich dich in Kreta, daß du voll-
ends ausrichten solltest, was noch fehlt, und
überall in den Städten Älteste einsetzen, wie ich
dir befohlen habe: 6wenn einer untadelig ist,
Mann einer einzigen Frau, der gläubige Kinder
hat, die nicht im Ruf stehen, liederlich oder un-
gehorsam zu sein. 7Denn ein Bischof soll untade-
lig sein als ein Haushalter Gottes, nicht eigensin-
nig, nicht jähzornig, kein Säufer, nicht streitsüch-
tig, nicht schändlichen Gewinn suchen; 8sondern

Ein Bischof soll untadelig sein als ein Haushalter Gottes.

gastfrei, gütig, besonnen, gerecht, fromm, ent-
haltsam; 9er halte sich an das Wort der Lehre,
das gewiß ist, damit er die Kraft habe, zu ermah-
nen mit der heilsamen Lehre und zurechtzuwei-
sen, die widersprechen.

Gegen die Irrlehrer

10Denn es gibt viele Freche, unnütze Schwätzer
und Verführer, besonders die aus den Juden,
11denen man das Maul stopfen muß, weil sie gan-
ze Häuser verwirren und lehren, was nicht sein
darf, um schändlichen Gewinns willen. 12Es hat
einer von ihnen gesagt, ihr eigener Prophet: Die

Kreter sind immer Lügner, böse Tiere und faule
Bäuche. [13]Dieses Zeugnis ist wahr. Aus diesem
Grund weise sie scharf zurecht, damit sie gesund

Älteste

Eine aus dem Judentum stammende Bezeichnung für leitende Männer in der Gemeinde Christi. Meistens gehörten sie auch vom Lebensalter her zu den Älteren, Erfahrenen.

werden im Glauben [14]und nicht achten auf die
jüdischen Fabeln und die Gebote von Menschen,
die sich von der Wahrheit abwenden. [15]Den Rei-
nen ist alles rein; den Unreinen aber und Un-
gläubigen ist nichts rein, sondern unrein ist bei-
des, ihr Sinn und ihr Gewissen. [16]Sie sagen, sie
kennen Gott, aber mit den Werken verleugnen
sie ihn; ein Greuel sind sie und gehorchen nicht
und sind zu allem guten Werk untüchtig.

Das Zusammenleben in der Gemeinde

2 Du aber rede, wie sich's ziemt nach der
heilsamen Lehre. [2]Den alten Männern sa-
ge, daß sie nüchtern seien, ehrbar, beson-
nen, gesund im Glauben, in der Liebe, in der
Geduld; [3]desgleichen den alten Frauen, daß sie
sich verhalten, wie es sich für Heilige ziemt, nicht
verleumderisch, nicht dem Trunk ergeben. Sie
sollen aber Gutes lehren [4]und die jungen Frauen
anhalten, daß sie ihre Männer lieben, ihre Kinder
lieben, [5]besonnen seien, keusch, häuslich, gütig,
und sich ihren Männern unterordnen, damit
nicht das Wort Gottes verlästert werde.
[6]Desgleichen ermahne die jungen Männer,
daß sie besonnen seien [7]in allen Dingen. Dich
selbst aber mache zum Vorbild guter Werke, mit
unverfälschter Lehre, mit Ehrbarkeit, [8]mit heil-

Dich selbst aber mache zum Vorbild guter Werke.

samem und untadeligem Wort, damit der Wider-
sacher beschämt werde und nichts Böses habe,
das er uns nachsagen kann.
[9]Den Sklaven sage, daß sie sich ihren Herren
in allen Dingen unterordnen, ihnen gefällig seien,
nicht widersprechen, [10]nichts veruntreuen, son-
dern sich in allem als gut und treu erweisen, da-
mit sie der Lehre Gottes, unseres Heilands, Ehre
machen in allen Stücken.

Die heilsame Gnade

[11]Denn es ist erschienen die heilsame Gnade
Gottes allen Menschen [12]und nimmt uns in
Zucht, daß wir absagen dem ungöttlichen Wesen
und den weltlichen Begierden und besonnen, ge-
recht und fromm in dieser Welt leben [13]und war-
ten auf die selige Hoffnung und Erscheinung der
Herrlichkeit des großen Gottes und unseres Hei-
landes Jesus Christus, [14]der sich selbst für uns ge-
geben hat, damit er uns erlöste von aller Unge-
rechtigkeit und reinigte sich selbst ein Volk zum
Eigentum, das eifrig wäre zu guten Werken.
[15]Das sage und ermahne und weise zurecht
mit ganzem Ernst. Niemand soll dich verachten.

Der Christ in der Welt

3 Erinnere sie daran, daß sie der Gewalt der
Obrigkeit untertan und gehorsam seien, zu
allem guten Werk bereit, [2]niemanden ver-
leumden, nicht streiten, gütig seien, alle Sanftmut
beweisen gegen alle Menschen.
[3]Denn auch wir waren früher unverständig,
ungehorsam, gingen in die Irre, waren mancher-
lei Begierden und Gelüsten dienstbar und lebten
in Bosheit und Neid, waren verhaßt und haßten
uns untereinander. [4]Als aber erschien die
Freundlichkeit und Menschenliebe Gottes, unse-
res Heilandes, [5]machte er uns selig - nicht um
der Werke der Gerechtigkeit willen, die wir ge-
tan hatten, sondern nach seiner Barmherzigkeit -
durch das Bad der Wiedergeburt und Erneue-
rung im heiligen Geist, [6]den er über uns reichlich
ausgegossen hat durch Jesus Christus, unsern
Heiland, [7]damit wir, durch dessen Gnade gerecht
geworden, Erben des ewigen Lebens würden
nach unsrer Hoffnung. [8]Das ist gewißlich wahr.
Und ich will, daß du dies mit Ernst lehrst, da-
mit alle, die zum Glauben an Gott gekommen
sind, darauf bedacht sind, sich mit guten Werken
hervorzutun. Das ist gut und nützt den Men-
schen. [9]Von törichten Fragen aber, von Ge-
schlechtsregistern, von Zank und Streit über das
Gesetz halte dich fern; denn sie sind unnütz und
nichtig. [10]Einen ketzerischen Menschen meide,
wenn er einmal und noch einmal ermahnt ist,
[11]und wisse, daß ein solcher ganz verkehrt ist und
sündigt und sich selbst damit das Urteil spricht.

Aufträge und Grüße

12Wenn ich Artemas oder Tychikus zu dir senden
werde, so komm eilends zu mir nach Nikopolis;
denn ich habe beschlossen, dort den Winter über
zu bleiben. 13Zenas, den Rechtsgelehrten, und
Apollos rüste gut aus zur Reise, damit ihnen
nichts fehle. 14Laß aber auch die Unseren lernen,
sich hervorzutun mit guten Werken, wo sie nötig
sind, damit sie kein fruchtloses Leben führen.
15Es grüßen dich alle, die bei mir sind. Grüße alle, die uns lieben im Glauben. Die Gnade sei mit
euch allen!

Christen sollen reiche Frucht bringen

Der Brief von Paulus an

Philemon

Einführung

Philemon war ein wohlhabender Christ, der wahrscheinlich zur Gemeinde von Kolossä gehörte. Ein junger Sklave, Onesimus (Wörtliche Übersetzung: der Nützliche), war wohl wegen eines Diebstahls und aus Furcht vor Strafe entlaufen, unterwegs mit Paulus in Kontakt gekommen und durch ihn Christ geworden. Paulus schreibt einen sehr warmen, freundschaftlichen Brief an Philemon, um die Rückkehr des Jungen und seine freundliche Aufnahme als »Bruder in Christus« sicherzustellen.

Überblick

Eingangsgruß	1-3
Lob des Philemon	4-7
Bitte für Onesimus	8-25

1 Paulus, ein Gefangener Christi Jesu, und
Timotheus, der Bruder, an Philemon, den
Lieben, unsern Mitarbeiter, [2]und an
Aphia, die Schwester, und Archippus, unsern
Mitstreiter, und an die Gemeinde in deinem
Hause:
[3]Gnade sei mit euch und Friede von Gott, un-
serm Vater, und dem Herrn Jesus Christus!

Glaube und Liebe des Philemon

[4]Ich danke meinem Gott allezeit, wenn ich dei-
ner gedenke in meinen Gebeten [5]- denn ich höre
von der Liebe und dem Glauben, die du hast an
den Herrn Jesus und gegenüber allen Heiligen -,
[6]daß der Glaube, den wir miteinander haben, in
dir kräftig werde in Erkenntnis all des Guten,
das wir haben, in Christus. [7]Denn ich hatte große
Freude und Trost durch deine Liebe, weil die
Herzen der Heiligen erquickt sind durch dich,
lieber Bruder.

Fürsprache für Onesimus

[8]Darum, obwohl ich in Christus volle Freiheit ha-
be, dir zu gebieten, was sich gebührt, [9]will ich um
der Liebe willen doch nur bitten, so wie ich bin:
Paulus, ein alter Mann, nun aber auch ein Ge-
fangener Christi Jesu. [10]So bitte ich dich für mei-
nen Sohn Onesimus, den ich gezeugt habe in der
Gefangenschaft, [11]der dir früher unnütz war, jetzt
aber dir und mir sehr nützlich ist. [12]Den sende
ich dir wieder zurück und damit mein eigenes
Herz. [13]Ich wollte ihn gern bei mir behalten, da-
mit er mir an deiner Statt diene in der Gefangen-
schaft, um des Evangeliums willen. [14]Aber ohne
deinen Willen wollte ich nichts tun, damit das
Gute dir nicht abgenötigt wäre, sondern freiwillig
geschehe. [15]Denn vielleicht war er darum eine
Zeitlang von dir getrennt, damit du ihn auf ewig
wieder hättest, [16]nun nicht mehr als einen Skla-
ven, sondern als einen, der mehr ist als ein Skla-
ve: ein geliebter Bruder, besonders für mich,
wieviel mehr aber für dich, sowohl im leiblichen
Leben wie auch in dem Herrn. [17]Wenn du mich
nun für deinen Freund hältst, so nimm ihn auf
wie mich selbst. [18]Wenn er aber dir Schaden an-
getan hat oder etwas schuldig ist, das rechne mir
an. [19]Ich, Paulus, schreibe es mit eigener Hand:
Ich will's bezahlen; ich schweige davon, daß du
dich selbst mir schuldig bist. [20]Ja, lieber Bruder,

Nimm ihn auf wie mich selbst.

gönne mir, daß ich mich an dir erfreue in dem
Herrn; erquicke mein Herz in Christus.
[21]Im Vertrauen auf deinen Gehorsam schreibe
ich dir; denn ich weiß, du wirst mehr tun, als ich
sage. [22]Zugleich bereite mir die Herberge; denn
ich hoffe, daß ich durch eure Gebete euch ge-
schenkt werde.

Grüße und Segenswunsch

[23]Es grüßt dich Epaphras, mein Mitgefangener in
Christus Jesus, [24]Markus, Aristarch, Demas, Lu-
kas, meine Mitarbeiter. [25]Die Gnade des Herrn
Jesus Christus sei mit eurem Geist!

Der erste Brief von

Petrus

Einführung

Petrus, einer der ersten Jünger Jesu, hatte viele Jahre Leitungsverantwortung für die Gemeinden in Jerusalem und in Judäa. Er schreibt seine Briefe aus »Babylon«, das war ein Deckname für Rom, wo kurz darauf unter dem Kaiser Nero eine furchtbare Christenverfolgung ausbrach. Auch Petrus verlor dabei sein Leben.

Der Brief richtet sich an Gemeinden in Kleinasien, die durch die Verfolgung, aber auch von innen her bedroht sind. Petrus will sie stärken, innerlich festigen und zum Durchhalten auch in Zeiten des Leidens ermutigen. Sie sollen sich nicht verkriechen, sondern vor den anderen bewähren, auch durch eine mutige Weitergabe der Christus-Botschaft.

Überblick

Eingangsgruß und Lobpreis für Christus	1,1-12
Ermahnung zu einem heiligen Leben	1,13-2,10
Vom Verhalten der Christen – auch im Leid	2,11-4,19
Weisungen für Mitarbeiter	5,1-9
Segenswunsch und Grüße	5,10-14

1 Petrus, ein Apostel Jesu Christi, an die
auserwählten Fremdlinge, die verstreut
wohnen in Pontus, Galatien, Kappadozien,
der Provinz Asien und Bithynien, 2die Gott, der
Vater, ausersehen hat durch die Heiligung des
Geistes zum Gehorsam und zur Besprengung mit
dem Blut Jesu Christi:
Gott gebe euch viel Gnade und Frieden!

Lebendige Hoffnung

3Gelobt sei Gott, der Vater unseres Herrn Jesus
Christus, der uns nach seiner großen Barmher-
zigkeit wiedergeboren hat zu einer lebendigen
Hoffnung durch die Auferstehung Jesu Christi
von den Toten, 4zu einem unvergänglichen und
unbefleckten und unverwelklichen Erbe, das auf-
bewahrt wird im Himmel für euch, 5die ihr aus
Gottes Macht durch den Glauben bewahrt wer-
det zur Seligkeit, die bereit ist, daß sie offenbar
werde zu der letzten Zeit. 6Dann werdet ihr euch
freuen, die ihr jetzt eine kleine Zeit, wenn es sein
soll, traurig seid in mancherlei Anfechtungen,
7damit euer Glaube als echt und viel kostbarer
befunden werde als das vergängliche Gold, das
durchs Feuer geläutert wird, zu Lob, Preis und
Ehre, wenn offenbart wird Jesus Christus. 8Ihn
habt ihr nicht gesehen und habt ihn doch lieb;
und nun glaubt ihr an ihn, obwohl ihr ihn nicht
seht; ihr werdet euch aber freuen mit unaus-
sprechlicher und herrlicher Freude, 9wenn ihr

Ihr werdet euch aber freuen mit unaussprechlicher und herrlicher Freude.

das Ziel eures Glaubens erlangt, nämlich der
Seelen Seligkeit.
10Nach dieser Seligkeit haben gesucht und ge-
forscht die Propheten, die von der Gnade ge-
weissagt haben, die für euch bestimmt ist, 11und
haben geforscht, auf welche und was für eine

Glaube ist kostbarer als Gold

Zeit der Geist Christi deutete, der in ihnen war
und zuvor bezeugt hat die Leiden, die über Chri-
stus kommen sollten, und die Herrlichkeit da-
nach. 12Ihnen ist offenbart worden, daß sie nicht
sich selbst, sondern euch dienen sollten mit dem,
was euch nun verkündigt ist durch die, die euch
das Evangelium verkündigt haben durch den hei-
ligen Geist, der vom Himmel gesandt ist, - was
auch die Engel begehren zu schauen.

Geheiligtes Leben

13Darum umgürtet die Lenden eures Gemüts,
seid nüchtern und setzt eure Hoffnung ganz auf
die Gnade, die euch angeboten wird in der Of-
fenbarung Jesu Christi. 14Als gehorsame Kinder
gebt euch nicht den Begierden hin, denen ihr
früher in der Zeit eurer Unwissenheit dientet;
15sondern wie der, der euch berufen hat, heilig
ist, sollt auch ihr heilig sein in eurem ganzen
Wandel. 16Denn es steht geschrieben (3. Mose
19,2): »Ihr sollt heilig sein, denn ich bin heilig.«
17Und da ihr den als Vater anruft, der ohne An-
sehen der Person einen jeden richtet nach seinem
Werk, so führt euer Leben, solange ihr hier in
der Fremde weilt, in Gottesfurcht; 18denn ihr
wißt, daß ihr nicht mit vergänglichem Silber oder
Gold erlöst seid von eurem nichtigen Wandel
nach der Väter Weise, 19sondern mit dem teuren
Blut Christi als eines unschuldigen und unbe-
fleckten Lammes. 20Er ist zwar zuvor ausersehen,
ehe der Welt Grund gelegt wurde, aber offenbart
am Ende der Zeiten um euretwillen, 21die ihr
durch ihn glaubt an Gott, der ihn auferweckt hat
von den Toten und ihm die Herrlichkeit gege-
ben, damit ihr Glauben und Hoffnung zu Gott
habt.

22Habt ihr eure Seelen gereinigt im Gehorsam
der Wahrheit zu ungefärbter Bruderliebe, so habt
euch untereinander beständig lieb aus reinem
Herzen. 23Denn ihr seid wiedergeboren nicht aus
vergänglichem, sondern aus unvergänglichem Sa-
men, nämlich aus dem lebendigen Wort Gottes,
das da bleibt. 24Denn

»alles Fleisch ist wie Gras
und alle seine Herrlichkeit wie des Grases
Blume.
Das Gras ist verdorrt
und die Blume abgefallen;
25aber des Herrn Wort bleibt in Ewigkeit«
(Jesaja 40,6-8).

Das ist aber das Wort, welches unter euch
verkündigt ist.

Das neue Gottesvolk

2 So legt nun ab alle Bosheit und allen Be-
trug und Heuchelei und Neid und alle üble
Nachrede 2und seid begierig nach der ver-
nünftigen lauteren Milch wie die neugeborenen
Kindlein, damit ihr durch sie zunehmt zu eurem
Heil, 3da ihr ja geschmeckt habt, daß der Herr
freundlich ist. 4Zu ihm kommt als zu dem leben-
digen Stein, der von den Menschen verworfen
ist, aber bei Gott auserwählt und kostbar. 5Und
auch ihr als lebendige Steine erbaut euch zum
geistlichen Hause und zur heiligen Priesterschaft,
zu opfern geistliche Opfer, die Gott wohlgefällig
sind durch Jesus Christus. 6Darum steht in der
Schrift (Jesaja 28,16):

> »Siehe, ich lege in Zion einen auserwähl-
> ten, kostbaren Eckstein;
> und wer an ihn glaubt, der soll nicht zu-
> schanden werden.«

7Für euch nun, die ihr glaubt, ist er kostbar;
für die Ungläubigen aber ist »der Stein, den die
Bauleute verworfen haben und der zum Eckstein
geworden ist, 8ein Stein des Anstoßes und ein
Fels des Ärgernisses« (Psalm 118,22; Jesaja
8,14); sie stoßen sich an ihm, weil sie nicht an
das Wort glauben, wozu sie auch bestimmt sind.
9Ihr aber seid das auserwählte Geschlecht, die
königliche Priesterschaft, das heilige Volk, das
Volk des Eigentums, daß ihr verkündigen sollt
die Wohltaten dessen, der euch berufen hat von
der Finsternis zu seinem wunderbaren Licht;

Ihr aber seid das auserwählte Geschlecht.

10die ihr einst »nicht ein Volk« wart, nun aber
»Gottes Volk« seid, und einst nicht in Gnaden
wart, nun aber in Gnaden seid (Hosea 2,25).

Das Verhalten in der Welt

11Liebe Brüder, ich ermahne euch als Fremdlinge
und Pilger: Enthaltet euch von fleischlichen Be-
gierden, die gegen die Seele streiten, 12und führt
ein rechtschaffenes Leben unter den Heiden, da-
mit die, die euch verleumden als Übeltäter, eure
guten Werke sehen und Gott preisen am Tag der
Heimsuchung.
13Seid untertan aller menschlichen Ordnung
um des Herrn willen, es sei dem König als dem
Obersten 14oder den Statthaltern als denen, die
von ihm gesandt sind zur Bestrafung der Übeltä-
ter und zum Lob derer, die Gutes tun. 15Denn
das ist der Wille Gottes, daß ihr mit guten Taten
den unwissenden und törichten Menschen das
Maul stopft - 16als die Freien, und nicht als hät-
tet ihr die Freiheit zum Deckmantel der Bosheit,
sondern als die Knechte Gottes. 17Ehrt jeder-
mann, habt die Brüder lieb, fürchtet Gott, ehrt
den König!

Mahnungen an die Sklaven

18Ihr Sklaven, ordnet euch in aller Furcht den
Herren unter, nicht allein den gütigen und
freundlichen, sondern auch den wunderlichen.
19Denn das ist Gnade, wenn jemand vor Gott um
des Gewissens willen das Übel erträgt und leidet
das Unrecht. 20Denn was ist das für ein Ruhm,
wenn ihr um schlechter Taten willen geschlagen
werdet und es geduldig ertragt? Aber wenn ihr
um guter Taten willen leidet und es ertragt, das
ist Gnade bei Gott. 21Denn dazu seid ihr beru-
fen, da auch Christus gelitten hat für euch und
euch ein Vorbild hinterlassen, daß ihr sollt nach-
folgen seinen Fußtapfen; 22er, der keine Sünde
getan hat und in dessen Mund sich kein Betrug
fand; 23der nicht widerschmähte, als er ge-
schmäht wurde, nicht drohte, als er litt, er stellte
es aber dem anheim, der gerecht richtet; 24der
unsre Sünde selbst hinaufgetragen hat an seinem
Leibe auf das Holz, damit wir, der Sünde abge-
storben, der Gerechtigkeit leben. Durch seine
Wunden seid ihr heil geworden. 25Denn ihr wart
wie die irrenden Schafe; aber ihr seid nun be-
kehrt zu dem Hirten und Bischof eurer Seelen.

Mahnungen an die Frauen und Männer

3 Desgleichen sollt ihr Frauen euch euren
Männern unterordnen, damit auch die, die
nicht an das Wort glauben, durch das Le-
ben ihrer Frauen ohne Worte gewonnen werden,
2wenn sie sehen, wie ihr in Reinheit und Gottes-
furcht lebt. 3Euer Schmuck soll nicht äußerlich
sein wie Haarflechten, goldene Ketten oder
prächtige Kleider, 4sondern der verborgene
Mensch des Herzens im unvergänglichen
Schmuck des sanften und stillen Geistes: das ist
köstlich vor Gott. 5Denn so haben sich vorzeiten
auch die heiligen Frauen geschmückt, die ihre
Hoffnung auf Gott setzten und sich ihren Män-
nern unterordneten, 6wie Sara Abraham gehor-

sam war und ihn Herr nannte; deren Töchter
seid ihr geworden, wenn ihr recht tut und euch
durch nichts beirren laßt.
[7]Desgleichen, ihr Männer, wohnt vernünftig
mit ihnen zusammen und gebt dem weiblichen
Geschlecht als dem schwächeren seine Ehre.
Denn auch die Frauen sind Miterben der Gnade
des Lebens, und euer gemeinsames Gebet soll
nicht behindert werden.

Mahnungen an die ganze Gemeinde

[8]Endlich aber seid allesamt gleichgesinnt, mitlei-
dig, brüderlich, barmherzig, demütig. [9]Vergeltet
nicht Böses mit Bösem oder Scheltwort mit
Scheltwort, sondern segnet vielmehr, weil ihr da-
zu berufen seid, daß ihr den Segen ererbt.

> [10]Denn »wer das Leben lieben
> und gute Tage sehen will,
> der hüte seine Zunge, daß sie nichts Böses rede,
> und seine Lippen, daß sie nicht betrügen.
> [11]Er wende sich ab vom Bösen und tue Gutes;
> er suche Frieden und jage ihm nach.
> [12]Denn die Augen des Herrn sehen auf die Gerechten,
> und seine Ohren hören auf ihr Gebet;
> das Angesicht des Herrn aber steht wider die, die Böses tun« (Psalm 34,13-17).

[13]Und wer ist's, der euch schaden könnte, wenn
ihr dem Guten nacheifert? [14]Und wenn ihr auch
leidet um der Gerechtigkeit willen, so seid ihr
doch selig. Fürchtet euch nicht vor ihrem Drohen
und erschreckt nicht; [15]heiligt aber den Herrn
Christus in euren Herzen. Seid allezeit bereit zur
Verantwortung vor jedermann, der von euch Re-
chenschaft fordert über die Hoffnung, die in
euch ist, [16]und das mit Sanftmut und Got-
tesfurcht, und habt ein gutes Gewissen, damit
die, die euch verleumden, zuschanden werden,
wenn sie euren guten Wandel in Christus schmä-
hen. [17]Denn es ist besser, wenn es Gottes Wille
ist, daß ihr um guter Taten willen leidet als um
böser Taten willen.

Seid allezeit bereit zur Verantwortung vor jedermann.

Die Herrschaft Christi über alle

[18]Denn auch Christus hat einmal für die Sünden
gelitten, der Gerechte für die Ungerechten, da-
mit er euch zu Gott führte, und ist getötet nach
dem Fleisch, aber lebendig gemacht nach dem
Geist. [19]In ihm ist er auch hingegangen und hat
gepredigt den Geistern im Gefängnis, [20]die einst
ungehorsam waren, als Gott harrte und Geduld
hatte zur Zeit Noahs, als man die Arche baute,
in der wenige, nämlich acht Seelen, gerettet wur-
den durchs Wasser hindurch. [21]Das ist ein Vor-
bild der Taufe, die jetzt auch euch rettet. Denn
in ihr wird nicht der Schmutz vom Leib abgewa-
schen, sondern wir bitten Gott um ein gutes Ge-
wissen, durch die Auferstehung Jesu Christi,
[22]welcher ist zur Rechten Gottes, aufgefahren
gen Himmel, und es sind ihm untertan die Engel
und die Gewaltigen und die Mächte.

Vom Leiden und Leben des Christen

4 Weil nun Christus im Fleisch gelitten hat,
so wappnet euch auch mit demselben Sinn;
denn wer im Fleisch gelitten hat, der hat
aufgehört mit der Sünde, [2]daß er hinfort die
noch übrige Zeit im Fleisch nicht den Begierden
der Menschen, sondern dem Willen Gottes lebe.
[3]Denn es ist genug, daß ihr die vergangene Zeit
zugebracht habt nach heidnischem Willen, als ihr
ein Leben führtet in Ausschweifung, Begierden,
Trunkenheit, Fresserei, Sauferei und greulichem
Götzendienst.
[4]Das befremdet sie, daß ihr euch nicht mehr
mit ihnen stürzt in dasselbe wüste, unordentliche
Treiben, und sie lästern; [5]aber sie werden Re-
chenschaft geben müssen dem, der bereit ist, zu
richten die Lebenden und die Toten. [6]Denn dazu
ist auch den Toten das Evangelium verkündigt,
daß sie zwar nach Menschenweise gerichtet wer-
den im Fleisch, aber nach Gottes Weise das Le-
ben haben im Geist.
[7]Es ist aber nahe gekommen das Ende aller
Dinge. So seid nun besonnen und nüchtern zum
Gebet. [8]Vor allen Dingen habt untereinander be-
ständige Liebe; denn »die Liebe deckt auch der
Sünden Menge« (Sprüche 10,12). [9]Seid gastfrei
untereinander ohne Murren. [10]Und dient einan-

Dient einander, ein jeder mit der Gabe, die er empfangen hat.

Alle eure Sorge werfet auf ihn, denn er sorgt für euch

der, ein jeder mit der Gabe, die er empfangen hat, als die guten Haushalter der mancherlei Gnade Gottes:
[11]wenn jemand predigt, daß er's rede als Gottes Wort; wenn jemand dient, daß er's tue aus der Kraft, die Gott gewährt, damit in allen Dingen Gott gepriesen werde durch Jesus Christus. Sein ist die Ehre und Gewalt von Ewigkeit zu Ewigkeit! Amen.

Vom Ausharren in der Verfolgung

[12]Ihr Lieben, laßt euch durch die Hitze nicht befremden, die euch widerfährt zu eurer Versuchung, als widerführe euch etwas Seltsames,
[13]sondern freut euch, daß ihr mit Christus leidet, damit ihr auch zur Zeit der Offenbarung seiner Herrlichkeit Freude und Wonne haben mögt.
[14]Selig seid ihr, wenn ihr geschmäht werdet um des Namens Christi willen, denn der Geist, der ein Geist der Herrlichkeit und Gottes ist, ruht auf euch.
[15]Niemand aber unter euch leide als ein Mörder oder Dieb oder Übeltäter oder als einer, der in ein fremdes Amt greift.
[16]Leidet er aber als ein Christ, so schäme er sich nicht, sondern ehre Gott mit diesem Namen.
[17]Denn die Zeit ist da, daß das Gericht anfängt an dem Hause Gottes. Wenn aber zuerst an uns, was wird es für ein Ende nehmen mit denen, die dem Evangelium Gottes nicht glauben?
[18]Und wenn der Gerechte kaum gerettet wird, wo wird dann der Gottlose und Sünder bleiben?
[19]Darum sollen auch die, die nach Gottes Willen leiden, ihm ihre Seelen anbefehlen als dem treuen Schöpfer und Gutes tun.

Mahnungen an die Ältesten und die Gemeinde

5 Die Ältesten unter euch ermahne ich, der Mitälteste und Zeuge der Leiden Christi, der ich auch teilhabe an der Herrlichkeit, die offenbart werden soll:
[2]Weidet die Herde Gottes, die euch anbefohlen ist; achtet auf sie, nicht gezwungen, sondern freiwillig, wie es Gott gefällt; nicht um schändlichen Gewinns willen, sondern von Herzensgrund;
[3]nicht als Herren über die Gemeinde, sondern als Vorbilder der Herde.
[4]So werdet ihr, wenn erscheinen wird der

Erzhirte, die unvergängliche Krone der Herrlich-
keit empfangen.
5Desgleichen, ihr Jüngeren, ordnet euch den
Ältesten unter.
Alle aber miteinander haltet fest an der De-
mut; denn Gott widersteht den Hochmütigen,
aber den Demütigen gibt er Gnade. 6So demütigt
euch nun unter die gewaltige Hand Gottes, damit
er euch erhöhe zu seiner Zeit. 7Alle eure Sorge
werft auf ihn; denn er sorgt für euch.
8Seid nüchtern und wacht; denn euer Wider-
sacher, der Teufel, geht umher wie ein brüllender
Löwe und sucht, wen er verschlinge. 9Dem wi-
dersteht, fest im Glauben, und wißt, daß eben-
dieselben Leiden über eure Brüder in der Welt
gehen.

Segenswunsch und Grüße

10Der Gott aller Gnade aber, der euch berufen
hat zu seiner ewigen Herrlichkeit in Christus Je-
sus, der wird euch, die ihr eine kleine Zeit leidet,
aufrichten, stärken, kräftigen, gründen. 11Ihm sei
die Macht von Ewigkeit zu Ewigkeit! Amen.
12Durch Silvanus, den treuen Bruder, wie ich
meine, habe ich euch wenige Worte geschrieben,
zu ermahnen und zu bezeugen, daß das die rech-
te Gnade Gottes ist, in der ihr steht. 13Es grüßt
euch aus Babylon die Gemeinde, die mit euch
auserwählt ist, und mein Sohn Markus. 14Grüßt
euch untereinander mit dem Kuß der Liebe.
Friede sei mit euch allen, die ihr in Christus
seid!

Der zweite Brief des

Petrus

Einführung

Der zweite Brief des Apostels Petrus richtet sich an alle Gemeinden, die in äußerer Bedrängnis und in Bedrohung durch falsche Lehren sind. Petrus will sie erneut an Christus binden, mit dem er persönlich so vertraut war, und er wendet sich leidenschaftlich gegen Irrlehrer, die schamlos die Gemeinden ausnützen und zerstören. Die Christen sollen allen Feinden widerstehen, weil sie die große Hoffnung haben, daß Jesus wiederkommen wird, auch wenn sich der Zeitpunkt nach menschlicher Einschätzung zu lange hinauszögert.

Überblick

1 Simon Petrus, ein Knecht und Apostel Je-
su Christi, an alle, die mit uns denselben
teuren Glauben empfangen haben durch
die Gerechtigkeit, die unser Gott gibt und der
Heiland Jesus Christus:
[2]Gott gebe euch viel Gnade und Frieden
durch die Erkenntnis Gottes und Jesu, unseres
Herrn!

Mahnung zu christlichem Leben

[3]Alles, was zum Leben und zur Frömmigkeit
dient, hat uns seine göttliche Kraft geschenkt
durch die Erkenntnis dessen, der uns berufen hat
durch seine Herrlichkeit und Kraft. [4]Durch sie
sind uns die teuren und allergrößten Verheißun-
gen geschenkt, damit ihr dadurch Anteil be-
kommt an der göttlichen Natur, die ihr entron-
nen seid der verderblichen Begierde in der Welt.
[5]So wendet alle Mühe daran und erweist in eu-
rem Glauben Tugend und in der Tugend Er-
kenntnis [6]und in der Erkenntnis Mäßigkeit und
in der Mäßigkeit Geduld und in der Geduld
Frömmigkeit [7]und in der Frömmigkeit brüderli-
che Liebe und in der brüderlichen Liebe die Lie-
be zu allen Menschen. [8]Denn wenn dies alles
reichlich bei euch ist, wird's euch nicht faul und
unfruchtbar sein lassen in der Erkenntnis unseres
Herrn Jesus Christus. [9]Wer dies aber nicht hat,
der ist blind und tappt im Dunkeln und hat ver-
gessen, daß er rein geworden ist von seinen frü-
heren Sünden. [10]Darum, liebe Brüder, bemüht
euch desto mehr, eure Berufung und Erwählung
festzumachen. Denn wenn ihr dies tut, werdet ihr
nicht straucheln, [11]und so wird euch reichlich ge-
währt werden der Eingang in das ewige Reich
unseres Herrn und Heilands Jesus Christus.
[12]Darum will ich's nicht lassen, euch allezeit
daran zu erinnern, obwohl ihr's wißt und gestärkt
seid in der Wahrheit, die unter euch ist. [13]Ich
halte es aber für richtig, solange ich in dieser
Hütte bin, euch zu erwecken und zu erinnern;
[14]denn ich weiß, daß ich meine Hütte bald ver-
lassen muß, wie es mir auch unser Herr Jesus
Christus eröffnet hat. [15]Ich will mich aber bemü-
hen, daß ihr dies allezeit auch nach meinem Hin-
scheiden im Gedächtnis behalten könnt.

Die Verklärung Jesu und das propheti-sche Wort

[16]Denn wir sind nicht ausgeklügelten Fabeln ge-
folgt, als wir euch kundgetan haben die Kraft
und das Kommen unseres Herrn Jesus Christus;
sondern wir haben seine Herrlichkeit selber gese-
hen. [17]Denn er empfing von Gott, dem Vater,

Ehre und Preis durch eine Stimme, die zu ihm kam von der großen Herrlichkeit: Dies ist mein lieber Sohn, an dem ich Wohlgefallen habe. [18]Und diese Stimme haben wir gehört vom Himmel kommen, als wir mit ihm waren auf dem heiligen Berge.

[19]Um so fester haben wir das prophetische Wort, und ihr tut gut daran, daß ihr darauf achtet als auf ein Licht, das da scheint an einem dunklen Ort, bis der Tag anbreche und der Morgenstern aufgehe in euren Herzen. [20]Und das sollt ihr vor allem wissen, daß keine Weissagung in der Schrift eine Sache eigener Auslegung ist. [21]Denn es ist noch nie eine Weissagung aus menschlichem Willen hervorgebracht worden, sondern getrieben von dem heiligen Geist haben Menschen im Namen Gottes geredet.

Wir haben seine Herrlichkeit selber gesehen.

Gottes Gericht über die Irrlehrer

2 Es waren aber auch falsche Propheten unter dem Volk, wie auch unter euch sein werden falsche Lehrer, die verderbliche Irrlehren einführen und verleugnen den Herrn, der sie erkauft hat; die werden über sich selbst herbeiführen ein schnelles Verderben. [2]Und viele werden ihnen folgen in ihren Ausschweifungen; um ihretwillen wird der Weg der Wahrheit verlästert werden. [3]Und aus Habsucht werden sie euch mit erdichteten Worten zu gewinnen suchen. Das Gericht über sie bereitet sich seit langem vor, und ihr Verderben schläft nicht. [4]Denn Gott hat selbst die Engel, die gesündigt haben, nicht verschont, sondern hat sie mit Ketten der Finsternis in die Hölle gestoßen und übergeben, damit sie für das Gericht festgehalten werden; [5]und hat die frühere Welt nicht verschont, sondern bewahrte allein Noah, den Prediger der Gerechtigkeit, mit sieben andern, als er die Sintflut über die Welt der Gottlosen brachte; [6]und hat die Städte Sodom und Gomorra zu Schutt und Asche gemacht und zum Untergang verurteilt und damit ein Beispiel gesetzt den Gottlosen, die hernach kommen würden; [7]und hat den gerechten Lot errettet, dem die schändlichen Leute viel Leid antaten mit ihrem ausschweifenden Leben. [8]Denn der Gerechte, der unter ihnen wohnte, mußte alles mit ansehen und anhören und seine gerechte Seele von Tag zu Tag quälen lassen durch ihre bösen Werke. [9]Der Herr weiß die Frommen aus der Versuchung zu erretten, die Ungerechten aber festzuhalten für den Tag des Gerichts, um sie zu strafen, [10]am meisten aber die, die nach dem Fleisch leben in unreiner Begierde und jede Herrschaft verachten. Frech und eigensinnig, schrecken sie nicht davor zurück, himmlische Mächte zu lästern, [11]wo doch die Engel, die größere Stärke und Macht haben, kein Verdammungsurteil gegen sie vor den Herrn bringen.

[12]Aber sie sind wie die unvernünftigen Tiere, die von Natur dazu geboren sind, daß sie gefangen und geschlachtet werden; sie lästern das, wovon sie nichts verstehen, und werden auch in ihrem verdorbenen Wesen umkommen [13]und den Lohn der Ungerechtigkeit davontragen. Sie halten es für eine Lust, am hellen Tag zu schlemmen, sie sind Schandflecken, schwelgen in ihren Betrügereien, wenn sie mit euch prassen, [14]haben Augen voll Ehebruch, nimmer satt der Sünde, locken an sich leichtfertige Menschen, haben ein Herz getrieben von Habsucht - verfluchte Leute! [15]Sie verlassen den richtigen Weg und gehen in die Irre und folgen dem Weg Bileams, des Sohnes Beors, der den Lohn der Ungerechtigkeit liebte, [16]empfing aber eine Strafe für seine Übertretung: das stumme Lasttier redete mit Menschenstimme und wehrte der Torheit des Propheten.

[17]Das sind Brunnen ohne Wasser und Wolken, vom Wirbelwind umhergetrieben, ihr Los ist die dunkelste Finsternis. [18]Denn sie reden stolze Worte, hinter denen nichts ist, und reizen durch Unzucht zur fleischlichen Lust diejenigen, die kaum entronnen waren denen, die im Irrtum ihr Leben führen, [19]und versprechen ihnen Freiheit, obwohl sie selbst Knechte des Verderbens sind. Denn von wem jemand überwunden ist, dessen Knecht ist er geworden. [20]Denn wenn sie durch die Erkenntnis unseres Herrn und Heilands Jesus Christus entflohen sind dem Unrat der Welt, werden aber wiederum in diesen verstrickt und von ihm überwunden, dann ist's mit ihnen am Ende ärger geworden als vorher. [21]Denn es wäre

Sie versprechen Freiheit, obwohl sie selbst Knechte des Verderbens sind.

Ihm sei Ehre jetzt und für ewige Zeiten! ▷

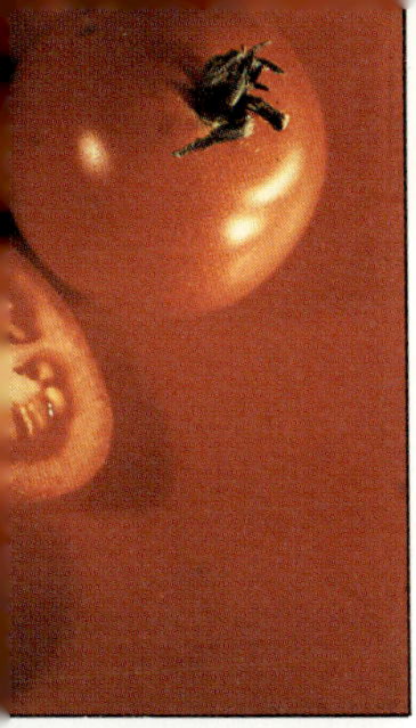

Gute Nachricht . . .

»Wir warten auf einen neuen Himmel und eine neue Erde, in der Gerechtigkeit wohnt.«

2. Petrus 3,13

besser für sie gewesen, daß sie den Weg der Ge-
rechtigkeit nicht erkannt hätten, als daß sie ihn
kennen und sich abkehren von dem heiligen Ge-
bot, das ihnen gegeben ist. [22]An ihnen hat sich
erwiesen die Wahrheit des Sprichworts: Der
Hund frißt wieder, was er gespien hat; und: Die
Sau wälzt sich nach der Schwemme wieder im
Dreck.

Gewißheit über das Kommen des Herrn

3 Dies ist nun der zweite Brief, den ich euch
schreibe, ihr Lieben, in welchem ich euren
lauteren Sinn erwecke und euch erinnere,
[2]daß ihr gedenkt an die Worte, die zuvor gesagt
sind von den heiligen Propheten, und an das Ge-
bot des Herrn und Heilands, das verkündet ist
durch eure Apostel. [3]Ihr sollt vor allem wissen,
daß in den letzten Tagen Spötter kommen wer-
den, die ihren Spott treiben, ihren eigenen Be-
gierden nachgehen [4]und sagen: Wo bleibt die
Verheißung seines Kommens? Denn nachdem
die Väter entschlafen sind, bleibt es alles, wie es
von Anfang der Schöpfung gewesen ist. [5]Denn
sie wollen nichts davon wissen, daß der Himmel
vorzeiten auch war, dazu die Erde, die aus Was-
ser und durch Wasser Bestand hatte durch Got-
tes Wort; [6]dennoch wurde damals die Welt da-
durch in der Sintflut vernichtet. [7]So werden auch
der Himmel, der jetzt ist, und die Erde durch
dasselbe Wort aufgespart für das Feuer, bewahrt
für den Tag des Gerichts und der Verdammnis
der gottlosen Menschen.

[8]Eins aber sei euch nicht verborgen, ihr Lie-
ben, daß ein Tag vor dem Herrn wie tausend
Jahre ist und tausend Jahre wie ein Tag. [9]Der
Herr verzögert nicht die Verheißung, wie es eini-
ge für eine Verzögerung halten; sondern er hat
Geduld mit euch und will nicht, daß jemand ver-
loren werde, sondern daß jedermann zur Buße
finde. [10]Es wird aber des Herrn Tag kommen wie
ein Dieb; dann werden die Himmel zergehen mit
großem Krachen; die Elemente aber werden vor
Hitze schmelzen, und die Erde und die Werke,
die darauf sind, werden ihr Urteil finden.

[11]Wenn nun das alles so zergehen wird, wie
müßt ihr dann dastehen in heiligem Wandel und
frommem Wesen, [12]die ihr das Kommen des Ta-
ges Gottes erwartet und erstrebt, an dem die
Himmel vom Feuer zergehen und die Elemente
vor Hitze zerschmelzen werden. [13]Wir warten
aber auf einen neuen Himmel und eine neue Er-
de nach seiner Verheißung, in denen Gerechtig-
keit wohnt.

Folgerung und Ermahnung

[14]Darum, meine Lieben, während ihr darauf war-
tet, seid bemüht, daß ihr vor ihm unbefleckt und
untadelig im Frieden befunden werdet, [15]und die
Geduld unseres Herrn erachtet für eure Rettung,
wie auch unser lieber Bruder Paulus nach der
Weisheit, die ihm gegeben ist, euch geschrieben
hat. [16]Davon redet er in allen Briefen, in denen
einige Dinge schwer zu verstehen sind, welche
die Unwissenden und Leichtfertigen verdrehen,

**Wir warten aber auf einen neuen Himmel
und eine neue Erde.**

wie auch die andern Schriften, zu ihrer eigenen
Verdammnis.

[17]Ihr aber, meine Lieben, weil ihr das im vor-
aus wißt, so hütet euch, daß ihr nicht durch den
Irrtum dieser ruchlosen Leute samt ihnen ver-
führt werdet und fallt aus eurem festen Stand.
[18]Wachset aber in der Gnade und Erkenntnis un-
seres Herrn und Heilands Jesus Christus. Ihm sei
Ehre jetzt und für ewige Zeiten!
Amen.

Der erste Brief von

Johannes

Einführung

Johannes, der als Verfasser von drei kurzen Briefen gilt, war ein enger Vertrauter Jesu. Diese Nähe betont er in seinem ersten Brief. An Jesu Wirklichkeit und an den direkten Erfahrungen seiner Herrlichkeit gibt es überhaupt keinen Zweifel. Jesus war wahrhaftig Gott und wahrhaftig Mensch – er allein. Das will Johannes für die neuen Generationen von Christen festhalten.

Der Brief behandelt mehrere zentrale Fragen der Christen: 1.Kann man nach einer Sünde sich seines Heils in Christus wieder gewiß sein? 2. Woran erkennt man Irrlehrer? 3. Wodurch unterscheiden sich Christen von Ungläubigen? – Wie schon in seinem Evangelium ist Nächstenliebe entscheidendes Merkmal echten Christseins.

Überblick

Warum Johannes schreibt	1,1-4
Licht und Finsternis	1,8-2,29
Kinder Gottes und Kinder des Teufels	3,1-24
Der Geist der Wahrheit und der Geist des Irrtums	4,1-6
Das Gebot der Liebe	4,7-21
Glaube, der siegreich bleibt	5,1-21

Die Grundlage christlicher Gemeinschaft

1 Was von Anfang an war, was wir gehört
haben, was wir gesehen haben mit unsern
Augen, was wir betrachtet haben und un-
sere Hände betastet haben, vom Wort des Le-
bens - 2und das Leben ist erschienen, und wir
haben gesehen und bezeugen und verkündigen
euch das Leben, das ewig ist, das beim Vater war
und uns erschienen ist -, 3was wir gesehen und
gehört haben, das verkündigen wir auch euch,
damit auch ihr mit uns Gemeinschaft habt; und
unsere Gemeinschaft ist mit dem Vater und mit
seinem Sohn Jesus Christus. 4Und das schreiben
wir, damit unsere Freude vollkommen sei.

Das Leben im Licht

5Und das ist die Botschaft, die wir von ihm ge-
hört haben und euch verkündigen: Gott ist Licht,
und in ihm ist keine Finsternis. 6Wenn wir sagen,
daß wir Gemeinschaft mit ihm haben, und wan-
deln in der Finsternis, so lügen wir und tun nicht
die Wahrheit. 7Wenn wir aber im Licht wandeln,
wie er im Licht ist, so haben wir Gemeinschaft
untereinander, und das Blut Jesu, seines Sohnes,
macht uns rein von aller Sünde. 8Wenn wir sa-
gen, wir haben keine Sünde, so betrügen wir uns
selbst, und die Wahrheit ist nicht in uns. 9Wenn

Wenn wir sagen, wir haben keine Sünde, so betrügen wir uns selbst.

wir aber unsre Sünden bekennen, so ist er treu
und gerecht, daß er uns die Sünden vergibt und
reinigt uns von aller Ungerechtigkeit. 10Wenn
wir sagen, wir haben nicht gesündigt, so machen
wir ihn zum Lügner, und sein Wort ist nicht in
uns.

Christus der Versöhner

2 Meine Kinder, dies schreibe ich euch, da-
mit ihr nicht sündigt. Und wenn jemand
sündigt, so haben wir einen Fürsprecher
bei dem Vater, Jesus Christus, der gerecht ist.
2Und er ist die Versöhnung für unsre Sünden,
nicht allein aber für die unseren, sondern auch
für die der ganzen Welt. 3Und daran merken wir,
daß wir ihn kennen, wenn wir seine Gebote hal-
ten. 4Wer sagt: Ich kenne ihn, und hält seine Ge-
bote nicht, der ist ein Lügner, und in dem ist die
Wahrheit nicht. 5Wer aber sein Wort hält, in dem
ist wahrlich die Liebe Gottes vollkommen. Daran
erkennen wir, daß wir in ihm sind. 6Wer sagt,
daß er in ihm bleibt, der soll auch leben, wie er
gelebt hat.

Blut Jesu

Sein Blut vergießen, bedeutet sein Leben hingeben, sich für andere opfern. Das Lebensopfer Jesu, des Sohnes Gottes, macht jeden Menschen schuldfrei, der ihm vertraut.

Die Bruderliebe

7Meine Lieben, ich schreibe euch nicht ein neues
Gebot, sondern das alte Gebot, das ihr von An-
fang an gehabt habt. Das alte Gebot ist das
Wort, das ihr gehört habt. 8Und doch schreibe
ich euch ein neues Gebot, das wahr ist in ihm
und in euch; denn die Finsternis vergeht, und das
wahre Licht scheint jetzt. 9Wer sagt, er sei im
Licht, und haßt seinen Bruder, der ist noch in
der Finsternis. 10Wer seinen Bruder liebt, der
bleibt im Licht, und durch ihn kommt niemand
zu Fall. 11Wer aber seinen Bruder haßt, der ist in
der Finsternis und wandelt in der Finsternis und
weiß nicht, wo er hingeht; denn die Finsternis
hat seine Augen verblendet.

Absage an die Welt

12Liebe Kinder, ich schreibe euch, daß euch die
Sünden vergeben sind um seines Namens willen.
13Ich schreibe euch Vätern; denn ihr kennt den,
der von Anfang an ist. Ich schreibe euch jungen
Männern; denn ihr habt den Bösen überwunden.
14Ich habe euch Kindern geschrieben; denn ihr
kennt den Vater. Ich habe euch Vätern geschrie-
ben; denn ihr kennt den, der von Anfang an ist.
Ich habe euch jungen Männern geschrieben;
denn ihr seid stark, und das Wort Gottes bleibt
in euch, und ihr habt den Bösen überwunden.

Wer seinen Bruder haßt, der ist in der Finsternis.

15Habt nicht lieb die Welt noch was in der Welt
ist. Wenn jemand die Welt lieb hat, in dem ist
nicht die Liebe des Vaters. 16Denn alles, was in
der Welt ist, des Fleisches Lust und der Augen
Lust und hoffärtiges Leben, ist nicht vom Vater,
sondern von der Welt. 17Und die Welt vergeht
mit ihrer Lust; wer aber den Willen Gottes tut,
der bleibt in Ewigkeit.

Die Verführung durch den Antichrist

18Kinder, es ist die letzte Stunde! Und wie ihr ge-
hört habt, daß der Antichrist kommt, so sind nun
schon viele Antichristen gekommen; daran er-
kennen wir, daß es die letzte Stunde ist. 19Sie
sind von uns ausgegangen, aber sie waren nicht
von uns. Denn wenn sie von uns gewesen wären,
so wären sie ja bei uns geblieben; aber es sollte
offenbar werden, daß sie nicht alle von uns sind.
20Doch ihr habt die Salbung von dem, der heilig
ist, und habt alle das Wissen. 21Ich habe euch
nicht geschrieben, als wüßtet ihr die Wahrheit
nicht, sondern ihr wißt sie und wißt, daß keine
Lüge aus der Wahrheit kommt. 22Wer ist ein
Lügner, wenn nicht der, der leugnet, daß Jesus
der Christus ist? Das ist der Antichrist, der den
Vater und den Sohn leugnet. 23Wer den Sohn
leugnet, der hat auch den Vater nicht; wer den
Sohn bekennt, der hat auch den Vater. 24Was ihr
gehört habt von Anfang an, das bleibe in euch.
Wenn in euch bleibt, was ihr von Anfang an ge-
hört habt, so werdet ihr auch im Sohn und im
Vater bleiben. 25Und das ist die Verheißung, die
er uns verheißen hat: das ewige Leben. 26Dies
habe ich euch geschrieben von denen, die euch
verführen. 27Und die Salbung, die ihr von ihm
empfangen habt, bleibt in euch, und ihr habt
nicht nötig, daß euch jemand lehrt; sondern, wie
euch seine Salbung alles lehrt, so ist's wahr und
ist keine Lüge, und wie sie euch gelehrt hat, so
bleibt in ihm.

28Und nun, Kinder, bleibt in ihm, damit wir,
wenn er offenbart wird, Zuversicht haben und
nicht zuschanden werden vor ihm, wenn er

kommt. 29Wenn ihr wißt, daß er gerecht ist, so erkennt ihr auch, daß, wer recht tut, der ist von ihm geboren.

Die Herrlichkeit der Gotteskindschaft

3 Seht, welch eine Liebe hat uns der Vater erwiesen, daß wir Gottes Kinder heißen sollen – und wir sind es auch! Darum kennt uns die Welt nicht; denn sie kennt ihn nicht. 2Meine Lieben, wir sind schon Gottes Kinder; es ist aber noch nicht offenbar geworden, was wir sein werden. Wir wissen aber: wenn es offenbar wird, werden wir ihm gleich sein; denn wir werden ihn sehen, wie er ist. 3Und ein jeder, der solche Hoffnung auf ihn hat, der reinigt sich, wie auch jener rein ist. 4Wer Sünde tut, der tut auch Unrecht, und die Sünde ist das Unrecht. 5Und ihr wißt, daß er erschienen ist, damit er die Sünden wegnehme, und in ihm ist keine Sünde. 6Wer in ihm bleibt, der sündigt nicht; wer sündigt, der hat ihn nicht gesehen und nicht erkannt.

7Kinder, laßt euch von niemandem verführen! Wer recht tut, der ist gerecht, wie auch jener gerecht ist. 8Wer Sünde tut, der ist vom Teufel;

Kinder, laßt euch von niemandem verführen!

denn der Teufel sündigt von Anfang an. Dazu ist erschienen der Sohn Gottes, daß er die Werke des Teufels zerstöre. 9Wer aus Gott geboren ist, der tut keine Sünde; denn Gottes Kinder bleiben in ihm und können nicht sündigen; denn sie sind von Gott geboren. 10Daran wird offenbar, welche die Kinder Gottes und welche die Kinder des Teufels sind: Wer nicht recht tut, der ist nicht von Gott, und wer nicht seinen Bruder lieb hat.

11Denn das ist die Botschaft, die ihr gehört habt von Anfang an, daß wir uns untereinander lieben sollen, 12nicht wie Kain, der von dem Bösen stammte und seinen Bruder umbrachte. Und warum brachte er ihn um? Weil seine Werke böse waren und die seines Bruders gerecht.

13Wundert euch nicht, meine Brüder, wenn euch die Welt haßt. 14Wir wissen, daß wir aus dem Tod in das Leben gekommen sind; denn wir lieben die Brüder. Wer nicht liebt, der bleibt im Tod. 15Wer seinen Bruder haßt, der ist ein Totschläger, und ihr wißt, daß kein Totschläger das ewige Leben bleibend in sich hat. 16Daran haben wir die Liebe erkannt, daß er sein Leben für uns gelassen hat; und wir sollen auch das Leben für die Brüder lassen. 17Wenn aber jemand dieser Welt Güter hat und sieht seinen Bruder darben und schließt sein Herz vor ihm zu, wie bleibt dann die Liebe Gottes in ihm? 18Meine Kinder, laßt uns nicht lieben mit Worten noch mit der Zunge, sondern mit der Tat und mit der Wahrheit.

19Daran erkennen wir, daß wir aus der Wahrheit sind, und können unser Herz vor ihm damit zum Schweigen bringen, 20daß, wenn uns unser Herz verdammt, Gott größer ist als unser Herz und erkennt alle Dinge. 21Ihr Lieben, wenn uns unser Herz nicht verdammt, so haben wir Zuversicht zu Gott, 22und was wir bitten, werden wir von ihm empfangen; denn wir halten seine Gebote und tun, was vor ihm wohlgefällig ist. 23Und das ist sein Gebot, daß wir glauben an den Namen seines Sohnes Jesus Christus und lieben uns untereinander, wie er uns das Gebot gegeben hat. 24Und wer seine Gebote hält, der bleibt in Gott und Gott in ihm. Und daran erkennen wir, daß er in uns bleibt: an dem Geist, den er uns gegeben hat.

Der Geist der Wahrheit und der Geist des Irrtums

4 Ihr Lieben, glaubt nicht einem jeden Geist, sondern prüft die Geister, ob sie von Gott sind; denn es sind viele falsche Propheten ausgegangen in die Welt. 2Daran sollt ihr den Geist Gottes erkennen: Ein jeder Geist, der bekennt, daß Jesus Christus in das Fleisch gekommen ist, der ist von Gott; 3und ein jeder Geist, der Jesus nicht bekennt, der ist nicht von Gott. Und das ist der Geist des Antichrists, von dem ihr gehört habt, daß er kommen werde, und er ist jetzt schon in der Welt. 4Kinder, ihr seid von Gott und habt jene überwunden; denn der in euch ist, ist größer als der, der in der Welt ist. 5Sie sind von der Welt; darum reden sie, wie die Welt redet, und die Welt hört sie. 6Wir sind von Gott, und wer Gott erkennt, der hört uns; wer nicht von Gott ist, der hört uns nicht. Daran erkennen wir den Geist der Wahrheit und den Geist des Irrtums.

Die Liebe Gottes und die Liebe zum Bruder

7Ihr Lieben, laßt uns einander lieb haben; denn die Liebe ist von Gott, und wer liebt, der ist von

Gott geboren und kennt Gott. [8]Wer nicht liebt,
der kennt Gott nicht; denn Gott ist die Liebe.
[9]Darin ist erschienen die Liebe Gottes unter uns,
daß Gott seinen eingebornen Sohn gesandt hat in
die Welt, damit wir durch ihn leben sollen.
[10]Darin besteht die Liebe: nicht, daß wir Gott
geliebt haben, sondern daß er uns geliebt hat und
gesandt seinen Sohn zur Versöhnung für unsre
Sünden.

[11]Ihr Lieben, hat uns Gott so geliebt, so sollen
wir uns auch untereinander lieben. [12]Niemand
hat Gott jemals gesehen. Wenn wir uns untereinander lieben, so bleibt Gott in uns, und seine
Liebe ist in uns vollkommen. [13]Daran erkennen
wir, daß wir in ihm bleiben und er in uns, daß er
uns von seinem Geist gegeben hat. [14]Und wir haben gesehen und bezeugen, daß der Vater den
Sohn gesandt hat als Heiland der Welt. [15]Wer
nun bekennt, daß Jesus Gottes Sohn ist, in dem
bleibt Gott und er in Gott. [16]Und wir haben erkannt und geglaubt die Liebe, die Gott zu uns
hat.

Gott ist die Liebe; und wer in der Liebe
bleibt, der bleibt in Gott und Gott in ihm. [17]Darin ist die Liebe bei uns vollkommen, daß wir
Zuversicht haben am Tag des Gerichts; denn wie
er ist, so sind auch wir in dieser Welt. Furcht ist
nicht in der Liebe, [18]sondern die vollkommene
Liebe treibt die Furcht aus; denn die Furcht
rechnet mit Strafe. Wer sich aber fürchtet, der ist
nicht vollkommen in der Liebe. [19]Laßt uns lieben, denn er hat uns zuerst geliebt. [20]Wenn jemand spricht: Ich liebe Gott, und haßt seinen
Bruder, der ist ein Lügner. Denn wer seinen Bruder nicht liebt, den er sieht, wie kann er Gott lieben, den er nicht sieht? [21]Und dies Gebot haben
wir von ihm, daß, wer Gott liebt, daß der auch
seinen Bruder liebe.

Die Kraft des Glaubens

5 Wer glaubt, daß Jesus der Christus ist, der
ist von Gott geboren; und wer den liebt,
der ihn geboren hat, der liebt auch den,
der von ihm geboren ist. [2]Daran erkennen wir,
daß wir Gottes Kinder lieben, wenn wir Gott lieben und seine Gebote halten. [3]Denn das ist die
Liebe zu Gott, daß wir seine Gebote halten; und
seine Gebote sind nicht schwer. [4]Denn alles, was
von Gott geboren ist, überwindet die Welt; und
unser Glaube ist der Sieg, der die Welt überwunden hat. [5]Wer ist es aber, der die Welt überwindet, wenn nicht der, der glaubt, daß Jesus Gottes
Sohn ist?

Gottes Zeugnis von seinem Sohn

[6]Dieser ist's, der gekommen ist durch Wasser
und Blut, Jesus Christus; nicht im Wasser allein,
sondern im Wasser und im Blut; und der Geist
ist's, der das bezeugt, denn der Geist ist die
Wahrheit. [7]Denn drei sind, die das bezeugen:
[8]der Geist und das Wasser und das Blut; und die
drei stimmen überein. [9]Wenn wir der Menschen
Zeugnis annehmen, so ist Gottes Zeugnis doch
größer; denn das ist Gottes Zeugnis, daß er
Zeugnis gegeben hat von seinem Sohn. [10]Wer an
den Sohn Gottes glaubt, der hat dieses Zeugnis
in sich. Wer Gott nicht glaubt, der macht ihn
zum Lügner; denn er glaubt nicht dem Zeugnis,
das Gott gegeben hat von seinem Sohn. [11]Und
das ist das Zeugnis, daß uns Gott das ewige Leben gegeben hat, und dieses Leben ist in seinem
Sohn. [12]Wer den Sohn hat, der hat das Leben;
wer den Sohn Gottes nicht hat, der hat das Leben nicht.

Bitte und Fürbitte

[13]Das habe ich euch geschrieben, damit ihr wißt,
daß ihr das ewige Leben habt, die ihr glaubt an
den Namen des Sohnes Gottes. [14]Und das ist die
Zuversicht, die wir haben zu Gott: Wenn wir um
etwas bitten nach seinem Willen, so hört er uns.

Wenn wir um etwas bitten nach seinem Willen, so hört er uns.

[15]Und wenn wir wissen, daß er uns hört, worum
wir auch bitten, so wissen wir, daß wir erhalten,
was wir von ihm erbeten haben.

[16]Wenn jemand seinen Bruder sündigen sieht,
eine Sünde nicht zum Tode, so mag er bitten,
und Gott wird ihm das Leben geben - denen, die
nicht sündigen zum Tode. Es gibt aber eine Sünde zum Tode; bei der sage ich nicht, daß jemand
bitten soll. [17]Jede Ungerechtigkeit ist Sünde; aber
es gibt Sünde nicht zum Tode.

Die Bewahrung in Christus

[18]Wir wissen, daß, wer von Gott geboren ist, der
sündigt nicht, sondern wer von Gott geboren ist,
den bewahrt er, und der Böse tastet ihn nicht an.

19Wir wissen, daß wir von Gott sind, und die
ganze Welt liegt im Argen. 20Wir wissen aber,
daß der Sohn Gottes gekommen ist und uns den
Sinn dafür gegeben hat, daß wir den Wahrhafti-
gen erkennen. Und wir sind in dem Wahrhafti-
gen, in seinem Sohn Jesus Christus. Dieser ist der
wahrhaftige Gott und das ewige Leben.
21Kinder, hütet euch vor den Abgöttern!

Gott hat den Glaubenden seinen Geist gegeben

Der zweite Brief von

Johannes

Einführung

Der Brief richtet sich an eine Frau und ihre Kinder – wohl die verdeckte Anrede einer Gemeinde. Auch dieser kurze Brief warnt vor Irrlehrern und ruft zur Liebe auf.

Leben in Wahrheit und Liebe

1 Der Älteste an die auserwählte Herrin und ihre Kinder, die ich lieb habe in der Wahrheit, und nicht allein ich, sondern auch alle, die die Wahrheit erkannt haben, 2um der Wahrheit willen, die in uns bleibt und bei uns sein wird in Ewigkeit:

3Gnade, Barmherzigkeit, Friede von Gott, dem Vater, und von Jesus Christus, dem Sohn des Vaters, sei mit uns in Wahrheit und in Liebe!

Leben in Wahrheit und Liebe

4Ich bin sehr erfreut, daß ich unter deinen Kindern solche gefunden habe, die in der Wahrheit leben, nach dem Gebot, das wir vom Vater empfangen haben. 5Und nun bitte ich dich, Herrin – ich schreibe dir kein neues Gebot, sondern das, was wir gehabt haben von Anfang an -, daß wir uns untereinander lieben. 6Und das ist die Liebe, daß wir leben nach seinen Geboten; das ist das Gebot, wie ihr's gehört habt von Anfang an, daß ihr darin lebt.

Warnung vor Irrlehrern

7Denn viele Verführer sind in die Welt ausgegangen, die nicht bekennen, daß Jesus Christus in das Fleisch gekommen ist. Das ist der Verführer und der Antichrist.

8Seht euch vor, daß ihr nicht verliert, was wir erarbeitet haben, sondern vollen Lohn empfangt. 9Wer darüber hinausgeht und bleibt nicht in der Lehre Christi, der hat Gott nicht; wer in dieser Lehre bleibt, der hat den Vater und den Sohn.

Wer in dieser Lehre bleibt, der hat den Vater und den Sohn.

10Wenn jemand zu euch kommt und bringt diese Lehre nicht, so nehmt ihn nicht ins Haus und grüßt ihn auch nicht. 11Denn wer ihn grüßt, der hat teil an seinen bösen Werken.

Schlußworte

12Ich hätte euch viel zu schreiben, aber ich wollte es nicht mit Brief und Tinte tun, sondern ich hoffe, zu euch zu kommen und mündlich mit euch zu reden, damit unsre Freude vollkommen sei. 13Es grüßen dich die Kinder deiner Schwester, der Auserwählten.

Der dritte Brief von

Johannes

Einführung

Der dritte Brief des Apostels Johannes ist an den Ältesten einer Gemeinde gerichtet. Der kurze Brief, geschrieben vor einem bald erhofften Wiedersehen, enthält Beurteilungen von zwei Mitarbeitern und die Ermutigung, weiterhin Gutes zu tun und anderen Christen Gastfreundschaft zu gewähren.

[1]Der Älteste an Gajus, den Lieben, den ich lieb
habe in der Wahrheit.
[2]Mein Lieber, ich wünsche, daß es dir in allen
Dingen gut gehe und du gesund seist, so wie es
deiner Seele gut geht. [3]Denn ich habe mich sehr
gefreut, als die Brüder kamen und Zeugnis gaben
von deiner Wahrheit, wie du ja lebst in der
Wahrheit. [4]Ich habe keine größere Freude als
die, zu hören, daß meine Kinder in der Wahrheit
leben.

Die Gastfreundschaft des Gajus

[5]Mein Lieber, du handelst treu in dem, was du
an den Brüdern tust, zumal an fremden, [6]die dei-
ne Liebe bezeugt haben vor der Gemeinde; und
du wirst gut daran tun, wenn du sie weitergelei-
test, wie es würdig ist vor Gott. [7]Denn um seines
Namens willen sind sie ausgezogen und nehmen
von den Heiden nichts an. [8]Solche sollen wir nun
aufnehmen, damit wir Gehilfen der Wahrheit
werden.

Diotrephes und Demetrius

[9]Ich habe der Gemeinde kurz geschrieben; aber
Diotrephes, der unter ihnen der Erste sein will,
nimmt uns nicht auf. [10]Darum will ich ihn, wenn
ich komme, erinnern an seine Werke, die er tut;
denn er macht uns schlecht mit bösen Worten
und begnügt sich noch nicht damit: er selbst
nimmt die Brüder nicht auf und hindert auch die,
die es tun wollen, und stößt sie aus der Ge-
meinde.
[11]Mein Lieber, folge nicht dem Bösen nach,
sondern dem Guten. Wer Gutes tut, der ist von
Gott; wer Böses tut, der hat Gott nicht gesehen.

Folge nicht dem Bösen nach, sondern dem Guten.

[12]Demetrius hat ein gutes Zeugnis von jeder-
mann und von der Wahrheit selbst; und auch wir
sind Zeugen, und du weißt, daß unser Zeugnis
wahr ist.

Schlußworte

[13]Ich hätte dir viel zu schreiben; aber ich wollte
nicht mit Tinte und Feder an dich schreiben.
[14]Ich hoffe aber, dich bald zu sehen; dann wollen
wir mündlich miteinander reden. [15]Friede sei mit
dir! Es grüßen dich die Freunde. Grüße die
Freunde, jeden mit Namen.

Der Brief an die

Hebräer

Einführung

Der uns unbekannte Verfasser dieses Briefes hat ein Hauptziel: Er will, daß die Christen reifer werden, weiterwachsen und nicht auf einem kindlichen Glaubensniveau stecken bleiben oder gar von Christus abfallen. Fünfmal wird dieser Aufruf wiederholt.

Wie versucht der Verfasser, den Christen zu helfen? – Dadurch, daß er ihnen den einzigartigen, heiligen und barmherzigen Christus schildert. Ausführlich und in ständigem Vergleich mit Priesteramt, Gottesdienst und Glaubensvorbildern des Alten Testaments prägt der Verfasser seinen Lesern ein: Christus ist größer, Christus ist der endgültige Hohepriester; er ist das letzte Opfer – gültig ein für allemal – und für alle Sünden. Darum »werft euer Vertrauen nicht weg«.

Seelsorgerlich wichtig ist auch der Hinweis, daß Jesus während seines Erdenlebens alle menschlichen Versuchungen erfahren hat und darum uns Menschen versteht. Wir brauchen keine Angst zu haben, direkt zu ihm zu gehen. Er ist barmherzig. – Wer den Hebräerbrief zum ersten Mal liest, wird merken, daß man zum rechten Verstehen auch das Alte Testament kennenlernen sollte.

Überblick

Christus ist Gottes letzte Offenbarung	1,1-3
Christus ist mehr als Engel und die Gottesboten des Alten Testaments	1,4-4,13
Das Priesteramt Christi ist das höchste	4,14-7,28
Christus allein ist Mittler des neuen Bundes	8,1-13
Das einmalige Opfer für die Sünden der Menschen	9,1-10,39
Ohne Glauben geht es nicht	11,1-12,29
Ermahnungen und Bekenntnis	13,1-19
Segenswunsch und Grüße	13,20-25

1 Nachdem Gott vorzeiten vielfach und auf
vielerlei Weise geredet hat zu den Vätern
durch die Propheten, 2 hat er in diesen letz-
ten Tagen zu uns geredet durch den Sohn, den er
eingesetzt hat zum Erben über alles, durch den
er auch die Welt gemacht hat. 3 Er ist der Ab-
glanz seiner Herrlichkeit und das Ebenbild seines
Wesens und trägt alle Dinge mit seinem kräftigen
Wort und hat vollbracht die Reinigung von den
Sünden und hat sich gesetzt zur Rechten der
Majestät in der Höhe 4 und ist so viel höher ge-
worden als die Engel, wie der Name, den er
ererbt hat, höher ist als ihr Name.

Gott hat in diesen letzten Tagen zu uns geredet durch den Sohn.

Der Sohn höher als die Engel

5Denn zu welchem Engel hat Gott jemals gesagt
(Psalm 2,7):
»Du bist mein Sohn, heute habe ich dich
gezeugt«?
und wiederum (2. Samuel 7,14):
»Ich werde sein Vater sein, und er wird
mein Sohn sein«?
6Und wenn er den Erstgeborenen wieder einführt
in die Welt, spricht er (Psalm 97,7):
»Und es sollen ihn alle Engel Gottes
anbeten.«
7Von den Engeln spricht er zwar (Psalm 104,4):

Erstgeborener

Gott schenkt durch Jesus der Menschheit einen neuen Anfang. Engel gibt es viele, Christus, den Welterlöser und Himmelsherrn gibt es nur einmal.

»Er macht seine Engel zu Winden
und seine Diener zu Feuerflammen«,
8aber von dem Sohn (Psalm 45,7.8):
»Gott, dein Thron währt von Ewigkeit zu
Ewigkeit,
und das Zepter der Gerechtigkeit ist das
Zepter
deines Reiches.
9Du hast geliebt die Gerechtigkeit
und gehaßt die Ungerechtigkeit;
darum hat dich, o Gott, dein Gott gesalbt
mit Freudenöl wie keinen deinesgleichen.«
10Und (Psalm 102,26-28):
»Du, Herr, hast am Anfang die Erde ge-
gründet,
und die Himmel sind deiner Hände Werk.
11Sie werden vergehen, du aber bleibst.
Sie werden alle veralten wie ein Gewand;
12und wie einen Mantel wirst du sie zusam-
menrollen,
wie ein Gewand werden sie gewechselt
werden.
Du aber bist derselbe,
und deine Jahre werden nicht aufhören.«
13Zu welchem Engel aber hat er jemals gesagt
(Psalm 110,1):
»Setze dich zu meiner Rechten,
bis ich deine Feinde zum Schemel deiner
Füße mache«?
14Sind sie nicht allesamt dienstbare Geister, aus-
gesandt zum Dienst um derer willen, die das Heil
ererben sollen?

2 Darum sollen wir desto mehr achten auf
das Wort, das wir hören, damit wir nicht
am Ziel vorbeitreiben. 2Denn wenn das
Wort fest war, das durch die Engel gesagt ist,
und jede Übertretung und jeder Ungehorsam
den rechten Lohn empfing, 3wie wollen wir ent-
rinnen, wenn wir ein so großes Heil nicht achten,
das seinen Anfang nahm mit der Predigt des
Herrn und bei uns bekräftigt wurde durch die,
die es gehört haben? 4Und Gott hat dazu Zeug-
nis gegeben durch Zeichen, Wunder und man-
cherlei mächtige Taten und durch die Austeilung
des heiligen Geistes nach seinem Willen.

Die Erniedrigung und Erhöhung Christi

5Denn nicht den Engeln hat er untertan gemacht
die zukünftige Welt, von der wir reden. 6Es be-
zeugt aber einer an einer Stelle und spricht
(Psalm 8,5-7):
»Was ist der Mensch, daß du seiner ge-
denkst,
und des Menschen Sohn, daß du auf ihn
achtest?
7Du hast ihn eine kleine Zeit niedriger sein
lassen als die Engel;
mit Preis und Ehre hast du ihn gekrönt;
8alles hast du unter seine Füße getan.«
Wenn er ihm alles unter die Füße getan hat, so
hat er nichts ausgenommen, was ihm nicht unter-
tan wäre. Jetzt aber sehen wir noch nicht, daß
ihm alles untertan ist. 9Den aber, der »eine klei-
ne Zeit niedriger gewesen ist als die Engel«, Je-
sus, sehen wir durch das Leiden des Todes »ge-
krönt mit Preis und Ehre«; denn durch Gottes
Gnade sollte er für alle den Tod schmecken.
10Denn es ziemte sich für den, um dessentwillen
alle Dinge sind und durch den alle Dinge sind,
daß er den, der viele Söhne zur Herrlichkeit ge-
führt hat, den Anfänger ihres Heils, durch Lei-
den vollendete. 11Denn weil sie alle von einem
kommen, beide, der heiligt und die geheiligt wer-
den, darum schämt er sich auch nicht, sie Brüder
zu nennen, 12und spricht (Psalm 22,23):

Gott hat die Erde wunderbar geschaffen

»Ich will deinen Namen verkündigen meinen Brüdern
nd mitten in der Gemeinde dir lobsingen.«
13 Und wiederum (Jesaja 8,17):
»Ich will mein Vertrauen auf ihn setzen«;
und wiederum (Jesaja 8,18):
»Siehe, hier bin ich und die Kinder,
die mir Gott gegeben hat.«
14 Weil nun die Kinder von Fleisch und Blut
sind, hat auch er's gleichermaßen angenommen,
damit er durch seinen Tod die Macht nähme
dem, der Gewalt über den Tod hatte, nämlich
dem Teufel, 15 und die erlöste, die durch Furcht
vor dem Tod im ganzen Leben Knechte sein

Teufel

Teufel heißt Ankläger, Entzweier. Ursprünglich Ankläger vor Gericht. Der Teufel ist Inbegriff des Bösen, so wie Gott Inbegriff des Guten ist. Er hat Macht, die zum Tod führen will – er wirkt immer Gott entgegen, bis seine Zeit zu Ende ist.

mußten. 16 Denn er nimmt sich nicht der Engel
an, sondern der Kinder Abrahams nimmt er sich
an. 17 Daher mußte er in allem seinen Brüdern
gleich werden, damit er barmherzig würde und
ein treuer Hoherpriester vor Gott, zu sühnen die
Sünden des Volkes. 18 Denn worin er selber gelit-
ten hat und versucht worden ist, kann er helfen
denen, die versucht werden.

Christus höher als Mose

3 Darum, ihr heiligen Brüder, die ihr teilhabt
an der himmlischen Berufung, schaut auf
den Apostel und Hohenpriester, den wir
bekennen, Jesus, 2 der da treu ist dem, der ihn ge-
macht hat, wie auch Mose in Gottes ganzem
Hause. 3 Er ist aber größerer Ehre wert als Mose,
so wie der Erbauer des Hauses größere Ehre hat
als das Haus. 4 Denn jedes Haus wird von jeman-
dem erbaut; der aber alles erbaut hat, das ist
Gott. 5 Und Mose zwar war treu in Gottes gan-
zem Hause als Knecht, zum Zeugnis für das, was
später gesagt werden sollte, 6 Christus aber war
treu als Sohn über Gottes Haus. Sein Haus sind
wir, wenn wir das Vertrauen und den Ruhm der
Hoffnung festhalten.

Die verwirkte Gottesruhe

7 Darum, wie der heilige Geist spricht (Psalm
95,7-11):
»Heute, wenn ihr seine Stimme hören werdet,
8 so verstockt eure Herzen nicht,
wie es geschah bei der Verbitterung
am Tage der Versuchung in der Wüste,
9 wo mich eure Väter versuchten und prüften
und hatten doch meine Werke gesehen
vierzig Jahre lang.
10 Darum wurde ich zornig über dieses Geschlecht
und sprach: Immer irren sie im Herzen!
Aber sie verstanden meine Wege nicht,
11 so daß ich schwor in meinem Zorn:
Sie sollen nicht zu meiner Ruhe kommen.«

Heute, wenn ihr seine Stimme hören werdet, so verstockt eure Herzen nicht.

12 Seht zu, liebe Brüder, daß keiner unter euch
ein böses, ungläubiges Herz habe, das abfällt von
dem lebendigen Gott; 13 sondern ermahnt euch
selbst alle Tage, solange es »heute« heißt, daß
nicht jemand unter euch verstockt werde durch
den Betrug der Sünde. 14 Denn wir haben an
Christus Anteil bekommen, wenn wir die Zuver-
sicht vom Anfang bis zum Ende festhalten.
15 Wenn es heißt:
»Heute, wenn ihr seine Stimme hören werdet,
so verstockt eure Herzen nicht,
wie es bei der Verbitterung geschah« -
16 wer hat sie denn gehört und sich verbittert?
Waren's nicht alle, die von Ägypten auszogen
mit Mose? 17 Und über wen war Gott zornig vier-
zig Jahre lang? War's nicht über die, die sündig-
ten und deren Leiber in der Wüste zerfielen?
18 Wem aber schwor er, daß sie nicht zu seiner
Ruhe kommen sollten, wenn nicht den Ungehor-
samen? 19 Und wir sehen, daß sie nicht dahin
kommen konnten wegen des Unglaubens.

Die verheißene Gottesruhe

4 So laßt uns nun mit Furcht darauf achten,
daß keiner von euch etwa zurückbleibe,
solange die Verheißung noch besteht, daß
wir zu seiner Ruhe kommen. 2 Denn es ist auch
uns verkündigt wie jenen. Aber das Wort der

Predigt half jenen nichts, weil sie nicht glaubten,
als sie es hörten. [3]Denn wir, die wir glauben, ge-
hen ein in die Ruhe, wie er gesprochen hat
(Psalm 95,11):

»Ich schwor in meinem Zorn:
Sie sollen nicht zu meiner Ruhe kommen.«

Nun waren ja die Werke von Anbeginn der Welt
fertig; [4]denn so hat er an einer andern Stelle ge-
sprochen vom siebenten Tag (1. Mose 2,2):
»Und Gott ruhte am siebenten Tag von allen sei-
nen Werken.« [5]Doch an dieser Stelle wiederum:
»Sie sollen nicht zu meiner Ruhe kommen.«

[6]Da es nun bestehen bleibt, daß einige zu die-
ser Ruhe kommen sollen, und die, denen es
zuerst verkündigt ist, nicht dahin gekommen sind
wegen des Ungehorsams, [7]bestimmt er abermals
einen Tag, ein »Heute«, und spricht nach so lan-
ger Zeit durch David, wie eben gesagt:

»Heute, wenn ihr seine Stimme hören
werdet,
so verstockt eure Herzen nicht.«

[8]Denn wenn Josua sie zur Ruhe geführt hätte,
würde Gott nicht danach von einem andern Tag
geredet haben. [9]Es ist also noch eine Ruhe vor-
handen für das Volk Gottes. [10]Denn wer zu Got-
tes Ruhe gekommen ist, der ruht auch von sei-
nen Werken so wie Gott von den seinen. [11]So
laßt uns nun bemüht sein, zu dieser Ruhe zu
kommen, damit nicht jemand zu Fall komme
durch den gleichen Ungehorsam.

[12]Denn das Wort Gottes ist lebendig und kräf-
tig und schärfer als jedes zweischneidige Schwert,
und dringt durch, bis es scheidet Seele und Geist,
auch Mark und Bein, und ist ein Richter der Ge-
danken und Sinne des Herzens. [13]Und kein Ge-
schöpf ist vor ihm verborgen, sondern es ist alles
bloß und aufgedeckt vor den Augen Gottes, dem
wir Rechenschaft geben müssen.

Christus der wahre Hohepriester

[14]Weil wir denn einen großen Hohenpriester ha-
ben, Jesus, den Sohn Gottes, der die Himmel
durchschritten hat, so laßt uns festhalten an dem
Bekenntnis. [15]Denn wir haben nicht einen Ho-
henpriester, der nicht könnte mit leiden mit un-
serer Schwachheit, sondern der versucht worden
ist in allem wie wir, doch ohne Sünde. [16]Darum
laßt uns hinzutreten mit Zuversicht zu dem
Thron der Gnade, damit wir Barmherzigkeit
empfangen und Gnade finden zu der Zeit, wenn
wir Hilfe nötig haben.

5 Denn jeder Hohepriester, der von den
Menschen genommen wird, der wird ein-
gesetzt für die Menschen zum Dienst vor
Gott, damit er Gaben und Opfer darbringe für
die Sünden. [2]Er kann mitfühlen mit denen, die
unwissend sind und irren, weil er auch selber
Schwachheit an sich trägt. [3]Darum muß er, wie
für das Volk, so auch für sich selbst opfern für
die Sünden. [4]Und niemand nimmt sich selbst die
hohepriesterliche Würde, sondern er wird von
Gott berufen wie auch Aaron. [5]So hat auch
Christus sich nicht selbst die Ehre beigelegt, Ho-
herpriester zu werden, sondern der, der zu ihm
gesagt hat (Psalm 2,7):

»Du bist mein Sohn, heute habe ich dich
gezeugt.«

[6]Wie er auch an anderer Stelle spricht (Psalm
110,4):

»Du bist ein Priester in Ewigkeit nach der
Ordnung Melchisedeks.«

[7]Und er hat in den Tagen seines irdischen Le-
bens Bitten und Flehen mit lautem Schreien und
mit Tränen dem dargebracht, der ihn vom Tod
erretten konnte; und er ist auch erhört worden,
weil er Gott in Ehren hielt. [8]So hat er, obwohl er
Gottes Sohn war, doch an dem, was er litt, Ge-
horsam gelernt. [9]Und als er vollendet war, ist er
für alle, die ihm gehorsam sind, der Urheber des
ewigen Heils geworden, [10]genannt von Gott ein
Hoherpriester nach der Ordnung Melchisedeks.

Das Festhalten an der Verheißung

[11]Darüber hätten wir noch viel zu sagen; aber es
ist schwer, weil ihr so harthörig geworden seid.
[12]Und ihr, die ihr längst Lehrer sein solltet, habt
es wieder nötig, daß man euch die Anfangsgründe
der göttlichen Worte lehre, und daß man euch
Milch gebe und nicht feste Speise. [13]Denn wem
man noch Milch geben muß, der ist unerfahren in
dem Wort der Gerechtigkeit, denn er ist ein klei-
nes Kind. [14]Feste Speise aber ist für die Vollkom-
menen, die durch den Gebrauch geübte Sinne ha-
ben und Gutes und Böses unterscheiden können.

6 Darum wollen wir jetzt lassen, was am An-
fang über Christus zu lehren ist, und uns
zum Vollkommenen wenden; wir wollen
nicht abermals den Grund legen mit der Umkehr
von den toten Werken, mit dem Glauben an
Gott, [2]mit der Lehre vom Taufen, vom Hände-
auflegen, von der Auferstehung der Toten und
vom ewigen Gericht. [3]Das wollen wir tun, wenn
Gott es zuläßt.

[4]Denn es ist unmöglich, die, die einmal er-
leuchtet worden sind und geschmeckt haben die
himmlische Gabe und Anteil bekommen haben
am heiligen Geist und geschmeckt haben [5]das
gute Wort Gottes und die Kräfte der zukünftigen
Welt [6]und dann doch abgefallen sind, wieder zu
erneuern zur Buße, da sie für sich selbst den
Sohn Gottes abermals kreuzigen und zum Spott
machen. [7]Denn die Erde, die den Regen trinkt,
der oft auf sie fällt, und nützliche Frucht trägt
denen, die sie bebauen, empfängt Segen von
Gott. [8]Wenn sie aber Dornen und Disteln trägt,
bringt sie keinen Nutzen und ist dem Fluch nahe,
so daß man sie zuletzt abbrennt.

[9]Obwohl wir aber so reden, ihr Lieben, sind
wir doch überzeugt, daß es besser mit euch steht
und ihr gerettet werdet. [10]Denn Gott ist nicht un-
gerecht, daß er vergäße euer Werk und die Lie-
be, die ihr seinem Namen erwiesen habt, indem
ihr den Heiligen dientet und noch dient. [11]Wir
wünschen aber, daß jeder von euch denselben
Eifer beweise, die Hoffnung festzuhalten bis ans
Ende, [12]damit ihr nicht träge werdet, sondern
Nachfolger derer, die durch Glauben und Ge-
duld die Verheißungen ererben.

[13]Denn als Gott dem Abraham die Verhei-
ßung gab, schwor er bei sich selbst, da er bei kei-
nem Größeren schwören konnte, [14]und sprach
(1. Mose 22,16.17): »Wahrlich, ich will dich seg-
nen und mehren.« [15]Und so wartete Abraham in
Geduld und erlangte die Verheißung. [16]Die
Menschen schwören ja bei einem Größeren, als
sie selbst sind; und der Eid dient ihnen zur Be-
kräftigung und macht aller Widerrede ein Ende.
[17]Darum hat Gott, als er den Erben die Verhei-
ßung noch kräftiger beweisen wollte, daß sein
Ratschluß nicht wankt, sich noch mit einem Eid
verbürgt. [18]So sollten wir durch zwei Zusagen,
die nicht wanken – denn es ist unmöglich, daß
Gott lügt –, einen starken Trost haben, die wir
unsre Zuflucht dazu genommen haben, festzu-
halten an der angebotenen Hoffnung. [19]Diese ha-
ben wir als einen sicheren und festen Anker uns-
rer Seele, der auch hineinreicht bis in das Innere
hinter dem Vorhang. [20]Dahinein ist der Vorläu-
fer für uns gegangen, Jesus, der ein Hoherprie-
ster geworden ist in Ewigkeit nach der Ordnung
Melchisedeks.

Christus, der Hohepriester nach der Ordnung Melchisedeks

7 Dieser Melchisedek aber war König von
Salem, Priester Gottes des Höchsten; er
ging Abraham entgegen, als der vom Sieg
über die Könige zurückkam, und segnete ihn;
[2]ihm gab Abraham auch den Zehnten von allem.
Erstens heißt er übersetzt: König der Gerechtig-
keit; dann aber auch: König von Salem, das ist:
König des Friedens. [3]Er ist ohne Vater, ohne
Mutter, ohne Stammbaum, und hat weder An-
fang der Tage noch Ende des Lebens. So gleicht
er dem Sohn Gottes und bleibt Priester in Ewig-
keit. [4]Seht aber, wie groß der ist, dem auch Ab-
raham, der Erzvater, den Zehnten gab von der
eroberten Beute. [5]Zwar haben auch die von den
Söhnen Levis, die das Priestertum empfangen,
nach dem Gesetz das Recht, den Zehnten zu
nehmen vom Volk, also von ihren eigenen Brü-
dern, obwohl auch diese von Abraham abstam-
men. [6]Der aber, der nicht von ihrem Stamm war,

Melchisedek

Ein alttestamentlicher Priester-König, der Abraham Brot und Wein bringt (1. Mose 14,17–20).

der nahm den Zehnten von Abraham und segne-
te den, der die Verheißungen hatte. [7]Nun ist aber
unwidersprochen, daß das Geringere vom Hö-
heren gesegnet wird. [8]Und hier nehmen den
Zehnten sterbliche Menschen, dort aber einer,
dem bezeugt wird, daß er lebt. [9]Und sozusagen
ist auch Levi, der doch selbst den Zehnten
nimmt, in Abraham mit dem Zehnten belegt
worden. [10]Denn er sollte seinem Stammvater ja
erst noch geboren werden, als Melchisedek die-
sem entgegenging.

[11]Wäre nun die Vollendung durch das leviti-
sche Priestertum gekommen – denn unter diesem
hat das Volk das Gesetz empfangen –, wozu war
es dann noch nötig, einen andern als Priester
nach der Ordnung Melchisedeks einzusetzen, an-
statt einen nach der Ordnung Aarons zu benen-
nen? [12]Denn wenn das Priestertum verändert
wird, dann muß auch das Gesetz verändert wer-
den. [13]Denn der, von dem das gesagt wird, der ist
von einem andern Stamm, von dem nie einer am
Altar gedient hat. [14]Denn es ist ja offenbar, daß

Hoffnung ist wie ein Anker

unser Herr aus Juda hervorgegangen ist, zu welchem Stamm Mose nichts gesagt hat vom Priestertum. [15]Und noch klarer ist es, wenn, in gleicher Weise wie Melchisedek, ein anderer als Priester eingesetzt wird, [16]der es nicht geworden ist nach dem Gesetz äußerlicher Gebote, sondern nach der Kraft unzerstörbaren Lebens. [17]Denn es wird bezeugt (Psalm 110,4): »Du bist ein Priester in Ewigkeit nach der Ordnung Melchisedeks.« [18]Denn damit wird das frühere Gebot aufgehoben - weil es zu schwach und nutzlos war; [19]denn das Gesetz konnte nichts zur Vollendung bringen -, und eingeführt wird eine bessere Hoffnung, durch die wir uns zu Gott nahen. [20]Und das geschah nicht ohne Eid. Denn jene sind ohne Eid Priester geworden, [21]dieser aber durch den Eid dessen, der zu ihm spricht (Psalm 110,4): »Der Herr hat geschworen, und es wird ihn nicht gereuen: Du bist ein Priester in Ewigkeit.« [22]So ist Jesus Bürge eines viel besseren Bundes geworden.

[23]Auch sind es viele, die Priester wurden, weil der Tod keinen bleiben ließ; [24]dieser aber hat, weil er ewig bleibt, ein unvergängliches Priestertum. [25]Daher kann er auch für immer selig machen, die durch ihn zu Gott kommen; denn er lebt für immer und bittet für sie. [26]Denn einen solchen Hohenpriester mußten wir auch haben, der heilig, unschuldig, unbefleckt, von den Sündern geschieden und höher ist als der Himmel. [27]Er hat es nicht nötig, wie jene Hohenpriester, täglich zuerst für die eigenen Sünden Opfer darzubringen und dann für die des Volkes; denn das hat er ein für allemal getan, als er sich selbst opferte. [28]Denn das Gesetz macht Menschen zu Hohenpriestern, die Schwachheit an sich haben; dies Wort des Eides aber, das erst nach dem Gesetz gesagt worden ist, setzt den Sohn ein, der ewig und vollkommen ist.

Hoherpriester

Der ranghöchste Priester in Israel, jeweils nur einer. Jährlich einmal, am Versöhnungsfest, mußte der Hohepriester in den allerheiligsten Raum des Tempels gehen und dort für die eigenen Sünden wie für die Sünden des Volkes ein Sühnopfer bringen.

Der Mittler des neuen Bundes

8 Das ist nun die Hauptsache bei dem, wovon wir reden: Wir haben einen solchen Hohenpriester, der da sitzt zur Rechten des Thrones der Majestät im Himmel [2]und ist ein Diener am Heiligtum und an der wahren Stiftshütte, die Gott aufgerichtet hat und nicht ein

Mensch. 3Denn jeder Hohepriester wird eingesetzt, um Gaben und Opfer darzubringen. Darum muß auch dieser etwas haben, was er opfern kann. 4Wenn er nun auf Erden wäre, so wäre er nicht Priester, weil da schon solche sind, die nach dem Gesetz die Gaben opfern. 5Sie dienen aber nur dem Abbild und Schatten des Himmlischen, wie die göttliche Weisung an Mose erging, als er die Stiftshütte errichten sollte (2. Mose 25,40): »Sieh zu«, sprach er, »daß du alles machst nach dem Bilde, das dir auf dem Berge gezeigt worden ist.« 6Nun aber hat er ein höheres Amt empfangen, wie er ja auch der Mittler eines besseren Bundes ist, der auf bessere Verheißungen gegründet ist. 7Denn wenn der erste Bund untadelig gewesen wäre, würde nicht Raum für einen andern gesucht. 8Denn Gott tadelt sie und sagt (Jeremia 31,31-34):

»Siehe, es kommen Tage, spricht der Herr,
da will ich mit dem Haus Israel und mit dem Haus Juda
einen neuen Bund schließen,
9nicht wie der Bund gewesen ist,
den ich mit ihren Vätern schloß an dem Tage, als ich sie bei der Hand nahm,
um sie aus Ägyptenland zu führen.
Denn sie sind nicht geblieben in meinem Bund;
darum habe ich auch nicht mehr auf sie geachtet,
spricht der Herr.
10Denn das ist der Bund, den ich schließen will
mit dem Haus Israel nach diesen Tagen,
spricht der Herr:
Ich will mein Gesetz geben in ihren Sinn,
und in ihr Herz will ich es schreiben
und will ihr Gott sein,
und sie sollen mein Volk sein.
11Und es wird keiner seinen Mitbürger lehren
oder seinen Bruder und sagen: Erkenne den Herrn!
Denn sie werden mich alle kennen
von dem Kleinsten an bis zu dem Größten.
12Denn ich will gnädig sein ihrer Ungerechtigkeit,
und ihrer Sünden will ich nicht mehr gedenken.«

13Indem er sagt: »einen neuen Bund«, erklärt er den ersten für veraltet. Was aber veraltet und überlebt ist, das ist seinem Ende nahe.

Das einmalige Opfer Christi

9 Es hatte zwar auch der erste Bund seine Satzungen für den Gottesdienst und sein irdisches Heiligtum. 2Denn es war da aufgerichtet die Stiftshütte: der vordere Teil, worin der Leuchter war und der Tisch und die Schaubrote, und er heißt das Heilige; 3hinter dem zweiten Vorhang aber war der Teil der Stiftshütte, der das Allerheiligste heißt. 4Darin waren das goldene Räuchergefäß und die Bundeslade, ganz mit Gold überzogen; in ihr waren der goldene Krug mit dem Himmelsbrot und der Stab Aarons, der gegrünt hatte, und die Tafeln des Bundes. 5Oben darüber aber waren die Cherubim der Herrlichkeit, die überschatteten den Gnadenthron. Von diesen Dingen ist jetzt nicht im einzelnen zu reden. 6Da dies alles so eingerichtet war, gingen die Priester allezeit in den vorderen Teil der Stiftshütte und richteten den Gottesdienst aus. 7In den andern Teil aber ging nur einmal im Jahr allein der Hohepriester, und das nicht ohne Blut, das er opferte für die unwissentlich begangenen Sünden, die eigenen und die des Volkes. 8Damit macht der heilige Geist deutlich, daß der Weg ins Heilige noch nicht offenbart sei, solange der vordere Teil der Stiftshütte noch bestehe; 9der ist ein Gleichnis für die gegenwärtige Zeit: es werden da Gaben und Opfer dargebracht, die nicht im Gewissen vollkommen machen können den, der den Gottesdienst ausrichtet. 10Dies sind nur äußerliche Satzungen über Speise und Trank und verschiedene Waschungen, die bis zu der Zeit einer besseren Ordnung auferlegt sind.

11Christus aber ist gekommen als ein Hoherpriester der zukünftigen Güter durch die größere und vollkommenere Stiftshütte, die nicht mit Händen gemacht ist, das ist: die nicht von dieser Schöpfung ist. 12Er ist auch nicht durch das Blut von Böcken oder Kälbern, sondern durch sein eigenes Blut ein für allemal in das Heiligtum ein-

Bundeslade

Das älteste Heiligtum Israels: eine tragbare Truhe von ca. 122 cm Länge und 76 cm Höhe und Breite, in der vor allem die steineren Tafeln mit den 10 Geboten aufbewahrt und mitgeführt wurden, die Bundesurkunde.

gegangen und hat eine ewige Erlösung erworben. 13Denn wenn schon das Blut von Böcken und Stieren und die Asche von der Kuh durch Besprengung die Unreinen heiligt, so daß sie äußerlich rein sind, 14um wieviel mehr wird dann das Blut Christi, der sich selbst als Opfer ohne Fehl durch den ewigen Geist Gott dargebracht hat, unser Gewissen reinigen von den toten Werken, zu dienen dem lebendigen Gott!

Wieviel mehr wird das Blut Christi unser Gewissen reinigen.

15Und darum ist er auch der Mittler des neuen Bundes, damit durch seinen Tod, der geschehen ist zur Erlösung von den Übertretungen unter dem ersten Bund, die Berufenen das verheißene ewige Erbe empfangen. 16Denn wo ein Testament ist, da muß der Tod dessen geschehen sein, der das Testament gemacht hat. 17Denn ein Testament tritt erst in Kraft mit dem Tode; es ist noch nicht in Kraft, solange der noch lebt, der es gemacht hat. 18Daher wurde auch der erste Bund nicht ohne Blut gestiftet. 19Denn als Mose alle Gebote gemäß dem Gesetz allem Volk gesagt hatte, nahm er das Blut von Kälbern und Böcken mit Wasser und Scharlachwolle und Ysop und besprengte das Buch und alles Volk 20und sprach (2. Mose 24,8): »Das ist das Blut des Bundes, den Gott euch geboten hat.« 21Und die Stiftshütte und alle Geräte für den Gottesdienst besprengte er desgleichen mit Blut. 22Und es wird fast alles mit Blut gereinigt nach dem Gesetz, und ohne Blutvergießen geschieht keine Vergebung.

23So also mußten die Abbilder der himmlischen Dinge gereinigt werden; die himmlischen Dinge selbst aber müssen bessere Opfer haben als jene. 24Denn Christus ist nicht eingegangen in das Heiligtum, das mit Händen gemacht und nur ein Abbild des wahren Heiligtums ist, sondern in den Himmel selbst, um jetzt für uns vor dem Angesicht Gottes zu erscheinen; 25auch nicht, um sich oftmals zu opfern, wie der Hohepriester alle Jahre mit fremdem Blut in das Heiligtum geht; 26sonst hätte er oft leiden müssen vom Anfang der Welt an. Nun aber, am Ende der Welt, ist er ein für allemal erschienen, durch sein eigenes Opfer, die Sünde aufzuheben. 27Und wie den Menschen bestimmt ist, einmal zu sterben, danach aber das Gericht: 28so ist auch Christus einmal geopfert worden, die Sünden vieler wegzunehmen; zum zweiten Mal wird er nicht der Sünde wegen erscheinen, sondern denen, die auf ihn warten, zum Heil.

10 Denn das Gesetz hat nur einen Schatten von den zukünftigen Gütern, nicht das Wesen der Güter selbst. Deshalb kann es die, die opfern, nicht für immer vollkommen machen, da man alle Jahre die gleichen Opfer bringen muß. 2Hätte nicht sonst das Opfern aufgehört, wenn die, die den Gottesdienst ausrichten, ein für allemal rein geworden wären und sich kein Gewissen mehr gemacht hätten über ihre Sünden? 3Vielmehr geschieht dadurch alle Jahre nur eine Erinnerung an die Sünden. 4Denn es ist unmöglich, durch das Blut von Stieren und Böcken Sünden wegzunehmen. 5Darum spricht er, wenn er in die Welt kommt (Psalm 40,7-9):

»Opfer und Gaben hast du nicht gewollt;
einen Leib aber hast du mir geschaffen.
6Brandopfer und Sündopfer gefallen
dir nicht.
7Da sprach ich: Siehe, ich komme
- im Buch steht von mir geschrieben -,
daß ich tue, Gott, deinen Willen.«

8Zuerst hatte er gesagt: »Opfer und Gaben, Brandopfer und Sündopfer hast du nicht gewollt, sie gefallen dir auch nicht«, obwohl sie doch nach dem Gesetz geopfert werden. 9Dann aber sprach er: »Siehe, ich komme, zu tun deinen Willen.« Da hebt er das erste auf, damit er das zweite einsetze. 10Nach diesem Willen sind wir geheiligt ein für allemal durch das Opfer des Leibes Jesu Christi.

11Und jeder Priester steht Tag für Tag da und versieht seinen Dienst und bringt oftmals die gleichen Opfer dar, die doch niemals die Sünden wegnehmen können. 12Dieser aber hat ein Opfer für die Sünden dargebracht, und sitzt nun für immer zur Rechten Gottes 13und wartet hinfort, bis seine Feinde zum Schemel seiner Füße gemacht werden. 14Denn mit einem Opfer hat er für immer die vollendet, die geheiligt werden. 15Das bezeugt uns aber auch der heilige Geist. Denn nachdem der Herr gesagt hat (Jeremia 31,33.34):

16»Das ist der Bund, den ich mit ihnen
schließen will nach diesen Tagen«,

spricht er:

»Ich will mein Gesetz in ihr Herz geben

und in ihren Sinn will ich es schreiben,
[17]und ihrer Sünden und ihrer Unge-
rechtigkeit
will ich nicht mehr gedenken.«
[18]Wo aber Vergebung der Sünden ist, da ge-
schieht kein Opfer mehr für die Sünde.

Das Bekenntnis der Hoffnung

[19]Weil wir denn nun, liebe Brüder, durch das
Blut Jesu die Freiheit haben zum Eingang in das
Heiligtum, [20]den er uns aufgetan hat als neuen
und lebendigen Weg durch den Vorhang, das ist:
durch das Opfer seines Leibes, [21]und haben ei-
nen Hohenpriester über das Haus Gottes, [22]so
laßt uns hinzutreten mit wahrhaftigem Herzen in

Feuer, das die Widersacher verzehren wird.
[28]Wenn jemand das Gesetz des Mose bricht, muß
er sterben ohne Erbarmen auf zwei oder drei
Zeugen hin. [29]Eine wieviel härtere Strafe, meint
ihr, wird der verdienen, der den Sohn Gottes mit
Füßen tritt und das Blut des Bundes für unrein
hält, durch das er doch geheiligt wurde, und den
Geist der Gnade schmäht? [30]Denn wir kennen
den, der gesagt hat (5. Mose 32,35.36): »Die
Rache ist mein, ich will vergelten«, und wieder-
um: »Der Herr wird sein Volk richten.«
[31]Schrecklich ist's, in die Hände des lebendigen
Gottes zu fallen.

[32]Gedenkt aber der früheren Tage, an denen
ihr, nachdem ihr erleuchtet wart, erduldet habt

Der Tod Jesu hat einen Weg in die Zukunft eröffnet.

vollkommenem Glauben, besprengt in unsern
Herzen und los von dem bösen Gewissen und
gewaschen am Leib mit reinem Wasser. [23]Laßt
uns festhalten an dem Bekenntnis der Hoffnung
und nicht wanken; denn er ist treu, der sie ver-
heißen hat; [24]und laßt uns aufeinander achthaben
und uns anreizen zur Liebe und zu guten Wer-
ken, [25]und nicht verlassen unsre Versammlungen,
wie einige zu tun pflegen, sondern einander er-
mahnen, und das um so mehr, als ihr seht, daß
sich der Tag naht.

[26]Denn wenn wir mutwillig sündigen, nach-
dem wir die Erkenntnis der Wahrheit empfangen
haben, haben wir hinfort kein andres Opfer mehr
für die Sünden, [27]sondern nichts als ein schreck-
liches Warten auf das Gericht und das gierige

einen großen Kampf des Leidens, [33]indem ihr
zum Teil selbst durch Schmähungen und Be-
drängnisse zum Schauspiel geworden seid, zum
Teil Gemeinschaft hattet mit denen, welchen es
so erging. [34]Denn ihr habt mit den Gefangenen
gelitten und den Raub eurer Güter mit Freuden
erduldet, weil ihr wißt, daß ihr eine bessere und

Werft euer Vertrauen nicht weg, welches eine große Belohnung hat.

bleibende Habe besitzt. [35]Darum werft euer Ver-
trauen nicht weg, welches eine große Belohnung
hat. [36]Geduld aber habt ihr nötig, damit ihr den
Willen Gottes tut und das Verheißene empfangt.

[37]Denn »nur noch eine kleine Weile,
so wird kommen, der da kommen soll,
und wird nicht lange ausbleiben.
[38]Mein Gerechter aber wird aus Glauben
leben.
Wenn er aber zurückweicht,
hat meine Seele kein Gefallen an ihm«
(Habakuk 2,3.4).

[39]Wir aber sind nicht von denen, die zurückwei-
chen und verdammt werden, sondern von denen,
die glauben und die Seele erretten.

Der Glaubensweg im alten Bund

11 Es ist aber der Glaube eine feste Zu-
versicht auf das, was man hofft, und
ein Nichtzweifeln an dem, was man
nicht sieht. [2]Durch diesen Glauben haben die
Vorfahren Gottes Zeugnis empfangen. [3]Durch
den Glauben erkennen wir, daß die Welt durch
Gottes Wort geschaffen ist, so daß alles, was man
sieht, aus nichts geworden ist.

[4]Durch den Glauben hat Abel Gott ein besse-
res Opfer dargebracht als Kain; deshalb wurde
ihm bezeugt, daß er gerecht sei, da Gott selbst es
über seinen Gaben bezeugte; und durch den
Glauben redet er noch, obwohl er gestorben ist.
[5]Durch den Glauben wurde Henoch entrückt,
damit er den Tod nicht sehe, und wurde nicht
mehr gefunden, weil Gott ihn entrückt hatte;
denn vor seiner Entrückung ist ihm bezeugt wor-
den, daß er Gott gefallen habe. [6]Aber ohne
Glauben ist's unmöglich, Gott zu gefallen; denn
wer zu Gott kommen will, der muß glauben, daß
er ist und daß er denen, die ihn suchen, ihren
Lohn gibt. [7]Durch den Glauben hat Noah Gott

**Ohne Glauben ist's unmöglich,
Gott zu gefallen.**

geehrt und die Arche gebaut zur Rettung seines
Hauses, als er ein göttliches Wort empfing über
das, was man noch nicht sah; durch den Glauben
sprach er der Welt das Urteil und hat ererbt die
Gerechtigkeit, die durch den Glauben kommt.

[8]Durch den Glauben wurde Abraham gehor-
sam, als er berufen wurde, in ein Land zu ziehen,
das er erben sollte; und er zog aus und wußte
nicht, wo er hinkäme. [9]Durch den Glauben ist er
ein Fremdling gewesen in dem verheißenen Lan-
de wie in einem fremden und wohnte in Zelten
mit Isaak und Jakob, den Miterben derselben
Verheißung. [10]Denn er wartete auf die Stadt, die
einen festen Grund hat, deren Baumeister und
Schöpfer Gott ist. [11]Durch den Glauben empfing
auch Sara, die unfruchtbar war, Kraft, Nachkom-
men hervorzubringen trotz ihres Alters; denn sie
hielt den für treu, der es verheißen hatte. [12]Dar-
um sind auch von dem einen, dessen Kraft schon
erstorben war, so viele gezeugt worden wie die
Sterne am Himmel und wie der Sand am Ufer
des Meeres, der unzählbar ist. [13]Diese alle sind
gestorben im Glauben und haben das Verheiße-
ne nicht erlangt, sondern es nur von ferne gese-
hen und gegrüßt und haben bekannt, daß sie
Gäste und Fremdlinge auf Erden sind. [14]Wenn
sie aber solches sagen, geben sie zu verstehen,
daß sie ein Vaterland suchen. [15]Und wenn sie
das Land gemeint hätten, von dem sie ausgezo-
gen waren, hätten sie ja Zeit gehabt, wieder um-
zukehren. [16]Nun aber sehnen sie sich nach einem
besseren Vaterland, nämlich dem himmlischen.
Darum schämt sich Gott ihrer nicht, ihr Gott zu
heißen; denn er hat ihnen eine Stadt gebaut.

[17]Durch den Glauben opferte Abraham den

Gott kann auch von den Toten auferwecken.

Isaak, als er versucht wurde, und gab den einzi-
gen Sohn dahin, als er schon die Verheißung
empfangen hatte [18]und ihm gesagt worden war
(1. Mose 21,12): »Was von Isaak stammt, soll
dein Geschlecht genannt werden.« [19]Er dachte:
Gott kann auch von den Toten erwecken; des-
halb bekam er ihn auch als Gleichnis dafür wie-
der.

[20]Durch den Glauben segnete Isaak den Jakob
und den Esau im Blick auf die zukünftigen Din-
ge. [21]Durch den Glauben segnete Jakob, als er
starb, die beiden Söhne Josefs und neigte sich
anbetend über die Spitze seines Stabes. [22]Durch
den Glauben redete Josef, als er starb, vom Aus-
zug der Israeliten und befahl, was mit seinen Ge-
beinen geschehen solle.

[23]Durch den Glauben wurde Mose, als er ge-
boren war, drei Monate verborgen von seinen
Eltern, weil sie sahen, daß er ein schönes Kind
war; und sie fürchteten sich nicht vor des Königs
Gebot. [24]Durch den Glauben wollte Mose, als er
groß geworden war, nicht mehr als Sohn der
Tochter des Pharao gelten, [25]sondern wollte viel

lieber mit dem Volk Gottes zusammen mißhan-
delt werden, als eine Zeitlang den Genuß der
Sünde haben, [26]und hielt die Schmach Christi für
größeren Reichtum als die Schätze Ägyptens;
denn er sah auf die Belohnung. [27]Durch den
Glauben verließ er Ägypten und fürchtete nicht
den Zorn des Königs; denn er hielt sich an den,
den er nicht sah, als sähe er ihn. [28]Durch den
Glauben hielt er das Passa und das Besprengen
mit Blut, damit der Verderber ihre Erstgeburten
nicht anrühre. [29]Durch den Glauben gingen sie
durchs Rote Meer wie über trockenes Land; das
versuchten die Ägypter auch und ertranken.
[30]Durch den Glauben fielen die Mauern Je-
richos, als Israel sieben Tage um sie herumgezo-
gen war. [31]Durch den Glauben kam die Hure

Durch den Glauben fielen die Mauern Jerichos.

Rahab nicht mit den Ungehorsamen um, weil sie
die Kundschafter freundlich aufgenommen hatte.
[32]Und was soll ich noch mehr sagen? Die Zeit
würde mir zu kurz, wenn ich erzählen sollte von
Gideon und Barak und Simson und Jeftah und
David und Samuel und den Propheten. [33]Diese
haben durch den Glauben Königreiche bezwun-
gen, Gerechtigkeit geübt, Verheißungen erlangt,
Löwen den Rachen gestopft, [34]des Feuers Kraft
ausgelöscht, sind der Schärfe des Schwerts ent-
ronnen, aus der Schwachheit zu Kräften gekom-
men, sind stark geworden im Kampf und haben
fremde Heere in die Flucht geschlagen. [35]Frauen
haben ihre Toten durch Auferstehung wiederbe-
kommen. Andere aber sind gemartert worden
und haben die Freilassung nicht angenommen,
damit sie die Auferstehung, die besser ist, erlang-
ten. [36]Andere haben Spott und Geißelung erlit-
ten, dazu Fesseln und Gefängnis. [37]Sie sind ge-
steinigt, zersägt, durchs Schwert getötet worden;
sie sind umhergezogen in Schafpelzen und Zie-
genfellen; sie haben Mangel, Bedrängnis, Miß-
handlung erduldet. [38]Sie, deren die Welt nicht
wert war, sind umhergeirrt in Wüsten, auf Ber-
gen, in Höhlen und Erdlöchern.
[39]Diese alle haben durch den Glauben Gottes
Zeugnis empfangen und doch nicht erlangt, was
verheißen war, [40]weil Gott etwas Besseres für uns
vorgesehen hat; denn sie sollten nicht ohne uns
vollendet werden.

Der Glaubensweg der Christen

12 Darum auch wir: Weil wir eine solche
Wolke von Zeugen um uns haben,
laßt uns ablegen alles, was uns be-
schwert, und die Sünde, die uns ständig um-
strickt, und laßt uns laufen mit Geduld in dem
Kampf, der uns bestimmt ist, [2]und aufsehen zu
Jesus, dem Anfänger und Vollender des Glau-
bens, der, obwohl er hätte Freude haben können,
das Kreuz erduldete und die Schande gering ach-
tete und sich gesetzt hat zur Rechten des Thro-
nes Gottes. [3]Gedenkt an den, der soviel Wider-

Laßt uns aufsehen zu Jesus.

spruch gegen sich von den Sündern erduldet hat,
damit ihr nicht matt werdet und den Mut nicht
sinken laßt. [4]Ihr habt noch nicht bis aufs Blut wi-
derstanden im Kampf gegen die Sünde [5]und habt
bereits den Trost vergessen, der zu euch redet
wie zu seinen Kindern (Sprüche 3,11.12):

> »Mein Sohn, achte nicht gering die Erzie-
> hung des Herrn
> und verzage nicht, wenn du von ihm ge-
> straft wirst.
> [6]Denn wen der Herr lieb hat, den
> züchtigt er,
> und er schlägt jeden Sohn, den er
> annimmt.«

[7]Es dient zu eurer Erziehung, wenn ihr dulden
müßt. Wie mit seinen Kindern geht Gott mit
euch um; denn wo ist ein Sohn, den der Vater
nicht züchtigt? [8]Seid ihr aber ohne Züchtigung,
die doch alle erfahren haben, so seid ihr Ausge-
stoßene und nicht Kinder. [9]Wenn unsre leibli-
chen Väter uns gezüchtigt haben und wir sie
doch geachtet haben, sollten wir uns dann nicht
viel mehr unterordnen dem geistlichen Vater, da-
mit wir leben? [10]Denn jene haben uns gezüchtigt
für wenige Tage nach ihrem Gutdünken, dieser
aber tut es zu unserm Besten, damit wir an seiner
Heiligkeit Anteil erlangen. [11]Jede Züchtigung
aber, wenn sie da ist, scheint uns nicht Freude,
sondern Leid zu sein; danach aber bringt sie als
Frucht denen, die dadurch geübt sind, Frieden
und Gerechtigkeit.
[12]Darum stärkt die müden Hände und die
wankenden Knie, [13]und macht sichere Schritte

Gott hat uns lieb – auch wenn er uns erzieht

mit euren Füßen, damit nicht jemand strauchle
wie ein Lahmer, sondern vielmehr gesund werde.
[14]Jagt dem Frieden nach mit jedermann und der
Heiligung, ohne die niemand den Herrn sehen
wird, [15]und seht darauf, daß nicht jemand Gottes
Gnade versäume; daß nicht etwa eine bittere
Wurzel aufwachse und Unfrieden anrichte und
viele durch sie unrein werden; [16]daß nicht je-
mand sei ein Abtrünniger oder Gottloser wie
Esau, der um der einen Speise willen seine Erst-
geburt verkaufte. [17]Ihr wißt ja, daß er hernach,
als er den Segen ererben wollte, verworfen wur-
de, denn er fand keinen Raum zur Buße, obwohl
er sie mit Tränen suchte.

Stärkt die müden Hände.

[18]Denn ihr seid nicht gekommen zu dem Berg,
den man anrühren konnte und der mit Feuer
brannte, und nicht in Dunkelheit und Finsternis
und Ungewitter [19]und nicht zum Schall der Po-
saune und zum Ertönen der Worte, bei denen
die Hörer baten, daß ihnen keine Worte mehr
gesagt würden; [20]denn sie konnten's nicht ertra-
gen, was da gesagt wurde (2. Mose 19,13): »Und
auch wenn ein Tier den Berg anrührt, soll es ge-
steinigt werden.« [21]Und so schrecklich war die
Erscheinung, daß Mose sprach (5. Mose 9,19):
»Ich bin erschrocken und zittere.« [22]Sondern ihr
seid gekommen zu dem Berg Zion und zu der
Stadt des lebendigen Gottes, dem himmlischen
Jerusalem, und zu den vielen tausend Engeln,
und zu der Versammlung [23]und Gemeinde der
Erstgeborenen, die im Himmel aufgeschrieben
sind, und zu Gott, dem Richter über alle, und zu
den Geistern der vollendeten Gerechten [24]und zu
dem Mittler des neuen Bundes, Jesus, und zu
dem Blut der Besprengung, das besser redet als
Abels Blut.
[25]Seht zu, daß ihr den nicht abweist, der da
redet. Denn wenn jene nicht entronnen sind, die
den abwiesen, der auf Erden redete, wieviel we-
niger werden wir entrinnen, wenn wir den abwei-
sen, der vom Himmel redet. [26]Seine Stimme hat
zu jener Zeit die Erde erschüttert, jetzt aber ver-
heißt er und spricht (Haggai 2,6): »Noch einmal
will ich erschüttern nicht allein die Erde, sondern
auch den Himmel.« [27]Dieses »Noch einmal«
aber zeigt an, daß das, was erschüttert werden
kann, weil es geschaffen ist, verwandelt werden
soll, damit allein das bleibe, was nicht erschüttert
werden kann. [28]Darum, weil wir ein unerschüt-
terliches Reich empfangen, laßt uns dankbar sein
und so Gott dienen mit Scheu und Furcht, wie es
ihm gefällt; [29]denn unser Gott ist ein verzehren-
des Feuer.

Letzte Ermahnungen

13 Bleibt fest in der brüderlichen Liebe.
[2]Gastfrei zu sein, vergeßt nicht; denn
dadurch haben einige ohne ihr Wis-
sen Engel beherbergt. [3]Denkt an die Gefange-
nen, als wärt ihr Mitgefangene, und an die Miß-
handelten, weil ihr auch noch im Leibe lebt.
[4]Die Ehe soll in Ehren gehalten werden bei
allen und das Ehebett unbefleckt; denn die Un-
züchtigen und die Ehebrecher wird Gott richten.
[5]Seid nicht geldgierig, und laßt euch genügen an
dem, was da ist. Denn der Herr hat gesagt (Josua
1,5): »Ich will dich nicht verlassen und nicht von
dir weichen.« [6]So können auch wir getrost sagen:

> »Der Herr ist mein Helfer, ich will mich
> nicht fürchten;
> was kann mir ein Mensch tun?«
> (Psalm 118,6)

[7]Gedenkt an eure Lehrer, die euch das Wort
Gottes gesagt haben; ihr Ende schaut an und
folgt ihrem Glauben nach. [8]Jesus Christus ge-
stern und heute und derselbe auch in Ewigkeit.

Jesus Christus gestern und heute und derselbe auch in Ewigkeit.

[9]Laßt euch nicht durch mancherlei und fremde
Lehren umtreiben, denn es ist ein köstlich Ding,
daß das Herz fest werde, welches geschieht durch
Gnade, nicht durch Speisegebote, von denen kei-
nen Nutzen haben, die damit umgehen. [10]Wir ha-
ben einen Altar, von dem zu essen kein Recht
haben, die der Stiftshütte dienen. [11]Denn die Lei-
ber der Tiere, deren Blut durch den Hohenprie-
ster als Sündopfer in das Heilige getragen wird,
werden außerhalb des Lagers verbrannt. [12]Dar-
um hat auch Jesus, damit er das Volk heilige
durch sein eigenes Blut, gelitten draußen vor
dem Tor. [13]So laßt uns nun zu ihm hinausgehen
aus dem Lager und seine Schmach tragen.

[14]Denn wir haben hier keine bleibende Stadt,
sondern die zukünftige suchen wir. [15]So laßt uns
nun durch ihn Gott allezeit das Lobopfer dar-
bringen, das ist die Frucht der Lippen, die seinen
Namen bekennen. [16]Gutes zu tun und mit an-
dern zu teilen, vergeßt nicht; denn solche Opfer
gefallen Gott. [17]Gehorcht euren Lehrern und
folgt ihnen, denn sie wachen über eure Seelen -
und dafür müssen sie Rechenschaft geben -, da-
mit sie das mit Freuden tun und nicht mit Seuf-
zen; denn das wäre nicht gut für euch.

[18]Betet für uns. Unser Trost ist, daß wir ein
gutes Gewissen haben, und wir wollen in allen
Dingen ein ordentliches Leben führen. [19]Um so
mehr aber ermahne ich euch, dies zu tun, damit
ich euch möglichst bald wiedergegeben werde.

Segenswunsch und Grüße

[20]Der Gott des Friedens aber, der den großen
Hirten der Schafe, unsern Herrn Jesus, von den
Toten heraufgeführt hat durch das Blut des ewi-
gen Bundes, [21]der mache euch tüchtig in allem
Guten, zu tun seinen Willen, und schaffe in uns,
was ihm gefällt, durch Jesus Christus, welchem
sei Ehre von Ewigkeit zu Ewigkeit! Amen.

[22]Ich ermahne euch aber, liebe Brüder, nehmt
dies Wort der Ermahnung an; ich habe euch ja
nur kurz geschrieben. [23]Wißt, daß unser Bruder
Timotheus wieder frei ist; mit ihm will ich euch,
wenn er bald kommt, besuchen. [24]Grüßt alle eure
Lehrer und alle Heiligen. Es grüßen euch die
Brüder aus Italien. [25]Die Gnade sei mit euch
allen!

Der Brief von

Jakobus

Einführung

Der Jakobus-Brief spricht jeden Leser an, obwohl er ursprünglich überwiegend an Judenchristen gerichtet war. Knapp und ohne Umschweife behandelt der Verfasser viele Fragen des christlichen Lebensstils; denn wer Christ sein will, muß sich durch Haltung und Taten von anderen unterscheiden, sonst ist sein Glaube tot. Einige Themen, die Jakobus besonders beschäftigen, sind die Reichen, das allgemeine Recht auf Liebe, die Gefahr zu vielen Redens und das glaubensvolle Beten, auch um Heilung. Häufig finden sich Anklänge an die Bergpredigt Jesu.

Überblick

1 Jakobus, ein Knecht Gottes und des Herrn
Jesus Christus, an die zwölf Stämme in der
Zerstreuung: Gruß zuvor!

Der Christ in der Anfechtung

2Meine lieben Brüder, erachtet es für lauter
Freude, wenn ihr in mancherlei Anfechtungen
fallt, 3und wißt, daß euer Glaube, wenn er be-
währt ist, Geduld wirkt. 4Die Geduld aber soll
ihr Werk tun bis ans Ende, damit ihr vollkom-
men und unversehrt seid und kein Mangel an
euch sei.

5Wenn es aber jemandem unter euch an Weis-
heit mangelt, so bitte er Gott, der jedermann
gern gibt und niemanden schilt; so wird sie ihm
gegeben werden. 6Er bitte aber im Glauben und
zweifle nicht; denn wer zweifelt, der gleicht einer
Meereswoge, die vom Winde getrieben und be-
wegt wird. 7Ein solcher Mensch denke nicht, daß
er etwas von dem Herrn empfangen werde. 8Ein
Zweifler ist unbeständig auf allen seinen Wegen.

9Ein Bruder aber, der niedrig ist, rühme sich
seiner Höhe; 10wer aber reich ist, rühme sich sei-
ner Niedrigkeit, denn wie eine Blume des Grases
wird er vergehen. 11Die Sonne geht auf mit ihrer
Hitze, und das Gras verwelkt, und die Blume
fällt ab, und ihre schöne Gestalt verdirbt: so wird
auch der Reiche dahinwelken in dem, was er un-
ternimmt.

12Selig ist der Mann, der die Anfechtung er-
duldet; denn nachdem er bewährt ist, wird er die
Krone des Lebens empfangen, die Gott verhei-
ßen hat denen, die ihn lieb haben.

Der Ursprung der Versuchung

13Niemand sage, wenn er versucht wird, daß er
von Gott versucht werde. Denn Gott kann nicht
versucht werden zum Bösen, und er selbst ver-
sucht niemand. 14Sondern ein jeder, der versucht
wird, wird von seinen eigenen Begierden gereizt
und gelockt. 15Danach, wenn die Begierde emp-
fangen hat, gebiert sie die Sünde; die Sünde
aber, wenn sie vollendet ist, gebiert den Tod.
16Irrt euch nicht, meine lieben Brüder. 17Alle

gute Gabe und alle vollkommene Gabe kommt
von oben herab, von dem Vater des Lichts, bei
dem keine Veränderung ist noch Wechsel des
Lichts und der Finsternis. [18]Er hat uns geboren
nach seinem Willen durch das Wort der Wahr-
heit, damit wir Erstlinge seiner Geschöpfe seien.

Hörer und Täter des Wortes

[19]Ihr sollt wissen, meine lieben Brüder: ein jeder
Mensch sei schnell zum Hören, langsam zum Re-
den, langsam zum Zorn. [20]Denn des Menschen

Ein jeder Mensch sei schnell zum Hören, langsam zum Reden.

Zorn tut nicht, was vor Gott recht ist. [21]Darum
legt ab alle Unsauberkeit und alle Bosheit und
nehmt das Wort an mit Sanftmut, das in euch ge-
pflanzt ist und Kraft hat, eure Seelen selig zu ma-
chen. [22]Seid aber Täter des Worts und nicht Hö-
rer allein; sonst betrügt ihr euch selbst. [23]Denn
wenn jemand ein Hörer des Worts ist und nicht
ein Täter, der gleicht einem Mann, der sein leib-
liches Angesicht im Spiegel beschaut; [24]denn
nachdem er sich beschaut hat, geht er davon und
vergißt von Stund an, wie er aussah. [25]Wer aber
durchschaut in das vollkommene Gesetz der
Freiheit und dabei beharrt und ist nicht ein ver-
geßlicher Hörer, sondern ein Täter, der wird se-
lig sein in seiner Tat. [26]Wenn jemand meint, er
diene Gott, und hält seine Zunge nicht im Zaum,
sondern betrügt sein Herz, so ist sein Gottes-
dienst nichtig. [27]Ein reiner und unbefleckter Got-
tesdienst vor Gott, dem Vater, ist der: die Wai-
sen und Witwen in ihrer Trübsal besuchen und
sich selbst von der Welt unbefleckt halten.

Kein Ansehen der Person in der Gemeinde

2 Liebe Brüder, haltet den Glauben an Jesus
Christus, unsern Herrn der Herrlichkeit,
frei von allem Ansehen der Person. [2]Denn
wenn in eure Versammlung ein Mann käme mit
einem goldenen Ring und in herrlicher Kleidung,
es käme aber auch ein Armer in unsauberer
Kleidung [3]und ihr sähet auf den, der herrlich ge-
kleidet ist, und sprächet zu ihm: Setze du dich
hierher auf den guten Platz! und sprächet zu dem
Armen: Stell du dich dorthin! oder: Setze dich
unten zu meinen Füßen!, [4]ist's recht, daß ihr sol-
che Unterschiede bei euch macht und urteilt mit
bösen Gedanken?

[5]Hört zu, meine lieben Brüder! Hat nicht Gott
erwählt die Armen in der Welt, die im Glauben
reich sind und Erben des Reichs, das er verhei-
ßen hat denen, die ihn lieb haben? [6]Ihr aber habt
dem Armen Unehre angetan. Sind es nicht die
Reichen, die Gewalt gegen euch üben und euch
vor Gericht ziehen? [7]Verlästern sie nicht den gu-
ten Namen, der über euch genannt ist? [8]Wenn
ihr das königliche Gesetz erfüllt nach der Schrift
(3. Mose 19,18): »Liebe deinen Nächsten wie
dich selbst«, so tut ihr recht; [9]wenn ihr aber die
Person anseht, tut ihr Sünde und werdet über-
führt vom Gesetz als Übertreter. [10]Denn wenn
jemand das ganze Gesetz hält und sündigt gegen
ein einziges Gebot, der ist am ganzen Gesetz
schuldig. [11]Denn der gesagt hat (2. Mose
20,13.14): »Du sollst nicht ehebrechen«, der hat
auch gesagt: »Du sollst nicht töten.« Wenn du
nun nicht die Ehe brichst, tötest aber, bist du ein
Übertreter des Gesetzes. [12]Redet so und handelt
so wie Leute, die durchs Gesetz der Freiheit ge-
richtet werden sollen. [13]Denn es wird ein un-
barmherziges Gericht über den ergehen, der
nicht Barmherzigkeit getan hat; Barmherzigkeit
aber triumphiert über das Gericht.

Glaube ohne Werke ist tot

[14]Was hilft's, liebe Brüder, wenn jemand sagt, er
habe Glauben, und hat doch keine Werke? Kann
denn der Glaube ihn selig machen? [15]Wenn ein
Bruder oder eine Schwester Mangel hätte an
Kleidung und an der täglichen Nahrung [16]und je-
mand unter euch spräche zu ihnen: Geht hin in
Frieden, wärmt euch und sättigt euch!, ihr gäbet
ihnen aber nicht, was der Leib nötig hat – was
könnte ihnen das helfen? [17]So ist auch der Glau-
be, wenn er nicht Werke hat, tot in sich selber.

[18]Aber es könnte jemand sagen: Du hast
Glauben, und ich habe Werke. Zeige mir deinen
Glauben ohne die Werke, so will ich dir meinen
Glauben zeigen aus meinen Werken. [19]Du
glaubst, daß nur einer Gott ist? Du tust recht
daran; die Teufel glauben's auch und zittern.
[20]Willst du nun einsehen, du törichter Mensch,
daß der Glaube ohne Werke nutzlos ist? [21]Ist
nicht Abraham, unser Vater, durch Werke ge-
recht geworden, als er seinen Sohn Isaak auf dem
Altar opferte? [22]Da siehst du, daß der Glaube
zusammengewirkt hat mit seinen Werken, und
durch die Werke ist der Glaube vollkommen ge-

worden. [23]So ist die Schrift erfüllt, die da spricht
(1. Mose 15,6): »Abraham hat Gott geglaubt,
und das ist ihm zur Gerechtigkeit gerechnet wor-
den«, und er wurde »ein Freund Gottes« genannt
(Jesaja 41,8). [24]So seht ihr nun, daß der Mensch
durch Werke gerecht wird, nicht durch Glauben
allein. [25]Desgleichen die Hure Rahab, ist sie nicht
durch Werke gerecht geworden, als sie die Boten
aufnahm und ließ sie auf einem andern Weg hin-
aus? [26]Denn wie der Leib ohne Geist tot ist, so ist
auch der Glaube ohne Werke tot.

Die Macht der Zunge

3 Liebe Brüder, nicht jeder von euch soll ein
Lehrer werden; und wißt, daß wir ein de-
sto strengeres Urteil empfangen werden.
[2]Denn wir verfehlen uns alle mannigfaltig. Wer
sich aber im Wort nicht verfehlt, der ist ein voll-
kommener Mann und kann auch den ganzen
Leib im Zaum halten. [3]Wenn wir den Pferden
den Zaum ins Maul legen, damit sie uns gehor-
chen, so lenken wir ihren ganzen Leib. [4]Siehe,
auch die Schiffe, obwohl sie so groß sind und
von starken Winden getrieben werden, werden
sie doch gelenkt mit einem kleinen Ruder, wohin
der will, der es führt. [5]So ist auch die Zunge ein
kleines Glied und richtet große Dinge an. Siehe,
ein kleines Feuer, welch einen Wald zündet's an!
[6]Auch die Zunge ist ein Feuer, eine Welt voll
Ungerechtigkeit. So ist die Zunge unter unsern
Gliedern: sie befleckt den ganzen Leib und zün-
det die ganze Welt an und ist selbst von der Höl-
le entzündet. [7]Denn jede Art von Tieren und
Vögeln und Schlangen und Seetieren wird ge-
zähmt und ist gezähmt vom Menschen, [8]aber die
Zunge kann kein Mensch zähmen, das unruhige
Übel, voll tödlichen Giftes. [9]Mit ihr loben wir
den Herrn und Vater, und mit ihr fluchen wir
den Menschen, die nach dem Bilde Gottes ge-
macht sind. [10]Aus einem Munde kommt Loben
und Fluchen. Das soll nicht so sein, liebe Brüder.
[11]Läßt auch die Quelle aus einem Loch süßes
und bitteres Wasser fließen? [12]Kann auch, liebe
Brüder, ein Feigenbaum Oliven oder ein Wein-
stock Feigen tragen? So kann auch eine salzige
Quelle nicht süßes Wasser geben.

Die Weisheit von oben

[13]Wer ist weise und klug unter euch? Der zeige
mit seinem guten Wandel seine Werke in Sanft-
mut und Weisheit. [14]Habt ihr aber bittern Neid
und Streit in eurem Herzen, so rühmt euch nicht
und lügt nicht der Wahrheit zuwider. [15]Das ist
nicht die Weisheit, die von oben herabkommt,
sondern sie ist irdisch, niedrig und teuflisch.
[16]Denn wo Neid und Streit ist, da sind Unord-
nung und lauter böse Dinge. [17]Die Weisheit aber
von oben her ist zuerst lauter, dann friedfertig,
gütig, läßt sich etwas sagen, ist reich an Barm-
herzigkeit und guten Früchten, unparteiisch, oh-

Wo Neid und Streit ist, da sind Unordnung und lauter böse Dinge.

Die Zunge ist wie ein Ruder . . .

ne Heuchelei. [18]Die Frucht der Gerechtigkeit
aber wird gesät in Frieden für die, die Frieden
stiften.

Warnung vor Unfriede und Wankelmut

4 Woher kommt der Kampf unter euch, wo-
her der Streit? Kommt's nicht daher, daß
in euren Gliedern die Gelüste gegeneinan-
der streiten? [2]Ihr seid begierig und erlangt's
nicht; ihr mordet und neidet und gewinnt nichts;
ihr streitet und kämpft und habt nichts, weil ihr
nicht bittet; [3]ihr bittet und empfangt nichts, weil
ihr in übler Absicht bittet, nämlich damit ihr's
für eure Gelüste vergeuden könnt.

[4]Ihr Abtrünnigen, wißt ihr nicht, daß Freund-
schaft mit der Welt Feindschaft mit Gott ist?
Wer der Welt Freund sein will, der wird Gottes
Feind sein. [5]Oder meint ihr, die Schrift sage um-
sonst: Mit Eifer wacht Gott über den Geist, den
er in uns hat wohnen lassen, [6]und gibt um so
reichlicher Gnade? Darum heißt es (Sprüche
3,34): »Gott widersteht den Hochmütigen, aber
den Demütigen gibt er Gnade.« [7]So seid nun
Gott untertan. Widersteht dem Teufel, so flieht
er von euch. [8]Naht euch zu Gott, so naht er sich

Widersteht dem Teufel, so flieht er von euch.

zu euch. Reinigt die Hände, ihr Sünder, und hei-
ligt eure Herzen, ihr Wankelmütigen. [9]Jammert
und klagt und weint; euer Lachen verkehre sich
in Weinen und eure Freude in Traurigkeit. [10]De-
mütigt euch vor dem Herrn, so wird er euch er-
höhen.

[11]Verleumdet einander nicht, liebe Brüder.
Wer seinen Bruder verleumdet oder verurteilt,
der verleumdet und verurteilt das Gesetz. Verur-
teilst du aber das Gesetz, so bist du nicht ein Tä-
ter des Gesetzes, sondern ein Richter. [12]Einer ist
der Gesetzgeber und Richter, der selig machen
und verdammen kann. Wer aber bist du, daß du
den Nächsten verurteilst?

Warnung vor Selbstsicherheit

[13]Und nun ihr, die ihr sagt: Heute oder morgen
wollen wir in die oder die Stadt gehen und wol-
len ein Jahr dort zubringen und Handel treiben
und Gewinn machen -, [14]und wißt nicht, was
morgen sein wird. Was ist euer Leben? Ein
Rauch seid ihr, der eine kleine Zeit bleibt und
dann verschwindet. [15]Dagegen solltet ihr sagen:
Wenn der Herr will, werden wir leben und dies
oder das tun. [16]Nun aber rühmt ihr euch in eu-
rem Übermut. All solches Rühmen ist böse.
[17]Wer nun weiß, Gutes zu tun, und tut's nicht,
dem ist's Sünde.

Das Gericht über die Reichen

5 Und nun, ihr Reichen: Weint und heult
über das Elend, das über euch kommen
wird! [2]Euer Reichtum ist verfault, eure
Kleider sind von Motten zerfressen. [3]Euer Gold
und Silber ist verrostet, und ihr Rost wird gegen
euch Zeugnis geben und wird euer Fleisch fres-
sen wie Feuer. Ihr habt euch Schätze gesammelt
in diesen letzten Tagen! [4]Siehe, der Lohn der
Arbeiter, die euer Land abgeerntet haben, den
ihr ihnen vorenthalten habt, der schreit, und das
Rufen der Schnitter ist gekommen vor die Ohren
des Herrn Zebaoth. [5]Ihr habt geschlemmt auf
Erden und gepraßt und eure Herzen gemästet
am Schlachttag. [6]Ihr habt den Gerechten verur-
teilt und getötet, und er hat euch nicht wider-
standen.

Mahnung zur Geduld

[7]So seid nun geduldig, liebe Brüder, bis zum
Kommen des Herrn. Siehe, der Bauer wartet auf
die kostbare Frucht der Erde und ist dabei ge-
duldig, bis sie empfange den Frühregen und
Spätregen. [8]Seid auch ihr geduldig und stärkt eu-
re Herzen; denn das Kommen des Herrn ist na-
he. [9]Seufzt nicht widereinander, liebe Brüder,
damit ihr nicht gerichtet werdet. Siehe, der Rich-
ter steht vor der Tür. [10]Nehmt, liebe Brüder, zum
Vorbild des Leidens und der Geduld die Prophe-
ten, die geredet haben in dem Namen des Herrn.
[11]Siehe, wir preisen selig, die erduldet haben.
Von der Geduld Hiobs habt ihr gehört und habt
gesehen, zu welchem Ende es der Herr geführt
hat; denn der Herr ist barmherzig und ein
Erbarmer.

[12]Vor allen Dingen aber, meine Brüder,
schwört nicht, weder bei dem Himmel noch bei
der Erde noch mit einem andern Eid. Es sei aber
euer Ja ein Ja und euer Nein ein Nein, damit ihr
nicht dem Gericht verfallt.

Das Gebet für die Kranken

[13]Leidet jemand unter euch, der bete; ist jemand
guten Mutes, der singe Psalmen. [14]Ist jemand un-
ter euch krank, der rufe zu sich die Ältesten der

Gemeinde, daß sie über ihm beten und ihn sal-
ben mit Öl in dem Namen des Herrn. [15]Und das
Gebet des Glaubens wird dem Kranken helfen,
und der Herr wird ihn aufrichten; und wenn er
Sünden getan hat, wird ihm vergeben werden.

Das Gebet des Glaubens wird dem Kranken helfen.

[16]Bekennt also einander eure Sünden und betet
füreinander, daß ihr gesund werdet. Des Gerech-
ten Gebet vermag viel, wenn es ernstlich ist.

[17]Elia war ein schwacher Mensch wie wir; und er
betete ein Gebet, daß es nicht regnen sollte, und
es regnete nicht auf Erden drei Jahre und sechs
Monate. [18]Und er betete abermals, und der Him-
mel gab den Regen, und die Erde brachte ihre
Frucht.

Verantwortung für die Irrenden

[19]Liebe Brüder, wenn jemand unter euch abirren
würde von der Wahrheit und jemand bekehrte
ihn, [20]der soll wissen: wer den Sünder bekehrt
hat von seinem Irrweg, der wird seine Seele vom
Tode erretten und wird bedecken die Menge der
Sünden.

Der Brief von

Judas

Einführung

Dieser kurze Brief wendet sich mit scharfen Worten gegen einen unmoralischen Lebensstil und gegen falsche Mitarbeiter der Gemeinde, die die Lehren Jesu Christi und den Glauben zersetzen. Judas benutzt als Anknüpfung u.a. eine den damaligen Lesern bekannte Geschichte aus dem Henoch-Buch, einer religiösen Schrift der Juden.

Überblick

Judas, ein Knecht Jesu Christi und Bruder des
Jakobus, an die Berufenen, die geliebt sind in
Gott, dem Vater, und bewahrt für Jesus Chri-
stus:
[2]Gott gebe euch viel Barmherzigkeit und Frie-
den und Liebe!

Gottes Gericht über die Irrlehrer

[3]Ihr Lieben, nachdem ich ernstlich vorhatte, euch
zu schreiben von unser aller Heil, hielt ich's für
nötig, euch in meinem Brief zu ermahnen, daß
ihr für den Glauben kämpft, der ein für allemal
den Heiligen überliefert ist. [4]Denn es haben sich
einige Menschen eingeschlichen, über die schon
längst das Urteil geschrieben ist; Gottlose sind
sie, mißbrauchen die Gnade unseres Gottes für
ihre Ausschweifung und verleugnen unsern allei-
nigen Herrscher und Herrn Jesus Christus. [5]Ich
will euch aber erinnern, obwohl ihr dies alles
schon wißt, daß der Herr, nachdem er dem Volk
das eine Mal aus Ägypten geholfen hatte, das an-
dere Mal die umbrachte, die nicht glaubten.
[6]Auch die Engel, die ihren himmlischen Rang
nicht bewahrten, sondern ihre Behausung verlie-
ßen, hat er für das Gericht des großen Tages
festgehalten mit ewigen Banden in der Finsternis.
[7]So sind auch Sodom und Gomorra und die um-
liegenden Städte, die gleicherweise wie sie Un-
zucht getrieben haben und anderem Fleisch
nachgegangen sind, zum Beispiel gesetzt und lei-
den die Pein des ewigen Feuers. [8]Ebenso sind
auch diese Träumer, die ihr Fleisch beflecken, je-
de Herrschaft verachten und die himmlischen
Mächte lästern. [9]Als aber Michael, der Erzengel,
mit dem Teufel stritt und mit ihm rechtete um
den Leichnam des Mose, wagte er nicht, über ihn
ein Verdammungsurteil zu fällen, sondern
sprach: Der Herr strafe dich! [10]Diese aber lästern
alles, wovon sie nichts verstehen; was sie aber
von Natur aus kennen wie die unvernünftigen
Tiere, daran verderben sie. [11]Weh ihnen! Denn
sie gehen den Weg Kains und fallen in den Irr-
tum des Bileam um Gewinnes willen und kom-
men um in dem Aufruhr Korachs. [12]Sie sind
Schandflecken bei euren Liebesmahlen, prassen
ohne Scheu, weiden sich selbst; sie sind Wolken
ohne Wasser, vom Wind umhergetrieben, kahle,
unfruchtbare Bäume, zweimal abgestorben und

Der Weg der Christen braucht Ermutiger ▷

Gefährdete Christen sind aus dem Feuer zu retten

entwurzelt. 13 Wilde Wellen des Meeres, die ihre
eigene Schande ausschäumen, umherirrende
Sterne; deren Los ist die dunkelste Finsternis in
Ewigkeit.
14 Es hat aber auch von diesen geweissagt He-
noch, der siebente von Adam an, und gespro-
chen: Siehe, der Herr kommt mit seinen vielen
tausend Heiligen, 15 Gericht zu halten über alle
und zu strafen alle Menschen für alle Werke ih-
res gottlosen Wandels, mit denen sie gottlos ge-
wesen sind, und für all das Freche, das die gott-
losen Sünder gegen ihn geredet haben. 16 Diese
murren und hadern mit ihrem Geschick; sie le-
ben nach ihren Begierden, und ihr Mund redet
stolze Worte, und um ihres Nutzens willen
schmeicheln sie den Leuten.
17 Ihr aber, meine Lieben, erinnert euch der
Worte, die zuvor gesagt sind von den Aposteln
unseres Herrn Jesus Christus, 18 als sie euch sag-
ten, daß zu der letzten Zeit Spötter sein werden,
die nach ihren eigenen gottlosen Begierden le-
ben. 19 Diese sind es, die Spaltungen hervorrufen,
niedrig Gesinnte, die den Geist nicht haben.

Mahnung und Gotteslob

20 Ihr aber, meine Lieben, erbaut euch auf euren
allerheiligsten Glauben, und betet im heiligen
Geist, 21 und erhaltet euch in der Liebe Gottes,
und wartet auf die Barmherzigkeit unseres Herrn
Jesus Christus zum ewigen Leben. 22 Und erbarmt
euch derer, die zweifeln; 23 andere reißt aus dem
Feuer und rettet sie; anderer erbarmt euch in
Furcht und haßt auch das Gewand, das befleckt
ist vom Fleisch.

**Erbarmt euch derer,
die zweifeln.**

24 Dem aber, der euch vor dem Straucheln be-
hüten kann und euch untadelig stellen kann vor
das Angesicht seiner Herrlichkeit mit Freuden,
25 dem alleinigen Gott, unserm Heiland, sei durch
Jesus Christus, unsern Herrn, Ehre und Majestät
und Gewalt und Macht vor aller Zeit, jetzt und
in alle Ewigkeit! Amen.

Offenbarung des

Johannes

Einführung

Das letzte Buch der Bibel, geschrieben gegen Ende des 1. Jahrhunderts, ist ein Buch der Ermutigung. Die christlichen Gemeinden waren schon einige Jahrzehnte alt und hatten sich ganz unterschiedlich entwickelt. Einige waren kraftvoll und treu, andere gingen durch innere Schwierigkeiten. Dazu kamen immer wieder Versuche der römischen Weltmacht, die Christen auszurotten. Manche Gläubige verstanden nicht, daß Gott in diesen Situationen nicht sofort eingriff und alle Bosheit überwand und bestrafte.

In diese bedrohliche Lage hinein beauftragte Gottes Geist den Apostel Johannes durch Visionen und Botschaften, die Gemeinden zum Durchhalten zu ermutigen. Johannes tut dies, in dem er Bilder, Symbole und Zahlen weitergibt, die damals sicher viel besser verstanden wurden als heute: Jesus Christus bleibt der Herr über alle Abschnitte der Weltgeschichte. Er wird an sein Ziel kommen. Er wird den Satan besiegen. Er wird Gericht halten über alle Menschen und die erlöste Gemeinde in sein herrliches Reich holen, wo kein Leid mehr sein wird. Aus diesem hoffnungsvollen Glauben heraus spielt in der Offenbarung der Lobpreis Gottes eine zentrale Rolle.

Überblick

Einleitung und Grüße	1,1-8
Erste Vision und Brief an sieben Gemeinden	1,9-3,22
Die Buchrolle mit sieben Siegeln	4,1-8,5
Die sieben Posaunen	8,6-11,19
Zeichen vom Drachen und den zwei Tieren	12,1-13,18
Lobpreis und verschiedene Gerichte Gottes	14,1-15,8
Die sieben Schalen des Zorns	16,1-21
Zerstörung Babylons und der Feinde Gottes, Weltgericht	17,1-20,15
Der neue Himmel und die neue Erde	21,1-22,5
Abschließende Warnung und Einladung	22,6-21

1 Dies ist die Offenbarung Jesu Christi, die
ihm Gott gegeben hat, seinen Knechten zu
zeigen, was in Kürze geschehen soll; und
er hat sie durch seinen Engel gesandt und seinem
Knecht Johannes kundgetan, [2]der bezeugt hat
das Wort Gottes und das Zeugnis von Jesus
Christus, alles, was er gesehen hat. [3]Selig ist, der
da liest und die da hören die Worte der Weissa-
gung und behalten, was darin geschrieben ist;
denn die Zeit ist nahe.

Gruß an die sieben Gemeinden

[4]Johannes an die sieben Gemeinden in der Pro-
vinz Asien: Gnade sei mit euch und Friede von
dem, der da ist und der da war und der da
kommt, und von den sieben Geistern, die vor
seinem Thron sind, [5]und von Jesus Christus, wel-
cher ist der treue Zeuge, der Erstgeborene von
den Toten und Herr über die Könige auf Erden!
Ihm, der uns liebt und uns erlöst hat von unsern
Sünden mit seinem Blut [6]und uns zu Königen

Stimmen wie rauschende Wasser

und Priestern gemacht hat vor Gott, seinem Vater, ihm sei Ehre und Gewalt von Ewigkeit zu Ewigkeit! Amen.

7Siehe, er kommt mit den Wolken, und es werden ihn sehen alle Augen und alle, die ihn durchbohrt haben, und es werden wehklagen um seinetwillen alle Geschlechter der Erde. Ja, Amen.

8Ich bin das A und das O, spricht Gott der Herr, der da ist und der da war und der da kommt, der Allmächtige.

Der Auftrag an Johannes

9Ich, Johannes, euer Bruder und Mitgenosse an der Bedrängnis und am Reich und an der Geduld in Jesus, war auf der Insel, die Patmos heißt, um des Wortes Gottes willen und des
Zeugnisses von Jesus. 10Ich wurde vom Geist ergriffen am Tag des Herrn und hörte hinter mir
eine große Stimme wie von einer Posaune, 11die
sprach: Was du siehst, das schreibe in ein Buch und sende es an die sieben Gemeinden: nach Ephesus und nach Smyrna und nach Pergamon und nach Thyatira und nach Sardes und nach Philadelphia und nach Laodizea.

12Und ich wandte mich um, zu sehen nach der Stimme, die mit mir redete. Und als ich mich umwandte, sah ich sieben goldene Leuchter
13und mitten unter den Leuchtern einen, der war einem Menschensohn gleich, angetan mit einem langen Gewand und gegürtet um die Brust mit
einem goldenen Gürtel. 14Sein Haupt aber und sein Haar war weiß wie weiße Wolle, wie der Schnee, und seine Augen wie eine Feuerflamme
15und seine Füße wie Golderz, das im Ofen glüht, und seine Stimme wie großes Wasserrau-
schen; 16und er hatte sieben Sterne in seiner rechten Hand, und aus seinem Munde ging ein scharfes, zweischneidiges Schwert, und sein Angesicht leuchtete, wie die Sonne scheint in ihrer
Macht. 17Und als ich ihn sah, fiel ich zu seinen Füßen wie tot; und er legte seine rechte Hand auf mich und sprach zu mir: Fürchte dich nicht!
Ich bin der Erste und der Letzte 18und der Lebendige. Ich war tot, und siehe, ich bin lebendig von Ewigkeit zu Ewigkeit und habe die Schlüssel
des Todes und der Hölle. 19Schreibe, was du gesehen hast und was ist und was geschehen soll
danach. 20Das Geheimnis der sieben Sterne, die du gesehen hast in meiner rechten Hand, und der sieben goldenen Leuchter ist dies: Die sieben Sterne sind Engel der sieben Gemeinden, und die sieben Leuchter sind sieben Gemeinden.

Fürchte dich nicht! Ich habe die Schlüssel des Todes und der Hölle.

Die sieben Sendschreiben

2 Dem Engel der Gemeinde in Ephesus schreibe: Das sagt, der da hält die sieben Sterne in seiner Rechten, der da wandelt mitten unter den sieben goldenen Leuchtern: 2Ich kenne deine Werke und deine Mühsal und deine Geduld und weiß, daß du die Bösen nicht ertragen kannst; und du hast die geprüft, die sagen, sie seien Apostel, und sind's nicht, und hast sie als Lügner befunden, 3und hast Geduld und hast um meines Namens willen die Last getragen und bist nicht müde geworden. 4Aber ich habe gegen dich, daß du die erste Liebe verläßt. 5So denke nun daran, wovon du abgefallen bist, und tue Buße und tue die ersten Werke! Wenn aber nicht, werde ich über dich kommen und deinen Leuchter wegstoßen von seiner Stätte – wenn du nicht Buße tust. 6Aber das hast du für dich, daß du die Werke der Nikolaïten hassest, die ich auch hasse. 7Wer Ohren hat, der höre, was der Geist den Gemeinden sagt! Wer überwindet, dem will ich zu essen geben von dem Baum des Lebens, der im Paradies Gottes ist.

Wer Ohren hat, der höre.

8Und dem Engel der Gemeinde in Smyrna schreibe: Das sagt der Erste und der Letzte, der tot war und ist lebendig geworden: 9Ich kenne deine Bedrängnis und deine Armut – du bist aber reich – und die Lästerung von denen, die sagen, sie seien Juden, und sind's nicht, sondern sind die Synagoge des Satans. 10Fürchte dich nicht vor dem, was du leiden wirst! Siehe, der Teufel wird einige von euch ins Gefängnis werfen, damit ihr versucht werdet, und ihr werdet in Bedrängnis sein zehn Tage. Sei getreu bis an den Tod, so will ich dir die Krone des Lebens geben. 11Wer Ohren hat, der höre, was der Geist den Gemeinden sagt! Wer überwindet, dem soll kein Leid geschehen von dem zweiten Tode.

12Und dem Engel der Gemeinde in Pergamon schreibe: Das sagt, der da hat das scharfe, zweischneidige Schwert: 13Ich weiß, wo du wohnst: da, wo der Thron des Satans ist; und du hältst an meinem Namen fest und hast den Glauben an mich nicht verleugnet, auch nicht in den Tagen, als Antipas, mein treuer Zeuge, bei euch getötet wurde, da, wo der Satan wohnt. 14Aber einiges habe ich gegen dich: du hast Leute dort, die sich an die Lehre Bileams halten, der den Balak lehrte, die Israeliten zu verführen, vom Götzenopfer zu essen und Hurerei zu treiben. 15So hast du auch Leute, die sich in gleicher Weise an die Lehre der Nikolaïten halten. 16Tue Buße; wenn aber nicht, so werde ich bald über dich kommen und gegen sie streiten mit dem Schwert meines Mundes. 17Wer Ohren hat, der höre, was der Geist den Gemeinden sagt! Wer überwindet, dem will ich geben von dem verborgenen Manna und will ihm geben einen weißen Stein; und auf dem Stein ist ein neuer Name geschrieben, den niemand kennt als der, der ihn empfängt.

18Und dem Engel der Gemeinde in Thyatira schreibe: Das sagt der Sohn Gottes, der Augen hat wie Feuerflammen, und seine Füße sind wie Golderz: 19Ich kenne deine Werke und deine Liebe und deinen Glauben und deinen Dienst und deine Geduld und weiß, daß du je länger je mehr tust. 20Aber ich habe gegen dich, daß du Isebel duldest, diese Frau, die sagt, sie sei eine Prophetin, und lehrt und verführt meine Knechte, Hurerei zu treiben und Götzenopfer zu essen. 21Und ich habe ihr Zeit gegeben, Buße zu tun, und sie will sich nicht bekehren von ihrer Hurerei. 22Siehe, ich werfe sie aufs Bett, und die mit ihr die Ehe gebrochen haben in große Trübsal, wenn sie sich nicht bekehren von ihren Werken, 23und ihre Kinder will ich mit dem Tode schlagen. Und alle Gemeinden sollen erkennen, daß ich es bin, der die Nieren und Herzen erforscht, und ich werde geben einem jeden von euch nach euren Werken. 24Euch aber sage ich, den andern in Thyatira, die solche Lehre nicht haben und nicht erkannt haben die Tiefen des Satans, wie sie sagen: Ich will nicht noch eine Last auf euch werfen; 25doch was ihr habt, das haltet fest, bis ich komme. 26Und wer überwindet und hält meine Werke bis ans Ende, dem will ich Macht geben über die Heiden, 27und er soll sie weiden mit eisernem Stabe, und wie die Gefäße eines Töpfers soll er sie zerschmeißen, 28wie auch ich Macht empfangen habe von meinem Vater; und ich will ihm geben den Morgenstern. 29Wer Ohren hat, der höre, was der Geist den Gemeinden sagt!

Und alle Gemeinden sollen erkennen, daß ich es bin, der die Herzen erforscht.

3 Und dem Engel der Gemeinde in Sardes
schreibe: Das sagt, der die sieben Geister
Gottes hat und die sieben Sterne: Ich ken-
ne deine Werke: Du hast den Namen, daß du
lebst, und bist tot. 2Werde wach und stärke das
andre, das sterben will, denn ich habe deine
Werke nicht als vollkommen befunden vor mei-
nem Gott. 3So denke nun daran, wie du empfan-
gen und gehört hast, und halte es fest und tue
Buße! Wenn du aber nicht wachen wirst, werde
ich kommen wie ein Dieb, und du wirst nicht
wissen, zu welcher Stunde ich über dich kommen
werde. 4Aber du hast einige in Sardes, die ihre
Kleider nicht besudelt haben; die werden mit mir
einhergehen in weißen Kleidern, denn sie sind's
wert. 5Wer überwindet, der soll mit weißen Klei-
dern angetan werden, und ich werde seinen Na-
men nicht austilgen aus dem Buch des Lebens,
und ich will seinen Namen bekennen vor mei-
nem Vater und vor seinen Engeln. 6Wer Ohren
hat, der höre, was der Geist den Gemeinden
sagt!
7Und dem Engel der Gemeinde in Philadel-
phia schreibe: Das sagt der Heilige, der Wahr-
haftige, der da hat den Schlüssel Davids, der auf-
tut, und niemand schließt zu, der zuschließt, und
niemand tut auf: 8Ich kenne deine Werke. Siehe,
ich habe vor dir eine Tür aufgetan, und niemand
kann sie zuschließen; denn du hast eine kleine
Kraft und hast mein Wort bewahrt und hast mei-
nen Namen nicht verleugnet. 9Siehe, ich werde
schicken einige aus der Synagoge des Satans, die
sagen, sie seien Juden, und sind's nicht, sondern
lügen; siehe, ich will sie dazu bringen, daß sie
kommen sollen und zu deinen Füßen niederfal-
len und erkennen, daß ich dich geliebt habe.
10Weil du mein Wort von der Geduld bewahrt
hast, will auch ich dich bewahren vor der Stunde
der Versuchung, die kommen wird über den gan-
zen Weltkreis, zu versuchen, die auf Erden woh-
nen. 11Siehe, ich komme bald; halte, was du hast,
daß niemand deine Krone nehme! 12Wer über-
windet, den will ich machen zum Pfeiler in dem
Tempel meines Gottes, und er soll nicht mehr
hinausgehen, und ich will auf ihn schreiben den
Namen meines Gottes und den Namen des neu-
en Jerusalem, der Stadt meines Gottes, die vom
Himmel herniederkommt von meinem Gott, und
meinen Namen, den neuen. 13Wer Ohren hat,
der höre, was der Geist den Gemeinden sagt!
14Und dem Engel der Gemeinde in Laodizea
schreibe: Das sagt, der Amen heißt, der treue
und wahrhaftige Zeuge, der Anfang der
Schöpfung Gottes: 15Ich kenne deine Werke, daß
du weder kalt noch warm bist. Ach, daß du kalt
oder warm wärest! 16Weil du aber lau bist und
weder warm noch kalt, werde ich dich ausspeien
aus meinem Munde. 17Du sprichst: Ich bin reich
und habe genug und brauche nichts! und weißt
nicht, daß du elend und jämmerlich bist, arm,
blind und bloß. 18Ich rate dir, daß du Gold von
mir kaufst, das im Feuer geläutert ist, damit du
reich werdest, und weiße Kleider, damit du sie
anziehst und die Schande deiner Blöße nicht of-
fenbar werde, und Augensalbe, deine Augen zu
salben, damit du sehen mögest. 19Welche ich lieb
habe, die weise ich zurecht und züchtige ich. So
sei nun eifrig und tue Buße! 20Siehe, ich stehe
vor der Tür und klopfe an. Wenn jemand meine
Stimme hören wird und die Tür auftun, zu dem
werde ich hineingehen und das Abendmahl mit
ihm halten und er mit mir. 21Wer überwindet,
dem will ich geben, mit mir auf meinem Thron
zu sitzen, wie auch ich überwunden habe und
mich gesetzt habe mit meinem Vater auf seinen
Thron. 22Wer Ohren hat, der höre, was der Geist
den Gemeinden sagt!

Siehe, ich komme bald; halte, was du hast.

Amen

Hebräisch: »So ist es!« oder »So sei es!« Bestätigungs- und Abschlußformel in Gebeten. Hier ein Name für Christus.

Vor dem Thron Gottes

4 Danach sah ich, und siehe, eine Tür war
aufgetan im Himmel, und die erste Stim-
me, die ich mit mir hatte reden hören wie
eine Posaune, die sprach: Steig herauf, ich will
dir zeigen, was nach diesem geschehen soll.
2Alsbald wurde ich vom Geist ergriffen. Und
siehe, ein Thron stand im Himmel, und auf dem
Thron saß einer. 3Und der da saß, war anzusehen
wie der Stein Jaspis und Sarder; und ein Regen-
bogen war um den Thron, anzusehen wie ein
Smaragd. 4Und um den Thron waren vierund-
zwanzig Throne, und auf den Thronen saßen

vierundzwanzig Älteste, mit weißen Kleidern angetan, und hatten auf ihren Häuptern goldene Kronen. 5Und von dem Thron gingen aus Blitze, Stimmen und Donner; und sieben Fackeln mit Feuer brannten vor dem Thron, das sind die sieben Geister Gottes. 6Und vor dem Thron war es wie ein gläsernes Meer, gleich dem Kristall, und in der Mitte am Thron und um den Thron vier himmlische Gestalten, voller Augen vorn und hinten. 7Und die erste Gestalt war gleich einem Löwen, und die zweite Gestalt war gleich einem Stier, und die dritte Gestalt hatte ein Antlitz wie ein Mensch, und die vierte Gestalt war gleich einem fliegenden Adler. 8Und eine jede der vier Gestalten hatte sechs Flügel, und sie waren außen und innen voller Augen, und sie hatten keine Ruhe Tag und Nacht und sprachen:

> Heilig, heilig, heilig ist Gott der Herr, der Allmächtige, der da war und der da ist und der da kommt.

9Und wenn die Gestalten Preis und Ehre und Dank gaben dem, der auf dem Thron saß, der da lebt von Ewigkeit zu Ewigkeit, 10fielen die vierundzwanzig Ältesten nieder vor dem, der auf dem Thron saß, und beteten den an, der da lebt von Ewigkeit zu Ewigkeit, und legten ihre Kronen nieder vor dem Thron und sprachen:

> 11Herr, unser Gott, du bist würdig, zu nehmen Preis und Ehre und Kraft; denn du hast alle Dinge geschaffen, und durch deinen Willen waren sie und wurden sie geschaffen.

Gestalten

Die Gestalten haben eine geistliche Bedeutung. Hier sind es himmlische Wesen, die die Aufgabe haben, den ewigen Gott zu ehren und zu preisen.

Das Buch mit den sieben Siegeln

5 Und ich sah in der rechten Hand dessen, der auf dem Thron saß, ein Buch, beschrieben innen und außen, versiegelt mit sieben Siegeln. 2Und ich sah einen starken Engel, der rief mit großer Stimme: Wer ist würdig, das Buch aufzutun und seine Siegel zu brechen? 3Und niemand, weder im Himmel noch auf Erden noch unter der Erde, konnte das Buch auftun und hineinsehen. 4Und ich weinte sehr, weil niemand für würdig befunden wurde, das Buch aufzutun und hineinzusehen. 5Und einer von den Ältesten spricht zu mir: Weine nicht! Siehe, es hat überwunden der Löwe aus dem Stamm Juda, die Wurzel Davids, aufzutun das Buch und seine sieben Siegel.

6Und ich sah mitten zwischen dem Thron und den vier Gestalten und mitten unter den Ältesten ein Lamm stehen, wie geschlachtet; es hatte sieben Hörner und sieben Augen, das sind die sieben Geister Gottes, gesandt in alle Lande. 7Und es kam und nahm das Buch aus der rechten Hand dessen, der auf dem Thron saß. 8Und als es das Buch nahm, da fielen die vier Gestalten und die vierundzwanzig Ältesten nieder vor dem Lamm, und ein jeder hatte eine Harfe und goldene Schalen voll Räucherwerk, das sind die Gebete der Heiligen, 9und sie sangen ein neues Lied:

> Du bist würdig, zu nehmen das Buch und aufzutun seine Siegel; denn du bist geschlachtet und hast mit deinem Blut Menschen für Gott erkauft aus allen Stämmen und Sprachen und Völkern und Nationen 10und hast sie unserm Gott zu Königen und Priestern gemacht, und sie werden herrschen auf Erden.

Und sie sangen ein neues Lied.

11Und ich sah, und ich hörte eine Stimme vieler Engel um den Thron und um die Gestalten und um die Ältesten her, und ihre Zahl war vieltausendmal tausend; 12die sprachen mit großer Stimme:

> Das Lamm, das geschlachtet ist, ist würdig, zu nehmen Kraft und Reichtum und Weisheit und Stärke und Ehre und Preis und Lob.

13Und jedes Geschöpf, das im Himmel ist und auf Erden und unter der Erde und auf dem Meer und alles, was darin ist, hörte ich sagen:

> Dem, der auf dem Thron sitzt, und dem Lamm sei Lob und Ehre und Preis und Gewalt von Ewigkeit zu Ewigkeit!

14Und die vier Gestalten sprachen: Amen! Und die Ältesten fielen nieder und beteten an.

Die Öffnung der ersten sechs Siegel

6 Und ich sah, daß das Lamm das erste der sieben Siegel auftat, und ich hörte eine der vier Gestalten sagen wie mit einer Donnerstimme: Komm! 2Und ich sah, und siehe, ein wei-

ßes Pferd. Und der darauf saß, hatte einen Bo-
gen, und ihm wurde eine Krone gegeben, und er
zog aus sieghaft und um zu siegen.
3Und als es das zweite Siegel auftat, hörte ich
die zweite Gestalt sagen: Komm! 4Und es kam
heraus ein zweites Pferd, das war feuerrot. Und
dem, der darauf saß, wurde Macht gegeben, den
Frieden von der Erde zu nehmen, daß sie sich
untereinander umbrächten, und ihm wurde ein
großes Schwert gegeben.
5Und als es das dritte Siegel auftat, hörte ich
die dritte Gestalt sagen: Komm! Und ich sah,
und siehe, ein schwarzes Pferd. Und der darauf
saß, hatte eine Waage in seiner Hand. 6Und ich
hörte eine Stimme mitten unter den vier Gestal-
ten sagen: Ein Maß Weizen für einen Silbergro-
schen und drei Maß Gerste für einen Silbergro-
schen; aber dem Öl und Wein tu keinen
Schaden!
7Und als es das vierte Siegel auftat, hörte ich
die Stimme der vierten Gestalt sagen: Komm!
8Und ich sah, und siehe, ein fahles Pferd. Und
der darauf saß, dessen Name war: Der Tod, und
die Hölle folgte ihm nach. Und ihnen wurde
Macht gegeben über den vierten Teil der Erde,
zu töten mit Schwert und Hunger und Pest und
durch die wilden Tiere auf Erden.
9Und als es das fünfte Siegel auftat, sah ich
unten am Altar die Seelen derer, die umgebracht
worden waren um des Wortes Gottes und um ih-
res Zeugnisses willen. 10Und sie schrien mit lau-
ter Stimme: Herr, du Heiliger und Wahrhaftiger,
wie lange richtest du nicht und rächst nicht unser
Blut an denen, die auf der Erde wohnen? 11Und
ihnen wurde gegeben einem jeden ein weißes
Gewand, und ihnen wurde gesagt, daß sie ruhen
müßten noch eine kleine Zeit, bis vollzählig da-
zukämen ihre Mitknechte und Brüder, die auch
noch getötet werden sollten wie sie.
12Und ich sah: als es das sechste Siegel auftat,
da geschah ein großes Erdbeben, und die Sonne
wurde finster wie ein schwarzer Sack, und der
ganze Mond wurde wie Blut, 13und die Sterne

Hölle
Eigentlich: Hades, Totenreich.

Es war wie eine brennende Fackel am Himmel

des Himmels fielen auf die Erde, wie ein Feigen-
baum seine Feigen abwirft, wenn er von starkem
Wind bewegt wird. 14Und der Himmel wich wie
eine Schriftrolle, die zusammengerollt wird, und
alle Berge und Inseln wurden wegbewegt von ih-
rem Ort. 15Und die Könige auf Erden und die
Großen und die Obersten und die Reichen und
die Gewaltigen und alle Sklaven und alle Freien
verbargen sich in den Klüften und Felsen der
Berge 16und sprachen zu den Bergen und Felsen:
Fallt über uns und verbergt uns vor dem Ange-
sicht dessen, der auf dem Thron sitzt, und vor
dem Zorn des Lammes! 17Denn es ist gekom-
men der große Tag ihres Zorns, und wer kann
bestehen?

Die Versiegelten

7 Danach sah ich vier Engel stehen an den
vier Ecken der Erde, die hielten die vier
Winde der Erde fest, damit kein Wind
über die Erde blase noch über das Meer noch
über irgendeinen Baum. 2Und ich sah einen an-
dern Engel aufsteigen vom Aufgang der Sonne
her, der hatte das Siegel des lebendigen Gottes
und rief mit großer Stimme zu den vier Engeln,
denen Macht gegeben war, der Erde und dem
Meer Schaden zu tun: 3Tut der Erde und dem
Meer und den Bäumen keinen Schaden, bis wir
versiegeln die Knechte unseres Gottes an ihren
Stirnen.
4Und ich hörte die Zahl derer, die versiegelt
wurden: hundertvierundvierzigtausend, die ver-
siegelt waren aus allen Stämmen Israels: 5aus
dem Stamm Juda zwölftausend versiegelt, aus
dem Stamm Ruben zwölftausend, aus dem
Stamm Gad zwölftausend, 6aus dem Stamm As-
ser zwölftausend, aus dem Stamm Naftali zwölf-
tausend, aus dem Stamm Manasse zwölftausend,
7aus dem Stamm Simeon zwölftausend, aus dem
Stamm Levi zwölftausend, aus dem Stamm Is-
sachar zwölftausend, 8aus dem Stamm Sebulon
zwölftausend, aus dem Stamm Josef zwölftau-
send, aus dem Stamm Benjamin zwölftausend
versiegelt.

Die große Schar aus allen Völkern

9Danach sah ich, und siehe, eine große Schar, die
niemand zählen konnte, aus allen Nationen und
Stämmen und Völkern und Sprachen; die stan-
den vor dem Thron und vor dem Lamm, angetan
mit weißen Kleidern und mit Palmzweigen in ih-
ren Händen, 10und riefen mit großer Stimme:
Das Heil ist bei dem, der auf dem Thron
sitzt, unserm Gott, und dem Lamm!
11Und alle Engel standen rings um den Thron
und um die Ältesten und um die vier Gestalten
und fielen nieder vor dem Thron auf ihr Ange-
sicht und beteten Gott an 12und sprachen:
Amen, Lob und Ehre und Weisheit und
Dank und Preis und Kraft und Stärke sei
unserm Gott von Ewigkeit zu Ewigkeit!
Amen.
13Und einer der Ältesten fing an und sprach zu
mir: Wer sind diese, die mit den weißen Kleidern
angetan sind, und woher sind sie gekommen?
14Und ich sprach zu ihm: Mein Herr, du weißt
es. Und er sprach zu mir: Diese sind's, die ge-
kommen sind aus der großen Trübsal und haben
ihre Kleider gewaschen und haben ihre Kleider
hell gemacht im Blut des Lammes. 15Darum sind

Danach sah ich eine große Schar, die niemand zählen konnte.

sie vor dem Thron Gottes und dienen ihm Tag
und Nacht in seinem Tempel; und der auf dem
Thron sitzt, wird über ihnen wohnen. 16Sie wer-
den nicht mehr hungern noch dürsten; es wird
auch nicht auf ihnen lasten die Sonne oder irgen-
deine Hitze; 17denn das Lamm mitten auf dem
Thron wird sie weiden und leiten zu den Quellen
des lebendigen Wassers, und Gott wird abwi-
schen alle Tränen von ihren Augen.

Das siebente Siegel

8 Und als das Lamm das siebente Siegel auf-
tat, entstand eine Stille im Himmel etwa
eine halbe Stunde lang. 2Und ich sah die
sieben Engel, die vor Gott stehen, und ihnen
wurden sieben Posaunen gegeben. 3Und ein an-
derer Engel kam und trat an den Altar und hatte
ein goldenes Räuchergefäß; und ihm wurde viel
Räucherwerk gegeben, daß er es darbringe mit
den Gebeten aller Heiligen auf dem goldenen
Altar vor dem Thron. 4Und der Rauch des Räu-
cherwerks stieg mit den Gebeten der Heiligen
von der Hand des Engels hinauf vor Gott. 5Und
der Engel nahm das Räuchergefäß und füllte es
mit Feuer vom Altar und schüttete es auf die Er-
de. Und da geschahen Donner und Stimmen und
Blitze und Erdbeben.

Die ersten sechs Posaunen

6Und die sieben Engel mit den sieben Posaunen hatten sich gerüstet zu blasen. 7Und der erste blies seine Posaune; und es kam Hagel und Feuer, mit Blut vermengt, und fiel auf die Erde; und der dritte Teil der Erde verbrannte, und der dritte Teil der Bäume verbrannte, und alles grüne Gras verbrannte.

8Und der zweite Engel blies seine Posaune; und es stürzte etwas wie ein großer Berg mit Feuer brennend ins Meer, und der dritte Teil des Meeres wurde zu Blut, 9und der dritte Teil der lebendigen Geschöpfe im Meer starb, und der dritte Teil der Schiffe wurde vernichtet.

10Und der dritte Engel blies seine Posaune; und es fiel ein großer Stern vom Himmel, der brannte wie eine Fackel und fiel auf den dritten Teil der Wasserströme und auf die Wasserquellen. 11Und der Name des Sterns heißt Wermut. Und der dritte Teil der Wasser wurde zu Wermut, und viele Menschen starben von den Wassern, weil sie bitter geworden waren.

12Und der vierte Engel blies seine Posaune; und es wurde geschlagen der dritte Teil der Sonne und der dritte Teil des Mondes und der dritte Teil der Sterne, so daß ihr dritter Teil verfinstert wurde und den dritten Teil des Tages das Licht nicht schien, und in der Nacht desgleichen.

13Und ich sah, und ich hörte, wie ein Adler mitten durch den Himmel flog und sagte mit großer Stimme: Weh, weh, weh denen, die auf Erden wohnen wegen der anderen Posaunen der drei Engel, die noch blasen sollen!

9 Und der fünfte Engel blies seine Posaune; und ich sah einen Stern, gefallen vom Himmel auf die Erde; und ihm wurde der Schlüssel zum Brunnen des Abgrunds gegeben. 2Und er tat den Brunnen des Abgrunds auf, und es stieg auf ein Rauch aus dem Brunnen wie der Rauch eines großen Ofens, und es wurden verfinstert die Sonne und die Luft von dem Rauch des Brunnens. 3Und aus dem Rauch kamen Heuschrecken auf die Erde, und ihnen wurde Macht gegeben, wie die Skorpione auf Erden Macht haben.

4Und es wurde ihnen gesagt, sie sollten nicht Schaden tun dem Gras auf Erden noch allem Grünen noch irgendeinem Baum, sondern allein den Menschen, die nicht das Siegel Gottes haben an ihren Stirnen. 5Und ihnen wurde Macht gegeben, nicht daß sie sie töteten, sondern sie quälten fünf Monate lang; und ihre Qual war wie eine Qual von einem Skorpion, wenn er einen Menschen sticht. 6Und in jenen Tagen werden die Menschen den Tod suchen und nicht finden, sie werden begehren zu sterben, und der Tod wird von ihnen fliehen. 7Und die Heuschrecken sahen aus wie Rosse, die zum Krieg gerüstet sind, und auf ihren Köpfen war etwas wie goldene Kronen, und ihr Antlitz glich der Menschen Antlitz; 8und sie hatten Haar wie Frauenhaar und Zähne wie Löwenzähne 9und hatten Panzer wie eiserne Panzer, und das Rasseln ihrer Flügel war wie das Rasseln der Wagen vieler Rosse, die in den Krieg laufen, 10und hatten Schwänze wie Skorpione und hatten Stacheln, und in ihren Schwänzen war ihre Kraft, Schaden zu tun den Menschen fünf Monate lang; 11sie hatten über sich einen König, den Engel des Abgrunds; sein Name heißt auf hebräisch Abaddon, und auf griechisch hat er den Namen Apollyon. 12Das erste Wehe ist vorüber; siehe, es kommen noch zwei Wehe danach.

Abaddon

Die beiden Namen bedeuten »Verderber« oder »Zerstörer«.

13Und der sechste Engel blies seine Posaune; und ich hörte eine Stimme aus den vier Ecken des goldenen Altars vor Gott; 14die sprach zu dem sechsten Engel, der die Posaune hatte: Laß los die vier Engel, die gebunden sind an dem großen Strom Euphrat. 15Und es wurden losgelassen die vier Engel, die bereit waren für die Stunde und den Tag und den Monat und das Jahr, zu töten den dritten Teil der Menschen. 16Und die Zahl des reitenden Heeres war vieltausendmal tausend; ich hörte ihre Zahl. 17Und so sah ich in dieser Erscheinung die Rosse und die darauf saßen: Sie hatten feuerrote und blaue und schwefelgelbe Panzer, und die Häupter der Rosse waren wie die Häupter der Löwen, und aus ihren Mäulern kam Feuer und Rauch und Schwefel. 18Von diesen drei Plagen wurde getötet der dritte Teil der Menschen, von dem Feuer und Rauch und Schwefel, der aus ihren Mäulern kam. 19Denn die Kraft der Rosse war in ihrem Maul und in ihren Schwänzen; denn ihre Schwänze waren den Schlangen gleich und hatten Häupter, und mit denen taten sie Schaden. 20Und die übrigen Leute, die nicht getötet wur-

den von diesen Plagen, bekehrten sich doch nicht
von den Werken ihrer Hände, daß sie nicht mehr
anbeteten die bösen Geister und die goldenen,
silbernen, ehernen, steinernen und hölzernen
Götzen, die weder sehen noch hören noch gehen
können, 21und sie bekehrten sich auch nicht von
ihren Morden, ihrer Zauberei, ihrer Unzucht und
ihrer Dieberei.

Und die übrigen Leute bekehrten sich doch nicht.

Der Engel mit dem Büchlein

10 Und ich sah einen andern starken
Engel vom Himmel herabkommen,
mit einer Wolke bekleidet, und der
Regenbogen auf seinem Haupt und sein Antlitz
wie die Sonne und seine Füße wie Feuersäulen.
2Und er hatte in seiner Hand ein Büchlein, das
war aufgetan. Und er setzte seinen rechten Fuß
auf das Meer und den linken auf die Erde, 3und
er schrie mit großer Stimme, wie ein Löwe brüllt.
Und als er schrie, erhoben die sieben Donner ih-
re Stimme. 4Und als die sieben Donner geredet
hatten, wollte ich es aufschreiben. Da hörte ich
eine Stimme vom Himmel zu mir sagen: Versie-
gle, was die sieben Donner geredet haben, und
schreib es nicht auf!
5Und der Engel, den ich stehen sah auf dem
Meer und auf der Erde, hob seine rechte Hand
auf zum Himmel 6und schwor bei dem, der da
lebt von Ewigkeit zu Ewigkeit, der den Himmel
geschaffen hat und was darin ist, und die Erde
und was darin ist, und das Meer und was darin
ist: Es soll hinfort keine Zeit mehr sein, 7sondern
in den Tagen, wenn der siebente Engel seine
Stimme erheben und seine Posaune blasen wird,
dann ist vollendet das Geheimnis Gottes, wie
er es verkündigt hat seinen Knechten, den Pro-
pheten.
8Und die Stimme, die ich vom Himmel gehört
hatte, redete abermals mit mir und sprach: Geh
hin, nimm das offene Büchlein aus der Hand des
Engels, der auf dem Meer und auf der Erde
steht! 9Und ich ging hin zu dem Engel und
sprach zu ihm: Gib mir das Büchlein! Und er
sprach zu mir: Nimm und verschling's! Und es
wird dir bitter im Magen sein, aber in deinem
Mund wird's süß sein wie Honig. 10Und ich
nahm das Büchlein aus der Hand des Engels und
verschlang's. Und es war süß in meinem Mund
wie Honig, und als ich's gegessen hatte, war es
mir bitter im Magen. 11Und mir wurde gesagt:
Du mußt abermals weissagen von Völkern und
Nationen und Sprachen und vielen Königen.

Die beiden Zeugen

11 Und es wurde mir ein Rohr gegeben,
einem Meßstab gleich, und mir wurde
gesagt: Steh auf und miß den Tempel
Gottes und den Altar und die dort anbeten.
2Aber den äußeren Vorhof des Tempels laß weg
und miß ihn nicht, denn er ist den Heiden gege-
ben; und die heilige Stadt werden sie zertreten
zweiundvierzig Monate lang.
3Und ich will meinen zwei Zeugen Macht ge-
ben, und sie sollen weissagen tausendzweihun-
dertundsechzig Tage lang, angetan mit Trauer-
kleidern. 4Diese sind die zwei Ölbäume und die
zwei Leuchter, die vor dem Herrn der Erde ste-
hen. 5Und wenn ihnen jemand Schaden tun
will, so kommt Feuer aus ihrem Mund und ver-
zehrt ihre Feinde; und wenn ihnen jemand Scha-
den tun will, muß er so getötet werden. 6Diese
haben Macht, den Himmel zu verschließen, da-
mit es nicht regne in den Tagen ihrer Weissa-
gung, und haben Macht über die Wasser, sie in
Blut zu verwandeln und die Erde zu schlagen mit
Plagen aller Art, sooft sie wollen.

1260 Tage

Viele Zahlen der Bibel haben eine symbolische Bedeutung, die über den realen Zahlenwert hinausgeht. So haben die Zahlen 7, 10 und 12 etwas mit Vollkommenheit zu tun, ebenso die Zahl 144.000 in Offenbarung 14. Oft ist diese Symbolik nicht sicher zu deuten.

7Und wenn sie ihr Zeugnis vollendet haben,
so wird das Tier, das aus dem Abgrund aufsteigt,
mit ihnen kämpfen und wird sie überwinden und
wird sie töten. 8Und ihre Leichname werden lie-
gen auf dem Marktplatz der großen Stadt, die
heißt geistlich: Sodom und Ägypten, wo auch ihr
Herr gekreuzigt wurde. 9Und Menschen aus allen
Völkern und Stämmen und Sprachen und Natio-
nen sehen ihre Leichname drei Tage und einen

halben und lassen nicht zu, daß ihre Leichname
ins Grab gelegt werden. [10]Und die auf Erden
wohnen, freuen sich darüber und sind fröhlich
und werden einander Geschenke senden; denn
diese zwei Propheten hatten gequält, die auf Er-
den wohnten.
[11]Und nach drei Tagen und einem halben fuhr
in sie der Geist des Lebens von Gott, und sie
stellten sich auf ihre Füße; und eine große Furcht
fiel auf die, die sie sahen. [12]Und sie hörten eine
große Stimme vom Himmel zu ihnen sagen:
Steigt herauf! Und sie stiegen auf in den Himmel
in einer Wolke, und es sahen sie ihre Feinde.

Christus wird einmal über alles herrschen

[13]Und zu derselben Stunde geschah ein großes
Erdbeben, und der zehnte Teil der Stadt stürzte
ein; und es wurden getötet in dem Erdbeben sie-
bentausend Menschen, und die andern erschra-
ken und gaben dem Gott des Himmels die Ehre.
[14]Das zweite Wehe ist vorüber; siehe, das dritte
Wehe kommt schnell.

Die siebente Posaune

[15]Und der siebente Engel blies seine Posaune;
und es erhoben sich große Stimmen im Himmel,
die sprachen:

> Es sind die Reiche der Welt unseres Herrn
> und seines Christus geworden, und er wird
> regieren von Ewigkeit zu Ewigkeit.

[16]Und die vierundzwanzig Ältesten, die vor
Gott auf ihren Thronen saßen, fielen nieder auf
ihr Angesicht und beteten Gott an [17]und spra-
chen:

> Wir danken dir, Herr, allmächtiger Gott,
> der du bist und der du warst, daß du an
> dich genommen hast deine große Macht
> und herrschest! [18]Und die Völker sind zor-
> nig geworden; und es ist gekommen dein
> Zorn und die Zeit, die Toten zu richten
> und den Lohn zu geben deinen Knechten,
> den Propheten und den Heiligen und de-
> nen, die deinen Namen fürchten, den Klei-
> nen und den Großen, und zu vernichten,
> die die Erde vernichten.

Christus wird regieren von Ewigkeit zu Ewigkeit.

[19]Und der Tempel Gottes im Himmel wurde
aufgetan, und die Lade seines Bundes wurde in
seinem Tempel sichtbar; und es geschahen Blitze
und Stimmen und Donner und Erdbeben und ein
großer Hagel.

Die Frau und der Drache

12 Und es erschien ein großes Zeichen am Himmel: eine Frau, mit der Sonne bekleidet, und der Mond unter ihren Füßen und auf ihrem Haupt eine Krone von

zwölf Sternen. [2]Und sie war schwanger und
schrie in Kindsnöten und hatte große Qual bei
der Geburt. [3]Und es erschien ein anderes Zei-
chen am Himmel, und siehe, ein großer, roter
Drache, der hatte sieben Häupter und zehn Hör-
ner und auf seinen Häuptern sieben Kronen,
[4]und sein Schwanz fegte den dritten Teil der
Sterne des Himmels hinweg und warf sie auf die
Erde. Und der Drache trat vor die Frau, die ge-
bären sollte, damit er, wenn sie geboren hätte,
ihr Kind fräße. [5]Und sie gebar einen Sohn, einen
Knaben, der alle Völker weiden sollte mit eiser-
nem Stabe. Und ihr Kind wurde entrückt zu
Gott und seinem Thron. [6]Und die Frau entfloh
in die Wüste, wo sie einen Ort hatte, bereitet von
Gott, daß sie dort ernährt werde tausendzwei-
hundertundsechzig Tage.

[7]Und es entbrannte ein Kampf im Himmel:
Michael und seine Engel kämpften gegen den
Drachen. Und der Drache kämpfte und seine
Engel, [8]und sie siegten nicht, und ihre Stätte
wurde nicht mehr gefunden im Himmel. [9]Und es
wurde hinausgeworfen der große Drache, die alte
Schlange, die da heißt: Teufel und Satan, der die
ganze Welt verführt, und er wurde auf die Erde
geworfen, und seine Engel wurden mit ihm dahin

Und es wurde hinausgeworfen der große Drache, die alte Schlange, die da heißt: Teufel und Satan, der die ganze Welt verführt.

geworfen. [10]Und ich hörte eine große Stimme,
die sprach im Himmel:

> Nun ist das Heil und die Kraft und das
> Reich unseres Gottes geworden und die
> Macht seines Christus; denn der Verkläger
> unserer Brüder ist verworfen, der sie ver-
> klagte Tag und Nacht vor unserm Gott.
> [11]Und sie haben ihn überwunden durch des
> Lammes Blut und durch das Wort ihres
> Zeugnisses und haben ihr Leben nicht ge-
> liebt, bis hin zum Tod. [12]Darum freut euch,
> ihr Himmel und die darin wohnen! Weh
> aber der Erde und dem Meer! Denn der
> Teufel kommt zu euch hinab und hat einen
> großen Zorn und weiß, daß er wenig Zeit
> hat.

[13]Und als der Drache sah, daß er auf die Erde
geworfen war, verfolgte er die Frau, die den
Knaben geboren hatte. [14]Und es wurden der
Frau gegeben die zwei Flügel des großen Adlers,
daß sie in die Wüste flöge an ihren Ort, wo sie
ernährt werden sollte eine Zeit und zwei Zeiten
und eine halbe Zeit fern von dem Angesicht der
Schlange. [15]Und die Schlange stieß aus ihrem
Rachen Wasser aus wie einen Strom hinter der
Frau her, um sie zu ersäufen. [16]Aber die Erde
half der Frau und tat ihren Mund auf und ver-
schlang den Strom, den der Drache ausstieß aus
seinem Rachen. [17]Und der Drache wurde zornig
über die Frau und ging hin, zu kämpfen gegen
die übrigen von ihrem Geschlecht, die Gottes
Gebote halten und haben das Zeugnis Jesu.
[18]Und er trat an den Strand des Meeres.

Die beiden Tiere

13 Und ich sah ein Tier aus dem Meer
steigen, das hatte zehn Hörner und
sieben Häupter und auf seinen Hör-
nern zehn Kronen und auf seinen Häuptern lä-
sterliche Namen. [2]Und das Tier, das ich sah, war
gleich einem Panther und seine Füße wie Bären-
füße und sein Rachen wie ein Löwenrachen.
Und der Drache gab ihm seine Kraft und seinen
Thron und große Macht. [3]Und ich sah eines sei-
ner Häupter, als wäre es tödlich verwundet, und
seine tödliche Wunde wurde heil. Und die ganze
Erde wunderte sich über das Tier, [4]und sie bete-
ten den Drachen an, weil er dem Tier die Macht
gab, und beteten das Tier an und sprachen: Wer
ist dem Tier gleich, und wer kann mit ihm kämp-
fen? [5]Und es wurde ihm ein Maul gegeben, zu
reden große Dinge und Lästerungen, und ihm
wurde Macht gegeben, es zu tun zweiundvierzig
Monate lang. [6]Und es tat sein Maul auf zur Lä-
sterung gegen Gott, zu lästern seinen Namen und
sein Haus und die im Himmel wohnen. [7]Und
ihm wurde Macht gegeben, zu kämpfen mit den
Heiligen und sie zu überwinden; und ihm wurde
Macht gegeben über alle Stämme und Völker
und Sprachen und Nationen. [8]Und alle, die auf
Erden wohnen, beten es an, deren Namen nicht
vom Anfang der Welt an geschrieben stehen in
dem Lebensbuch des Lammes, das geschlachtet
ist. [9]Hat jemand Ohren, der höre! [10]Wenn je-
mand ins Gefängnis soll, dann wird er ins Ge-
fängnis kommen; wenn jemand mit dem Schwert
getötet werden soll, dann wird er mit dem
Schwert getötet werden. Hier ist Geduld und
Glaube der Heiligen!

[11]Und ich sah ein zweites Tier aufsteigen aus
der Erde; das hatte zwei Hörner wie ein Lamm
und redete wie ein Drache. [12]Und es übt alle

Macht des ersten Tieres aus vor seinen Augen,
und es macht, daß die Erde und die darauf woh-
nen, das erste Tier anbeten, dessen tödliche

Hier ist Geduld und Glaube der Heiligen!

Wunde heil geworden war. 13 Und es tut große
Zeichen, so daß es auch Feuer vom Himmel auf
die Erde fallen läßt vor den Augen der Men-
schen; 14 und es verführt, die auf Erden wohnen,
durch die Zeichen, die zu tun vor den Augen des
Tieres ihm Macht gegeben ist; und sagt denen,
die auf Erden wohnen, daß sie ein Bild machen
sollen dem Tier, das die Wunde vom Schwert
hatte und lebendig geworden war. 15 Und es wur-
de ihm Macht gegeben, Geist zu verleihen dem
Bild des Tieres, damit das Bild des Tieres reden
und machen könne, daß alle, die das Bild des
Tieres nicht anbeteten, getötet würden. 16 Und es
macht, daß sie allesamt, die Kleinen und Gro-
ßen, die Reichen und Armen, die Freien und
Sklaven, sich ein Zeichen machen an ihre rechte
Hand oder an ihre Stirn, 17 und daß niemand
kaufen oder verkaufen kann, wenn er nicht das
Zeichen hat, nämlich den Namen des Tieres oder
die Zahl seines Namens. 18 Hier ist Weisheit! Wer
Verstand hat, der überlege die Zahl des Tieres;
denn es ist die Zahl eines Menschen, und seine
Zahl ist sechshundertundsechsundsechzig.

Das Lamm und die Seinen

14 Und ich sah, und siehe, das Lamm
stand auf dem Berg Zion und mit ihm
Hundertvierundvierzigtausend, die
hatten seinen Namen und den Namen seines Va-
ters geschrieben auf ihrer Stirn. 2 Und ich hörte
eine Stimme vom Himmel wie die Stimme eines
großen Wassers und wie die Stimme eines gro-
ßen Donners, und die Stimme, die ich hörte, war
wie von Harfenspielern, die auf ihren Harfen
spielen. 3 Und sie sangen ein neues Lied vor dem
Thron und vor den vier Gestalten und den Älte-
sten; und niemand konnte das Lied lernen außer
den Hundertvierundvierzigtausend, die erkauft
sind von der Erde. 4 Diese sind's, die sich mit
Frauen nicht befleckt haben, denn sie sind jung-
fräulich; die folgen dem Lamm nach, wohin es
geht. Diese sind erkauft aus den Menschen als
Erstlinge für Gott und das Lamm, 5 und in ihrem
Mund wurde kein Falsch gefunden; sie sind un-
tadelig.

Die Botschaft der drei Engel

6 Und ich sah einen andern Engel fliegen mitten
durch den Himmel, der hatte ein ewiges Evange-
lium zu verkündigen denen, die auf Erden woh-
nen, allen Nationen und Stämmen und Sprachen
und Völkern. 7 Und er sprach mit großer Stimme:
Fürchtet Gott und gebt ihm die Ehre; denn die
Stunde seines Gerichts ist gekommen! Und betet
an den, der gemacht hat Himmel und Erde und
Meer und die Wasserquellen!

8 Und ein zweiter Engel folgte, der sprach: Sie
ist gefallen, sie ist gefallen, Babylon, die große
Stadt; denn sie hat mit dem Zorneswein ihrer
Hurerei getränkt alle Völker.

9 Und ein dritter Engel folgte ihnen und sprach
mit großer Stimme: Wenn jemand das Tier anbe-
tet und sein Bild und nimmt das Zeichen an sei-
ne Stirn oder an seine Hand, 10 der wird von dem
Wein des Zornes Gottes trinken, der unver-
mischt eingeschenkt ist in den Kelch seines
Zorns, und er wird gequält werden mit Feuer
und Schwefel vor den heiligen Engeln und vor
dem Lamm. 11 Und der Rauch von ihrer Qual
wird aufsteigen von Ewigkeit zu Ewigkeit; und

Selig sind die Toten, die in dem Herrn sterben.

sie haben keine Ruhe Tag und Nacht, die das
Tier anbeten und sein Bild, und wer das Zeichen
seines Namens annimmt. 12 Hier ist Geduld der
Heiligen! Hier sind, die da halten die Gebote
Gottes und den Glauben an Jesus!

13 Und ich hörte eine Stimme vom Himmel zu
mir sagen: Schreibe: Selig sind die Toten, die in
dem Herrn sterben von nun an. Ja, spricht der
Geist, sie sollen ruhen von ihrer Mühsal; denn
ihre Werke folgen ihnen nach.

Ernte und Weinlese

14 Und ich sah, und siehe, eine weiße Wolke. Und
auf der Wolke saß einer, der gleich war einem
Menschensohn; der hatte eine goldene Krone auf
seinem Haupt und in seiner Hand eine scharfe
Sichel. 15 Und ein andrer Engel kam aus dem
Tempel und rief dem, der auf der Wolke saß, mit
großer Stimme zu: Setze deine Sichel an und
ernte; denn die Zeit zu ernten ist gekommen,
denn die Ernte der Erde ist reif geworden. 16 Und
der auf der Wolke saß, setzte seine Sichel an die
Erde, und die Erde wurde abgeerntet.

17Und ein andrer Engel kam aus dem Tempel
im Himmel, der hatte ein scharfes Winzermesser.
18Und ein andrer Engel kam vom Altar, der hat-
te Macht über das Feuer und rief dem, der das
scharfe Messer hatte, mit großer Stimme zu: Set-
ze dein scharfes Winzermesser an und schneide
die Trauben am Weinstock der Erde, denn seine
Beeren sind reif! 19Und der Engel setzte sein
Winzermesser an die Erde und schnitt die Trau-
ben am Weinstock der Erde und warf sie in die
große Kelter des Zornes Gottes. 20Und die Kel-
ter wurde draußen vor der Stadt getreten, und
das Blut ging von der Kelter bis an die Zäume
der Pferde, tausendsechshundert Stadien weit.

Das Lied der Überwinder

15 Und ich sah ein andres Zeichen am
Himmel, das war groß und wunder-
bar: sieben Engel, die hatten die letz-
ten sieben Plagen; denn mit ihnen ist vollendet
der Zorn Gottes.
2Und ich sah, und es war wie ein gläsernes
Meer, mit Feuer vermengt; und die den Sieg be-
halten hatten über das Tier und sein Bild und
über die Zahl seines Namens, die standen an
dem gläsernen Meer und hatten Gottes Harfen
3und sangen das Lied des Mose, des Knechtes
Gottes, und das Lied des Lammes:

> Groß und wunderbar sind deine Werke,
> Herr, allmächtiger Gott! Gerecht und
> wahrhaftig sind deine Wege, du König der
> Völker. 4Wer sollte dich, Herr, nicht fürch-
> ten und deinen Namen nicht preisen?
> Denn du allein bist heilig! Ja, alle Völker
> werden kommen und anbeten vor dir, denn
> deine gerechten Gerichte sind offenbar ge-
> worden.

Die Schalen des Zorns

5Danach sah ich: es wurde aufgetan der Tempel,
die Stiftshütte im Himmel, 6und aus dem Tempel
kamen die sieben Engel, die die sieben Plagen
hatten, angetan mit reinem, hellem Leinen und
gegürtet um die Brust mit goldenen Gürteln.
7Und eine der vier Gestalten gab den sieben En-
geln sieben goldene Schalen voll vom Zorn Got-
tes, der da lebt von Ewigkeit zu Ewigkeit. 8Und
der Tempel wurde voll Rauch von der Herrlich-
keit Gottes und von seiner Kraft; und niemand
konnte in den Tempel gehen, bis die sieben Pla-
gen der sieben Engel vollendet waren.

16 Und ich hörte eine große Stimme aus
dem Tempel, die sprach zu den sie-
ben Engeln: Geht hin und gießt aus
die sieben Schalen des Zornes Gottes auf die
Erde!
2Und der erste ging hin und goß seine Schale
aus auf die Erde; und es entstand ein böses und
schlimmes Geschwür an den Menschen, die das
Zeichen des Tieres hatten und die sein Bild an-
beteten.
3Und der zweite Engel goß aus seine Schale
ins Meer; und es wurde zu Blut wie von einem
Toten, und alle lebendigen Wesen im Meer
starben.
4Und der dritte Engel goß aus seine Schale in
die Wasserströme und in die Wasserquellen; und
sie wurden zu Blut. 5Und ich hörte den Engel
der Wasser sagen: Gerecht bist du, der du bist
und der du warst, du Heiliger, daß du dieses Ur-
teil gesprochen hast; 6denn sie haben das Blut
der Heiligen und der Propheten vergossen, und
Blut hast du ihnen zu trinken gegeben; sie sind's
wert. 7Und ich hörte den Altar sagen: Ja, Herr,
allmächtiger Gott, deine Gerichte sind wahrhaf-
tig und gerecht.

Ja, Herr, allmächtiger Gott, deine Gerichte sind wahrhaftig und gerecht.

8Und der vierte Engel goß aus seine Schale
über die Sonne; und es wurde ihr Macht gege-
ben, die Menschen zu versengen mit Feuer. 9Und
die Menschen wurden versengt von der großen
Hitze und lästerten den Namen Gottes, der
Macht hat über diese Plagen, und bekehrten sich
nicht, ihm die Ehre zu geben.
10Und der fünfte Engel goß aus seine Schale
auf den Thron des Tieres; und sein Reich wurde
verfinstert, und die Menschen zerbissen ihre
Zungen vor Schmerzen 11und lästerten Gott im
Himmel wegen ihrer Schmerzen und wegen ihrer
Geschwüre und bekehrten sich nicht von ihren
Werken.
12Und der sechste Engel goß aus seine Schale
auf den großen Strom Euphrat; und sein Wasser
trocknete aus, damit der Weg bereitet würde den
Königen vom Aufgang der Sonne. 13Und ich sah
aus dem Rachen des Drachen und aus dem Ra-
chen des Tieres und aus dem Munde des falschen
Propheten drei unreine Geister kommen, gleich

Fröschen; [14]es sind Geister von Teufeln, die tun Zeichen und gehen aus zu den Königen der ganzen Welt, sie zu versammeln zum Kampf am großen Tag Gottes, des Allmächtigen. – [15]Siehe, ich komme wie ein Dieb. Selig ist, der da wacht und seine Kleider bewahrt, damit er nicht nackt gehe und man seine Blöße sehe. – [16]Und er versammelte sie an einen Ort, der heißt auf hebräisch Harmagedon.

[17]Und der siebente Engel goß aus seine Schale in die Luft; und es kam eine große Stimme aus dem Tempel vom Thron, die sprach: Es ist geschehen! [18]Und es geschahen Blitze und Stimmen und Donner, und es geschah ein großes Erdbeben, wie es noch nicht gewesen ist, seit Menschen auf Erden sind – ein solches Erdbeben, so groß. [19]Und aus der großen Stadt wurden drei Teile, und die Städte der Heiden stürzten ein. Und Babylon, der großen, wurde gedacht vor Gott, daß ihr gegeben werde der Kelch mit dem Wein seines grimmigen Zorns. [20]Und alle Inseln verschwanden, und die Berge wurden nicht mehr gefunden. [21]Und ein großer Hagel wie Zentnergewichte fiel vom Himmel auf die Menschen; und die Menschen lästerten Gott wegen der Plage des Hagels; denn diese Plage ist sehr groß.

Die große Hure Babylon

17 Und es kam einer von den sieben Engeln, die die sieben Schalen hatten, redete mit mir und sprach: Komm, ich will dir zeigen das Gericht über die große Hure, die an vielen Wassern sitzt, [2]mit der die Könige auf Erden Hurerei getrieben haben; und die auf Erden wohnen, sind betrunken geworden von dem Wein ihrer Hurerei. [3]Und er brachte mich im Geist in die Wüste. Und ich sah eine Frau auf einem scharlachroten Tier sitzen, das war voll lästerlicher Namen und hatte sieben Häupter und zehn Hörner. [4]Und die Frau war bekleidet mit Purpur und Scharlach und geschmückt mit Gold und Edelsteinen und Perlen und hatte einen goldenen Becher in der Hand, voll von Greuel und Unreinheit ihrer Hurerei, [5]und auf ihrer Stirn war geschrieben ein Name, ein Geheimnis: Das große Babylon, die Mutter der Hurerei und aller Greuel auf Erden. [6]Und ich sah die Frau, betrunken von dem Blut der Heiligen und von dem Blut der Zeugen Jesu. Und ich wunderte mich sehr, als ich sie sah.

[7]Und der Engel sprach zu mir: Warum wunderst du dich? Ich will dir sagen das Geheimnis der Frau und des Tieres, das sie trägt und sieben Häupter und zehn Hörner hat. [8]Das Tier, das du gesehen hast, ist gewesen und ist jetzt nicht und wird wieder aufsteigen aus dem Abgrund und wird in die Verdammnis fahren. Und es werden sich wundern, die auf Erden wohnen, deren Namen nicht geschrieben stehen im Buch des Lebens vom Anfang der Welt an, wenn sie das Tier sehen, daß es gewesen ist und jetzt nicht ist und wieder sein wird. [9]Hier ist Sinn, zu dem Weisheit gehört!

Der Engel sprach zu mir: Ich will dir sagen das Geheimnis der Frau und des Tieres.

Die sieben Häupter sind sieben Berge, auf denen die Frau sitzt, und es sind sieben Könige. [10]Fünf sind gefallen, einer ist da, der andre ist noch nicht gekommen; und wenn er kommt, muß er eine kleine Zeit bleiben. [11]Und das Tier, das gewesen ist und jetzt nicht ist, das ist der achte und ist einer von den sieben und fährt in die Verdammnis. [12]Und die zehn Hörner, die du gesehen hast, das sind zehn Könige, die ihr Reich noch nicht empfangen haben; aber wie Könige werden sie für eine Stunde Macht empfangen zusammen mit dem Tier. [13]Diese sind eines Sinnes und geben ihre Kraft und Macht dem Tier. [14]Die werden gegen das Lamm kämpfen, und das Lamm wird sie überwinden, denn es ist der Herr aller Herren und der König aller Könige, und die mit ihm sind, sind die Berufenen und Auserwählten und Gläubigen.

[15]Und er sprach zu mir: Die Wasser, die du gesehen hast, an denen die Hure sitzt, sind Völker und Scharen und Nationen und Sprachen. [16]Und die zehn Hörner, die du gesehen hast, und das Tier, die werden die Hure hassen und werden sie ausplündern und entblößen und werden ihr Fleisch essen und werden sie mit Feuer verbrennen. [17]Denn Gott hat's ihnen in ihr Herz gegeben, nach seinem Sinn zu handeln und eines Sinnes zu werden und ihr Reich dem Tier zu geben, bis vollendet werden die Worte Gottes. [18]Und die Frau, die du gesehen hast, ist die große Stadt, die die Herrschaft hat über die Könige auf Erden.

Johannes sieht gewaltige Bilder vom Gericht Gottes

Der Untergang Babylons

18 Danach sah ich einen andern Engel
herniederfahren vom Himmel, der
hatte große Macht, und die Erde
wurde erleuchtet von seinem Glanz. 2 Und er rief
mit mächtiger Stimme: Sie ist gefallen, sie ist ge-
fallen, Babylon, die Große, und ist eine Behau-
sung der Teufel geworden und ein Gefängnis al-
ler unreinen Geister und ein Gefängnis aller un-
reinen Vögel und ein Gefängnis aller unreinen
und verhaßten Tiere. 3 Denn von dem Zornes-
wein ihrer Hurerei haben alle Völker getrunken,
und die Könige auf Erden haben mit ihr Hurerei
getrieben, und die Kaufleute auf Erden sind
reich geworden von ihrer großen Üppigkeit.

4 Und ich hörte eine andre Stimme vom Him-
mel, die sprach: Geht hinaus aus ihr, mein Volk,
daß ihr nicht teilhabt an ihren Sünden und nichts
empfangt von ihren Plagen! 5 Denn ihre Sünden
reichen bis an den Himmel, und Gott denkt an
ihren Frevel. 6 Bezahlt ihr, wie sie bezahlt hat,
und gebt ihr zweifach zurück nach ihren Werken!
Und in den Kelch, in den sie euch eingeschenkt
hat, schenkt ihr zweifach ein! 7 Wieviel Herrlich-
keit und Üppigkeit sie gehabt hat, soviel Qual
und Leid schenkt ihr ein! Denn sie spricht in ih-
rem Herzen: Ich throne hier und bin eine Köni-
gin und bin keine Witwe, und Leid werde ich
nicht sehen. 8 Darum werden ihre Plagen an ei-
nem Tag kommen, Tod, Leid und Hunger, und
mit Feuer wird sie verbrannt werden; denn stark
ist Gott der Herr, der sie richtet.

9 Und es werden sie beweinen und beklagen
die Könige auf Erden, die mit ihr gehurt und ge-
praßt haben, wenn sie sehen werden den Rauch
von ihrem Brand, in dem sie verbrennt. 10 Sie
werden fernab stehen aus Furcht vor ihrer Qual
und sprechen: Weh, weh, du große Stadt Baby-
lon, du starke Stadt, in einer Stunde ist dein Ge-
richt gekommen! 11 Und die Kaufleute auf Erden
werden weinen und Leid tragen um sie, weil ihre
Ware niemand mehr kaufen wird: 12 Gold und
Silber und Edelsteine und Perlen und feines Lei-
nen und Purpur und Seide und Scharlach und al-
lerlei wohlriechende Hölzer und allerlei Gerät
aus Elfenbein und allerlei Gerät aus kostbarem
Holz und Erz und Eisen und Marmor 13 und Zimt
und Balsam und Räucherwerk und Myrrhe und
Weihrauch und Wein und Öl und feinstes Mehl
und Weizen und Vieh und Schafe und Pferde
und Wagen und Leiber und Seelen von Men-
schen.

14 Und das Obst, an dem deine Seele Lust hat-
te, ist dahin; und alles, was glänzend und herrlich
war, ist für dich verloren, und man wird es nicht
mehr finden. 15 Die Kaufleute, die durch diesen
Handel mit ihr reich geworden sind, werden

Weh, weh, in einer Stunde ist dein Gericht gekommen!

fernab stehen aus Furcht vor ihrer Qual, werden
weinen und klagen: 16 Weh, weh, du große Stadt,
die bekleidet war mit feinem Leinen und Purpur
und Scharlach und geschmückt war mit Gold
und Edelsteinen und Perlen, 17 denn in einer
Stunde ist verwüstet solcher Reichtum!

Und alle Schiffsherren und alle Steuerleute
und die Seefahrer und die auf dem Meer arbei-
ten, standen fernab 18 und schrien, als sie den
Rauch von ihrem Brand sahen: Wer ist der gro-
ßen Stadt gleich? 19 Und sie warfen Staub auf ihre
Häupter und schrien, weinten und klagten:
Weh, weh, du große Stadt, von deren Überfluß
reich geworden sind alle, die Schiffe auf dem
Meer hatten; denn in einer Stunde ist sie ver-
wüstet!

20 Freue dich über sie, Himmel, und ihr Heili-
gen und Apostel und Propheten! Denn Gott hat
sie gerichtet um euretwillen. 21 Und ein starker
Engel hob einen Stein auf, groß wie ein Mühl-
stein, warf ihn ins Meer und sprach: So wird in
einem Sturm niedergeworfen die große Stadt Ba-
bylon und nicht mehr gefunden werden. 22 Und
die Stimme der Sänger und Saitenspieler, Flöten-
spieler und Posaunenbläser soll nicht mehr in dir
gehört werden, und kein Handwerker irgendei-
nes Handwerks soll mehr in dir gefunden wer-
den, und das Geräusch der Mühle soll nicht
mehr in dir gehört werden, 23 und das Licht der
Lampe soll nicht mehr in dir leuchten, und die
Stimme des Bräutigams und der Braut soll nicht
mehr in dir gehört werden. Denn deine Kaufleu-
te waren Fürsten auf Erden, und durch deine
Zauberei sind verführt worden alle Völker; 24 und
das Blut der Propheten und der Heiligen ist in
ihr gefunden worden, und das Blut aller derer,
die auf Erden umgebracht worden sind.

Jubel über den Untergang Babylons

19 Danach hörte ich etwas wie eine gro-
ße Stimme einer großen Schar im
Himmel, die sprach:
Halleluja! Das Heil und die Herrlichkeit
und die Kraft sind unseres Gottes! 2Denn
wahrhaftig und gerecht sind seine Gerichte,
daß er die große Hure verurteilt hat, die
die Erde mit ihrer Hurerei verdorben hat,
und hat das Blut seiner Knechte gerächt,
das ihre Hand vergossen hat.
3Und sie sprachen zum zweitenmal: Halleluja!
Und ihr Rauch steigt auf in Ewigkeit.
4Und die vierundzwanzig Ältesten und die
vier Gestalten fielen nieder und beteten Gott an,
der auf dem Thron saß, und sprachen: Amen,
Halleluja! 5Und eine Stimme ging aus von dem
Thron:
Lobt unsern Gott, alle seine Knechte und
die ihn fürchten, klein und groß!
6Und ich hörte etwas wie eine Stimme einer gro-
ßen Schar und wie eine Stimme großer Wasser
und wie eine Stimme starker Donner, die spra-
chen:
Halleluja! Denn der Herr, unser Gott, der
Allmächtige, hat das Reich eingenommen!

Halleluja! Denn der Herr, unser Gott, der Allmächtige, hat das Reich eingenommen!

7Laßt uns freuen und fröhlich sein und ihm
die Ehre geben; denn die Hochzeit des
Lammes ist gekommen, und seine Braut
hat sich bereitet.
8Und es wurde ihr gegeben, sich anzutun mit
schönem reinem Leinen. Das Leinen aber ist die
Gerechtigkeit der Heiligen. 9Und er sprach zu
mir: Schreibe: Selig sind, die zum Hochzeitsmahl
des Lammes berufen sind. Und er sprach zu mir:
Dies sind wahrhaftige Worte Gottes. 10Und ich
fiel nieder zu seinen Füßen, ihn anzubeten. Und
er sprach zu mir: Tu es nicht! Ich bin dein und
deiner Brüder Mitknecht, die das Zeugnis Jesu
haben. Bete Gott an! Das Zeugnis Jesu aber ist
der Geist der Weissagung.

Der Reiter auf dem weißen Pferd

11Und ich sah den Himmel aufgetan; und siehe,
ein weißes Pferd. Und der darauf saß, hieß: Treu
und Wahrhaftig, und er richtet und kämpft mit
Gerechtigkeit. 12Und seine Augen sind wie eine
Feuerflamme, und auf seinem Haupt sind viele
Kronen; und er trug einen Namen geschrieben,
den niemand kannte als er selbst. 13Und er war
angetan mit einem Gewand, das mit Blut ge-
tränkt war, und sein Name ist: Das Wort Gottes.
14Und ihm folgte das Heer des Himmels auf wei-
ßen Pferden, angetan mit weißem, reinem Lei-
nen. 15Und aus seinem Munde ging ein scharfes
Schwert, daß er damit die Völker schlage; und er
wird sie regieren mit eisernem Stabe; und er tritt
die Kelter, voll vom Wein des grimmigen Zornes
Gottes, des Allmächtigen, 16und trägt einen Na-
men geschrieben auf seinem Gewand und auf
seiner Hüfte: König aller Könige und Herr aller
Herren.

Das Ende des Tieres und des falschen Propheten

17Und ich sah einen Engel in der Sonne stehen,
und er rief mit großer Stimme allen Vögeln zu,
die hoch am Himmel fliegen: Kommt, versam-
melt euch zu dem großen Mahl Gottes 18und eßt
das Fleisch der Könige und der Hauptleute und
das Fleisch der Starken und der Pferde und de-
rer, die darauf sitzen, und das Fleisch aller Freien
und Sklaven, der Kleinen und der Großen!
19Und ich sah das Tier und die Könige auf Erden
und ihre Heere versammelt, Krieg zu führen mit
dem, der auf dem Pferd saß, und mit seinem
Heer. 20Und das Tier wurde ergriffen und mit
ihm der falsche Prophet, der vor seinen Augen
die Zeichen getan hatte, durch welche er die ver-
führte, die das Zeichen des Tieres angenommen
und das Bild des Tieres angebetet hatten. Leben-
dig würden diese beiden in den feurigen Pfuhl
geworfen, der mit Schwefel brannte. 21Und die
andern wurden erschlagen mit dem Schwert, das
aus dem Munde dessen ging, der auf dem Pferd
saß. Und alle Vögel wurden satt von ihrem
Fleisch.

Das tausendjährige Reich

20 Und ich sah einen Engel vom Him-
mel herabfahren, der hatte den
Schlüssel zum Abgrund und eine gro-
ße Kette in seiner Hand. 2Und er ergriff den
Drachen, die alte Schlange, das ist der Teufel
und der Satan, und fesselte ihn für tausend Jahre,
3und warf ihn in den Abgrund und verschloß ihn
und setzte ein Siegel oben darauf, damit er die

Gänzlich unvorstellbar wird die neue Welt Gottes sein - aber herrlich!

Völker nicht mehr verführen sollte, bis vollendet
würden die tausend Jahre. Danach muß er losge-
lassen werden eine kleine Zeit.
4Und ich sah Throne, und sie setzten sich dar-
auf, und ihnen wurde das Gericht übergeben.
Und ich sah die Seelen derer, die enthauptet wa-
ren um des Zeugnisses von Jesus und um des
Wortes Gottes willen, und die nicht angebetet
hatten das Tier und sein Bild und die sein Zei-
chen nicht angenommen hatten an ihre Stirn und
auf ihre Hand; diese wurden lebendig und regier-
ten mit Christus tausend Jahre. 5Die andern To-
ten aber wurden nicht wieder lebendig, bis die
tausend Jahre vollendet wurden. Dies ist die er-
ste Auferstehung. 6Selig ist der und heilig, der
teilhat an der ersten Auferstehung. Über diese
hat der zweite Tod keine Macht; sondern sie
werden Priester Gottes und Christi sein und mit
ihm regieren tausend Jahre.

Der letzte Kampf

7Und wenn die tausend Jahre vollendet sind,
wird der Satan losgelassen werden aus seinem
Gefängnis 8und wird ausziehen, zu verführen die
Völker an den vier Enden der Erde, Gog und
Magog, und sie zum Kampf zu versammeln; de-
ren Zahl ist wie der Sand am Meer. 9Und sie
stiegen herauf auf die Ebene der Erde und um-
ringten das Heerlager der Heiligen und die ge-
liebte Stadt. Und es fiel Feuer vom Himmel und
verzehrte sie. 10Und der Teufel, der sie verführte,
wurde geworfen in den Pfuhl von Feuer und
Schwefel, wo auch das Tier und der falsche Pro-
phet waren; und sie werden gequält werden Tag
und Nacht, von Ewigkeit zu Ewigkeit.

Das Weltgericht

11Und ich sah einen großen, weißen Thron und
den, der darauf saß; vor seinem Angesicht flohen
die Erde und der Himmel, und es wurde keine
Stätte für sie gefunden. 12Und ich sah die Toten,
groß und klein, stehen vor dem Thron, und Bü-
cher wurden aufgetan. Und ein andres Buch
wurde aufgetan, welches ist das Buch des Le-
bens. Und die Toten wurden gerichtet nach dem,
was in den Büchern geschrieben steht, nach ihren
Werken. 13Und das Meer gab die Toten heraus,
die darin waren, und der Tod und sein Reich ga-
ben die Toten heraus, die darin waren; und sie
wurden gerichtet, ein jeder nach seinen Werken.

[14]Und der Tod und sein Reich wurden geworfen
in den feurigen Pfuhl. Das ist der zweite Tod:
der feurige Pfuhl. [15]Und wenn jemand nicht ge-
funden wurde geschrieben in dem Buch des Le-
bens, der wurde geworfen in den feurigen Pfuhl.

Das neue Jerusalem

21 Und ich sah einen neuen Himmel
und eine neue Erde; denn der erste
Himmel und die erste Erde sind ver-
gangen, und das Meer ist nicht mehr. [2]Und ich
sah die heilige Stadt, das neue Jerusalem, von
Gott aus dem Himmel herabkommen, bereitet
wie eine geschmückte Braut für ihren Mann.
[3]Und ich hörte eine große Stimme von dem
Thron her, die sprach: Siehe da, die Hütte Got-
tes bei den Menschen! Und er wird bei ihnen
wohnen, und sie werden sein Volk sein, und er
selbst, Gott mit ihnen, wird ihr Gott sein; [4]und
Gott wird abwischen alle Tränen von ihren Au-
gen, und der Tod wird nicht mehr sein, noch
Leid noch Geschrei noch Schmerz wird mehr
sein; denn das Erste ist vergangen. [5]Und der

Gott wird abwischen alle Tränen von ihren Augen.

auf dem Thron saß, sprach: Siehe, ich mache al-
les neu! Und er spricht: Schreibe, denn diese
Worte sind wahrhaftig und gewiß! [6]Und er
sprach zu mir: Es ist geschehen. Ich bin das A
und das O, der Anfang und das Ende. Ich will
dem Durstigen geben von der Quelle des leben-
digen Wassers umsonst. [7]Wer überwindet, der
wird es alles ererben, und ich werde sein Gott
sein, und er wird mein Sohn sein. [8]Die Feigen
aber und Ungläubigen und Frevler und Mörder
und Unzüchtigen und Zauberer und Götzendie-
ner und alle Lügner, deren Teil wird in dem
Pfuhl sein, der mit Feuer und Schwefel brennt;
das ist der zweite Tod.

[9]Und es kam zu mir einer von den sieben En-
geln, die die sieben Schalen mit den letzten sie-
ben Plagen hatten, und redete mit mir und
sprach: Komm, ich will dir die Frau zeigen, die
Braut des Lammes. [10]Und er führte mich hin im
Geist auf einen großen und hohen Berg und
zeigte mir die heilige Stadt Jerusalem hernieder-
kommen aus dem Himmel von Gott, [11]die hatte
die Herrlichkeit Gottes; ihr Licht war gleich dem
alleredelsten Stein, einem Jaspis, klar wie Kri-
stall; [12]sie hatte eine große und hohe Mauer und
hatte zwölf Tore und auf den Toren zwölf Engel
und Namen darauf geschrieben, nämlich die Na-
men der zwölf Stämme der Israeliten: [13]von
Osten drei Tore, von Norden drei Tore, von Sü-
den drei Tore, von Westen drei Tore. [14]Und die
Mauer der Stadt hatte zwölf Grundsteine und auf
ihnen die zwölf Namen der zwölf Apostel des
Lammes.

Gold und Edelsteine
Nur das Kostbarste, was es auf der Erde gibt, kann die Herrlichkeit der zukünftigen Gottesstadt andeuten. Menschliche Sprache reicht zur Beschreibung himmlischer Wirklichkeit nicht aus.

[15]Und der mit mir redete, hatte einen Meß-
stab, ein goldenes Rohr, um die Stadt zu messen
und ihre Tore und ihre Mauer. [16]Und die Stadt
ist viereckig angelegt, und ihre Länge ist so groß
wie die Breite. Und er maß die Stadt mit dem
Rohr: zwölftausend Stadien. Die Länge und die
Breite und die Höhe der Stadt sind gleich. [17]Und
er maß ihre Mauer: hundertvierundvierzig Ellen
nach Menschenmaß, das der Engel gebrauchte.
[18]Und ihr Mauerwerk war aus Jaspis und die
Stadt aus reinem Gold, gleich reinem Glas.
[19]Und die Grundsteine der Mauer um die Stadt
waren geschmückt mit allerlei Edelsteinen. Der
erste Grundstein war ein Jaspis, der zweite ein
Saphir, der dritte ein Chalzedon, der vierte ein
Smaragd, [20]der fünfte ein Sardonyx, der sechste
ein Sarder, der siebente ein Chrysolith, der achte
ein Beryll, der neunte ein Topas, der zehnte ein
Chrysopras, der elfte ein Hyazinth, der zwölfte
ein Amethyst. [21]Und die zwölf Tore waren zwölf
Perlen, ein jedes Tor war aus einer einzigen Per-
le, und der Marktplatz der Stadt war aus reinem
Gold wie durchscheinendes Glas. [22]Und ich sah
keinen Tempel darin; denn der Herr, der all-
mächtige Gott, ist ihr Tempel, er und das Lamm.
[23]Und die Stadt bedarf keiner Sonne noch des
Mondes, daß sie ihr scheinen; denn die Herrlich-
keit Gottes erleuchtet sie, und ihre Leuchte ist
das Lamm. [24]Und die Völker werden wandeln in
ihrem Licht; und die Könige auf Erden werden
ihre Herrlichkeit in sie bringen. [25]Und ihre Tore

werden nicht verschlossen am Tage; denn da wird keine Nacht sein. 26 Und man wird die Pracht und den Reichtum der Völker in sie bringen. 27 Und nichts Unreines wird hineinkommen und keiner, der Greuel tut und Lüge, sondern allein, die geschrieben stehen in dem Lebensbuch des Lammes.

22 Und er zeigte mir einen Strom lebendigen Wassers, klar wie Kristall, der ausgeht von dem Thron Gottes und des Lammes; 2 mitten auf dem Platz und auf beiden Seiten des Stromes Bäume des Lebens, die tragen zwölfmal Früchte, jeden Monat bringen sie ihre Frucht, und die Blätter der Bäume dienen zur Heilung der Völker. 3 Und es wird nichts Verfluchtes mehr sein. Und der Thron Gottes und des Lammes wird in der Stadt sein, und seine Knechte werden ihm dienen 4 und sein Angesicht sehen, und sein Name wird an ihren Stirnen sein. 5 Und es wird keine Nacht mehr sein, und sie bedürfen keiner Leuchte und nicht des Lichts der Sonne; denn Gott der Herr wird sie erleuchten, und sie werden regieren von Ewigkeit zu Ewigkeit.

Der Herr kommt

6 Und er sprach zu mir: Diese Worte sind gewiß und wahrhaftig; und der Herr, der Gott des Geistes der Propheten, hat seinen Engel gesandt, zu zeigen seinen Knechten, was bald geschehen muß.

7 Siehe, ich komme bald. Selig ist, der die Worte der Weissagung in diesem Buch bewahrt.

8 Und ich, Johannes, bin es, der dies gehört und gesehen hat. Und als ich's gehört und gesehen hatte, fiel ich nieder, um anzubeten zu den Füßen des Engels, der mir dies gezeigt hatte. 9 Und er spricht zu mir: Tu es nicht! Denn ich bin dein Mitknecht und der Mitknecht deiner Brüder, der Propheten, und derer, die bewahren die Worte dieses Buches. Bete Gott an!

10 Und er spricht zu mir: Versiegle nicht die Worte der Weissagung in diesem Buch; denn die Zeit ist nahe! 11 Wer Böses tut, der tue weiterhin Böses, und wer unrein ist, der sei weiterhin unrein; aber wer gerecht ist, der übe weiterhin Gerechtigkeit, und wer heilig ist, der sei weiterhin heilig. 12 Siehe, ich komme bald und mein Lohn mit mir, einem jeden zu geben, wie seine Werke sind. 13 Ich bin das A und das O, der Erste und der Letzte, der Anfang und das Ende. 14 Selig sind, die ihre Kleider waschen, daß sie teilhaben an dem Baum des Lebens und zu den Toren hineingehen in die Stadt. 15 Draußen sind die Hunde und die Zauberer und die Unzüchtigen und die Mörder und die Götzendiener und alle, die die Lüge lieben und tun.

16 Ich, Jesus, habe meinen Engel gesandt, euch dies zu bezeugen für die Gemeinden. Ich bin die Wurzel und das Geschlecht Davids, der helle Morgenstern. 17 Und der Geist und die Braut sprechen: Komm! Und wer es hört, der spreche: Komm! Und wen dürstet, der komme; und wer da will, der nehme das Wasser des Lebens umsonst.

Wen dürstet, der komme; und wer da will, der nehme das Wasser des Lebens umsonst.

18 Ich bezeuge allen, die da hören die Worte der Weissagung in diesem Buch: Wenn jemand etwas hinzufügt, so wird Gott ihm die Plagen zufügen, die in diesem Buch geschrieben stehen. 19 Und wenn jemand etwas wegnimmt von den Worten des Buchs dieser Weissagung, so wird Gott ihm seinen Anteil wegnehmen am Baum des Lebens und an der heiligen Stadt, von denen in diesem Buch geschrieben steht.

20 Es spricht, der dies bezeugt: Ja, ich komme bald. – Amen, ja, komm, Herr Jesus!

21 Die Gnade des Herrn Jesus sei mit allen!

KERNTHEMEN DES NEUEN TESTAMENTS

Das Neue Testament ist eine Sammlung von 27 einzelnen Schriften aus der Frühzeit des Christentums. Keiner der Verfasser hat beim Schreiben geahnt, daß sein Beitrag einmal in das wichtigste Buch der Menschheit gelangen würde. Vielmehr waren diese Schriften ursprünglich Gelegenheitsschreiben, die von Gottes Geist geleitete Männer an Einzelpersonen, Gruppen und Gemeinden richteten.

Da will Matthäus seinen jüdischen Lesern nachweisen, daß Jesus von Nazareth der im Alten Testament verheißene Retter ist. Deshalb bekräftigt er viele seiner Aussagen über Jesus mit Worten wie: ». . . damit erfüllt würde, was der Herr durch den Propheten gesagt hat . . .«

Da ist der Missionar Paulus, der sich große Sorgen um die junge Christengemeinde in der griechischen Stadt Korinth macht, denn er hat Schlimmes über sie gehört. Also setzt er sich hin und richtet ein paar bewegte Briefe an die dortigen Christen. Zwei von ihnen sind uns erhalten.

Da flüchtet der Sklave Onesimus und gelangt schließlich zu Paulus. Unter dem Einfluß dieses großen Missionars wird er zum überzeugten Christen. Paulus sendet ihn mit einem Begleitschreiben zu seinem christlichen Herrn Philemon zurück, damit dieser seinem ehemaligen Sklaven vergibt und ihn als »Bruder« wiederbekommt. Darum geht es im Brief an Philemon.

So unterschiedlich die Anlässe auch waren, einige Themen kehren immer wieder:

1. Es geht in weiten Teilen des Neuen Testaments um *Informationen über Jesus Christus.* Besonders Lukas läßt uns dabei in seine Werkstatt sehen: Nach Lukas 1,1-4 gibt es bereits vor ihm viele einzelne Berichte über Jesus (Vers 1). Diese stammen von Augenzeugen (Vers 2). Lukas hat sorgfältig geforscht, um seinem Freund alles in guter Ordnung aufzuschreiben (Vers 3). Dadurch soll dieser für seinen Glauben »einen sicheren Grund« haben (Vers 4). Theophilus, der erste Empfänger dieses Schreibens, ist also bereits Christ, bekommt aber mit dem Lukas-Evangelium viele zusätzliche Informationen.

2. Es geht allen Verfassern um den *Glauben an Jesus.* Dafür werben sie nachdrücklich. Das ist ihre Hauptabsicht. So schreibt Johannes am Schluß seines Evangeliums: *»Noch viele andere Zeichen tat Jesus vor seinen Jüngern, die nicht geschrieben sind in diesem Buch. Diese aber sind gechrieben, damit ihr glaubt, daß Jesus der Christus ist, der Sohn Gottes, und damit ihr durch den Glauben das Leben habt in seinem Namen.«* (Joh 20,30-31)

Mit diesen Zeilen wird äußerst knapp umrissen, was christlicher Glaube bedeutet: überzeugt sein und dankbar annehmen, daß Jesus der »Christus, der Sohn Gottes« und damit der Überwinder der Sünde und sogar des Todes ist. Das war neu! Wer das damals glauben konnte und heute glauben kann, der ist glückselig. – Wie? Durch ein vertrauensvolles Ja zu Jesus Christus, denn der allein kann Menschen wirklich verändern.

* Schon das Alte Testament und der jüdische Glaube erwarteten die entscheidende Lebenshilfe von dem persönlichen Gott, dem Schöpfer der Welt und dem Herrn der Geschichte: Er wird den Retter, den Christus, senden. Dann werden Leid und Unrecht beendet sein, auch die Schuldfrage wird geklärt, die viele Menschen belastet.
* Das Neue Testament verkündet: Der erwartete Retter Jesus Christus ist jetzt da. Er ist von Gott gekommen und hat alle Schuld dieser Welt stellvertretend auf sich genommen. Wer sich auf ihn verläßt, wird frei, kann anders leben, ist unbelastet von seiner eigenen Vergangenheit. Er hat DAS LEBEN, so verspricht Jesus es selbst.
* Das ist die »gute Botschaft« Gottes für alle Menschen und alle Zeiten, das Evangelium. Glaube an Jesus Christus bedeutet ein befreiendes Geschenk anzunehmen, und nicht, moralische Anstrengungen zu unternehmen.
* Dieses Thema wird in immer neuen Variationen und Begriffen entfaltet, z.B. Vergebung, Versöhnung, Gerechtsprechung, Friede. Alles andere ist diesem Hauptthema nachgeordnet.

3. In einem dritten großen Themenkreis nennt das Neue Testament *Hilfen für den Alltag.* Heute ist es nicht anders als damals: Christen finden sich in einer Umwelt wieder, die von der Erlösung und Befreiung durch Gott nichts weiß. Entsprechend unmenschlich wird oft das Miteinan-

der gestaltet. Wie soll man sich als Christ verhalten? Nach welchen Regeln soll das neue Leben gestaltet werden? Wo sind Vorbilder für eine andere Ethik? Hier bietet das Neue Testament entscheidende Hilfe.

Jesus selbst hat Regeln für das Zusammenleben gegeben (z.B. in der Bergpredigt, Mt 5-7), Paulus antwortet in seinen Briefen auf konkrete Problemfälle der Gemeinden, und Petrus, Johannes oder Jakobus ermutigen zu einem Glauben, der nicht die Köpfe der Menschen beherrscht, sondern im Alltag Folgen hat.

So enthält das Neue Testament eine Fülle sehr praktischer Lebensregeln. Wichtig ist, daß diese Regeln nicht mißverstanden werden als Weg zur Selbsterlösung nach dem Motto: »Wenn du das alles tust, bist du ein guter Christ, dann kommst du in den Himmel.« Vielmehr sind sie Hilfen für Christen, die im Alltag eine Orientierung brauchen: Wie soll man leben nach Gottes Willen? Wie soll ich das Leben gestalten? Die Regeln sind wie eine Fahrrinne in flachem Wasser, durch die ein Schiff fährt, damit es nicht auf Grund läuft.

4. Schließlich ist im Neuen Testament viel von der *Gemeinde* die Rede. Von Anfang an gibt es die Christen in der Mehrzahl. Die Apostelgeschichte erzählt, wie stark der Zusammenhalt ist: Häufig treffen sich die Christen, auch in Wohnungen, zum Beten, zum Lernen, zur Gemeinschaft. Man richtet auch bald eine gemeinsame Kasse ein, um den sozial Schwachen wirksam zu helfen (Apg 2,45). Christen verstehen sich als große Familie, in der sich einer auf den anderen verlassen kann. Nirgends wird empfohlen, sich als christlicher Einzelkämpfer durchzuschlagen, sondern Christen gehören zusammen. Denn sie alle gehören Christus. Natürlich gibt es in der Familie Gottes unterschiedliche Begabungen und Aufgaben. Aber alle werden gebraucht. Niemand ist überflüssig. Alle sollen sich auch daran beteiligen, daß die ganze Welt die Botschaft Gottes hört: Jesus ist gekommen, Jesus bringt Erlösung, er schenkt eine große Hoffnung. Er ist für alle Menschen da. Das weiterzusagen durch Wort und liebevolle Tat meint Mission. Sie ist überall nötig, auch in Europa, bis Jesus Christus einmal wiederkommt.

2. Auflage 1992

Bibeltext (Luther 84) und Karten mit freundlicher Genehmigung der Deutschen Bibelgesellschaft Stuttgart
Jahresleseplan: The Bible League, South Holland, Ill.
Einführende Texte und Worterklärungen: Günter Wieske, Kronberg/Ts.; Wolfgang Buck, Ewersbach
Umschlaggestaltung: Carsten Buschke, Solingen
Umschlagfoto: ZEFA - Armstrong Roberts
Bild Seite 246: Action Press, Hamburg / Succo, Ralf
Technische Betreuung: Creative Publishing, Bath, England
Satz: Breklumer Druckerei Manfred Siegel KG
For International co-edition rights contact Creative Publishing,
Claverton Down Rd, Bath BA2 6DT, UK.
ISBN 3-417-24093-X

Die Welt des Neuen Testaments

RAZIEN
PONTUS
BITHYNIEN
Troas
MYSIEN
Pergamon
Thyatira
ASIEN
GALATIEN
Smyrna
Sardes
KAPPADOZIEN
Philadelphia
Antiochia
Ephesus
LYDIEN
PISIDIEN
Ikonion
Laodizea
Lystra
Kolossä
ZILIZIEN
ilet
Tarsus
Perge
PAMPHYLIEN
Derbe
LYZIEN
Kos
Seleuzia
Antiochia
Myra
Rhodos
Salamis
Salmone
PHÖNIZIEN
SYRIEN
Paphos
ZYPERN
Sidon
Damaskus
MITTELMEER
Tyrus
Ptolemais
Cäsarea
Joppe
Jerusalem
Gaza
PALÄSTINA
Alexandria
ÄGYPTEN
ARABIEN